안단테 공직선거법
기본서
+조문해설집

PREFACE 머리말

이번 개정 교재는 2025년도판 〈기본서+조문해설집〉에 2024년도 7급 기출문제까지 추가한 2026년도판 〈기본서+조문해설집〉이다.

공직선거법은 9·7급 선거행정직의 필수과목으로 선거관리위원회 공무원의 꿈을 가지고 있는 수험생이 반드시 공부해야 하는 과목이다.

처음 공직선거법을 접하는 수험생은 내용이 어렵다기보다는 지금까지 접해 보지 않았던 과목으로 생소함을 먼저 느끼게 될 것이다. 공직선거법은 말 그대로 '공직선거'에 대한 절차를 규정해 놓은 법이기 때문에 공직선거를 전혀 경험하지 않은 수험생들이 각종 선거 용어와 절차에 대해 생소하게 느끼는 것은 당연한 일이다.

공직선거법은 총 19장, 335조문으로 구성되어 있으며, 제16장 '벌칙(22조문)'은 출제 범위에서 제외된다. 처음으로 공직선거법을 공부하는 수험생들에게는 적은 분량이 아니다. 반복적인 학습을 통해서 처음에 느꼈던 생소함을 익숙함으로 바꾸어 나가야 한다.

이 과정에는 반드시 선거 경험이 풍부한 선거 전문가의 도움이 필요하다고 생각한다. 필자는 선관위에서 5급 행정사무관 승진 시에 공직선거법을 비롯한 정당법, 정치자금법 과목을 망라한 정치관계법 승진 시험에서 단 한 번의 시험으로 합격한 경험이 있다.

당시의 수험 교재는 법조문과 판례집, 질의회답집, 각종 편람과 선거연수원 교육교재, 공직선거법 벌칙 해설 등으로 공부해야 할 자료가 한두 권이 아니었다. 자료의 산재(散在) 등으로 집중에 어려움을 느꼈고, 출퇴근하며 공부해야 하는 여건에서 자료의 휴대성도 매우 비효율적이라는 판단이 들었다. 본격적으로 공부하기 전에 가장 절실하게 느꼈던 것은 기본서의 단권화였다.

공부해야 할 자료를 전부 파일로 확보하여 단권화 작업을 진행하였다. 각 조문별로 법, 규칙, 판례, 선례, 벌칙 등을 정리하고, 기출문제와 모의고사를 표시하여 출제 유형과 출제 빈도가 높은 조문을 파악할 수 있게 하였다. 자료는 출력물 없이 USB에 담아 집과 사무실을 오가며 컴퓨터 화면을 통해 공부했다.

기본서를 단권화한 후에 본격적으로 회독수를 늘려 나갔다. 공직선거법 공부의 왕도는 회독의 반복이라고 생각한다. 일목요연하게 정리된 기본서가 공부의 효과를 내게 만들었다.

선거행정직 시험에 2013년도부터 공직선거법 과목이 도입되면서 필자의 이런 공부 경험을 언젠가 수험생들에게 전수해 줄 기회가 있을 것이라고 생각했다. 오랜 기간의 선거 관리 경험과 승진 시험 합격의 노하우가 담긴 이 교재가 수험생에게 큰 도움이 될 것이라고 확신한다. 이 기본서와 함께 공단기 인터넷 해설 강의를 들으면서 공부를 해 나간다면 공직선거법 정복은 시간문제라고 본다.

공직선거법을 공부하면서 질문 내용이 있으면 카페에 올려 주면 된다. 가급적 신속하게 답변을 하고 있다. 적절히 활용하여 도움을 받기 바라며, 수험생 여러분의 빠른 합격을 기원한다.

- 다음 카페: 안단테 공직선거법 (cafe.daum.net/ahspass)

2025년 4월
편저자 **안단테**

STRUCTURE 구성과 특징

선거별 주요사무 일정표

선거별 주요사무 일정표를 수록하여 한 번에 정리할 수 있도록 하였다.

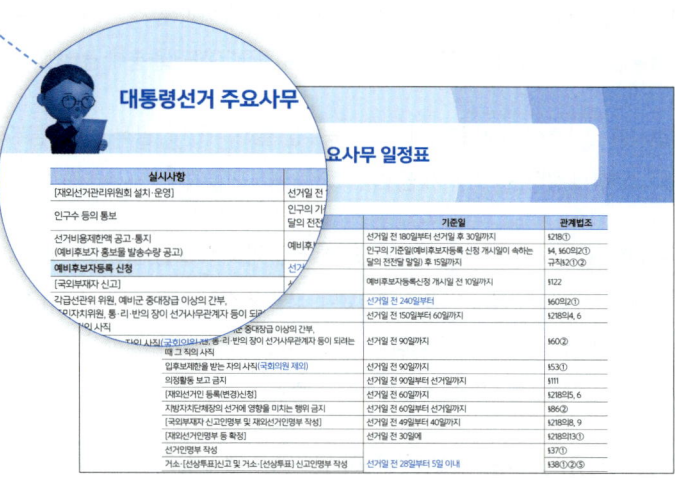

인용조문 및 준용조문

인용조문과 준용조문을 해당 조문에 삽입하여 법조문의 전체적인 맥락을 확인할 수 있도록 하였다.

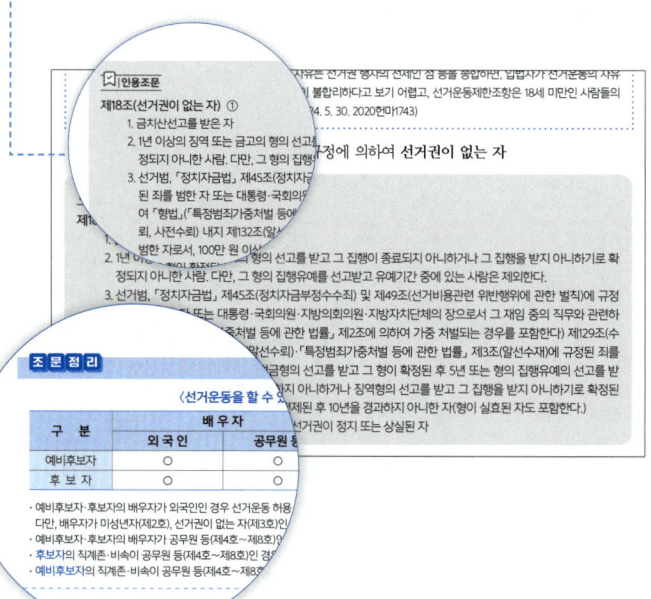

조문정리

법조문 내용을 도표로 요약하여 해당 테마의 내용을 숙지할 수 있도록 하였다.

법 조문의 문장 분해로 가독성을 향상시킨 본문

학습자의 입장에서 공직선거법에 대한 이해가 쉽도록 조문과 기출을 유기적으로 엮어 본문을 구성하였다. 또한 법 조문의 문장 분해로 가독성을 향상시켰다.

심화학습

각 조문에 대한 부가 설명 기재로 공직선거법의 전반적인 이해를 도울 수 있도록 하였다.

기출체크

역대 기출 내용을 완벽히 표기하여 실전에 대한 감각을 키울 수 있도록 하였다.

보충개념

법 조문에 대한 입법취지 등을 수록하여 법 조문에 대한 이해를 높일 수 있도록 하였다.

CONTENTS 목차

대통령선거 주요사무 일정표 · 7
국회의원선거 주요사무 일정표 · 8
전국동시 지방선거 주요사무 일정표 · 9

제 1 장 총칙 · 10
제 2 장 선거권과 피선거권 · 52
제 3 장 선거구역과 의원정수 · 64
제 4 장 선거기간과 선거일 · 81
제 5 장 선거인명부 · 86
제 6 장 후보자 · 101
제 6 장의2 정당의 후보자 추천을 위한 당내경선 · 132
제 7 장 선거운동 · 143
제 8 장 선거비용 · 284
제 9 장 선거와 관련 있는 정당활동의 규제 · 300
제10장 투표 · 314
제11장 개표 · 346
제12장 당선인 · 362
제13장 재선거와 보궐선거 · 378
제14장 동시선거에 관한 특례 · 387
제14장의2 재외선거에 관한 특례 · 395
제15장 선거에 관한 쟁송 · 432
제16장 벌칙 〈출제 제외〉
제17장 보칙 · 449
　　　　부칙 · 472

대통령선거 주요사무 일정표

실시사항	기준일	관계법조
[재외선거관리위원회 설치·운영]	선거일 전 180일부터 선거일 후 30일까지	§218①
인구수 등의 통보	인구의 기준일(예비후보자등록 신청 개시일이 속하는 달의 전전달 말일) 후 15일까지	§4, §60의2① 규칙§2①②
선거비용제한액 공고·통지 (예비후보자 홍보물 발송수량 공고)	예비후보자등록신청 개시일 전 10일까지	§122
예비후보자등록 신청	선거일 전 240일부터	§60의2①
[국외부재자 신고]	선거일 전 150일부터 60일까지	§218의4, 6
각급선관위 위원, 예비군 중대장급 이상의 간부, 주민자치위원, 통·리·반의 장이 선거사무관계자 등이 되려는 때 그 직의 사직	선거일 전 90일까지	§60②
입후보제한을 받는 자의 사직(국회의원 제외)	선거일 전 90일까지	§53①
의정활동 보고 금지	선거일 전 90일부터 선거일까지	§111
[재외선거인 등록(변경)신청]	선거일 전 60일까지	§218의5, 6
지방자치단체장의 선거에 영향을 미치는 행위 금지	선거일 전 60일부터 선거일까지	§86②
[국외부재자 신고인명부 및 재외선거인명부 작성]	선거일 전 49일부터 40일까지	§218의8, 9
[재외선거인명부 등 확정]	선거일 전 30일에	§218의13①
선거인명부 작성	선거일 전 28일부터 5일 이내	§37①
거소·[선상투표]신고 및 거소·[선상투표] 신고인명부 작성		§38①②⑤
군인 등 선거공보 발송신청		§65⑤
후보자등록 신청(매일 오전 9시~오후 6시)	선거일 전 24일부터 2일간	§49①
거소·[선상투표] 신고인명부 확정	선거인명부 작성기간 만료일 다음 날에	§44①
선거기간 개시일	후보자등록 마감일의 다음 날	§33③
선거벽보 제출	후보자등록 마감일 후 3일까지	§64②
선거벽보 첩부	제출마감일 후 3일까지	§64②
책자형 선거공보 제출	후보자등록 마감일 후 6일까지	§65⑥
책자형 선거공보 발송(매 세대)	제출마감일 후 3일까지	§65⑥
[재외투표](매일 오전 8시~오후 5시)	선거일 전 14일부터 9일까지 기간 중 6일 이내	§218의17①
전단형 선거공보 제출	후보자등록 마감일 후 10일까지	§65⑥
선거인명부 확정	선거일 전 12일에	§44①
투표소의 명칭과 소재지 공고	선거일 전 10일까지	§147⑧
거소투표용지 발송(책자형 선거공보, 안내문 동봉)	선거일 전 10일까지	§65⑥, §154①⑤
투표안내문(전단형 선거공보 동봉) 발송	선거인명부 확정일 후 2일까지	§65⑥, §153①
[선상투표]	선거일 전 8일부터 5일까지의 기간 중 선장이 정한 일시	§158의3①
사전투표소 투표(매일 오전 6시~오후 6시)	선거일 전 5일부터 2일간	§148①, §155②
개표소 공고	선거일 전 5일까지	§173①
투표(오전 6시~오후 6시) [궐위·재선거: 오후 8시까지]	선거일	제10장
개표(투표종료 후 즉시)		제11장
선거비용 보전청구	선거일 후 20일까지	§122의2①
기탁금 반환 및 공제명세서 송부	선거일 후 30일 이내	§57①
선거비용 보전	선거일 후 70일 이내	§122의2①

국회의원선거 주요사무 일정표

실시사항	기준일	관계법조
[재외선거관리위원회 설치·운영]	선거일 전 180일부터 선거일 후 30일까지	§218①
인구수 등의 통보	인구의 기준일(예비후보자등록 신청 개시일이 속하는 달의 전전달 말일) 후 15일까지	§4, §60의2① 규칙§2①②
[국외부재자 신고]	선거일 전 150일부터 60일까지	§218의4, 6
선거비용제한액 공고·통지 (예비후보자 홍보물 발송수량 공고)	예비후보자등록신청 개시일 전 10일까지	§122
예비후보자등록 신청	선거일 전 120일부터	§60의2①
각급선관위 위원, 예비군 중대장급 이상의 간부, 주민자치위원, 통·리·반의 장이 선거사무관계자 등이 되고자 하는 때 그 직의 사직	선거일 전 90일까지	§60②
입후보제한을 받는 자의 사직	선거일 전 90일(비례대표 국회의원선거에 입후보하는 경우 선거일 전 30일)까지	§53①②
의정활동 보고 금지	선거일 전 90일부터 선거일까지	§111
[재외선거인 등록(변경)신청]	선거일 전 60일까지	§218의5, 6
지방자치단체장의 선거에 영향을 미치는 행위 금지	선거일 전 60일부터 선거일까지	§86②
[국외부재자 신고인명부 및 재외선거인명부 작성]	선거일 전 49일부터 40일까지	§218의8, 9
[재외선거인명부 등 확정]	선거일 전 30일에	§218의13①
선거인명부 작성	선거일 전 22일부터 5일 이내	§37①
거소·[선상투표]신고 및 거소·[선상투표] 신고인명부 작성		§38①②⑤
군인 등 선거공보 발송신청		§65⑤
후보자등록 신청 (매일 오전 9시~오후 6시)	선거일 전 20일부터 2일간	§49①
거소·[선상투표] 신고인명부 확정	선거인명부 작성기간 만료일 다음 날에	§44①
[재외투표] (매일 오전 8시~오후 5시)	선거일 전 14일부터 9일까지 기간 중 6일 이내	§218의17①⑦
선거벽보 제출	후보자등록 마감일 후 5일까지	§64②
선거기간 개시일	후보자등록 마감일 후 6일	§33③
선거공보 제출	후보자등록 마감일 후 7일까지	§65⑥
선거벽보 첩부	제출마감일 후 2일까지	§64②
선거인명부 확정	선거일 전 12일에	§44①
투표소의 명칭과 소재지 공고	선거일 전 10일까지	§147⑧
거소투표용지 발송 (선거공보, 안내문 동봉)	선거일 전 10일까지	§65⑥, §154①⑤
투표안내문(선거공보 동봉) 발송	선거인명부 확정일 후 2일까지	§65⑥, 153①
[선상투표]	선거일 전 8일부터 5일까지의 기간 중 선장이 정한 일시	§158의3
사전투표(매일 오전 6시~오후 6시)	선거일 전 5일부터 2일간	§155②, §158
개표소 공고	선거일 전 5일까지	§173①
투 표(오전 6시~오후 6시) [재·보궐선거: 오후 8시까지]	선거일	제10장
개 표(투표종료 후 즉시)		제11장
선거비용 보전청구	선거일 후 10일까지	§122의2①
기탁금 반환 및 공제명세서 송부	선거일 후 30일 이내	§57①
선거비용 보전	선거일 후 60일 이내	§122의2①

전국동시 지방선거 주요사무 일정표

실시사항	기준일	관계법조
인구수 등의 통보	인구의 기준일(예비후보자등록 신청 개시일이 속하는 달의 전전달 말일) 후 15일까지	§4, §60의2① 규칙§2①②
선거비용제한액 공고·통지 예비후보자 홍보물 발송수량 공고	예비후보자등록 개시일 전 10일까지	§122
예비후보자등록 신청 [시·도지사선거]	선거일 전 120일부터	§60의2①
예비후보자등록 신청 [시·도의원, 구·시의원 및 장의 선거]	선거기간 개시일 전 90일부터	§60의2①
각급선관위 위원, 예비군 중대장 이상의 간부, 주민자치위원, 통·리·반의 장이 선거사무관계자 등이 되고자 하는 때 그 직의 사직	선거일 전 90일까지	§60②
입후보제한을 받는 자의 사직	선거일 전 90일(비례대표 지방의회의원선거에 입후보하는 경우 선거일 전 30일)까지	§53①②
의정활동 보고 금지	선거일 전 90일부터 선거일까지	§111
예비후보자등록 신청 [군의원 및 장의 선거]	선거기간 개시일 전 60일부터	§60의2①
지방자치단체장의 선거에 영향을 미치는 행위 금지	선거일 전 60일부터 선거일까지	§86②
선거인명부 작성	선거일 전 22일부터 5일 이내	§37①, 규§10
거소투표 신고 및 거소투표 신고인명부 작성		§38①②⑤, 규§11
군인 등 선거공보 발송신청		§65⑤
후보자등록 신청 (매일 오전 9시~오후 6시)	선거일 전 20일부터 2일간	§49①
선거벽보 제출	후보자등록 마감일 후 5일까지	§64②
선거기간 개시일	후보자등록 마감일 후 6일	§33③
선거공보 제출	후보자등록 마감일 후 7일까지	§65⑥
선거벽보 첩부	제출마감일 후 2일까지	§64②
선거인명부 확정	선거일 전 12일에	§44①
투표소의 명칭과 소재지 공고	선거일 전 10일까지	§147⑧
거소투표용지 발송 (선거공보, 안내문 동봉)	선거일 전 10일까지	§65⑥, §154①⑤
투표안내문(선거공보 동봉) 발송	선거인명부 확정일 후 2일까지	§65⑥, 153①
사전투표소 투표(매일 오전 6시~오후 6시)	선거일 전 5일부터 2일간	§155②, §158
투 표(오전 6시~오후 6시) [재·보궐선거: 오후 8시까지]	선거일	제10장
개 표(투표종료 후 즉시)		제11장
선거비용 보전청구	선거일 후 10일까지	§122의2①
기탁금 반환 및 공제명세서 송부	선거일 후 30일 이내	§57①
선거비용 보전	선거일 후 60일 이내	§122의2①

제1장 총칙

제1조	목적	11
제2조	적용범위	12
제3조	선거인의 정의	13
제4조	인구의 기준	13
제5조	선거사무협조	13

제6조	선거권 행사의 보장	15
제6조의2	다른 자에게 고용된 사람의 투표시간 보장	16
제6조의3	감염병환자 등의 선거권 보장	16
제7조	정당·후보자 등의 공정경쟁 의무	16
제8조	언론기관의 공정보도 의무	17

제8조의2	선거방송심의위원회	18
제8조의3	선거기사심의위원회	21
제8조의4	선거보도에 대한 반론보도 청구	24
제8조의5	인터넷선거보도심의위원회	27
제8조의6	인터넷언론사의 정정보도 등	29

제8조의7	선거방송토론위원회	33
제8조의8	선거여론조사심의위원회	35
제8조의9	여론조사 기관·단체의 등록 등	38
제9조	공무원의 중립의무 등	40
제10조	사회단체 등의 공명선거 추진활동	42

제10조의2	공정선거지원단	44
제10조의3	사이버 공정선거지원단	44
제11조	후보자 등의 신분보장	46
제12조	선거관리	47
제13조	선거구 선거관리	48

| 제14조 | 임기개시 | 50 |

📢 제1조(목적)

이 법은 「**대한민국 헌법**」과 「**지방자치법**」에 의한 선거가
국민의 **자유로운 의사**와 **민주적인 절차**에 의하여 **공정**히 행하여지도록 하고,
선거와 관련한 **부정**을 **방지**함으로써 **민주정치의 발전**에 **기여**함을 목적으로 한다.

심화학습

- **헌법의 선거 관련 규정**
  ① 선거권(§24)·피선거권(§25)
    - 모든 국민은 법률이 정하는 바에 의하여 선거권을 가짐.
    - 모든 국민은 법률이 정하는 바에 의하여 공무담임권을 가짐.
  ② 국회의 구성 및 의원정수·선거구 등(§41)
    - 국회는 국민의 보통·평등·직접·비밀선거에 의하여 선출된 국회의원으로 구성
    - 국회의원의 수는 법률로 정하되 200인 이상
    - 국회의원의 선거구와 비례대표제 기타 선거에 관한 사항은 법률로 정하도록 위임
  ③ 국회의원의 임기(§42)
    - 국회의원의 임기는 4년으로 함.
  ④ 대통령의 선출 및 피선거권(§67)
    - 대통령은 국민의 보통·평등·직접·비밀선거에 의하여 선출
    - 최고득표자가 2인 이상인 때에는 국회의 재적의원 과반수가 출석한 공개회의에서 다수표를 얻은 사람을 당선자로 하고, 대통령후보자가 1명일 때에는 그 득표수가 선거권자 총수의 3분의 1 이상이 아니면 대통령으로 당선될 수 없음.
    - 대통령으로 선거될 수 있는 사람은 국회의원의 피선거권이 있고 선거일 현재 40세에 달하여야 함.
    - 대통령의 선거에 관한 사항은 법률로 정하도록 위임
  ⑤ 대통령의 임기만료 또는 궐위 시 선거(§68)
    - 임기가 만료되는 때에는 임기만료 70일 내지 40일 전에 후임자를 선거
    - 궐위된 때 또는 당선자가 사망하거나 판결 기타의 사유로 그 자격을 상실한 때에는 60일 이내에 후임자를 선거
  ⑥ 대통령의 임기(§70)
    - 대통령의 임기는 5년으로 하며, 중임할 수 없음.

- **지방자치법의 선거 관련 규정**
  ① 지방자치단체의 종류(§2)
    - 지방자치단체는 다음의 두 가지 종류로 구분함.
      1. 특별시, 광역시, 특별자치시, 도, 특별자치도 〈**광역자치단체**〉 **17개**
      2. 시, 군, 구 〈**기초자치단체**〉 **226개**
    - 지방자치단체인 구(이하 "자치구"라 한다)는 특별시와 광역시의 관할 구역 안의 구만을 말하며, 자치구의 자치권의 범위는 법령으로 정하는 바에 따라 시·군과 다르게 할 수 있음.
  ② 지방자치단체의 관할(§3)
    - 특별시·광역시 및 특별자치시가 아닌 인구 50만 이상의 시에는 자치구가 아닌 구를 둘 수 있고, 군에는 읍·면을 두며, 시와 구(자치구를 포함한다)에는 동을, 읍·면에는 리를 둠.
    - 도농복합형태의 시에는 도시의 형태를 갖춘 지역에는 동을, 그 밖의 지역에는 읍·면을 두되, 자치구가 아닌 구를 둘 경우에는 그 구에 읍·면·동을 둘 수 있음.
  ③ 지방선거에 관한 법률의 제정(§29)
    - 지방선거에 관하여 이 법에서 정한 것 외에 필요한 사항은 따로 법률로 정함.
  ④ 의회의 설치(§30)
    - 지방자치단체에 주민의 대의기관인 의회를 둠.
  ⑤ 지방의회의원의 선거(§31)
    - 지방의회의원은 주민이 보통·평등·직접·비밀선거에 따라 선출함.

⑥ 의원의 임기(§32)
  - 지방의회의원의 임기는 4년으로 함.
⑦ 지방자치단체의 장의 선거(§94)
  - 지방자치단체의 장은 주민이 보통·평등·직접·비밀선거에 따라 선출함.
⑧ 지방자치단체의 장의 임기(§95)
  - 지방자치단체의 장의 임기는 4년으로 하며, 지방자치단체의 장의 계속 재임(在任)은 3기에 한함.

• **선거의 기본원칙**
우리 헌법은 국민주권을 실현하는 핵심적인 수단으로서 제대로 기능을 수행하기 위하여 제41조 제1항 및 제67조 제1항에서 국민의 보통·평등·직접·비밀선거에 의하여 국회의원 및 대통령을 선출하도록 하여 선거의 원칙을 명시하고 있고, 헌법에 명시되지는 않았지만 자유선거의 원칙이 이에 더해진다고 보고 있다.
① 보통선거의 원칙: 일정한 연령에 도달한 국민이면 누구나 선거권을 행사할 수 있게 하는 원칙 〈vs 제한선거〉
② 평등선거의 원칙: 투표의 수적(數的) 평등, 즉 1인 1표의 원칙(one person, one vote)과 투표의 성과가치(成果價値)의 평등, 즉 1표의 투표가치가 대표자 선정이라는 선거의 결과에 대하여 기여한 정도에서도 평등하여야 한다는 원칙(one vote, one value) 〈vs 차등선거〉
③ 직접선거의 원칙: 선거인이 직접 대표자를 선출하는 원칙 〈vs 간접선거〉
④ 비밀선거의 원칙: 선거인이 결정한 투표내용이 공개되지 않는 원칙 〈vs 공개선거〉
⑤ 자유선거의 원칙: 유권자의 투표행위가 국가나 사회로부터의 강제나 부당한 압력의 행사 없이 이루어져야 한다는 것뿐만 아니라, 유권자가 자유롭고 공개적인 의사형성 과정에서 자신의 판단과 결정을 내릴 수 있어야 한다는 것 〈vs 강제선거〉

> **보충개념**
>
> ○ 이 법은 깨끗하고 돈 안 드는 선거를 구현하기 위하여 선거에 있어서 부정 및 부패의 소지를 근원적으로 제거하고, 국민의 자유롭고 민주적인 의사표현과 선거의 공정성을 보장하며, 각종 선거법을 단일법으로 통합함으로써 선거관리의 효율성을 제고하는 등 선거제도의 일대 개혁을 통하여 새로운 선거문화의 정착과 민주정치의 실현을 도모하려는 이유에서 제정함.[「공직선거 및 선거부정방지법」(법률 제4739호, 1994. 3. 16. 제정이유)]
> ○ 제1조는 이 법의 목적규정으로서 일반적인 입법례에 따라서 이 법이 지향하고자 하는 바를 천명하고 있음. 이러한 목적규정은 법 해석상 의문이 있는 경우 해석의 기본적인 지침으로서 기능을 함.
>
> [2019 공직선거법규운용자료 1권 1쪽, 중앙선관위]

제2조(적용범위)

이 법은

대통령선거·**국회의원**선거·**지방의회의원** 및 **지방자치단체의 장**의 선거에 적용한다.

심화학습

• **공직선거법이 적용되는 선거**

구 분	국정선거		지방선거	
집행기관	대통령선거		(광역)시·도지사선거	
			(기초)자치구·시·군의 장선거	
의결기관	국회의원선거	지역구	(광역)시·도의회의원선거	지역구
				비례대표
		비례대표	(기초)자치구·시·군의회의원선거	지역구
				비례대표

제3조(선거인의 정의)

이 법에서 "선거인"이란 **선거권이 있는 사람**으로서 선거인명부 또는
재외선거인명부에 올라 있는 사람을 말한다. [오를 자격이 있는 사람(×) 9급 13]

> **심화학습**
> · 벌칙을 적용하는 경우에는 선거인명부 또는 재외선거인명부 등을 작성하기 전이라도 그 선거인명부 또는 재외선거인명부 등에 오를 자격이 있는 사람은 선거인에 포함된다.(§230①1)

제4조(인구의 기준)

이 법에서 **선거사무 관리의 기준이 되는 인구**는
「주민등록법」에 따른 **주민등록표에 따라 조사한 국민의 최근 인구통계**에 의한다.
이 경우 **지방자치단체의 의회의원 및 장의 선거**에서는
제15조 제2항 제3호에 따라 **선거권이 있는 외국인의 수를 포함**한다.

> **인용조문**
> 제15조(선거권) ② 3. 「출입국관리법」 제10조(체류자격)의 규정에 따른 영주의 체류자격 취득일 후 3년이 경과한 외국인으로서 같은 법 제34조(외국인등록표 등의 작성 및 관리)에 따라 해당 지방자치단체의 외국인등록대장에 올라 있는 사람

> **심화학습**
> · 이 조에 따른 기준인구수 등은 선거비용제한액, 선거벽보 등 인쇄물, 인력 및 시설·장비·물품 소요량 등의 산출 등 선거사무 관리에 적용한다.
> · 이 조는 선거사무 관리의 기준이 되는 인구의 기준일을 정한 것이므로 지역구 획정이나 의원정수 산정을 위한 인구 기준일 등에는 적용되지 아니한다.

제5조(선거사무협조)

관공서 기타 공공기관은 선거사무에 관하여
선거관리위원회의 협조요구를 받은 때에는 **우선적**으로 이에 따라야 한다. [○ 7급 22]

> **심화학습**
> · 「헌법」 제115조 ① 각급 선거관리위원회는 선거인명부의 작성 등 선거사무와 국민투표사무에 관하여 관계 행정기관에 필요한 지시를 할 수 있다.
> ② 제1항의 지시를 받은 당해 행정기관은 이에 응하여야 한다.
> · 「선거관리위원회법」 제16조(선거사무 등에 대한 지시·협조요구) ① 각급 선거관리위원회는 선거인명부의 작성 등 선거사무와 국민투표사무에 관하여 관계 행정기관에 필요한 지시를 할 수 있다.
> ② 각급 선거관리위원회는 선거사무를 위하여 인원·장비의 지원 등이 필요한 경우 행정기관에 대하여는 지시 또는 협조요구를, 공공단체 및 「은행법」 제2조에 따른 은행(개표사무종사원을 위촉하는 경우에 한한다)에 대하여는 협조요구를 할 수 있다.

③ 제1항 및 제2항의 규정에 의하여 지시를 받거나 협조요구를 받은 행정기관·공공단체 등은 우선적으로 이에 응하여야 한다.

• 선거관리위원회의 지위와 성격
① 선거관리위원회는 국회·정부·법원 및 헌법재판소와 병립하는 독립된 합의제 헌법기관이다.(헌법 제114조~제116조)

> **기출체크**
>
> 「공직선거법」을 개정해서 중앙선거관리위원회를 폐지할 수는 없으나, 각급 선거관리위원회는 폐지할 수 있다. [× 7급 22]
>
> ⇒ **「헌법」** 제114조 ① 선거와 국민투표의 공정한 관리 및 정당에 관한 사무를 처리하기 위하여 선거관리위원회를 둔다.
> ⑦ 각급 선거관리위원회의 조직·직무범위 기타 필요한 사항은 법률로 정한다.
>
> **「선거관리위원회법」** 제2조(설치) ② 특별시·광역시·도(이하 "시·도"라 한다)와 구·시(구가 설치된 시는 제외한다)·군 및 읍·면(「지방자치법」 제7조 제3항에 따른 행정면을 말한다. 이하 같다)·동(「지방자치법」 제7조 제4항에 따른 행정동을 말한다. 이하 같다)에 각각 이에 대응하여 특별시·광역시·도선거관리위원회(이하 "시·도선거관리위원회"라 한다)와 구·시·군선거관리위원회 및 읍·면·동선거관리위원회를 둔다.

② 선거관리위원회는 설립 초기에는 후보자등록 및 투·개표사무 중심의 선거관리 업무를 수행하였으나, 선거법 위반행위 예방·단속·조치, 선거비용을 포함한 정치자금의 수입·지출에 대한 확인·조사, 선거범죄·정치자금범죄 조사, 선거관계 법령에 관한 의견제출권 등 공명선거를 실현하기 위한 적극적 기능·역할로 확대 변모되어 왔다.
③ 선거관리위원회는 대통령선거, 국회의원선거, 지방자치단체의 의회의원 및 장의 선거뿐만 아니라 교육감선거 및 교육의원선거(제주특별자치도)와 국민투표, 주민투표·주민소환투표 등 각종 투표, 정당의 당내경선, 공공단체의 위탁선거(조합장선거 등) 등을 관리하고, 정당·정치자금에 관한 사무 및 선거·정치제도 개선에 관한 사무를 처리한다.

• 선거관리위원회의 조직과 구성
① 선거관리위원회는 중앙선거관리위원회, 시·도선거관리위원회, 구·시·군선거관리위원회 및 읍·면·동선거관리위원회의 4단계로 조직되어 있으며, 위원장은 위원회를 대표하고 그 사무를 통할하며, 회의를 소집·주재하고 가부동수인 경우 결정권을 가진다.
② 중앙선거관리위원회 위원은 **대통령**이 임명하는 **3명**, **국회**에서 선출하는 **3명**과 **대법원장**이 지명하는 **3명**으로 구성하고, 시·도선거관리위원회 위원은 국회의원의 선거권이 있고 당원이 아닌 사람 중에서 국회에 **교섭단체**를 구성한 정당이 추천한 사람과 해당 지역을 관할하는 **지방법원장**이 추천하는 법관 2명을 포함한 **3명**과 교육자 또는 학식과 덕망이 있는 사람 중에서 **3명**을 중앙선거관리위원회가 위촉한다.
③ 구·시·군선거관리위원회 위원은 그 구역 안에 거주하는 국회의원의 선거권이 있고 당원이 아닌 사람 중에서 국회에 **교섭단체**를 구성한 정당이 추천한 사람과 법관·교육자 또는 학식과 덕망이 있는 사람 중에서 **6명**을 시·도선거관리위원회가 위촉한다.
④ 읍·면·동선거관리위원회 위원은 그 읍·면·동의 구역 안에 거주하는 국회의원의 선거권이 있고 당원이 아닌 사람 중에서 국회에 **교섭단체**를 구성한 정당이 추천한 사람과 학식과 덕망이 있는 사람 중에서 **4명**을 구·시·군선거관리위원회가 위촉한다.
⑤ 구·시·군선거관리위원회와 읍·면·동선거관리위원회의 위원이 될 법관과 법원공무원 및 교육공무원은 거주요건의 제한을 받지 아니하며, 법관을 우선하여 위촉하여야 하고, 법관과 법원공무원 및 교육공무원 외의 공무원은 선거관리위원회 위원이 될 수 없다.
⑥ 각급 선거관리위원회 위원장은 위원 중에서 호선하도록 하고 있는데, 선거관리의 독립성·중립성을 고려하여 관행적으로 중앙선거관리위원회의 경우 대법원장이 지명하는 사람 중에서 대법관이 위원장으로 호선되고 있고, 시·도나 구·시·군선거관리위원회의 경우 법관이 위원장으로 호선되고 있다.

- **선거관리위원회 소속기관**
  ① 인터넷선거보도심의위원회(§8의5)
  ② 선거방송토론위원회(§8의7)
  ③ 선거여론조사심의위원회(§8의8)
  ④ 국회의원선거구 획정위원회(§24)

📢 제6조(선거권 행사의 보장)

① **국가**는 선거권자가 선거권을 행사할 수 있도록 **필요한 조치**를 취하여야 한다.

② 각급 **선거관리위원회**
(**읍·면·동선거관리위원회는 제외**한다)는　　　　　　　　　　　[읍·면·동선거관리위원회는(×) 9급 20·15]
선거인의 **투표참여를 촉진**하기 위하여 교통이 불편한 지역에 거주하는
선거인 또는 노약자·장애인 등 거동이 불편한 선거인에 대한 **교통편의 제공**에
필요한 대책을 수립·시행하여야 하고,　　　　　　　　　　　　　　　　　　　　　[○ 7급 20]
투표를 마친 선거인에게 국공립 유료시설의 **이용요금**을 면제·할인하는 등의
필요한 대책을 수립·시행할 수 있다.　　　　　　　　　　　　　　　　　　　　　　　[○ 7급 20]
이 경우 공정한 실시방법 등을 **정당·후보자**와 미리 **협의하여야** 한다.

> **심화학습**
> · 이동약자 교통편의 제공대책 수립·시행을 의무화하였다.

③ **공무원·학생** 또는 **다른 사람에게 고용된 자가**
선거인명부를 열람하거나 투표하기 위하여 필요한 **시간은 보장**되어야 하며,
이를 **휴무 또는 휴업으로 보지 아니한다**.　　　　　　　　　　[○ 9급 20·15, 7급 20]
　　　　　　　　　　　　　　　　　　　　　　　　　　　　　　[휴무로 본다(×) 9급 17]

> **심화학습**
> · 선거권행사의 보장에는 선거운동을 위한 시간은 보장하지 않는다.

④ **선거권자**는 성실하게 선거에 참여하여 **선거권**을 행사하여야 한다.

⑤ 선거의 중요성과 의미를 되새기고 주권의식을 높이기 위하여
매년 5월 10일을 유권자의 날로,
유권자의 날부터 1주간을 유권자 주간으로 하고,　　　　　　　　[○ 7급 23, 9급 20]
각급 선거관리위원회(읍·면·동선거관리위원회는 **제외**한다)는
공명선거 추진활동을 하는 기관 또는 단체 등과 함께 **유권자의 날 의식**과
그에 부수되는 **행사**를 개최할 수 있다.　　　　　　　　　　　　　　　[○ 9급 17·15]

> **심화학습**
>
> - 제5항에 따라 매년 5월 10일을 유권자의 날로 하고 1주간을 유권자 주간으로 하여 의식 및 행사를 개최할 수 있다. 이는 1948. 5. 10. 우리나라 최초로 보통·평등·직접·비밀선거의 원칙을 적용한 민주적 선거가 치러진 것을 기념하기 위해 2012년부터 시행된 제도이다. 1948. 5. 10. 국회의원 총선거에 따라 제헌의회가 구성되었고 이후 제헌의회는 대한민국 헌법을 제정하고 대한민국 정부를 탄생시켰다.

제6조의2(다른 자에게 고용된 사람의 투표시간 보장)

① 다른 자에게 **고용된 사람**이
사전투표기간 및 선거일에 모두 근무를 하는 경우에는
투표하기 위하여 필요한 시간을 고용주에게 **청구할 수 있다.** [○ 7급 23, 9급 17]
[사전투표기간에 근무하는 경우에는 청구할 수 없으나(×) 7급 20]

② 고용주는 제1항에 따른 **청구가 있으면** [고용된 사람의 요청에 관계없이(×) 7급 15]
고용된 사람이 투표하기 위하여 필요한 시간을 **보장하여 주어야 한다.**

③ 고용주는 고용된 사람이 투표하기 위하여 필요한
시간을 청구할 수 있다는 사실을
선거일 전 7일부터 선거일 전 3일까지 [선거일 공고일부터(×) 7급 18]
[선거일 전 14일부터(×) 7급 23]
인터넷 홈페이지, 사보, 사내게시판 등을 통하여 **알려야 한다.** [○ 9급 20·17]

제6조의3(감염병환자 등의 선거권 보장)

① 「감염병의 예방 및 관리에 관한 법률」 제41조 제1항 또는 제2항에 따라
입원치료, 자가(自家)치료 또는 시설치료 중이거나 같은 법 제42조 제2항 제1호에 따라
자가 또는 시설에 격리 중인 사람(이하 "격리자 등"이라 한다)은
선거권 행사를 위하여 활동할 수 있다.

② **국가와 지방자치단체**는 격리자 등의 선거권 행사가 원활하게 이루어질 수 있도록
교통편의 제공 및 그 밖에 필요한 방안을 마련하여야 한다. [○ 7급 23]

제7조(정당·후보자 등의 공정경쟁 의무)

① **선거에 참여하는 정당·후보자**
(후보자가 **되고자 하는 자**를 포함한다. 이하 이 조에서 같다) 및
후보자를 위하여 **선거운동**을 하는 자는
선거운동을 함에 있어 **이 법을 준수**하고 공정하게 **경쟁**하여야 하며,
정당의 정강·정책이나 후보자의 정견을 **지지·선전**하거나 이를 **비판·반대**함에
있어 **선량한 풍속** 기타 **사회질서**를 해하는 행위를 하여서는 아니 된다.

심화학습

- '후보자가 되고자 하는 자'라 함은 후보자등록을 하지 아니하였으나 후보자가 될 의사를 가진 자를 말한다. 그 의사를 반드시 외부에 공표할 필요는 없고 그 의사를 예상할 수 있는 정도이면 족하다. 입후보할 것을 예정하면 족하고 확정적 결의까지 요구되는 것은 아니며, 신분·접촉대상·언행 등에 비추어 당해 선거에 입후보할 의사를 가진 것을 객관적으로 인식할 수 있을 정도에 이른 경우에도 해당된다.(대법원 2007. 6. 29. 2007도3211 등)
- '선량한 풍속 기타 사회질서'란 사회생활의 평화와 질서를 유지하는 데 있어 일반 국민이 반드시 지켜야 할 일반규범을 말한다.
- 선거브로커, 후보자 간 담합행위 등을 반사회적 행위로 볼 수 있다.

② 각급 선거관리위원회(읍·면·동선거관리위원회는 **제외**한다)는
  정책선거의 촉진을 위하여 필요한 사항을 적극적으로 **홍보**하여야 하며,
  중립적으로 정책선거 촉진활동을 추진하는 **단체**에 그 활동에 필요한 **경비**를
  지원할 수 있다.

📢 제8조(언론기관의 공정보도 의무)

방송·신문·통신·잡지 기타의 **간행물**을 **경영·관리**하거나
편집·취재·집필·보도하는 자와
제8조의5(인터넷선거보도심의위원회) 제1항의 규정에 따른 **인터넷언론사**가
정당의 정강·정책이나 후보자
(후보자가 **되고자 하는 자**를 포함한다. 이하 이 조에서 같다)의
정견 기타사항에 관하여 **보도·논평**을 하는 경우와
정당의 대표자나 후보자 또는 그의 대리인을 참여하게 하여 **대담**을 하거나
토론을 행하고 이를 **방송·보도**하는 경우에는 **공정**하게 하여야 한다.

> **인용조문**
>
> 제8조의5(인터넷선거보도심의위원회) ① …인터넷언론사[「신문 등의 진흥에 관한 법률」 제2조(정의) 제4호에 따른 인터넷신문사업자 그 밖에 정치·경제·사회·문화·시사 등에 관한 보도·논평·여론 및 정보 등을 전파할 목적으로 취재·편집·집필한 기사를 인터넷을 통하여 보도·제공하거나 매개하는 인터넷 홈페이지를 경영·관리하는 자와 이와 유사한 언론의 기능을 행하는 인터넷 홈페이지를 경영·관리하는 자를 말한다. 이하 같다]…

심화학습

- 보도: 선거에 관한 객관적 사실을 전달하는 것
- 논평: 정당·후보자 등의 정강·정책·정견·언동 등을 대상으로 이를 논의·비판하는 것
- 대담: 1인의 후보자 또는 대담자가 소속 정당의 정강·정책이나 후보자의 정견 기타 사항에 관하여 사회자 또는 질문자의 질문에 대하여 답변하는 것

📢 제8조의2(선거방송심의위원회)

> **심화학습**
>
> - 이 교재에서 각종 위원회의 약칭 표기
>   ① 선거방송심의위원회: 방송위
>   ② 선거기사심의위원회: 기사위
>   ③ 인터넷선거보도심의위원회: 인터넷위
>   ④ 선거방송토론위원회: 토론위
>   ⑤ 선거구획정위원회: 획정위
>   ⑥ 선거관리위원회: 선관위, 위원회 혼용

① 「방송통신위원회의 설치 및 운영에 관한 법률」 제18조 제1항에 따른
방송통신심의위원회(이하 "방송통신심의위원회"라 한다)는 [O 9급 22]
[구·시·군선거관리위원회는(×) 9급 21]

선거방송의 **공정성**을 유지하기 위하여
다음 각 호의 구분에 따른 기간 동안
선거방송심의위원회를 설치·운영하여야 한다.

1. **임기만료**에 의한 선거:
   제60조의2 제1항에 따른
   예비후보자등록신청 개시일 전일부터 **선거일 후 30일**까지

> **인용조문**
>
> **제60조의2(예비후보자 등록)** ①
>   1. 대통령선거: 선거일 전 240일
>   2. 지역구 국회의원선거 및 시·도지사선거: 선거일 전 120일
>   3. 지역구 시·도의회의원선거, **자치구·시**의 지역구 의회의원 및 장의 선거: 선거기간 개시일 전 90일
>   4. **군**의 지역구 의회의원 및 장의 선거: 선거기간 개시일 전 60일

2. **보궐선거** 등:
   선거일 전 60일(선거일 전 60일 후에 실시사유가 확정된 보궐선거 등의
   경우에는 그 선거의 실시사유가 **확정된 후 10일**)부터 **선거일 후 30일**까지

> **심화학습**
>
> - 방송위 설치 주체는 방송통신위원회가 아니라 별도의 독립기구인 '방송통신**심의**위원회'이다.
>   그러나 제5항의 통보받은 제재조치를 명하는 것은 '방송통신위원회'이다.

② 선거방송심의위원회는 국회에 **교섭단체**를 구성한 정당과
중앙선거관리위원회가 추천하는 각 1명,
방송사(제70조 제1항에 따른 방송시설을 경영 또는 관리하는 자를 말한다. 이하
이 조 및 제8조의4에서 같다)·**방송학계·대한변호사협회·언론인단체** 및

시민단체 등이 추천하는 사람을 포함하여
9명 이내의 위원으로 구성한다. [O 7급 18]
이 경우 선거방송심의위원회를 구성한 후에
국회에 **교섭단체**를 구성한 정당의 수가 **증가**하여
위원정수를 **초과**하게 되는 경우에는 **현원을 위원정수**로 본다. [O 7급 23]

> **인용조문**
> **제70조(방송광고)** ① …텔레비전 및 라디오 방송시설「『방송법』에 의한 방송사업자가 관리·운영하는 무선국 및 종합유선방송국(종합편성 또는 보도전문 편성의 방송채널사용 사업자의 채널을 포함한다)을 말한다.」…

> **심화학습**
> · 국회에 교섭단체를 구성한 정당만이 가진 주요 권한
>   ① 방송위, 기사위, 인터넷위, 토론위 위원 추천과 재외위원회 위원 추천
>   ② 재외선거에서 국내에 회송된 외교행낭 확인 참관인 선정(규칙 §136의23)
>   ⇒ 보조금 배분대상 정당은 국회의원선거 시 재외투표참관인 신고 권한(대통령선거는 정당·후보자가 신고)
>   ③ 정강·정책 방송연설 시 TV·라디오별 월 1회의 연설비용 공영방송사 부담(§137의2)
>   ④ 투·개표 사무관리 전산화 실시 여부 협의(§278④)
>   ⇒ 아닌 것: 국회의원 및 자치구·시·군의원 선거구획정에 대한 의견진술 기회 부여(의석을 가진 모든 정당)

③ 선거방송심의위원회의 **위원**은 **정당에 가입할 수 없다**.

> **심화학습**
> · 당원 배제 규정: 방송위, 기사위, 인터넷위, 토론위, 여심위, 획정위, 공정선거지원단, 재외위원회 위원, 선관위 위원
> · 국회의원 배제 규정: 획정위[국회의원 또는 정당의 당원(과거 1년 동안 정당의 당원이었던 사람 포함)은 위원이 될 수 없음.]
> · 국회의원이 획정위 위원 위촉 전에 탈당한 자는 당원이 아니므로 획정위 위원이 될 수 있다.(×, 과거 1년 동안으로 판단)

④ **선거방송심의위원회**는 선거방송의 정치적 중립성·형평성·객관성 및
제작기술상의 균형유지와 권리구제 기타 선거방송의 공정을 보장하기 위하여
필요한 사항을 정하여 이를 **공표**하여야 한다.
[중앙선거관리위원회에 설치하는 선거방송심의위원회는(×) 7급 20]

⑤ 선거방송심의위원회는 선거방송의 **공정 여부를 조사**하여야 하고,
조사결과 선거방송의 내용이 **공정하지 아니하다고 인정**되는 경우에는
「방송법」 제100조 제1항 각 호에 따른 **제재조치**〈해당 프로그램·방송광고의 정정·
수정·중지, 방송편성책임자(관계자)의 징계, 주의 또는 경고〉 등을 정하여
이를 「방송통신위원회의 설치 및 운영에 관한 법률」 제3조 제1항에 따른
방송통신위원회에 통보하여야 하며,
방송통신위원회는 불공정한 선거방송을 한 방송사에 대하여
통보받은 **제재조치** 등을 지체 없이 **명하여야 한다**.

심화학습

- 방송위, 기사위, 인터넷위에는 모두 선거방송·기사의 공정성에 대한 자체조사 및 시정조치 권한을 부여하고 있다.
- 공정 여부 판단 및 제재조치의 결정은 선거방송심의위원회가 하고, 방송사에 제재조치를 명하는 것은 방송통신위원회이다.
- 불공정한 선거방송 등에 대한 제재조치 명령은 반드시 해야 한다(방송위, 기사위, 인터넷위 모두).
- §8의2, §8의3은 모두 **불공정** 방송·기사의 시정조치에 관한 규정이다(반론보도는 §8의4에서 규정).

기출체크

선거방송심의위원회가 조사결과 선거방송의 내용이 공정하지 아니하다고 인정하여 방송법에 따른 제재조치 등을 정하여 방송통신위원회에 통보한 경우, 방송통신위원회는 불공정한 선거방송을 한 방송사에 대하여 통보받은 제재조치 등을 지체 없이 명하여야 한다. [○ 7급 14]

⑥ **후보자 및 후보자가 되려는 사람**〈정당은 제외〉은 제1항에 따라
　선거방송심의위원회가 설치된 때부터
　선거방송의 내용이 **불공정**하다고 인정되는 경우에는
　선거방송심의위원회에 그 시정을 요구할 수 있고,
　선거방송심의위원회는 지체 없이 이를 **심의·의결**하여야 한다.

심화학습

- 정당은 불공정한 선거방송에 대한 시정요구 권한이 없다(정당은 반론보도 청구권 인정). 다만, 인터넷위는 상시 운영으로 정당에게도 이의신청 기회를 부여한다.
- 불공정한 선거방송의 시정요구 또는 인터넷 선거보도에 대한 이의신청은 언론사에 하는 것이 아니라, 선거법상의 기구인 방송위 등에 한다(방송위, 기사위, 인터넷위). 반론보도 청구는 언론사에 하였다가 협의가 되지 않으면 방송위 등에 한다.
- 심의·의결기간이 따로 없고 지체 없이 심의·의결하여야 한다.

⑦ 선거방송심의위원회의 구성과 운영 그 밖에 필요한 사항은
　방송통신심의위원회 규칙으로 정한다. [○ 9급 24]

심화학습

- 방송위 필요사항은 방송통신심의위원회 규칙으로 정한다.
- 기사위 필요사항은 언론중재위원회가 정한다.(규칙으로 정한다는 규정은 없다)

기출체크

❶ 선거방송심의위원회는 방송통신심의위원회가, 선거기사심의위원회는 언론중재위원회가, 인터넷선거보도심의위원회는 중앙선거관리위원회가 각각 설치·운영한다. [○ 7급 14]

❷ 「공직선거법」이 선거의 공정이념을 구현하기 위해 마련한 다음의 제도적 장치 중 설치기관이 선거관리위원회인 것만을 모두 고른 것은?
　① 선거방송심의위원회 ⇒ §8의2

② 선거기사심의위원회 ⇒ §8의3
③ 인터넷선거보도심의위원회 ⇒ §8의5
④ 선거방송토론위원회 ⇒ §8의7

[③④ 선관위, ① 방송통신심의위원회 ② 언론중재위원회 9급 13]

제8조의3(선거기사심의위원회)

① 「언론중재 및 피해구제 등에 관한 법률」 제7조에 따른
언론중재위원회(이하 "언론중재위원회"라 한다)는 [O 9급 22]
[중앙선거관리위원회는(×) 7급 24·16]

선거기사(사설·논평·광고 그 밖에 선거에 관한 내용을 **포함**한다.
이하 이 조에서 같다)의 **공정성**을 유지하기 위하여
제8조의2 제1항 각 호의 구분에 따른 기간 동안
선거기사심의위원회를 설치·운영하여야 한다. [선거일 전 60일부터 선거일 후 30일까지(×) 7급 20]

> **인용조문**
>
> 제8조의2(선거방송심의위원회) ①
> 1. 임기만료에 의한 선거:
>   제60조의2 제1항에 따른 예비후보자등록신청 개시일 전일부터 선거일 후 30일까지
> 2. 보궐선거 등:
>   선거일 전 60일(선거일 전 60일 후에 실시사유가 확정된 보궐선거 등의 경우에는 그 선거의 실시사유가 확정된 후 10일)부터 선거일 후 30일까지

> **기출체크**
>
> ❶ 임기만료에 의한 선거에서 선거방송심의위원회의 설치·운영 기간보다 선거기사심의위원회의 설치·운영 기간이 길다. [×(같음) 7급 18]
> ❷ 임기만료에 의한 대통령선거의 경우, 선거기사심의위원회는 선거일 전 240일의 전일부터 선거일 후 30일까지 설치·운영되어야 한다. [O 7급 16]

② 선거기사심의위원회는
국회에 교섭단체를 구성한 정당과 **중앙선거관리위원회**가 추천하는 **각 1명**,
언론학계·대한변호사협회·언론인단체 및 시민단체 등이 추천하는 사람을
포함하여 **9명 이내의 위원**으로 구성한다. [12명 이내(×) 7급 23]
이 경우 위원정수에 관하여는 제8조의2 제2항 후단을 준용한다.

> **준용조문**
>
> 제8조의2(선거방송심의위원회) ② ⋯ 이 경우 선거기사심의위원회를 구성한 후에 국회에 교섭단체를 구성한 정당의 수가 증가하여 위원정수를 초과하게 되는 경우에는 현원을 위원정수로 본다.

> **기출체크**
>
> ❶ 선거기사심의위원회는 국회에 교섭단체를 구성한 정당과 중앙선거관리위원회가 추천하는 각 1명, 언론학계·대한변호사협회·언론인단체 및 시민단체 등이 추천하는 사람을 포함하여 9명 이내의 위원으로 구성하고, 이 경우 선거기사심의위원회를 구성한 후에 국회에 교섭단체를 구성한 정당의 수가 증가하여 위원정수를 초과하게 되는 경우에는 현원을 위원정수로 본다. [O 7급 19]
>
> ❷ 선거기사심의위원회는 9명 이내의 위원으로 구성하되, 선거기사심의위원회를 구성한 후에 국회에 교섭단체를 구성하는 정당의 수가 증가하여 위원정수를 초과하게 되는 경우에는 현원을 위원정수로 본다. [O 7급 16]

③ <u>선거기사심의위원회는</u>

「신문 등의 진흥에 관한 법률」 제2조 제1호에 따른 **신문**,

「잡지 등 정기간행물의 진흥에 관한 법률」 제2조 제1호에 따른 **잡지·정보간행물·전자간행물·기타간행물** 및

「뉴스통신진흥에 관한 법률」 제2조 제1호에 따른 **뉴스통신**

(이하 이 조 및 제8조의4에서 "**정기간행물 등**"이라 한다)에 게재된

선거기사의 공정 여부를 조사하여야 하고,

<u>조사결과 선거기사의 내용이 공정하지 아니하다고 인정되는 경우에는</u>

<u>해당 기사의 내용에 대하여 다음 각 호의 어느 하나에 해당하는</u>

제재조치를 결정하여 이를 언론중재위원회에 통보하여야 하며,

[제재조치를 직접 언론사에 명령(×) 7급 24]

언론중재위원회는 불공정한 선거기사를 게재한 정기간행물 등을 발행한 자

(이하 이 조 및 제8조의4에서 "**언론사**"라 한다)에 대하여

통보받은 제재조치를 지체 없이 명하여야 한다.

1. <u>정정보도문 또는 반론보도문 게재</u>
2. <u>경고결정문 게재</u>
3. <u>주의사실 게재</u>
4. <u>경고, 주의 또는 권고</u>

> **심화학습**
>
> • **사과문** 게재 결정(×, 사과문 게재 결정은 현행법상 틀린 규정임)

기출체크

❶ 선거기사심의위원회는 정기간행물에 게재된 선거기사가 공정하지 아니하다고 인정되는 경우 정기간행물을 발행한 자에 대하여 정정보도문, 반론보도문 또는 사과문 게재를 명할 수 있다. [× 7급 18]
⇒ 선거기사심의위원회가 언론중재위원회에 통보하고, 언론중재위원회가 조치를 명한다.

❷ 선거기사심의위원회는 조사결과 선거기사의 내용이 공정하지 아니하다고 인정되는 경우에는 해당 기사의 내용에 관한 사과문 또는 정정보도문의 게재를 결정하여 이를 언론중재위원회에 통보하여야 한다.
[×(§8의3③ 개정으로 사과문 게재는 틀리는 지문) 7급 16]

❸ 선거기사심의위원회의 결정을 통하여 불공정한 선거기사를 게재한 언론사에 사과문을 게재하도록 하고, 사과문 게재를 지체 없이 이행하지 않을 경우 발행인 등을 형사처벌하는 것은 언론사의 인격권을 침해한다.(헌재 2015. 7. 30. 2013헌가8) [○ 7급 15]
⇒ 이 사건 사과문 게재 조항은 정기간행물 등을 발행하는 언론사가 보도한 선거기사의 내용이 공정하지 아니하다고 인정되는 경우 선거기사심의위원회의 사과문 게재 결정을 통하여 해당 언론사로 하여금 그 잘못을 인정하고 용서를 구하게 하고 있다. 이는 언론사 스스로 인정하거나 형성하지 아니한 윤리적·도의적 판단의 표시를 강제하는 것으로서 언론사가 가지는 인격권을 제한하는 정도가 매우 크다. 더욱이 이 사건 처벌 조항은 형사처벌을 통하여 그 실효성을 담보하고 있다. 그런데 공직선거법에 따르면, 언론사가 불공정한 선거기사를 보도하는 경우 선거기사심의위원회는 사과문 게재 명령 외에도 정정보도문의 게재 명령을 할 수 있다. 또한 해당 언론사가 공정보도의무를 위반하였다는 결정을 선거기사심의위원회로부터 받았다는 사실을 공표하도록 하는 방안, 사과의 의사표시가 필요한 경우에도 사과의 권고를 하는 방법을 상정할 수 있다.
나아가, 이 사건 법률조항들이 추구하는 목적, 즉 선거기사를 보도하는 언론사의 공적인 책임의식을 높임으로써 민주적이고 공정한 여론 형성 등에 이바지한다는 공익이 중요하다는 점에는 이론의 여지가 없으나, 언론에 대한 신뢰가 무엇보다 중요한 언론사에 대하여 그 사회적 신용이나 명예를 저하시키고 인격의 자유로운 발현을 저해함에 따라 발생하는 인격권 침해의 정도는 이 사건 법률조항들이 달성하려는 공익에 비해 결코 작다고 할 수 없다.
결국 이 사건 법률조항들은 언론사의 인격권을 침해하여 헌법에 위반된다.

④ 정기간행물 등을 발행하는 자가 제1항에 규정된 선거기사심의위원회의 **운영기간 중**에 「신문 등의 진흥에 관한 법률」 제2조 제1호 가목 또는 다목의 규정에 따른 **일반 일간신문** 또는 **일반 주간신문**을 발행하는 때에는 그 정기간행물 등 1부를, 그 외의 정기간행물 등을 발행하는 때에는 선거기사심의위원회의 **요청**이 있는 경우 1부를 지체 없이 선거기사심의위원회에 **제출하여야 한다.**

심화학습

· 일반 일간신문과 일반 주간신문은 기사위 운영기간 중 정기간행물을 의무적으로 제출해야 하지만, 그 외의 정기간행물은 요청이 있는 경우에만 제출한다.

⑤ 제4항의 규정에 의하여 정기간행물 등을 **제출한 자의 요구**가 있는 때에는 선거기사심의위원회는 **정당한 보상**을 하여야 한다.

심화학습

· 요구가 없으면 보상하지 않아도 된다.

⑥ 제8조의2(선거방송심의위원회) 제3항〈기사위 위원은 정당가입 불가〉·제4항〈기사위는 권리구제 등 선거기사 공정보장 필요사항을 정하여 공표 의무〉 및 제6항〈(후보자, 되고자 하는 자)는 기사위가 설치된 때부터 선거일 후 30일까지 선거기사 불공정 시 기사위에 시정요구 가능, 기사위는 지체 없이 심의·의결 의무〉의 규정은 선거기사심의위원회에 관하여 이를 **준용**한다.

[위원은 정당가입 가능(×) 7급 24]

⑦ 선거기사심의위원회의 구성과 운영에 관하여 필요한 사항은 **언론중재위원회가 정한다.**

[○ 9급 24]

> **심화학습**
> - 기사위는 언론중재위원회 규칙제정권을 인정하지 않는다. 단지 필요사항을 내부적으로 정하여 적용한다(방송위는 방송통신심의위원회 규칙 인정).
> - 방송위와 기사위의 공통점과 차이점
>   ① 공통점: 설치대상 선거·설치운영 기간·직권조사·위원 정당가입 불가, 반론보도 청구기한, 반론보도 청구에 대한 거부사유
>   ② 차이점: 설치권자, 운영사항 규정방법(규칙 등)

> **기출체크**
> 선거방송심의위원회와 선거기사심의위원회의 구성과 운영 그 밖에 필요한 사항은 방송통신심의위원회 규칙으로 정한다. ⇒ §8의2⑦, §8의3⑦   [×(선거기사심의위원회는 언론중재위원회가 정함) 7급 18]

📢 제8조의4(선거보도에 대한 반론보도 청구)

① 선거**방송**심의위원회 또는 선거**기사**심의위원회가 **설치된 때부터 선거일까지**
방송 또는 정기간행물 등에 공표된 인신공격, 정책의 왜곡선전 등으로
피해를 받은 정당(**중앙당**에 한한다. 이하 이 조에서 같다) 또는   [시·도당은(×) 9급 20]
후보자(후보자가 **되고자 하는 자**를 포함한다. 이하 이 조에서 같다)는
그 방송 또는 기사게재가 **있음을 안 날부터 10일 이내에 서면으로**

[선거일 이후 10일 이내에(×) 9급 20]

당해 방송을 한 **방송사**에 **반론보도의 방송**을,
당해 기사를 게재한 **언론사**에 **반론보도문**의 **게재**를 각각 **청구할 수 있다.**
다만, 그 방송 또는 기사게재가 있은 날부터 30일이 경과한 때에는 [20일이 경과한 경우(×) 9급 20]
그러하지 아니하다.

[○ 7급 24·15]

> **심화학습**
> - 반론보도 청구권자는 정당(중앙당만, 시·도당은 불가), 후보자, 후보자가 되고자 하는 자이다.
>   인터넷위는 상설기구이므로 시·도당도 청구할 수 있다(이의신청, 반론보도 모두).
> - 반론보도 청구기간은 방송위·기사위가 설치된 때부터 **선거일**까지이다(설치·운영기간 중이 아님).
> - 불공정은 반론보도의 청구요건이 아니다(**피해** 발생 요건).

- 반론보도 청구대상 언론은 방송, 신문, 정기간행물, 뉴스통신이다.
- 방송, 기사, 인터넷의 반론보도는 제기기한(안 날부터 10일 이내)과 제척기간(방송·기사게재가 있는 날부터 30일 이내)이 모두 적용된다.
- 1차 반론보도 청구는 모두 방송사 또는 언론사에 한다.

기출체크

❶ 반론보도의 청구는 중앙당, 후보자, 후보자가 되고자 하는 자가 할 수 있다. [○ 7급 15]
❷ 인신공격, 정책의 왜곡선전 등으로 피해를 받은 후보자는 그 방송 또는 기사 게재가 있은 날부터 30일 이내에, 이를 안 날부터 10일 이내에 반론보도를 청구할 수 있다. [○ 9급 14]
❸ 선거방송심의위원회 또는 선거기사심의위원회가 설치된 때부터 선거일까지 방송 또는 정기간행물 등에 공표된 인신공격, 정책의 왜곡선전 등으로 피해를 받은 정당 또는 후보자는 그 방송 또는 기사게재가 있음을 안 날부터 10일 이내에 서면으로 당해 방송사 또는 언론사에 반론보도를 청구할 수 있는데, 지방선거의 경우 중앙당뿐만 아니라 시·도당도 반론보도를 청구할 수 있다. [×(시·도당은 반론보도 청구 불가) 7급 14]

② **방송사 또는 언론사는** 제1항의 **청구를 받은 때에는**
  지체 없이 당해 정당⟨중앙당⟩, 후보자 또는 그 대리인과
  반론보도의 내용·크기·횟수 등에 관하여 협의한 후,
  방송에 있어서는 이를 청구받은 때부터 48시간 이내에
  무료로 반론보도의 방송을 하여야 하며, [○ 9급 20]
  정기간행물 등에 있어서는 편집이 완료되지 아니한 같은 정기간행물 등의
  다음 발행 호에 무료로 반론보도문의 게재를 하여야 한다.
  이 경우 정기간행물 등에 있어서 **다음 발행 호가 선거일 후에**
  발행·배부되는 경우에는 반론보도의 청구를 받은 때부터 48시간 이내에
  당해 **정기간행물 등이 배부된 지역에 배부되는 「신문 등의 진흥에 관한 법률」**
  제2조(정의) 제1호 가목에 따른 **일반일간신문에 이를 게재하여야 하며,**
  그 비용은 당해 **언론사의 부담으로 한다.** [그 비용은 반론보도 청구자가 부담(×) 7급 15]

심화학습

- 인터넷언론사의 반론보도 청구 합의 시에는 인터넷 속성상 반론보도문의 게재시한이 단축되어 12시간 이내에 게재하여야 한다.

기출체크

❶ 방송사는 정당(중앙당에 한함)·후보자 또는 그 대리인과 협의 후, 반론보도의 청구를 받은 때부터 48시간 이내에 무료로 반론보도의 방송을 하여야 한다. [○ 9급 14]
❷ 정기간행물을 발행하는 언론사는 정당(중앙당에 한함)·후보자 또는 그 대리인과 반론보도에 관한 협의 후, 선거일까지 발행·배부되는 같은 정기간행물의 다음 발행 호에 무료로 반론보도문을 게재하여야 한다. [○ 9급 14]

③ 제2항의 규정에 의한 **협의가 이루어지지 아니한 때**에는
당해 **정당**〈중앙당〉, 후보자, 방송사 또는 언론사는   [후보자에 한하여(×) 9급 14]
선거방송심의위원회 또는 선거기사심의위원회에 **지체 없이** 이를 회부하고,
선거방송심의위원회 또는 선거기사심의위원회는
회부받은 때부터 48시간 이내에 심의하여
각하·기각 또는 **인용결정**을 한 후 지체 없이 이를   [○ 7급 15]
당해 정당 또는 후보자와 방송사 또는 언론사에 통지하여야 한다.
이 경우 반론보도의 **인용결정**을 하는 때에는
반론방송 또는 반론보도문의 **내용·크기·횟수** 기타 **반론보도에 필요한 사항**을
함께 결정하여야 한다.

> **심화학습**
> - 협의 불성립 시 심의위 회부권자에 정당(중앙당)과 후보자 등은 물론 방송사와 언론사도 포함된다.
> - 회부받은 방송위, 기사위는 회부받은 때부터 48시간 이내에 심의하여 결정한 후 지체 없이 양 당사자에게 통지하여야 한다(인터넷도 48시간 이내 결정).
> - 반론보도의 인용결정 시에는 반론방송, 반론보도문의 내용·크기·횟수 등 반론보도에 필요한 사항을 함께 결정하여야 한다(인터넷위는 형식도 결정).
> - 인터넷선거보도의 경우에는 당사자 간 협의 불성립 시 반론보도 청구권자만이 인터넷위에 회부가 가능하다(인터넷언론사는 회부권한 없음): 중앙당, 시·도당, 후보자, 후보자가 되고자 하는 자가 청구권자
> - 반론보도문의 글자 수 제한규정은 폐지되었다.

④ 「언론중재 및 피해구제 등에 관한 법률」 제15조(정정보도 청구권의 행사) 제1항·제4항 내지 제7항의 규정은 반론보도 청구에 이를 **준용**한다. 이 경우 "정정보도 청구"는 "반론보도 청구"로, "정정"은 "반론"으로, "정정보도 청구권"은 "반론보도 청구권"으로, "정정보도"는 "반론보도"로, "정정보도문"은 "반론보도문"으로 본다.

> **준용조문**
> 「언론중재 및 피해구제 등에 관한 법률」 〈인터넷위 반론보도에서도 그대로 준용〉
> **제15조(정정보도 청구권의 행사)** ① 반론보도 청구는 언론사 등의 대표자에게 서면으로 하여야 하며, 청구서에는 피해자의 성명·주소·전화번호 등의 연락처를 적고, 반론의 대상인 언론보도 등의 내용 및 반론을 청구하는 이유와 청구하는 반론보도문을 명시하여야 한다. 다만, 인터넷신문 및 인터넷뉴스 서비스의 언론보도 등의 내용이 해당 인터넷 홈페이지를 통하여 계속 보도 중이거나 매개 중인 경우에는 그 내용의 반론을 함께 청구할 수 있다.
> ④ 다음 각 호의 어느 하나에 해당하는 사유가 있는 경우에는 언론사 등은 반론보도 청구를 거부할 수 있다.
> 　1. 피해자가 반론보도 청구권을 행사할 정당한 이익이 없는 경우
> 　　[피해자가 반론보도 청구권의 행사에 정당한 이익을 갖지 않는 경우(대법원 1997. 10. 28. 97다28803)]
> 　　가. 신청인이 구하는 반론보도의 내용이 이미 원문 기사를 보도한 당해 일간신문을 통하여 원문 기사와 같은 비중으로 충분한 반론보도가 이루어져 반론보도 청구의 목적이 달성된 경우와
> 　　나. 반론보도에 기재된 내용과 원문 기사에 보도된 내용이 본질적인 핵심에 관련되지 못하고 지엽말단적인 사소한 것에만 관련되어 있을 뿐이어서 이의 시정이 올바른 여론 형성이라는 본래의 목적에 기여하는 바가 전혀 없는 경우 등을 포함한다.

2. 청구된 반론보도의 내용이 명백히 사실에 반하는 경우
3. 청구된 반론보도의 내용이 명백히 위법한 내용인 경우
4. 반론보도의 청구가 상업적인 광고만을 목적으로 하는 경우
5. 청구된 반론보도의 내용이 국가·지방자치단체 또는 공공단체의 공개회의와 법원의 공개재판 절차의 사실보도에 관한 것인 경우

⑤ 언론사 등이 하는 반론보도에는 원래의 보도 내용을 반론하는 사실적 진술, 그 진술의 내용을 대표할 수 있는 제목과 이를 충분히 전달하는 데에 필요한 설명 또는 해명을 포함하되, 위법한 내용은 제외한다.
⑥ 언론사 등이 하는 반론보도는 공정한 여론형성이 이루어지도록 그 사실공표 또는 보도가 이루어진 같은 채널, 지면 또는 장소에서 같은 효과를 발생시킬 수 있는 방법으로 하여야 하며, 방송의 반론보도문은 자막(라디오방송은 제외한다)과 함께 보통의 속도로 읽을 수 있게 하여야 한다.
⑦ 방송사업자, 신문사업자, 잡지 등 정기간행물사업자 및 뉴스통신사업자는 공표된 방송보도(재송신은 제외한다) 및 방송프로그램, 신문, 잡지 등 정기간행물, 뉴스통신 보도의 원본 또는 사본을 공표 후 6개월간 보관하여야 한다.

제8조의5(인터넷선거보도심의위원회)

① **중앙선거관리위원회는 인터넷언론사** [중앙선거관리위원회와 시·도선거관리위원회는(×) 9급 22]
[구·시·군선거관리위원회는(×) 9급 21]

「신문 등의 진흥에 관한 법률」 제2조(정의) 제4호에 따른 **인터넷신문사업자**
그 밖에 정치·경제·사회·문화·시사 등에 관한 보도·논평·여론 및 정보 등을
전파할 목적으로 취재·편집·집필한 **기사**를 인터넷을 통하여 **보도·제공**하거나
매개하는 인터넷 홈페이지를 경영·관리하는 자와
이와 **유사한 언론의 기능**을 행하는 인터넷 홈페이지를 경영·관리하는 자를
말한다. 이하 같다]의
인터넷 홈페이지에 게재된 선거보도
[사설·논평·사진·방송·동영상 기타 선거에 관한 내용을 **포함**한다.
이하 이 조 및 제8조의6(인터넷언론사의 정정보도 등)에서 같다]의
공정성을 유지하기 위하여
인터넷선거보도심의위원회를 설치·운영하여야 한다.

② 인터넷선거보도심의위원회는
국회에 **교섭단체**를 구성한 정당이 추천하는 **각 1인**과
[중앙선거관리위원회에 등록한 정당이 추천하는 각 1인(×) 9급 24]

방송통신심의위원회, 언론중재위원회, 학계, 법조계, **인터넷 언론단체**
및 시민단체 등이 추천하는 자를 포함하여
중앙선거관리위원회가 위촉하는 **11인 이내의 위원으로 구성하며,** [( )인 이내의 위원 9급 18]
위원의 임기는 3년으로 한다. [○ 7급 21·20]
[임기는 2년(×) 9급 24]

이 경우 위원정수에 관하여는 제8조의2 제2항 후단을 **준용**한다.

> **준용조문**
> 제8조의2(선거방송심의위원회) ② … 이 경우 인터넷선거보도심의위원회를 구성한 후에 국회에 교섭단체를 구성한 정당의 수가 증가하여 위원정수를 초과하게 되는 경우에는 현원을 위원정수로 본다.

기출체크

국회에 교섭단체를 구성한 정당은 인터넷선거보도심의위원회 위원으로 각 1인을 추천할 수 있다. [○ 7급 13]

③ 인터넷선거보도심의위원회에 **위원장 1인**을 두되, 위원장은 위원 중에서 **호선**한다.
[○ 9급 24]

④ 인터넷선거보도심의위원회에 **상임위원 1인**을 두되,
중앙선거관리위원회가 인터넷선거보도심의위원회의 **위원 중**에서 **지명**한다. [○ 9급 24, 7급 19]
[인터넷선거보도위원회위원장이 지명(×) 7급 21]

심화학습

· 상임위원이 있는 위원회는 부위원장이 없다(인터넷위, 토론위, 여심위).

기출체크

인터넷선거보도심의위원회는 선거방송심의위원회나 선거기사심의위원회와 달리 상임위원 1인을 두어야 한다. [○ 7급 14]

⑤ 정당의 **당원**은 인터넷선거보도심의위원회의 **위원**이 **될 수 없다**.

심화학습

· 당원 배제규정은 방송위, 기사위, 토론위, 획정위도 같다(당원은 해촉 사유).

⑥ 인터넷선거보도심의위원회는 인터넷 선거보도의 정치적 중립성·형평성·
객관성 및 권리구제 기타 선거보도의 공정을 보장하기 위하여
필요한 사항을 정하여 이를 **공표하여야 한다**.

⑦ 인터넷선거보도심의위원회는 업무수행을 위하여 필요하다고 인정하는
때에는 관계 **공무원** 또는 **전문가**를 초청하여 **의견**을 듣거나
관련 기관·단체 등에 **자료** 및 **의견제출** 등 협조를 요청할 수 있다. [○ 9급 24]

⑧ 인터넷선거보도심의위원회의 사무를 처리하기 위하여
선거관리위원회 소속 공무원으로 구성하는 **사무국**을 둔다.

⑨ 인터넷선거보도심의위원회의 구성·운영, 위원 및 상임위원의 대우, 사무국의 조직·직무범위
기타 필요한 사항은 중앙선거관리위원회 규칙으로 정한다.

📢 제8조의6(인터넷언론사의 정정보도 등)

① 인터넷선거보도심의위원회는 **인터넷언론사**의 인터넷 홈페이지에 게재된
선거보도의 공정 여부를 조사하여야 하며,
조사결과 선거보도의 내용이 **공정하지 아니하다고 인정되는 때에는**
당해 인터넷언론사에 대하여 〈직접〉 해당 선거보도의 내용에 관한
정정보도문의 게재 등 필요한 조치를 명하여야 한다. [O 7급 15]

> **심화학습**
> · 인터넷위는 상설기구로 직접 인터넷언론사에 제재조치를 명한다. 여심위도 같다.
> · 방송위·기사위는 직접 제재조치를 할 수 없고, 방송통신위원회 또는 언론중재위원회를 통하여 한다.

② **정당**〈중앙당, 시·도당〉 또는
후보자(후보자가 되고자 하는 자를 포함한다. 이하 이 조에서 같다)는
인터넷언론사의 **선거보도가 불공정**하다고 인정되는 때에는
그 보도가 있음을 안 날부터 10일 이내에 [( )일 이내에 9급 18]
인터넷선거보도심의위원회에 **서면으로 이의신청**을 할 수 있다. [O 7급 21]

> **심화학습**
> · 이의신성은 인터넷위에 하고, 반론보도 청구는 인터넷언론사에 한다.
> · 정당은 방송위, 기사위에 시정요구를 할 수 없으나, 상설기구인 인터넷위에는 중앙당, 시·도당 모두 이의신청을 할 수 있다.

③ 인터넷선거보도심의위원회는 제2항의 규정에 의한 **이의신청을 받은 때에는**
지체 없이 이의신청 대상이 된 선거보도의 공정 여부를 심의하여야 하며,
심의결과 선거보도가 **공정하지 아니하다고 인정되는 때에는**
당해 인터넷언론사에 대하여 해당 선거보도의 내용에 관한
정정보도문의 게재 등 필요한 조치를 명하여야 한다.

④ 인터넷언론사의 왜곡된 선거보도로 인하여 **피해를 받은**
정당〈중앙당, 시·도당〉 또는 후보자는
그 보도의 공표가 있음을 안 날부터 10일 이내에 서면으로
당해 **인터넷언론사에 반론보도의 방송 또는**
반론보도문의 게재(이하 이 조에서 "**반론보도**"라 한다)를 **청구할 수 있다.**
이 경우 그 보도의 공표가 있은 날부터 **30일이 경과한 때에는**
반론보도를 청구할 수 없다. [O 9급 22]

> **심화학습**
>
> - 제2항은 선거보도가 **불공정**하다고 인정되는 때 ⇒ **이의신청**(정당 또는 후보자, 후보예정자가 **인터넷선거보도심의위원회**에), 제4항은 왜곡된 선거보도로 인하여 **피해**를 받은 때 ⇒ **반론보도 청구**(정당 또는 후보자, 후보예정자가 당해 **인터넷언론사**에)
> - 반론보도 청구 시에는 **피해**요건을 전제로 하며, 불공정은 반론보도 청구요건이 아니다.

⑤ **인터넷언론사**는 제4항의 청구를 받은 때에는
　지체 없이 당해 정당⟨중앙당, 시·도당⟩이나 후보자 또는 그 대리인과
　반론보도의 **형식**·내용·크기 및 횟수 등에 관하여 **협의한 후**,
　이를 청구받은 때부터 **12시간 이내**에 ⟨방송·기사는 48시간 이내⟩
　당해 **인터넷언론사의 부담**으로 반론보도를 하여야 한다. 　　　　　　[O 7급 21]

⑥ 제5항의 규정에 의한 **반론보도 협의가 이루어지지 아니하는 경우**에
　당해 **정당**⟨중앙당, 시·도당⟩ 또는 후보자는
　인터넷선거보도심의위원회에 즉시 반론보도 청구를 할 수 있으며,
　인터넷선거보도심의위원회는 이를 심의하여 **각하·기각** 또는 **인용결정**을 한 후
　당해 **정당**⟨중앙당, 시·도당⟩·후보자 및 인터넷언론사에
　그 **결정내용**을 통지하여야 한다.
　이 경우 반론보도의 **인용결정**을 하는 때에는
　그 **형식**·내용·크기·횟수 기타 필요한 사항을 **함께 결정**하여 통지하여야 하며,
　통지를 받은 **인터넷언론사**는 지체 없이 이를 **이행**하여야 한다.

> **심화학습**
>
> - 해당 위원회에 반론보도 회부권자
>   ① 방송위·기사위: 정당·후보자, 방송사·신문사 등
>   ② 인터넷위: 정당·후보자 측만(언론사는 제외)

⑦ 「언론중재 및 피해구제 등에 관한 법률」 제15조(정정보도 청구권의 행사) 제1항·제4항부터 제6항까지 및 제8항은 그 성질에 반하지 아니하는 한 인터넷언론사의 선거보도에 관한 반론보도 청구에 이를 **준용**한다. 이 경우 "정정보도 청구"는 "반론보도 청구"로, "정정"은 "반론"으로, "정정보도 청구권"은 "반론보도 청구권"으로, "정정보도"는 "반론보도"로, "정정보도문"은 "반론보도문"으로 본다.

> **준용조문**
> 「언론중재 및 피해구제 등에 관한 법률」 제15조(정정보도 청구권의 행사) ①, ④~⑥: (생략)
> 　⑧ 인터넷신문 사업자 및 인터넷뉴스 서비스사업자는 대통령령으로 정하는 바에 따라 인터넷신문 및 인터넷뉴스 서비스 보도의 원본이나 사본 및 그 보도의 배열에 관한 전자기록을 6개월간 보관하여야 한다.

조문정리

〈심의기관별 선거보도 공정성 심의 비교〉

구 분	선거방송심의위원회 (§8의2)	선거기사심의위원회 (§8의3)	인터넷선거보도심의위원회 (§8의5)
설치주체	방송통신심의위원회	언론중재위원회	중앙선거관리위원회
심의대상	방송사	신문, 정기간행물, 뉴스통신 (잡지, 정보간행물, 전자간행물, 기타간행물)	인터넷언론사 (인터넷신문 등)
심의기준	선거방송의 공정성	선거기사의 공정성	인터넷 홈페이지 선거보도의 공정성
운영기간	• 임기만료에 의한 선거: 예비후보자등록신청 개시일 전일 ~D+30 • 보궐선거 등: 선거일 전 60일(60일 후 실시사유가 확정된 후 10일) ~D+30	좌 동	상 시
심의요건 (시정요구, 이의신청)	• 직권조사 • **후보자·예정자**의 시정요구 (운영기간 중 요구 가능, 정당은 시정요구 권한 없음)	좌 동 (방송위 준용)	• 직권조사 • **정당**, 후보자·예정자의 이의 신청 (보도가 있음을 안 날부터 10일 이내)
처리기한	지체 없이 심의·의결	좌 동	지체 없이 심의
결정사항	방송법 §100① • 해당방송프로그램 정정·중지·수정 • 방송편성책임자 또는 해당 방송프로그램관계자 징계 • 주의 또는 경고	• 정정보도문 또는 반론보도문 게재 • 경고결정문 게재 (관계자 징계 조치는 없음) • 주의사실 게재 • 경고, 주의 또는 권고	• 정정보도문 게재 등 필요한 조치 명령
통보기관	방송통신위원회	언론중재위원회	**인터넷언론사에 직접 이행명령**
처리절차	방송통신위원회가 통보받은 제재조치 등을 지체 없이 명함	언론중재위원회가 정정보도문 게재 등 명령	–

조문정리

〈심의기관별 반론보도 청구 비교〉

구 분	방송사·언론사 반론보도 청구 (§8의4)	인터넷언론사 반론보도 청구 (§8의6)
청구권자	후보자(되고자 하는 자), 중앙당	후보자(되고자 하는 자), 중앙당, 시·도당
요 건	방송, 신문, 정기간행물, 뉴스통신에 공표된 인신공격, 정책의 왜곡선전 등으로 피해	인터넷언론사의 왜곡된 선거보도로 피해
청구기간	방송·기사심의위원회 설치된 때부터 선거일까지	상 시
제기기한	방송 또는 기사게재가 있음을 안 날부터 10일 이내	보도의 공표가 있음을 안 날부터 10일 이내
제척기간	방송 또는 기사게재가 있은 날부터 30일	보도의 공표가 있은 날부터 30일
	제척기간은 반론보도 청구에만 적용 (시정요구, 이의신청에는 미적용)	
청구대상 및 방법	· 해당 방송사·언론사에 · 서면으로 반론보도의 방송 또는 반론보도문의 게재 청구	· 해당 인터넷언론사에 · 좌동
협의사항	반론보도의 내용, 크기, 횟수 등	반론보도의 형식, 내용, 크기, 횟수 등
협의권자	방송사·언론사, 중앙당·후보(예정)자(대리인)	인터넷언론사, 중앙당, 시·도당, 후보(예정)자(대리인)
협의성립 (1차회부)	· 방송: 청구받은 때부터 48시간 이내에 무료로 반론보도 방송 · 정기간행물 등: 선거일까지 발행되는 편집 미완료 같은 간행물 등의 다음 발행 호에 무료로 반론보도문 게재 ⇒ 다음 발행호가 선거일 후 발행·배부되는 경우 청구받은 때부터 48시간 이내에 그 배부지역에 배부되는 일반일간신문에 해당 언론사 부담으로 게재	12시간 이내에 반론보도
보도거부	· 정당한 이익이 없는 경우 · 명백히 사실에 반하는 경우 · 명백히 위법한 내용인 경우 · 상업적인 광고만이 목적인 경우 · 국가·지방자치단체나 공공단체의 공개회의와 법원 공개재판 절차의 사실보도에 관한 것인 경우 ⇒ 「언론중재 및 피해구제 등에 관한 법률」 준용	좌 동
협의결렬 (2차회부)	해당 중앙당, 후보(예정)자, 방송사·언론사는 (대리인은 불가)	해당 중앙당, 시·도당, 후보(예정)자는 (인터넷언론사와 대리인은 불가)
	지체 없이 심의기관에 회부	즉시 심의기관에 반론보도 청구
심의기관	선거방송심의위원회, 선거기사심의위원회	인터넷선거보도심의위원회
심의결과 통지	선거방송심의위원회, 선거기사심의위원회가 직접	인터넷선거보도심의위원회가 직접
	해당 중앙당, 후보자·입후보예정자, 방송사·언론사에	해당 중앙당, 시·도당, 후보자·입후보예정자 및 인터넷언론사에
인용결정시 결정사항	반론방송·보도문의 내용·크기·횟수 기타 필요한 사항	반론보도의 형식·내용·크기·횟수 기타 필요한 사항
준 용	「언론중재 및 피해구제 등에 관한 법률」 §15①·④ 내지 ⑦	좌 동

제8조의7(선거방송토론위원회)

① 각급 선거관리위원회(읍·면·동선거관리위원회를 **제외**한다. [O 9급 21]
이하 이 조에서 같다)는
제82조의2(선거방송토론위원회 주관 대담·토론회)의 규정에 의한 **대담·토론회**와
제82조의3(선거방송토론위원회 주관 정책토론회)의 규정에 의한 **정책토론회**
(이하 이 조에서 "**대담·토론회 등**"이라 한다)를
공정하게 주관·진행하기 위하여
각각 선거방송토론위원회(이하 이 조에서 "각급 선거방송토론위원회"라 한다)를
설치·운영하여야 한다.
다만, 구·시·군선거관리위원회에 설치하는 **구·시·군선거방송토론위원회**
(이하 "구·시·군선거방송토론위원회"라 한다)는
지역구 국회의원선거구 단위 또는
「방송법」에 의한 **종합유선방송사업자의 방송권역** 단위로 **설치·운영할 수 있다**. [O 9급 22]

② 각급 선거방송토론위원회는 다음 각 호에 따라 구성하며,
위원의 임기는
제2호 후단의 경우〈구·시·군선관위 위원이 겸직〉를 제외하고는 **3년**으로 한다.
이 경우 **위원정수**에 관하여는 제8조의2 제2항 후단을 **준용**한다.

1. 중앙선거관리위원회에 설치하는 **중앙**선거방송토론위원회
   (이하 "중앙선거방송토론위원회"라 한다):
   국회에 **교섭단체**를 구성한 정당, **공영방송사**
   (한국방송공사와 「방송문화진흥회법」에 따른 방송문화진흥회가
   최다출자자인 방송사업자〈MBC〉를 말한다. 이하 같다),
   지상파방송사(공영방송사가 아닌 지상파방송사업자로서
   중앙선거관리위원회 규칙으로 정하는 방송사업자를 말한다. 이하 같다)가 포함된
   단체로서 중앙선거관리위원회 규칙으로 정하는 **단체**가 추천하는 **각 1명**,
   방송통신심의위원회·학계·법조계·시민단체가 추천하는 사람 등
   학식과 덕망이 있는 사람 중에서
   중앙선거관리위원회가 위촉하는 사람을 포함하여 11명 이내의 위원

1의2. 특별시·광역시·특별자치시·도·특별자치도(이하 "시·도"라 한다)선거관리위원회에
   설치하는 **시·도선거방송토론위원회**(이하 "시·도선거방송토론위원회"라 한다):
   국회에 **교섭단체**를 구성한 정당, **공영방송사**, **지상파방송사**가 추천하는 **각 1명**,
   방송통신심의위원회·학계·법조계·시민단체가 추천하는 사람 등
   학식과 덕망이 있는 사람 중에서
   시·도선거관리위원회가 위촉하는 사람을 포함하여 9명 이내의 위원

> **준용조문**
> 제8조의2(선거방송심의위원회) ② … 이 경우 선거방송심의위원회를 구성한 후에 국회에 교섭단체를 구성한 정당의 수가 증가하여 위원정수를 초과하게 되는 경우에는 현원을 위원정수로 본다.

심화학습
- 공영방송사 외에 지상파방송사도 선거방송토론위원회 주관 대담·토론회를 의무적으로 중계방송하도록 하고, 선거방송토론위원회의 위원을 추천할 수 있도록 하였다.

  2. **구·시·군선거방송토론위원회**:
    해당 구·시·군선거관리위원회의 **위원장** 및 **정당추천위원을 포함한 위원 3명**
    (정당추천위원의 수가 **3명 이상인 경우**에는 그 위원을 모두 포함한 수를 말한다),
    학계·법조계·시민단체·**전문언론인** 중에서
    해당 구·시·군선거관리위원회가 위촉하는 사람을 포함하여
    9명 이내의 위원.
    이 경우 구·시·군선거관리위원회 위원을 겸하는 위원의 임기는
    「선거관리위원회법」 제8조에 따른 **재임기간**으로 한다.

③ 각급 선거방송토론위원회에 **위원장 1인**을 두되, 위원장은 위원 중에서 **호선**한다.
    다만, 구·시·군선거방송토론위원회 위원장은 해당 구·시·군선거관리위원회
    위원장이 겸한다.

기출체크
❶ 구·시·군선거방송토론위원회에 위원장 1인과 상임위원 1인을 두며 위원장은 위원 중에서 호선하고 상임위원은 구·시·군선거방송토론위원회 위원장이 위원 중에서 지명한다. [× 7급 23]
❷ 구·시·군선거방송토론위원회에 위원장 1인을 두되, 위원장은 위원 중에서 호선한다. [×(구·시·군선관위원장이 겸직함) 7급 19]

④ **중앙선거방송토론위원회**에 **상임위원 1인**을 두되,
    중앙선거관리위원회가 중앙선거방송토론위원회의 **위원 중에서 지명**한다.
⑤ 정당의 **당원**은 선거방송토론위원회의 **위원이 될 수 없다.**
⑥ 중앙선거방송토론위원회는 대담·토론회 등의 주관·진행
    기타 공정성을 보장하기 위하여 **필요한 사항**을 정하여 **공표**하여야 한다.
⑦ 각급 선거방송토론위원회는
    대담·토론회 등의 업무수행을 위하여 필요한 때에는
    공영방송사 또는 **관련 기관·단체** 등에 대하여 **협조요구**를 할 수 있으며,
    그 협조요구를 받은 **공영방송사**는 **우선적**으로 이에 응하여야 한다.

⑧ **중앙**선거방송토론위원회 또는 **시·도**선거방송토론위원회에
그 사무를 처리하게 하기 위하여
선거관리위원회 소속 공무원으로 구성하는 **사무국**을 둔다.
⑨ 선거방송토론위원회는 업무수행을 위하여 **필요하다고 인정하는 때**에는
관계 행정기관 또는 관련 기관·단체 등의 장과 협의하여
그 소속 공무원 또는 임·직원을 **파견**받거나
관계 행정기관 소속 **공무원**으로 하여금
제8항의 규정에 의한 사무국의 소속 공무원의 직을 **겸임**하게 할 수 있다.
⑩ 각급 선거방송토론위원회의 구성·운영, 위원 및 상임위원의 대우, 사무국의 조직·직무
범위 기타 필요한 사항은 중앙선거관리위원회 규칙으로 정한다. [○ 9급 24]

📢 제8조의8(선거여론조사심의위원회)

① **중앙**선거관리위원회와 **시·도**선거관리위원회는 [○ 9급 22, 7급 22]
[구·시·군선거관리위원회는(×) 9급 21·20]

선거에 관한 **여론조사**의 **객관성·신뢰성**을 확보하기 위하여
선거여론조사심의위원회를 각각 설치·운영하여야 한다.
② 중앙선거관리위원회에 설치하는 선거여론조사심의위원회
(이하 "**중앙선거여론조사심의위원회**"라 한다) 및
시·도선거관리위원회에 설치하는 선거여론조사심의위원회
(이하 "**시·도선거여론조사심의위원회**"라 한다)는
국회에 **교섭단체**를 구성한 정당이 추천하는 **각 1명**과
학계, 법조계, **여론조사 관련 기관·단체의 전문가** 등을 포함하여
중립적이고 공정한 사람 중에서
중앙선거관리위원회 또는 **시·도**선거관리위원회가 **위촉**하는 사람으로
총 **9명 이내**의 **위원**으로 각각 구성하며,
위원의 **임기는 3년**으로 한다. [임기는 2년(×) 7급 21]
이 경우 **위원정수**에 관하여는 제8조의2 제2항 후단을 **준용**한다.

> **준용조문**
> 제8조의2(선거방송심의위원회) ② … 이 경우 선거여론조사심의위원회를 구성한 후에 국회에 교섭단체를 구성한 정당의 수가 증가하여 위원정수를 초과하게 되는 경우에는 현원을 위원정수로 본다.

③ 선거여론조사심의위원회에 **위원장 1명**을 두되, 위원장은 위원 중에서 **호선**한다.
④ 중앙선거여론조사심의위원회에 **상임위원 1명**을 두되,
중앙선거관리위원회가 중앙선거여론조사심의위원회의 **위원** 중에서 **지명**한다.

⑤ 정당의 **당원**은 선거여론조사심의위원회의 **위원이 될 수 없다.**

[정당의 당원도 위원이 될 수 있다(×) 9급 16, 7급 21]

⑥ **중앙**선거여론조사심의위원회는 공표 또는 보도를 목적으로 하는 선거에 관한 여론조사의 객관성·신뢰성을 확보하기 위하여 필요한 사항 (이하 "**선거여론조사기준**"이라 한다)을 정하여 **공표하여야 한다.**

⑦ 선거여론조사심의위원회의 **직무**는 다음 각 호와 같다.

  1. 제108조 제4항에 따른 **이의신청**에 대한 **심의** 및 같은 조 제7항에 따른 **등록 처리**

> **인용조문**
>
> **제108조(여론조사의 결과공표금지 등)** ③ 다음 각 호의 어느 하나에 해당하는 자를 제외하고는 누구든지 선거에 관한 여론조사를 실시하려면 여론조사의 목적, 표본의 크기, 조사지역·일시·방법, 전체 설문내용 등 중앙선거관리위원회 규칙으로 정하는 사항을 여론조사 개시일 전 2일까지 관할 선거여론조사심의위원회에 서면으로 신고하여야 한다.
> 1. ~ 7. (생략)
> ④ 관할 선거여론조사심의위원회는 제3항에 따른 신고 내용이 이 법 또는 선거여론조사기준을 충족하지 못한다고 판단되는 때에는 여론조사실시 전까지 보완할 것을 요구할 수 있다. 이 경우 보완요구에 이의가 있는 때에는 관할 선거여론조사심의위원회에 서면으로 이의신청을 할 수 있다.
> ⑦ 선거에 관한 여론조사 결과를 공표·보도하려는 때에는 그 결과의 공표·보도 전에 해당 여론조사를 실시한 선거여론조사기관이 선거여론조사기준으로 정한 사항을 중앙선거여론조사심의위원회 홈페이지에 등록하여야 한다. 이 경우 선거여론조사기관이 제3자로부터 의뢰를 받아 여론조사를 실시한 때에는 해당 여론조사를 의뢰한 자는 선거여론조사기관에 해당 여론조사 결과의 공표·보도 예정일시를 통보하여야 하며, 선거여론조사기관은 통보받은 공표·보도 예정일시 전에 해당 사항을 등록하여야 한다.

  2. 선거에 관한 **여론조사가** 이 법 또는 선거여론조사기준을 **위반**하였는지 여부에 대한 **심의 및 조치**

> **심화학습**
>
> · 심의결과 위반사항이 있으면 여심위에서 조치까지 한다(조치사항은 선관위 통보).

> **기출체크**
>
> 선거여론조사심의위원회는 전국 일간지에 게재된 선거기사의 공정 여부를 조사하고 보도된 선거에 관한 여론조사가 선거여론조사기준을 위반하였는지 심의한다.
>
> [×(선거기사의 공정 여부 조사는 선거기사심의위원회의 직무임) 9급 16]

  3. 제8조의9에 따른 **선거여론조사기관 등록 등 처리**

⑧ 다음 각 호의 어느 하나에 해당하는 여론조사는 이 법에 따른 **선거에 관한 여론조사로 보지 아니한다.**

  1. 정당이 그 대표자 등 **당직자를 선출**하기 위하여 실시하는 여론조사

[선거여론조사로 본다(×) 7급 22, ○ 7급 21]

2. **후보자(후보자가 되려는 사람을 포함한다)의 성명**이나
   정당(창당준비위원회를 포함한다)의 명칭을 나타내지 아니하고
   정책·공약 개발을 위하여 실시하는 여론조사 [O 9급 22]
3. 국회의원 및 지방의회의원이 **의정활동과 관련하여 실시하는 여론조사**.
   다만, 제60조의2 제1항에 따른 해당 선거의 **예비후보자등록신청 개시일부터**
   선거일까지 실시하는 여론조사⟨선거여론조사로 봄⟩는 **제외**한다.
   [선거에 관한 여론조사로 보지 아니한다(×) 7급 23]
4. 정치, 선거 등 분야에서 순수한 **학술·연구 목적**으로 실시하는 여론조사
5. **단체 등**이 의사결정을 위하여 그 **구성원만을 대상**으로 실시하는 여론조사

⑨ 선거여론조사심의위원회가 심의하는 **관할 여론조사**는 다음 각 호와 같다.
   1. **중앙**선거여론조사심의위원회: [시·도선거여론조사심의위원회(×) 7급 21]
      전국 또는 **2 이상 시·도의 선거구민을 대상으로 하는 여론조사** [O 7급 23·19]
   2. **시·도**선거여론조사심의위원회:
      해당 시·도의 선거구민을 대상으로 하는 여론조사

⑩ 선거여론조사심의위원회는 선거에 관한 여론조사가 이 법 또는
   선거여론조사기준을 위반하였다고 인정되는 때에는 그 위반행위를 한 자에게
   시정명령·경고·정정보도문의 게재명령 등 필요한 조치를 하되,
   [정정보도문의 게재명령은 할 수 없다(×) 7급 20]
   [사과보도문의 게재명령(×) 7급 23]

   그 위반행위가 선거의 공정성을 현저하게 해치는 것으로 인정되거나
   시정명령·정정보도문의 게재명령을 불이행한 때에는
   고발 등 필요한 조치를 하여야 하고
   이를 **관할 선거구 선거관리위원회에 통보**하여야 한다. [중앙선거관리위원회에 통보(×) 7급 23]

> **기출체크**
> 시·도선거관리위원회가 설치하는 선거여론조사심의위원회는 선거에 관한 여론조사가 「공직선거법」을 위반한 혐의가 있다고 인정되는 경우에는 중앙선거관리위원회에 통보하여야 한다.
> [×(여심위가 직접 위반행위에 대한 조치를 함) 9급 16]

⑪ 선거여론조사심의위원회가 이 법 또는 선거여론조사기준을 **위반**한 여론조사에 대하여
   조사 등을 하는 경우에는 제272조의2⟨선거범죄의 조사 등⟩를 **준용**한다.
   이 경우 "각급 선거관리위원회" 또는 "선거관리위원회"는 "선거여론조사심의위원회"로,
   "각급 선거관리위원회 위원·직원" 또는 "선거관리위원회 위원·직원"은 "선거여론조사심의위원회 위원·직원"으로, "선거범죄" 또는 "범죄"는 "선거에 관한 여론조사에 있어서 이 법 또는 선거여론조사기준 위반행위"로 본다.

⑫ 선거여론조사심의위원회는 업무수행을 위하여 필요하다고 인정하는 때에는
관계 **공무원** 또는 **전문가**를 초청하여 **의견**을 듣거나
관련 기관·단체 등에 **자료** 및 **의견 제출** 등 협조를 요청할 수 있다. [O 7급 22]

⑬ 선거여론조사심의위원회에 그 사무를 처리하기 위하여
선거관리위원회 소속 공무원으로 구성하는 **사무국**을 둘 수 있다. [O 9급 16]

⑭ 선거여론조사심의위원회의 구성·운영, 위원 및 상임위원의 대우, 사무국의 조직·직무범위, 선거여론조사기준의 공표방법, 그 밖에 필요한 사항은 중앙선거관리위원회 **규칙**으로 정한다. [O 9급 24]

제8조의9(여론조사 기관·단체의 등록 등)

① **여론조사 기관·단체**가
공표 또는 보도를 **목적**으로 **선거에 관한 여론조사**를 실시하려는 때에는
조사시스템, 분석전문인력, 그 밖에 중앙선거관리위원회 규칙으로 정하는
요건을 갖추어 관할 선거여론조사심의위원회에 서면으로 그 **등록**을 신청하여야 한다.
[O 7급 23]

② 제1항에 따른 등록신청을 받은 관할 선거여론조사심의위원회는
그 신청을 **접수한 날**부터 **7일 이내**에 등록을 **수리**하고
등록증을 **교부**하여야 한다.

③ 선거여론조사심의위원회는 제2항에 따라 등록증을 교부한
여론조사 기관·단체(이하 "**선거여론조사기관**"이라 한다)에 관한 **정보**로서
중앙선거관리위원회 규칙으로 정하는 정보를 지체 없이
중앙선거여론조사심의위원회 **홈페이지**에 **공개**하여야 한다.

> **심화학습**
>
> 「공직선거관리규칙」 제2조의2(여론조사 기관·단체의 등록 등) ⑤ 공개하여야 하는 선거여론조사기관의 정보
> 1. 명칭
> 2. 사무소의 소재지 및 전화번호
> 3. 대표자의 성명
> 4. 등록연월일

④ 제1항에 따른 등록신청 사항 중 변경이 생긴 때에는
선거여론조사기관은 **14일 이내**에
관할 선거여론조사심의위원회에 **변경등록**을 **신청**하여야 한다.

⑤ **선거여론조사기관(그 대표자 및 구성원**을 포함한다)이
다음 각 호의 어느 하나에 해당하는 경우
관할 선거여론조사심의위원회는 해당 선거여론조사기관의 **등록**을 **취소**한다.

이 경우 **제3호**에 해당하여 등록이 취소된 선거여론조사기관은
그 등록이 취소된 날부터 **1년 이내**에는 등록을 신청할 수 없다.

[1호의 경우 1년 이내에 등록신청할 수 없다(×) 9급 20]

1. **거짓**이나 그 밖의 부정한 방법으로 **등록**한 경우
2. 제1항에 따른 등록 **요건**을 갖추지 못하게 된 경우

> **심화학습**
>
> 「공직선거관리규칙」 제2조의2(여론조사 기관·단체의 등록 등) ③ 제1항 및 제2항에 따른 등록신청을 하려는 때에는 다음 각 호에서 정하는 요건을 모두 갖추어야 한다.
> 1. 전화면접조사시스템 또는 전화자동응답조사시스템
> 2. 다음 각 목의 어느 하나에 해당하는 분석전문인력 3명 이상을 포함한 5명 이상의 상근 직원. 이 경우 같은 사람을 법 제8조의9 제3항에 따른 2 이상의 선거여론조사기관의 분석전문인력으로 등록할 수 없으며, 상근직원은 등록신청을 하는 때에 3개월 이상 계속 근무하고 있어야 한다.
>   가. 여론조사 관련 분야의 학사 이상의 학위를 보유하고 여론조사 기관·단체에서 여론조사의 실시·결과분석 등 여론조사와 직접 관련된 업무를 2년 이상 수행한 사람
>   나. 사회조사분석사 자격증을 보유하고 여론조사 기관·단체에서 여론조사의 실시·결과분석 등 여론조사와 직접 관련된 업무를 3년 이상 수행한 사람
>   다. 여론조사 기관·단체에서 여론조사의 실시·결과분석 등 여론조사와 직접 관련된 업무를 5년 이상 수행한 사람
> 3. 연간(등록신청을 하는 때에는 최근 1년간을 말한다) 1억 원 이상의 여론조사 실시 매출액. 다만, 설립된 지 1년 미만인 여론조사 기관·단체의 경우 5천만 원 이상의 여론조사 실시 매출액으로 한다.
> 4. 제1호에 따른 조사시스템과 제2호에 따른 상근 직원을 수용할 수 있는 사무소

3. 선거에 관한 **여론조사**와 **관련된 죄**를 범하여 **징역형** 또는 **100만 원 이상의 벌금형**의 선고를 받은 경우 〈1년 이내 등록신청 불가〉

⑥ 등록신청서 및 등록증의 서식, 제3항에 따른 정보공개의 절차, 등록변경·등록취소 절차, 그 밖에 필요한 사항은 **중앙선거관리위원회** 규칙으로 정한다.

> **조문정리**

〈각종 위원회 구성·운영 비교〉

구 분	선거방송심의(§8의2)	선거기사심의(§8의3)	인터넷심의(§8의5)	선거방송토론(§8의7)	여론조사심의(§8의8)
설치주체	방송통신심의위원회	언론중재위원회	중앙선관위	각급 선관위 (읍·면·동 제외)	중앙선관위 시·도선관위
설치목적	선거방송 공정성	선거기사 공정성	인터넷선거 보도 공정성	선거방송 대담·토론회의 공정한 주관·진행	여론조사의 객관성·신뢰성
설치기한	· 임기만료 선거: 예비후보자 등록신청 개시일 전일~선거일 후 30일 · 보궐선거 등: 선거일 전 60일(60일 후 실시 보궐선거는 사유확정 후 10일)~선거일 후 30일	좌동	상설기관	좌동	좌동

구 분	선거방송심의(§8의2)	선거기사심의(§8의3)	인터넷심의(§8의5)	선거방송토론(§8의7)	여론조사심의(§8의8)
위원정수	9인 이내	9인 이내	11인 이내	9인 이내 (중앙 11인 이내)	중앙: 9인 이내 시·도: 9인 이내
상임위원			○	○	○
추천기관	·교섭단체 구성 정당 ·중앙선관위 ·방송사 ·방송학계 ·대한변협 ·언론인단체 ·시민단체	·교섭단체 구성 정당 ·중앙선관위 ·언론학계 ·대한변협 ·언론인단체 ·시민단체	·교섭단체 구성 정당 ·방송통신심의위원회 ·언론중재위원회 ·학계 ·법조계 ·인터넷언론단체 ·시민단체 ·중앙선관위	·교섭단체 구성 정당 ·공영방송사 〈중앙, 시·도만 지상파방송사〉 ·방송통신심의위원회 ·학계 ·법조계 ·시민단체 〈구·시·군만 전문언론인〉 ·선관위	·중앙선관위 (시·도선관위) ·교섭단체 정당 추천 각 1인 ·학계 ·법조계 ·여론조사 관련 기관·단체 (시민단체는 제외)
자격제한	위원 정당 가입 금지	좌동	당원 위촉 금지	좌동	좌동
임 기	설치기간 중	좌동	3년 (연임 가능)	좌동(겸직 구·시· 군위원 별도 임기)	3년
시행규칙	방송통신심의위원회 규칙	언론중재위원회 (규칙제정권 없이 그냥 정함)	중앙선관위 규칙	좌 동	좌 동
심의대상	·직권조사 ·후보자·입후보예정자 심의요구 ·후보자·정당 반론보도 협의결렬	좌 동	·직권조사 ·정당·후보자, 입후보예정자 이의신청 및 반론보도 청구	-	·여론조사신고 보완요구, 이의신청 심의 ·선거여론조사 심의·조치 ·여론조사기관 등록처리
권 한	불공정 보도에 제재조치 정하여 방송통신위원회에 통보	불공정 기사에 정정보도문 게재 등 결정하여 언론중재위에 통보	이의신청 심의 불공정 보도에 정정보도 등 조치	-	시정명령·경고, 정정보도문 게재명령, 고발 (선관위 통보)
외부기관 협조요구	-	-	기관·단체에 의견·자료제출 협조요청	·공영방송사, 관련기관· 단체 등에 협조 요구 ·행정기관·관련기관· 단체 등에 소속 공무원, 임·직원 파견요청	·필요시 관계공무원, 전문가 의견청취 ·기관·단체에 자료·의견제출 협조요청

제9조(공무원의 중립의무 등)

① 공무원 기타 정치적 중립을 지켜야 하는 자(기관·단체를 포함한다)는
선거에 대한 부당한 영향력의 행사 기타
선거결과에 영향을 미치는 행위를 하여서는 아니 된다.

> **심화학습**
> · 본 조의 공무원은 자유선거의 원칙과 선거에서 정당의 기회균등을 위협할 수 있는 모든 공무원을 의미한다.

기출체크

❶ 「공직선거법」상 선거중립의무를 부담하는 공무원에는 대통령, 국무총리, 국무위원, 도지사, 시장, 군수, 구청장 등 지방자치단체의 장이 포함되나 국회의원과 지방의회의원은 포함되지 않는다.(헌재 2004. 5. 14. 2004헌나1)
[O 7급 19]

❷ 「공직선거법」 제9조 제1항에 따른 공무원의 중립의무 등에 대한 설명으로 옳지 않은 것은? (다툼이 있는 경우 판례에 의함)
① 대통령은 행정부의 수반으로서 공정한 선거가 실시될 수 있도록 총괄·감독해야 할 의무가 있으므로, 당연히 선거에서의 중립의무를 지는 공직자에 해당하는 것이고, 「공직선거법」 제9조 제1항의 '공무원'에 포함된다. (헌재 2004. 5. 14. 2004헌나1)
② 정당의 대표자이자 선거운동의 주체로서의 지위로 말미암아, 선거에서의 정치적 중립성이 요구될 수 없는 국회의원과 지방의회의원은 「공직선거법」 제9조 제1항의 '공무원'에 해당하지 않는다.(헌재 2004. 5. 14. 2004헌나1)
③ 「공직선거법」 제9조 제1항은 단순한 선언적·주의적 규정이기 때문에 일반 공무원이 동 조항을 위반한 경우라도 구체적 법률효과를 발생시키지 않는다.
⇒ 일반 공무원이 이 사건 법률조항을 위반한 경우에는 직무상의 의무(다른 법령에서 공무원의 신분으로 인하여 부과된 의무 포함) 위반이나 직무태만으로 징계사유가 되고(국가공무원법 제78조 제1항 제2호), 대통령의 경우 탄핵사유가 될 수 있으므로(2004헌나1 참조) 위 법률조항의 위반에 대한 제재가 전혀 없다고 볼 수도 없다. 따라서 이 사건 법률조항이 구체적 법률효과를 발생시키지 않는 단순한 선언적·주의적 규정이라고 볼 수 없다.(헌재 2008. 1. 17. 2007헌마700)
④ 「국가공무원법」은 정무직 공무원들의 일반적인 정치활동을 허용하는 데 반하여, 「공직선거법」 제9조 제1항은 그들로 하여금 정치활동 중 '선거에 영향을 미치는 행위'만을 금지하고 있으므로, 이 법률조항은 선거영역에서의 특별법으로서 일반법인 「국가공무원법」 조항에 우선하여 적용된다.(헌재 2008. 1. 17. 2007헌마700)
[③ ×, ①②④ ○ 7급 17]

❸ 「공직선거법」 제9조(공무원의 중립의무 등)의 공무원은 모든 공무원을 포함하는 포괄적인 개념이나, 국회의원과 지방의회의원은 이에 포함되지 않는다.(헌재 2004. 5. 14. 2004헌나1)
[O 9급 16]

② 검사(군 검사를 포함한다) 또는
경찰공무원(검찰수사관 및 군 사법경찰관리를 포함한다)은
이 법의 규정에 **위반한 행위**가 있다고 인정되는 때에는
신속·공정하게 **단속·수사**를 하여야 한다.

보충개념

○ 선거에서의 공무원의 정치적 중립의무는 '국민 전체에 대한 봉사자'로서의 공무원의 지위를 규정하는 헌법 제7조 제1항, 자유선거원칙을 규정하는 헌법 제41조 제1항 및 제67조 제1항과 정당의 기회균등을 보장하는 헌법 제116조 제1항으로부터 나오는 헌법적 요청이며, 공선법 제9조는 이러한 헌법적 요청을 구체화하고 실현하는 법 규정임.(헌재 2004. 5. 14. 2004헌나1)

○ 공선법 제9조의 '공무원'은 원칙적으로 국가와 지방자치단체의 모든 공무원, 즉 좁은 의미의 직업공무원은 물론이고, 적극적인 정치활동을 통하여 국가에 봉사하는 정치적 공무원(예컨대, 대통령, 국무총리, 국무위원, 도지사, 시장, 군수, 구청장 등 지방자치단체의 장)을 포함하며, 특히 직무의 기능이나 영향력을 이용하여 선거에서 국민의 자유로운 의사형성과정에 영향을 미치고 정당 간의 경쟁관계를 왜곡할 가능성은 정부나 지방자치단체의 집행기관에 있어서 더욱 크다고 판단되므로, 대통령, 지방자치단체의 장 등에게는 다른 공무원보다도 선거에서의 정치적 중립성이 특히 요구됨. 다만 정당의 대표자이자 선거운동의 주체로서의 지위로 말미암아, 선거에서의 정치적 중립성이 요구될 수 없는 국회의원과 지방의회의원은 공선법 제9조의 '공무원'에 해당하지 않음.(헌재 2004. 5. 14. 2004헌나1)

○ '선거 결과에 영향을 미치는 행위'는 공직자가 공직상 부여되는 정치적 비중과 영향력을 국민 모두에 대하여 봉사하고 책임을 지는 그의 과제와 부합하지 않는 방법으로 사용하여 **선거에서의 득표에 영향을 미치는 행위**라고 할 것임.(헌재 2004. 5. 14. 2004헌나1)

○ 선거에 있어서의 정치적 중립의무를 위반했는지의 여부는 행위 등의 구체적 내용, 그 시기, 빈도수, 구체적 상황 등을 종합적으로 고려할 때, '공무원이 그 행위 등을 통하여 공직상 부여되는 정치적 비중과 영향력을 국민 모두에 대하여 봉사하는 그의 지위와 부합하지 않는 방법으로 사용함으로써 선거에 영향을 미쳤는지'의 판단에 달려 있음.(헌재 2004. 5. 14. 2004헌나1)

○ 일반 공무원이 공선법 제9조 제1항을 위반한 경우에는 직무상의 의무(다른 법령에서 공무원의 신분으로 인하여 부과된 의무 포함) 위반이나 직무태만으로 징계사유가 되고(국가공무원법 제78조 제1항 제2호), 대통령의 경우 탄핵사유가 될 수 있으므로(2004헌나1 참조) 위 법률조항의 위반에 대한 제재가 전혀 없다고 볼 수도 없음.(헌재 2008. 1. 17. 2007헌마700)

[2019 공직선거법규운용자료 1권 40쪽, 중앙선관위]

제10조(사회단체 등의 공명선거 추진활동)

① 사회단체 등은 선거부정을 감시하는 등 공명선거 추진활동을 **할 수 있다.**

다만, 다음 각 호의 어느 하나에 해당하는 단체는

그 명의 또는 그 대표의 명의로 공명선거 추진활동을 할 수 없다.

[심화학습]

· '공명선거 추진활동'이란 선거부정 감시는 물론 투표참여 캠페인 등 공명선거 계도 또는 홍보활동을 말한다.

1. **특별법**에 의하여 설립된 국민운동단체로서
   국가 또는 지방자치단체의 출연 또는 보조를 받는 단체
   (**바르게살기운동협의회·새마을운동협의회·한국자유총연맹**을 말한다)   [O 9급 18]

[기출체크]

❶ 특별법에 의하여 설립된 국민운동단체로서 국가 또는 지방자치단체의 출연 또는 보조를 받는 단체는 단체의 공적 성격으로 인하여 그 명의 또는 그 대표의 명의로 공명선거 추진활동을 할 수 있다.   [×(할 수 없음) 7급 19]

❷ 한국자유총연맹은 단체의 명의로 선거부정을 감시하는 등 공명선거 추진활동을 할 수 없으나, 바르게살기운동협의회는 단체의 명의로 공명선거 추진활동을 할 수 있다.   [×(할 수 없음) 7급 14]

2. **법령**에 의하여 정치활동이나 공직선거에의 관여가 **금지된 단체**

3. **후보자**(후보자가 **되고자 하는** 자를 포함한다. 이하 이 조에서 같다),
   후보자의 배우자와 후보자 또는 그 배우자의 직계존·비속과 형제자매나
   후보자의 직계비속 및 형제자매의 배우자(이하 "**후보자의 가족**"이라 한다)가
   설립하거나 **운영**하고 있는 단체

심화학습

- 후보자 가족의 범위
  ① 후보자의 배우자
  ② 후보자 또는 그 배우자의 직계존속(부모, 조부모, 외조부모, 장인, 장모)
     ⇒ 삼촌은 직계존속이 아님.
  ③ 후보자 또는 그 배우자의 직계비속(아들, 딸, 손자녀, 외손자녀)
  ④ 후보자의 형제자매(형, 누나, 동생)
  ⑤ 배우자의 형제자매(처남, 처형, 처제)
     ⇒ 처남, 처형, 처제의 배우자(처남댁, 동서 = 배우자의 형제자매의 배우자)는 「공직선거법」상 후보자의 가족이 아님.
  ⑥ 후보자의 직계비속의 배우자(며느리, 사위)
  ⑦ 후보자의 형제자매의 배우자(형수, 제수, 매형, 매제)

기출체크

❶ 후보자의 삼촌이 설립하거나 운영하고 있는 사회단체는 그 명의 또는 그 대표의 명의로 공명선거 추진활동을 할 수 있다. [O 9급 18]
❷ 후보자가 되고자 하는 자의 배우자의 형제자매의 배우자는 「공직선거법」상의 "후보자의 가족"에 해당하지 아니한다. [O 7급 14]

  4. **특정 정당**(창당준비위원회를 포함한다. 이하 이 조에서 같다) 또는
     후보자를 지원하기 위하여 설립된 단체 [O 9급 22]

심화학습

- 정당후원회, 후보자후원회, 당원연수원, 정책연구소 등을 말한다.

  5. 삭제
  6. **선거운동을 하거나 할 것을 표방한 노동조합 또는 단체**

기출체크

선거운동을 하거나 할 것을 표방한 노동조합은 그 명의로는 공명선거 추진활동을 할 수 없으나, 그 대표의 명의로는 가능하다. [×(그 명의, 대표 명의 모두 불가) 7급 14]

② 사회단체 등이 공명선거 추진활동을 함에 있어서는
   항상 **공정한 자세**를 견지하여야 하며,
   특정 정당이나 후보자의 **선거운동**에 이르지 아니하도록 유의하여야 한다.
③ 각급 선거관리위원회(읍·면·동선거관리위원회를 **제외**한다)는 사회단체 등이
   [읍·면·동선거관리위원회는(×) 7급 14]
   불공정한 활동을 하는 때에는 **경고·중지** 또는 **시정명령**을 하여야 하며,
   그 행위가 **선거운동**에 이르거나 선거관리위원회의 중지 또는 **시정명령을**
   이행하지 아니하는 때에는 고발 등 필요한 조치를 하여야 한다.

제10조의2(공정선거지원단)

① 각급 선거관리위원회(읍·면·동선거관리위원회는 **제외**한다)는
　　　　　　　　　　　　　　　　　　　　　　　[읍·면·동선거관리위원회는(×) 9급 21]

　선거부정을 감시하고 **공정선거**를 **지원**하기 위하여 공정선거지원단을 둔다.　　[O 9급 13]

② 공정선거지원단은 **선거운동을 할 수 있는 자**로서

　정당의 **당원이 아닌** 중립적이고 공정한 자 중에서 중앙선거관리위원회

　규칙으로 정하는 바에 따라 **10명 이내**로 구성한다. ⟨일반지원단⟩

　다만, 선거일 전 60일

　(선거일 전 60일 후에 실시사유가 확정된 보궐선거 등의 경우

　그 선거의 실시사유가 **확정된 때**)부터 **선거일 후 10일**까지는

　중앙선거관리위원회 및 **시·도**선거관리위원회는 **10인 이내의**,　　[20인 이내의(×) 7급 24]

　구·시·군선거관리위원회는

　20인 이내의 인원을 **추가**하여 구성할 수 있다. ⟨선거지원단⟩

③ 삭제, ④ 삭제, ⑤ 삭제

⑥ 공정선거지원단은 관할 선거관리위원회의 **지휘를 받아** 이 법에 위반되는

　행위에 대하여 **증거자료를 수집**하거나 **조사활동**을 할 수 있다. [조사활동을 할 수는 없다(×) 9급 22]
　　　　　　　　　　　　　　　　　　　　　　　　　　　　　　　　[O 7급 24, 9급 14]

> **심화학습**
> · 공정선거지원단원은 지휘 없이 독단적인 판단으로 증거자료를 수집하거나 조사활동을 할 수 없다.

⑦ 공정선거지원단의 소속원에 대하여는

　예산의 범위 안에서 수당 또는 실비를 지급할 수 있다.　　[지급할 수 없다(×) 9급 21]

⑧ 공정선거지원단의 구성·활동방법 및 수당·실비의 지급 기타 필요한 사항은 중앙선거관리
　위원회 규칙으로 정한다.

제10조의3(사이버 공정선거지원단)

① **중앙**선거관리위원회는　　[구·시·군선거관리위원회는 사이버 공정선거지원단을 설치·운영하여야 한다(×) 9급 21]

　인터넷을 이용한 선거부정을 감시하고 공정선거를 지원하기 위하여

　중앙선거관리위원회 규칙으로 정하는 바에 따라 **5인 이상 10인 이하**로

　구성된 사이버 공정선거지원단을 설치·운영**하여야 한다**.　　[O 9급 13]

　다만, 선거일 전 60일

　(선거일 전 60일 후에 실시사유가 확정된 보궐선거 등의 경우

　그 선거의 실시사유가 **확정된 때**)부터 **선거일 후 10일**까지는

　10인 이내의 인원을 **추가**하여 구성할 수 있다.　　[O 9급 22]

② **시·도선거관리위원회는** 인터넷을 이용한 선거부정을 감시하고 공정선거를 지원하기 위하여 **선거일 전 120일**(선거일 전 120일 후에 실시사유가 확정된 보궐선거 등에 있어서는 그 선거의 실시사유가 **확정된 후 5일**)부터 **선거일까지 30인 이내로 구성된** 사이버 공정선거지원단을 설치·운영**하여야 한다.**   [○ 7급 24, 9급 24·21]
[중앙, 시·도 각각 상시 설치·운영(×) 9급 20]
[중앙, 시·도 각각 최대 30명으로 구성 가능(×) 9급 20]
[( )인 이내로 구성된 9급 18]

> **심화학습**
> · 구·시·군선관위에는 사이버 공정선거지원단이 없다.

③ 사이버 공정선거지원단은 정당의 당원이 아닌 중립적이고 공정한 자로 구성한다.   [정당의 당원이라 하더라도(×) 9급 20]
[선거운동을 할 수 있는 자로서(×) 9급 13]

> **심화학습**
> · 공정선거지원단원은 관할 구역 거주요건이 없고, 사이버 공정선거지원단원은 선거운동 가능 여부도 불문한다(다만, 당원은 불가).
> · 사이버 공정선거지원단원은 외국인, 선관위 위원, 미성년자도 정당의 당원이 아닌 중립적이고 공정한 자이면 위촉이 가능하다.

④ 제10조의2 제6항부터 제8항〈제6항: 관할 선거관리위원회의 지휘를 받아 증거자료 수집 및 조사활동, 제7항: 수당 또는 실비 지급, 제8항: 필요사항은 중앙선관위 규칙으로 정함〉까지의 규정은 사이버 공정선거지원단에 **준용**한다. 이 경우 "공정선거지원단"은 "사이버 공정선거지원단"으로 본다.
[○ 7급 24]

> **기출체크**
> 공정선거지원단과 사이버 공정선거지원단은 관할 선거관리위원회의 지휘를 받아 「공직선거법」에 위반되는 행위에 대하여 증거자료를 수집할 수 있다.   [○ 9급 20·13]

> **조문정리**
>
> 〈사이버 공정선거지원단 규정 비교〉
>
> | 구 분 | 중 앙 | 시 · 도 |
> |---|---|---|
> | 일반사이버 | 5명~10명(해야 한다) | - |
> | 선거사이버 | · D-60~D+10일: 10인 이내
· 보궐선거 등:
  즉시 10인 추가(할 수 있다.) | · D-120일~D: 30인 이내
· 보궐선거 등:
  확정 후 5일부터 30인 이내(해야 한다.) |
> | 상한 인원수 | 최대 20인 | 최대 30인 |

〈공정선거지원단과 사이버 공정선거지원단 비교〉

구 분	공정선거지원단	사이버 공정선거지원단	
		중앙	시·도
주 체	각급 위원회(읍·면·동위원회 제외)		
기 간	• 일반: 상시 • 선거: D-60~D+10 (D-60 후 확정된 보선 등의 경우 확정된 때부터)	좌동	• 일반: – • 선거: D-120~D (D-120 후 확정된 보선 등의 경우 확정된 후 5일부터)
인 원	• 일반: 10인 이내 • 선거: 중앙 및 시·도 10인, 구·시·군 20인 이내	• 일반: 5인~10인 • 선거: 10인 이내	• 일반: – • 선거: 30인 이내
자 격	선거운동을 할 수 있는 자로서 당원이 아닌 중립적이고 공정한 자	당원이 아닌 중립적이고 공정한 자	
기 타	• 사이버에 준용 규정: 증거수집·조사활동(⑥), 수당·실비지급(⑦), 규칙 제정(⑧) ⇒ 기간별 인원수 외에 모두 준용 • 선거 시 사이버 공정선거지원단: 중앙은 임의적, 시·도는 의무적으로 설치 • §277의2(질병·부상 또는 사망에 대한 보상)의 대상		

제11조(후보자 등의 신분보장)

① **대통령선거의 후보자는** [국회의원선거의 후보자는(×) 7급 19]

후보자의 등록이 끝난 때부터 개표종료 시까지 사형·무기 또는

장기 7년 이상의 **징역**이나 **금고**에 해당하는 죄를 범한 경우를 제외하고는
[장기 5년 이상의(×) 9급 21]
[제16장 벌칙에 규정된 죄(×) 7급 23]

현행범인이 아니면 **체포** 또는 **구속**되지 아니하며, **병역소집**의 유예를 받는다.

심화학습
• 신분보장 기간의 개시는 후보자등록이 끝난 때 또는 신분취득 시부터이며, 종료는 모두 개표종료 시까지이다.
• 신분보장 기간은 선거기간 중에만 되는 것이 아니다(후보자등록 기간에도 등록된 때부터 보장됨).
• 현행범인은 대통령선거 후보자를 비롯하여 모든 주체가 신분보장을 받지 못한다.
• 병역소집의 유예는 모든 주체의 공통사항이다.

기출체크
대통령선거의 후보자는 후보자의 등록이 끝난 때부터 개표종료 시까지 1,000만 원 이하 벌금에 해당하는 범죄를 범하고 있는 현장에서 체포될 수 있다. [○(현행범인) 7급 18]

② **국회의원선거, 지방의회의원 및 지방자치단체의 장의 선거의 후보자는**

후보자의 등록이 끝난 때부터 개표종료 시까지 사형·무기 또는

장기 5년 이상의 **징역**이나 **금고**에 해당하는 죄를 범하였거나

제16장 벌칙에 규정된 죄를 범한 경우를 제외하고는

현행범인이 아니면 체포 또는 구속되지 아니하며, 병역소집의 유예를 받는다.

[○ 7급 23, 9급 24·20]
[선거사무장은 해당 신분을 취득한 때부터(×) 7급 23]

> **심화학습**
> - 제2항, 제3항은 선거법을 위반하면 형량에 관계없이 체포될 수 있다.
> - 제2항은 '제16장 벌칙에 규정된 범죄'이지 선거범(선거법위반죄와 국민투표법위반죄)이 아니다.

> **기출체크**
> 국회의원선거의 예비후보자는 예비후보자의 등록이 끝난 때부터 개표종료 시까지 병역소집의 유예를 받는다.
> [× 9급 21]

③ **선거사무장·선거연락소장·선거사무원·회계책임자·
투표참관인·사전투표참관인과 개표참관인**
(**예비후보자가 선임한 선거사무장·선거사무원 및 회계책임자는 제외한다**)은

[예비후보자가 선임한 선거사무장은(×) 7급 23, 9급 21]

해당 신분을 취득한 때부터 개표종료 시까지
사형·무기 또는 장기 3년 이상의 징역이나 금고에 해당하는 죄를 범하였거나
제230조부터 제235조까지 및 제237조부터 제259조까지의 죄를

〈제236조(매수와 이해유도죄로 인한 이익의 몰수)〉

〈제261조(과태료의 부과·징수 등)〉

**범한 경우를 제외하고는 현행범인이 아니면
체포 또는 구속되지 아니하며, 병역소집의 유예를 받는다.** [○ 9급 21]

> **심화학습**
> - 후보자의 배우자와 직계존·비속, 예비후보자, 예비후보자가 선임한 선거사무관계자는 신분보장 대상이 아니다.

> **기출체크**
> 개표참관인은 해당 신분을 취득한 때부터 개표종료 시까지 사형·무기 또는 장기 3년 이상의 징역이나 금고에 해당하는 죄를 범한 경우 현행범인이 아니더라도 체포 또는 구속될 수 있다. [○(공직선거법 위반 시) 7급 18]

📢 제12조(선거관리)

① **중앙선거관리위원회는** 이 법에 **특별한 규정이 있는 경우를 제외하고는**
선거사무를 통할·관리하며, 하급선거관리위원회
(**투표관리관 및 사전투표관리관을 포함한다.** 이하 이 조에서 같다) 및
제218조에 따른 **재외선거관리위원회**와 제218조의2에 따른 **재외투표관리관의**
위법·부당한 처분에 대하여 이를 **취소**하거나 **변경할 수 있다.** [○ 7급 15]

> **심화학습**
>
> • 기초의원 당선인의 재결정, 기초의원·기초단체장 소청 결정 등 시·도선위의 고유권한에 속하는 사무는 이 법에 의한 특별한 규정이 있는 것으로 보아야 할 것이다.

② **시·도선거관리위원회**는 **지방의회의원** 및 **지방자치단체의 장**의 선거에 관한 **하급**선거관리위원회⟨투표관리관, 사전투표관리관 포함⟩의 위법·부당한 처분에 대하여 이를 취소하거나 변경할 수 있다. [O 7급 22]

③ **구·시·군선거관리위원회**는 **당해 선거**에 관한 **하급**선거관리위원회⟨투표관리관, 사전투표관리관 포함⟩의 위법·부당한 처분에 대하여 이를 취소하거나 변경할 수 있다. [O 7급 18]

④ 이 법에 규정된 **구·시·군선거관리위원회**에는 그 성질에 반하지 아니하는 범위에서 **세종특별자치시선거관리위원회**가 **포함**된 것으로 본다.

📢 제13조(선거구 선거관리)

① 선거구 선거사무를 행할 선거관리위원회
(이하 "**선거구 선거관리위원회**"라 한다)는 다음 각 호와 같다.

1. **대통령**선거 및 비례대표 전국선거구국회의원
(이하 "**비례대표 국회의원**"이라 한다)선거의 선거구 선거사무는
중앙선거관리위원회 [O 9급 23, 7급 15]

2. 특별시장·광역시장·특별자치시장·도지사(이하 "**시·도지사**"라 한다)
선거와 비례대표선거구시·도의회의원(이하 "**비례대표 시·도의원**"이라 한다)
선거의 선거구 선거사무는
시·도선거관리위원회

3. 지역선거구 국회의원(이하 "**지역구 국회의원**"이라 한다)선거,
지역선거구 시·도의회의원(이하 "**지역구 시·도의원**"이라 한다)선거,
지역선거구 자치구·시·군의회의원
(이하 "**지역구 자치구·시·군의원**"이라 한다)선거,
비례대표선거구 자치구·시·군의회의원
(이하 "**비례대표 자치구·시·군의원**"이라 한다)선거
및 자치구의 구청장·시장·군수(이하 "**자치구·시·군의 장**"이라 한다)선거의
선거구 선거사무는
그 **선거구역을 관할**하는 **구·시·군선거관리위원회** [O 9급 23]
[제29조(지방의회의원의 **증원선거**) 제3항 또는
「선거관리위원회법」 제2조(설치) 제6항의 규정에 의하여

선거구 선거사무를 행할 구·시·군선거관리위원회가 **지정된 경우**에는 그 지정을 받은 구·시·군선거관리위원회를 말한다]

> **기출체크**
>
> 특별시장·광역시장·도지사선거와 지역선거구 국회의원선거의 선거구 선거사무는 시·도선거관리위원회가 행한다.
> [×(선거구역 관할 구·시·군선관위) 7급 19]

② 제1항에서 **"선거구 선거사무"**라 함은 선거에 관한 사무 중
  후보자등록 및 당선인 결정 등과 같이
  당해 선거구를 단위로 행하여야 하는 선거사무를 말한다. [○ 9급 23]

③ **선거구** 선거관리위원회 또는 **직근 상급**선거관리위원회는
  선거관리를 위하여 특히 필요하다고 인정하는 때에는
  중앙선거관리위원회가 정하는 바에 따라 당해 선거에 관하여
  관할 선거구 안의 선거관리위원회가 행할 **선거사무의 범위를 조정**하거나
  하급선거관리위원회 또는 그 위원으로 하여금
  선거구 선거관리위원회의 직무를 행하게 할 수 있다.

④ 제3항의 규정에 의하여 선거구 선거사무를 행하는 **하급선거관리위원회의 위원**은
  선거구 선거관리위원회 위원의 **정수에 산입하지 아니하며**,
  선거구 선거관리위원회의 **의결에 참가할 수 없다.** [정수에 산입하며, 의결에 참여할 수 있다(×) 9급 23]

⑤ **구·시·군선거관리위원회 또는 읍·면·동선거관리위원회**가
  천재·지변 기타 부득이한 사유로 그 기능을 수행할 수 없는 때에는
  직근 상급선거관리위원회는 **직접** 또는 **다른** 선거관리**위원회**로 하여금
  당해 선거관리위원회의 기능이 회복될 때까지
  그 선거사무를 **대행**하거나 **대행**하게 할 수 있다.
  다른 선거관리위원회로 하여금 대행하게 하는 경우에는
  대행할 업무의 범위도 함께 정하여야 한다. [○ 9급 23]

⑥ 제5항의 규정에 의하여 선거사무를 대행하거나 대행하게 한 때에는
  대행할 선거관리위원회와 그 업무의 범위를 지체 없이 공고하고,
  상급선거관리위원회에 **보고**하여야 한다.

> **보충개념**
>
> ○ **지방선거사무를 선거관리위원회가 관리하는 이유**
> 지방선거사무를 독립기구가 아닌 해당 지방자치단체 스스로가 담당하도록 한다면, 지방의회의원이나 지방자치단체장은 현재 자신들의 지위와 권한을 이용하여 자신들에게 유리하도록 편파적으로 선거관련 직무를 집행하거나 관련 법규를 적용할 염려가 있고, 직원들을 선거운동에 동원하여 선거의 형평성과 공정성을 해치는 행위를 할 우려도 있음. 이에 우리 헌법은 각종 선거 및 투표관리 등에 관한 사무를 일반 행정업무와 기능적으로 분리해 이를 선거결과에 대

> 하여 이해관계가 있는 개인, 집단 또는 기관의 영향으로부터 차단된 독립된 헌법기관에 맡김으로써 일반 행정관서의 부당한 선거 간섭을 제도적으로 배제 내지 견제할 수 있도록 하고 있음.
> 지방선거사무는 지방자치단체의 사무에 속하는 사항이지만, 그 사무가 갖는 여러 가지 특성 때문에 지방자치단체가 이를 처리하기에는 어려운 점이 있고, 이에 관련 법령들은 지방선거의 관리 사무를 정파를 초월한 중립기구인 선거관리위원회가 하도록 하고 있으며, 이것이 헌법상 또는 법률상 금지되어 있는 것은 아님.(헌재 2008. 6. 26. 2005헌라7)
> [2019 공직선거법규운용자료 1권 73쪽, 중앙선관위]

조문정리

〈선거사무의 조정·대행 및 기능대행 비교〉

구 분	선거사무의 조정·대행(§13③)	읍·면·동위원회 대행사무 지정(§13③)	위원회의 기능대행(§13⑤⑥)
주 체	· 선거구(직근 상급 승인 필요) · 직근 상급선관위	구·시·군	직근 상급선관위 (시·도 ⇒ 중앙, 구·시·군 ⇒ 시·도)
객 체	· 조정: 관할 선거구 안의 선관위 · 대행: 하급선관위, 그 위원	읍·면·동선관위, 위원	직접, 동급의 다른 선관위
사 유	선거관리를 위하여 특별히 필요하다고 인정하는 때	좌 동	구·시·군선관위 또는 읍·면·동선관위가 천재·지변 기타 부득이한 사유로 기능수행 불능 시
방 법	중앙이 정하는 바에 의함	좌 동	
지정기한		D-30	
내 용		· 대행할 직무범위 · 대행기간 · 기타 필요한 사항	· 당해 선관위의 기능이 회복될 때까지 기능 대행 · 다른 선관위로 하여금 대행하게 하는 경우 대행할 업무범위도 함께 정함
기 타	조정·대행에 의해 선거구사무를 행하는 하급 위원은 선거구 위원정수에 미산입 및 선거구 의결에 참가 불가	공고	공고, 상급선관위에 보고

📢 제14조(임기개시)

① 대통령의 임기는 **전임대통령의 임기만료일의 다음 날 0시부터** 개시된다.
　　다만, 전임자의 임기가 만료된 후에 실시하는 선거와
　　궐위로 인한 선거에 의한 대통령의 임기는 **당선이 결정된 때부터 개시된다.** [○ 9급 17, 7급 13]

② 국회의원과 지방의회의원(이하 이 항에서 "의원"이라 한다)의 임기는
　　총선거에 의한 전임의원의 **임기만료일의 다음 날부터** 개시된다.
　　　　　　　　　　　　　　　　　　　　　[당선이 결정된 날의 다음 날부터 개시된다(×) 7급 13]

다만, 의원의 **임기가 개시된 후에 실시하는 선거**와 지방의회의원의
증원선거에 의한 의원의 임기는 **당선이 결정된 때**부터 개시되며
전임자 또는 같은 종류의 의원의 **잔임기간**으로 한다. [O 9급 15, 7급 13]

③ **지방자치단체의 장의 임기는**
전임지방자치단체의 장의 **임기만료일의 다음 날**부터 개시된다.
다만, 전임지방자치단체의 장의 **임기가 만료된 후에 실시하는 선거**와
제30조(지방자치단체의 **폐치·분합** 시의 선거 등) 제1항 제1호 내지 제3호에 의하여
새로 선거를 실시하는 지방자치단체의 장의 임기는
당선이 결정된 때부터 개시되며
전임자 또는 같은 종류의 지방자치단체의 장의 **잔임기간**으로 한다.

> **심화학습**
> · 임기(4년, 5년)는 헌법과 지방자치법에 규정되어 있으며, 공선법에 규정된 것은 아니다.

> **기출체크**
> 전임 지방자치단체장의 임기가 만료되기 전에 선거가 실시된 경우에 지방자치단체의 장의 임기는 전임 지방자치단체장의 임기만료일부터 개시된다. [×(전임 지방자치단체장의 임기만료일의 다음 날부터 개시됨) 7급 13]

제 2 장 선거권과 피선거권

제15조	선거권	53
제16조	피선거권	55
제17조	연령산정기준	56
제18조	선거권이 없는 자	57
제19조	피선거권이 없는 자	60

📢 제15조(선거권)

① **18세 이상의 국민은 대통령 및 국회의원의 선거권이 있다.** [O 7급 22]

다만, 지역구 국회의원의 선거권은
18세 이상의 국민으로서 제37조 제1항에 따른 **선거인명부 작성기준일 현재**
다음 각 호의 어느 하나에 해당하는 사람에 한하여 인정된다.

1. 「주민등록법」 제6조 제1항 제1호〈거주자〉 또는
   제2호〈거주불명자〉에 해당하는 사람으로서
   해당 국회의원 지역선거구 안에 주민등록이 되어 있는 사람

2. 「주민등록법」 제6조 제1항 제3호〈재외국민〉에 해당하는 사람으로서
   주민등록표에 3개월 이상 계속하여 올라 있고
   해당 국회의원 지역선거구 안에 주민등록이 되어 있는 사람

> **✓ 인용조문**
>
> 「**주민등록법**」 **제6조(대상자)** ① 시장·군수 또는 구청장은 30일 이상 거주할 목적으로 그 관할 구역에 주소나 거소(이하 "거주지"라 한다)를 가진 다음 각 호의 사람(이하 "주민"이라 한다)을 이 법의 규정에 따라 등록하여야 한다. 다만, 외국인은 예외로 한다.
> 1. 거주자: 거주지가 분명한 사람(제3호의 재외국민은 제외한다.)
> 2. 거주불명자: 제20조 제6항에 따라 거주불명으로 등록된 사람
> 3. 재외국민: 「재외동포의 출입국과 법적 지위에 관한 법률」 제2조 제1호에 따른 국민으로서 「해외이주법」 제12조에 따른 영주귀국의 신고를 하지 아니한 사람 중 다음 각 목의 어느 하나의 경우
>   가. 주민등록이 말소되었던 사람이 귀국 후 재등록 신고를 하는 경우
>   나. 주민등록이 없었던 사람이 귀국 후 최초로 주민등록 신고를 하는 경우

> **심화학습**
>
> - 선거권은 국적 요건, 연령 요건, 주민등록 요건의 제한이 있다.
> - 본 조는 보통선거의 원칙을 규정하고 있다(일정한 연령이 되면 '누구에게나' 선거권을 부여).
> - 18세 이상의 국민은 대통령, 국회의원의 선거권이 있다. 단, 지역구 국회의원의 선거권은 선거구 내에 주민등록 요건이 추가된다.

> **기출체크**
>
> ❶ 보통선거란 제한선거에 대응하는 것으로 사회적 신분, 인종, 성별, 종교, 교육 등을 요건으로 하지 않고 일정한 연령에 달한 모든 국민에게 선거권을 인정하는 제도를 말한다.(헌재 1997. 6. 26. 96헌마89) [O 7급 16]
> ❷ 선거권을 제한하는 입법은 헌법 제24조에 의해서 곧바로 정당화될 수는 없고, 헌법 제37조 제2항의 규정에 따라 국가안전보장·질서유지 또는 공공복리를 위하여 필요하고 불가피한 예외적인 경우에만 그 제한이 정당화될 수 있으며, 그 경우에도 선거권의 본질적인 내용은 침해할 수 없다.(헌재 2007. 6. 28. 2004헌마644, 2005헌마360) [O 7급 24]

② **18세 이상으로서 제37조 제1항에 따른 선거인명부 작성기준일 현재**
다음 각 호의 어느 하나에 해당하는 사람은 <u>그 구역에서 선거하는</u>

지방자치단체의 **의회의원 및 장의 선거권**이 있다.

1. 「주민등록법」 제6조 제1항 제1호⟨거주자⟩ 또는
   제2호⟨거주불명자⟩에 해당하는 사람으로서
   해당 지방자치단체의 **관할 구역에 주민등록**이 되어 있는 사람
2. 「주민등록법」 제6조 제1항 제3호⟨재외국민⟩에 해당하는 사람으로서
   주민등록표에 3개월 이상 계속하여 올라 있고
   해당 지방자치단체의 **관할 구역에 주민등록**이 되어 있는 사람
3. 「출입국관리법」 제10조에 따른
   영주의 체류자격 취득일 후 3년이 경과한 외국인으로서 같은 법
   제34조에 따라 해당 지방자치단체의 외국인등록대장에 올라 있는 사람

[피선거권이 있다(×) 9급 23]

기출체크

❶ 「출입국관리법」에 따른 영주의 체류자격 취득일 후 3년이 경과한 19세 이상의 외국인으로서 선거인명부 작성 기준일 현재 해당 지방자치단체의 외국인등록대장에 올라 있는 사람은 지방자치단체의 의회의원 및 장 선거의 선거인명부에 포함된다. ⇒ 18세 이상으로 개정 [○ 7급 18]

❷ 지방자치단체의 장 선임방법은 '선거'로 규정되어 왔고, 지방자치단체의 장을 선거로 선출하여 온 우리 지방자치제의 역사에 비추어 볼 때, 지방자치단체의 장에 대한 주민직선제 이외의 다른 선출방법을 허용할 수 없다는 관행과 이에 대한 국민적 인식이 광범위하게 존재한다고 볼 수 있으므로 지방자치단체의 장 선거권 역시 다른 선거권과 마찬가지로 헌법 제24조에 의해 보호되는 기본권으로 인정하여야 한다.(헌재 2016. 10. 27. 2014헌마797) [○ 7급 18]

❸ 「출입국관리법」 제10조에 따른 영수의 체류자격 취득일 후 3년이 경과한 외국인은 대통령선거의 선거권이 인정된다. [×(외국인은 지방선거의 선거권만 인정됨) 9급 15]

❹ 「출입국관리법」에 따라 5년 이상 국내에 체류하여 영주자격(F-5)을 취득한 날 후 3년이 경과한 외국인으로서 해당 지방자치단체의 외국인등록대장에 올라 있는 사람에게 지방자치단체의 의회의원 및 장의 선거권이 인정된다. [○ 7급 15]

보충개념

○ 국민주권의 원리와 선거를 통한 국민의 참여를 위하여 헌법 제24조는 모든 국민에게 법률이 정하는 바에 의하여 선거권을 보장하고 있고, 헌법 제11조는 정치적 생활영역에서의 평등권을 규정하고 있으며, 또한 헌법 제41조 제1항 및 제67조 제1항은 국회의원선거와 대통령선거에 있어서 보통·평등·직접·비밀선거의 원칙을 보장하고 있음.(헌재 2007. 6. 28. 2004헌마644)

○ 선거권의 제한은 헌법 제24조에 의해서 곧바로 정당화 될 수는 없고, 헌법 제37조 제2항의 규정에 따라 국가안전보장·질서유지 또는 공공복리를 위하여 필요하고 불가피한 예외적인 경우에만 그 제한이 정당화 될 수 있으며, 그 경우에도 선거권의 본질적인 내용을 침해할 수 없음.(헌재 1999. 1. 28. 97헌마253 등)

○ 헌법 제1조의 국민주권주의에 따라 대한민국 국민이 아닌 자는 원칙적으로 선거권의 권리 주체가 될 수 없음.(헌재 2010. 11. 2. 2010헌마626)

[2019 공직선거법규운용자료 1권 76쪽, 중앙선관위]

📢 제16조(피선거권)

① **선거일 현재 5년 이상 국내에 거주하고 있는 40세 이상의 국민은 대통령의 피선거권이 있다.** [O 7급 22]
이 경우 **공무로 외국에 파견된 기간과 국내에 주소를 두고 일정기간 외국에 체류한 기간은 국내 거주기간으로 본다.** [O 9급 15]

> **심화학습**
> · 5년 이상 국내 거주기간은 '계속하여 5년'이 아니라 '합산기간 5년'의 개념이다.

② **18세 이상의 국민은 국회의원의 피선거권이 있다.**

> **기출체크**
> ❶ 지방의회의원 및 지방자치단체의 장의 대의기관으로서의 지위와 권한, 복잡화되고 전문화되어 가는 지방자치단체의 사무 등을 고려할 때, 그 피선거권 연령도 반드시 국회의원의 피선거권 연령보다 낮아야 한다고 보기 어렵다.[헌재 2018. 6. 28. 2017헌마362, 2018헌마406(병합)] [O 7급 19]
> ❷ 국회의원의 피선거권 행사연령을 설정함에 있어서도 평균적인 국민이 독자적인 경제생활의 주체로서 경제활동을 영위할 수 있고, 남자의 경우 자신의 신체적 능력에 부합하는 병역의무를 성실히 수행할 수 있는 연령과 기간이 고려되어야 한다.(헌재 2005. 4. 28. 2004헌마219) [O 9급 13]

③ **선거일 현재 계속하여 60일 이상** [계속하여 90일 이상(×) 9급 13]
(공무로 외국에 파견되어 선거일 전 60일 후에 **귀국한 자는 선거인명부 작성기준일부터 계속하여 선거일까지**) 해당 지방자치단체의 관할 구역에 주민등록이 되어 있는 주민으로서 **18세 이상의 국민은** 그 **지방의회의원 및 지방자치단체의 장의 피선거권이 있다.** [O 7급 22]
이 경우 **60일의 기간**은 그 지방자치단체의 **설치·폐지·분할·합병** 또는 **구역변경**(제28조 각 호의 어느 하나에 따른 구역변경을 포함한다)에 의하여 **중단되지 아니한다.**

> **심화학습**
> · 주민등록만 되어 있으면 반드시 실제 거주하여야 하는 것은 아니며, 지방선거 피선거권의 60일 이상 거주요건은 보궐선거 등도 동일하다.
> · 이 거주요건으로 인하여 직업의 자유 내지 공무담임권이 제한될 수는 있어도 거주·이전의 자유가 제한되었다고 볼 수는 없다.(헌재 1996. 6. 26. 96헌마200)

기출체크

❶ 국회의원 및 지방의회의원 선거에서 피선거권의 연령을 25세 이상으로 정한 「공직선거법」 규정은 25세 미만인 자의 공무담임권 및 평등권을 침해한다. ☞ 18세 이상으로 개정 [× 9급 15]
⇒ 입법자가 국회의원 및 지방의회의원에게 요구되는 능력 및 이러한 능력을 갖추기 위하여 요구되는 교육과정 등에 소요되는 최소한의 기간, 선출직공무원에게 납세 및 병역의무의 이행을 요구하는 국민의 기대와 요청을 고려하여 국회의원 및 지방의회의원의 피선거권 행사연령을 25세 이상으로 정한 것은 합리적이고 입법형성권의 한계 내에 있으므로 25세 미만인 사람의 공무담임권 및 평등권을 침해한다고 볼 수 없다.(헌재 2013. 8. 29. 2012헌마288)

❷ 지방자치단체의 장의 피선거권 자격요건으로서 60일 이상 당해 지방자치단체의 관할구역 내에 주민등록이 되어 있을 것을 요구하는 것은 공무담임권을 침해하지 않는다.(헌재 1996. 6. 26. 96헌마200) [O 7급 24]

④ 제3항 전단의 경우에 **지방자치단체의 사무소 소재지가**
　다른 지방자치단체의 관할 구역에 있어 해당 지방자치단체의 장의 주민등록이
　다른 지방자치단체의 관할 구역에 있게 된 때에는
　해당 지방자치단체의 관할 구역에 주민등록이 되어 있는 것으로 본다.

심화학습

· 제4항에 해당하는 경우: 옹진군청(인천광역시 미추홀구 소재)
· 제4항은 현직 지방자치단체의 장에게만 해당되는 규정이고, 이 경우 피선거권은 있으나 해당 지방자치단체 관할 구역의 선거인명부 등재가 불가능해 선거권은 없게 된다.
· 국내거주 여부를 불문하고 재외국민도 국회의원선거의 피선거권이 있다.(O)

보충개념

○ 피선거권은 공무담임의 전제가 되는 것으로 피선거권을 누구에게, 어떤 조건으로 부여할 것인지는 입법자가 그의 입법형성권의 범위 내에서 스스로 정할 사항이지만, 이때에도 헌법이 피선거권을 비롯한 공무담임권을 기본권으로 보장하는 취지와 대의민주주의 통치 질서에서 선거가 가지는 의미와 기능이 충분히 고려되어야 한다는 헌법적인 한계가 있음.(헌재 2005. 4. 28. 2004헌마219)
○ 지방선거 피선거권에 거주요건을 둔 것은 헌법이 보장한 주민자치를 원리로 하는 지방자치제도에 있어서 지연적 관계를 고려하여 당해 지역사정을 잘 알거나 지역과 사회적·지리적 이해관계가 있어 당해 지역행정에 대한 관심과 애향심이 많은 사람에게 피선거권을 부여함으로써 지방자치행정의 민주성과 능률성을 도모함과 아울러 우리나라 지방자치제도를 정착시키고자 한 것임.(헌재 2004. 12. 16. 2004헌마376)

[2019 공직선거법규운용자료 1권 89쪽, 중앙선관위]

제17조(연령산정기준)

선거권자와 피선거권자의 **연령은 선거일 현재**로 산정한다. [사전투표일 현재(×) 9급 23]

심화학습

· 선거운동은 행위 시를 기준으로 하므로 선거일에 선거권이 있더라도 그 이전의 선거운동 시점에 18세 미만인 자는 선거운동을 할 수 없다.
· **「민법」 제158조(나이의 계산과 표시)** 나이는 출생일을 산입하여 만(滿) 나이로 계산하고, 연수(年數)로 표시한다. 다만, 1세에 이르지 아니한 경우에는 월수(月數)로 표시할 수 있다.

> **기출체크**
>
> 「공직선거법」 제17조 중 '선거권자의 연령은 선거일 현재로 산정한다.' 부분은 입법형성권의 한계를 벗어난 자의적인 입법으로 볼 수 없으므로 청구인의 선거권이나 평등권을 침해하지 않는다.(헌재 2021. 9. 30. 2018헌마300) [O 7급 23]

📢 제18조(선거권이 없는 자)

① 선거일 현재 다음 각 호의 어느 하나에 해당하는 사람은 선거권이 없다.

  1. **금치산선고를 받은 자**

> **심화학습**
>
> • "금치산선고를 받은 자"는 2011. 3. 7. 개정(2013. 7. 1. 시행)된 「민법」 부칙 제2조(금치산자 등에 관한 경과조치) 제2항에 따라 법 시행일부터 5년이 경과한 때 그 금치산자의 선고는 장래를 향하여 그 효력이 상실되므로, 2018. 7. 1.부터 선거권 및 피선거권이 제한되지 아니함.(출처: 중앙선관위 선거법령정보 http://law.nec.go.kr 「공직선거법」 제18조 운용자료)
> ⇒ 2011. 3. 7. 「민법」 개정(시행 2013. 7. 1. 법률 제10429호, 2011. 3. 7. 일부개정)으로 한정치산자·금치산자제도가 폐지되고 성년후견제도가 도입됨.

  2. <일반범으로> **1년 이상**의 **징역 또는 금고**의 형의 선고를 받고 [징역 또는 금고(×) 7급 22]

    그 집행이 종료되지 아니하거나

    그 집행을 받지 아니하기로 확정되지 아니한 사람.

    다만, 그 형의 **집행유예**를 선고받고

    유예기간 중에 있는 사람<선거권 있음>은 **제외**한다. [O 9급 23]

> **심화학습**
>
> • 「공직선거법」 제18조 제1항 제2호 중 '유기징역 또는 유기금고의 선고를 받고 그 집행유예기간 중인 자'에 관한 부분은 헌법에 위반된다.(헌재 2014. 1. 28. 2012헌마409) ⇐ 일반범
> • 「공직선거법」 제18조 제1항 제2호 중 '유기징역 또는 유기금고의 선고를 받고 그 집행이 종료되지 아니한 자(수형자)'에 관한 부분은 헌법에 합치되지 아니한다.(헌재 2014. 1. 28. 2012헌마409) ⇐ 일반범

> **기출체크**
>
> ❶ 실정법을 위반하여 1년 이상의 징역형의 선고를 받고 집행 중에 있는 사람이라고 하여 선거권을 제한하는 것은 수형자를 정상적이고 자유로운 사회생활에 복귀시키기 위한 목적에 부응하거나 수반하는 것이라고 볼 수 없어 이와 같은 선거권 제한조치는 헌법적으로 허용될 수 없다.[헌재 2017. 5. 25. 2016헌마292·568(병합)]
> [×(선거권을 침해하지 않음) 7급 19]
>
> ❷ 범죄자에게 형벌의 내용으로 선거권을 제한하는 경우에도 선거권 제한 여부 및 적용범위의 타당성에 관하여 보통선거원칙에 입각한 선거권 보장과 그 제한의 관점에서 헌법 제37조 제2항에 따라 엄격한 비례심사를 하여야 한다.(헌재 2014. 1. 28. 2012헌마409) [O 9급 17]

❸ 1년 이상의 징역형을 선고받고 그 집행이 종료되지 않은 사람의 선거권을 제한하는 것은 해당 수형자의 선거권을 침해한 것이다. [×(침해하지 않음) 7급 17]
⇒ 1년 이상의 징역형을 선고받은 사람의 선거권을 제한함으로써 형사적·사회적 제재를 부과하고 준법의식을 강화한다는 공익이, 형 집행기간 동안 선거권을 행사하지 못하는 수형자 개인의 불이익보다 작다고 할 수 없다. 따라서 심판대상조항은 과잉금지원칙을 위반하여 청구인의 선거권을 침해하지 아니한다.[헌재 2017. 5. 25. 2016헌마292,568(병합)]
❹ 乙은 절도죄로 2015년 4월 13일 대구지방법원에서 징역 1년, 집행유예 2년을 선고받았다. 乙은 형의 선고를 받고 그 집행이 종료되지 아니하였기 때문에 제20대 국회의원선거(2016. 4. 13. 실시)에서 선거권을 갖지 못한다. [×(일반범으로 집행유예기간 중에 있는 사람은 선거권이 있음) 7급 16]

3. 선거범, 「정치자금법」 제45조(정치자금부정수수죄)

및 제49조(선거비용관련 위반행위에 관한 벌칙)에 **규정된 죄를 범한 자**

또는 **대통령·국회의원·지방의회의원·지방자치단체의 장으로서**

그 재임 중의 직무와 관련하여

「**형법**」(「특정범죄가중처벌 등에 관한 법률」 제2조〈뇌물죄의 가중 처벌〉에

의하여 가중 처벌되는 경우를 **포함한다**) 제129조(수뢰, 사전수뢰) 내지

제132조(알선수뢰)·「특정범죄가중처벌 등에 관한 법률」

제3조(알선수재)에 **규정된 죄를 범한 자로서,**

100만 원 이상의 벌금형의 선고를 받고 그 형이 확정된 후 5년 또는

형의 **집행유예**의 선고를 받고 그 형이 **확정**된 후 **10년**을 경과하지 아니하거나

징역형의 선고를 받고

그 **집행을 받지 아니하기로 확정된 후** 또는

그 형의 집행이 **종료**되거나 **면제**된 후 **10년을 경과하지 아니한 자**

(**형이 실효된 자도 포함한다**)

> **심화학습**
> · 「정치자금법」 제45조 위반죄로 집행유예 1년의 형을 선고받고 그 형이 확정된 후 2년을 경과한 자는 선거권이 없다.(O)
> · 집행유예 선고를 받은 선거범 등은 10년 이내에 형이 실효된 자라 하더라도 10년간 선거권이 제한된다.
> · 형의 종류: 사형, 징역, 금고, 자격상실, 자격정지, 벌금, 구류, 과료, 몰수

> **기출체크**
> ❶ 지방의회의원으로서 그 재임 중의 직무와 관련하여 「특정범죄가중처벌 등에 관한 법률」상의 알선수재죄를 범한 자로서 징역형의 선고를 받고 그 집행을 받지 아니하기로 확정된 후 10년을 경과하지 아니한 자는 선거권이 없다. [O 9급 17]
> ❷ 익산시장 丙은 2010년 재임 중 직무와 관련하여 「형법」 제129조의 수뢰죄를 범하여 1년의 징역형을 선고받고 그 집행을 받지 아니하기로 확정되었다. 丙은 제20대 국회의원선거(2016. 4. 13. 실시)에서 선거권을 갖는다. [×(10년을 경과하지 않아 선거권이 없음) 7급 16]

❸ 丁이 2013년 4월 14일에「정치자금법」제45조 위반으로 100만 원의 벌금형을 선고받고 그 형이 확정되었다면 제20대 국회의원선거(2016. 4. 13. 실시)에서 선거권을 갖지 못한다. [○ 7급 16]

❹「공직선거법」상 선거일 현재 선거권이 없는 자에 해당하지 않는 것은? ⇒ §18①
 ① 강도죄를 범하여 징역 3년 형의 선고를 받고 그 형기를 모두 마치고 출소한 자
 ②「국민투표법」위반의 죄를 범한 자로서, 형의 집행유예의 선고를 받고 그 형이 확정된 후 10년을 경과하지 아니한 자
 ③ 지방의회의원으로 재임하던 중 직무와 관련하여「형법」상 수뢰죄를 범한 자로서, 100만 원 이상의 벌금형의 선고를 받고 그 형이 확정된 후 5년을 경과하지 아니한 자
 ④「정치자금법」상 정치자금부정수수죄를 범한 자로서, 징역형의 선고를 받고 그 형의 집행이 종료된 후 10년을 경과하지 아니한 자
[① 있음, ②③④ 없음 9급 14]

❺ 선거범죄로 100만 원 이상의 벌금형의 선고를 받고 그 형이 확정된 후 5년을 경과하지 아니한 자는 선거권이 없다고 규정한「공직선거법」상 선거권제한조항은 공정한 선거를 보장하고 선거범에 대하여 사회적 제재를 부과하며 일반국민에 대하여 선거의 공정성에 대한 의식을 제고하려는 목적을 달성하는 데 적합한 수단이지만, 이를 통해 달성하려는 '선거의 공정성 확보 등' 공익은 제한적인데 반해 선거권을 행사하지 못함으로써 침해되는 개인의 사익 및 민주주의 선거제도의 공익적 가치가 더 크다고 할 것이므로 법익의 균형성이 인정되지 않으므로 헌법에 위반된다. [× 7급 24]
⇒ 청구인들의 선거권을 침해하지 아니한다.(헌재 2022. 3. 31. 2019헌마986)

 4. 법원의 판결 또는 다른 법률에 의하여 선거권이 정지 또는 상실된 자
② 제1항 제3호에서 **"선거범"**이라 함은
 제16장 벌칙에 규정된 죄와「국민투표법」위반의 죄를 범한 자를 말한다.
③「형법」제38조에도 불구하고
 제1항 제3호에 규정된 죄〈선거범, 정치자금 범죄, 부패죄 등〉**와**
 다른 죄의 경합범에 대하여는 이를 분리 선고하고,
 선거사무장·선거사무소의 회계책임자
 (선거사무소의 회계책임자로 **선임·신고되지 아니한 사람으로서**
 후보자와 통모(通謀)**하여 해당 후보자의 선거비용으로 지출한 금액이**
 선거비용제한액의 3분의 1 이상에 해당하는 사람을 포함한다) 또는
 후보자(후보자가 **되려는 사람을 포함한다**)**의 직계존·비속 및 배우자에게**
 제263조〈선거비용의 초과지출로 인한 당선무효〉**및**
 제265조〈선거사무장 등의 선거범죄로 인한 당선무효〉**에 규정된 죄와**
 이 조 제1항 제3호〈선거범, 정치자금 범죄, 부패죄 등〉**에 규정된 죄의 경합범으로**
 징역형 또는 300만 원 이상의 벌금형을 선고하는 때
 (선거사무장, 선거사무소의 회계책임자에 대하여는
 선임·신고되기 전의 행위로 인한 경우를 포함한다)에는
 이를 분리 선고하여야 한다.

심화학습

- 이 규정은 경합되는 범죄 간에 양형에 영향을 주지 않도록 하기 위한 조항이다(당선무효 등과 직결).
- 「형법」 §38(경합범과 처벌예)에 의하면 경합범은 중하게 처벌하거나 가중 처벌하도록 하고 있다.
- 제1항 제3호에 규정된 죄끼리의 경합범은 분리 선고하지 못한다.(대법원 2011. 11. 24. 2011도9865)
- §263와 §265에 규정된 죄끼리의 경합범도 분리 선고하지 못한다.(대법원 2011. 8. 18. 2011도6311)
- 「형의 실효 등에 관한 법률」 제7조(형의 실효) ① 수형인이 자격정지 이상의 형을 받지 아니하고 형의 집행을 종료하거나 그 집행이 면제된 날부터 다음 각 호의 구분에 따른 기간이 경과한 때에 그 형은 실효된다. 다만, 구류(拘留)와 과료(科料)는 형의 집행을 종료하거나 그 집행이 면제된 때에 그 형이 실효된다.
  1. 3년을 초과하는 징역·금고: 10년
  2. 3년 이하의 징역·금고: 5년
  3. 벌금: 2년
  ② 하나의 판결로 여러 개의 형이 선고된 경우에는 각 형의 집행을 종료하거나 그 집행이 면제된 날부터 가장 무거운 형에 대한 제1항의 기간이 경과한 때에 형의 선고는 효력을 잃는다. 다만, 제1항 제1호 및 제2호를 적용할 때 징역과 금고는 같은 종류의 형으로 보고 각 형기(刑期)를 합산한다.

보충개념

- "형의 선고를 받고 그 집행이 종료되지 아니한 자"란 1년 이상의 징역 또는 금고의 형의 선고를 받고 복역 중에 있는 자나 가석방 된 자로서 형기나 잔여형기를 경과하지 아니한 자를 말함.
- "집행을 받지 아니하기로 확정되지 아니한 자"란 1년 이상의 징역 또는 금고의 형의 선고를 받은 자로서 형의 시효에 의하여 형의 집행이 면제될 때까지 사이의 자, 일반사면 또는 특별사면에 의하여 형의 선고의 효력을 상실하거나 형의 집행이 면제되기까지 사이의 자 등을 말함. 징역 또는 금고의 형을 선고받고 그 집행유예 기간 중인 자도 '집행을 받지 아니하기로 확정되지 아니한 자'에 해당하나, 헌법재판소의 위헌결정으로 더 이상 선거권 결격자가 아님.(헌재 2014. 1. 28. 2012헌마409, 2013헌마167)
  ⇒ 2015. 8. 13. 공선법 개정으로 '형의 집행유예를 선고받고 유예기간 중에 있는 사람은 제외한다'고 명시적으로 규정함.
- "법원의 판결에 의하여 선거권이 정지 또는 상실된 자"라 함은 「형법」 제43조(형의 선고와 자격상실, 자격정지) 또는 제44조(자격정지)의 규정에 의하여 전부 또는 일부의 선거권에 관하여 자격정지 또는 자격상실을 선고받은 자를 말함.
- 선거범과 다른 죄의 경합범에 대하여는 「형법」 제38조의 규정에도 불구하고 이를 분리 심리하여 따로 선고하여야 한다고 규정하고 있는 취지는 선거범이 아닌 다른 죄가 선거범의 양형에 영향을 미치는 것을 최소화하기 위하여 단지 「형법」 제38조의 적용을 배제하고 분리 심리하여 형을 따로 선고하여야 한다는 것임.(대법원 1999. 4. 23. 99도636)

[2019 공직선거법규운용자료 1권 97쪽, 중앙선관위]

제19조(피선거권이 없는 자)

선거일 현재 다음 각 호의 어느 하나에 해당하는 자는 **피선거권이 없다.**

1. 제18조(선거권이 없는 자) 제1항 제1호·제3호 또는 제4호에 해당하는 자

심화학습

- 선거권이 없는 자는 원칙적으로 피선거권도 없다.

기출체크

법원의 판결에 의하여 선거권이 정지된 자는 피선거권이 없다. [O 9급 17]

2. 금고 이상의 형의 선고를 받고 그 형이 실효되지 아니한 자 [○ 9급 23]

> **심화학습**
> - 선거권이 없는 자: 1년 이상의 징역 또는 금고로 복역 중인 자 등(집행유예를 선고받은 자는 제외, §18①2)
> - 일반범의 경우 금고 이상의 형이 아닌 벌금형은 형이 실효(= 실효기간 2년)되지 아니한 경우라도 피선거권이 있다.
> - 일반범은 징역형의 집행유예기간이 종료되면 곧바로 형이 실효되므로 피선거권이 있다.
> - 「형법」 §62① 단서조항 중 '금고 이상의 형의 선고를 받아'라는 의미는 실형의 선고만을 지적하는 것이 아니고 형의 집행유예를 선고받은 경우도 포함한다.

3. 법원의 판결 또는 다른 법률에 의하여 피선거권이 정지되거나 상실된 자

> **기출체크**
> 지방자치단체장에 대한 선거권을 행사함에 있어서 투표할 대상자가 스스로 또는 법률상의 제한〈3연임 제한〉으로 입후보를 하지 아니하는 경우 입후보자의 입장에서 공무담임권 제한의 문제가 발생하겠지만, 선거권자로서는 후보자의 선택에 있어서의 간접적이고 사실상의 제한에 불과할 뿐 그로 인하여 선거권자가 자신의 선거권을 행사함에 있어서 침해를 받게 된다고 보기 어렵다.[지방자치법 제87조 제1항 위헌확인(헌재 2006. 2. 23. 2005헌마403)]
> [○ 7급 19]

4. 「국회법」 제166조(국회 회의 방해죄)의 죄를 범한 자로서
다음 각 목의 어느 하나에 해당하는 자(형이 **실효된 자**를 포함한다)

가. **500만 원 이상의 벌금형**의 선고를 받고 그 형이 확정된 후 **5년**이
경과되지 아니한 자 〈선거권은 있음〉　　　　　　　　　[10년이 경과되지 아니한 자(×) 9급 17]

나. 형의 **집행유예**의 선고를 받고 그 형이 확정된 후 **10년**이
경과되지 아니한 자 〈선거권은 있음〉

다. **징역형**의 선고를 받고　　　　　　　　　　　　　　　[금고형(×) 9급 15]
그 집행을 받지 아니하기로 확정된 후 또는
그 형의 집행이 종료되거나 면제된 후 **10년**이 경과되지 아니한 자 [○ 7급 24]
〈선거권은 일반범과 같이 1년 미만은 있고, 1년 이상은 없다.〉

> **인용조문**
> 「국회법」 제166조(국회 회의 방해죄) ① 제165조를 위반하여 국회의 회의를 방해할 목적으로 회의장이나 그 부근에서 폭행, 체포·감금, 협박, 주거침입·퇴거불응, 재물손괴의 폭력행위를 하거나 이러한 행위로 의원의 회의장 출입 또는 공무 집행을 방해한 사람은 5년 이하의 징역 또는 1천만 원 이하의 벌금에 처한다.
> ② 제165조를 위반하여 국회의 회의를 방해할 목적으로 회의장 또는 그 부근에서 사람을 상해하거나 폭행으로 상해에 이르게 하거나, 단체 또는 다중의 위력을 보이거나 위험한 물건을 휴대하여 사람을 폭행 또는 재물을 손괴하거나, 공무소에서 사용하는 서류, 그 밖의 물건 또는 전자기록 등 특수매체기록을 손상·은닉하거나 그 밖의 방법으로 그 효용을 해한 사람은 7년 이하의 징역 또는 2천만 원 이하의 벌금에 처한다.

5. 제230조 제6항의 죄〈정당의 후보자추천 관련 금품수수 금지〉를 범한 자로서
벌금형의 선고를 받고 그 형이 확정된 후

제2장 선거권과 피선거권

10년을 경과하지 아니한 자(형이 실효된 자도 포함한다)

〈제230조⑥의 죄: 5년 이하의 징역 또는 500만 원 이상 3천만 원 이하의 벌금〉

〈선거권은 선거범의 벌금형에 해당하는 자이므로 5년간만 제한〉

심화학습

- §230⑥ 위반은 5년 이하의 징역 또는 500만 원 이상 3천만 원 이하의 벌금에 처한다.

기출체크

❶ 「공직선거법」상 국회의원선거에서 피선거권이 없는 사람은?(단, 주어진 조건 외에 다른 것은 고려하지 않는다.)
  ① 「형법」상 수뢰죄를 범하여 선고된 징역형의 집행이 종료된 후 선거일 현재 10년 3개월째인 45세의 甲
  ② 「국민투표법」 위반의 죄를 범하여 선고된 250만 원의 벌금형이 확정된 후 선거일 현재 9년 11개월째인 39세의 乙
  ③ 「형법」상 폭행죄를 범하여 선고된 300만 원의 벌금형이 확정된 후 선거일 현재 「형의 실효 등에 관한 법률」에 따라 2년이 경과하여 형이 실효된 30세의 丙
  ④ 「국회법」상 국회 회의 방해죄를 범하여 형의 집행유예를 선고받고 그 형이 확정된 후 선거일 현재 5년 1개월째인 40세의 丁
    [④ 없음(10년이 경과되어야 함), ① 있음(징역형 10년 경과), ② 있음(벌금형 5년 경과), ③ 있음(일반범의 벌금형) 9급 18]

❷ 선거일 현재 피선거권이 없는 자를 모두 고르면?
  ① 금고 이상의 형의 선고를 받고 그 형이 실효되지 아니한 자
  ② 강도죄로 2년의 징역형을 선고받고 그 집행이 종료되지 아니한 자
  ③ 선거범으로서 100만 원 이상의 벌금형의 선고를 받고 그 형이 확정된 후 5년을 경과하지 아니한 자
  ④ 법원의 판결에 의하여 피선거권이 정지된 자
    [①②③④ 없음 7급 13]

조문정리

〈선거권과 피선거권 제한〉

구 분		선거권 제한	피선거권 제한
일반범	벌금형	-	-
	집행유예	-	집행유예기간 중 제한
	징역(금고)형	1년 이상: 형 집행·종료·면제까지 제한 (1년 미만: 제한 없음)	금고 이상의 형 실효 시까지 제한 (형 실효기간 ⇒ 3년 이하 징역·금고: 5년, 3년 초과 징역·금고: 10년)
선거범 등	벌금형	100만 원 이상: 형 확정일로부터 5년간 제한(형이 실효된 자 포함)	
	집행유예	집행유예기간 경과해도 형 확정일로부터 10년간 제한 (형이 실효된 자 포함)	
	징역(금고)형	형 집행·종료·면제된 후 10년간 제한(형이 실효된 자 포함)	
국회회의 방해죄	벌금형	-	500만 원 이상: 형 확정일로부터 5년간 제한(형이 실효된 자 포함)
	집행유예	-	집행유예기간 경과해도 형 확정일로부터 10년간 제한(형이 실효된 자 포함)
	징역형	(일반범의 형량으로 판단)	형 집행·종료·면제된 후 10년간 제한(형이 실효된 자 포함)
기타		법원의 판결 또는 다른 법률에 의하여 선거권이 정지 또는 상실된 자	법원의 판결 또는 다른 법률에 의하여 피선거권이 정지되거나 상실된 자
		(선거범의 벌금형 형량으로 판단)	§230⑥의 죄를 범한 자로서 벌금형: 형 확정일로부터 10년간 제한 (형이 실효된 자 포함)

보충개념

○ "형이 실효되지 아니한 자"라 함은 「형의 실효 등에 관한 법률」 제7조에 의한 형의 실효가 되지 아니한 자, 「형법」 제81조의 규정에 의한 재판상의 실효선고를 받지 아니한 자, 「형법」 제65조의 규정에 의하여 집행유예기간이 경과되지 아니한 자, 「사면법」에 의한 형의 선고의 효력을 상실시키는 사면을 받지 아니한 자 등을 말함.

[2019 공직선거법규운용자료 1권 118쪽, 중앙선관위]

제 3 장 선거구역과 의원정수

제20조	선거구	65
제21조	국회의 의원정수	66
제22조	시·도의회의 의원정수	66
제23조	자치구·시·군의회의 의원정수	67
제24조	국회의원선거구 획정위원회	67
제24조의2	국회의원 지역구 확정	69
제24조의3	자치구·시·군의원선거구 획정위원회	70
제25조	국회의원 지역구의 획정	71
제26조	지방의회의원선거구의 획정	72
제27조	임기 중 국회의원 지역구를 변경한 때의 선거유예	74
제28조	임기 중 지방의회의 의원정수의 조정 등	74
제29조	지방의회의원의 증원선거	77
제30조	지방자치단체의 폐치·분합 시의 선거 등	78
제31조	투표구	80
제32조	구역의 변경 등	80

제20조(선거구)

① **대통령** 및 **비례대표 국회의원**은 **전국**을 단위로 하여 선거한다.

② **비례대표 시·도의원**은 **당해 시·도**를 단위로 선거하며, [전국을 단위로(×) 9급 14]
   비례대표 자치구·시·군의원은 당해 **자치구·시·군**을 단위로 선거한다.

> **기출체크**
>
> 대통령 및 비례대표 국회의원은 전국을 단위로 하여 선거하며, 비례대표 시·도의원은 당해 시·도를 단위로 선거한다.
> [○ 7급 14]

③ **지역구 국회의원, 지역구 지방의회의원**
   (**지역구 시·도의원** 및 **지역구 자치구·시·군의원**을 말한다. 이하 같다)은
   당해 **의원**의 **선거구**를 단위로 하여 선거한다.

④ **지방자치단체의 장**은 당해 **지방자치단체의 관할 구역**을 단위로 하여 선거한다.

> **심화학습**
>
> - **선거구제**
>   선거구제란 한 선거구에서 몇 명의 대표자를 선출할 것인지에 관한 문제로서 선거인단을 지역단위로 분할하는 방식을 말하며, 선거구제와 관련하여 논의가 되는 것은 국회의원이나 지방의회의원과 같이 다수인을 선출하는 대의제와 관련된다.
>
> - **선거구제의 유형**

유형	장점	단점
소선거구제 (1구 1명)	· 다수당의 출현으로 정국안정 · 지방적 명망가에 유리 · 선거인의 후보자파악 용이 · 선거비용의 비교적 소액지출 · 선거범죄규제 용이 · 선거관리의 용이	· 지방적 세력가의 당선으로 의원의 질 저하 · 신진인사의 진출에 불리 · 과다한 사표의 발생 · 선거운동의 과열화 · 선거간섭·정실·매수의 가능성 · 게리맨더링의 우려
중선거구제 (1구 2~4명)	· 비교적 광범위한 지역에 기반을 둔 인물진출 가능 · 선거구역의 과대·과소에 따른 각종 결점 완화 · 대정당, 소정당에 공정한 진출이 용이	· 동일정당 내의 당원끼리 다투는 폐해발생 우려 · 보궐선거나 재선거 실시 곤란, 후보자의 식별 곤란 · 선거간섭·정실·매수 기타 부정방지 곤란 · 선거비용이 비교적 많이 소요
대선거구제 (1구 5명 이상)	· 신진인사나 새로운 정당의 진출이 용이 · 전국적인 인물의 당선이 용이 · 사표의 감소 · 정실·매수 등의 부정방지 용이 · 정당정치의 발전과 선거과열 방지	· 군소정당의 출현으로 정국불안정 우려 · 선거비용 과다 소요 · 후보자난립의 우려 · 선거결과에 대한 무관심으로 투표율 저조 우려 · 선거공영이나 재선거, 보궐선거의 실시 및 선거관리 곤란
혼합선거구제 (1구 1명 또는 1구 2명 이상)	· 대·소선거구제의 결점을 상호 보완 · 득표율과 의석비 간의 편차가 적고 선거구 불평등문제 해소 · 정당정치의 발전과 선거과열 방지	· 경우에 따라서 각 선거구제의 단점만 나타날 우려 · 선거구획정 방식에 따라 집권 정당에 유리

제21조(국회의 의원정수)

① 국회의 의원정수는 **지역구 국회의원 254명**과
비례대표 국회의원 46명을 합하여 **300명**으로 한다. 〈개정 24. 3. 8.〉

> **심화학습**
> · 헌법 제41조에서는 국회의원의 최소 정수(200인 이상)만을 직접 정하고, 선거구제와 비례대표제에 관한 사항은 법률에 위임하고 있다.
> · 시·도별 국회의원 최소정수 3인의 규정은 삭제되었다.

② 하나의 국회의원지역선거구(이하 "**국회의원 지역구**"라 한다)에서 선출할
국회의원의 정수는 **1인**으로 한다. 〈소선거구제〉

제22조(시·도의회의 의원정수)

① 시·도별 지역구 시·도의원의 **총 정수**는 그 관할 구역 안의 **자치구·시·군**
(하나의 자치구·시·군이 **2 이상**의 국회의원 지역구로 된 경우에는
국회의원 지역구를 말하며,　　　　　　　　　　　　　　　　　　[행정구역을 말하며(×) 7급 19]
행정구역의 변경으로 국회의원 지역구와 행정구역이 합치되지 아니하게 된 때에는
행정구역을 말한다) 수의 **2배수**로 하되,　　　　　　　[국회의원 지역구를 말한다, 3배수(×) 7급 19]
인구·행정구역·지세·교통, 그 밖의 조건을 고려하여
100분의 20의 범위에서 **조정**할 수 있다.　　　　　　　　　　　　　　　　　　　[○ 7급 16]
다만, 인구가 **5만명 미만**인 자치구·시·군의 지역구시·도의원정수는
최소 1명으로 하고,
인구가 **5만명 이상**인 자치구·시·군의 지역구시·도의원정수는
최소 2명으로 한다.　　　　　　　　　　　　　　　　　　　　　　　　　　　[○ 7급 22]

② 제1항에도 불구하고 「지방자치법」 제10조 제2항에 따라 **시와 군을 통합**하여
도농복합형태의 시로 한 경우에는 시·군 통합 후 **최초로 실시**하는
임기만료에 의한 시·도의회의원선거에 한하여
해당 시를 관할하는 **도의회의원의 정수** 및 해당 시의 **도의회의원의 정수**는
통합 전의 수를 고려하여 이를 정한다.

③ 제1항 및 제2항의 기준에 의하여 산정된 〈지역구〉 의원정수가
19명 미만이 되는 **광역시 및 도**는 그 정수를 **19명**으로 한다.　　　[○ 9급 18, 7급 19]
　　　　　　　　　　　　　　　　　　　　　　　[의원정수는 19명 미만이 될 수 있다(×) 7급 16]

④ **비례대표 시·도의원정수**는 제1항 내지 제3항의 규정에 의하여
산정된 **지역구 시·도의원정수의 100분의 10**으로 한다.
이 경우 **단수는 1**로 본다.

다만, 산정된 **비례대표** 시·도의원정수가 **3인 미만인 때**에는 **3인**으로 한다.
[비례대표 시·도의원정수가 3인 미만일 수 있다(×) 7급 16]

> **심화학습**
> - 시·도별 시·도의원 총 정수는 공선법 [별표 2]에 있는 해당 시·도의 **지역구** 의원정수에 그 10%를 추가로 비례대표 의원정수로 합하여 정한다(최소 3인).
> - 기초의원의 경우 공선법 [별표 3]에 있는 시·도별 자치구·시·군의원 총 정수에서 **자치구·시·군별로** 비례대표 의원정수로 10%를 먼저 떼어 놓고, 나머지로 지역구 의원정수를 정한다(별표 3의 시·도별 기초의원 총 정수는 지역구와 비례대표 의원정수를 합한 수임).

📢 제23조(자치구·시·군의회의 의원정수)

① 시·도별 자치구·시·군의회 의원의 **총 정수**〈지역구+비례대표〉는
별표 3과 같이 하며, 자치구·시·군의회의 **의원정수**는
당해 **시·도의 총 정수 범위 내**에서 제24조의3의 규정에 따른
당해 시·도의 **자치구·시·군의원 선거구 획정위원회**가
자치구·시·군의 **인구**와 **지역대표성**을 고려하여
중앙선거관리위원회 규칙이 정하는 기준에 따라 **정한다**. [당해 시·도의 조례로 정한다(×) 9급 18]

② 자치구·시·군의회의 **최소정수는 7인**〈지역구+비례대표〉으로 한다. [○ 7급 19]

③ **비례대표** 자치구·시·군의원 정수는
자치구·시·군의원 **정수의 100분의 10**으로 한다.
이 경우 **단수는 1**로 본다. [○ 9급 18, 7급 19]

> **심화학습**
> - 자치구·시·군의원 정수는 대통령령으로 정한다(×): 2016. 3. 11. 대통령령 폐지.
> - 시·도별 자치구·시·군의원의 총 정수는 「공직선거법」[별표 3]에 규정되어 있다.(○)
> - 비례대표 자치구·시·군의원 정수는 지역구 자치구·시·군의원 정수의 10%로 한다.(×)

📢 제24조(국회의원선거구 획정위원회)

① 국회의원 지역구의 공정한 획정을 위하여
임기만료에 따른 국회의원선거의 선거일 전 18개월부터 [선거일 전 ( )개월부터 9급 16]
해당 국회의원선거에 적용되는 국회의원 지역구의 명칭과 그 구역이
확정되어 효력을 발생하는 날까지 [효력이 발생된 후 실시한 첫 선거의 선거일까지 운영(×) 7급 17]
[선거일 후 30일까지 운영(×) 7급 21]
국회의원선거구 획정위원회를 설치·운영한다. [○ 9급 19]

② 국회의원선거구 획정위원회는 **중앙선거관리위원회에 두되**, [국회에 둔다(×) 9급 15]
직무에 관하여 **독립**의 **지위**를 가진다.

③ 국회의원선거구 획정위원회는 중앙선거관리위원회 위원장이 위촉하는
9명의 위원으로 구성하되, **위원장**은 위원 중에서 **호선**한다.
④ 국회의 소관 **상임위원회** 또는 선거구획정에 관한 사항을 심사하는
특별위원회(이하 이 조 및 제24조의2에서 "위원회"라 한다)는
중앙선거관리위원회 위원장이 지명하는 **1명**과
학계·법조계·언론계·시민단체·정당 등으로부터 추천받은 사람 중 **8명**을
의결로 선정하여 국회의원선거구 획정위원회 **설치일 전 10일까지** [설치일 전 5일까지(×) 7급 21]
중앙선거관리위원회 위원장에게 **통보**하여야 한다. [○ 9급 17]
⑤ **중앙**선거관리위원회 **위원장**은 국회의원선거구 획정위원회
위원의 결원이 발생하는 때에는 위원회〈상임위 또는 특위〉에
위원을 **선정**하여 통보하여 줄 것을 **요청**하여야 한다.
이 경우 위원의 선정 등에 관하여는 제4항〈위원회 의결로 선정·통보〉을 **준용**한다.
⑥ 국회의원선거구 획정위원회 **위원의 임기**는
국회의원선거구 **획정위원회의 존속기간**〈지역구 효력발생일까지〉으로 한다.
⑦ **국회의원** 및 정당의 **당원**(제1항에 따른
국회의원선거구 획정위원회의 설치일부터 과거 1년 동안
정당의 **당원이었던 사람**을 포함한다)은
위원이 될 수 없다. [○ 9급 19, 7급 21·17]
⑧ 위원은 **명예직**으로 하되, 위원에게 일비·여비 그 밖의 실비를 지급할 수 있다. [○ 9급 20]
⑨ 국회의원선거구 획정위원회로부터 선거구획정업무에 필요한 **자료의 요청**을
받은 **국가기관** 및 **지방자치단체**는 지체 없이 이에 **따라야 한다**.
⑩ 국회의원선거구 획정위원회는 국회의원 지역구를 획정함에 있어서
국회에 의석을 가진 정당에게 [의석을 갖지 못한 정당에게도(×) 9급 19]
선거구획정에 대한 **의견진술의 기회**를 **부여**하여야 한다. [등록된 정당에게(×) 9급 15]

> **심화학습**
> · 국회에 의석을 가진 정당의 권한
>   ① 국회의원, 자치구·시·군의회의원 선거구 획정 시 의견진술권
>   ② 당내경선 등을 위한 휴대전화 가상번호 신청권(§57의8①)

⑪ 국회의원선거구 획정위원회는 제25조 제1항에 규정된 기준에 따라 작성되고
재적위원 3분의 2 이상의 찬성으로 의결한 [재적위원 과반수의 찬성(×) 7급 19]
선거구획정안과 그 이유 및 그 밖에 필요한 사항을 기재한 보고서를
임기만료에 따른 국회의원선거의 **선거일 전 13개월까지** [선거일 전 12개월까지(×) 7급 21]
국회의장에게 **제출**하여야 한다.

⑫ 국회의원선거구 획정위원회에 그 사무를
지원하기 위한 조직(이하 "**지원 조직**"이라 한다)을
국회의원선거구 획정위원회 **설치일 전 30일**부터 둘 수 있다.
이 경우 지원 조직은 **중앙선거관리위원회 소속 공무원**으로 구성하되,
국회의원선거구 획정위원회가 설치된 후 필요하다고 판단되면
국회의원선거구 획정위원회 위원장은
관계 **국가기관**에 그 소속 공무원의 **파견**을 **요청**할 수 있다.
⑬ 국회의원선거구 획정위원회 **위원** 또는 **위원이었던 사람**은
그 직무상 알게 된 **비밀**을 **누설**하여서는 아니 된다.
국회의원선거구 획정위원회 **지원 조직의 직원** 또한 같다.
⑭ 그 밖에 국회의원선거구 획정위원회 및 지원 조직의 운영 등에 필요한 사항은
중앙선거관리위원회 규칙으로 정한다.

제24조의2(국회의원 지역구 확정)

① **국회**는 국회의원 **지역구**를 선거일 전 **1년**까지 확정하여야 한다.　　　　[○ 9급 19]
　　　　　　　　　　　　　　　　　　　　　　　　　　　　　　　　　[선거일 전 15개월까지 확정(×) 7급 20]
② **국회의장**은 제24조 제11항〈보고서를 임기만료에 따른 국회의원선거의
선거일 전 13개월까지 국회의장에게 제출〉에 따라 제출된 **선거구 획정안**을
위원회〈상임위 또는 특위〉에 **회부**하여야 한다.
③ 제2항에 따라 선거구 획정안을 회부받은 **위원회**는 이를 **지체 없이 심사**하여
국회의원 지역구의 **명칭**과 그 **구역**에 관한 규정을 개정하는 법률안
(이하 "**선거구 법률안**"이라 한다)을 **제안**하여야 한다.
이 경우 위원회는
국회의원선거구 **획정위원회**가 제출한 **선거구 획정안**을 그대로 반영하되,
선거구 획정안이 제25조 제1항의 **기준**〈국회의원지역구 획정기준〉에
명백하게 위반된다고 판단하는 경우에는
그 이유를 붙여 **재적위원 3분의 2 이상의 찬성**으로
국회의원선거구 획정위원회에 **선거구 획정안**을 다시 제출하여 줄 것을
한 차례만 요구할 수 있다.
④ 제3항에 따른 요구를 받은 국회의원선거구 획정위원회는
그 **요구를 받은 날부터 10일 이내**에 새로이 선거구 획정안을 마련하여
국회의장에게 제출하여야 한다.
이 경우 선거구 획정안의 위원회 회부에 관하여는 제2항을 **준용**한다.

⑤ 선거구 법률안 중 **국회의원 지역구**의 **명칭**과 그 **구역**에 한해서는
「국회법」 제86조에 따른 **법제사법위원회**의 **체계**와 **자구**에 대한
심사 대상에서 제외한다. [O 9급 20, 7급 20]
[심사를 하여야 한다(×) 7급 19]

⑥ **국회의장**은
선거구 법률안 또는 선거구 법률안이 포함된 법률안이 제안된 후
처음 개의하는 본회의에 이를 부의하여야 한다. [O 9급 24·19]
이 경우 본회의는 「국회법」 제95조 제1항 및 제96조〈수정동의〉에도 불구하고
선거구 법률안 또는 선거구 법률안이 포함된 법률안을
수정 없이 바로 표결한다.

제24조의3(자치구·시·군의원선거구 획정위원회)

① 자치구·시·군의원 지역선거구(이하 "자치구·시·군의원 지역구"라 한다)의
공정한 획정을 위하여 **시·도**에 [자치구·시·군에(×) 9급 15]
자치구·시·군의원선거구 획정위원회를 둔다. [O 7급 22]

② 자치구·시·군의원 선거구 획정위원회는 **11명 이내의 위원**으로 구성하되,
학계·법조계·언론계·시민단체와
시·도의회 및 **시·도선거관리위원회**가 추천하는 사람 중에서
시·도지사가 위촉하여야 한다. [O 9급 24·16, 7급 22·19·14]

③ **지방의회의원** 및 정당의 **당원**은
자치구·시·군의원선거구 획정위원회의 **위원이 될 수 없다.** [O 7급 17]

④ 자치구·시·군의원선거구 획정위원회는 선거구 획정안을 마련함에 있어서
국회에 의석을 가진 정당과 [시·도의회에 의석을 가진 정당과(×) 9급 16]
[자치구·시·군의회에 의석을 가진 정당과(×) 9급 24, 7급 19]
해당 **자치구·시·군의 의회 및 장**에 대하여 **의견진술의 기회를 부여하여야 한다.**
[O 9급 15, 7급 20]

⑤ 자치구·시·군의원선거구 획정위원회는
제26조 제2항에 규정된 기준에 따라 **선거구 획정안**을 마련하고,
그 이유나 그 밖의 필요한 사항을 기재한 **보고서**를 첨부하여
임기만료에 따른 자치구·시·군의원선거의 **선거일 전 6개월**까지
시·도지사에게 **제출**하여야 한다. [O 9급 24]

⑥ 시·도의회가
자치구·시·군의원**지역구**에 관한 **조례를 개정**하는 때에는
자치구·시·군의원선거구 획정위원회의 **선거구 획정안**을 **존중**하여야 한다.

⑦ 제24조 제8항 및 제9항은
자치구·시·군의원선거구 획정위원회에 관하여 이를 **준용**한다.

> **준용조문**
> **제24조(국회의원 선거구 획정위원회)** ⑧ 위원은 명예직으로 하되, 위원에게 일비·여비 그 밖의 실비를 지급할 수 있다.
> ⑨ 자치구·시·군의원 선거구 획정위원회로부터 선거구획정업무에 필요한 자료의 요청을 받은 국가기관 및 지방자치단체는 지체 없이 이에 따라야 한다.

⑧ 자치구·시·군의원선거구 획정위원회의 구성 및 운영, 그 밖에 필요한 사항은
중앙선거관리위원회 규칙으로 정한다.   [○ 7급 22]
[구·시·군선거관리위원회규칙(×) 9급 24]

제25조(국회의원 지역구의 획정)

① 국회의원지역구는 시·도의 관할 구역 안에서
인구·행정구역·지리적 여건·교통·생활문화권 등을 고려하여
다음 각 호의 기준에 따라 획정한다.
  1. 국회의원 지역구 획정의 기준이 되는 **인구는 선거일 전 15개월이 속하는 달의**
     말일 현재 「주민등록법」 제7조 제1항에 따른 **주민등록표에 따라**
     조사한 인구로 한다.   [○ 9급 24, 7급 17]
  2. 하나의 자치구·시·군의 일부를
     분할하여 다른 국회의원 지역구에 속하게 할 수 없다.
     다만, **인구범위(인구비례 2:1의 범위를 말한다. 이하 이 조에서 같다)**에
     미달하는 자치구·시·군으로서
     인접한 하나 이상의 자치구·시·군의 관할 구역 전부를 합하는 방법으로는
     그 인구범위를 충족하는 **하나의 국회의원 지역구를 구성할 수 없는 경우**에는
     그 **인접한 자치구·시·군의 일부를 분할하여 구성할 수 있다.**

> **기출체크**
>
> ❶ 헌법재판소는 국회의원지역선거구 획정에서 선거구간의 인구편차는 평균인구수 기준 상하 50%의 편차(3:1)를 기준으로 위헌 여부를 판단한다.   [×(판례 변경) 9급 14]
> ⇒ 현재의 시점에서 헌법이 허용하는 인구편차의 기준을 인구편차 상하 33⅓%를 넘어서지 않는 것으로 봄이 타당하다. 따라서 심판대상 선거구 구역표 중 인구편차 상하 33⅓%(인구비례 2:1)의 기준을 넘어서는 선거구에 관한 부분은 위 선거구가 속한 지역에 주민등록을 마친 청구인들의 선거권 및 평등권을 침해한다.(헌재 2014. 10. 30. 2012헌마190)
> ❷ 평등선거의 원칙은 투표의 수적 평등을 인정함을 의미할 뿐만 아니라 투표의 성과가치의 평등, 즉 1표의 투표가치가 대표자 선정이라는 선거의 결과에 대하여 기여한 정도에 있어서도 평등하여야 함을 의미한다.(헌재 1995. 12. 27. 95헌마224)   [○ 9급 13]
> ❸ 선거구 획정에 있어서 인구비례원칙에 의한 투표가치의 평등은 헌법적 요청으로서 다른 요소에 비하여 기본적이고 일차적인 기준이다.(헌재 1995. 12. 27. 95헌마224)   [○ 7급 13]

> ❹ 선거구 구역표는 전체가 불가분의 일체를 이루는 것으로서 일부 선거구의 선거구 획정에 위헌성이 있다면, 선거구 구역표의 전부에 관하여 위헌선언을 하는 것이 상당하다.(헌재 1995. 12. 27. 95헌마224) [○ 7급 13]

② 국회의원지역구의 획정에 있어서는 제1항 제2호의
  인구범위⟨2:1⟩**를 벗어나지 아니하는 범위에서**
  농산어촌의 지역대표성이 반영될 수 있도록 노력하여야 한다. [○ 7급 22·20]
③ 국회의원 지역구의 명칭과 그 구역은 **별표 1**과 같이 한다.

📢 제26조(지방의회의원선거구의 획정)

① 시·도의회의원지역선거구(이하 "**시·도의원지역구**"라 한다)는
  인구·행정구역·지세·교통 그 밖의 조건을 고려하여
  자치구·시·군(하나의 자치구·시·군이 **2 이상**의 국회의원지역구로 된 경우에는
  국회의원지역구를 말하며,
  행정구역의 변경으로 국회의원지역구와 행정구역이 합치되지 아니하게 된 때에는
  행정구역을 말한다)을 구역으로 하거나 ⟨1개 자치구·시·군에 1개 선거구⟩
  분할하여 이를 획정하되, ⟨1개 자치구·시·군에 2개 이상 선거구⟩
  하나의 시·도의원지역구에서 선출할
  지역구 시·도의원**정수**는 **1명**으로 하며, ⟨소선거구제⟩
  그 시·도의원지역구의 명칭과 관할 구역은 **별표 2**와 같이 한다.

> **기출체크**
> 각 시·도에 해당하는 선거구 구역표는 전체가 불가분의 일체를 이루는 것으로서 어느 한 부분에 위헌적인 요소가 있다면 선거구 구역표 전체가 위헌의 하자를 띠는 것이라고 보아야 하므로, 일부 선거구의 선거구획정에 위헌성이 있다면 각 시·도에 해당하는 선거구 구역표 전부에 관하여 위헌선언을 하는 것이 타당하다.(헌재 2007. 3. 29. 2005헌마985·1037, 2006헌마11) [○ 9급 24]

② **자치구·시·군의원지역구**는
  인구·행정구역·지세·교통 그 밖의 조건을 고려하여 획정하되,
  하나의 자치구·시·군의원지역구에서 선출할
  지역구 자치구·시·군의원 **정수는 2인 이상 4인 이하**로 하며, ⟨중선거구제⟩
  그 자치구·시·군의원지역구의 **명칭·구역 및 의원정수는 시·도 조례**로 정한다. [○ 9급 16]
  [3인 이상 6인 이하, 자치구·시·군조례(×) 9급 24]

③ 제1항 또는 제2항의 규정에 따라
  시·도의원지역구 또는 **자치구·시·군의원지역구**를 획정하는 경우
  하나의 읍·면(「지방자치법」 제7조 제3항에 따라 행정면을 둔 경우에는
  행정면을 말한다. 이하 같다)·**동**(「지방자치법」 제7조 제4항에 따라 행정동을

둔 경우에는 **행정동**을 말한다. 이하 같다)의 **일부를 분할하여**
다른 시·도의원 지역구 또는 **자치구·시·군의원 지역구에 속하게 하지 못한다.**

> **심화학습**
>
> · 부칙 제4조(자치구·시·군의원 선거구획정에 관한 특례) ③ 제26조 제3항에도 불구하고 지역선거구별 의원 1명당 인구수의 편차를 최소화하기 위하여 중앙선거관리위원회 규칙으로 정하는 자치구·시·군은 읍·면·동의 일부를 분할하여 다른 자치구·시·군의원지역구에 속하도록 할 수 있다. 〈개정 22. 4. 20.〉

④ **자치구·시·군의원지역구는**
하나의 시·도의원지역구 내에서 획정하여야 한다. 〈개정 22. 4. 20.〉

[하나의 시·도의원지역구에서 지역구자치구·시·군의원을 4인 이상 선출하는 때에는 2개 이상의 지역선거구로 분할할 수 있다(×) 7급 22]

> **심화학습**
>
> · 4인 이상 선출 선거구를 2개 이상의 선거구로 분할할 수 있다는 규정 삭제 〈개정 22. 4. 20.〉

> **기출체크**
>
> ❶ 지방의회의원선거구 획정에 관하여 국회 및 시·도의회의 광범한 재량이 인정된다고 하여도, 선거구 획정이 헌법적 통제로부터 자유로울 수는 없으므로 그 재량에는 평등선거의 실현이라는 헌법적 한계가 존재한다.(헌재 2009. 3. 26. 2006헌마371) [○ 9급 17]
>
> ❷ 헌법재판소는 시·도의회의원지역선거구 획정에서 인구 외에 행정구역·지세·교통 등 여러 가지 조건을 고려하여야 하므로 선거구 간의 인구편차는 평균인구수 기준 상하 60%의 편차를 기준으로 위헌 여부를 판단한다.(헌재 2007. 3. 29. 2005헌마985) [×(판례 변경) 9급 14]
> ⇒ 헌법재판소는 2014헌마189(2018. 6. 28) 결정에서, 시·도의원지역구 획정에서 요구되는 인구편차의 헌법상 허용한계를 인구편차 상하 50%(인구비례 3:1)로 변경한 결정을 그대로 인정하였다.(헌재 2019. 2. 28. 2018헌마415)
>
> ❸ 자치구·시·군의원선거구 획정과 관련하여 헌법이 허용하는 인구편차의 기준은 인구편차 상하 60%이다.
> [×(판례 변경) 9급 19, 7급 14]
> ⇒ 자치구·시·군의원은 주로 지역적 사안을 다루는 지방의회의 특성상 지역대표성도 겸하고 있고, 우리나라는 도시와 농어촌 간의 인구 격차가 크고 각 분야에 있어서의 개발 불균형이 현저하므로, 자치구·시·군의원선거구 획정에 있어서는 행정구역, 지역대표성 등 2차적 요소도 인구비례의 원칙 못지않게 함께 고려해야 할 필요성이 크다. 인구편차 상하 33⅓%(인구비례 2:1)의 기준을 적용할 경우 자치구·시·군의원의 지역대표성과 각 분야에 있어서의 지역 간 불균형 등 2차적 요소를 충분히 고려하기 어려운 반면, 인구편차 상하 50%(인구비례 3:1)를 기준으로 하는 방안은 2차적 요소를 보다 폭넓게 고려할 수 있다. 인구편차 상하 60%의 기준에서 곧바로 인구편차 상하 33⅓%의 기준을 채택하는 경우 선거구를 조정하는 과정에서 예기치 않은 어려움에 봉착할 가능성이 크므로, 현재의 시점에서 자치구·시·군의원선거구 획정과 관련하여 헌법이 허용하는 인구편차의 기준을 인구편차 상하 50%(인구비례 3:1)로 변경하는 것이 타당하다.(헌재 2018. 6. 28. 2014헌마166)

> **보충개념**
>
> ○ 선거구 획정에 있어서 인구비례의 원칙에 의한 투표가치의 평등은 헌법적 요청으로서 다른 요소에 비하여 기본적이고 일차적인 기준이므로, 입법자로서는 인구편차의 허용한계를 최대한 엄격하게 설정함으로써 투표가치의 평등을 관철하기 위한 최대한의 노력을 기울여야 함.(헌재 2018. 6. 28. 2014헌마166, 헌재 2009. 3. 26. 2006헌마14, 헌재 2014. 10. 30. 2012헌마192 등) [2019 공직선거법규운용자료 1권 151쪽, 중앙선관위]

📢 제27조(임기 중 국회의원 지역구를 변경한 때의 선거유예)

인구의 증감 또는 행정구역의 변경에 따라
별표 1의 개정에 의한 **국회의원 지역구**의 **변경**이 있더라도
임기만료에 의한 **총선거를 실시할 때까지는**
그 증감된 국회의원지역구의 선거는 이를 실시하지 아니한다. [O 7급 22·13]

📢 제28조(임기 중 지방의회의 의원정수의 조정 등)

인구의 증감 또는 행정구역의 변경에 따라
지방의회의 의원정수·선거구 또는 그 **구역**의 **변경**이 있더라도
임기만료에 의한 **총선거를 실시할 때까지는**
그 증감된 선거구의 선거는 이를 실시하지 아니한다.
다만, 지방자치단체의 **구역변경**이나 **설치·폐지·분할** 또는 **합병**이 있는 때에는
다음 각 호에 의하여 당해 지방의회의 **의원정수를 조정**하고,
제3호 단서〈하나의 지자체가 2 이상으로 분할 시 의원정수 2/3 미달〉·
제5호〈읍·면이 시로 승격〉 또는
제6호〈일반구가 자치구로 승격〉의 경우에는 **증원선거**를 실시한다.

 1. 지방자치단체의 구역변경으로
    선거구에 해당하는 **구역의 전부**가 다른 지방자치단체에 **편입**된 때에는
    그 편입된 선거구에서 선출된 지방의회의원은
    종전의 지방의회의원의 자격을 상실하고 **새로운 지방의회의원의 자격**을,
    선거구에 해당하는 **구역의 일부**가 다른 지방자치단체에 **편입**된 때에는
    그 편입된 구역이 속하게 된 선거구에서 선출된 지방의회의원은
    그 구역이 변경된 날부터 14일 이내에 자신이 속할 **지방의회**를 **선택**하여
    당해 지방의회에 **서면**으로 **신고**하여야 하며
    그 **선택한 지방의회**가 종전의 지방의회가 아닌 때에는
    종전의 지방의회의원의 자격을 상실하고
    새로운 지방의회의원의 자격을 취득하되,
    그 **임기**는 종전의 지방의회의원의 **잔임기간**으로 하며,
    그 재임기간에는 제22조(시·도의회의 의원정수) 또는
    제23조(자치구·시·군의회의 의원정수)의 규정에도 불구하고
    그 **재직의원수**를 각각 의원정수로 한다.
    이 경우 **새로운 지방의회의원**의 자격을 취득한 지방의회의원의 **주민등록**이
    종전의 지방자치단체의 관할 구역 안에 되어 있는 때에는
    그 구역이 변경된 날부터 14일 이내에

새로운 지방자치단체의 관할 구역으로 주민등록을 **이전**하여야 하며,
그 구역이 변경된 날부터 14일 이내에
자신이 속할 지방의회를 신고하지 아니한 때에는
그 구역이 **변경된 날부터 14일이 되는 날 현재**
당해 지방의회의원의 주민등록지를 관할하는 지방자치단체의
지방의회에 신고한 것으로 본다.

> **심화학습**
> · 선거구 일부 편입 시 자신이 속할 지방의회를 선택하여 신고하지 않은 경우에는 주민등록지를 기준으로 해당 의회에 신고한 것으로 간주한다.
> · 지방자치단체장과 지방의회의원의 주민등록은 「지방자치법」상의 피선거권(퇴직사유)과 관계가 있다.

2. **2 이상**의 지방자치단체가 **합하여** 새로운 지방자치단체가 **설치된 때에는**
   종전의 지방의회의원은 같은 종류의 **새로운 지방자치단체**의
   지방의회의원으로 되어 **잔임기간 재임**하며,
   그 잔임기간에는 제22조 또는 제23조의 규정에도 불구하고
   그 재직의원수를 각각 의원정수로 한다.

3. 하나의 지방자치단체가 **분할**되어 **2 이상의 지방자치단체**가 설치된 때에는
   종전의 지방의회의원은 **후보자등록 당시의 선거구**를 관할하게 되는
   지방자치단체의 지방의회의원으로 되어 **잔임기간** 재임하며,
   그 잔임기간에는 제22조〈시·도의회의 의원정수〉
   또는 제23조〈자치구·시·군의회의 의원정수〉의 규정에도 불구하고
   그 재직의원수를 각각 의원정수로 한다. [○ 7급 16]
   이 경우 **비례대표 시·도의원**은 당해 시·도가 분할·설치된 날부터
   14일 이내에 자신이 속할 시·도의회를 선택하여
   당해 시·도의회에 서면으로 **신고**하여야 하고,
   비례대표 자치구·시·군의원은
   당해 자치구·시·군이 분할·설치된 날부터 **14일 이내**에
   자신이 속할 **자치구·시·군의회를 선택**하여
   당해 자치구·시·군의회에 서면으로 **신고**하여야 한다.
   다만, 재직의원수가 제22조〈시·도의회의 의원정수〉 또는
   제23조〈자치구·시·군의회의 의원정수〉의 규정에 의한
   새로운 의원정수의 3분의 2에 미달하는 때에는
   의원정수에 미달하는 수만큼의 **증원선거**를 실시한다.

> **심화학습**
>
> - 지방자치단체가 분할되어 2 이상 지방자치단체 설치 시 지역구 지방의원은 선택의 여지가 없이 후보자등록 당시의 선거구 관할 지방자치단체로 간다.
> - 비례대표 지방의원은 14일 이내에 시·도의회나 자치구·시·군의회를 선택·신고하여야 한다.

> **기출체크**
>
> 하나의 군이 분할되어 2 이상의 군이 설치된 경우, 종전의 비례대표 군의회의원은 정당이 정한 군의회의원이 된다.
> [×(자신이 속할 군의회를 선택하여 신고함) 7급 18]

4. **시가 광역시로 된 때에는**

   종전의 시의회의원과 당해 지역에서 선출된 도의회의원은
   종전의 지방의회의원의 자격을 각각 상실하고
   광역시의회의원의 자격을 취득하되,
   그 **임기**는 종전의 **도의회의원의 잔임기간으로 하며,**
   그 잔임기간에는 제22조〈시·도의회의 의원정수〉의 규정에도 불구하고
   그 **재직의원수를 의원정수**로 한다.

> **심화학습**
>
> - 시가 광역시로 된 때에는 종전의 시의원과 당해 지역에서 선출된 도의원이 그대로 광역시의원으로 되므로 증원선거를 하지 않는다(자치구의회는 새로 구성: 6호).

5. **읍 또는 면이 시로 된 때에는 시의회를 새로 구성하되,** 〈증원선거〉
   최초로 선거하는 의원의 수는 당해 시·도의
   자치구·시·군의원선거구 획정위원회가 **새로 정한 의원정수로부터**
   당해 지역에서 **이미 선출된 군의회의원정수를 뺀 수로 하고,**
   종전의 당해 지역에서 선출된 군의회의원은 시의회의원이 된다. [O 7급 18]
   이 경우 새로 선출된 의원정수를 합한 수를
   제23조〈자치구·시·군의회의 의원정수〉의 규정에 따른
   시·도별 자치구·시·군의회의원의 **총 정수**〈법 별표 3〉로 한다.

> **심화학습**
>
> - 새로 구성되는 시의회 의원정수는 자치구·시·군의원선거구 획정위원회에서 정해 준다.
> - 읍 또는 면이었을 당시 그 지역에서 이미 선출된 군의원이 있으므로 이들은 자동으로 새로운 시의원이 된다.

6. 제4호의 경우 **자치구가 아닌 구가 자치구로 된 때에는**
   자치구의회를 새로 구성하며, 〈증원선거〉
   그 **의원정수는**

당해 시·도의 자치구·시·군의원선거구 **획정위원회가 새로 정한다.**

이 경우 **새로 정한 의원정수를 합한 수**를

제23조〈자치구·시·군의회의 의원정수〉의 규정에 따른

시·도별 자치구·시·군의회의원의 **총 정수**〈법 별표 3〉로 한다.

📢 제29조(지방의회의원의 증원선거)

① 제28조(임기 중 지방의회의 의원정수의 조정 등) 제3호 단서

〈하나의 지자체가 분할되어 2 이상 지자체 설치 시 의원정수 2/3 미달〉·

제5호〈읍·면이 시로 된 때〉 또는

제6호〈일반구가 자치구로 된 때〉의 규정에 의한 **증원선거**는

제22조(시·도의회의 의원정수)·제23조(자치구·시·군의회의 의원정수)

또는 제26조(지방의회의원선거구의 획정)의 규정에 의하여

새로 획정한 선거구에 의하되,

종전 지방의회의원이 없거나 종전 지방의회의원의 수가

그 선거구의 **의원정수에 미달되는 선거구**에 대하여 실시한다.

> **기출체크**
>
> 읍 또는 면이 시로 된 때에는 시의회를 새로 구성하되, 최초로 선거하는 의원의 수는 당해 시·도의 자치구·시·군의원 선거구 획정위원회가 새로 정한 의원정수로부터 당해 지역에서 이미 선출된 군의회의원정수를 뺀 수로 하되, 증원선거는 실시하지 않는다. [× 7급 16]
> ⇒ 증원선거는 종전 지방의회의원의 수가 그 선거구의 의원정수에 미달되는 선거구에 대하여 실시한다.

② 제1항의 선거구 획정에 있어서 **종전 지방의회의원의 선거구**는

그 의원의 후보자등록 당시의 주소지를 관할하는 선거구로 하며,

새로 획정한 하나의 선거구 안에 **종전 지방의회의원의 수**가

그 선거구의 새로 정한 **의원정수를 넘는 때**에는

임기만료에 의한 총선거를 실시할 때까지

제22조〈시·도의회의 의원정수〉 또는

제23조〈자치구·시·군의회의 의원정수〉의 규정에도 불구하고

그 넘는 의원수를 합한 수를 당해 선거구의 의원정수로 한다.

③ 제1항의 **증원선거에 관한 사무**는

당해 구·시·군선거관리위원회가 설치되지 아니한 경우에는

시·도선거관리위원회가 지정하거나 그 구역을 관할하던 종전의

구·시·군선거관리위원회로 하여금 그 선거사무를 행하게 할 수 있다.

📖 제30조(지방자치단체의 폐치·분합 시의 선거 등)

① 지방자치단체의 **설치·폐지·분할** 또는 **합병**이 있는 때에는 다음 각 호에 의하여 당해 **지방자치단체의 장을 선거**한다.

  1. **시·자치구 또는 광역시가 새로 설치**된 때에는 당해 지방자치단체의 장은 **새로 선거를 실시**한다.   [○ 9급 17]

  2. 하나의 지방자치단체가 분할되어 **2 이상의 같은 종류의 지방자치단체로 된 때**에는 **종전의 지방자치단체의 장**은 새로 설치된 지방자치단체 중 **종전의 지방자치단체의 사무소가 위치한 지역을 관할하는 지방자치단체의 장**으로 되며,   [○ 9급 17]
그 **다른 지방자치단체의 장은 새로 선거를 실시**한다.
    [분할된 지방자치단체의 장을 각각 선출하기 위해 새로 선거를 실시(×) 7급 23]

이 경우 종전의 지방자치단체의 사무소가 다른 지방자치단체의 관할 구역 안에 있는 때에는 지방자치단체의 분할에 관한 **법률제정 시** 새로 선거를 실시할 지방자치단체를 정하여야 한다.

> **기출체크**
> 하나의 지방자치단체가 분할되어 2 이상의 같은 종류의 지방자치단체로 된 때에는 종전의 지방자치단체의 장은 그 직을 상실하고, 분할된 지방자치단체의 장들에 대해서는 새로 선거를 실시한다.   [× 9급 19]

  3. **2 이상의 같은 종류의 지방자치단체가 합하여 새로운 지방자치단체가 설치**된 때에는 **종전의 지방자치단체의 장은 그 직을 상실**하고,
    [그 직을 상실하지 않는다(×) 7급 15]
새로운 지방자치단체의 장에 대해서는 새로 선거를 실시한다.   [○ 7급 23]

  4. 지방자치단체가 다른 지방자치단체에 **편입**됨으로 인하여 **폐지된 때**에는 그 **폐지된 지방자치단체의 장은 그 직을 상실**한다.   [○ 7급 18]
    [폐지된 지방자치단체의 장이 당연히 그 직을 상실하는 것은 아니다(×) 7급 23]

② 지방자치단체의 **명칭만 변경**된 경우에는 종전의 지방자치단체의 장은 변경된 지방자치단체의 장이 되며, 변경 당시의 잔임기간 재임한다.   [○ 7급 18]

> **기출체크**
> 지방자치단체의 명칭만 변경된 경우라도 새로 선거를 실시하므로 종전의 지방자치단체의 장은 당시의 잔임기간 동안 변경된 지방자치단체의 장이 될 수 없다.   [×(새로 선거하지 않음) 7급 23·15]

③ 이 법에서 "같은 종류의 지방자치단체"라 함은 「지방자치법」 제2조(지방자치단체의 종류) 제1항에 의한 같은 종류의 지방자치단체를 말한다.

> **인용조문**
>
> 「지방자치법」 제2조(지방자치단체의 종류) ① 지방자치단체는 다음의 두 가지 종류로 구분한다.
>   1. 특별시, 광역시, 특별자치시, 도, 특별자치도
>   2. 시, 군, 구

조문정리

〈행정구역 변경과 지방선거 선거구의 관계(§28, §29, §30)〉

의원 및 장 선거구 변경유형		의원 및 장의 신분		의원정수	증원선거·장의 선거	
		지방의회의원	지방자치단체장		지방의회의원	지방자치단체장
편입	전부 편입	종전 지방의회의원 자격 상실, 새로운 지방의회의원으로 됨.	편입된 장은 그 직 상실	재직의원수	실시하지 않음.	
	일부 편입	• 소속하고자 하는 의원이 14일 이내에 지방의회를 선택 • 새로운 지방의회 선택 시 종전 지방의회의원 자격 상실		재직의원수	실시하지 않음.	
합병		같은 종류의 새로운 지방의회의원으로 됨.	종전의 장은 모두 그 직을 상실	재직의원수	실시하지 않음.	새로운 장을 선거
분할		후보자등록 당시의 선거구를 관할하는 지방자치단체의 의회의원으로 됨. (선택 없음) 이 경우 비례대표 시·도의원과 비례대표 자치구·시·군의원은 14일 이내에 자신이 속할 시·도의회, 자치구·시·군의회를 선택하여 신고함.	종전의 지방자치단체장은 종전의 지방자치단체 사무소를 관할하는 지역의 장으로 잔임	재직의원수 (단, §22 및 §23의 규정에 의한 의원정수의 2/3 미달 시에는 그러하지 않음)	§22 및 §23의 규정에 의한 의원정수의 2/3 미달 시에는 의원정수에 미달하는 수만큼 실시	장이 없는 새로운 지방자치단체에 한하여 실시 (사무소 소재지가 다른 경우는 법률제정 시 정함)
승격	시에서 광역시로	종전의 시의원과 당해 지역 선출 도의원은 모두 광역시의원으로 됨.	종전 시장은 그 직 상실	재직의원수	실시하지 않음.	새로운 장을 선거
	읍·면에서 시로	당해 지역 선출 군의원은 모두 시의원으로 됨. (선거구는 후보자등록 당시의 주소지를 관할하는 선거구)		§23의 규정에 의한 의원정수	의원정수에서 기 선출된 군의원 수를 뺀 수만큼 증원선거 실시	새로운 장을 선거
	구에서 자치구로	(시가광역시로 된때이며, 종전 시의원은 광역시의원이 됨.)		§23의 규정에 의한 의원정수	자치구의회의원 증원선거 실시	새로운 장을 선거

· 편입: 지방의회의원선거구에 해당하는 구역의 전부 혹은 일부가 다른 지방자치단체에 흡수되는 것
· 합병: 2 이상의 지방자치단체가 합하여 하나의 새로운 지방자치단체가 설치되는 것
· 분할: 하나의 지방자치단체가 나뉘어 2 이상의 지방자치단체가 설치되는 것

📢 제31조(투표구)

① 읍·면·동에 투표구를 둔다.

② 구·시·군선거관리위원회는
하나의 읍·면·동에 2 이상의 투표구를 둘 수 있다.
이 경우 읍·면의 리(「지방자치법」 제7조 제4항에 따라
행정리를 둔 경우에는 **행정리를 말한다. 이하 같다)의** 일부를 분할하여
다른 투표구에 속하게 할 수 없다.

③ 투표구를 설치 또는 **변경**하거나 **선거를 실시하는 때**에는
구·시·군선거관리위원회는 중앙선거관리위원회 규칙이 정하는 바에 따라
투표구의 명칭과 그 구역을 공고하여야 한다.

> **심화학습**
> - 투표구 설치 또는 변경 시에는 그때마다 공고하고, 선거 시에도 별도로 공고한다(구·시·군선관위).
> - 투표소의 명칭과 소재지 공고(읍·면·동선관위): 선거일 전 10일까지(§147⑧)
> - 재외투표소의 명칭·소재지와 운영기간 등 공고(재외선관위): 선거일 전 20일까지(§218의17③)

> **보충개념**
> ○ 투표구란 선거관리위원회가 투표사무를 효율적으로 수행하기 위하여 획정한 지역적 단위를 말함.
> [2019 공직선거법규운용자료 1권 168쪽, 중앙선관위]

📢 제32조(구역의 변경 등)

① 제37조(명부작성) 제1항의
선거인명부 작성기준일〈선거일 전 28일 또는 22일〉**부터 선거일까지의 사이에**
선거구의 구역·행정구역 또는 투표구의 구역이 변경된 경우에도
당해 선거에 관한 한 그 구역은 변경되지 아니한 것으로 본다.

> **심화학습**
> - 이미 선거인명부 작성 등 선거절차가 개시되었으므로 이를 반영할 경우 발생할 수 있는 선거사무의 혼란을 방지하기 위한 규정이다.

② 지방자치단체나 그 행정구역의 관할 구역의 변경 없이
그 **명칭만 변경된 경우에는** 별표 1·별표 2·별표 3 및
제26조(지방의회의원 선거구의 획정) 제2항의 규정에 의한 시·도 조례 중
국회의원 지역구명·선거구명 및 그 구역의 **행정구역명**은
변경된 지방자치단체명이나 행정구역명으로 **변경된 것으로 본다.**

제4장 선거기간과 선거일

제33조 선거기간 ·· 82
제34조 선거일 ··· 82
제35조 보궐선거 등의 선거일 ·· 83
제36조 연기된 선거 등의 선거일 ·· 85

📢 제33조(선거기간)

① 선거별 선거기간은 다음 각 호와 같다.

　　1. **대통령**선거는 **23일**
　　2. **국회의원선거와 지방자치단체의 의회의원 및 장의 선거는 14일**　　　　[○ 9급 16]
　　　　　　　　　　　　　　　　　　　　　　　　　[지방자치단체의 의회의원 선거기간은 (　)일 9급 16]
　　　　　　　　　　　　　　　　　　　　　　　　　[국회의원선거의 선거기간 23일(×) 9급 23]
　　3. 삭제

> **심화학습**
> · 동시선거 시 선거기간 및 선거사무 일정이 서로 다른 때에는 이 법의 다른 규정에도 불구하고 선거기간이 긴 선거의 예에 의한다(§202②). 따라서 지방의회의원 보궐선거 등의 선거기간이 23일이 되는 경우도 있다(대통령선거와 동시선거 시).

② 삭제

③ **"선거기간"**이란 다음 각 호의 기간을 말한다.

　　1. **대통령선거**:
　　　　후보자등록 마감일의 다음 날부터 선거일까지　　　　[국회의원선거(×) 9급 23, ○ 7급 24]
　　2. 국회의원선거와 지방자치단체의 의회의원 및 장의 선거:
　　　　후보자등록 마감일 후 6일부터 선거일까지

> **기출체크**
> 대통령선거와 국회의원선거이 선거기간은 후보자등록 마감일의 다음 날부터 선거일까지이다.
> 　　　　　　　　　　　　　　　　　　　　　　　　[×(대통령선거에만 해당하는 지문임) 7급 17]

📢 제34조(선거일)

① **임기만료**에 의한 선거의 **선거일**은 다음 각 호와 같다.

　　1. **대통령**선거는 그 **임기만료일 전 70일 이후 첫 번째 수요일**
　　2. **국회의원**선거는 그 임기만료일 전 **50일 이후 첫 번째 수요일**　　　[(　)일 이후 9급 17]
　　3. **지방의회의원 및 지방자치단체의 장의 선거**는 그 임기만료일 전
　　　　30일 이후 첫 번째 수요일

② 제1항의 규정〈임기만료〉에 의한 **선거일**이 국민생활과 밀접한 관련이 있는 **민속절 또는 공휴일인 때와 선거일 전일이나 그 다음 날이 공휴일인 때에는 그 다음 주의 수요일로 한다.**　　　　　　　　　　　　　　　　　　　　　　　[○ 7급 24·19]

> **심화학습**
> - 선거일을 정하는 방법은 선거를 실시할 수 있는 기간만 정해 놓고 구체적인 선거일은 공고권자에게 위임하는 공고주의와 법으로 구체적인 날을 정하는 법정주의의 2가지가 있다.
> - 선거일 법정주의 선거는 임기만료에 의한 선거, 국회의원·지방의회의원·지방자치단체장의 보궐선거·재선거, 지방의회의원 증원선거가 있다.
> - 선거일 공고주의 선거인 대통령의 궐위·재선거, 폐치·분합 시 장선거, 연기된 선거, 일부 무효재선거, 천재지변 재투표는 본 규정의 적용이 배제된다.

제35조(보궐선거 등의 선거일)

① **대통령의 궐위로** 인한 **선거** 또는 **재선거**(제3항의 규정에 의한 재선거〈선거의 일부 무효 재선거〉를 제외한다. 이하 제2항에서 같다)는 그 선거의 실시사유가 확정된 때부터 **60일 이내**에 실시하되, 선거일은 늦어도 **선거일 전 50일까지** [선거일 전 30일까지(×) 7급 19] **대통령 또는 대통령권한 대행자가 공고하여야 한다.** [O 7급 24]

② 보궐선거·재선거〈선거의 일부 무효 재선거 제외〉·증원선거와 지방자치단체의 설치·폐지·분할 또는 합병에 의한 지방자치단체의 장 선거의 선거일은 다음 각 호와 같다.

1. **국회의원·지방의회의원의 보궐선거·재선거** 및 **지방의회의원의 증원선거는 매년 1회** 실시하고, **지방자치단체의 장의 보궐선거·재선거는 매년 2회** 실시하되, 다음 각 목에 따라 실시한다. 이 경우 각 목에 따른 선거일에 관하여는 제34조 제2항〈공휴일 등인 때 다음 주 연기〉을 준용한다.

  가. 국회의원·지방의회의원의 보궐선거·재선거 및 지방의회의원의 증원선거는 **4월 첫 번째 수요일**에 실시한다. 다만, **3월 1일 이후 실시사유가 확정된 선거**는 **그 다음 연도의 4월 첫 번째 수요일**에 실시한다.

  나. 지방자치단체의 장의 보궐선거·재선거 중 **전년도 9월 1일부터 2월 말일까지 실시사유가 확정된 선거**는 **4월 첫 번째 수요일**에 실시한다.

  다. 지방자치단체의 장의 보궐선거·재선거 중 **3월 1일부터 8월 31일까지 실시사유가 확정된 선거**는 **10월 첫 번째 수요일**에 실시한다.

2. **지방자치단체의 설치·폐지·분할 또는 합병에 따른 지방자치단체의 장 선거**는
   그 선거의 **실시사유가 확정된 때부터 60일 이내의 기간 중**
   관할 선거구 선거관리위원회 위원장이
   해당 **지방자치단체의 장**(직무대행자를 포함한다)**과 협의하여 정하는 날**.
   이 경우 관할 선거구 선거관리위원회 위원장은
   선거일 전 30일까지 그 선거일을 공고하여야 한다. [○ 9급 23, 7급 19]
   [선거일 전 20일까지 공고(×) 9급 16]

> **심화학습**
> · 폐치·분합 시 장선거는 §203② 동시선거의 특례가 적용되어 임기만료 국회의원선거나 대통령선거와 동시에 실시할 수도 있다.
> · §201① 보궐선거 등에 관한 특례가 적용되어 선거일부터 임기만료일까지의 기간이 1년 미만인 경우 실시하지 아니할 수 있다.

③ 제197조(**선거의 일부 무효로 인한 재선거**)의 규정에 의한 재선거는
   확정판결 또는 결정의 통지를 받은 날부터 30일 이내에 실시하되, [있은 날부터(×) 7급 24]
   관할 선거구 선거관리위원회가 그 **재선거일**을 정하여 공고하여야 한다. [○ 9급 14·16, 7급 20]

④ 이 법에서 "**보궐선거 등**"이라 함은 **제1항 내지 제3항** 및
   제36조(**연기된 선거** 등의 선거일)의 규정에 의한 선거를 말한다.

⑤ 이 법에서 "**선거의 실시사유가 확정된 때**"라 함은
   다음 각 호에 해당하는 날을 말한다.
   1. **대통령의 궐위로 인한 선거는 그 사유가 발생한 날** [○ 9급 24, 7급 15]
   2. **지역구 국회의원의 보궐선거는 중앙선거관리위원회가**,
      [해당 선거구역을 관할하는 구·시·군선거관리위원회가(×) 7급 15]
      [구·시·군선거관리위원회가(×) 9급 24]

      지방의회의원 및 지방자치단체의 장의 보궐선거는
      관할 선거구 선거관리위원회가 그 사유의 통지를 받은 날
   3. **재선거는 그 사유가 확정된 날**
      (법원의 판결 또는 결정에 의하여 확정된 경우에는
      관할 선거구 선거관리위원회가 그 판결이나 결정의 통지를 받은 날). [○ 7급 15]
      이 경우 제195조(재선거) 제2항의 규정에 의한 재선거에 있어서는
      보궐선거의 실시사유가 확정된 때를 재선거의 실시사유가 확정된 때로 본다.

> **인용조문**
> **제195조(재선거)** ② 하나의 선거의 같은 선거구에 제200조(보궐선거)의 규정에 의한 보궐선거의 실시사유가 확정된 후 재선거 실시사유가 확정된 경우로서 그 선거일이 같은 때에는 재선거로 본다.

심화학습

- 지역구 국회의원 보궐선거의 실시사유가 확정된 때는 중앙선거관리위원회가 통지를 받은 날
- 지역구 국회의원 재선거의 실시사유가 확정된 때는 사유 확정일 또는 관할 선거구 선거관리위원회가 판결 또는 결정의 통지를 받은 날

4. 지방의회의원의 **증원선거**는 새로 정한 선거구에 관한 **별표 2**〈시·도의원〉
   또는 **시·도 조례**〈자치구·시·군의원〉의 **효력이 발생한 날** [O 9급 24]

5. 지방자치단체의 **설치·폐지·분할** 또는 **합병**에 의한
   지방자치단체의 장 선거는 당해 지방자치단체의 설치·폐지·분할
   또는 합병에 관한 **법률의 효력이 발생한 날** [법률이 공포된 날(×) 7급 15]

6. **연기된 선거**는 제196조(선거의 연기) 제3항의 규정에 의하여
   그 선거의 **연기를 공고한 날**

7. **재투표**는 제36조의 규정에 의하여 그 **재투표일을 공고한 날** [O 7급 15]

심화학습

- 연기된 선거와 천재지변 등으로 인한 재투표의 선거 실시기한은 특정되지 않지만, 가급적 정기 재·보궐선거와 함께 실시하여야 한다.(§199)

📢 제36조(연기된 선거 등의 선거일)

제196조(선거의 연기)의 규정에 의한 **연기된 선거**를 실시하는 때에는
대통령선거 및 **국회의원선거**〈국정선거〉에 있어서는 **대통령이**, [중앙선거관리위원회 위원장이(×) 9급 23]
지방의회의원 및 **지방자치단체의 장의 선거**〈지방선거〉에 있어서는
관할 선거구 선거관리위원회 **위원장**이 각각 그 **선거일을 정하여 공고**하여야 하며,
제198조(천재·지변 등으로 인한 재투표)의 규정에 의한 **재투표를 실시하는 때**에는
관할 선거구 선거관리위원회 위원장이 **재투표일을 정하여 공고하여야 한다.** [O 7급 19]

제 5 장 선거인명부

제37조	명부작성	88
제38조	거소·선상투표 신고	89
제39조	명부작성의 감독 등	93
제40조	명부열람	94
제41조	이의신청과 결정	95
제42조	불복신청과 결정	96
제43조	명부누락자의 구제	97
제44조	명부의 확정과 효력	98
제44조의2	통합선거인명부의 작성	98
제45조	명부의 재작성	99
제46조	명부사본의 교부	99

〈선거인명부 작성 주요사무 일정표〉

실시사항	실시기관(자)	기준일	관계법조
선거인명부(거소투표 신고인 명부 포함) 작성 공무원 임면사항 통보 〈구·시·군위원회에〉	구·시·군의 장	임면한 때에 지체 없이	§39②
선거인명부 작성	구·시·군의 장	선거일 전 28일부터(대통령), 선거일 전 22일부터(기타) 5일 이내	§37①
선거인명부 전산자료 복사본 및 거소투표 신고인명부 등본(전산자료 복사본 포함) 송부 〈구·시·군위원회에〉	구·시·군의 장	선거인명부 및 거소투표 신고인명부를 작성한 때 즉시	§37④, §38⑥
거소·[선상투표] 신고 〈구·시·군의 장에게〉	거소투표 신고 대상자	선거인명부 작성기간 중	§38①②
거소·[선상투표] 신고인명부 작성	구·시·군의 장		§38⑤
군인 등 선거공보 발송 신청 〈관할 구·시·군위원회에〉	군인·경찰공무원		§65⑤
선거인명부와 [재외선거인명부 등]의 이중등재 여부 확인	구·시·군의 장		§37③
거소·[선상투표] 신고인명부 확정	구·시·군의 장	선거인명부 작성기간 만료일의 다음 날에	§44①
선거인명부 열람장소, 기간, 인터넷 홈페이지 주소 및 열람방법 공고 (명부확정 후 등재 여부 등 확인에 필요한 인터넷 홈페이지 주소, 확인 기간 및 방법 등 함께 공고)	구·시·군의 장	선거인명부 열람개시일 전 3일까지	§40③, §44②③
선거인명부 열람 및 이의신청 〈구·시·군의 장에게〉	선거권자는 누구든지	선거인명부 작성기간 만료일의 다음 날부터 3일간	§40①, §41①
이의신청에 대한 심사·결정·통지 〈신청인, 관계인, 구·시·군위원회에〉	구·시·군의 장	이의신청이 있는 날의 다음 날까지	§41②
이의신청 결정에 대한 불복신청 〈구·시·군위원회에〉	이의신청인 관계인	이의신청에 대한 결정통지를 받은 날의 다음 날까지	§42①
불복신청에 대한 심사·결정·통지 〈신청인, 관계인, 구·시·군의 장에게〉	구·시·군위원회	불복신청이 있는 날의 다음 날까지	§42②
선거인명부 또는 거소·[선상투표] 신고인명부 사본이나 전산자료 복사본 교부신청 및 그 비용납부 〈구·시·군의 장에게〉	후보자, 선거사무장, 선거연락소장	선거기간 개시일까지	§46②③
선거인명부 누락자 등재 신청 〈구·시·군위원회에〉	해당 선거권자, 구·시·군의 장	이의신청기간 만료일의 다음 날부터 선거인명부 확정일 전일까지	§43①
선거인명부 누락자 등재 신청에 대한 심사·결정·통지 〈구·시·군의 장, 신청인에게〉	구·시·군위원회	등재 신청이 있는 날의 다음 날까지	§43②
선거인명부 확정	구·시·군의 장	선거일 전 12일에	§44①
구·시·군의 인터넷 홈페이지에서 선거인이 명부에 등재되었는지 여부, 등재번호 및 투표소의 위치를 확인할 수 있도록 기술적 조치	구·시·군의 장	선거인명부 확정일의 다음 날부터 선거일의 투표 마감시각까지	§44②
통합선거인명부 작성	중앙위원회	확정된 선거인명부의 전산자료 복사본을 제출받았을 때	§44의2①

📢 제37조(명부작성)

① 선거를 실시하는 **때마다 구**(자치구가 아닌 구를 포함한다)·
시(구가 설치되지 아니한 시를 말한다)·**군**(이하 "구·시·군"이라 한다)**의 장은** [○ 7급 15]
대통령선거에서는 **선거일 전 28일**,
국회의원선거와 지방자치단체의 의회의원 및 장의 선거에서는
선거일 전 22일(이하 "선거인명부 작성기준일"이라 한다) **현재**
　　　　　　　　　　　　　　[지방자치단체의 의회의원 및 장의 선거에서는 선거일 전 14일(×) 9급 21]
제15조에 따라 그 관할 구역에 주민등록이 되어 있는 **선거권자**
(지방자치단체의 **의회의원 및 장의 선거의 경우**
제15조 제2항 제3호〈지방선거권이 있는 외국인〉에 따른 **외국인을 포함하고**,
제218조의13에 따라 **확정된 재외선거인명부 또는**
다른 구·시·군의 국외부재자 신고인명부에 올라 있는 사람은 제외한다)를
투표구별로 조사하여
선거인명부 작성기준일부터 5일 이내 [7일 이내에(×) 7급 22]
(이하 "**선거인명부 작성기간**"이라 한다)에 **선거인명부를 작성하여야 한다.**
이 경우 제218조의13에 따라
확정된 국외부재자 신고인명부〈선거일 전 30일에 확정〉**에 올라 있는 사람은**
선거인명부의 비고란에 그 사실을 표시하여야 한다.

> **기출체크**
> 지역구 국회의원이 궐원되어 실시하는 보궐선거에서는 당초 임기만료선거에 사용된 선거인명부를 사용한다.
> 　　　　　　　　　　　　　　　　　　　　　　　[×(선거를 실시하는 때마다 작성함) 9급 13]

② 선거인명부에는 **선거권자의 성명·주소·성별 및 생년월일**
기타 필요한 사항을 **기재하여야 한다.** [○ 7급 24, 9급 15]

심화학습

· 선거인명부 서식

등재번호	주 소	세대주	성 별	생년월일	성 명	투표용지수령인		비 고
						(가)	(나)	

③ 누구든지 같은 선거에 있어 **2 이상의 선거인명부에 오를 수 없다.** [○ 7급 24, 9급 15]
④ **구·시·군의 장은** 선거인명부를 작성한 때에는 즉시
그 **전산자료 복사본을 관할 구·시·군선거관리위원회에 송부하여야 한다.** [○ 7급 24·23]
　　　　　　　　　　　　　　　　　　　　　[관할 시·도선거관리위원회에 송부(×) 9급 21]

⑤ 하나의 투표구의 **선거권자의 수가 1천인을 넘는 때**에는
그 선거인명부를 선거인 수가 서로 엇비슷하게 **분철할 수 있다.**
⑥ 제1항의 규정에 의한 선거인명부의 **작성**은 **전산조직**에 의할 수 있다.
⑦ 행정안전부장관은 제1항에 따른 선거인명부의 작성을 지원하기 위하여
「주민등록법」 제7조의2 제1항에 따른 주민등록번호,
「출입국관리법」 제31조 제5항에 따른 외국인등록번호 및
「재외동포의 출입국과 법적 지위에 관한 법률」 제7조 제1항에 따른
국내거소신고번호를 처리할 수 있고,
처리한 사항을 구·시·군의 장 등에게 제공할 수 있다.
이 경우 행정안전부장관은
관계 행정기관의 장 또는 그 밖의 공공기관의 장에게
필요한 자료를 요청할 수 있고,
요청을 받은 자는 특별한 사유가 없으면 이에 따라야 한다. 〈신설 22. 1. 21.〉
⑧ 선거인명부의 서식 기타 필요한 사항은 중앙선거관리위원회 규칙으로 정한다.

심화학습

· 동시선거 시에도 하나의 선거인명부에 의한다.(§204①)

보충개념

○ 선거인명부는 선거권을 가진 자를 확인·공증하고 선거인의 범위를 형식적으로 확정하는 공부(公簿)임.
○ 선거인명부에의 등재가 선거권을 부여하는 형성적 효력을 가지는 것이 아니므로 선거인명부에 올라 있더라도 선거일에 선거권이 없는 자는 투표할 수 없음.(공선법 §156②)
○ 선거를 실시하는 때마다 작성하는 "**수시선거인명부제**"를 채택하고 있음.
○ 선거인명부는 선거권자가 해당 선거에서 투표할 권리를 갖고 있는지를 확인함으로써 투표의 혼란을 없애고, 선거인의 투표여부를 확인하여 이중으로 투표하는 부정투표를 방지하기 위한 필수적인 공부임. 명부작성은 작성시기에 따라 정기적으로 작성되는 **정기(영구)명부제**와 개개의 선거마다 명부를 작성하는 **수시명부제**로 구분되고, 작성방법에 따라 국가기관이 관리하는 주민등록표와 같은 공부를 이용하여 작성하는 **직권등록제**와 선거인명부 작성기간에 투표권자가 직접 신청하여 투표권을 확정하는 **신청등록제**로 구분됨. 공직선거법은 원칙적으로 **수시명부제(선거시마다 작성)**와 **직권등록제(구·시·군의 장이 직권으로 작성)**를 취하고 있으나(제37조), 거소·선상투표 신고인, 국외부재자 및 재외선거인의 경우에는 신고에 의한 **신청등록제를 가미**하고 있으며, 형식은 **장부식명부제**임.(제38조, 제218조의4, 제218조의5)(헌재 2014. 7. 24. 2009헌마256)
⇒ 2015. 12. 24. 개정으로 **재외선거인** 등록신청을 상시적으로 허용하는 '**신청등록제**'와 작성된 재외선거인 명부를 계속 사용하는 '**영구명부제**' 도입

[2019 공직선거법규운용자료 1권 180쪽, 중앙선관위]

제38조(거소·선상투표 신고) 〈외국인은 신고 불가〉

① 선거인명부에 오를 자격이 있는 국내에 거주하는 사람으로서
제4항 제1호부터 제5호까지 또는 제5호의2에 해당하는 사람
(제15조 제2항 제3호에 따른 **외국인**〈지방선거권이 있는 외국인〉은 **제외**한다)은

선거인명부 작성기간 중 구·시·군의 장에게
서면이나 해당 구·시·군이 개설·운영하는 **인터넷 홈페이지**를 통하여
신고(이하 "**거소투표 신고**"라 한다)를 할 수 있다.
이 경우 우편에 의한 **거소투표 신고**는 **등기우편**으로 처리하되,
그 우편요금은 국가 또는 해당 지방자치단체가 부담한다.

[우편요금은 신고자 본인이 부담한다(×) 7급 20]

기출체크

선거권이 있는 국내거주 외국인도 선거일에 투표소에서 투표할 수 없는 경우에는 거소투표 신고를 하고 거소투표를 할 수 있다. [×(외국인은 거소투표 신고대상에서 제외됨) 7급 15]

② **대통령선거**와 **임기만료**에 따른 **국회의원선거**에서 〈지방선거는 선상투표제도 없음〉
  선거인명부에 오를 자격이 있는 사람으로서
  다음 각 호의 어느 하나에 해당하는 **선박에**
  승선할 예정이거나 **승선하고 있는 선원이**
  사전투표소 및 투표소에서 투표할 수 없는 경우
  선거인명부 작성기간 중
  구·시·군의 장에게 서면[승선하고 있는 선원이 해당 **선박에 설치된**
  팩시밀리(전자적 방식을 포함한다. 이하 같다)로 신고하는 경우를 포함한다]이나
  제1항에 따른 **인터넷 홈페이지**를 통하여
  신고(이하 "**선상투표 신고**"라 한다)를 할 수 있다. 〈인터넷 홈페이지 신고: 22. 8. 17. 시행〉
  이 경우 **우편**에 의한 방법으로 선상투표 신고를 하는 경우에는
  제1항 후단〈등기취급, 요금부담 주체〉을 **준용**한다.
 1. 다음 각 목의 어느 하나에 해당하는 선박으로서
    대한민국 국민이 선장을 맡고 있는 「선박법」 제2조에 따른
    대한민국 선박[대한민국국적 취득조건부 나용선(裸傭船)을 포함한다]
    가. 「원양산업발전법」 제6조 제1항에 따라
        해양수산부장관의 허가를 받아 **원양어업**에 사용되는 선박
    나. 「해운법」 제4조 제1항에 따라
        해양수산부장관의 면허를 받아 **외항 여객운송사업**에 사용되는 선박
    다. 「해운법」 제24조 제2항에 따라
        해양수산부장관에게 등록하여 **외항 화물운송사업**에 사용되는 선박
 2. 「해운법」 제33조 제1항에 따라 **해양수산부장관에게 등록하여**
    선박관리업을 경영하는 자가 관리하는 **외국국적 선박** 중
    대한민국 국민이 선장을 맡고 있는 선박

기출체크

❶ 선상투표소에 설치된 모사전송 시스템을 활용하여 선거인이 스스로 투표하는 것은 비밀선거원칙을 침해한다.
[× 9급 22]

⇒ 통상 모사전송 시스템의 활용에는 특별한 기술을 요하지 않고, 당사자들이 스스로 이를 이용하여 투표를 한다면 비밀 노출의 위험이 적거나 없을 뿐만 아니라, 설사 투표 절차나 전송 과정에서 비밀이 노출될 우려가 있다 하더라도, 이는 국민주권 원리나 보통선거 원칙에 따라 선원들이 선거권을 행사할 수 있도록 충실히 보장하기 위한 불가피한 측면이라 할 수도 있으므로, 이를 두고 섣불리 헌법에 위반된다 할 수 없다.(헌재 2007. 6. 28. 2005헌마772)

❷ 「해운법」에 따라 해양수산부장관의 면허를 받아 외항 여객운송사업에 사용되는 선박(대한민국 국민이 선장을 맡고 있는 「선박법」 제2조에 따른 대한민국 선박)에 승선한 선원이 선거권을 가진 경우, 임기만료에 따른 국회의원선거에서 사전투표소 및 투표소에 가서 투표할 수 없을 때 선거인명부 작성기간 중 팩시밀리로 선상투표 신고를 할 수 있다.
[○ 7급 17]

❸ 해상에 장기 기거하는 선원들에 대하여 어떠한 선거권 행사 방법도 규정하지 않고 있는 것은 비밀선거의 원칙을 준수하기 위하여 불가피하다.
[× 9급 13]

⇒ 「공직선거법」 제38조 제3항에서 해상에 장기 기거하는 선원들에 대해서는 부재자투표 대상자로 규정하지 않고 있으며, 제158조 제4항에서 이들이 투표할 수 있는 방법을 정하지 않고 있는 것은 그들의 선거권을 침해한다.(헌재 2007. 6. 28. 2005헌마772)

❹ 선거권자가 직접 의사결정을 하였더라도 송부만 모사전송시스템에 의하여 이루어지는 선상투표는 직접선거원칙에 위배된다.
[× 7급 24]

⇒ 직접선거의 원칙은 선거 결과가 선거권자의 투표에 의하여 직접 결정될 것을 요구하는 것인데(헌재 2001. 7. 10. 2000헌마91등 판례집 13-2, 77, 95), 이러한 선상투표도 선거권자가 직접 의사결정을 하고 단지 그 송부만이 모사전송 시스템에 의하여 이루어지는 것이므로, 직접선거원칙에 위배되는 것이 아니다.(헌재 2007. 6. 28. 2005헌마772)

③ **거소투표 신고 또는 선상투표 신고를 하려는 사람은**
해당 **신고서에 다음 각 호의 사항을 적어야 하고,**
제4항 **제1호**〈군인, 경찰〉 및 **제2호**〈시설 기거자〉에 해당하는 사람은
소속기관이나 시설의 장의,
제4항 **제3호**〈거동 불능자〉에 해당하는 사람
(「장애인복지법」 제32조에 따라 **등록된 장애인**〈확인 불필요〉은 **제외한다**)은
통·리 또는 반의 장의,
제4항 제5호의2에 해당하는 사람으로서
시설치료, 입원치료 또는 시설격리 중인 사람은
해당 시설의 장의,
제4항 제6호에 해당하는 **선원은 해당 선박 소유자**
(제2항 제2호에 따른 선박의 경우에는 **선박관리업을 경영하는 자를 말한다**)
또는 해당 선박 **선장의 확인을 받아야 한다.** 〈개정 22. 2. 16.〉
이 경우 **구·시·군의 장은 선거인명부 작성기준일 전 10일까지**
제4항 **제3호**〈거동 불능자〉에 해당하는 사람 중에서
「장애인복지법」 제32조에 따라 **등록된 장애인에게**

[신체에 중대한 장애가 있어 거동할 수 없는 자에게(×) 9급 15]

거소투표 신고에 관한 안내문과 거소투표 신고서를 발송하여야 한다.
1. 거소투표 또는 선상투표 사유
2. 성명, 성별, 생년월일
3. **주소, 거소**(제4항 제6호〈승선 예정 또는 승선 선원〉에 해당하는 **선원**의 경우 해당 **선박**의 **명칭**과 **팩시밀리 번호**를 말한다.)

> **기출체크**
>
> ❶ 거소투표의 사유, 성명, 성별, 생년월일, 주소, 거소는 모두 거소투표 신고를 위한 신고서의 필요적 기재사항이다.
> [O 7급 14]
>
> ❷ 「장애인복지법」 제32조에 따라 등록된 장애인이 거소투표 신고를 하려는 경우에는 해당 통·리 또는 반의 장의 확인을 받아야 한다. [×(장애인복지법 제32조에 따라 등록된 장애인은 확인 불요) 7급 14]

④ 다음 각 호의 어느 하나에 해당하는 사람은 **거소**(제6호〈승선 예정 또는 승선 선원〉에 해당하는 선원의 경우 **선상**을 말한다)에서 투표할 수 있다.
1. **법령**에 따라 **영내** 또는 **함정**에 **장기 기거**하는 **군인**이나 **경찰공무원** 중 사전투표소 및 투표소에 **가서 투표할 수 없을 정도로 멀리 떨어진** 영내(營內) 또는 함정에 근무하는 자 〈소속기관장 확인〉
2. **병원·요양소·수용소·교도소** 또는 **구치소**에 **기거**하는 사람 〈시설의 장 확인〉

> **기출체크**
>
> 병원 또는 요양소에 기거하는 선거권자 중에서 거동할 수 없는 사람만이 시설의 장의 확인을 받아 거소투표를 할 수 있다.
> [×(기거하는 사람임) 7급 17]

3. **신체에 중대한 장애가 있어 거동할 수 없는 자** 〈통·리 또는 반장 확인, 등록된 장애인은 확인 제외〉

> **기출체크**
>
> ❶ 대통령 선거에서 신체에 중대한 장애가 있어 거동할 수 없는 자는 자택 등 자신의 거소에서 투표할 수 있다.
> [O 9급 15]
>
> ❷ 「장애인복지법」에 따라 등록된 장애인이 아니라도 신체에 중대한 장애가 있어 거동할 수 없는 사람은 거소에서 투표할 수 있다.
> [O 9급 13]

4. 사전투표소 및 투표소에 가기 어려운 **멀리 떨어진 외딴 섬** 중 **중앙선거관리위원회 규칙**으로 정하는 섬에 거주하는 자 〈확인 불요〉

> **기출체크**
> 사전투표소 및 투표소에 가기 어려운 멀리 떨어진 외딴 섬에 거주하는 자는 해당 구·시·군의 장의 허락을 받아야 거소에서 투표할 수 있다. [×(누구의 확인도 필요 없음) 7급 14]

    5. **사전투표소 및 투표소를 설치할 수 없는 지역에 장기 기거하는 자**로서 중앙선거관리위원회 규칙으로 정하는 자 〈확인 불요〉

    5의2. **격리자 등** 〈신설 22. 2. 16.〉

> **기출체크**
> 「감염병의 예방 및 관리에 관한 법률」 제41조 제1항 또는 제2항에 따라 입원치료, 자가치료 또는 시설치료 중이거나 같은 법 제42조 제2항 제1호에 따라 자가 또는 시설에 격리 중인 사람은 거소에서 투표할 수 있다. [○ 7급 23]

    6. 제2항〈승선 예정 또는 승선 선원〉에 해당하는 **선원** 〈선박소유자나 선장의 확인〉

⑤ **거소투표 신고 또는 선상투표 신고가 있는 때에는**
   구·시·군의 장은 해당 신고서의 신고사항을 확인한 후
   정당한 거소투표 신고 또는 선상투표 신고인 때에는
   선거인명부에 이를 표시하고
   거소투표 신고인 명부와 선상투표 신고인 명부
   (이하 "**거소·선상투표 신고인명부**"라 한다)를
   각각 따로 작성하여야 한다. [○ 9급 22]
                                   [통합하여 작성하여야 한다(×) 7급 14]

⑥ 구·시·군의 장은 거소·선상투표 신고인**명부를 작성한 때에는**
   즉시 그 **등본**(전산자료 복사본을 포함한다) 〈종이명부와 전산파일〉 **각 1통**을
   관할 **구·시·군선거관리위원회에 송부하여야 한다.**

⑦ 제37조(명부작성) 제6항〈전산조직으로 작성〉의 규정은
   거소·선상투표 신고인명부의 작성에 이를 **준용한다.**

⑧ 거소투표 신고서·선상투표 신고서의 서식, 거소·선상투표 신고인명부의 서식, 거소투표·선상투표 사유의 확인절차, 그 밖에 필요한 사항은 중앙선거관리위원회 규칙으로 정한다.

제39조(명부작성의 감독 등)

① **선거인명부**(거소·선상투표 신고인명부를 포함한다.
   이하 이 조에서 같다)의 작성에 관하여는
   관할 구·시·군선거관리위원회 및 읍·면·동선거관리위원회가 이를 감독한다. [○ 9급 22]

심화학습

- 본 규정은 선거관리위원회가 선거관리의 주체임에도 명부의 작성 권한이 주민등록 업무를 담당하는 구·시·군의 장에게 있으므로 선거관리위원회에 명부작성에 대한 감독권을 주어 명부작성의 정확성과 공정성 확보를 담보하기 위한 것이다.
- 읍·면·동선거관리위원회도 선거인명부 작성 감독의 주체이다.

기출체크

선거인명부 작성은 구·시(구가 설치되지 아니한 시)·군의 장이 하고, 작성에 관하여는 관할 구·시·군선거관리위원회 및 읍·면·동선거관리위원회가 이를 감독한다. [○ 7급 18]

② 선거인명부 작성에 종사하는 공무원이 **임면된 때**에는 당해 구·시·군의 장은 지체 없이 관할 구·시·군선거관리위원회에 그 사실을 **통보**하여야 한다. [○ 7급 20]

③ **선거인명부 작성기간 중에 선거인명부 작성에 종사하는 공무원을 해임하고자 하는 때**에는 그 임면권자는 **관할 구·시·군선거관리위원회 또는 직근 상급선거관리위원회와 협의하여야 한다.** [○ 9급 22]
　　　　　　　　　　　　　　[정직의 징계를 하고자 하는 때에(×) 7급 22]

④ 선거인명부 작성에 종사하는 공무원이 정당한 사유 없이 선거인명부 작성에 관하여 관할 구·시·군선거관리위원회 또는 읍·면·동선거관리위원회의 **지시·명령** 또는 시정요구에 불응하거나 그 직무를 태만히 한 때 또는 위법·부당한 행위를 한 때에는 관할 구·시·군선거관리위원회 또는 직근 상급선거관리위원회는 임면권자에게 그 **교체**를 요구할 수 있다. [○ 7급 23]

⑤ 제4항의 **교체요구**가 있는 때에는 임면권자는 **정당한 사유가 없는 한** 이에 **따라야 한다**.

⑥ 삭제, ⑦ 삭제

⑧ **누구든지** 선거인명부 작성사무를 **방해**하거나 기타 어떠한 방법으로든지 선거인명부 **작성에 영향을 주는 행위**를 하여서는 아니 된다.

⑨ 선거인명부 작성에 종사하는 공무원의 임면사항 통보 등 기타 필요한 사항은 중앙선거관리위원회 규칙으로 정한다.

제40조(명부열람)

① **구·시·군의 장**은 선거인명부 작성기간 만료일의 다음 날부터 **3일간** 장소를 정하여 선거인명부를 **열람**할 수 있도록 하여야 한다. [○ 7급 22, 9급 15]
이 경우 구·시·군의 장은 해당 **구·시·군**이 개설·운영하는 **인터넷 홈페이지**에서 **선거권자가 선거인명부를 열람**할 수 있도록 **기술적 조치**를 하여야 한다. [○ 7급 21]

심화학습

- 인터넷 홈페이지에서 선거인명부 열람(구·시·군의 장의 기술적 조치 대상)
  ① 선거인명부 작성기간 만료일의 다음 날부터 3일간(§40①)
  ② 선거인명부 확정일의 다음 날부터 선거일의 투표 마감시각까지 자신이 선거인명부에 올라 있는지 여부, 선거인명부 등재번호 및 투표소의 위치 확인(§44②)

기출체크

대통령선거에서 선거인명부와 재외선거인명부의 열람기간은 3일로 같다. ⇒ §218의10①   [×(각각 3일, 5일) 7급 15]

② **선거권자는 누구든지 선거인명부를 자유로이 열람할 수 있다.**
다만, 제1항의 규정에 따른 **인터넷 홈페이지에서의 열람은**
선거권자 자신의 정보에 한한다.   [○ 7급 21·20·18·15]

심화학습

- 선거권자만 누구든지 열람이 가능하고 미성년자, 선거권이 없는 자 등은 명부열람을 할 수 없다.
- (재외)선거인명부 관련 지문만 '선거권자는 누구든지'이다.
- 인터넷 홈페이지 열람은 자신의 정보만 표출되도록 시스템이 구현되어 있다.
- 거소·선상투표 신고인명부는 열람대상이 아니다. 선거인명부 비고란에 '거소·선상투표대상자'로 표시한다.(§38⑤)

③ 구·시·군의 장은 **열람개시일 전 3일까지** 제1항의
장소, 기간, 인터넷 홈페이지 주소 및 열람방법을 공고하여야 한다.

📢 제41조(이의신청과 결정)

① **선거권자는 누구든지 선거인명부에 누락 또는 오기가 있거나**
자격이 없는 선거인이 올라 있다고 인정되는 때에는
열람기간 내에 구술 또는 서면으로   [열람기간 후에도(×) 9급 15]
                                        [선거일 전 3일까지(×) 7급 23]

당해 **구·시·군의 장에게** 이의를 신청할 수 있다.   [○ 9급 22·21, 7급 24·20·17·15]
                                                    [관할 선거관리위원회 위원장에게(×) 9급 23]
                                                    [관할 구·시·군선거관리위원회에(×) 7급 23]

심화학습

- 이의신청은 구술이나 서면으로 당해 구·시·군의 장에게 한다.
- 불복신청과 명부누락자 구제신청은 반드시 서면으로 관할 구·시·군선관위에 하여야 한다.

기출체크

❶ 선거인명부에 대해서는 선거권자나 정당이 이의신청을 할 수 있으나, 재외선거인명부에 대해서는 선거권자만 이의신청을 할 수 있다. ⇒ §218의11①   [×(둘 다 선거권자만 이의신청 가능) 7급 15]

❷ 대통령선거에서 선거인명부와 재외선거인명부의 이의신청을 구·시·군의 장에게 하는 것은 같다. ⇒ §218의11①   [×(재외선거는 명부작성권자인 중앙선관위에 함) 7급 15]

② 제1항의 신청이 있는 때에는 구·시·군의 장은
    그 신청이 있는 날의 다음 날까지 심사·결정하되,   [○ 9급 21]
    그 신청이 **이유 있다고 결정한 때에는 즉시 선거인명부를 정정**하고
    신청인·관계인과 관할 구·시·군선거관리위원회에 통지하여야 하며,
    이유 없다고 결정한 때에는 그 뜻을
    신청인과 관할 구·시·군선거관리위원회에 통지하여야 한다.

기출체크

제20대 국회의원선거(2016. 4. 13. 실시)에서 1997년 1월 14일 출생자인 甲이 선거인명부에서 자신이 누락되어 있음을 확인하여 이에 대해 이의신청을 하였고 그 결과 이유 있다는 결정통지를 받았다면 선거권을 행사할 수 있다. [○ 7급 16]

📢 제42조(불복신청과 결정)

① 제41조(이의신청과 결정) 제2항의 결정에 대하여
    불복이 있는 이의신청인이나 관계인은 그 통지를 받은 날의 다음 날까지
    관할 구·시·군선거관리위원회에 서면으로 불복을 신청할 수 있다.
        [관할 시·도선거관리위원회에 신청(×) 9급 21]
        [구술 또는 서면으로(×) 7급 21]

기출체크

❶ 대통령선거에서 선거인명부와 재외선거인명부의 이의신청에 대한 불복신청을 이의신청인이나 관계인이 할 수 있는 것은 같다. ⇒ §218의11②   [×(재외선거인명부 불복신청제도는 없음) 7급 15]

❷ 대통령선거에서 선거인명부와 재외선거인명부의 이의신청에 대한 불복신청을 관할 구·시·군선거관리위원회에 하는 것은 같다. ⇒ §218의11②   [×(재외선거인명부 불복신청제도는 없음) 7급 15]

② 제1항의 신청이 있는 때에는 관할 구·시·군선거관리위원회는
    그 신청이 있는 날의 다음 날까지 심사·결정하되,
    그 신청이 **이유 있다고 결정한 때에는**
    즉시 관계 구·시·군의 장에게 통지하여 **선거인명부를 정정**하게 하고
    신청인과 관계인에게 통지하여야 하며,
    이유 없다고 결정한 때에는
    그 뜻을 신청인과 관계 구·시·군의 장에게 통지하여야 한다.

📢 제43조(명부누락자의 구제)

① 제41조〈이의신청과 결정〉 제1항의 **이의신청기간 만료일의 다음 날부터**
　제44조〈명부의 확정과 효력〉 제1항의 **선거인명부 확정일 전일까지**
　구·시·군의 장의 착오 등의 사유로 인하여 정당한 선거권자가
　선거인명부에 누락된 것이 발견된 때에는 해당 선거권자 또는 구·시·군의 장은
　주민등록표 등본 등 **소명자료를 첨부**하여 관할 구·시·군선거관리위원회에
　서면으로 선거인명부 등재 신청을 할 수 있다.　　　　　[○ 9급 21, 7급 18]

② 제1항의 신청이 있는 때에는 관할 구·시·군선거관리위원회는
　그 신청이 있는 날의 다음 날까지 **심사·결정**하되,
　그 신청이 **이유 있다고 결정한 때에는**
　즉시 관계 구·시·군의 장에게 통지하여 **선거인명부를 정정**하게 하고
　신청인에게 통지하여야 하며,
　이유 없다고 결정한 때에는
　그 뜻을 **신청인과 관계 구·시·군의 장에게 통지**하여야 한다.

조문정리

〈이의신청·불복신청·명부누락자 등재신청 비교〉

구 분		이의신청	불복신청	명부누락자 등재신청
신청주체		선거권자는 누구든지	이의신청 결정에 불복이 있는 이의신청인이나 관계인	해당 선거권자 또는 명부작성권자
신청기간		열람기간 내	이의신청 결정의 통지를 받은 날의 다음 날까지	이의신청기간(열람기간) 만료일의 다음 날부터 선거인명부 확정일의 전일까지
신청방법		구술 또는 서면	서면	서면(소명자료 첨부)
신청이유		누락, 오기, 자격 없는 선거인 등재	이의신청 결정에 불복	착오 등의 사유로 정당한 선거권자의 누락 발견
신 청 처		구·시·군의 장 (명부작성권자)	관할 구·시·군선관위	관할 구·시·군선관위
처리기한		신청일의 다음 날까지		
통지	이유(有)	신청인, 관할 구·시·군선관위, 관계인	신청인, 명부작성권자, 관계인	신청인, 명부작성권자
	이유(無)	신청인, 관할 구·시·군선관위	신청인, 명부작성권자	신청인, 명부작성권자

제44조(명부의 확정과 효력)

① **선거인명부는 선거일 전 12일에,**
거소·선상투표 신고인명부는
선거인명부 작성기간 만료일의 다음 날에 각각 확정되며
해당 선거에 한하여 효력을 가진다.
[○ 7급 22·21]
[거소·선상투표 신고인명부는 선거일 전 12일에 확정(×) 9급 22]
[선거인명부 작성기간 만료일에 확정(×) 7급 24·17]

> **심화학습**
> - 사전투표를 위한 유권자의 알권리 보장을 위해 선거인명부의 확정일이 '선거일 전 7일' ⇒ '선거일 전 9일' ⇒ '선거일 전 12일'로 변경되었다.
> - 선거의 일부 무효로 인한 재선거를 실시함에 있어서 판결 또는 결정에 특별한 명시가 없는 한 제44조 제1항에도 불구하고 당초 선거에 사용된 선거인명부를 사용한다.(§197②)
> - 동시선거에 있어서 선거인명부와 거소·선상투표 신고인명부는 제44조 제1항에도 불구하고 하나의 선거인명부와 거소·선상투표 신고인명부로 한다.(§204①)

> **기출체크**
> ❶ 선거인명부는 선거일 전 12일에 확정되나, 재외선거인명부는 선거일 전 30일에 확정된다. ⇒ §218의13① [○ 7급 15]
> ❷ 구·시·군의 장은 선거인명부 확정 후 선거권이 없는 사람을 발견한 때에는 선거인명부에서 이를 삭제하여야 한다. ⇒ 규칙 §16의2⑤ [×(선거인명부 비고란에 기재함) 9급 13]

② 구·시·군의 장은 선거권자가 **선거인명부 확정일의 다음 날부터**
선거일의 투표 마감시각까지 해당 구·시·군이 개설·운영하는 **인터넷 홈페이지**에서
자신이 선거인명부에 올라 있는지 여부,
선거인명부 등재번호 및 투표소의 위치를 확인할 수 있도록
기술적 조치를 하여야 한다.

③ 구·시·군의 장은
제40조 제3항에 따른 공고⟨열람기간 전 3일까지 열람장소 공고⟩를 할 때
제2항에 따른 확인에 필요한 **인터넷 홈페이지 주소, 확인기간 및 확인방법을**
함께 공고하여야 한다.

제44조의2(통합선거인명부의 작성)

① 중앙선거관리위원회는 **사전투표소에서 사용**하기 위하여
[부재자투표소에서 통합선거인명부를 사용하는 경우(×) 9급 13]
확정된 선거인명부의 전산자료 복사본을 이용하여
하나의 선거인명부(이하 "**통합선거인명부**"라 한다)를 작성한다.

② 중앙선거관리위원회는 통합선거인명부를 작성하는 경우
같은 사람이 2회 이상 투표할 수 없도록 필요한 **기술적 조치**를 하여야 한다.
③ 통합선거인명부는 **전산조직**을 이용하여 작성한다.
④ **읍·면·동선거관리위원회는 선거일에 투표소에서 사용**하기 위하여
제148조 제1항에 따른 **사전투표기간** 〈선거일 전 5일부터 2일간〉 **종료 후**
중앙선거관리위원회가 제2항에 따라 **기술적 조치를 한 선거인명부를 출력한 다음**
해당 **읍·면·동선거관리위원회 위원장이 이를 봉함·봉인**하여 **보관**하여야 하며,
그 **보관과정에 정당추천위원이 참여**하여 지켜볼 수 있도록 하여야 한다.
이 경우 정당추천위원이 그 시각까지 **참여하지 아니한 때에는**
참여를 포기한 것으로 본다.
⑤ 누구든지 제4항에 따라 **출력한 선거인명부를**
이 법에서 정하지 아니한 방법으로 열람·사용 또는 유출하여서는 **아니 된다.**
⑥ 통합선거인명부의 작성, 선거일 투표소에서 사용하기 위하여 출력한 선거인명부의 보관
방법, 그 밖에 필요한 사항은 중앙선거관리위원회 규칙으로 정한다.

📢 제45조(명부의 재작성)

① 천재지변, 그 밖의 사고로 인하여 **선거인명부**(거소·선상투표 신고인명부를
포함한다. 이하 이 조에서 같다)가 **멸실·훼손된 경우** 선거의 실시를 위하여
필요한 때에는 구·시·군의 장은 **다시 선거인명부를 작성**하여야 한다.
다만, 제38조 제6항〈거소·선상투표 신고인명부 작성 시 관할 구·시·군위원회에
송부〉에 따라 **송부한 거소·선상투표 신고인명부의 등본이 있는 때**에는
거소·선상투표 신고인명부를 **다시 작성하지 아니할 수 있다.**
② 제1항 본문의 규정에 의한 선거인명부의 재작성·열람·확정 및 유효기간
기타 필요한 사항은 중앙선거관리위원회 규칙으로 정한다.

📢 제46조(명부사본의 교부)

① **구·시·군의 장은 후보자**
[**비례대표 국회의원 후보자** 및 비례대표 지방의회의원(비례대표 시·도의원 및
비례대표 자치구·시·군의원을 말한다. 이하 같다)후보자를 **제외**한다]·
선거사무장(비례대표 국회의원선거 및 비례대표 지방의회의원선거의 선거사무장을
제외한다) 또는 **선거연락소장의 신청이 있는 때에는**
[비례대표 자치구·시·군의원 후보자의 신청이 있는 때(×) 7급 20]
작성된 **선거인명부** 또는 **거소·선상투표 신고인명부의 사본이나**
전산자료 복사본을 후보자별로 1통씩 24시간 이내에 신청인에게 **교부**하여야 한다.[○ 9급 21]

> **심화학습**
>
> - 선거인명부 사본교부 신청은 3주체(후보자, 선거사무장, 선거연락소장)만이 할 수 있다.
> - 정당과 비례대표선거 후보자에게는 선거인명부 사본을 교부하지 않는다.
> - 후보자로 등록한 모든 후보자가 선거인명부 사본 교부를 신청할 수 있다.(×)
> - 선거인명부 사본은 신청한 때부터 24시간 이내에 교부하여야 한다.
> - 선거인명부 사본교부 신청은 2종(종이, 파일) 중 1종만 가능하다.

② 제1항에 따른 명부의 사본이나 전산자료 복사본의 **교부신청**은
선거기간 개시일까지 해당 구·시·군의 장에게 **서면**으로 하여야 한다.

[선거기간 개시일 전일까지(×) 9급 21]

③ 제2항에 따라 명부의 사본이나 전산자료 복사본의 교부신청을 하는 자는
그 **사본작성비용**을 **교부신청과 함께 납부**하여야 한다.

④ **누구든지** 제1항에 따라 교부된 **명부의 사본 또는 전산자료 복사본**을
다른 사람에게 **양도** 또는 **대여**할 수 없으며
재산상의 이익 기타 영리를 목적으로 사용할 수 없다.

⑤ 제2항 및 제3항에 따른 교부신청과 비용납부 기타 필요한 사항은
중앙선거관리위원회 규칙으로 정한다.

제 **6** 장 후보자

제47조	정당의 후보자추천	102
제47조의2	정당의 후보자추천 관련 금품수수 금지	103
제48조	선거권자의 후보자추천	105
제49조	후보자등록 등	108
제50조	후보자추천의 취소와 변경의 금지	113
제51조	추가등록	114
제52조	등록무효	114
제53조	공무원 등의 입후보	118
제54조	후보자 사퇴의 신고	125
제55조	후보자등록 등에 관한 공고	125
제56조	기탁금	125
제57조	기탁금의 반환 등	127

제47조(정당의 후보자추천)

① 정당은 선거에 있어 **선거구별**로 선거할 **정수 범위 안**에서 그 소속당원을 후보자(이하 "정당추천 후보자"라 한다)로 추천할 수 있다.
다만, **비례대표 자치구·시·군의원**의 경우에는
그 **정수 범위를 초과**하여 추천할 수 있다.

[O 9급 19]
[정수 범위를 초과하여 추천할 수 없다(×) 7급 23]
[비례대표 시·도의회의원 정수 범위 초과 추천 가능(×) 9급 24]

심화학습
- (원칙)의원정수 초과 추천 시는 전체가 등록무효 사유이다.
- (예외)비례대표 기초의원의 경우 비례대표 의석수가 소수이므로 비례대표 의원 결원 시 충원할 수 있도록 정수 범위 초과 추천을 허용하고 있다.

기출체크
❶ 정당이 자치구·시·군의 장 후보자를 추천할 수 있도록 한 「공직선거법」 제47조 제1항은 무소속 후보자가 정당의 추천을 받은 후보자와 힘들게 경쟁을 하게끔 만들어, 무소속 후보자의 공직 취임 기회를 현실적으로 제약하는 효과를 초래한다고 볼 수 있으므로 <u>무소속 후보자의 공무담임권을 침해한다.</u> [× 9급 22]
⇒ 정당의 후보자추천제는 자치구·시·군의 장 선거제도에 관한 기본 틀의 하나로서 특정 후보자를 우대하거나 불리하게 하기 위한 것이 아니고, 이로 인해 정당의 추천을 받지 않는 후보자가 정당의 추천과 지지를 받는 후보자와 힘들게 경쟁하게 된다고 하더라도 정당의 후보자추천제도의 공익적 기능은 그로 인하여 침해되는 사익보다 훨씬 크다고 할 것이므로 공직선거법 제47조 제1항 본문 중 정당의 자치구·시·군의 장 후보자추천 부분은 청구인의 공무담임권을 부당하게 침해하는 것이라고 볼 수 없다.(헌재 2011. 3. 31. 2009헌마286)
❷ 정당의 기초의원 후보지 추천제도는 기초의원 선거제도에 관한 기본틀의 하나로서 특정 후보자를 우대하거나 불리하게 하기 위한 것이 아니므로 정당이 기초의원 후보자를 추천할 수 있도록 하는 「공직선거법」 규정이 청구인의 공무담임권을 부당하게 침해하는 것이라고 볼 수 없다.(헌재 2007. 11. 29. 2005헌마977) [O 9급 24]

② 정당이 제1항에 따라 후보자를 추천하는 때에는 **민주적인 절차**에 따라야 한다.

③ 정당이 **비례대표 국회의원선거** 및 **비례대표 지방의회의원선거**에 후보자를 추천하는 때에는
그 후보자 중 **100분의 50 이상을 여성**으로 추천하되, [O 7급 18]
[100분의 30 이상(×) 7급 23]
그 후보자명부의 **순위의 매 홀수**에는 **여성을 추천**하여야 한다. [O 7급 24, 9급 19·13]

심화학습
- 모든 비례대표 선거(국회의원, 지방의회의원)는 50/100 이상 여성추천, 매 홀수 여성추천 의무가 있다.
- 비례대표 선거에서 후보자명부의 첫 번째 순위가 여성이 되지 않는 예외적인 경우는 없다.
- 비례대표 선거(국회의원, 지방의회의원) 여성후보자 추천비율 위반은 모두 등록무효 사유이다.

④ 정당이 임기만료에 따른 지역구 국회의원선거 및 지역구 지방의회의원선거에
후보자를 추천하는 때에는 각각 **전국 지역구 총수의 100분의 30 이상**을
여성으로 추천하도록 노력하여야 한다. [○ 9급 17]
[여성으로 추천하여야 한다(×) 9급 19]

⑤ 정당이 **임기만료**에 따른 지역구 지방의회의원선거에 후보자를 추천하는 때에는
지역구 시·도의원선거 또는 지역구 자치구·시·군의원선거 중
어느 하나의 선거에 국회의원 지역구(군지역을 제외하며, 자치구의 일부 지역이
[선거에서 각각(×) 7급 21]
다른 자치구 또는 군지역과 합하여 하나의 국회의원 지역구로 된 경우에는
그 자치구의 일부 지역도 제외한다)마다
1명 이상을 여성으로 추천하여야 한다. [2명 이상을 여성으로 추천 의무(×) 7급 23]

기출체크

국민의 정치적 참여를 목적으로 하는 자발적 조직으로서 정당에게는 정당활동의 자유가 보장되기 때문에 정당의 후보자추천은 사법심사의 대상이 되지 아니한다. [× 7급 15]
⇒ 정당은 국민의 이익을 위하여 책임 있는 정치적 주장이나 정책을 추진하고 공직선거의 후보자를 추천 또는 지지함으로써 국민의 정치적 의사형성에 참여함을 목적으로 하는 국민의 자발적 조직으로서(정당법 제2조), 오늘날의 의회 민주주의 하에서 민주주의의 전제요건인 동시에 정치과정과 정치활동의 필수불가결한 요소로 기능하고 있으므로, 정당활동의 자유는 이를 보장함에 있어 소홀함이 있어서는 아니 되나, 그렇다고 하더라도 정당이 헌법 및 「정당법」, 「정치자금에 관한 법률」 등에 의하여 일반 단체보다 특별한 보호를 받고 있고, 정당의 각종 선거에서의 후보자 추천은 국민의 정치적 의사형성이 필수적인 부분이며 공직선거라는 국가정치 과정의 연장선에 있는 공적인 성격을 갖기 때문에 정당의 공천이 민주주의 원칙에 관한 헌법, 「정당법」, 공선법 등의 규정에 위배되거나 그 절차가 현저하게 불공정하거나 정당 스스로가 정한 내부 규정에 위배되는 경우에는 사법심사의 대상이 된다고 할 것이다.(서울남부지방법원 2006. 5. 1. 2006카합941)

보충개념

○ 정당이 후보자를 추천할 수 있도록 하는 제도의 목적은 유권자들이 선거권을 행사함에 있어 참고할 중요한 사항을 제공하고, 국민의 정치적 의사 형성에 참여하는 정당의 활동을 효과적으로 보장하기 위한 것임.(헌재 2011. 3. 31. 2009헌마286)
○ 정당은 수도에 소재하는 중앙당과 특별시·광역시·도에 각각 소재하는 시·도당으로 구성되고(「정당법」 제3조) 자치구·시·군의 관할 구역 내에는 정당이 없으므로, 기초의원 후보자의 추천도 중앙당이나 시·도당에서 하게 될 것임. (헌재 2007. 11. 29. 2005헌마977)
[2019 공직선거법규운용자료 1권 197쪽, 중앙선관위]

제47조의2(정당의 후보자추천 관련 금품수수 금지)

① **누구든지** 정당이 특정인을 후보자로 추천하는 일과 관련하여
금품이나 그 밖의 **재산상의 이익 또는 공사의 직**을 제공하거나
그 제공의 의사를 표시하거나 그 제공을 약속하는 행위를 하거나,
그 제공을 받거나 그 제공의 의사표시를 승낙할 수 없다. [○ 9급 24]

이 경우 후보자(후보자가 되려는 사람을 포함한다)와 그 배우자(이하 이 항에서 "후보자 등"이라 한다), 후보자 등의 **직계존·비속과 형제자매**가 **선거일 전 150일부터 선거일 후 60일까지** 「정치자금법」에 따라 **후원금**을 기부하거나 **당비**를 납부하는 외에 **정당** 또는 **국회의원**[「정당법」 제37조(활동의 자유) 제3항에 따른 국회의원 지역구 또는 자치구·시·군의 **당원협의회 대표자**를 포함하며, 이하 이 항에서 "국회의원 등"이라 한다], 국회의원 등의 배우자, 국회의원 등 또는 그 배우자의 직계존·비속과 형제자매에게 채무의 변제, 대여 등 **명목 여하를 불문하고 금품**이나 그 밖의 **재산상의 이익을 제공한 때**에는 **정당이 특정인을 후보자로 추천하는 일과 관련하여 제공한 것**으로 본다. [○ 7급 23]

심화학습

- 본 조항은 정당의 돈 공천 방지를 위한 규정이다.
- 후보자와 그 가족이 선거일 전 150일~선거일 후 60일 사이에 정당이나 국회의원(당원협의회장 포함)과 그 가족에게 명목 여하를 불문하고 금품 등을 제공하면 공천관련 금품수수로 간주한다.
- **후보자 등의 가족 범위**
  ① 후보자(후보자가 되고자 하는 자 포함)
  ② 후보자의 배우자
  ③ 후보자 또는 그 배우자의 직계존속(부모, 조부모, 외조부모, 장인, 장모)
  ④ 후보자 또는 그 배우자의 직계비속(아들, 딸, 손자녀, 외손자녀)
  ⑤ 후보자의 형제자매(형, 누나, 동생)
  ⑥ 배우자의 형제자매(처남, 처형, 처제)
- **국회의원 등의 가족 범위** (후보자 ⇒ 국회의원)
  ① 국회의원(당원협의회 대표자 포함)
  ②~⑥ 위 후보자 등의 가족 범위와 동일

기출체크

누구든지 정당이 특정인을 후보자로 추천하는 일과 관련하여 금품 등 수수를 금지하는 「공직선거법」 제47조의2 제1항은 정당의 적법한 자금조달활동까지 규제할 여지가 있어, 헌법상 정당 활동의 자유의 본질적 내용을 침해하는 것이다. [× 9급 22]
⇒ 이 조항은 헌법상 정당 활동의 자유의 본질적 내용을 침해하는 것이라고 볼 수 없다.(헌재 2009. 10. 29. 2008헌바146·158·163)

② 누구든지 제1항에 규정된 행위에 관하여
　지시·권유 또는 **요구**하거나 **알선**하여서는 아니 된다.

> **보충개념**

○ **입법경위 및 입법취지**

정당의 공직선거 후보자 추천과 관련하여 구 「정당법」(2005. 8. 4. 법률 제7683호로 전부 개정되기 전의 것) 제31조 제1항은 "정당의 공직선거 후보자의 추천은 민주적이어야 한다"라고 규정하고, 구 「공직선거법」(2005. 8. 4. 법률 제7681호로 일부 개정되기 전의 것) 제47조 제2항은 "정당이 제1항의 규정에 의하여 후보자를 추천하는 때에는 「정당법」 제31조의 규정에 따라 민주적 절차에 의하여야 한다"고 규정하였지만 그 규정형식 자체가 불완전하고 별도의 제재조항이 없어 비민주적인 공천의 문제점이 항상 지적되어 왔음.

특히 이 사건 법률조항이 신설되기 이전에는 공직선거에 있어서 정당이나 정당의 실력자는 공천 과정에서 막대한 공천자금을 수수하는 것이 관행화되어 있었고, 특히 전국구 공천의 경우 헌금액수가 상당하기 때문에 매관매직으로 정당을 사당(私黨)화하는 효과를 가져 왔으며, 이에 따른 비민주적인 공천권 행사로 말미암아 국민이 원치 않는 후보자를 선택하지 않을 수 없는 등 폐단이 심각하였음.

이처럼 공직선거에 있어 특정인을 후보자로 추천하는 것과 관련하여 금권이 개입되어 부정 공천이 빈번하게 이루어지는 것을 규제해야 할 필요성이 대두되었고, 이를 위해 1980. 12. 31. 「정치자금법」 개정을 통하여 후보자 추천과 관련한 '정치자금' 기부를 금지하는 규정을 마련하는 한편, 「공직선거법」에서는 일정한 '기부행위'를 제한하여 왔음. 그러나 이 경우에도 「정치자금법」상의 '정치자금'에 해당하지 않거나, 「공직선거법」상의 '기부행위'에 해당하지 않는 경우에는 처벌되지 않는 법적 공백이 발생하였는바, 이 같은 처벌상의 공백을 메우고 정당의 공직선거 후보자 추천과 관련된 모든 형태의 금품수수행위를 근절시킴으로써 정당공천의 공정성과 정당운영의 투명성을 제고하기 위하여 2008. 2. 29. 법률 제8879호로 일부 개정된 「공직선거법」에서 이 사건 법률조항이 처음 규정되기에 이르렀음. 이러한 입법경위를 고려할 때, 이 사건 법률조항은 소위 '공천헌금'이 특별당비나 후원금 또는 대여금 등의 위장된 형태로 탈법적으로 수수되는 현실을 고려하여 정당의 후보자 추천과 관련성이 있는 금품이나 재산상 이익 등의 수수행위에 대하여는 그것이 '어떠한 명목으로 수수되었든지 간에' 이를 금지하고, 위반 시 형사 처벌함으로써 공천의 투명성을 통한 당내민주주의를 확립하는 데 그 의의가 있다고 할 것임.(헌재 2009. 10. 29. 2008헌바146)

○ 본 조는 정당 공천과정의 공정성과 정당운영의 투명성을 제고하기 위한 것으로서 선출직 공직자의 선거에 있어서 후보자 추천 단계에서부터 금권의 영향력을 원천적으로 봉쇄함으로써 궁극적으로 공명정대한 선거를 담보하고자 하는 것에 그 취지가 있음.(서울고등법원 2014. 12. 4. 2014노2819)

[2019 공직선거법규운용자료 1권 205쪽, 중앙선관위]

제48조(선거권자의 후보자추천)

① 관할 선거구 안에 주민등록이 된 선거권자는

각 선거(비례대표 국회의원선거 및 비례대표 지방의회의원선거를 제외한다)별로

정당의 당원이 아닌 자를 당해 선거구의 후보자(이하 "무소속 후보자"라 한다)로

추천할 수 있다. [O 9급 19·17·13, 7급 14]

② 무소속 후보자가 되고자 하는 자는

관할 선거구 선거관리위원회가 후보자등록신청 개시일 전 5일

(대통령의 임기만료에 의한 선거에 있어서는 후보자등록신청 개시일 전 30일,

대통령의 궐위로 인한 선거 등에 있어서는 그 사유가 확정된 후 3일)부터

검인하여 교부하는 추천장을 사용하여

다음 각 호에 의하여 선거권자의 추천을 받아야 한다. [O 9급 19, 7급 21]

> **기출체크**
> 대통령의 궐위로 인한 선거에서 무소속 후보자가 되고자 하는 자는 그 궐위 사유가 확정된 후 3일부터 관할 선거구 선거관리위원회가 검인하여 교부하는 추천장을 사용하여 선거권자의 추천을 받아야 한다. [O 7급 18]

1. 대통령선거:
   5 이상의 시·도에 나누어 하나의 시·도에 주민등록이 되어 있는 선거권자의 수를 700인 이상으로 한 3천500인 이상 6천인 이하 [O 9급 23, 7급 18]

2. 지역구 국회의원선거 및 자치구·시·군의 장 선거:
   300인 이상 500인 이하 [500인 이상 700인 이하(×) 7급 21]
   [700인 이상 900인 이하(×) 9급 23]

> **기출체크**
> 국회의원선거에서 정당 후보자는 정당의 추천만 받으면 선거에 입후보할 수 있는 데 비하여 무소속 후보자는 당해 선거구 선거권자 300인 이상 500인 이하의 추천을 받아야 입후보할 수 있도록 하는 것에 대해 헌법재판소는 <u>위헌이</u>라고 판시하였다. [× 9급 13]
> ⇒ 일정한 정강정책을 내세워 공직선거에 있어서 후보자를 추천함으로써 국민의 정치적 의사 형성에 참여함을 목적으로 하는 정치적 조직인 정당이 후보자를 추천하는 행위에는 정치적 의사나 이해를 집약한 정강정책을 후보자를 통하여 제시하는 의미가 포함되어 있는 것이어서 무소속 후보자의 경우와 같이 선거권자의 추천을 따로 받을 필요가 없으므로 무소속 후보자에게만 선거권자의 추천을 받도록 한 것이 정당후보자와 <u>불합리한 차별</u>을 하는 것이라고 할 수 없다.(헌재 1996. 8. 29. 96헌마99)

3. 지역구 시·도의원선거:
   100인 이상 200인 이하 [O 9급 23]

4. 시·도지사선거:
   당해 시·도 안의 **3분의 1 이상의 자치구·시·군에 나누어 하나의 자치구·시·군에 주민등록이 되어 있는 선거권자의 수를 50인 이상으로 한 1천인 이상 2천인 이하** [O 9급 23]

5. 지역구 자치구·시·군의원 선거:
   50인 이상 100인 이하.
   다만, 인구 1천인 미만의 선거구에 있어서는 30인 이상 50인 이하 [O 7급 18]

> **기출체크**
> 무소속 후보자가 되고자 하는 자는 관할 선거구 선거관리위원회가 검인하여 교부하는 추천장을 사용하여 선거권자의 추천을 받되, 지역구 자치구·시·군의원선거의 경우 1천인 미만의 선거구에서는 30인 이상 50인 이하의 추천을 받아야 한다. [O 9급 17]

③ 제2항의 경우 다음 각 호의 어느 하나에 해당하는 행위를 하여서는 아니 된다.
  1. **검인되지 아니한 추천장**에 의하여 추천을 받는 행위

2. 추천 선거권자 수의 **상한 수를 넘어 추천을 받는 행위**
   [추천 선거권자 수의 상한 수를 넘어 추천을 받아도 된다(×) 7급 21·16]

3. 추천 선거권자의 **서명**이나 **인영**을 **위조·변조**하는 등의 방법으로 **허위의 추천을 받는 행위**

> **기출체크**
> 무소속 후보자가 되고자 하는 자는 관할 선거구 선거관리위원회가 검인하여 교부하는 추천장을 사용하여 선거권자의 추천을 받아야 하며, 추천 선거권자 수의 상한 수를 넘어 추천을 받아서는 아니 된다. [○ 7급 17]

④ 제2항에 따른 **추천장 검인·교부 신청은 공휴일에도 불구하고 매일 오전 9시부터 오후 6시까지** 할 수 있다. [○ 9급 17, 7급 21]
[공휴일을 제외하고(×) 7급 18]

⑤ 선거권자의 추천장의 서식·교부신청 및 교부 기타 필요한 사항은 중앙선거관리위원회 규칙으로 정한다.

> **조문정리**
>
> 〈선거별 선거권자의 추천인 수〉
>
> | 선거별 | 추천인 수 |
> |---|---|
> | 대통령선거 | 5 이상의 시·도에 나누어
하나의 시·도에 주민등록이 되어 있는 선거권자의 수를 700인 이상으로 한
3,500인 이상 6,000인 이하 |
> | 지역구 국회의원선거 및
자치구·시·군의 장선거 | 300인 이상 500인 이하 |
> | 지역구 시·도의원선거 | 100인 이상 200인 이하 |
> | 시·도지사선거 | 해당 시·도 안의 3분의 1 이상의 자치구·시·군에 나누어
하나의 자치구·시·군을 50인 이상으로 한
1,000인 이상 2,000인 이하 |
> | 지역구
자치구·시·군의원선거 | 50인 이상 100인 이하
⇒ 인구 1,000인 미만의 선거구는 30인 이상 50인 이하 |

> **보충개념**
> ○ 무소속 후보자의 입후보에 선거권자의 추천을 받도록 하고 있는 것은 국민인 선거권자의 추천에 의한 일정한 자격을 갖추게 하여 후보자가 난립하는 현상을 방지하는 한편, 후보자등록 단계에서부터 국민의 의사가 반영되도록 함으로써 국민의 정치적 의사가 효과적으로 국정에 반영되도록 하기 위한 것임.(헌재 1996. 8. 29. 96헌마99)
> ○ 추천장에 추천인의 기명·날인(무인은 제외)을 받도록 요구하는 것은 부정한 방법에 의한 추천장 작성을 방지하여 추천의 진정성을 확보하여 궁극적으로 선거의 신뢰성과 공정성을 확보하기 위한 것임.(헌재 2009. 9. 24. 2008헌마265)
> ⇒ 2011. 7. 28. 및 2015. 12. 24. 법 제49조 제3항 개정으로 선거권자는 추천장에 기명하고 날인(무인은 제외)하거나 서명해야 함.
> ○ 법 제106조 제1항에서 호별방문을 제한하고 있는 것은 선거운동을 위한 경우 등으로 한정되어 있을 뿐 **후보자추천을 받기 위한 호별방문은 허용**됨.(헌재 2009. 9. 24. 2008헌마265)
> [2019 공직선거법규운용자료 1권 213쪽, 중앙선관위]

📢 제49조(후보자등록 등)

① 후보자의 등록은 대통령선거에서는 **선거일 전 24일**,
국회의원선거와 지방자치단체의 **의회의원 및 장**의 선거에서는 **선거일 전 20일**
(이하 "후보자등록신청 개시일"이라 한다)**부터 2일간**
(이하 "후보자등록기간"이라 한다)
관할 선거구 선거관리위원회에 **서면**으로 신청하여야 한다.   [O 9급 20·19, 7급 22·21·13]
[국회의원선거에서 선거일 전 ( )일부터 9급 17]

> **기출체크**
> 후보자의 등록은 대통령선거에서는 선거일 전 23일, 국회의원선거와 지방자치단체의 의회의원 및 장의 선거에서는 선거일 전 14일부터 2일간 관할 선거구 선거관리위원회에 서면으로 신청하여야 한다.
> [×(현행법상 틀리는 지문) 9급 14]

② **정당추천 후보자의 등록은 대통령**선거와 **비례대표** 국회의원선거 및
비례대표 지방의회의원선거에 있어서는 그 **추천 정당**이,
지역구 국회의원선거와 지역구 지방의회의원 및 **지방자치단체의 장**의 선거에 있어서는
정당추천 후보자가 **되고자 하는 자**가 신청하되,
[대통령선거에서 후보자가 직접 신청, 지방선거에서 추천 정당이 신청(×) 7급 22]
[O 9급 20]

추천 정당의 당인(黨印) 및 그 대표자의 직인이 날인된 **추천서와 본인승낙서**
(대통령선거와 비례대표 국회의원선거 및 비례대표 지방의회의원선거에 **한한다**)를
등록신청서에 **첨부**하여야 한다.   [대통령선거와 국회의원선거에 본인승낙서를 첨부하여야 한다(×) 7급 21]
이 경우 **비례대표** 국회의원 후보자와 비례대표 지방의회의원 후보자의 등록은
추천 정당이 그 순위를 정한 **후보자명부**를 함께 **첨부**하여야 한다.

> **심화학습**
> · 비례대표선거와 대통령선거의 정당추천 후보자는 반드시 본인승낙서를 첨부하여야 한다.

> **기출체크**
> ❶ 지역구 지방의회의원 및 지방자치단체의 장의 선거에 있어서 정당추천 후보자의 등록은 정당추천 후보자가 되고자 하는 자가 신청하되, 추천 정당의 당인(黨印) 및 그 대표자의 직인이 날인된 추천서와 본인승낙서를 등록신청서에 첨부하여야 한다.   [×(본인승낙서는 대통령선거 정당추천 후보자와 비례대표선거에 한함) 7급 16]
> ❷ 비례대표 국회의원선거에서 정당추천 후보자의 등록은 그 추천 정당이 신청하되, 추천 정당의 당인 및 그 대표자의 직인이 날인된 추천서, 본인승낙서 그리고 추천 정당이 그 순위를 정한 후보자명부를 등록신청서에 첨부하여야 한다.   [O 9급 15]

③ **무소속** 후보자가 되고자 하는 자는 제48조에 따라
선거권자가 기명하고 날인(무인〈불가〉을 허용하지 아니한다)하거나 **서명**한

추천장[단기(單記) 또는 연기(連記)로 하며 간인(間印)을 요하지 아니한다]을 등록신청서에 **첨부하여야 한다**.

> **심화학습**
>
> · 생활저변에서 서명이 보편화되는 추세를 감안하여 선거권자가 무소속 후보자를 추천하는 경우 날인 외에 서명도 허용한다.

④ 제1항부터 제3항까지의 규정에 따라 후보자등록을 신청하는 자는 다음 각 호의 **서류**를 제출하여야 하며, 제56조 제1항에 따른 **기탁금**을 납부하여야 한다.
 1. 중앙선거관리위원회 규칙이 정하는 **피선거권**에 관한 **증명서류**
 2. 「공직자윤리법」 제10조의2(공직선거후보자 등의 재산공개) 제1항의 규정에 의한 등록대상**재산**에 관한 **신고서** [제10조(등록재산의 공개)(×) 9급 23]
 3. 「공직자 등의 병역사항신고 및 공개에 관한 법률」 제9조(공직선거후보자의 병역사항 신고 및 공개) 제1항의 규정에 의한 **병역사항**에 관한 **신고서**
 4. **최근 5년간의 후보자, 그의 배우자와 직계존·비속**(혼인한 딸과 외조부모 및 외손자녀를 제외한다)의 소득세(「소득세법」 제127조 제1항에 따라 원천징수하는 소득세는 **제출하려는 경우에 한정한다**)·**재산세·종합부동산세의 납부 및 체납** (10만 원 이하 또는 3월 이내의 체납은 제외한다)에 관한 **신고서**. [상속세(×) 9급 23]
 이 경우 후보자의 **직계존속**은 자신의 세금납부 및 체납에 관한 **신고를 거부할 수 있다**.
 5. **벌금 100만 원 이상**의 형의 범죄경력(**실효된 형을 포함**하며, 이하 "**전과기록**"이라 한다)에 관한 **증명서류**
 [실효된 형을 제외하고(×) 7급 21]

> **심화학습**
>
> · 제2호~제5호(4종)만 필수 구비서류로 미제출 시 후보자등록 무효사유이다.
> · 기탁금 미납은 후보자등록 무효사유는 아니고 수리불가 사유일 뿐이다.
> · 피선거권 증명서류는 제출하지 않아도 후보자등록을 수리해야 하며, 미제출 시 후보자등록 무효사유도 아니고 공개대상 서류도 아니다(미제출 시에는 선관위가 직권으로 조사).

> **기출체크**
>
> 임명에 의한 정무직공무원과 비교할 때 공직선거에서 후보자등록을 신청하는 자에게만 실효된 형을 포함하여 벌금 100만 원 이상의 형의 범죄경력에 관한 증명서류를 제출하도록 하는 것은 합리적 이유가 있는 차별이다.(헌재 2008. 4. 24. 2006헌마402) [○ 7급 17]

6. 「초·중등교육법」 및 「고등교육법」에서 인정하는
정규학력(이하 "정규학력"이라 한다)에 관한 **최종학력 증명서**와
국내 정규학력에 준하는 외국의 교육기관에서 이수한 학력에 관한 각 증명서
(**한글번역문을 첨부한다**).
이 경우 증명서의 제출이 요구되는 학력은 제60조의3 제1항 제4호의
예비후보자 홍보물, 제60조의4의 예비후보자 공약집, 제64조의 선거벽보,
제65조의 선거공보(같은 조 제9항의 후보자정보 공개자료〈별도 제출〉를 포함한다),
제66조의 선거공약서 및 후보자가 운영하는 인터넷 홈페이지에
게재하였거나 게재하고자 하는 학력에 한한다. [O 9급 23]

> **심화학습**
> · 학력증명서는 후보자등록 요건과는 아무런 관계가 없고, 미제출 시 후보자등록 무효사유도 아니다.
> · 정규학력에 관한 최종학력증명서를 제출하지 아니한 후보자등록 신청은 수리할 수 있다.(O)

7. 대통령선거·국회의원선거·지방의회의원 및 지방자치단체의 장의 선거와
교육의원선거 및 교육감선거에 **후보자로 등록한 경력**[선거가 실시된 연도,
[예비후보자로 등록한 경력(×) 9급 23]
선거명, 선거구명, 소속 정당명(정당의 후보자추천이 허용된 선거에 한정한다),
당선 또는 낙선 여부를 말한다]에 관한 **신고서**

⑤ 후보자등록을 신청하는 자는 제60조의2 제2항에 따라 예비후보자등록을
신청하는 때에 제출한 서류〈피선거권에 관한 증명서류, 전과기록, 학력증명서〉는
제4항에도 불구하고 **제출하지 아니할 수 있다**.
다만, 그 서류 중 **변경사항이 있는 경우**에는
후보자등록을 신청하는 때까지 **추가**하거나 **보완**하여야 한다.

⑥ 정당의 **당원인 자는 무소속 후보자로 등록할 수 없으며**,
후보자등록 기간 중(후보자등록신청 시를 포함한다)
당적을 이탈·변경하거나 2 이상의 당적을 가지고 있는 때에는
당해 선거에 후보자로 등록될 수 없다.
[변경된 당적에 따라 당해 선거에 후보자로 등록할 수 있다(×) 9급 20]
소속 정당의 해산이나 그 등록의 취소 또는 중앙당의 시·도당창당
승인취소로 인하여 **당원자격이 상실된 경우에도** 또한 **같다**. [O 7급 24, 9급 17]

> **심화학습**
> · 당선이 되었더라도 임기 개시 전까지 본 항의 사유가 발견되면 당선무효 사유가 된다.(§192③2)
> · 당원이라도 후보자등록기간 전에 탈당하고 무소속 후보자로 등록하는 것은 가능하다.

> **기출체크**
>
> ❶ 정당의 당원인 자가 후보자등록기간 중(후보자등록신청 시를 포함한다) 소속 정당의 해산이나 그 등록의 취소 또는 중앙당의 시·도당창당승인취소로 인하여 당원자격이 상실된 경우에는 당해 선거에 무소속 후보자로 등록할 수 있다. [×(후보자등록기간 중 당적상실은 등록 불가) 9급 19]
> ❷ 후보자를 추천하지 아니하기로 한 정당의 당원인 자는 무소속 후보자로 등록할 수 있으며, 그 정당의 당원경력을 표시할 수 있다. [×(정당의 당원인 자는 무소속 후보자로 등록할 수 없음) 9급 14]
> ❸ 두 정당이 후보 단일화를 위하여 1인의 후보자를 공동으로 등록할 수 있다. [×(「공직선거법」상 공동 등록규정은 없음) 9급 14]

⑦ 후보자등록신청서의 접수는 **공휴일에도 불구하고** 매일 오전 9시부터
    오후 6시까지로 한다. [공휴일을 제외하고(×) 7급 21]
    [공휴일인 경우에는 다음 날까지 연장된다(×) 9급 14]

⑧ 관할 선거구 선거관리위원회는
    후보자등록신청이 있는 때에는 즉시 이를 수리하여야 하되,
    등록신청서·정당의 추천서와 본인승낙서·선거권자의 추천장·
    기탁금 및 제4항 제2호 내지 제5호의 규정에 의한
    서류〈재산·병역·납세·전과, 제6호 학력은 제외〉를 갖추지 아니하거나
    제47조 제3항에 따른 **여성후보자 추천의 비율과 순위를 위반**한 등록신청은
    이를 수리할 수 없다. [○ 7급 24, 9급 17]
    다만, 후보자의 **피선거권**에 관한 **증명서류**가 첨부되지 아니한 경우에는 이를 수리하되,
    당해 **선거구** 선거관리위원회가 그 사항을 **조사**하여야 하며,
    그 조사를 의뢰받은 기관 또는 단체는 **지체 없이** 그 사실을 확인하여
    당해 선거구 선거관리위원회에 **회보하여야 한다.**

> **심화학습**
>
> · 후보자등록 수리 불가 사유
>   ① 후보자등록 신청서, 정당의 추천서와 본인승낙서, 선거권자의 추천장, 기탁금 및 재산·병역·납세·전과서류 미구비
>   ② 비례대표(국회의원, 지방의회의원)선거의 여성후보자 추천 비율과 순위 위반

> **기출체크**
>
> 후보자등록신청을 하는 때에 등록대상재산, 병역사항, 최근 5년간 세금 납부 및 체납에 관한 신고서와 벌금 100만 원 이상의 전과기록에 관한 증명서류 중 어느 하나라도 첨부하지 않으면 관할 선거구 선거관리위원회는 그 등록신청을 수리할 수 없다. [○ 7급 15]

⑨ 관할 **선거구** 선거관리위원회는 「공직자윤리법」 제9조에 따른
    해당 공직자윤리위원회의 요청이 있는 경우 당선인 결정 후 15일 이내에
    해당 당선인이 제4항 제2호에 따라 제출한
    등록대상재산에 관한 신고서의 사본을 송부하여야 한다. [○ 7급 24]

심화학습
• 의무적 송부가 아닌 요청이 있는 경우에 송부한다.

⑩ **후보자가 되고자 하는 자 또는 정당은 선거기간 개시일 전 150일부터**
　본인 또는 후보자가 되고자 하는 **소속 당원**의 전과기록을
　국가경찰관서의 장에게 조회할 수 있으며,
　그 요청을 받은 국가경찰관서의 장은
　지체 없이 그 전과기록을 회보(回報)하여야 한다.　　　　　　　　　　[○ 7급 21]
　이 경우 **회보 받은 전과기록은 후보자등록 시** 함께 **제출**하여야 하며
　관할 선거구 선거관리위원회는 그 **확인**이 필요하다고 인정되는 후보자에 대하여는
　후보자등록 마감 후 지체 없이 해당 선거구를 관할하는 **검찰청의 장**에게
　그 후보자의 **전과기록**을 **조회**할 수 있고,
　당해 검찰청의 장은 그 전과기록의 진위 여부를 **지체 없이 회보**하여야 한다.

⑪ **누구든지 선거기간 중** 관할 선거구 선거관리위원회가
　제10항의 규정에 의하여 **회보 받은 전과기록을 열람**할 수 있다.　　[○ 9급 20]
　　　　　　　　　　　　　　　　　　　[관할 선거구 안에 주민등록이 된 자에 한하여(×) 7급 21]

⑫ 관할 선거구 선거관리위원회는 제4항 제2호부터
　제7호〈재산·병역·납세·전과·최종학력·후보자등록경력 신고서〉까지와
　제10항〈범죄경력〉의 규정에 의하여 제출받거나 회보 받은 서류를
　선거구민이 알 수 있도록 **공개**하여야 한다.
　다만, 선거일 후에는 이를 공개하여서는 아니 된다.　　　　　　　[○ 7급 24]
　　　　　　　　　　　　　　　　　　　　　　　　[선거일 이후에도 공개 의무(×) 7급 21]
　　　　　　　　　　　　　　　　　　　　　　[당선인의 임기 중 선거구민에게 공개한다(×) 7급 15]

심화학습
• 피선거권에 관한 증명서류는 공개대상이 아니다. • 공개는 선거일 후에만 제한되므로 후보자등록기간 중에는 공개가 가능하다.

⑬ 삭제, ⑭ 삭제

⑮ 후보자의 등록신청서와 추천서의 서식, 세금납부 및 체납에 관한 선고서의 서식, 제출·회보받은 서류의 공개방법 그 밖에 필요한 사항은 중앙선거관리위원회 규칙으로 정한다.

보충개념
○ 후보자정보 공개제도는 선거에 참여하는 정당·후보자 등의 공정경쟁의무에 터 잡아 후보자에 관한 정보를 선거권자에게 공개함으로써 국민의 알권리와 국민의 선거권행사를 보장하고자 함에 입법취지가 있음.(대법원 2005. 3. 24. 2004수47)

○ 선거법 제49조 제4항 제2호 및 공직자윤리법 제10조의2 제1항의 규정에 의한 등록대상 재산에 관한 신고서를 제출하지 아니한 것인지 여부는 등록대상 재산의 내용과 종류 및 성질, 등록대상 재산을 등록하지 않은 경위와 방법, 등록하지 않은 재산의 범위와 규모 등을 종합하여 개별적으로 판단하여야 함.(대법원 2005. 3. 24. 2004수47)
○ 후보자가 되고자 하는 자와 그 소속 정당에게 전과기록을 조회할 권리를 부여하고 수사기관에 회보의무를 부여한 것은 단순히 유권자의 알권리 보호 등 공공 일반의 이익만을 위한 것이 아니라, 그와 함께 후보자가 되고자 하는 자의 피선거권 유무를 정확하게 확인할 수 있게 하고, 정당이 후보자가 되고자 하는 자의 범죄경력을 파악함으로써 부적격자를 공천함으로 인하여 생길 수 있는 정당의 신뢰도 하락을 방지하게 하는 등의 개별적인 이익도 보호하기 위한 것이라고 할 수 있음.(대법원 2011. 9. 8. 2011다34521)

[2019 공직선거법규운용자료 1권 218쪽, 중앙선관위]

제50조(후보자추천의 취소와 변경의 금지)

① 정당은 후보자등록 후에는

등록된 후보자에 대한 추천을 취소 또는 변경할 수 없으며, [O 7급 22]

비례대표 국회의원 후보자명부(비례대표 지방의회의원 후보자명부를 포함한다.

이하 이 항에서 같다)에 후보자를 **추가하거나 그 순위를 변경할 수 없다.**

다만, **후보자등록기간 중 정당추천 후보자가 사퇴·사망**〈변경 가능〉하거나,

소속 정당의 **제명**이나 중앙당의 **시·도당창당 승인취소**〈변경 불가〉 외의 사유로

인하여 **등록이 무효로 된 때**〈변경 가능〉에는 **예외로 하되,** [O 9급 24]

[O(이 경우 추천을 취소·변경할 수 있음) 9급 19]

비례대표 국회의원〈비례대표 지방의회의원 포함〉 후보자명부에 **후보자를**

추가할 경우에는 그 순위는 이미 등록된 자의 다음으로 한다. [O 9급 17]

심화학습

· 후보자등록기간 중 정당추천 후보자가 사망한 경우, 사퇴한 경우, 탈당하여 등록무효가 된 경우 등 후보자가 없는 경우에만 당해 정당은 새로운 후보자를 추천할 수 있다(후보자 귀책사유).
· 후보자등록기간 중 정당추천 후보자가 제명, 중앙당의 시·도당창당 승인취소로 등록무효가 된 경우 당해 정당은 다시 후보자를 추천할 수 없다(정당 귀책사유).

기출체크

❶ 정당은 중앙당의 시·도당창당 승인취소의 사유로 인하여 등록이 무효로 된 때에는 후보자등록 후에 등록된 후보자에 대한 추천을 취소 또는 변경할 수 없다. [O 7급 17]
❷ 후보자등록기간 중 정당추천 후보자가 사망한 경우에 정당은 후보자에 대한 추천을 변경할 수 있으나, 후보자가 사퇴한 경우에는 변경할 수 없다. [×(변경할 수 있음) 9급 14]

② 선거권자는 후보자에 대한 추천을 취소 또는 변경할 수 없다.

제51조(추가등록)

대통령선거에 있어서 **정당추천 후보자가**
후보자등록기간 중 또는 후보자등록기간이 지난 후에 **사망**한 때에는
후보자등록 마감일 후 5일까지
제47조(정당의 후보자추천) 및 제49조(후보자등록 등)의 규정에 의하여
후보자등록을 신청할 수 있다.

[O 9급 22]
[신청할 수 없다(×) 9급 17·15]

심화학습
- 이때에는 사망 시에만 추가등록이 가능하다(사퇴, 등록무효는 불가).
- 대통령선거는 추가등록기간 경과 후 후보자 1인만 남게 되더라도 선거사무는 진행되고, 그 득표수가 선거권자 총수의 3분의 1 이상에 달하여야 당선인이 될 수 있다.(§187①)

제52조(등록무효)

① 후보자등록 후에 다음 각 호의 어느 하나에 해당하는 사유가 있는 때에는
그 후보자의 등록은 무효로 한다.

1. 후보자의 **피선거권이 없는 것**이 발견된 때
2. 제47조(정당의 후보자추천) 제1항 본문의 규정에 위반하여
   선거구별로 선거할 정수 범위를 넘어 추천하거나,
   같은 조 제3항〈여성추천 50% 이상, 홀수 순위 여성추천〉에 따른 **여성후보자**
   추천의 비율과 순위를 위반하거나, 〈비례대표 선거는 모두 등록무효 사유〉
   제48조(선거권자의 후보자추천) 제2항의 규정에 의한
   추천인 수에 미달한 것이 발견된 때

[O 7급 18·16]

심화학습
- 선거권자의 추천인 수에 미달하면 등록무효지만, 추천인 수를 초과하였을 경우에 등록무효 사유는 아니다.

기출체크

무소속 후보자가 되고자 하는 자가 입후보등록을 하면서 추천 선거권자수의 하한 수에 미달한 상태로 등록한 것이 발견된 때 그 입후보등록이 무효로 되는 것은 아니다. [×(등록무효 사유임) 9급 17]

3. 제49조 제4항 제2호부터 제5호〈재산, 병역, 납세, 전과〉까지의 규정에 따른
   서류를 제출하지 아니한 것이 발견된 때

[최종학력증명서(×) 7급 20]

심화학습

- 최종학력증명서 미제출은 등록무효 사유가 아니다.
- 기탁금, 정당추천서 등 미제출은 처음부터 수리불가 사유로 등록무효 사유에 적시되지는 않았다.

4. 제49조 제6항〈당원은 무소속 등록 불가, 후보자등록기간 중(등록신청 시 포함)

    당적이탈·변경, 이중당적, 정당해산 등 당원자격 상실 상태에서 등록 발견 시〉의 규정에

    위반하여 등록된 것이 발견된 때

심화학습

- 무소속 후보자로 입후보하고자 하는 당원은 후보자등록신청 전까지 탈당하여야 한다.(×, 후보자등록신청 개시일 전일까지)
- 후보자등록기간 중 소속 정당으로부터 제명당한 자는 무소속 후보자로 등록할 수 없다.(O, 당적 이탈·변경)

기출체크

정당추천으로 지방의회의원선거에 입후보한 자가 당선인으로 결정되었더라도 해당 선거에서 후보등록기간 중 당적을 이탈한 경우 그 당선을 무효로 한다. [O 7급 13]

5. 제53조 제1항〈입후보제한직: 선거일 전 90일까지 사직대상〉부터
    [지자체 장선거에 당해 지자체 의원이 입후보하면서 선거일 전 90일까지 사직없이 등록 시 등록무효(×) 7급 20]

    〈제2항: 선거일 전 30일까지 사직대상〉

    제3항〈비례대표 국회의원이 지역구 국회의원 보궐선거 등 입후보,

    비례대표 지방의회의원이 당해 지자체 지역구 지방의원 보궐선거 입후보 시

    후보등록신청 전까지 사직〉까지 또는

    제5항〈선거구역과 관할 구역이 같거나 겹치는 지역구 국회의원선거에

    입후보하려는 지방자치단체장은 선거일 전 120일까지 사직〉을 위반하여

    등록된 것이 발견된 때

심화학습

- 예비후보자등록의 경우에도 제5호에 해당되면 등록무효 사유이다.(§60의2④)

6. **정당추천 후보자가 〈후보자등록 후〉 당적을 이탈·변경하거나 2 이상의 당적을

    가지고 있는 때(후보자등록신청 시에 2 이상의 당적을 가진 경우를 포함한다),** [O 7급 20]

    소속 정당의 해산이나 그 등록의 취소 또는

    중앙당의 시·도당창당 승인취소가 있는 때 [O 7급 22·16]

심화학습

- 제4호의 내용은 후보자등록기간(등록신청 시 포함)을 그 적용대상으로 한 경우이고, 제6호의 내용은 일단 후보자등록이 된 정당추천 후보자가 등록 후에 위의 사유가 발생한 경우로 이해하면 된다.

7. **무소속 후보자가 정당의 당원이 된 때** [O 7급 20]

> **심화학습**
>
> · 후보자등록기간 중 당원이 아닌 자가 입당하여 정당추천 후보자등록은 가능하나, 후보자등록이 된 후에 무소속 후보자가 당적을 취득한 경우에는 등록무효 사유이다.

8. 제57조의2 제2항〈경선탈락자 입후보 제한〉 또는

   제266조 제2항·제3항을 **위반하여 등록**된 것이 **발견된 때**

> **인용조문**
>
> **제266조(선거범죄로 인한 공무담임 등의 제한)** ② 다음 각 호의 어느 하나에 해당하는 사람은 당선인의 당선무효로 실시사유가 확정된 재선거(당선인이 그 기소 후 확정판결 전에 사직함으로 인하여 실시사유가 확정된 보궐선거를 포함한다)의 후보자가 될 수 없다.
> 1. 제263조 또는 제265조에 따라 당선이 무효로 된 사람(그 기소 후 확정판결 전에 사직한 사람을 포함한다)
> 2. 당선되지 아니한 사람(후보자가 되려던 사람을 포함한다)으로서 제263조 또는 제265조에 규정된 선거사무장 등의 죄로 당선무효에 해당하는 형이 확정된 사람
> ③ 다른 공직선거(교육의원선거 및 교육감선거를 포함한다)에 입후보하기 위하여 임기 중 그 직을 그만둔 국회의원·지방의회의원 및 지방자치단체의 장은 그 사직으로 인하여 실시사유가 확정된 보궐선거의 후보자가 될 수 없다.

> **기출체크**
>
> 「공직선거법」상 후보자의 등록이 무효로 되지 않는 것만을 모두 고른 것은?
> ① 후보자가 혼인한 아들의 최근 5년간의 소득세·재산세·종합부동산세의 납부 및 체납(10만 원 이하 또는 3월 이내의 체납은 제외한다)에 관한 신고서를 제출하지 아니한 것이 발견된 때 ⇒ §52①3
> ② 정당이 비례대표 국회의원 선거에서 여성후보자 추천의 비율과 순위를 위반한 경우 ⇒ §52①2
> ③ 정당이 비례대표자치구·시·군의회의원선거에서 선거구별로 선거할 정수 범위를 초과하여 후보자를 추천한 경우 ⇒ §47①, §52①2
> ④ A광역시장에 입후보하기 위하여 임기 중 그 직을 그만둔 국회의원이 그 사직으로 인하여 실시사유가 확정된 국회의원보궐선거의 후보자로 등록한 경우 ⇒ §52①8
>
> [③ 유효, ①②④ 무효 7급 17]

9. **정당이 그 소속 당원이 아닌 사람**이나

   「정당법」 제22조에 따라 **당원이 될 수 없는 사람을 추천**한 것이 **발견된 때**

10. **다른 법률에 따라 공무담임이 제한되는 사람**이나

    후보자가 될 수 없는 사람에 해당하는 것이 **발견된 때**

11. **정당 또는 후보자가 정당한 사유 없이 제65조 제9항을 위반하여**

    후보자정보 공개자료를 제출하지 아니한 것이 발견된 때

> **기출체크**
>
> 후보자등록이 무효로 되는 경우만을 모두 고른 것은?
> ① A정당은 비례대표 지방의회의원선거에 후보자를 추천하면서 1번에 남성후보자를, 2번에 여성후보자를 추천하였다. ⇒ §52①2
> ② 후보자 甲은 국회의원선거에서 무소속으로 등록한 후 B정당에 당원으로 등록하였다. ⇒ §52①7
> ③ C정당은 비례대표 국회의원선거에 후보자를 추천하면서 1번에 남성후보자를, 2번에 여성후보자를 추천하였다. ⇒ §52①2
> ④ D정당의 당원인 乙은 무소속으로 국회의원선거에 입후보하였다. ⇒ §52①4
>
> [①②③④ 전부 무효 9급 16]

② 제47조 제5항〈임기만료 지역구 지방의회의원선거에서 정당은 시·도의원 또는 자치구·시의원선거(군지역 제외)에 국회의원 지역구마다 1명 이상 여성추천〉을 위반하여

등록된 것이 발견된 때에는

그 **정당이** 추천한 해당 국회의원 지역구의 지역구 **시·도의원후보자** 및

지역구 **자치구·시·군의원 후보자**의 등록은 모두 무효로 한다.

다만, 제47조 제5항에 따라 여성후보자를 추천하여야 하는 지역에서

해당 정당이 추천한 지역구 **시·도의원후보자**의 수와

지역구 **자치구·시·군의원 후보자**의 수를 합한 수가

그 지역구 **시·도의원 정수**와 지역구 **자치구·시·군의원정수**를 합한 수의

100분의 50에 해당하는 수(1 미만의 단수는 1로 본다)에 미달하는 경우와

그 **여성후보자의 등록이 무효로 된 경우에는 그러하지 아니하다.**

> **심화학습**
>
> - 본 조항은 임기만료 지역구 지방의회의원선거에 적용되는 규정이다.
> - 본 조항의 여성후보자 의무적 추천은 군지역을 제외한다.
> - (예시) 하나의 국회의원 지역구에 지역구 도의원선거구 2개, 지역구 시의원선거구 4개일 때
>   - 지역구 도의원후보자 2명(도의원선거구별 1명씩): 의원정수 2명(1명×2선거구)
>   - 지역구 시의원후보자 8명(시의원선거구별 2명씩): 의원정수 8명(2명×4선거구)
>   - 이 경우에 전체 후보자 10명 중 1명 이상만 여성으로 추천하면 되고, 여성추천 안하면 전체 10명의 후보자 모두가 등록무효(§50②)
>   - 추천한 여성후보자가 등록무효가 되어 여성후보자가 없게 된 경우는 등록무효와 무관(나머지 전체 후보자등록 유효)
>   - 또한 위 의원정수 10명 중 4명(50% 미달)의 후보자만 추천한 경우는 여성후보자 추천을 하지 않아도 등록무효와 무관(§50②)

> **기출체크**
>
> 정당이 임기만료에 따른 지역구시·도의원선거에서 국회의원 지역구마다 1명의 여성후보자를 추천하였으나, 어느 국회의원 지역구에서 추천받은 1명의 여성후보자에 대한 등록이 무효로 되었다면, 해당 국회의원 지역구의 지역구 시·도의원선거후보자의 등록은 모두 무효로 한다.
>
> [×(이미 등록한 여성후보자가 등록무효 된 경우에는 지역구 후보자의 등록무효 사유 아님) 7급 17]

③ 후보자가 같은 선거의 다른 선거구나
다른 선거의 후보자로 등록된 때에는 그 등록은 **모두 무효**로 한다. [○ 9급 15]

> **심화학습**
> • 이중의 후보자등록, 이중의 후보자나 예비후보자 신분은 모두 등록무효 사유이다.

④ 후보자의 등록이 무효로 된 때에는 관할 선거구 선거관리위원회는 지체 없이
그 후보자와 그를 추천한 정당에 등록무효의 사유를 명시하여 이를 통지하여야 한다.

> **보충개념**
> ○ "지체 없이"라 함은 일률적으로 그 시간적인 한계를 그을 수 없고 구체적인 등록무효 사유의 성격·내용과 정도, 객관적으로 발견 가능한 시기, 선관위의 조사 방법과 권한, 해당 후보자에 대한 소명기회를 제공하여야 할 필요성의 정도와 타당한 기간 등을 종합하여 개별적으로 판단할 수밖에 없는 것임.(대법원 2001. 3. 9. 2000수124)
> ○ 선거법 제52조 제1항 제3호 소정의 「공직자윤리법」 제10조의2 제1항의 규정에 의한 '등록대상재산에 관한 신고서를 제출하지 아니한 것'이라 함은 그 신고서 자체를 제출하지 아니한 경우는 물론 형식상으로는 그 신고서를 제출하였더라도 등록대상재산을 등록하지 아니한 정도가 중대하여 국민에 대한 봉사자로서의 공직자 윤리의 확립과 선거권자의 알권리 및 선거권행사의 보장을 본질적으로 침해하는 것으로 볼 수 있어 실질적으로 신고서를 제출하였다고 볼 수 없는 경우까지를 포함하는 것으로 봄이 상당하다고 할 것임. (대법원 2005. 2. 18. 2004수78)
> [2019 공직선거법규운용자료 1권 237쪽, 중앙선관위]

📢 제53조(공무원 등의 입후보)

① 다음 각 호의 어느 하나에 해당하는 사람으로서 후보자가 되려는 사람은
선거일 전 90일까지 그 직을 그만두어야 한다.
다만, 대통령선거와 국회의원선거에 있어서
국회의원이 그 직을 가지고 입후보하는 경우〈사직 불필요〉와
지방의회의원선거와 **지방자치단체의 장**의 선거에 있어서
당해 지방자치단체의 의회의원이나 장이
그 직을 가지고 입후보하는 경우〈사직 불필요〉에는
그러하지 아니하다.
[○ 9급 14]
[사직하여야 한다(×) 7급 23]

1. 「국가공무원법」 제2조(공무원의 구분)에 규정된 **국가공무원**과
「지방공무원법」 제2조(공무원의 구분)에 규정된 **지방공무원**.
다만, 「정당법」 제22조(발기인 및 당원의 자격) 제1항 제1호 단서의
규정에 의하여 정당의 **당원이 될 수 있는 공무원**〈사직 불필요〉
(**정무직공무원**〈사직대상〉을 제외한다)은 그러하지 아니하다.

기출체크

❶ 정당의 당원이 될 수 있는 정무직공무원에 해당하는 사람으로서 후보자가 되려는 경우 다른 규정이 없는 한 원칙적으로 선거일 전 90일까지 그 직을 그만두어야 한다. [○ 9급 17]

❷ 울산광역시의 자치구·군의 장의 직무를 대행하고 있는 부구청장과 부군수가 공직선거에 입후보하고자 하는 경우에는, 선거일 전 60일까지 그 직을 그만두어야 한다. [×(공무원은 선거일 전 90일까지 사직 요건) 7급 14]

❸ 헌법재판소는 공무원으로서 공직선거의 후보자가 되고자 하는 자가 선거일 전에 그 직을 그만두도록 하는 것은 헌법에 위배된다고 판시하였다. [× 9급 13]
⇒ 제53조 제1항 본문 및 제1호의 규정이 공무원으로서 공직선거의 후보자가 되고자 하는 자는 선거일 전 90일까지 그 직을 그만두도록 한 것은 선거의 공정성과 공직의 직무전념성을 보장함과 아울러 이른바 포말후보의 난립을 방지하기 위한 것으로서 그 필요성과 합리성이 인정되며, 그것이 공무담임권의 본질적 내용을 침해하였다거나 과잉금지의 원칙에 위배된다고 볼 수 없다.(헌재 1995. 3. 23. 95헌마53)

❹ 공직선거 및 교육감선거 입후보 시 선거일 전 90일까지 교원직을 그만두도록 하는 「공직선거법」 제53조 제1항 제1호 본문의 「국가공무원법」 제2조에 규정된 국가공무원' 중 '교육공무원'에 관한 부분은 과잉금지원칙에 위배하여 교육공무원인 교원의 공무담임권을 침해한다고 볼 수 없다.(헌재 2019. 11. 28. 2018헌마222) [○ 7급 23]

2. **각급 선거관리위원회 위원** 〈읍·면·동위원회 위원 포함〉 또는 **교육위원회의 교육위원**

기출체크

❶ 시·도선거관리위원회 위원이 국회의원선거에서 후보자가 되려고 하는 경우 후보자등록신청 전까지 그 직을 그만두어야 한다. [×(선거일 전 90일까지 사직 요건) 9급 15]

❷ 교육위원회의 교육위원이 「공직선거법」상 후보자가 되려는 경우에는 선거일 전 90일까지 그 직을 그만두어야 한다. [○ 9급 14]

3. 다른 법령의 규정에 의하여 **공무원의 신분을 가진 자**

심화학습

· 제3호는 공익법무관, 공중보건의, 국제협력의사, 징병검사 전담의사 등을 말한다.

4. 「**공공기관의 운영에 관한 법률**」 제4조 제1항 제3호에 해당하는 기관 중 **정부가 100분의 50 이상의 지분을 가지고 있는 기관** (**한국은행을 포함한다**)의 **상근 임원** [○ 9급 22]

5. 「**농업협동조합법**」·「**수산업협동조합법**」·「**산림조합법**」· 「**엽연초생산협동조합법**」에 의하여 설립된 **조합의 상근 임원과 이들 조합의 중앙회장** [○ 9급 22]

기출체크

엽연초생산협동조합 중앙회장이 광주광역시장선거에서 후보자가 되려면 선거일 전 90일까지 그 직을 그만두어야 한다. [○ 7급 16]

6. 「지방공기업법」 제2조(적용범위)에 규정된 **지방공사와 지방공단의 상근 임원** [○ 9급 22]

> **심화학습**
> • 제4호~제6호에서 상근 임·**직원**이라는 지문은 틀린 지문이다(상근 직원은 입후보제한직이 아님).

7. 「정당법」 제22조 제1항 제2호의 규정에 의하여
   정당의 당원이 될 수 없는 사립학교 교원

> **심화학습**
> • '당원이 될 수 없는' 문구가 빠진 그냥 사립학교 교원은 틀린 지문이다. 사립학교 교원 중 총장, 학장, 교수, 부교수, 조교수, 강사는 입후보제한직이 아니다.

8. 「신문 등의 진흥에 관한 법률」 제2조에 따른 **신문 및 인터넷신문**,
   「잡지 등 정기간행물의 진흥에 관한 법률」 제2조에 따른 **정기간행물**,
   「방송법」 제2조에 따른 **방송사업을 발행·경영하는 자와**
   이에 상시 고용되어 편집·제작·취재·집필·보도의 업무에 종사하는 자로서
   중앙선거관리위원회 규칙으로 정하는 언론인

> **심화학습**
> • 언론인 범위를 중앙선거관리위원회 규칙에 포괄위임한 규정(제53조①8)과 헌법재판소 위헌결정을 받은 규정(제60조①5)을 정비하였다.

9. **특별법**에 의하여 설립된 국민운동단체로서
   국가 또는 지방자치단체의 출연 또는 보조를 받는 단체
   (바르게살기운동협의회·**새마을운동협의회**·한국자유총연맹을 말하며,
   시·도조직 및 구·시·군 조직을 포함한다)의 대표자

> **기출체크**
> 새마을운동협의회의 대표자는 임기만료에 의한 지역구 지방의회의원선거의 후보자가 되려면 선거일 전 90일까지 그 직을 그만두어야 한다. [○ 7급 13]

② 제1항 본문〈선거일 전 90일까지 사직〉에도 불구하고 다음 각 호의 어느 하나에
   해당하는 경우에는 **선거일 전 30일까지** 그 직을 **그만두어야 한다.**
   1. **비례대표** 국회의원선거나 **비례대표** 지방의회의원선거에 입후보하는 경우

> **기출체크**
>
> ❶ 각급 선거관리위원회 위원은 비례대표 국회의원선거에 입후보하는 경우 선거일 전 90일까지 그 직을 그만두어야 한다. [× 9급 22]
> ❷ 비례대표 지방의회의원이 비례대표 국회의원선거에 입후보하는 경우에는 후보자등록신청 전까지 그 직을 그만두어야 한다. [× 9급 21]

2. 보궐선거 등에 입후보하는 경우

> **기출체크**
>
> ❶ 사립중학교 교원이 지방의회의원 보궐선거에 입후보하는 경우에는 선거일 전 30일까지 그 직을 그만두어야 한다. [○ 9급 21]
> ❷ 지방자치단체의 장이 국회의원 보궐선거에 입후보하는 경우에는 선거일 전 90일까지 그 직을 그만두어야 한다. [× 9급 21]
> ❸ 각급 선거관리위원회 위원이 보궐선거 등에 입후보하는 경우 선거일 전 30일까지 그 직을 그만두어야 한다. [○ 9급 17]
> ❹ 바르게살기운동협의회 대표자가 서울특별시 송파구 국회의원 보궐선거에서 후보자가 되려면 선거일 전 30일까지 그 직을 그만두어야 한다. [○ 7급 16]
> ❺ 「지방공기업법」 제2조(적용범위)에 규정된 지방공사와 지방공단의 상근임원으로서 보궐선거 등에 입후보하는 경우 선거일 전 90일까지 그 직을 그만두어야 한다. [×(선거일 전 30일까지) 7급 23]

3. 국회의원이 지방자치단체의 장의 선거에 입후보하는 경우 [○ 9급 23·17, 7급 14]

> **기출체크**
>
> ❶ 임기만료에 따른 지방자치단체의 장 선거에 있어서 지역구국회의원이 입후보하는 경우에는 선거일 전 90일까지 그 직을 그만두어야 한다. [× 9급 21]
> ❷ 국회의원이 지방자치단체의 장의 선거에 입후보하는 경우에는 선거일 전 90일까지 그 직을 그만두어야 한다. [×(선거일 전 30일까지 사직 요건) 7급 13]

4. 지방의회의원이
다른 지방자치단체의 의회의원이나 장의 선거에 입후보하는 경우 [○ 7급 14·13]

> **기출체크**
>
> ❶ 지방공무원이 국회의원 재선거에 입후보하는 경우 후보자등록신청 전까지 그 직에서 사퇴하도록 규정한 구 「공직선거법」 조항에 대한 헌법재판소 판례의 내용으로 옳은 것만을 모두 고른 것은?(헌재 2014. 3. 27. 2013헌마185)
> ⇒ 현행법상으로는 재선거에 입후보 시 선거일 전 30일까지 사직하여야 함.
> ① 지방공무원이 지위를 이용하여 선거에 개입할 여지를 원천적으로 차단함으로써 선거의 공정성을 추구하고 공직에 근무하는 동안 계속적으로 직무에 전념할 수 있도록 하는 효과가 있다.
> ② 고위직 공무원에 비하여 6급 이하의 하위직 공무원 등은 선거에서 영향력을 미칠 가능성이 적을 것이므로, 하위직 지방공무원이 업무와 관련된 정보를 이용하여 자신의 당선을 위한 영향력을 행사할 수 있는 가능성은 없다.
> ⇒ 고위직 공무원에 비하여 6급 이하의 하위직 공무원 등은 선거에서 영향력을 미칠 가능성이 적을 것이지만, 그러한 하위직 지방공무원이라도 업무와 관련된 정보를 이용하여 자신의 당선을 위한 영향력을 행사할 수 있는 가능성은 여전히 존재하고, 그 직을 유지하고 공직후보자가 될 경우 직무전념성이 훼손될 여지도 있다.

③ 지방공무원의 각 직급과 업무에 따른 입법적 구분이 현재로서 쉽게 설정될 수 있으므로, 직급이나 업무 등을 감안하고 선거에 미칠 영향력을 고려하여 공직후보자의 지위를 겸하게 할지 여부를 차등적으로 정하는 것이 필요하다. ⇒ 지방공무원의 직급이나 업무 등을 감안하고 선거에 미칠 영향력을 고려하여 공직후보자의 지위를 겸하게 할지 여부를 차등적으로 정하는 것이 바람직하다고 할지라도, 각 직급과 업무에 따른 입법적 구분이 현재로서 쉽게 설정될 수 있는 것이라 보기도 어렵다.

④ 지방공무원과 정부투자기관 등의 직원 간 사퇴의무 존부에 관한 차별은 합리적 이유를 지니고 있고, 차별목적과 수단 사이에 비례성을 벗어났다고도 볼 수 없다.

[①④ ○, ②③ × 9급 18]

❷ 공무원 등의 입후보 시 그 사직기한이 다른 것은?
① 시·도지사가 임기만료에 따른 대통령선거에 입후보하는 경우 ⇒ §53①
② 자치구·시·군의 장이 시·도지사 보궐선거에 입후보하는 경우 ⇒ §53②
③ 시·도의회의원이 자치구·시·군의 장선거에 입후보하는 경우 ⇒ §53②
④ 자치구·시·군의회의원이 임기만료에 따른 시·도의회의원선거에 입후보하는 경우 ⇒ §53②

[① 90일, ②③④ 30일 7급 15]

❸ 지방의회의원이 다른 지방자치단체의 장의 선거에 입후보하는 경우 후보자등록신청 전까지 그 직을 그만두어야 한다.
[×(선거일 전 30일까지 그만두어야 함) 9급 14]

③ 제1항 단서〈그 직을 가지고 입후보〉에도 불구하고

비례대표 국회의원이 **지역구** 국회의원 **보궐선거** 등에 입후보하는 경우 및

비례대표 지방의회의원이 해당 지방자치단체의 **지역구** 지방의회의원 **보궐선거** 등에

입후보하는 경우에는 **후보자등록신청 전까지** 그 직을 그만두어야 한다.

[선거일까지 그 직을 유지할 수 있다(×) 9급 17, 7급 16]
[○ 7급 23·18·13]
[선거일 전 90일까지 사직(×) 7급 14]

> **심화학습**
> · 이 경우 후보자등록신청 전까지만 사직하면 되므로 등록기간 둘째 날도 사직이 가능하다.

④ 제1항부터 제3항까지의 규정을 적용하는 경우 그 소속기관의 장 또는
소속위원회에 **사직원이 접수된 때에 그 직을 그만둔 것으로 본다.**

⑤ 제1항 및 제2항에도 불구하고, **지방자치단체의 장은**
선거구역이 당해 지방자치단체의 관할 구역과 같거나 겹치는
지역구 국회의원선거에 입후보하고자 하는 때에는
당해 선거의 **선거일 전 120일까지** 그 직을 그만두어야 한다. [선거일 전 180일까지(×) 9급 14]
[선거일 전 90일까지(×) 7급 23]

다만, 그 지방자치단체의 장이 **임기가 만료된 후에**
그 **임기만료일부터 90일 후에 실시되는**
지역구 국회의원선거에 입후보하려는 경우에는 그러하지 아니하다. [○ 9급 19]

기출체크

서울특별시 강남구청장이 자신의 임기 중 실시되는 강남구 국회의원선거에 입후보하고자 하는 때에는 당해 선거의 선거일 전 120일까지 그 직을 그만두어야 한다. [O 7급 16]

조문정리

〈기간별 사직대상 비교〉

기 간 별	사직대상
선거일 전 90일까지	① 국가·지방공무원 ② 선관위 위원·교육위원 ③ 다른 법률로 공무원 신분을 가진 자 ④ 공공기관(한은) 상근 임원 ⑤ 농·축·수·산림·엽연초 조합의 상근 임원 및 조합 중앙회장 ⑥ 지방공사·공단 상근 임원 ⑦ 당원불가 사립학교 교원 ⑧ 신문 등에 종사하는 자로서 중앙선관위규칙으로 정하는 언론인 ⑨ 바살기·새마을·한자총(시·도 및 구·시·군 조직 포함) 대표자
선거일 전 30일까지	① 비례대표(국회의원, 지방의회의원)선거에 입후보 ② 보궐선거 등에 입후보 ③ 국회의원이 지방자치단체장 선거에 입후보 ④ 지방의회의원이 다른 지방자치단체의 의회의원이나 장선거에 입후보
후보자등록신청 전까지	① 비례대표 국회의원이 지역구 국회의원 보궐선거 등에 입후보 ② 비례대표 지방의회의원이 해당 지방자치단체의 지역구 지방의회의원 보궐선거 등에 입후보

〈신분별 사직시한 비교〉

구 분	대통령선거	국회의원선거	지방자치단체장선거	지방의회의원선거
현 직 국회의원	그 직을 가지고 입후보	그 직을 가지고 입후보	선거일 전 30일까지 사직	선거일 전 90일까지 사직
현 직 지방자치 단체장	선거일 전 90일까지 사직	• 같은 관할 구역: 선거일 전 120일까지 사직 • 다른 관할 구역: 선거일 전 90일까지 사직 • 비례대표: 선거일 전 30일까지 사직	• 당해 지방: 그 직을 가지고 입후보 • 다른 지방: 선거일 전 90일까지 사직	• 당해 지방: 그 직을 가지고 입후보 • 다른 지방: 선거일 전 90일까지 사직 • 비례대표: 선거일 전 30일까지 사직
현 직 지방의회 의원	선거일 전 90일까지 사직	• 지역구: 선거일 전 90일까지 사직 • 비례대표: 선거일 전 30일까지 사직	• 당해 지방: 그 직을 가지고 입후보 • 다른 지방: 선거일 전 30일까지 사직	• 당해 지방: 그 직을 가지고 입후보 • 다른 지방: 선거일 전 30일까지 사직

조문정리

〈§53·§60·§86·§266 제한대상자 비교〉

§53① (선거일 전 90일까지 사직대상)	§60① (선거운동을 할 수 없는 자)	§86① (공무원 등 선거영향 금지)	§266① (선거범죄로 인한 공무담임 제한)
	국민이 아닌 자		
	미성년자(18세 미만자)		
	선거권 없는 자		
국가·지방공무원	국가·지방공무원	공무원	국가·지방공무원 (총장·학장·교수·부교수·조교수·전임강사인 교원 포함) (§53 준용)
선관위 위원·교육위원	좌동	×	선관위 위원·교육위원(§53 준용)
공무원 신분을 가진 자	좌동	×	공무원 신분을 가진 자(§53 준용)
공공기관(한은) 상근 임원	공공기관(한은) 상근 임원	좌동	공공기관(한은) 상근 임원(§53 준용)
농·축·수·산림·엽연초 조합의 상근임원 및 조합중앙회장	농·축·수·산림·엽연초 조합의 상근 임·직원 및 조합중앙회장	×	농·축·수·산림·엽연초 조합의 상근 임원 및 조합중앙회장 (조합장과 상근 직원 포함)(§53 준용)
지방공사·공단 상근 임원	지방공사·공단 상근 임·직원	좌동	지방공사·공단 상근 임원(§53 준용)
당원불가 사립학교 교원	좌동	×	당원불가 사립학교 교원(§53 준용)
중앙규칙으로 정하는 언론인	×	×	중앙규칙으로 정하는 언론인(§53 준용)
	예비군 중대장급 이상 간부	좌동	좌동(§60 준용)
	통·리·반장, 주민자치위원	좌동	좌동(§60 준용)
바살기·새마을·한자총 (시·도 및 구·시·군 조직 포함) 대표자	바살기·새마을·한자총 상근 임·직원 및 이들 단체 등(시·도 및 구·시·군 조직포함) 대표자	좌동	좌동(§60 준용)
	선상투표 신고를 한 선원이 승선하고 있는 선박의 선장	좌동	
			공직자윤리법 유관 기관·단체 임·직원
			사립학교법상 교장·교원
			방송통신심의위원회 위원

보충개념

○ 공선법 제53조 제1항은 자신의 지위와 권한을 선거운동에 남용할 우려가 있는 공무원 등의 일정 집단에 대하여 일정 기간 전까지 그 직을 그만두도록 함으로써 선거의 공정성을 꾀하고 공무원의 직무전념성도 확보하려는 목적에서 제정되었음.(헌재 2003. 9. 25. 2003헌마106)

○ 지방자치단체의 장이 그 관할 구역과 같거나 겹치는 지역구 국회의원선거에 출마하는 특정한 경우에 한정하여 다른 공무원의 경우보다 그 사퇴시한을 훨씬 앞당기고 있는 것은 '직무의 전념성'보다는 '선거의 공정성'에 더 큰 비중을 둔 조항이라고 말할 수 있음.(헌재 2003. 9. 25. 2003헌마106)

[2019 공직선거법규운용자료 1권 245쪽, 중앙선관위]

제54조(후보자 사퇴의 신고)

후보자가 사퇴하고자 하는 때에는 **자신**이 직접   [자신이 직접 또는 그 대리인을 통해(×) 9급 22]
　　　　　　　　　　　　　　　　　　　　　　　　　　　　　　[그 추천 정당이(×) 7급 21]
　　　　　　　　　　　　　　　　　　　　　　　　　　　　[정당의 대리인이 신고(×) 9급 14]

당해 선거구 선거관리위원회에 **가서 서면**으로 신고하되,
정당추천 후보자가 사퇴하고자 하는 때에는 추천 정당의 **사퇴승인서**를
첨부하여야 한다.   [○ 9급 15]

제55조(후보자등록 등에 관한 공고)

후보자가 **등록·사퇴·사망**하거나 **등록이 무효**로 된 때에는
당해 **선거구** 선거관리위원회는 지체 없이 이를 공고하고,
상급선거관리위원회에 **보고**하여야 하며, **하급**선거관리위원회에 **통지**하여야 한다.   [○ 9급 22]

제56조(기탁금)

① 후보자등록을 신청하는 자는 등록신청 시에 후보자 **1명마다**
다음 각 호의 기탁금(후보자등록을 신청하는 사람이
「장애인복지법」 제32조에 따라 **등록한 장애인**이거나
선거일 현재 29세 이하인 경우에는
다음 각 호에 따른 **기탁금의 100분의 50**에 해당하는 금액을 말하고,   [○ 7급 24]
30세 이상 39세 이하인 경우에는
다음 각 호에 따른 **기탁금의 100분의 70**에 해당하는 금액을 말한다)을   [100분의 50(×) 7급 22]
중앙선거관리위원회 규칙으로 정하는 바에 따라
관할 선거구 선거관리위원회에 납부하여야 한다.
이 경우 **예비후보자**가 해당 선거의 같은 선거구에 후보자등록을 신청하는 때에는
제60조의2 제2항⟨예비후보자등록 시 기탁금의 100분의 20 납부⟩에 따라
납부한 기탁금을 제외한 나머지 금액을 납부하여야 한다.

심화학습

· 기탁금 미납 시 등록무효 사유는 아니다(다만, 등록수리는 불가).

---

1. 대통령선거는 **3억 원**   [장애인후보자는 2억 1천만 원(×) 9급 23]

기출체크

대통령선거의 예비후보자가 후보자등록을 신청하는 때에는 예비후보자등록 시 이미 납부한 기탁금을 제외한 2억 4천만 원을 기탁금으로 납부하면 된다.   [○ 7급 16]

2. 지역구국회의원선거는 **1천500만 원**

2의2. 비례대표국회의원선거는 **500만 원**

기출체크

① 비례대표 국회의원선거에서 후보자등록을 신청하는 정당은 그 후보자등록 신청 시에 비례대표 국회의원 후보자 1명마다 1천500만 원을 중앙선거관리위원회에 납부하여야 한다. [× 9급 19]

② 비례대표 국회의원선거에 입후보하려는 사람에게 후보등록신청 시에 1천500만 원의 기탁금을 납부하도록 한 것은 헌법에 합치되지 않는다.(헌재 2016. 12. 29. 2015헌마1160) [O 7급 17]

③ 「공직선거법」제56조 제1항 제2호 중 '비례대표 국회의원선거'에 관한 부분이 비례대표 국회의원선거 후보자등록 요건으로 지역구 국회의원선거에서의 기탁금과 동일한 1천500만 원을 납부하도록 한 것은 청구인들의 정당활동의 자유를 침해한다.(헌재 2016. 12. 29. 2015헌마509·1160) [O 9급 23, 7급 20]

3. 시·도의회의원선거는 **300만 원**

4. 시·도지사선거는 **5천만 원**

기출체크

① 시·도지사 후보자가 되기 위하여 5,000만 원의 기탁금을 납부하도록 하는 「공직선거법」 규정은 시·도지사선거에 출마하려는 사람의 피선거권과 선거운동의 자유 및 표현의 자유를 직접적으로 제한하고 있다. [× 7급 20]
⇒ 선거운동의 자유나 표현의 자유를 직접적으로 제한하고 있다고 볼 수 없다.(헌재 2019. 9. 26. 2018헌마128·577·585)

② 시·도지사선거의 예비후보자(비장애인, 선거일 현재 40세 이상)가 해당 선거의 같은 선거구에 후보자등록을 신청하는 때에는 예비후보자등록 시 이미 납부한 기탁금을 제외한 4천만 원을 기탁금으로 납부하면 된다. [O 9급 19]

5. 자치구·시·군의 장선거는 **1천만 원**

6. 자치구·시·군의원선거는 **200만 원**

심화학습

- **비례대표 국회의원선거 기탁금 헌법불합치 결정**

  「공직선거법」(2010. 1. 25. 법률 제9974호로 개정된 것) 제56조 제1항 제2호 중 '비례대표 국회의원선거'에 관한 부분은 헌법에 합치되지 아니한다. 위 법률조항은 입법자가 2018. 6. 30.까지 개정하지 아니하면 2018. 7. 1.부터 그 효력을 상실한다. 법원 기타 국가기관 및 지방자치단체는 입법자가 개정할 때까지 위 법률조항의 적용을 중지하여야 한다.(헌재 2016. 12. 29. 2015헌마509)

- **기탁금제도에 관한 헌법재판소의 판단**
  ① 기탁금의 액수와 그 반환의 요건을 정하는 문제는 선거문화와 풍토, 국민의 법 감정 등 여러 가지 요소를 종합적으로 고려하여 입법자가 정책적으로 결정하여야 한다.
  ② 대의민주주의에서 입후보요건으로서 후보자에게 기탁금의 납부를 요구하는 것이 필요불가결하다.
  ③ 기탁금제도가 실효성을 유지하기 위해서는 일정한 반환기준에 미달하는 경우 기탁금을 국고에 귀속시키는 것이 반드시 필요하다.
  ④ 선거의 신뢰성을 확보하고 유권자가 주권자로서 진지하게 자신을 대표할 자를 선택할 수 있도록 입후보자의 수를 적정한 범위로 제한하는 것이 필요하다.

> **기출체크**
>
> ❶ 지나친 고액의 기탁금은 입후보를 하려는 자들의 평등권 및 피선거권과 유권자의 후보자선택의 자유를 침해하므로 위헌이다.(헌재 2001. 7. 19. 2000헌마91·112·134) [O 7급 22]
> ❷ 정당소속 입후보자와 무소속 입후보자 사이에 기탁금 액수를 차등화하는 것은 평등선거원칙에 위반된다.(헌재 1989. 9. 8. 88헌가6) [O 7급 22]
> ❸ 기탁금제도는 후보자의 성실성을 담보하기 위한 제재금 예납 및 「공직선거법」상 위반행위에 대한 과태료 및 불법시설물 등에 대한 대집행비용의 의미를 갖고 있고, 그 금액은 불성실한 입후보자에 대하여 실질적인 제재 효과를 거둘 수 있는 액수이어야 한다.(헌재 2019. 9. 26. 2018헌마128) [O 7급 22]
> ❹ 기탁금제도는 무분별한 후보난립을 방지하기 위한 제재금 예납의 의미도 있다.(헌재 1996. 8. 29. 95헌마108) [O 9급 15]

② 제1항의 기탁금은 **체납처분이나 강제집행의 대상이 되지 아니한다.** [O 9급 19, 7급 16·13]

③ 제261조에 따른 **과태료** 및

제271조에 따른 불법시설물 등에 대한 **대집행비용**은 제1항의

기탁금(제60조의2 제2항의 기탁금〈예비후보자 기탁금〉을 포함한다)에서 **부담**한다.

④ 제1항에 따라 장애인 또는 39세 이하의 사람이 납부하는 기탁금의

감액비율은 중복하여 적용하지 아니한다.

> **보충개념**
>
> ○ 기탁금제도는 후보자 난립의 저지를 통하여 선거관리의 효율성을 꾀하는 한편, 과태료나 대집행비용을 사전에 확보하는 데 그 목적이 있음.(헌재 2003. 8. 21. 2001헌마687 등)
> ○ 예비후보자의 기탁금제도는 공식적인 선거운동기간 이전이라도 일정범위 내에서 선거운동을 할 수 있는 예비후보자의 무분별한 난립에 따른 폐해를 예방하고 그 책임성을 강화하기 위한 것임.(헌재 2010. 12. 28. 2010헌마79)
> ○ 기탁금제도는 금전적 제재를 통하여 후보자의 무분별한 난립을 방지하고 당선자에게 되도록 다수표를 몰아주어 민주적 정당성을 부여하는 한편 후보자의 성실성을 담보하려는 취지에서 생겨난 것이고, 따라서 불성실한 입후보자에 대하여 실질적인 제재효과를 거둘 수 있는 금액이어야 함.(헌재 2004. 8. 25. 2002헌마383·396 병합)
> ○ 기탁금제도는 선거에 출마하려는 자에게 입후보의 요건으로 기탁금을 납부할 것을 요구하고, 선거결과 일정한 득표수에 미달되는 경우에는 이를 반환하지 않고 국고에 귀속시킴으로써 선거에 자유롭게 입후보할 자유를 제한함과 동시에 과태료나 대집행비용을 사전 확보하는 법적 효과를 갖고 있음.(헌재 2003. 8. 21. 2001헌마687·691 병합)
> [2019 공직선거법규운용자료 1권 265쪽, 중앙선관위]

📢 제57조(기탁금의 반환 등)

① 관할 선거구 선거관리위원회는 다음 각 호의 구분에 따른 금액을

선거일 후 30일 이내에 기탁자에게 **반환**한다. [선거일 후 60일 이내에(×) 9급 23]

이 경우 **반환하지 아니하는 기탁금**은 국가 또는 지방자치단체에 귀속한다.

1. 대통령선거, 지역구 국회의원선거, 지역구 지방의회의원선거 및 지방자치단체의 장선거

    가. 후보자가 **당선**되거나 **사망**한 경우와

    유효투표총수의 100분의 15 이상(후보자가

    「장애인복지법」 제32조에 따라 **등록한 장애인**이거나

    선거일 현재 39세 이하인 경우에는

    유효투표총수의 100분의 10 이상)을 득표한 경우에는 기탁금 **전액**

심화학습

- 기탁금제도가 단지 행정비용(후보자등록 등에 필요한 행정비용)을 보전하는 성격만 가지고 있고, 또 실제 기탁금액도 그 범위를 벗어나지 않는 한 선거 후 기탁금 반환기준을 아무리 높게 정하거나 심지어 반환하지 않는다고 하더라도 문제가 될 것은 없다. 그러나 지나치게 그 반환기준이 높아 진지하게 입후보를 고려하는 예정자가 입후보를 포기할 정도로 높아서는 안 될 헌법적 한계를 갖는다.(헌재 2003. 8. 21. 2001헌마687·691 병합)

기출체크

❶ 지역구 국회의원선거 예비후보자(비장애인, 선거일 현재 40세 이상)가 본선거의 후보자로 등록을 한 후 그 선거에서 당선되거나 유효투표총수의 100분의 15 이상을 득표한 경우에는 그가 납부한 기탁금 전액을 반환받게 된다. [○ 7급 17]

❷ 후보자가 사망한 경우에 기탁금에서 부담하여야 할 비용을 공제한 기탁금 전액을 반환받을 수 있다. [○ 7급 13]

❸ 지역구 국회의원선거에서 선거일 현재 39세 이하인 후보자가 유효투표총수의 100분의 10 이상을 득표한 경우 기탁금 전액을 반환한다. [○ 7급 23]

❹ 지방자치단체의 장선거에서 「장애인복지법」 제32조에 따라 등록한 장애인인 후보자가 유효투표총수의 100분의 5 이상 100분의 10 미만을 득표하여 당선된 경우에는 기탁금의 100분의 50에 해당하는 금액을 반환한다. [× 7급 23]

    나. 후보자가 **유효투표총수의 100분의 10 이상 100분의 15 미만**(후보자가

    「장애인복지법」 제32조에 따라 **등록한 장애인**이거나

    선거일 현재 39세 이하인 경우에는

    유효투표총수의 100분의 5 이상 100분의 10 미만)을 득표한

    경우에는 기탁금의 **100분의 50에 해당하는 금액** [○ 9급 19]

기출체크

❶ 지역구 국회의원선거에서 유효투표총수의 100분의 15 이상을 득표한 경우에는 기탁금 전액을, 유효투표총수의 100분의 10 이상 15 미만을 득표한 경우에는 기탁금의 100분의 50에 해당하는 금액을 반환하도록 하는 「공직선거법」 규정은 공무담임권을 침해하지 아니한다.(헌재 2016. 12. 29. 2015헌마509·1160) [○ 7급 20]

❷ 자치구·시·군의 장선거에 출마한 후보자(비장애인, 선거일 현재 40세 이상)가 당선되지 않고 유효투표총수의 100분의 13을 득표한 경우에 반환받는 기탁금은 100만 원이다. [×(기탁금 1천만 원의 50%는 500만 원) 7급 16]

다. **예비후보자가 사망**하거나, **당헌·당규에 따라 소속 정당에 후보자로 추천하여 줄 것을 신청하였으나 해당 정당의 추천을 받지 못하여 후보자로 등록하지 않은 경우**에는 제60조의2 제2항에 따라 납부한 기탁금 〈예비후보자 기탁금〉 **전액** [O 7급 23, 9급 20]

심화학습

- 예비후보자에게 기탁금을 반환하는 사유에 당헌·당규에 따라 정당에 후보자추천 신청을 하였으나 해당 정당의 추천을 받지 못하여 후보자로 등록하지 않은 경우를 추가하였다. 〈개정 20. 3. 25.〉

기출체크

❶ 지역구 국회의원선거에 있어서 예비후보자가 당의 공천심사에서 탈락하고 후보자등록을 하지 않았을 경우, 예비후보자가 납부한 기탁금은 반환되어야 함에도 불구하고 「공직선거법」 제57조 제1항에 이에 관한 규정을 두지 아니한 것은 입법형성권의 범위를 벗어난 과도한 제한이라고 할 수 있다.(헌재 2018. 1. 25. 2016헌마541) [O 9급 22]

❷ 지방자치단체의 장 선거에 있어 예비후보자가 정당의 공천심사에서 탈락한 후 후보자등록을 하지 않은 경우를 기탁금 반환 사유로 규정하지 않은 것은 과잉금지원칙에 반하여 헌법에 위반된다.(헌재 2020. 9. 24. 2018헌가15, 2019헌가5) [O 7급 21]

❸ 선거운동의 과열·혼탁을 방지하고 예비후보자의 책임성과 성실성을 확보하기 위해서 예비후보자의 기탁금반환사유는 예외적이고 객관적인 사유에 한정하는 것이 상당하다.(헌재 2013. 11. 28. 2012헌마568) [O 9급 19]

❹ 예비후보자가 자신의 의사와 관계없이 당의 공천심사에서 탈락하고 본선거의 후보자등록을 하지 않은 경우를 지역구 국회의원선거 예비후보자의 기탁금 반환사유로 규정하지 않은 것은 예비후보자의 재산권을 침해한다.(헌재 2018. 1. 25. 2016헌마541) [O 9급 18]

❺ 예비후보자의 기탁금 반환사유는 후보자 등록을 하지 못할 정도에 이르는 예외적이고 객관적인 사유에 한정함이 상당하다.(헌재 2013. 11. 28. 2012헌마568) [O 7급 17]

❻ 예비후보자가 사망하거나 당내경선에서 탈락하여 후보자로 등록할 수 없는 경우뿐만 아니라 질병으로 인하여 선거운동을 할 수 없어 후보자 등록을 하지 못하는 경우에도 기탁금을 반환한다. [×(질병으로 인한 경우 기탁금 반환사유가 아님) 7급 17]

❼ 예비후보자의 기탁금 반환 사유를 예비후보자의 사망, 당내경선 탈락으로 한정하는 것은 지역구 국회의원선거 예비후보자의 재산권을 침해하지 않는다.(헌재 2013. 11. 28. 2012헌마568) [O 7급 16]

❽ ○○지역구 국회의원선거에 甲, 乙, 丙, 丁 네 명의 후보(비장애인, 선거일 현재 40세 이상)가 출마하였다. 유효투표총수가 100,000표이고, 네 후보가 각각 62,128표, 17,543표, 12,589표, 7,740표를 얻어 甲이 당선인으로 결정되었다. 이때 네 후보가 선거관리위원회에 납부한 기탁금 중에서 반환받는 총 액수는?(단, 선거는 유효하며, 다른 조건은 고려하지 않는다.) [甲(1,500만 원), 乙(1,500만 원), 丙(750만 원), 丁(0원) 합계 3,750만 원 9급 16]
[× 9급 23]

❾ 예비후보자의 사망 내지 당내경선 탈락 등 객관적인 사유로 기탁금 반환 요건을 한정하고 질병을 이유로 한 경우에는 기탁금 반환을 허용하지 아니한 것은 재산권을 침해한다. [× 9급 15]
  ⇒ 사망 내지 당내경선 탈락 등 객관적인 사유로 기탁금 반환 요건을 한정하고 질병을 이유로 한 경우에는 기탁금 반환을 허용하지 아니한 것은, 예비후보자의 무분별한 난립을 방지하고 예비후보자의 진지성과 책임성을 담보하기 위한 최소한의 제한으로 입법형성권의 범위와 한계 내에서 그 반환 요건을 규정한 것으로서, 과잉금지원칙에 반하여 청구인의 재산권을 침해한다고 볼 수 없다.(헌재 2013. 11. 28. 2012헌마568)

⑩ 정당 소속 예비후보자가 경선에서 후보자로 선출되지 않아 후보자로 등록될 수 없는 경우에는 기탁금을 반환하는 것과 달리 무소속 예비후보자가 후보자로 등록하지 않는 경우에는 기탁금을 반환하지 않도록 하는 공직선거법 조항들이 평등권을 침해하는 것은 아니다.(헌재 2010. 12. 28. 2010헌마79) [○ 9급 15]

⑪ 예비후보자가 당내경선에서 당해 정당의 후보자로 선출되지 아니하여 후보자로 등록될 수 없는 경우에는 기탁금을 반환받을 수 없다. [×(현행법상 반환받음) 7급 13]

⑫ 지역구 국회의원선거 예비후보자가 정당의 공천심사에서 탈락하여 후보자등록을 하지 않았을 경우에 납부한 기탁금을 국가 또는 지방자치단체에 귀속도록 하는 것은 예비후보자의 무분별한 난립으로 인한 폐단을 방지하고 그 성실성을 담보하기 위한 것이므로 청구인인 예비후보자의 재산권을 침해한다고 할 수 없다.(헌재 2018. 1. 25. 2016헌마541)

2. **비례대표** 국회의원선거 및 **비례대표** 지방의회의원선거:

당해 후보자명부에 올라 있는 후보자 중 당선인이 있는 때에는 기탁금 전액.

다만, 제189조〈비례대표 국회의원 의석의 배분과 당선인의 결정 등〉 및

제190조의2〈비례대표 지방의회의원 당선인의 결정 등〉에 따른 **당선인의 결정 전에**

사퇴하거나 등록이 **무효**로 된 후보자의 기탁금은 **제외**한다. [○ 7급 23·20]

심화학습

- 비례대표 선거는 전체 후보자 중 당선인이 1명이라도 있으면 원칙적으로 전액 반환한다.
- 비례대표 선거의 기탁금을 반환하는 때에는 당선인 수에 해당하는 금액만큼 반환한다.(×, 기탁금 전액)
- 공직선거법(2010. 1. 25. 법률 제9974호로 개정된 것) 제57조 제1항 제1호 다목 중 지역구 국회의원선거와 관련된 부분은 헌법에 합치되지 아니한다. 즉, 정당의 당내경선과 상관없이 정당의 공천심사과정에서 탈락한 예비후보자의 기탁금을 반환하지 않는 것은 후보자의 재산권을 침해하여 헌법에 합치되지 아니한다.(헌재 2018. 1. 25. 2016헌마541)

기출체크

지역구 국회의원 후보자와 비례대표 국회의원 후보자 간에 기탁금 반환의 조건이 다르다. [○ 7급 17]

② 제56조 제3항에 따라 기탁금에서 부담하여야 할 비용〈과태료, 대집행비용〉은

제1항에 따라 기탁금을 반환하는 때에 공제하되,

그 부담비용이 반환할 기탁금을 넘는 사람은 그 차액을,

기탁금 전액이 국가 또는 지방자치단체에 귀속되는 사람은

그 부담비용 전액을 해당 선거구 선거관리위원회의 고지에 따라

그 고지를 받은 날부터 10일 이내에 납부하여야 한다.

기출체크

후보자가 「공직선거법」을 위반하여 과태료를 부과 받은 경우, 과태료가 반환해야 할 기탁금을 넘지 않는다면 관할 선거구 선거관리위원회는 반환해야 할 기탁금에서 과태료를 공제하고 반환한다. [○ 7급 16]

③ 관할 선거구 선거관리위원회는 제2항의 납부기한까지 해당자가
그 금액을 **납부하지 아니한 때**에는 **관할 세무서장에게 징수를 위탁**하고,
관할 세무서장은 **국세 체납처분의 예**에 따라 이를 **징수**하여
국가 또는 해당 **지방자치단체에 납입**하여야 한다.
이 경우 제271조에 따른 불법시설물 등에 대한 **대집행비용**은 **우선**
해당 **선거관리위원회가 지출**한 후 관할 세무서장에게 그 **징수**를 **위탁**할 수 있다.
④ 삭제
⑤ 기탁금의 반환 및 귀속 기타 필요한 사항은 중앙선거관리위원회 규칙으로 정한다.

> **보충개념**
>
> ○ 기탁금반환의 기준은 입후보예정자가 기탁금을 반환받지 못하게 되는 부담에도 불구하고 선거에 입후보할 것인지의 여부를 진지하게 고려할 정도에 이르러야 하고, 지나치게 그 반환기준이 높아 진지하게 입후보를 고려하는 예정자가 입후보를 포기할 정도로 높아서는 안 될 헌법적 한계를 가짐.(헌재 2011. 6. 30. 2010헌마542)
>
> [2019 공직선거법규운용자료 1권 277쪽, 중앙선관위]

제6장의2 정당의 후보자 추천을 위한 당내경선

제57조의2	당내경선의 실시	133
제57조의3	당내경선운동	134
제57조의4	당내경선사무의 위탁	136
제57조의5	당원 등 매수금지	137
제57조의6	공무원 등의 당내경선운동 금지	138
제57조의7	위탁하는 당내경선에 있어서의 이의제기	139
제57조의8	당내경선 등을 위한 휴대전화 가상번호의 제공	139

📢 제57조의2(당내경선의 실시)

① 정당은 공직선거후보자를 추천하기 위하여
경선(이하 "**당내경선**"이라 한다)을 실시할 수 있다.

기출체크

당내경선의 실시 여부를 정당의 재량에 맡김으로써 정당으로 하여금 당내경선을 거치지 않고 공직후보자를 추천할 수 있도록 한 「공직선거법」 제57조의2 제1항은 당내경선에 참여하고자 하는 정치인들의 공무담임권을 침해한다. [× 9급 22]

⇒ 정당은 정치적 주장이나 정책을 추진하고 공직선거의 후보자를 추천 또는 지지함으로써 국민의 정치적 의사형성에 참여함을 목적으로 하는 국민의 자발적 조직으로서, 정당의 공직선거 후보자 선출은 자발적 조직 내부의 의사결정에 지나지 아니한다. 따라서 청구인이 정당의 내부경선에 참여할 권리는 헌법이 보장하는 공무담임권의 내용에 포함된다고 보기 어렵고, 청구인의 소속 정당이 당내경선을 실시하지 않는다고 하여 청구인이 공직선거의 후보자로 출마할 수 없는 것이 아니므로, 심판대상조항으로 인하여 청구인의 공무담임권이 침해될 여지는 없다.(헌재 2014. 11. 27. 2013헌마814)

② 정당이 **당내경선**[당내경선(여성이나 장애인 등에 대하여
당헌·당규에 따라 **가산점 등을 부여**하여 실시하는 경우를 **포함한다**)의
후보자로 등재된 자(이하 "**경선후보자**"라 한다)를 대상으로
정당의 **당헌·당규** 또는 경선후보자 간의 **서면합의**에 따라 실시한
당내경선을 대체하는 **여론조사를 포함한다**]을 실시하는 경우
경선후보자로서 당해 정당의 후보자로 **선출되지 아니한 자**는
당해 선거의 같은 선거구에서는 후보자로 등록될 수 없다.
다만, 후보자로 선출된 자가 사퇴·사망·피선거권 상실
또는 당적의 이탈·변경 등으로 그 **자격을 상실한 때**에는 그러하지 아니하다.

[○ 9급 19·14, 7급 19·13]
[후보자로 선출된 자가 그 자격을 상실한 때에도 후보자로 등록될 수 없다(×) 9급 23]

심화학습

· 당내경선 후보자로 등재되지 않은 상태에서 당내경선 신청을 철회한 경우는 후보자등록 제한대상자가 아니다.

기출체크

❶ 당내경선에도 선거권을 가진 당원들의 직접·평등·비밀투표 등 일반적인 선거의 원칙이 그대로 적용되지만, 정당의 자율성 존중에 근거하여 대리투표는 허용된다고 보아야 한다.(대법원 2013. 11. 28. 2013도5117)
[×(대리투표는 허용되지 않음) 7급 17]

❷ 정당이 당내경선을 실시하는 경우 경선후보자가 당해 정당의 후보자로 선출되지 못하였더라도 후보자로 선출된 자가 당적의 이탈로 그 자격을 상실한 때에는 당해 선거구의 후보자로 등록될 수 있다. [○ 7급 16]

❸ 정당이 대통령선거 후보경선에서 여론조사 결과를 반영하는 것은 당원들의 헌법상 기본권을 침해한 경우 헌법소원심판의 대상이 되는 공권력의 행사에 해당한다. [× 7급 15]

⇒ 정당의 대통령선거 후보선출은 자발적 조직 내부의 의사결정에 지나지 아니한다. 그렇다면 정당은 공권력의 주체에 해당하지 아니하고, 정당이 대통령선거 후보경선과정에서 여론조사 결과를 반영한 것을 일컬어 헌법소원심판의 대상이 되는 공권력의 행사에 해당한다 할 수 없다.(헌재 2007. 10. 30. 2007헌마1128)

❹ 정당이 당내경선을 실시하는 경우 경선후보자로서 당해 정당의 후보자로 선출되지 아니한 자는 당해 선거의 다른 선거구에서는 후보자로 등록될 수 있다. [○ 9급 14, 7급 14]
❺ 당내경선에 참가하여 당해 정당의 후보자로 선출되지 아니한 자는, 후보자로 선출된 자가 사퇴·사망·피선거권 상실 또는 당적의 이탈·변경 등으로 그 자격을 상실하지 않은 이상, 당해 선거의 같은 선거구에 입후보할 수 없다. [○ 9급 13]

③ 「정당법」 제22조(발기인 및 당원의 자격)의 규정에 따라 **당원이 될 수 없는 자는 당내경선의 선거인이 될 수 없다.**

> **인용조문**
>
> 「정당법」 제22조(발기인 및 당원의 자격) ① 16세 이상의 국민은 공무원 그 밖에 그 신분을 이유로 정당가입이나 정치활동을 금지하는 다른 법령의 규정에 불구하고 누구든지 정당의 발기인 및 당원이 될 수 있다. 다만, 다음 각 호의 어느 하나에 해당하는 자는 그러하지 아니하다.
> 1. 「국가공무원법」 제2조(공무원의 구분) 또는 「지방공무원법」 제2조(공무원의 구분)에 규정된 공무원. 다만, 대통령, 국무총리, 국무위원, 국회의원, 지방의회의원, 선거에 의하여 취임하는 지방자치단체의 장, 국회 부의장의 수석비서관·비서관·비서·행정보조요원, 국회 상임위원회·예산결산특별위원회·윤리특별위원회 위원장의 행정보조요원, 국회의원의 보좌관·비서관·비서, 국회 교섭단체 대표의원의 행정비서관, 국회 교섭단체의 정책연구위원·행정보조요원과 「고등교육법」 제14조(교직원의 구분) 제1항·제2항에 따른 교원은 제외한다.
> 2. 「고등교육법」 제14조 제1항·제2항에 따른 교원을 제외한 사립학교의 교원
> 3. 법령의 규정에 의하여 공무원의 신분을 가진 자
> 4. 「공직선거법」 제18조 제1항에 따른 선거권이 없는 사람
> ② 대한민국 국민이 아닌 자는 당원이 될 수 없다.

> **기출체크**
>
> ❶ 국민인 사립고등학교의 직원은 당내경선의 선거인이 될 수 없다.
> [×(사립고등학교의 직원은 당원이 될 수 있고, 당내경선의 선거인이 될 수 있음) 9급 21]
> ❷ 사립초등학교 교원은 정당의 당내경선의 선거인이 될 수 있다. [×(될 수 없음) 7급 20]
> ❸ 공직선거의 선거운동을 할 수 없는 통·리 또는 반의 장은 당내경선의 선거인이 될 수 없다.
> [×(통·리·반장은 당원이 될 수 있고, 당내경선의 선거인이 될 수 있음) 7급 13]

제57조의3(당내경선운동)

① 정당이 **당원과 당원이 아닌 자**에게
  투표권을 부여하여 실시하는 **당내경선**〈국민경선〉에서는
  다음 각 호의 어느 하나에 해당하는 방법 **외의** 방법으로 **경선운동을 할 수 없다.**
  1. 제60조의3 제1항 제1호〈선거사무소와 간판·현판·현수막〉·제2호〈명함〉에 따른 방법

> **인용조문**
>
> **제60조의3(예비후보자 등의 선거운동)** ①
>   1. 제61조(선거운동기구의 설치) 제1항 및 제6항 단서의 규정에 의하여 선거사무소를 설치하거나 그 선거사무소에 간판·현판 또는 현수막을 설치·게시하는 행위
>   2. 자신의 성명·사진·전화번호·학력(정규학력과 이에 준하는 외국의 교육과정을 이수한 학력을 말한다. 이하 제4호에서 같다)·경력, 그 밖에 홍보에 필요한 사항을 게재한 길이 9센티미터 너비 5센티미터 이내의 명함을 직접 주거나 지지를 호소하는 행위. 다만, 선박·정기여객자동차·열차·전동차·항공기의 안과 그 터미널·역·공항의 개찰구 안, 병원·종교시설·극장의 옥내(대관 등으로 해당 시설이 본래의 용도 외의 용도로 이용되는 경우는 제외한다)에서 주거나 지지를 호소하는 행위는 그러하지 아니하다.
>   ⇒ '터미널 및 지하철역 구내'에서 '터미널·역·공항의 개찰구 안'으로 금지장소의 범위를 축소하여 개찰구 밖은 명함 배부 허용. 〈개정 17. 2. 8.〉

2. **정당**이 경선후보자가 작성한 **1종의 홍보물**(이하 이 조에서 **"경선홍보물"**이라 한다)을 **1회**에 한하여 **발송하는 방법** [○ 9급 23·18, 7급 15]

3. **정당**이 **합동연설회** 또는 **합동토론회**를 **옥내에서 개최하는 방법**
   (**경선후보자**가 중앙선거관리위원회 규칙으로 정하는 바에 따라 그 **개최장소**에 경선후보자의 홍보에 필요한 **현수막** 등 **시설물**을 설치·게시하는 방법을 포함한다)

기출체크

❶ 당내경선에서의 당선 또는 낙선을 위한 행위라는 구실로 실질적으로는 공직선거에서의 당선 또는 낙선을 위한 행위를 하는 것으로 평가할 수 있는 예외적인 경우에 한하여 그 범위 내에서 선거운동으로 볼 수 있다.(대법원 2013. 5. 9. 2012도12172) [○ 9급 22]

❷ 당내경선의 실시 여부가 확정되지 아니하였다거나 예비후보자로 등록하기 이전이라 할지라도 당내경선에 참여하려고 하는 사람이 당내경선에 대비하여 「공직선거법」이 허용하는 범위를 넘어서 경선운동을 한 경우에는 당내경선운동 위반행위에 해당한다.(대법원 2019. 10. 31. 2019도8815) [○ 9급 21]

❸ 정당이 당원과 당원이 아닌 자에게 투표권을 부여하여 실시하는 당내경선에서, 경선후보자이지만 예비후보자가 아닌 사람이 당내경선운동을 위하여 어깨띠를 메는 행위를 할 수 있다. [×(어깨띠 불가) 9급 21]

❹ 정당이 당원과 당원이 아닌 자에게 경선후보자 중 누가 선거의 후보자가 되어야 하는지에 관한 선택의 의사를 표시하게 하는 당내경선은 「공직선거법」 관련 조항에서 정한 '당원과 당원이 아닌 자에게 투표권을 부여하여 실시하는 당내경선'에 해당하며, 그 투표권을 행사하는 방식이란 투표용지에 기표하는 경우만을 의미한다. [× 9급 21]
  ⇒ 그 투표권을 행사하는 방식은 반드시 투표용지에 기표하는 방법으로 제한되지 않으며, 특별한 사정이 없는 한 여론조사 방식을 통하여 위와 같은 선택의 의사표시를 하도록 하는 방법도 포함한다고 보아야 한다.(대법원 2019. 10. 31. 2019도8815)

❺ 정당이 당원과 당원이 아닌 자에게 투표권을 부여하여 실시하는 당내경선에서는 정당이 경선후보자가 작성한 1종의 홍보물을 1회에 한하여 발송하는 방법 및 정당이 합동연설회 또는 합동토론회를 옥내 및 옥외에서 개최하는 방법 외의 방법으로 경선운동을 할 수 없다. [×1호의 방법도 가능하고, 3호는 옥내에서만 가능) 7급 20]

❻ 당내경선에서의 당선 또는 낙선을 위한 행위에 부수적으로 공직선거에서의 당선 또는 낙선을 도모하고자 하는 의사가 포함되어 있다면 이는 선거운동에 해당한다. [× 7급 19]
  ⇒ 당내경선에서의 당선 또는 낙선을 위한 행위에 부수적으로 공직선거에서의 당선 또는 낙선을 도모하고자 하는 의사가 포함되어 있다는 사정만으로 그와 같은 행위가 '선거운동'에 해당하는 것으로 섣불리 단정하여서는 아니 된다.(대법원 2013. 5. 9. 2012도12172)

> ❼ 정당이 당원과 당원이 아닌 자에게 투표권을 부여하여 실시하는 당내경선에서 허용되는 경선운동방법을 한정하고, 이를 위반하여 경선운동을 한 자를 처벌하는 「공직선거법」 제57조의3 제1항, 제255조 제2항 제3호는 과잉금지원칙을 위반하여 경선후보자 등 당내경선운동을 하려는 사람의 정치적 표현의 자유를 침해하지 아니한다.(헌재 2022. 10. 27. 2021헌바25) [○ 7급 23]

② **정당**이 제1항 제2호 또는 제3호의 규정에 따른 방법으로 **경선홍보물을 발송**하거나 **합동연설회** 또는 **합동토론회를 개최**하는 때에는 당해 선거의 **관할 선거구** 선거관리위원회에 **신고**하여야 한다. [○ 9급 14]

③ 제1항의 규정에 **위반되는 경선운동에 소요되는 비용**은 제119조(선거비용 등의 정의)의 규정에 따른 **선거비용으로 본다**.

④ 제1항 제2호의 경선홍보물의 작성 및 제2항의 신고 그 밖에 필요한 사항은 중앙선거관리위원회 규칙으로 정한다.

보충개념

○ 당원과 당원이 아닌 자에게 투표권을 부여하여 실시하는 당내경선에서 당내경선운동 방법을 제한하는 취지는 당내경선운동의 과열을 막아 질서 있는 경선을 도모함과 아울러 당내경선운동이 선거운동으로 변질되어 실질적으로 사전선거운동 금지규정 등을 회피하는 탈법적 수단으로 악용되는 것을 막기 위한 것임. 따라서 당내경선의 실시 여부가 확정되지 아니하였다거나 예비후보자로 등록하기 이전이라 할지라도, 당내경선에 참여하려고 하는 사람이 당내경선에 대비하여 공직선거법이 허용하는 범위를 넘어서 경선운동을 한 경우에는 당내경선운동 위반행위에 해당한다고 봄이 상당함.(대법원 2007. 3. 15. 2006도8869)

○ 공선법 제57조의3 제1항 제1호에 따른 당내경선운동은 당내경선운동을 하는 자에게 예비후보자가 할 수 있는 정도의 제한된 방법으로 선거운동을 할 수 있음을 정해 놓은 것으로서 당내경선운동을 하는 자가 반드시 예비후보자로 등록한 경우에만 적용되는 것은 아님.(서울고등법원 2006. 11. 5. 2006노1984)

[2019 공직선거법규운용자료 1권 295쪽, 중앙선관위]

📢 제57조의4(당내경선사무의 위탁)

① 「정치자금법」 제27조(보조금의 배분)의 규정에 따라 **보조금의 배분대상이 되는 정당**은 당내경선사무 중 **경선운동, 투표 및 개표**에 관한 사무의 관리를 [모든 정당은(×) 7급 20] 당해 선거의 **관할 선거구** 선거관리위원회에 **위탁할 수 있다**. [○ 9급 23·18·15, 7급 21]

인용조문

「정치자금법」 제27조(보조금의 배분) ① 경상보조금과 선거보조금은 지급 당시 「국회법」 제33조(교섭단체) 제1항 본문의 규정에 의하여 동일 정당의 소속의원으로 교섭단체를 구성한 정당에 대하여 그 100분의 50을 정당별로 균등하게 분할하여 배분·지급한다.

② 보조금 지급 당시 제1항의 규정에 의한 배분·지급대상이 아닌 정당으로서 5석 이상의 의석을 가진 정당에 대하여는 100분의 5씩을, 의석이 없거나 5석 미만의 의석을 가진 정당 중 다음 각 호의 어느 하나에 해당하는 정당에 대하여는 보조금의 100분의 2씩을 배분·지급한다.

> 1. 최근에 실시된 임기만료에 의한 국회의원선거에 참여한 정당의 경우에는 국회의원선거의 득표수 비율이 100분의 2 이상인 정당
> 2. 최근에 실시된 임기만료에 의한 국회의원선거에 참여한 정당 중 제1호에 해당하지 아니하는 정당으로서 의석을 가진 정당의 경우에는 최근에 전국적으로 실시된 후보추천이 허용되는 비례대표 시·도의회의원선거, 지역구 시·도의회의원선거, 시·도지사선거 또는 자치구·시·군의 장선거에서 당해 정당이 득표한 득표수 비율이 100분의 0.5 이상인 정당
> 3. 최근에 실시된 임기만료에 의한 국회의원선거에 참여하지 아니한 정당의 경우에는 최근에 전국적으로 실시된 후보추천이 허용되는 비례대표 시·도의회의원선거, 지역구 시·도의회의원선거, 시·도지사선거 또는 자치구·시·군의 장선거에서 당해 정당이 득표한 득표수 비율이 100분의 2 이상인 정당

[심화학습]
- 보조금 배분대상 정당만이 선관위에 위탁할 수 있다(본선거 준비 시간·인력·장비 등을 고려하여 위탁대상 정당을 제한).

[기출체크]
최근에 실시된 임기만료에 의한 국회의원선거에 참여하여 국회의원선거의 득표수 비율이 100분의 2 이상이더라도 현재 의석이 없는 정당은 당내경선사무 중 경선운동, 투표 및 개표에 관한 사무의 관리를 당해 선거의 관할 선거구선거관리위원회에 위탁할 수 없다.　　[×(「정치자금법」상 보조금 배분대상 정당이므로 당내경선 위탁이 가능함) 7급 14]

② 관할 선거구 선거관리위원회가 제1항에 따라
　　당내경선의 투표 및 개표에 관한 사무를 수탁 관리하는 경우에는
　　그 비용은 국가가 부담한다.　　　　　　　　　　　　　　[정당이 부담한다(×) 9급 18]
　　다만, 투표 및 개표참관인의 수당은 당해 정당이 부담한다.　　[○ 9급 23, 7급 14·13]
　　　　　　　　　　　　　　　　　　　[투표 및 개표참관인 수당을 포함한 제반비용은 국가가 부담(×) 7급 21]

[심화학습]
- 위탁하는 당내경선의 투표·개표비용은 국정선거(대통령선거, 국회의원선거)든 지방선거(지방자치단체장선거, 지방의회의원선거)든 모두 국가가 부담한다.

③ 제1항의 규정에 따라 정당이 당내경선사무를 위탁하는 경우 그 구체적인 절차 및 필요한 사항은 중앙선거관리위원회 규칙으로 정한다.

📢 제57조의5(당원 등 매수금지)

① 누구든지 당내경선에 있어 후보자로 선출되거나 되게 하거나 되지 못하게 할
　　목적으로 **경선선거인**(당내경선의 선거인명부에 등재된 자를 말한다) 또는
　　그의 배우자나 직계존·비속에게 명목 여하를 불문하고 **금품** 그 밖의
　　재산상의 이익 또는 공사의 직을 제공하거나 그 제공의 의사를 표시하거나

그 제공을 **약속하는** 행위를 할 수 없다.

다만, 중앙선거관리위원회 **규칙이** 정하는 의례적인 행위는 그러하지 아니하다.

② 누구든지 당내경선에 있어 후보자가 되지 아니하게 하거나

후보자가 된 것을 **사퇴하게 할 목적으로**

후보자(후보자가 되고자 하는 자를 포함한다. 이하 이 항에서 같다)에게

제1항의 규정에 따른 **이익제공행위** 등을 하여서는 아니 되며,

후보자〈후보자가 되고자 하는 자 포함〉는 그 이익이나 직의 **제공을** 받거나

제공의 의사표시를 승낙하여서는 **아니 된다.**

③ 누구든지 제1항 및 제2항에 규정된 행위에 관하여 **지시·권유** 또는

요구를 하여서는 **아니 된다.**

제57조의6(공무원 등의 당내경선운동 금지)

① 제60조 제1항에 따라 **선거운동을 할 수 없는 사람은**

당내경선에서 경선운동을 할 수 없다. 〈개정 25. 1. 7.〉

다만, 소속 당원만을 대상으로 하는 당내경선에서 당원이 될 수 있는 사람이

경선운동을 하는 경우에는 그러하지 아니하다. [O 9급 19·18, 7급 20·14]

심화학습

통·리·반장 등은 선거운동을 할 수 없으나, 당원이 될 수 있으므로 소속 당원만을 대상으로 하는 당내경선에서의 경선운동이 가능하다.

기출체크

❶ 당원이 아닌 자에게도 투표권을 부여하는 당내경선에서 「지방공기업법」상 지방공단의 상근 직원이 경선운동을 할 수 없도록 일률적으로 금지·처벌하는 것은 현행 「공직선거법」 규정들만으로는 당내경선의 형평성과 공정성을 확보할 수 있는지 불분명하므로 상근 직원의 정치적 표현의 자유를 침해하지 않는다. [× 7급 21]
   ⇒ 심판대상조항은 과잉금지원칙에 반하여 정치적 표현의 자유를 침해한다.(헌재 2021. 4. 29. 2019헌가11)
❷ 대한민국 국민이 아닌 자는 소속 당원만을 대상으로 하는 당내경선에서 경선운동을 할 수 없다. [O 7급 19]
❸ 소속 당원만을 대상으로 당내경선을 실시하는 경우에는 당원인 공무원은 경선운동을 할 수 있다. [O 7급 13]
❹ 당내경선은 공직선거 자체와는 구별되는 정당 내부의 자발적인 의사결정에 해당하고, 경선운동은 원칙적으로 공직선거에서의 당선 또는 낙선을 위한 행위인 선거운동에 해당하지 않으므로 당내경선의 형평성과 공정성을 담보하기 위해서 국가가 개입하여야 하는 정도가 공직선거와 동등하다고 보기는 어렵다.(헌재 2021. 4. 29. 2019헌가11) [O 9급 23]

② **공무원은 그 지위를 이용하여 당내경선에서 경선운동을 할 수 없다.**

📢 제57조의7(위탁하는 당내경선에 있어서의 이의제기)

정당이 제57조의4에 따라 당내경선을 위탁하여 실시하는 경우에는 그 **경선 및 선출의 효력**에 대한 **이의제기는 당해 정당**에 하여야 한다. [O 9급 19, 7급 13]

[이의제기는 당해 선거의 관할 선거구 선거관리위원회에 한다(×) 9급 14, 7급 21·15]

> **심화학습**
> - 정당의 공직선거 후보자추천은 정당 내부의 절차이며 문제발생 시에는 정당이 자율적으로 해결하여야 한다. 당내경선 사무를 선거관리위원회에 위탁하는 경우에도 위탁의 범위는 경선운동과 투·개표사무에 한정되므로 그 경선 및 당선의 효력에 대한 이의제기는 해당 정당에 하도록 명문화한 조항이다.

> **기출체크**
> 관할 선거구 선거관리위원회가 당내경선사무의 관리를 위탁받아 시행한 당내경선이나 후보자선출과정에 하자가 있다면 그 경선을 통해 정당의 추천을 받은 후보자가 입후보하여 당선된 선거는 당연무효이다. [× 7급 19]
> ⇒ 관할 선거구 선거관리위원회가 당내경선사무 중 경선운동, 투표 및 개표에 관한 사무의 관리를 위탁받아 시행한 당내경선이나 후보자 선출 과정에 어떠한 하자가 있다고 하여 특별한 사정이 없는 이상 곧바로 그 경선을 통해 정당의 추천을 받은 후보자가 입후보하여 당선된 선거가 무효라고 할 수 없다.(대법원 2013. 3. 28. 2012수59)

📢 제57조의8(당내경선 등을 위한 휴대전화 가상번호의 제공)

① **국회에 의석을 가진 정당**은 다음 각 호의 어느 하나에 해당하는 경우에는 **관할 선거관리위원회를 경유**하여 **이동통신사업자**에게 이용자의 이동전화번호가 노출되지 아니하도록 생성한 번호 (이하 "**휴대전화 가상번호**"라 한다)를 제공하여 줄 것을 **서면**(이하 "휴대전화 가상번호 제공 요청서"라 한다)으로 요청할 수 있다. [모든 정당은(×) 9급 19]
   1. 제57조의2 제1항에 따른 **당내경선의 경선선거인**이 되려는 사람을 **모집**하거나 **당내경선**을 위한 **여론조사**를 실시하는 경우
   2. 그 밖에 **정당활동**을 위하여 **여론수렴**이 필요한 경우

② **정당**은 다음 각 호의 기간까지 **관할 선거관리위원회**에 휴대전화 가상번호 제공 **요청서를 제출**하여야 하고, 관할 선거관리위원회는 해당 요청서의 기재사항을 **심사**한 후 제출받은 날부터 **3일 이내**에 해당 요청서를 **이동통신사업자에게 송부**하여야 한다.
   1. 제1항 제1호에 따른 **당내경선**: 해당 당내경선 **선거일 전 23일까지**
   2. 제1항 제2호에 따른 **여론수렴**: 해당 여론수렴기간 개시일 전 10일까지

③ 정당이 제1항에 따른 요청을 하는 경우에는 휴대전화 가상번호 제공 **요청서**에 다음 각 호에 따른 사항을 **적어야 한다**.
   1. 제1항 제1호에 따른 **당내경선**

가. 당내경선의 **선거명·선거구명**
　　　나. 당내경선의 **선거일**
　　　다. 당내경선 **실시지역** 및 **경선선거인**(당내경선을 위한 **여론조사**를 실시하는 경우에는 **표본**을 말한다. 이하 이 항에서 같다) **수**
　　　라. **이동통신사업자별로 제공하여야 하는 성별·연령별·지역별 휴대전화 가상번호 수.**
　　　　　이 경우 제공을 요청할 수 있는 휴대전화 **가상번호의 총수**는 다목에 따른 **경선선거인 수의 30배수를 초과할 수 없다.**
　　　마. 그 밖에 중앙선거관리위원회 규칙으로 정하는 사항
　 2. 제1항 제2호에 따른 **여론수렴**
　　　가. 여론수렴의 **목적·내용** 및 **기간**
　　　나. 여론수렴 **대상 지역** 및 **대상자 수**
　　　다. **이동통신사업자별로 제공하여야 하는 성별·연령별·지역별 휴대전화 가상번호 수.**
　　　　　이 경우 제공을 요청할 수 있는 휴대전화 **가상번호의 총수**는 나목에 따른 **대상자 수의 30배수를 초과할 수 없다.**
　　　라. 그 밖에 중앙선거관리위원회 규칙으로 정하는 사항
④ 관할 **선거관리위원회**는 제출된 휴대전화 가상번호 제공 요청서에 제3항에 따른 **기재사항**이 누락되었거나 심사를 위하여 추가로 자료가 필요하다고 판단되는 때에는 해당 정당에 휴대전화 가상번호 제공 요청서의 **보완** 또는 **자료의 제출을 요구할 수 있으며,** 그 요구를 받은 **정당**은 지체 없이 이에 **따라야 한다.** 　　[○ 7급 16]
⑤ **이동통신사업자**가 제1항에 따른 요청을 받은 때에는 그 요청을 받은 날부터 **7일 이내**에 휴대전화 가상번호 제공 요청서에 따라 휴대전화 **가상번호를 생성**하여 **유효기간을 설정**한 다음 **관할 선거관리위원회를 경유**하여 **해당 정당에 제공**하여야 한다. 다만, 이동통신사업자는 이용자 수의 부족 등으로 **제공할 수 있는 휴대전화 가상번호 수가 제공하여야 하는 휴대전화 가상번호 수보다 적은 때에는** 지체 없이 관할 **선거관리위원회에 통보**하여야 하고, 관할 선거관리위원회는 중앙선거관리위원회 규칙으로 정하는 바에 따라 **해당 정당과 협의하여 제공하여야 하는 휴대전화 가상번호 수를 조정할 수 있다.**

⑥ **이동통신사업자는** 중앙선거관리위원회 규칙으로 정하는 바에 따라
　이용자에게 정당의 당내경선이나 여론수렴 등을 위하여
　본인의 이동전화번호가 정당에 휴대전화 가상번호로 **제공된다는 사실과**
　그 제공을 거부할 수 있다는 사실을 알려야 한다.　　　　　　　[○ 9급 18, 7급 16]
⑦ **이동통신사업자(그 대표자 및 구성원을 포함한다)가** 제5항에 따라
　휴대전화 가상번호를 제공할 때에는
　다음 각 호의 어느 하나에 해당하는 **행위를 하여서는 아니 된다.**
　1. 휴대전화 가상번호에 **유효기간을 설정하지 아니하고 제공하거나**
　　휴대전화 가상번호를 제공하는 날부터 **당내경선의 선거일까지의 기간**
　　(당내경선을 위한 여론조사를 실시하는 경우에는 그 여론조사기간을 말한다)
　　이나 **여론수렴 기간을 초과하는 유효기간을 설정하여 제공하는 행위**
　2. 요청받은 휴대전화 **가상번호 수를 초과**하여 휴대전화 가상번호를
　　제공하는 행위
　3. 휴대전화 가상번호, 이용자의 성(性)·연령·거주지역 **정보 외의 정보를**
　　제공하는 행위. 이 경우 연령과 거주지역 정보의 범위에 대하여는
　　중앙선거관리위원회 규칙으로 정한다.
　4. 휴대전화 가상번호의 제공을 요청한 정당 외의 자에게
　　휴대전화 가상번호를 **제공**하는 행위
　5. 제6항에 따른 고지를 받고 **명시적으로 거부의사를 밝힌 이용자의**
　　휴대전화 **가상번호를 제공**하는 행위
　6. **여론조사의 결과에 영향을 미치게 하기 위하여**
　　특정 정당 또는 후보자가 되려는 사람에게 유리 또는 불리하도록
　　휴대전화 가상번호를 **생성하여 제공**하는 행위
⑧ **정당은** 제5항에 따라 제공받은 휴대전화 가상번호를
　제1항에 따른 여론조사를 실시하거나 여론수렴을 하기 위하여
　여론조사 기관·단체에 제공할 수 있다.
⑨ 제5항 본문 또는 제8항에 따라 휴대전화 가상번호를 **제공받은**
　정당(그 대표자 및 구성원을 포함한다) 또는
　여론조사 기관·단체(그 대표자 및 구성원을 포함한다)는
　다음 각 호의 어느 하나에 해당하는 **행위를 하여서는 아니 된다.**
　1. 제공받은 휴대전화 가상번호를 제1항에 따른 여론조사를 실시하거나
　　여론수렴을 하기 위한 목적 외의 **다른 목적으로 사용하는 행위**
　2. 제공받은 휴대전화 가상번호를 **다른 자에게 제공하는 행위**

⑩ **휴대전화 가상번호를 제공받은 자**(그 대표자 및 구성원을 포함한다)는
  유효기간이 지난 휴대전화 가상번호를 즉시 **폐기**하여야 한다. [O 7급 16]

⑪ **이동통신사업자**가 제5항에 따라 휴대전화 가상번호를 생성하여 제공하는 데
  소요되는 **비용**은 휴대전화 가상번호의 제공을 요청한 **해당 정당**이 **부담**한다.
  이 경우 이동통신사업자는 휴대전화 가상번호 생성·제공에 소요되는
  최소한의 비용을 청구하여야 한다.

⑫ **누구든지** 휴대전화 가상번호를 제공한 **이동통신사업자에게**
  당내경선의 결과·효력이나 **여론수렴의 결과**에 대하여 **이의를 제기할 수 없다.**
  [이의를 제기할 수 있다(×) 7급 21·16]

⑬ 휴대전화 가상번호 제공 요청 방법과 절차, 휴대전화 가상번호의 유효기간 설정, 휴대전화 가상번호 제공 요청서 서식, 관할 선거관리위원회, 그 밖에 필요한 사항은 중앙선거관리위원회 규칙으로 정한다.

조문정리

〈§57의8 요약〉

구 분	내 용
휴대전화 가상번호 사용목적	· 당내경선의 선거인 모집, 당내경선 여론조사 · 그 밖에 정당의 정당활동을 위하여 여론수렴이 필요한 경우
요청권자(비용부담)	국회에 의석을 가진 정당
요청대상	관할 선관위를 경유하여 이동통신사에 요청
휴대전화 가상번호 요청기한	· 당내경선: 당내경선 선거일 전 23일까지 관할 선관위에 요청 · 여론수렴: 여론수렴기간 개시일 전 10일까지 관할 선관위에 요청
휴대전화 가상번호 제공	요청을 받은 날로부터 7일 이내 경선선거인 수(목표 표본)의 30배 이내(성·연령·지역별) 생성하여 관할 선관위를 경유하여 정당에 제공
휴대전화 가상번호 수 조정	(이동통신사) 제공 가능한 휴대전화 가상번호 수가 요청받은 수보다 적은 때에 지체 없이 관할 선관위에 통보 ⇒ (관할 선관위) 해당 정당과 협의하여 휴대전화 가상번호 수 조정
유효기간 설정	설정(경선기간 내 또는 여론조사기간 내)
휴대전화 가상번호 사전고지	이동통신사업자에게 휴대전화 가상번호 제공 사전고지 의무 부여 (거부의사를 밝힌 이용자의 휴대전화 가상번호는 정당에 제공 불가)
기 타	휴대전화 가상번호 제공 이동통신사업자에게 당내경선의 결과·효력이나 여론수렴의 결과에 대하여 이의제기 금지

제7장 선거운동

제58조	정의 등	146
제58조의2	투표참여 권유활동	149
제59조	선거운동기간	150
제60조	선거운동을 할 수 없는 자	152
제60조의2	예비후보자등록	159
제60조의3	예비후보자 등의 선거운동	164
제60조의4	예비후보자 공약집	168
제61조	선거운동기구의 설치	170
제61조의2	정당선거사무소의 설치	173
제62조	선거사무관계자의 선임	174
제63조	선거운동기구 및 선거사무관계자의 신고	177
제64조	선거벽보	178
제65조	선거공보	182
제66조	선거공약서	190
제67조	현수막	192
제68조	어깨띠 등 소품	193
제69조	신문광고	193
제70조	방송광고	196
제71조	후보자 등의 방송연설	199
제72조	방송시설주관 후보자연설의 방송	204
제73조	경력방송	206
제74조	방송시설주관 경력방송	207
제75조~제78조	〈삭제 2004. 3. 12.〉	
제79조	공개장소에서의 연설·대담	207
제80조	연설 금지장소	211

제81조	단체의 후보자 등 초청 대담·토론회	212
제82조	언론기관의 후보자 등 초청 대담·토론회	214
제82조의2	선거방송토론위원회 주관 대담·토론회	215
제82조의3	선거방송토론위원회 주관 정책토론회	220
제82조의4	정보통신망을 이용한 선거운동	221
제82조의5	선거운동정보의 전송 제한	223
제82조의6	인터넷언론사 게시판·대화방 등의 실명 확인	224
제82조의7	인터넷광고	224
제82조의8	딥페이크 영상 등을 이용한 선거운동	225
제83조	교통편의의 제공	226
제84조	무소속 후보자의 정당표방 제한	226
제85조	공무원 등의 선거관여 등 금지	227
제86조	공무원 등의 선거에 영향을 미치는 행위 금지	229
제87조	단체의 선거운동 금지	235
제88조	타 후보자를 위한 선거운동 금지	238
제89조	유사기관의 설치 금지	238
제89조의2	〈삭제 2004. 3. 12.〉	
제90조	시설물 설치 등의 금지	240
제91조	확성장치와 자동차 등의 사용제한	241
제92조	영화 등을 이용한 선거운동 금지	243
제93조	탈법방법에 의한 문서·도화의 배부·게시 등 금지	243
제94조	방송·신문 등에 의한 광고의 금지	247
제95조	신문·잡지 등의 통상방법 외의 배부 등 금지	248
제96조	허위논평·보도 등 금지	249
제97조	방송·신문의 불법 이용을 위한 행위 등의 제한	250

제98조	선거운동을 위한 방송이용의 제한	251
제99조	구내방송 등에 의한 선거운동 금지	251
제100조	녹음기 등의 사용 금지	251
제101조	타 연설회 등의 금지	251
제102조	야간연설 등의 제한	251
제103조	각종 집회 등의 제한	252
제104조	연설회장에서의 소란행위 등의 금지	253
제105조	행렬 등의 금지	253
제106조	호별방문의 제한	254
제107조	서명·날인운동의 금지	256
제108조	여론조사의 결과공표 금지 등	256
제108조의2	선거여론조사를 위한 휴대전화 가상번호의 제공	262
제108조의3	정책·공약에 관한 비교평가 결과의 공표제한 등	263
제109조	서신·전보 등에 의한 선거운동의 금지	264
제110조	후보자 등의 비방금지	264
제110조의2	허위사실 등에 대한 이의제기	265
제111조	의정활동 보고	266
제112조	기부행위의 정의 등	267
제113조	후보자 등의 기부행위 제한	277
제114조	정당 및 후보자의 가족 등의 기부행위 제한	279
제115조	제삼자의 기부행위 제한	280
제116조	기부의 권유·요구 등의 금지	281
제117조	기부받는 행위 등의 금지	281
제117조의2	〈삭제 2004. 3. 12.〉	
제118조	선거일 후 답례금지	281

제58조(정의 등)

① 이 법에서 "선거운동"이라 함은
당선되거나 되게 하거나 되지 못하게 하기 위한 행위를 말한다.
다만, 다음 각 호의 어느 하나에 해당하는 행위는 선거운동으로 보지 아니한다.
1. 선거에 관한 **단순한 의견개진 및 의사표시**
2. <u>입후보와 선거운동을 위한 **준비행위**</u> [○ 7급 22]
3. **정당의 후보자 추천에 관한 단순한 지지·반대의 의견개진 및 의사표시**
4. **통상적인 정당활동**
5. 삭제
6. 설날·추석 등 명절 및 석가탄신일·기독탄신일 등에 하는
의례적인 인사말을 문자메시지(그림말<이모티콘>·음성·화상·동영상 등을 포함한다. 이하 같다)로 **전송하는 행위**

심화학습
· 선거운동으로 보지 않는 의례적인 문자메시지 전송에 그림말<이모티콘>·음성·화상·동영상 등이 포함된다.

기출체크
특정 정당이나 후보자 또는 입후보예정자와 특정 정책의 관련성을 나타내지 않고 정책 자체에 대한 지지·반대 의사를 표현하는 단체의 활동이 '선거에 영향을 미치게 할 목적의 탈법행위' 또는 '선거운동'에 해당하는지는 그 정책이 선서쟁점이 되었는지에 따라 일률적으로 결정될 수 없고, 일정한 판단 기준에 따라 개별적으로 판단되어야 한다.(대법원 2011. 10. 27. 2011도9243) [○ 9급 22]

② **누구든지 자유롭게 선거운동을 할 수 있다.** 그러나 **이 법 또는 다른 법률의**
규정에 의하여 금지 또는 제한되는 경우에는 그러하지 아니하다.

기출체크
❶ 시민단체의 특정 후보자에 대한 낙선운동은 시민불복종운동으로서 <u>정당행위 또는 긴급피난에 해당한다.</u>
[× 9급 22]
⇒ 피고인들(시민단체)이 확성장치 사용, 연설회 개최, 불법행렬, 서명날인운동, 선거운동기간 전 집회 개최 등의 방법으로 특정 후보자에 대한 낙선운동을 함으로써 공직선거법에 의한 선거운동제한 규정을 위반한 피고인들의 같은 법 위반의 각 행위는 위법한 행위로서 허용될 수 없는 것이고, 피고인들의 위 각 행위가 시민불복종운동으로서 헌법상 <u>정당행위이거나 「형법」상 정당행위 또는 긴급피난으로서 정당화될 수 없다.</u>(대법원 2004. 4. 27. 2002도315)
❷ 선거운동에 대한 대법원 판례의 내용으로 옳지 않은 것은?
① 선거운동에 해당하는지는 행위를 하는 주체 내부의 의사가 아니라 외부에 표시된 행위를 대상으로 객관적으로 판단하여야 한다.(대법원 2016. 8. 26. 2015도11812)
② 선거운동에 해당하는지는 선거 관련 국가기관이나 법률전문가의 관점에서 사후적·회고적인 방법이 아니라 일반인, 특히 선거인의 관점에서 행위 당시의 구체적인 상황에 기초하여 판단하여야 한다.(대법원 2016. 8. 26. 2015도11812)

③ 문제된 행위가 특정 선거를 위한 것이라고 인정하려면, 단순히 어떤 사람이 향후 언젠가 어떤 선거에 나설 것이라는 예측을 할 수 있는 정도로는 부족하고, 특정 선거를 전제로 선거에서 당락을 도모하는 행위임을 선거인이 명백히 인식할 수 있는 객관적 사정이 있어야 한다.(대법원 2016. 8. 26. 2015도11812)
④ 일상적인 사회활동과 통상적인 정치활동에 인지도와 긍정적 이미지를 높이려는 목적이 있는 경우, 행위가 특정한 선거를 목표로 하여 선거에서 특정인의 당선 또는 낙선을 도모하는 목적의사가 표시된 것으로 인정되지 않더라도 선거운동이라고 볼 수 있다.
  ⇒ 일상적인 사회활동과 통상적인 정치활동에 인지도와 긍정적 이미지를 높이려는 목적이 있다 하여도 행위가 특정한 선거를 목표로 하여 선거에서 특정인의 당선 또는 낙선을 도모하는 목적의사가 표시된 것으로 인정되지 않는 한 선거운동이라고 볼 것은 아니다.(대법원 2016. 8. 26. 2015도11812) [④ ×, ①②③ ○ 7급 18]

❸ 선거운동 규제는 법률에서 개별적으로 제한·금지하지 않으면 선거운동을 허용하는 "개별적 제한·금지 방식"을 취하고 있다. [○ 7급 14]

❹ 정당의 후보자 추천에 관한 단순한 지지·반대의 의견개진이나 의사표시는 선거운동이 아니지만, 특정 후보자를 당선시킬 목적의 유무에 관계없는 제3자에 의한 낙선운동은 선거운동에 해당된다.(헌재 2001. 8. 30. 2000헌마121, 202) [○ 7급 13]

조문정리

〈선거별 주요 선거운동 방법〉

방법 \ 선거별	대통령	국회의원 지역구	국회의원 비례대표	시·도의원 지역구	시·도의원 비례대표	시·도지사	자치구·시·군의원 지역구	자치구·시·군의원 비례대표	구·시·군의 장
선거벽보	○	○	×	○	×	○	○	×	○
선거공보 책자형(점자형)	○ (○)	○ (○)	○ (○)	○ (○)	○ (○)	○ (○)	○ (○)	○ (○)	○ (○)
선거공보 전단형	○	×	×	×	×	×	×	×	×
선거공약서 (점자형)	○ (○)	×	×	×	×	○ (○)	×	×	○ (○)
현수막	○	○	×	○	×	○	○	×	○
어깨띠 등 소품	○	○	○	○	○	○	○	○	○
신문광고	○	×	○	×	×	○	×	×	×
방송광고	○	×	○	×	×	○	×	×	×
후보자방송연설	○	○	○	×	○	○	×	×	○
방송시설 주관 후보자연설 방송	○	○	○	○	○	○	○	○	○
경력방송	○	○	○	×	×	○	×	○	○
공개장소연설·대담	○	○	×	○	×	○	○	×	○
단체의 후보자 등 초청 대담·토론회	○	○	○	○	○	○	○	○	○
언론기관의 후보자 등 초청 대담·토론회	○	○	○	○	○	○	○	○	○
선거방송토론위원회 주관 대담·토론회	○	○	○	×	○	○	×	×	○
선거방송토론위원회 주관 정책토론회	○	○	○	○	○	○	○	○	○
인터넷 광고	○	○	○	○	○	○	○	○	○

> 보충개념

○ '선거운동'의 개념
'선거운동'은 특정 선거에서 특정 후보자의 당선 또는 낙선을 도모한다는 목적의사가 객관적으로 인정될 수 있는 행위를 말하는데, 이에 해당하는지는 행위를 하는 주체 내부의 의사가 아니라 외부에 표시된 행위를 대상으로 객관적으로 판단하여야 함.(대법원 2016. 8. 26. 2015도11812)

○ '선거운동'에 해당되는지 여부에 대한 판단기준
1. 어떠한 행위가 선거운동에 해당하는지 여부를 판단함에 있어서는 단순히 그 행위의 명목뿐만 아니라 그 행위의 태양, 즉 그 행위가 행하여지는 시기·장소·방법 등을 종합적으로 관찰하여 그것이 특정 후보자의 당선 또는 낙선을 도모하는 목적의지를 수반하는 행위인지 여부를 판단하여야 함.(대법원 2008. 9. 25. 2008도6232)
2. 선거운동은 대상인 선거가 특정되는 것이 중요한 개념표지이므로 문제된 행위가 특정 선거를 위한 것임이 인정되어야만 선거운동에 해당하는데, 행위 당시의 상황에서 특정 선거의 실시에 대한 예측이나 확정 여부, 행위의 시기와 특정 선거일 간의 시간적 간격, 행위의 내용과 당시의 상황, 행위자와 후보자의 관계 등 여러 객관적 사정을 종합하여 선거인의 관점에서 문제된 행위가 특정 선거를 대상으로 하였는지를 합리적으로 판단하여야 함.(대법원 2016. 8. 26. 2015도11812)

○ '선거운동을 위한 준비행위'의 의미
'선거운동을 위한 준비행위'라 함은 비록 선거를 위한 행위이기는 하나 특정 후보자의 당선을 목적으로 투표를 얻기 위한 행위가 아니라 단순히 장래의 선거운동을 위한 내부적·절차적 준비행위를 가리키는 것으로, 예컨대 선거사무장 등 선거사무관계자, 연설원 등을 선임하기 위한 교섭행위 및 선거사무소·연설장소 등의 물색행위, 선거운동용 자동차·확성장치 등의 임차행위, 선거벽보 등 선전물의 사전 제작행위, 연설문 작성행위, 예비 선거운동원들에 대한 선거법 해설강좌 실시행위 등을 말하는 것임.(헌재 2005. 10. 27. 2004헌바41)

○ 선거운동의 상대방
「공직선거법」상, '기부행위'의 경우와는 달리 '선거운동'에 있어서는 그 상대방이 제한되어 있지 않으므로, 그 선거운동의 상대방이 당선 또는 낙선을 도모하는 특정 후보자의 선거구 안에 있거나 선거구민과 연고가 있는 사람이나 기관·단체·시설 등에 해당하여야만 선거운동에 해당한다고 볼 것은 아님.(대법원 2007. 3. 30. 2006도9043)

○ 헌법상 선거운동의 자유와 그 제한
민주적 의회정치의 기초인 선거는 본래 자유로워야 함. 그러나 그것은 동시에 공정하게 행하여지지 아니하면 안 됨. 부정선거와 과열된 선거운동으로 말미암아 발생할 사회경제적 손실과 부작용을 방지하고 실질적인 선거운동의 기회균등을 보장하기 위해서는 선거의 공정성이 확보되어야 하며, 이를 위해서는 어느 정도 선거운동에 대한 규제가 불가피함. 헌법 제116조 제1항은 "선거운동은 각급 선거관리위원회의 관리 하에 법률이 정하는 범위 안에서 하되, 균등한 기회가 보장되어야 한다."라고 규정하여 선거운동에 관하여 별도의 규정을 두고 있고, 공직선거법 제58조 제2항도 "누구든지 자유롭게 선거운동을 할 수 있다. 그러나 이 법 또는 다른 법률의 규정에 의하여 금지 또는 제한되는 경우에는 그러하지 아니하다."고 규정하여 원칙적으로는 선거운동의 자유를 보장하면서도 그것이 제한될 수 있음을 밝히고 있음. 다만, 선거는 민주적 의회정치의 기초이고 선거운동은 국민주권 행사의 일환일 뿐 아니라 정치적 표현의 자유의 한 형태로서 민주사회를 구성하고 움직이게 하는 요소이므로 선거운동의 자유를 제한하는 경우에도 다른 기본권과 마찬가지로 헌법 제37조 제2항에 따라 국가안전보장, 질서유지, 공공복리를 위하여 필요한 경우에 한하여 법률로 제한할 수 있다고 할 것임.(헌재 2011. 3. 31. 2010헌마314)

○ 선거운동의 자유와 선거의 공정성
선거는 오늘날 자유민주주의 국가에서 통치기관을 구성하고 그에 정당성을 부여하는 한편 국민 스스로 정치적 의사 형성과정에 참여하여 국민주권과 대의민주주의를 실현하는 핵심적인 수단임.
선거운동은 유권자가 경쟁하는 여러 정치세력 가운데 선택을 통해 선거권을 행사할 수 있도록 그 판단의 배경이 되는 정보를 제공하는 기능을 수행하므로, 후보자 및 후보자가 되고자 하는 사람(이하 '후보자'라 한다)이나 정당 등에 관한 정치적 정보 및 의견을 자유롭게 발표하고 교환할 수 있는 자유가 보장되어야 함. 그리고 대의민주주의를 원칙으로 하는 현대 민주정치 아래에서는 국민이 선거에 참여하는 것이 반드시 필요하고, 국민이 선거과정에서 정치적 의견을 자유로이 발표·교환함으로써 정치적 표현의 자유는 비로소 그 기능을 다하게 된다 할 것이므로, 선거운동 등 정치적 표현의 자유는 헌법 제21조 제1항에서 정한 언론·출판의 자유 보장 규정에 의한 보호를 받음.(헌재 2011. 12. 29. 2007헌마1001 등 참조)

> 선거의 공정성이란 국민의 선거의 자유와 선거운동 등에 있어서의 기회의 균등이 담보되는 것을 의미하므로, 선거의 공정성 없이는 진정한 의미에서의 선거의 자유도 선거운동 등의 기회균등도 보장되지 아니한다고 할 수 있음.(헌재 2001. 8. 30. 99헌바92 등 참조) 선거에 있어서 유권자에게 전달되는 정치적 정보나 의견이 허위 또는 왜곡되거나 균형을 잃은 경우에는, 유권자가 올바른 선택을 할 수 없게 되어 민의를 왜곡하는 결과를 초래하게 되므로 선거제도의 본래적 기능과 대의민주주의의 본질이 훼손된다 할 것임. 따라서 대의민주주의에서 후보자나 정당 등에 관한 정치적 정보 및 의견을 자유롭게 발표하고 교환하는 것을 내용으로 하는 선거운동 등 정치적 표현의 자유는 선거의 공정성을 전제로 인정되는 것이며, 선거의 공정성은 그러한 자유의 한정원리로 기능할 수 있음. 우리 헌법 제116조 제1항은 "선거운동은 각급 선거관리위원회의 관리 하에 법률이 정하는 범위 안에서 하되, 균등한 기회가 보장되어야 한다."고 하여 선거의 공정성을 보장하면서 선거운동의 한계에 관하여 법률로 정할 수 있다고 규정하고 있음.(헌재 2014. 4. 24. 2011헌바17 등 참조)
> 결국 선거운동 등 정치적 표현의 자유는 그 제한이 과도하여 선거권 및 피선거권의 행사나 선거의 기능을 지나치게 제약하거나 왜곡하여서는 안 되고 기본권보장의 헌법이념과 헌법상의 제반원칙에 합치되도록 최대한 보장되어야 하나, 선거운동 등 정치적 표현의 자유가 선거의 공정성을 훼손할 경우에는 이를 제한하는 것이 헌법적으로 정당화될 수 있다 할 것임.(헌재 2014. 4. 24. 2011헌바17 등 참조)(헌재 2015. 4. 30. 2011헌바163)
>
> [2019 공직선거법규운용자료 2권 1쪽, 중앙선관위]

📢 제58조의2(투표참여 권유활동)

누구든지 투표참여를 권유하는 행위를 할 수 있다.
다만, 다음 각 호의 어느 하나에 해당하는 행위의 경우에는 그러하지 아니하다.

1. 호별로 방문하여 하는 경우 [불가 9급 19]
2. 사전투표소 또는 투표소로부터 100미터 안에서 하는 경우 [불가 9급 19] [허용(×) 7급 22·21]
3. 특정 정당 또는 후보자
   (후보자가 되려는 사람을 포함한다. 이하 이 조에서 같다)를
   지지·추천하거나 반대하는 내용을 포함하여 하는 경우
4. 현수막 등 시설물, 인쇄물, 확성장치·녹음기·녹화기
   (비디오 및 오디오 기기를 포함한다), 어깨띠, 표찰,
   그 밖의 표시물을 사용하여 하는 경우 〈할 수 있음. 다음의 괄호 내용은 불가〉
   (정당의 명칭이나 후보자〈후보자가 되려는 사람 포함〉의 성명·사진 또는 그 명칭·성명을
   유추할 수 있는 내용을 나타내어 하는 경우〈불가〉에 한정한다) [불가 9급 19]

심화학습

- 투표참여 권유활동은 누구든지(미성년자, 외국인, 선거권이 없는 자 등 포함) 할 수 있다.
- 제4호는 정당의 명칭이나 후보자의 성명·사진 또는 그 명칭·성명을 유추할 수 있는 내용을 나타내는 경우에는 현수막 등 시설물, 인쇄물, 확성장치·녹음기·녹화기(비디오 및 오디오 기기 포함), 어깨띠, 표찰, 그 밖의 표시물을 사용하여 투표참여 권유행위를 할 수 없다는 의미이다.

기출체크

① 지방자치단체의 장의 선거에 있어 선거권이 있는 외국인은 해당 선거에 한하여 투표참여를 권유하는 행위를 할 수 있다. [×(선거종류에 관계없이 누구든지 할 수 있음) 9급 19]

② 특정 정당 또는 후보자를 지지·추천하거나 반대하는 내용을 포함하여 하는 투표참여 권유행위를 금지하고 이를 형사처벌하는 것은 과잉금지원칙에 위반되어 정치적 표현의 자유를 침해한다. [× 9급 19]
⇒ 심판대상조항은 사실상 투표참여 권유를 빙자한 선거운동이 방치되지 않도록 이를 금지함으로써 선거의 공정성을 제고하기 위한 것이고, 심판대상조항을 위반한 자를 형사처벌하는 것은 그 입법목적을 달성하기 위한 효과적인 수단이 되며, 선거운동을 제한하는 공직선거법 규정, 심판대상조항의 처벌 범위 및 법정형 등에 비추어 심판대상조항 신설로 정치적 표현의 자유가 과도하게 제한된다고 볼 수 없고, 심판대상조항으로 인한 정치적 표현의 자유의 제한 정도가 그 제한으로 달성하려는 공익상 목적인 선거의 공정성 확보에 비하여 크지 않으므로, 심판대상조항은 과잉금지원칙에 위반되어 정치적 표현의 자유를 침해한다고 할 수 없다.(헌재 2018. 7. 26. 2017헌가9)

제59조(선거운동기간)

선거운동은 **선거기간 개시일부터 선거일 전일까지**에 한하여 할 수 있다.
다만, 다음 각 호의 어느 하나에 해당하는 경우에는 **그러하지 아니하다**.

1. 제60조의3(예비후보자 등의 선거운동) 제1항 및 제2항의 규정에 따라 **예비후보자 등이 선거운동**을 하는 경우

심화학습

· 선거사무소(간판·현판·현수막), 명함, 예비후보자 홍보물, 어깨띠, 표지물을 말한다.

2. **문자메시지를 전송하는 방법으로 선거운동을 하는 경우**.
   〈선거일을 포함하여 언제든지 가능〉 [선거기간 개시일부터 선거일 전일까지에 한하여 가능(×) 7급 22]
   이 경우 **자동 동보통신의 방법**(동시 수신대상자가 **20명을 초과**하거나 그 대상자가 **20명 이하**인 경우에도 프로그램을 이용하여 **수신자를 자동으로 선택하여 전송하는 방식**을 말한다. 이하 같다)으로 전송할 수 있는 자는 **후보자와 예비후보자**에 한하되, 그 횟수는 8회(후보자의 경우 **예비후보자로서 전송한 횟수를 포함한다**)를 넘을 수 없으며, [○ 9급 17]
   [예비후보자로서 전송한 횟수를 제외하고 8회까지(×) 7급 19]
   중앙선거관리위원회 규칙에 따라 **신고한 1개의 전화번호만을 사용**하여야 한다.

3. **인터넷 홈페이지 또는 그 게시판·대화방** 등에 글이나 **동영상** 등을 **게시하거나 전자우편**(컴퓨터 이용자끼리 네트워크를 통하여 문자·음성·화상 또는 동영상 등의 정보를 주고받는 통신시스템을 말한다. 이하 같다)을 **전송하는 방법**으로 선거운동을 하는 경우. 〈선거일을 포함하여 언제든지 가능〉 [○ 7급 21]
   이 경우 **전자우편 전송대행업체에 위탁**하여 전자우편을 전송할 수 있는

사람은 후보자와 예비후보자에 한한다. [○ 9급 15]
[후보자의 배우자(×) 7급 19]
[후보자와 예비후보자 및 그 배우자에 한한다(×) 7급 14]

4. **선거일이 아닌 때**에 **전화**(송·수화자 간 직접 통화하는 방식에 한정하며,
   컴퓨터를 이용한 자동 송신장치를 설치한 전화는 **제외한다**)를 이용하거나
   말(확성장치를 사용하거나 **옥외집회에서 다중을 대상으로 하는 경우를 제외한다**)로
   선거운동을 하는 경우

5. **후보자가 되려는 사람**이
   선거일 전 180일(대통령선거의 경우 **선거일 전 240일**을 말한다)부터
   해당 선거의 **예비후보자등록신청 전까지**
   제60조의3 제1항 제2호의 방법(같은 호 단서〈금지 장소에서는 불가〉를 포함한다)으로
   자신의 명함을 직접 주는 경우

> **인용조문**
>
> 제60조의3(예비후보자 등의 선거운동) ①
>   2. 자신의 성명·사진·전화번호·학력(정규학력과 이에 준하는 외국의 교육과정을 이수한 학력을 말한다. 이하 제4호에서 같다)·경력, 그 밖에 홍보에 필요한 사항을 게재한 길이 9센티미터 너비 5센티미터 이내의 명함을 직접 주거나 지지를 호소하는 행위. 다만, 선박·정기여객자동차·열차·전동차·항공기의 안과 그 터미널·역·공항의 개찰구 안, 병원·종교시설·극장의 옥내(대관 등으로 해당 시설이 본래의 용도 외의 용도로 이용되는 경우는 제외한다)에서 주거나 지지를 호소하는 행위는 그러하지 아니하나.

> **심화학습**
>
> · 선거운동에 대한 규제수준이 지나치게 높아 처벌이 광범위하게 이루어져 선거운동의 자유가 부당하게 위축되는 측면이 있으므로 예비후보자 선거운동 장소제한을 완화(제60조의3①2)하고, 말, 전화 및 명함교부를 통한 선거운동 규제를 완화(제59조4, 5)하여 선거운동의 자유를 확대하였다.

> **보충개념**
>
> ○ '선거운동기간' 제한의 취지
> 기간의 제한 없이 선거운동을 무한정 허용할 경우에는 후보자 간의 지나친 경쟁이 선거관리의 곤란으로 이어져 부정행위의 발생을 막기 어렵게 됨. 또한 후보자 간의 무리한 경쟁의 장기화는 경비와 노력이 지나치게 들어 사회경제적으로 많은 손실을 가져올 뿐만 아니라 후보자 간의 경제력 차이에 따른 불공평이 생기게 되고 아울러 막대한 선거비용을 마련할 수 없는 젊고 유능한 신참 후보자의 입후보의 기회를 빼앗는 결과를 가져올 수 있음. 우리나라는 반세기 가까이 수많은 선거를 치러 왔으면서도 아직껏 우리가 바라는 이상적인 선거풍토를 이루지 못하고 금권, 관권 및 폭력에 의한 선거, 과열선거가 항상 문제되어 왔음. 이러한 상황 아래 위와 같은 폐해를 방지하고 공정한 선거를 실현하기 위하여 선거운동의 기간에 일정한 제한을 두는 것만으로 위헌으로 단정할 수는 없음.(헌재 2005. 9. 29. 2004헌바52)
> [2019 공직선거법규운용자료 2권 68쪽, 중앙선관위]

제60조(선거운동을 할 수 없는 자)

① 다음 각 호의 어느 하나에 해당하는 사람은 선거운동을 할 수 없다.
다만, **제1호**〈외국인〉에 해당하는 사람이 **예비후보자·후보자의 배우자**인 경우와
제4호부터 **제8호**까지〈공무원, 입후보제한직, 예비군간부, 통·리·반장 및 주민자치위원, 특별법단체 구성원〉의 규정에 해당하는 사람이
예비후보자·후보자의 배우자이거나
후보자의 직계존·비속인 경우에는 그러하지 아니하다.

[선장은 그 배우자가 후보자인 경우에는 선거운동을 할 수 있다(×) 9급 22]
[대통령선거예비후보자의 형제인 주민자치위원은 선거운동 가능(×) 7급 21]

심화학습
- 배우자는 예비후보자와 후보자의 배우자 모두 선거운동이 가능하나, 직계존·비속은 후보자의 직계존·비속만 선거운동이 가능함에 유의한다.

1. **대한민국 국민이 아닌 자.** 〈불가, 예비후보자·후보자의 배우자는 가능〉
   다만, 제15조 제2항 제3호〈지방선거의 선거권이 있는 외국인〉에 따른 **외국인**이
   해당 선거에서 **선거운동을 하는 경우**〈가능〉에는 그러하지 아니하다.

심화학습
- 외국인이 예비후보자·후보자의 배우자인 경우 선거운동이 가능하지만 그 배우자가 미성년자(제2호), 제18조의 선거권이 없는 자(제3호)인 경우에는 선거운동을 할 수 없다.
- 일반 외국인은 지방선거만 참여할 수 있으므로 해당하는 지방선거의 선거권이 있으면 그 선거의 선거운동을 할 수 있다.

기출체크
❶ 국회의원선거에서 후보자의 배우자가 외국인인 경우 후보자의 배우자는 후보자를 위한 선거운동을 할 수 없다.
[×(외국인이라도 후보자의 배우자는 선거운동을 할 수 있음) 7급 17]
❷ 지역구 국회의원선거 예비후보자의 외국인인 배우자(29세 학원강사)는 영주의 체류자격 취득일 후 3년이 경과하지 않았고, 지방자치단체의 외국인등록대장에 올라 있지 않더라도 선거운동을 할 수 있다. [○ 7급 19]

2. **미성년자**(18세 미만의 자를 말한다. 이하 같다) 〈개정 20. 1. 14.〉

기출체크
❶ 「공직선거법」상 19세 미만인 사람에게 선거운동을 금지하는 조항에 대한 설명으로 옳지 않은 것은?(다툼이 있는 경우 판례에 의함)(헌재 2014. 4. 24. 2012헌마287) ⇒ 18세 미만으로 개정
① 선거권을 행사할 만한 정치적 판단능력이 인정되지 않는 사람에게 선거운동의 자유를 인정하는 경우에는 정확하고 충분한 정보에 기초하지 않은 선거운동이 행하여질 우려가 있어 선거의 공정성을 해할 우려가 발생하게 된다.
② 19세 미만인 사람이 선거 및 정당의 후보자 추천에 관하여 단순한 의견개진이나 의사표시 등과 같은 정치적 표현 행위를 하는 것은 제한된다.

③ 다른 법령들이 그 입법취지에 따라 19세 미만인 사람에게 일정한 능력을 인정하고 있다고 해도 선거운동의 자유가 인정되는 연령을 19세 이상으로 정한 것이 반드시 불합리하다고 볼 수는 없다.
④ 연령 기준에 의하여 선거운동을 제한하지 않는 국가들도 존재하지만 다른 나라의 입법례와 단순하게 비교할 수 없고, 입법자가 19세 이상의 사람에게만 선거운동의 자유를 인정해도 이를 입법형성권의 재량범위를 일탈한 것으로 볼 수 없다. [② ×(제한없이 할 수 있음) ①③④ ○ 9급 17]

❷ 미성년자라 하더라도 후보자 또는 예비후보자의 직계비속인 경우에는 선거운동을 할 수 있다.
[×(미성년자는 어떠한 경우라도 선거운동을 할 수 없음) 7급 14]

❸ 선거운동의 자유가 선거권 행사의 전제에 해당하고, 비록 선거권이 인정되지 않는 사람이라고 하더라도 선거와 관련된 정치적 표현의 자유는 보호되어야 한다는 점, 선거운동의 자유는 언론·출판·집회·결사의 자유 보장 규정에 의한 보호를 받는다는 점에서 선거운동제한규정의 위헌 여부에 대하여는 과잉금지원칙에 의한 심사를 함이 타당하지만, 침해의 최소성 부분에서 선거운동의 자유가 인정되는 구체적인 연령은 입법자가 입법재량에 따라 결정할 영역이므로 그 결정이 헌법적 한계를 일탈하였는지 여부를 기준으로 판단해야 한다.(헌재 2014. 4. 24. 2012헌마287) [○ 7급 24]

❹ 정당의 발기인 및 당원의 자격이 인정되는 연령이 '16세 이상'으로 완화된 점을 고려하면 입법자는 16세 이상 18세 미만의 사람도 정당구성원으로 활동하는 데 필요한 정치적 판단능력을 보유하였다고 판단한 것으로 볼 수 있음에도 불구하고, 합리적인 이유 없이 선거운동의 자유가 인정되는 연령을 선거권이 인정되는 연령에 연동시킴으로써 18세 미만의 미성년자는 선거운동을 할 수 없도록 규정한 「공직선거법」 조항은 16세 이상 18세 미만인 사람의 선거운동의 자유를 침해한다. [× 7급 24]

⇒ 선거운동제한조항은 18세 미만인 사람의 선거운동만을 제한하고 있을 뿐, 선거에 관한 단순한 의견개진 및 의사표시, 정당의 후보자 추천에 관한 단순한 지지·반대의 의견개진 및 의사표시 등은 제한하지 않은 점, 18세가 되면 선거운동의 자유를 행사할 수 있는 점, 선거운동의 자유는 선거권 행사의 전제인 점 등을 종합하면, 입법자가 선거운동의 자유가 인정되는 연령을 18세 이상으로 정한 것이 불합리하다고 보기 어렵고, 선거운동제한조항은 18세 미만인 사람들의 선거운동의 자유를 침해하지 않는다.(헌재 2024. 5. 30. 2020헌마1743)

3. 제18조(선거권이 없는 자) 제1항의 규정에 의하여 **선거권이 없는 자**

> **인용조문**
>
> **제18조(선거권이 없는 자)** ①
> 1. 금치산선고를 받은 자
> 2. 1년 이상의 징역 또는 금고의 형의 선고를 받고 그 집행이 종료되지 아니하거나 그 집행을 받지 아니하기로 확정되지 아니한 사람. 다만, 그 형의 집행유예를 선고받고 유예기간 중에 있는 사람은 제외한다.
> 3. 선거범, 「정치자금법」 제45조(정치자금부정수수죄) 및 제49조(선거비용관련 위반행위에 관한 벌칙)에 규정된 죄를 범한 자 또는 대통령·국회의원·지방의회의원·지방자치단체의 장으로서 그 재임 중의 직무와 관련하여 「형법」(「특정범죄가중처벌 등에 관한 법률」 제2조에 의하여 가중 처벌되는 경우를 포함한다) 제129조(수뢰, 사전수뢰) 내지 제132조(알선수뢰)·「특정범죄가중처벌 등에 관한 법률」 제3조(알선수재)에 규정된 죄를 범한 자로서, 100만 원 이상의 벌금형의 선고를 받고 그 형이 확정된 후 5년 또는 형의 집행유예의 선고를 받고 그 형이 확정된 후 10년을 경과하지 아니하거나 징역형의 선고를 받고 그 집행을 받지 아니하기로 확정된 후 또는 그 형의 집행이 종료되거나 면제된 후 10년을 경과하지 아니한 자(형이 실효된 자도 포함한다.)
> 4. 법원의 판결 또는 다른 법률에 의하여 선거권이 정지 또는 상실된 자

> **심화학습**
>
> · 선거권이 없는 자는 선거운동도 할 수 없다.

조문정리

〈선거운동을 할 수 있는 자와 할 수 없는 자〉

구 분	배우자		직계존·비속	
	외국인	공무원 등	외국인	공무원 등
예비후보자	○	○	×	×
후 보 자	○	○	×	○

- 예비후보자·후보자의 배우자가 외국인인 경우 선거운동 허용
  다만, 배우자가 미성년자(제2호), 선거권이 없는 자(제3호)인 경우 선거운동 금지
- 예비후보자·후보자의 배우자가 공무원 등(제4호~제8호)인 경우 선거운동 허용
- **후보자**의 직계존·비속이 공무원 등(제4호~제8호)인 경우 선거운동 허용
- **예비후보자**의 직계존·비속이 공무원 등(제4호~제8호)인 경우 **선거운동 불가**

4. 「국가공무원법」 제2조(공무원의 구분)에 규정된 **국가공무원**과
「지방공무원법」 제2조(공무원의 구분)에 규정된 **지방공무원**.
다만, 「정당법」 제22조(발기인 및 당원의 자격) 제1항 제1호 단서의
규정에 의하여 **정당의 당원이 될 수 있는 공무원**〈선거운동 가능〉
(**국회의원과 지방의회의원**〈선거운동 가능〉 외의
정무직공무원〈선거운동 불가〉을 제외한다)은 그러하지 아니하다.
〈예비후보자·후보자의 배우자, 후보자의 직계존·비속은 가능〉

기출체크

❶ 공립 초·중등학교 교원에 대하여 공직선거뿐만 아니라 교육감선거에 있어 선거운동을 금지하는 「공직선거법」 및 「지방교육자치에 관한 법률」 규정은 과도한 제한으로 볼 수 없으므로 선거운동의 자유를 침해한다고 볼 수 없다.(헌재 2019. 11. 28. 2018헌마222) [○ 9급 20]

❷ 사회복무요원이 선거운동을 할 경우 경고처분 및 연장복무를 하도록 한 「병역법」 조항은 행정업무 및 사회서비스업무 등을 지원하는 단순하고 기능적인 업무를 수행하는 사회복무요원의 선거운동을 일체 금지하는 것이므로 과잉금지원칙을 위배하여 선거운동의 자유를 침해한다. [× 9급 20]
  ⇒ 과잉금지원칙에 위배되어 청구인의 선거운동의 자유를 침해하지 아니한다. (헌재 2016. 10. 27. 2016헌마252)

❸ 병역의무를 이행하는 병(兵)에 대하여 정치적 중립 의무를 부과하면서 선거운동을 할 수 없도록 하는 공직선거법 조항 중 병에 관한 부분은 청구인의 선거운동의 자유를 침해한다. [× 9급 19]
  ⇒ 심판대상조항이 병의 선거운동의 자유를 제한하는 것은, 의무 복무하는 병이 본연의 업무에 전념하도록 하는 한편, 헌법이 요구하는 공무원의 정치적 중립성, 국군의 정치적 중립성을 확보하려는 것이며, 또한 선거의 공정성과 형평성을 확보하려는 것이다. 따라서 심판대상조항은 과잉금지원칙에 위배되어 청구인의 선거운동의 자유를 침해하지 않는다. (헌재 2018. 4. 26. 2016헌마611)

❹ 사회복무요원의 경우 선거운동의 내용 및 방법, 근무시간 중에 이루어지는지 여부를 불문하고 일체의 선거운동을 금지하는 것은 과도하다고 볼 수 있어 선거운동의 자유를 침해한다.(헌재 2016. 10. 27. 2016헌마252)
  [×(선거운동의 자유를 침해하지 아니함) 9급 17]

❺ 지방자치단체의 장의 선거운동을 금지하는 「공직선거법」 제60조 제1항제4호 중 '선거에 의하여 취임하는 지방자치단체의 장' 부분이 지방자치단체장과 달리 국회의원이나 지방의회의원은 그 지휘·감독을 받는 공무원 조직이 없어 공무원의 선거관리에 영향을 미칠 가능성이 높지 않다는 이유로 이들을 규제대상에서 제외한 것은 합리적인 차별이라고 할 수 없어 평등원칙에 위반된다.(헌재 2020. 3. 26. 2018헌바90)
[×(평등원칙에 반하지 않는다) 9급 23]

5. 제53조(공무원 등의 입후보) 제1항 제2호 내지 제7호〈제8호 언론인 제외〉에 해당하는 자
(제5호의 경우에는 그 상근직원〈선거운동 불가〉을 포함한다)〈개정 25. 1. 7.〉
〈제4호 공공기관, 제6호 지방공기업 상근직원은 선거운동 가능〉
〈예비후보자·후보자의 배우자, 후보자의 직계존·비속은 가능〉

> **인용조문**
>
> 제53조(공무원 등의 입후보) ①
> 2. 각급 선거관리위원회 위원 또는 교육위원회의 교육위원
> 3. 다른 법령의 규정에 의하여 공무원의 신분을 가진 자
> 4. 「공공기관의 운영에 관한 법률」 제4조 제1항 제3호에 해당하는 기관 중 정부가 100분의 50 이상의 지분을 가지고 있는 기관(한국은행을 포함한다)의 상근 임원 〈상근직원은 선거운동 가능, 개정 20. 3. 25.〉
> 5. 「농업협동조합법」·「수산업협동조합법」·「산림조합법」·「엽연초생산협동조합법」에 의하여 설립된 조합의 상근 임원과 이들 조합의 중앙회장 〈상근직원도 선거운동 불가〉
> 6. 지방공사와 지방공단의 상근 임원 〈상근직원은 선거운동 가능〉〈개정 25. 1. 7.〉
> 7. 정당의 당원이 될 수 없는 사립학교 교원

> **심화학습**
>
> • 제60조 제1항 제5호 중 제53조 제1항 제4호 가운데 '한국철도공사의 상근직원 부분' 및 같은 법 제255조 제1항 제2호 중 위 해당 부분은 헌법에 위반된다.(헌재 2018. 2. 22. 2015헌바124)
> • 헌법재판소의 위 위헌 결정의 취지에 따라 「공공기관의 운영에 관한 법률」 제4조 제1항 제3호에 해당하는 기관 중 정부가 100분의 50 이상의 지분을 가지고 있는 기관의 상근직원을 선거운동 금지 대상 등에서 제외하였다.
> • 지방공사 상근직원의 선거운동을 금지하고, 이를 위반한 자를 처벌하는 구 「공직선거법」 제60조 제1항 제5호 중 '제53조 제1항 제6호 가운데 지방공사의 상근직원'에 관한 부분은 과잉금지원칙을 위반하여 지방공사 상근직원의 선거운동의 자유를 침해한다.(헌재 2024. 1. 25. 2021헌가14)
> • 언론인 범위를 중앙선거관리위원회 규칙에 포괄위임한 규정(제53조①8)과 헌법재판소 위헌결정을 받은 규정(제60조①5)을 정비하였다.

> **기출체크**
>
> ❶ 「공직선거법」상 선거운동을 할 수 없는 사립학교 교원이 '페이스북'을 통해 자신의 정치적인 견해나 신념을 외부에 표출하였고, 그 내용이 선거와 관련성이 인정된다고 하더라도, 그 이유만으로 섣불리 선거운동에 해당한다고 속단해서는 아니 된다.(대법원 2018. 11. 29. 2017도2972, 제60조①)
> [○ 9급 22]
> ❷ 선거운동의 자유, 정치적 표현의 자유의 중요성을 고려할 때 그 제한입법의 위헌여부에 대하여는 엄격한 심사기준이 적용되어야 할 것이다.(헌재 2011. 12. 29. 2010헌마285)
> [○ 9급 21]

❸ '대통령령으로 정하는 언론인'에 대해 선거운동을 금지한 규정은 방송, 신문 등과 같은 언론기관이나 이와 유사한 매체에서 경영·관리·편집·집필·보도 등 선거의 여론 형성과 관련 있는 업무에 종사하는지 여부가 일응의 기준이 되어 대통령령에 규정될 언론인의 범위가 구체화될 것임을 충분히 예측할 수 있으므로 포괄위임금지원칙에 위배되지 아니한다. [× 9급 20]
⇒ 금지조항은 '대통령령으로 정하는 언론인'이라고만 하여 '언론인'이라는 단어 외에 대통령령에서 정할 내용의 한계를 설정하지 않았다. 관련 조항들을 종합하여 보아도 방송, 신문, 뉴스통신 등과 같이 다양한 언론매체 중에서 어느 범위로 한정될지, 어떤 업무에 어느 정도 관여하는 자까지 언론인에 포함될 것인지 등을 예측하기 어렵다. 그러므로 금지조항은 포괄위임금지원칙을 위반한다.(헌재 2016. 6. 30. 2013헌가1)

❹ 한국철도공사의 상근직원이 직무상 행위를 이용하여 선거운동을 하거나 하도록 하는 행위를 금지하고, 그 직을 유지한 채 공직선거에 입후보하여 자신을 위한 선거운동을 할 수 있음에도 타인을 위한 선거운동을 전면적으로 금지하는 것은 선거운동의 자유를 침해한다.(헌재 2018. 2. 22. 2015헌바24) [○ 9급 19]

❺ 한국철도공사의 상근직원 모두에 대하여 일체의 선거운동을 금지하고 이에 위반하는 경우 처벌하더라도 이들의 선거운동의 자유를 침해하는 것은 아니다.(헌재 2018. 2. 22. 2015헌바24) [×(선거운동의 자유를 침해함) 9급 18]

❻ 대통령령으로 정하는 언론인의 선거운동 자체를 금지하고 위반 시 처벌하는 것으로 선거운동의 주체를 제한하는 법률규정은 언론이 공직선거에 미치는 영향력과 언론인이 가져야 할 고도의 공익성과 사회적 책임성에 근거하므로 언론인의 선거운동의 자유를 침해하지 아니한다. [× 9급 17]
⇒ 심판대상조항들의 입법목적은, 일정 범위의 언론인을 대상으로 언론매체를 통한 활동의 측면에서 발생 가능한 문제점을 규제하는 것으로 충분히 달성될 수 있다. 그런데 인터넷신문을 포함한 언론매체가 대폭 증가하고, 시민이 언론에 적극 참여하는 것이 보편화된 오늘날 심판대상조항들에 해당하는 언론인의 범위는 지나치게 광범위하다. 또한, 구 「공직선거법」은 언론기관에 대하여 공정보도의무를 부과하고, 언론매체를 통한 활동의 측면에서 선거의 공정성을 해할 수 있는 행위에 대하여는 언론매체를 이용한 보도·논평, 언론 내부 구성원에 대한 행위, 외부의 특정 후보자에 대한 행위 등 다양한 관점에서 이미 충분히 규제하고 있다. 따라서 심판대상조항들은 선거운동의 자유를 침해한다.(헌재 2016. 6. 30. 2013헌가1)

❼ 국민건강보험공단 상근직원의 선거운동을 금지하는 것은 선거운동의 자유에 대한 본질적인 내용을 침해하여 헌법에 위반된다. [× 7급 15]
⇒ 국민건강보험공단의 직원에 대하여 정치적 활동을 전면적으로 금지하는 것이 아니라 정치적 활동 중에서 당선 또는 낙선을 위한 직접적인 활동(즉, 선거운동)만을 부분적으로 금지하고 있는 것이므로, 선거운동이외의 선거에 관한 의견개진, 입후보와 선거운동을 위한 준비행위, 공천과 관련된 활동, 통상적인 정당활동은 허용되고 있으므로 이러한 틀 안에서 국민건강보험공단의 직원에 대하여 선거운동의 금지를 규정한 것이 선거의 공정성 확보라는 입법목적을 위해 필요한 상당성의 범위를 넘었다고 보기 어려우며 일정 범위 내에서는 자유롭게 자신의 정치적인 의사를 표현할 자유를 누리고 있다고 할 것이므로 선거운동의 자유의 본질적인 내용을 침해하였다고 보기도 어렵다.(헌재 2004. 4. 29. 2002헌마467)

❽ 다음 중 선거운동을 할 수 있는 주체는?(단, 본인이 후보자, 예비후보자·후보자의 배우자이거나 후보자의 직계존·비속인 경우는 제외한다.)
① 국립대학교의 교수 ⇒ §60①4
② 사립초등학교의 교원 ⇒ §60①5
③ 향토예비군 중대장 ⇒ §60①6
④ 대학교 동창회 ⇒ §87①3
[① 가능, ②③④ 불가 9급 13]

❾ 「농업협동조합법」, 「수산업협동조합법」에 의하여 설립된 조합의 상근직원에 대하여 선거운동을 금지하는 구 「공직선거법」 제60조 제1항 제5호 중 제53조 제1항 제5호 가운데 '「농업협동조합법」, 「수산업협동조합법」에 의하여 설립된 조합의 상근직원'에 관한 부분은, 일률적으로 모든 상근직원에 대하여 일체의 선거운동을 원칙적으로 금지하는 것으로서 과잉금지원칙에 반하여 청구인들의 선거운동의 자유를 침해한다.
[×(선거운동의 자유를 침해하지 아니한다) 7급 23]

❿ 언론인의 선거운동을 금지한 구 「공직선거법」 조항은 언론이 공직선거에 미치는 영향력과 언론인이 가져야 할 고도의 공익성과 사회적 책임성에 근거하여 언론인의 선거개입 내지 편향된 영향력 행사를 금지하여, 궁극적으로 선거의 공정성·형평성을 확보하기 위한 것으로 입법목적의 정당성을 인정할 수 있지만, 일정 범위의 언론인에 대하여 일괄적으로 선거운동을 금지하는 것이 이러한 입법목적 달성에 적합한 수단이라 할 수 없어, 선거운동의 자유를 침해한다. [× 7급 24]

⇒ 심판대상조항들은 언론이 공직선거에 미치는 영향력과 언론인이 가져야 할 고도의 공익성과 사회적 책임성에 근거하여 언론인의 선거 개입 내지 편향된 영향력 행사를 금지하여, 궁극적으로 선거의 공정성·형평성을 확보하기 위한 것으로 목적의 정당성을 인정할 수 있다. 그리고 일정 범위의 언론인에 대하여 일괄적으로 선거운동을 금지하는 것은 위와 같은 목적 달성에 적합한 수단이다. 그런데 인터넷신문을 포함한 언론매체가 대폭 증가하고, 시민이 언론에 적극 참여하는 것이 보편화된 오늘날 심판대상조항들에 해당하는 언론인의 범위는 지나치게 광범위하다. 또한, 구 「공직선거법」은 언론기관에 대하여 공정보도의무를 부과하고, 언론매체를 통한 활동의 측면에서 선거의 공정성을 해할 수 있는 행위에 대하여는 언론매체를 이용한 보도·논평, 언론 내부 구성원에 대한 행위, 외부의 특정 후보자에 대한 행위 등 다양한 관점에서 이미 충분히 규제하고 있다. 따라서 심판대상조항들은 선거운동의 자유를 침해한다.(헌재 2016. 6. 30. 2013헌가1)

6. **예비군 중대장급 이상**의 간부
〈예비후보자·후보자의 배우자, 후보자의 직계존·비속은 가능〉

7. **통·리·반의 장 및 읍·면·동주민자치센터**
(그 명칭에 관계없이 읍·면·동사무소 기능전환의 일환으로
조례에 의하여 설치된 각종 문화·복지·편익시설을 총칭한다. 이하 같다)에
설치된 **주민자치위원회**(주민자치센터의 운영을 위하여 조례에 의하여
읍·면·동사무소의 관할 구역별로 두는 위원회를 말한다. 이하 같다) **위원**
〈예비후보자·후보자의 배우자, 후보자의 직계존·비속은 가능〉

8. **특별법**에 의하여 설립된 **국민운동단체**로서
국가 또는 지방자치단체의 출연 또는 보조를 받는 단체
(바르게살기운동협의회·새마을운동협의회·한국자유총연맹을 말한다)의
상근 임·직원 및
이들 단체 등(시·도조직 및 구·시·군조직을 포함한다)의 **대표자**
〈예비후보자·후보자의 배우자, 후보자의 직계존·비속은 가능〉

9. **선상투표 신고**를 한 선원이 승선하고 있는 선박의 **선장**

기출체크
선상투표 신고를 한 선원이 승선하고 있는 선박의 선장이 후보자의 직계존속인 경우 그 선장은 선거운동을 할 수 있다.
[×(후보자가족 여부를 불문하고 선장은 선거운동 불가함) 7급 17]

② **각급 선거관리위원회 위원**〈읍·면·동위원회 위원 포함〉·**예비군 중대장급**
이상의 간부·주민자치위원회 위원 또는 통·리·반의 장이
선거사무장, 선거연락소장, 선거사무원,

제7장 선거운동 157

제62조 제4항에 따른 〈예비후보자, 후보자의〉 활동보조인,
회계책임자, 연설원, 대담·토론자 또는
투표참관인이나 사전투표참관인이 되고자 하는 때에는
선거일 전 90일(선거일 전 90일 후에 실시사유가 확정된 보궐선거 등에서는
그 선거의 실시사유가 확정된 때부터 5일 이내)까지 그 직을 그만두어야 하며,
선거일 후 6월 이내(주민자치위원회 위원은 선거일까지)에는
종전의 직에 복직될 수 없다.
이 경우 그만둔 것으로 보는 시기에 관하여는
제53조 제4항〈사직원이 접수된 때에 사직으로 간주〉을 준용한다.

심화학습

- 본 규정은 개표참관인과는 전혀 관계가 없다(개표는 선거운동이 종료된 시점).
- 복직규정에서 주민자치위원회 위원은 다른 주체와 차별적이다.

보충개념

○ **공무원의 선거운동을 금지하는 이유**

공선법이 공무원의 선거운동을 금지하고 있는 이유는 그들이 그 직을 그대로 유지한 채 선거운동을 할 수 있는 경우 자신들의 지위와 권한을 특정 개인을 위한 선거운동에 남용할 소지가 많게 되고, 자신의 선거운동에 유리한 방향으로 편파적으로 직무를 집행하거나 관련 법규를 적용할 가능성도 있는 등 그로 인한 부작용과 폐해가 선거결과에 지대한 영향을 미치게 될 것이기 때문인바, 선거의 형평성과 공정성을 보장하기 위하여 공무원들로 하여금 선거운동에 관여하지 못하도록 하는 것은 입법자의 불가피한 조치라고 할 것임.(헌재 2008. 4. 24. 2004헌바47)

[2019 공직선거법규운용자료 2권 80쪽, 중앙선관위]

조문정리

〈공무원 등에 관한 제한규정 비교〉

공무원 등의 입후보(§53)	선거운동을 할 수 없는 자(§60)	공무원 등의 선거에 영향을 미치는 행위금지(§86)
공무원 [정당의 당원이 될 수 있는 공무원(정무직공무원 제외) 제외] ⇒ 정무직도 제한	공무원 [정당의 당원이 될 수 있는 공무원(국회의원과 지방의회의원 외의 정무직공무원 제외) 제외] ⇒ 국회의원과 지방의회의원 외의 정무직도 제한	공무원(국회의원과 그 보좌관·비서관·비서 및 지방의회의원 제외)
각급 선거관리위원회 위원 또는 교육위원회의 교육위원	좌동	
다른 법령의 규정에 의하여 공무원의 신분을 가진 자	좌동	
공공기관(한국은행 포함)의 상근 임원	공공기관(한국은행 포함)의 상근 임원 〈직원은 가능〉	좌동

공무원 등의 입후보(§53)	선거운동을 할 수 없는 자(§60)	공무원 등의 선거에 영향을 미치는 행위금지(§86)
각종 조합(이들 조합의 중앙회·연합회 포함)의 상근 **임원**과 이들 조합의 중앙회장	각종 협동조합(이들 조합의 중앙회·연합회 포함)의 상근 **임·직원**과 이들 조합의 중앙회장	〈조합 상근 임·직원은 규제대상 아님〉
지방공사와 지방공단의 상근 **임원**	지방공사와 지방공단의 상근 **임·직원**	좌 동
정당의 당원이 될 수 없는 사립학교 교원	좌 동	
중앙선관위규칙으로 정하는 언론인		
	예비군 중대장급 이상의 간부	좌 동
	통·리·반의 장, 주민자치위원회 위원	좌 동
바르게살기운동협의회·새마을운동협의회·한국자유총연맹(시·도조직 및 구·시·군조직 포함)의 대표자	바르게살기운동협의회·새마을운동협의회·한국자유총연맹의 상근 임·직원 및 이들 단체 등(시·도조직 및 구·시·군조직 포함)의 대표자	좌 동
	제38조제2항에 따른 선상부재자신고를 한 선원이 승선하고 있는 선박의 선장	좌 동

제60조의2(예비후보자등록)

① **예비후보자가 되려는 사람**
  (**비례대표** 국회의원선거 및 비례대표 지방의회의원선거는 **제외**한다)은
  [비례대표 지방의회의원의 예비후보자가 되려는 사람은(×) 9급 15]

  다음 각 호에서 **정하는 날**
  (그날 후에 실시사유가 확정된 보궐선거 등에 있어서는
  그 선거의 실시사유가 **확정된 때**)부터
  관할 선거구 선거관리위원회에 예비후보자등록을 서면으로 **신청**하여야 한다.

> **기출체크**
> ❶ 예비후보자등록을 비례대표 시·도의회의원후보자에게 허용하지 아니한 것은 비례대표 시·도의회의원후보자의 선거운동의 자유를 침해하는 것이라고 볼 수 없다.(헌재 2011. 3. 31. 2010헌마314) [O 9급 18]
> ❷ 비례대표 국회의원선거에서는 누구라도 중앙선거관리위원회에 예비후보자로 등록할 수 없다. [O 7급 17]

1. **대통령선거**:
   선거일 전 240일   [O 9급 13], [선거기간 개시일 전 240일(×) 7급 18]

2. 지역구 **국회의원선거** 및 **시·도지사선거**:
   선거일 전 120일   [지역구 국회의원선거에서 선거일 전 ( )일부터 9급 17]
   [지역구 국회의원선거에서 선거기간 개시일 전 90일부터(×) 9급 24]
   [지역구 국회의원선거에서 선거기간 개시일 전 120일부터(×) 7급 24]

3. 지역구 **시·도의회의원선거**, 자치구·시의 지역구 **의회의원** 및 **장의 선거**:
   선거기간 개시일 전 90일

4. 군의 지역구 의회의원 및 장의 선거:
선거기간 개시일 전 60일 [O 9급 20]

심화학습

- 시·도의원, 자치구의원·시의원, 자치구청장·시장: 선거기간 개시일 전 90일부터
- 군의원, 군수: 선거기간 개시일 전 60일부터
- 제1호·제2호는 선거일 전, 제3호·제4호는 선거기간 개시일 전

기출체크

군의 장의 선거의 예비후보자가 되려는 사람은 그 선거기간 개시일 전 60일부터 예비후보자등록 신청을 할 수 있다고 규정한 법 제60조의2 제1항 제4호 중 '군의 장의 선거' 부분은 자치구·시의 장의 선거에서보다 군의 장의 선거에서 예비후보자의 선거운동기간을 단기간으로 정한 것이므로 청구인의 선거운동의 자유 및 평등권을 침해한다.
[× 9급 24, 7급 22]

⇒ 예비후보자의 선거운동기간을 제한하지 않으면, 예비후보자 간의 경쟁이 격화될 수 있고 예비후보자 간 경제력 차이 등에 따른 폐해가 두드러질 우려가 있다. 군의 평균 선거인 수는 시·자치구에 비해서도 적다는 점, 오늘날 대중정보매체가 광범위하게 보급되어 있다는 점, 과거에 비해 교통수단이 발달하였다는 점 등에 비추어보면, 군의 장의 선거에서 예비후보자로서 선거운동을 할 수 있는 기간이 최대 60일이라고 하더라도 그 기간이 지나치게 짧다고 보기 어렵다. 군의 장의 선거에 입후보하고자 하는 사람은 문자메시지, 인터넷 홈페이지 등을 이용하여 상시 선거운동을 할 수도 있다. 따라서 심판대상조항은 청구인의 선거운동의 자유를 침해하지 않는다.(헌재2020. 11. 26. 2018헌마260)

② 제1항에 따라 예비후보자등록을 신청하는 사람은
다음 각 호의 **서류**를 **제출**하여야 하며,
제56조 제1항에 따른 **해당 선거 기탁금의 100분의 20에 해당하는 금액**을
[100분의 50(×) 7급 24]

중앙선거관리위원회 규칙으로 정하는 바에 따라
관할 선거구 선거관리위원회에 기탁금으로 **납부**하여야 한다. [O 7급 18·13]

기출체크

❶ 지역구 국회의원의 예비후보자등록을 신청하는 사람(비장애인, 선거일 현재 40세 이상)은 300만 원의 기탁금을 관할 선거구 선거관리위원회에 납부하여야 한다. [O 7급 17]

❷ 대통령선거의 예비후보자등록을 신청하는 사람에게 대통령선거 기탁금의 100분의 20에 해당하는 금액을 기탁금으로 납부하도록 하는 것은 과잉금지원칙에 위배되어 경제적 약자의 공무담임권을 침해한다. [× 7급 16]

⇒ 예비후보자에게 일정액의 기탁금을 납부하게 하고 후보자등록을 하지 않으면 예비후보자가 납부한 기탁금을 반환받지 못하도록 하는 것은 예비후보자의 난립 예방이라는 입법목적을 달성하기 위한 적절한 수단이라 할 것이며 예비후보자가 납부하는 기탁금의 액수와 국고귀속 요건도 입법재량의 범위를 넘은 과도한 것이라고 볼 수 없으므로, 공직선거법 제57조 제1항 제1호 다목 및 제60조의2 제2항은 청구인의 공무담임권, 재산권을 침해하지 아니한다.(헌재 2010. 12. 28. 2010헌마79)

❸ 시·도의회의원선거에 예비후보자등록을 신청하는 사람(비장애인, 선거일 현재 40세 이상)은 60만 원을 중앙선거관리위원회 규칙으로 정하는 바에 따라 관할 선거구 선거관리위원회에 기탁금으로 납부하여야 한다.
[O 7급 14]

❹ 시·도지사선거에서 예비후보자등록을 신청하는 사람(비장애인, 선거일 현재 40세 이상)은 1천만 원을 관할 선거구 선거관리위원회에 기탁금으로 납부하여야 한다. [○ 7급 13]

❺ 대통령선거에서 예비후보자등록을 신청하는 사람이 「장애인복지법」 제32조에 따라 등록한 장애인인 경우에는 1억 5천만 원을 중앙선거관리위원회 규칙으로 정하는 바에 따라 관할 선거구 선거관리위원회에 기탁금으로 납부하여야 한다. [×(3천만 원) 9급 24]

1. 중앙선거관리위원회 규칙으로 정하는

   피선거권에 관한 증명서류 〈등록무효와 무관〉

2. **전과기록**에 관한 증명서류 〈미제출 시 수리 불가이며 등록무효 사유〉

3. 제49조 제4항 제6호에 따른 **학력**에 관한 증명서(**한글번역문을 첨부한다**)

   〈미제출 시 등록무효 사유는 아님〉

③ 제1항의 등록신청을 받은 선거관리위원회는 지체 없이 이를 수리하되,

제2항에 따른 **기탁금**과 **전과기록**에 관한 증명서류를 갖추지 아니한

등록신청은 **수리할 수 없다.** [기탁금과 전과기록·학력(×) 9급 13]

이 경우 **피선거권**에 관한 증명서류가 **첨부되지 아니한 경우에는 이를 수리하되,**

피선거권에 관하여 **확인이 필요하다고 인정**되는 예비후보자에 대하여는

관계기관의 장에게 필요한 사항을 **조회**할 수 있으며,

그 조회를 받은 관계기관의 장은 지체 없이 해당 사항을 조사하여 **회보**하여야 한다.

기출체크

예비후보자등록을 신청하면서 학력에 관한 증명서를 제출하지 아니한 자의 예비후보자등록은 수리되지 아니한다.
[×(예비후보자등록신청 시 학력증명서 미제출은 수리 여부와 무관함) 7급 14]

④ **예비후보자등록 후에** 다음 각 호의 어느 하나에 해당하는 사유가 있는 때에는

그 예비후보자의 등록은 **무효로 한다.**

1. 피선거권이 없는 것이 발견된 때 [등록무효 9급 13]

1의2. 제2항 제2호에 따른

전과기록에 관한 증명서류를 **제출하지 아니한 것이 발견된** 때 [등록무효 7급 14]

2. 제53조 제1항〈입후보제한직〉부터〈제2항: 선거일 전 30일까지 사직대상〉

제3항〈비례대표후보자의 지역구 보궐선거 등 등록 시 후보자등록 전까지 사직〉까지

또는 제5항〈지방자치단체장이 관할 구역 겹치는 지역구국선 입후보 시

선거일 전 120일까지 사직〉에 따라

그 직을 가지고 입후보할 수 없는 자에 해당하는 것이 발견된 때

3. 제57조의2 제2항 본문〈당내경선 탈락자 입후보제한〉 또는

제266조 제2항〈당선무효된 자는 당해 재선거 입후보제한〉·

제3항〈다른 공직선거 출마를 위한 사직자는 당해 보궐선거 입후보제한〉에 따라

후보자가 될 수 없는 자에 해당하는 것이 발견된 때
4. 다른 법률에 따라 공무담임이 제한되는 사람이나 후보자가 될 수 없는 사람에 해당하는 것이 발견된 때

기출체크

❶ 「공직선거법」상 예비후보자등록을 무효로 하는 사유에 해당하지 않는 것은?
① 임기만료일로부터 90일 후에 실시되는 당해 지방자치단체의 관할 구역과 같거나 겹치는 선거구역의 지역구 국회의원선거에 임기만료 후에 입후보하려는 지방자치단체장이 선거일 전 120일까지 그 직을 그만두지 아니한 것이 발견된 때 ⇒ §60의2④2
② 전과기록에 관한 증명서류를 제출하지 아니한 것이 발견된 때 ⇒ §60의2④1의2
③ 피선거권이 없는 것이 발견된 때 ⇒ §60의2④1
④ 다른 법률에 따라 공무담임이 제한되는 사람이나 후보자가 될 수 없는 사람에 해당하는 것이 발견된 때
⇒ §60의2④4
[① 유효, ②③④ 무효 9급 18]

❷ 「공직선거법」상 예비후보자등록 무효사유에 해당하지 않는 것은?
① 병역사항에 관한 증명서류를 제출하지 아니한 것이 발견된 경우 ⇒ §60의2④
② 전과기록에 관한 증명서류를 제출하지 아니한 것이 발견된 경우 ⇒ §60의2④1의2
③ 후보자가 당선무효로 실시되는 재선거에서 그 당선무효판결을 받은 자임이 발견된 경우 ⇒ §60의2④3
④ 「산림조합법」에 의하여 설립된 조합의 상근 임원이 그 직을 가지고 입후보한 사실이 발견된 경우
⇒ §60의2④2
[① 유효, ②③④ 무효 9급 14]

⑤ 제52조 제3항〈예비후보자가 같은 선거의 다른 선거구나 다른 선거의 예비후보자로 등록된 때 모두 무효〉의 규정은 예비후보자등록에 **준용**한다. 이 경우 "후보자"는 "예비후보자"로 본다.
[○ 9급 20]

⑥ 예비후보자가 **사퇴하고자** 하는 때에는 **직접** 당해 선거구 선거관리위원회에 **서면**으로 신고하여야 한다.
[○ 9급 13, 7급 14]

심화학습

· 후보자사퇴와 달리 '가야 된다'는 명문의 규정은 없다. 대리 사퇴신고는 불가하다.

⑦ 제49조에 따라 후보자로 등록한 자는
선거기간 개시일 전일까지 예비후보자를 겸하는 것으로 본다.
이 경우 **선거운동은 예비후보자의 예**에 따른다.

심화학습

· 후보자등록 시점부터 선거기간 개시일 사이에 발생하는 공백 기간에 예비후보자의 선거운동을 허용하는 취지이다.
· 후보자등록 전에 예비후보자등록을 하지 않은 후보자도 이 기간 중 예비후보자의 선거운동이 가능하다.
· 예비후보자가 §49(후보자등록 등)의 규정에 의하여 후보자등록을 마친 때에는 당해 예비후보자의 선거사무소는 후보자의 선거사무소로 본다.(§61④)

⑧ 예비후보자의 전과기록 조회 및 회보에 관하여는 제49조 제10항〈필요 시 관할 검찰청장에게 전과기록 조회, 당해 검찰청장은 지체 없이 회보의무〉을 **준용**한다. 이 경우 "선거기간 개시일 전 150일"은 "선거기간 개시일 전 150일(대통령선거의 경우 예비후보자등록 신청개시일 전 60일을 말한다)"로 본다. [O 7급 24]

⑨ 제1항의 등록신청을 받은 **선거관리위원회**는
중앙선거관리위원회 규칙으로 정하는 바에 따라
해당 예비후보자의 **당적보유 여부**를 정당에 요청하여 **조회**할 수 있으며,
그 요청을 받은 **정당**은 이를 확인하여
지체 없이 해당 선거관리위원회에 **회보**하여야 한다.

⑩ 관할 선거구 선거관리위원회는 제2항 제2호〈전과〉 및 제3호〈학력〉와
제8항〈선관위 조회에 회보한 전과〉에 따라 **제출**받거나 **회보** 받은 **서류**를
선거구민이 알 수 있도록 **공개**하여야 한다.
다만, 후보자등록 신청개시일 이후에는 이를 공개하지 아니한다(제49조 제12항
〈후보자로 등록한 자의 서류는 선거일까지 공개〉에 따라 공개하는 경우는 제외한다).

> **심화학습**
> · 본선거의 후보자등록 신청개시일 이후에는 후보자로 등록한 예비후보자의 서류에 한해 공개한다.
> · 본선거의 후보자로 등록하지 아니한 예비후보자의 서류는 공개할 수 없다.

⑪ **예비후보자가 제49조에 따라 후보자로 등록하지 않은 때에는**
후보자등록 마감일의 등록마감시각 후부터 예비후보자의 지위를 상실한다. [O 7급 18]
[후보자등록 마감일의 다음 날부터(×) 9급 20]

⑫ 예비후보자등록신청서의 서식, 피선거권에 관한 증명서류, 제출·회보 받은 서류의 공개방법, 그 밖에 필요한 사항은 중앙선거관리위원회 규칙으로 정한다.

> **보충개념**
> ○ **예비후보자제도 도입 취지**
> 「공직선거법」상 국회의원 예비후보자제도는 선거일 전 120일부터 관할 선거구 선거관리위원회에 예비후보자등록을 한 자는 일정 범위 내에서 선거운동기간 전에도 선거운동을 할 수 있도록 하는 제도임. 종전에는 누구든지 선거운동기간이 아닌 때에는 선거운동을 할 수 없도록 하였으나, 현역 국회의원의 경우 직무활동으로 인정되는 의정활동보고를 통하여 사실상 선거운동의 효과를 누리게 되어 선거운동기회에 있어서 현역 국회의원과 정치신인 간에 불균형이 발생한다는 문제가 끊임없이 제기되어 왔음. 이에 선거운동기회의 형평성 차원에서 정치신인에게도 자신을 알릴 수 있는 기회를 어느 정도 보장하고자 예비후보자제도를 도입하게 된 것임.(헌재 2009. 7. 30. 2008헌마180)
> [2019 공직선거법규운용자료 2권 113쪽, 중앙선관위]

조문정리

〈예비후보자등록과 후보자등록 비교〉

구 분		예비후보자(비례대표 선거 제외)	후 보 자
등록신청기간		• 대선: 선거일 전 240일부터 • 국선 및 시·도지사선거: 선거일 전 120일부터 • 시·도의회의원선거, 자치구·시의회의원 및 장선거: 선거기간 개시일 전 90일부터 • 군의회의원선거 및 장선거: 선거기간 개시일 전 60일부터 • 정상근무일의 오전 9시부터 오후6시까지 접수	• 대통령선거는 선거일 전 24일부터, 그 외 선거는 선거일 전 20일부터 2일간 • 공휴일 불구 매일 오전 9시부터 오후 6시까지 접수
정당·선거권자 추천		필요 없음	필요 (정당추천서, 선거권자추천서 제출)
등록 시 제출서류		• 피선거권 증명서류 외에도 • 전과기록, 학력증명서 제출 ⇒ 예비후보자등록 시 제출하는 서류는 본선거 시 미제출 가능(변경 시에는 추가하거나 보완하여야 함. §49⑤)	• 피선거권 증명서류 외에도 • 재산신고서, 병역사항신고서, 세금납부·체납증명서, 전과기록, 학력증명서, 후보자로 등록한 경력 신고서 등 여러 가지 서류 제출
기탁금		선거별 법정 기탁금의 100분의 20 납부	선거별 법정 기탁금 납부
등록신청 수리 불가 사유		있음(기탁금, 전과기록 미제출 시)	있음(서류미비·기탁금 미납 등)
등록 무효	동일	• 피선거권이 없는 자, 입후보 제한자, 당해 보궐선거 등의 공무담임 제한자, 당내경선 낙선자 • 같은 선거의 다른 선거구나 다른 선거에 동시 등록 시 • 전과기록 미제출 발견 시(미제출은 수리불가사유) • 다른 선거에 출마하기 위해 사직한 경우 당해 보궐선거에 후보자가 된 경우 (단, 대통령선거는 제외)	
	차이	추천 위반, 재산신고서 등 서류 미제출, 당원의 당적 이탈·변경 등, 후보자의 당적 이탈·변경, 무소속 후보자의 당적보유 ⇒ 본선거만 등록무효	
당적보유, 이탈·변경 등과 관련된 등록무효 적용 여부		적용 안 됨 (이중 당적도 등록무효가 아님)	적용
사퇴신고		직접 신고(가지 않아도 됨)	직접 가서 신고
신분보장 여부		신분보장 되지 않음 (예비후보자 선거사무관계자도 같음)	일정 범죄에 대해 체포·구속되지 않고, 병역소집 유예됨.

제60조의3(예비후보자 등의 선거운동)

① **예비후보자는**

다음 각 호의 어느 하나에 해당하는 방법으로 **선거운동**을 할 수 있다.

1. 제61조(선거운동기구의 설치) 제1항 및 제6항 단서의 규정에 의하여 **선거사무소를 설치**하거나 그 선거사무소에 **간판·현판** 또는 **현수막**을 설치·게시하는 행위 〈규격, 수량 제한 없음〉

2. **자신의 성명·사진·전화번호·학력**(정규학력과 이에 준하는
   외국의 교육과정을 이수한 학력을 말한다. 이하 제4호에서 같다)·**경력**,
   그 밖에 홍보에 필요한 사항을 게재한 **길이 9센티미터 너비 5센티미터 이내**의
   명함을 직접 주거나 지지를 호소하는 행위.
   다만, 선박·**정기**여객자동차·열차·전동차·항공기의 **안**과   [열차 안에서 가능(×) 7급 24]
   그 터미널·역·공항의 개찰구 **안**,
   병원·종교시설·극장의 옥내(대관 등으로 해당 시설이
   본래의 용도 외의 용도로 이용되는 경우〈가능〉는 **제외**한다)에서
   주거나 지지를 호소하는 행위〈불가〉는 그러하지 아니하다.

> **심화학습**
> - 예비후보자가 정규학력에 준하는 외국의 교육과정을 이수한 학력을 게재하는 때에는 그 '교육과정명'과 '수학기간' 및 '학위'를 취득한 때의 취득학위명을 기재하여야 한다.(§64①)
> - 선거운동에 대한 규제수준이 지나치게 높아 처벌이 광범위하게 이루어져 선거운동의 자유가 부당하게 위축되는 측면이 있으므로 예비후보자 선거운동 장소제한을 완화(제60조의3①2)하고, 말, 전화 및 명함교부를 통한 선거운동 규제를 완화(제59조4, 5)하여 선거운동의 자유를 확대하였다.
> - 병원·종교시설·극장이 대관 등으로 본래의 용도 외의 용도로 이용되는 경우 또는 해당 시설의 옥외에서는 예비후보자가 명함을 주거나 지지를 호소할 수 있도록 하였다.

> **기출체크**
> ❶ 예비후보자는 미성년자인 자녀에게 극장 안에서 길이 9센티미터 너비 5센티미터의 예비후보자 명함을 드나드는 관객들에게 직접 주게 할 수 있다.   [× (미성년자 선거운동 불가, 극장 안에서 명함배부 불가) 7급 19]
> ❷ 예비후보자는 지하철역 개찰구 안에서 「공직선거법」이 정한 명함을 주거나 지지를 호소할 수 있다.   [× 9급 15]

3. 삭제
4. **선거구 안에 있는 세대수의 100분의 10에 해당하는 수 이내**에서
   자신의 사진·성명·전화번호·학력〈정규학력과 이에 준하는 외국의 교육과정을
   이수한 학력〉·**경력**, 그 밖에 홍보에 필요한 사항을 게재한 **인쇄물**(이하
   "**예비후보자 홍보물**"이라 한다)을 작성하여
   관할 선거관리위원회로부터 **발송대상·매수** 등을 확인받은 후
   선거기간 개시일 전 3일까지
   중앙선거관리위원회 규칙이 정하는 바에 따라 **우편 발송하는 행위**.
   이 경우 **대통령선거** 및 **지방자치단체의 장선거**의 예비후보자는
   표지를 포함한 전체면수의 100분의 50 이상의 면수에
   선거공약 및 이에 대한 **추진계획**으로 각 사업의 **목표·우선순위·이행절차·**
   이행기한·재원조달방안을 게재하여야 하며, 이를 게재한 면에는
   다른 정당이나 후보자가 되려는 자에 관한 사항을 게재할 수 없다.

5. **선거운동**을 위하여 **어깨띠** 또는 **예비후보자**임을 나타내는 **표지물**을 착용하거나 소지하여 내보이는 행위 〈개정 23. 12. 28.〉

기출체크

① 예비후보자가 피켓을 노상에 게시하거나 제3자로 하여금 들고 있게 하는 것은 예비후보자임을 나타내는 표지물을 착용하는 행위에 해당한다. [× 7급 17]
  ⇒ 피켓 노상게시는 불가하고, 예비후보자만이 예비후보자임을 나타내는 표지물을 착용하거나 소지하여 내보이는 행위만 할 수 있다.

② 예비후보자, 그의 배우자 및 예비후보자와 함께 다니는 선거사무장·선거사무원은 선거운동을 위하여 어깨띠를 착용하여 선거운동을 할 수 있다. [×(어깨띠는 예비후보자만 가능함) 9급 14]

③ 「공직선거법」상 예비후보자에게 허용되는 선거운동방법 중 하나인 '표지물을 착용하는 행위'에 단순히 표지물을 신체의 주변에 놓아두는 행위는 포함되지 않으나, 표지물을 양손에 잡고 머리 위로 들고 있는 행위와 표지물을 입거나 쓰거나 신는 등의 행위는 포함된다. [× 7급 24]
  ⇒ 「공직선거법」 제60조의3 제1항 제5호(이하 '이 사건 조항'이라 한다)에 의하여 예비후보자에게 허용되는 선거운동방법 중 하나인 '표지물을 착용하는 행위'는 '표지물을 입거나 쓰거나 신는 등 신체에 부착하거나 고정하여 사용하는 행위'라고 보아야 한다. 단순히 표지물을 신체의 주변에 놓아두거나, 신체에 부착·고정하지 아니한 채 신체접촉만을 유지하는 행위나 표지물을 양손에 잡고 머리 위로 들고 있는 행위는 이에 해당하지 않는다.(대법원 2023. 11. 16. 2023도5915)

6. 삭제

7. 삭제

② 다음 각 호의 어느 하나에 해당하는 사람은 예비후보자의 선거운동을 위하여 제1항 제2호에 따른 예비후보자의 **명함**을 **직접 주거나** 예비후보자에 대한 **지지**를 호소할 수 있다.

 1. 예비후보자의 **배우자**(배우자가 없는 경우 예비후보자가 **지정한 1명**)와 **직계존·비속**

기출체크

① 예비후보자의 배우자와 직계존·비속은 예비후보자의 선거운동을 위하여 「공직선거법」에 따른 예비후보자의 명함을 직접 주거나 예비후보자에 대한 지지를 호소할 수 있다. [○ 7급 16]

② 예비후보자 등의 선거운동을 규정한 공직선거법 제60조의3 제2항 제1호가 예비후보자의 배우자와 직계존·비속에게는 독자적으로 예비후보자의 명함을 교부하거나 지지를 호소하는 행위를 허용하고 그 외의 자에 대하여는 이를 제한한 것은, 선거운동을 할 배우자나 직계존·비속이 없는 예외적인 경우를 고려하지 않은 것으로서 평등권을 침해하였다. [× 7급 14]
  ⇒ 예비후보자의 정치력, 경제력과는 무관하게 존재 가능하고 예비후보자와 동일시할 수 있는 배우자나 직계존·비속에 한정하여 명함을 교부하거나 지지를 호소할 수 있도록 한 것에는 합리적 이유가 있다 할 것이고, 숫자만을 한정하여 예비후보자가 명함교부, 지지호소를 할 수 있는 사람을 지정하도록 하거나, 배우자나 직계존·비속이 없는 경우 이를 대체할 사람을 지정할 수 있도록 하는 방안은 오히려 예비후보자 간의 기회불균등을 심화시킬 가능성이 있어 쉽게 채택하기 어려운 면이 있으므로, 선거운동을 할 배우자나 직계존·비속이 없는 예외적인 경우까지 고려하지 않았다고 하여 청구인들의 평등권을 침해한 것이라고 볼 수는 없다.(헌재 2011. 8. 30. 2010헌마259) ⇒ 현행법상으로는 배우자가 없는 경우 1명 지정 가능

2. 예비후보자와 **함께 다니는** 선거사무장·선거사무원 및
제62조 제4항에 따른 활동보조인
3. 예비후보자가 그와 **함께 다니는** 사람 중에서 지정한 1명

심화학습

- 명함배부가 가능한 자
  ① 예비후보자, 예비후보자가 그와 함께 다니는 사람 중에서 지정한 1명
  ② 예비후보자와 함께 다니는 선거사무장·선거사무원, 활동보조인
  ③ 예비후보자의 배우자(배우자가 없는 경우 예비후보자가 지정한 1명) ⇒ 미성년자, 선거권이 없는 자는 불가
  ④ 예비후보자의 직계존·비속 ⇒ 미성년자, 선거권이 없는 자는 불가
- 선거운동기간 중 후보자의 명함을 교부할 수 있는 사람도 위와 같다. 이 경우 예비후보자는 후보자로 본다.
- 「공직선거법」(2010. 1. 25. 법률 제9974호로 개정된 것) §60의3②3 중 '예비후보자의 배우자가 그와 함께 다니는 사람 중에서 지정한 1명' 부분은 헌법에 위반된다.(헌재 2013. 11. 28. 2011헌마267)

기출체크

❶ 예비후보자의 배우자가 그와 함께 다니는 사람 중에서 지정한1명은 예비후보자의 명함을 직접 줄 수 있다.
[×(줄 수 없음) 9급 15]

❷ 예비후보자의 배우자가 함께 다니는 사람 중에서 지정한 자도 선거운동을 위하여 명함교부 및 지지호소를 할 수 있도록 하는 것은 배우자가 없는 예비후보자의 평등권을 침해하지 않는다. [× 7급 15]
  ⇒ 예비후보자의 선거운동의 강화에만 치우친 나머지, 배우자의 유무라는 우연적인 사정에 근거하여 합리적 이유 없이 배우자 없는 예비후보자와 배우자 있는 예비후보자를 차별 취급함으로써 배우자 없는 청구인의 평등권을 침해한다. (헌재 2013. 11. 28. 2011헌마267).

③ 제1항 제4호에 따라 **예비후보자 홍보물을 우편 발송**하고자 하는 예비후보자는 그 **발송통수 이내**의 범위 안에서 선거권자인 세대주의 성명·주소(이하 이 조에서 "**세대주명단**"이라 한다)의 교부를 **구·시·군의 장에게 신청**할 수 있으며, 신청을 받은 구·시·군의 장은 다른 법률의 규정에도 불구하고 **지체 없이** 그 세대주명단을 **작성·교부하여야 한다**.

④ 제3항의 규정에 따른 세대주명단의 **교부신청은 후보자등록기간 개시일 전 5일까지 서면**으로 신청하여야 하며, 그 **작성비용을 함께 납부**하여야 한다.

⑤ 제3항의 규정에 따라 교부된 세대주명단의 양도·대여 및 사용의 금지에 관하여는 제46조(명부사본의 교부) 제4항의 규정〈명부사본의 양도·대여 및 영리목적 사용금지〉을 **준용**한다. 이 경우 "명부"는 "세대주명단"으로 본다.

⑥ 예비후보자 홍보물의 규격·면수와 작성근거 등의 표시, 어깨띠·표지물의 규격, 세대주명단의 교부신청과 비용납부 그 밖에 필요한 사항은 중앙선거관리위원회 규칙으로 정한다.

> **보충개념**
>
> ○ **비례대표 후보자에게 예비후보자 선거운동제도를 허용하지 않는 이유**
> 정당법과 공선법에 의하면 정당은 일정한 요건을 갖춰 정당으로 등록하는 순간, 선거기간 여부를 불문하고 통상적인 정당활동을 통하여 정당의 정강과 정책을 유권자에게 알릴 수 있으며, 정당이 제시한 비례대표 명부를 보고 정당에 투표하는 비례대표 국회의원선거에 있어서 정당이 신생정당이라는 이유로 그 정당이나 비례대표 국회의원 후보자에게 선거기간 전에 선거운동의 기회를 부여해야 할 이유는, 선거기간이 아니면 후보자가 자신을 합법적으로 유권자에게 알릴 기회가 없는 정치신인인 지역구 국회의원 후보자의 경우에 비해 훨씬 적으므로 이에 비례대표선거에서는 예비후보자등록 제도를 인정하지 아니한 것임.(헌재 2006. 7. 27. 2004헌마217)
>
> ○ **예비후보자 홍보물 발송수량 제한 입법취지**
> 모든 예비후보자들이 예비후보자등록 개시일부터 모든 세대에 예비후보자 홍보물을 작성·발송한다면, 선거의 조기과열 및 사회·경제적 손실을 초래할 수 있고, 예비후보자들 간의 경제력 차이에 따라 자신을 알릴 수 있는 기회를 불균등하게 할 수 있으므로, 그 수량을 세대수의 100분의 10 이내로 제한하는 것임.(헌재 2009. 7. 30. 2008헌마180)
>
> ○ **예비후보자 외에 독자적으로 명함을 교부할 수 있는 주체를 제한한 입법취지**
> 예비후보자 외에 독자적으로 명함을 교부할 수 있는 주체를 예비후보자와 동일시할 수 있는 배우자와 직계존·비속으로 제한한 것은, 명함 본래의 기능에 충실한 방법으로 명함교부 및 지지호소라는 선거운동의 자유를 보장하면서도 선거의 조기과열을 예방하고 예비후보자 간의 정치·경제력 차이에 따른 기회불균등을 방지하기 위한 것임. (헌재 2011. 8. 30. 2010헌마259)
>
> ○ **예비후보자 등의 명함교부장소 제한 취지**
> 후보자의 경우에도 예비후보자와 동일하게 명함의 크기, 내용 등의 제한이 적용되나 장소적 제한은 없는바, 예비후보자의 선거기간 전 명함교부의 경우에만 위와 같은 장소제한을 둔 것은 비교적 장기인 예비후보자의 선거운동기간에 다수인이 왕래하거나 집합하는 공개된 장소에서 명함을 대량으로 살포함으로써 예비후보자에게 경제적 부담을 주고 선거가 조기에 과열되는 것을 방지하기 위한 것임.(헌재 2011. 8. 30. 2010헌마259)
>
> [2019 공직선거법규운용자료 2권 118쪽, 중앙선관위]

제60조의4(예비후보자 공약집)

① **대통령**선거 및 **지방자치단체의 장**선거의 예비후보자는

　선거공약 및 이에 대한 **추진계획**으로

　각 사업의 목표·우선순위·이행절차·이행기한·재원조달방안을 게재한

　공약집(도서의 형태로 **발간**된 것을 말하며, 이하 "**예비후보자 공약집**"이라 한다)

　1종을 발간·배부할 수 있으며,

　이를 배부하려는 때에는 **통상적인 방법**으로 **판매하여야 한다**.

　다만, **방문판매의 방법으로 판매할 수 없다**. 〈면수 및 발행수량 제한 없음〉

[지역구 국회의원선거의 예비후보자는(×) 9급 21]
[○ 9급 20]
[국회의원선거의 예비후보자가(×) 9급 20]
[대통령선거의 예비후보자는(○) 7급 20]
[지방자치단체의 장의 선거의 예비후보자가 배부하려는 때에는(○) 7급 21·20]
[방문판매의 방법으로 판매할 수 있다(×) 9급 24]

기출체크

① 대통령선거 및 지방자치단체의 장선거의 예비후보자는 선거공약 및 이에 대한 추진계획으로 공약집 1종을 발간·배부할 수 있으며, 이를 배부하려는 때에는 통상적인 방법으로 판매하여야 하지만 방문판매의 방법으로는 판매할 수 없다. [○ 7급 16]

② 대통령선거의 예비후보자는 「공직선거법」의 규정에 따른 공약집 1종을 발간·배부할 수 있으며, 이를 배부하려는 때에는 방문판매의 방법 이외의 통상적인 방법으로 판매하여야 한다. [○ 9급 15]

② 제1항의 예비후보자가 선거공약 및 그 추진계획에 관한 사항 **외에**

자신의 **사진·성명·학력**(정규학력과

이에 준하는 **외국의 교육과정을 이수한 학력을 말한다**)·**경력**,

그 밖에 홍보에 필요한 사항을 예비후보자 공약집에 **게재**하는 경우

그 게재면수는 표지를 포함한 전체면수의 **100분의 10을 넘을 수 없으며,** [100분의 20(×) 7급 21]
[100분의 15를 넘을 수 없다(×) 9급 20]

다른 정당이나 후보자가 되려는 자에 관한 사항은

예비후보자 공약집에 **게재할 수 없다.** [게재할 수 있다(×) 9급 20]

③ 예비후보자가 제1항에 따라 예비후보자 공약집을 **발간하여 판매하려는 때에는**

발간 즉시 관할 선거구 선거관리위원회에 **2권**을 제출하여야 한다. [○ 7급 21]

④ 예비후보자 공약집의 작성근거 등의 표시와 제출, 그 밖에 필요한 사항은

중앙선거관리위원회 규칙으로 정한다. [○ 7급 21]

조문정리

〈판매(배부) 및 제출방법 비교〉

구 분	판매(배부) 방법	제출처 및 기한
예비후보자 공약집(§60의4)	통상방법의 판매(방판 불가)	선거구: 발간 즉시 2부
선거공약서(§66)	배부 • 배부자: 후보자, 그 가족, 선거사무장, 선거연락소장, 선거사무원, 회계책임자, 후보자동행 활동보조인 • 배부제한: 우편발송(점자형은 우편발송 가능), 호별방문, 살포, 비치	선거구: 배부일 전일까지 2부 구·시·군: 배부 전까지 2부
정강·정책홍보물(§138)	소속당원에게만 배부	중앙: 배부 전까지 2부 (전자 파일 제출 가능)
정책공약집(§138의2)	통상방법의 판매(방판 불가), 당사(공개적) 및 §79 연설·대담장소에서 판매 가능	관할: 발간 즉시 2권 (전자 파일 제출 가능)
정당기관지(§139)	통상방법의 배부(§79, §81, §82, 거리 판매·배부, 첩부, 게시, 살포 불가)	중앙: 발행 즉시 2부 (전자 파일 제출 가능)

제61조(선거운동기구의 설치)

① 선거운동 및 그 밖의 선거에 관한 사무를 처리하기 위하여
정당 또는 **후보자**는 다음 각 호에 따라 **선거사무소와 선거연락소를**,
예비후보자는 **선거사무소를**,
정당은 **중앙당** 및 **시·도당**의 사무소에 **선거대책기구 각 1개씩**을 설치할 수 있다.

1. <u>대통령선거</u>:
   정당 또는 **후보자가** 설치하되, **선거사무소 1개소**와
   시·도 및 구·시·군(하나의 구·시·군이 2 이상의 국회의원 지역구로 된 경우에는 **국회의원 지역구**를 말한다. 이하 이 조에서 같다)마다 **선거연락소 1개소**

> **기출체크**
> 대통령선거에서 정당 또는 후보자는 선거사무소 1개소와 시·도 및 구·시·군(하나의 구·시·군이 2 이상의 국회의원 지역구로 된 경우에는 국회의원 지역구)마다 선거연락소 1개소를 설치할 수 있다. [O 7급 15]

2. **지역구** 국회의원선거:
   후보자〈정당은 아님〉가 설치하되, [정당 또는 후보자는(×) 7급 15]
   [정당이 설치(×) 7급 24]

   당해 국회의원 지역구 안에 **선거사무소 1개소**.
   다만, 하나의 국회의원 지역구가 **2 이상의 구·시·군**으로 된 경우에는
   선거사무소를 두지 아니하는 구·시·군마다 **선거연락소 1개소** [O 9급 16, 7급 17]

3. **비례대표** 국회의원선거 및 비례대표 지방의회의원선거:
   정당이 설치하되, **선거사무소 1개소**(비례대표 **시·도의원**선거의 경우에는
   비례대표 시·도의원 후보자명부를 제출한 **시·도마다**,
   비례대표 **자치구·시·군의원**선거의 경우에는 비례대표 자치구·시·군의원
   후보자명부를 제출한 **자치구·시·군마다 선거사무소 1개소**)

4. **지역구** 지방의회의원선거:
   후보자〈정당은 아님〉가 설치하되, [정당 또는 후보자는(×) 7급 15]
   당해 선거구 안에 **선거사무소 1개소**

5. 시·도지사선거:
   후보자〈정당은 아님〉가 설치하되, [정당 또는 후보자는(×) 7급 15]
   당해 시·도 안에 **선거사무소 1개소**와
   당해 시·도 안의 **구·시·군마다 선거연락소 1개소**

6. 자치구·시·군의 장 선거:
   후보자〈정당은 아님〉가 설치하되,
   당해 자치구·시·군 안에 **선거사무소 1개소**.

다만, **자치구가 아닌 구가 설치된 시**에 있어서는
선거사무소를 두지 아니하는 구마다 **선거연락소 1개소**를 둘 수 있으며,
하나의 구·시·군이 2 이상의 국회의원 지역구로 된 경우에는 선거사무소를
두지 아니하는 국회의원 지역구마다 **선거연락소 1개소**를 둘 수 있다.

② 선거사무소 또는 선거연락소는
시·도 또는 구·시·군의 사무소 소재지가
다른 시·도 또는 구·시·군의 구역 안에 있는 때에는
제1항의 규정에도 불구하고 그 시·도 또는 구·시·군의 사무소
소재지를 관할하는 시·도 또는 구·시·군의 **구역 안**에 설치할 수 있다.

③ **정당·정당추천 후보자** 또는 **정당소속 예비후보자**의
선거사무소와 선거연락소는
그에 대응하는 **정당**[제61조의2(정당선거사무소의 설치)의 규정에 의한
정당선거사무소를 포함한다]의 사무소가 있는 때에는 그 **사무소에 둘 수 있다.**

④ **예비후보자**가 제49조(후보자등록 등)의 규정에 의하여
후보자등록을 마친 때에는
당해 **예비후보자의 선거사무소**는 후보자의 **선거사무소로 본다.**

> **심화학습**
> · 예비후보자가 후보자로 등록하면 선거사무소를 별도로 신고할 필요가 없다.
> · 그러나 선거사무관계자는 인원수 등이 다르므로 당연히 다시 신고해야 한다.

⑤ 선거사무소와 선거연락소는 <u>**고정된 장소 또는 시설**</u>에 두어야 하며,

[고정되지 않은 장소 또는 시설도 가능(×) 7급 24]

「식품위생법」에 의한 **식품접객영업소** 또는 「공중위생관리법」에 의한
공중위생영업소 안에 둘 수 없다. 〈정당선거사무소도 준용〉

⑥ **선거사무소, 선거연락소 및 선거대책기구**에는
중앙선거관리위원회 규칙으로 정하는 바에 따라
선거운동을 위한 **간판·현판 및 현수막**, 〈수량, 규격, 게재사항 제한 없음〉
제64조의 선거벽보, 제65조의 선거공보, 제66조의 선거공약서 및
후보자의 사진을 첨부할 수 있다.
다만, **예비후보자의 선거사무소**에는 **간판·현판 및 현수막**에 한하여
설치·게시할 수 있다.

> **심화학습**
> · 선거사무소 등은 물론 선거대책기구에도 각종 선거홍보물을 설치·게시할 수 있다.

⑦ **예비후보자가 그 신분을 상실한 때에는**
제1항의 규정에 의하여 설치한 **선거사무소를 폐쇄**하여야 하며,
이를 폐쇄하지 아니한 경우 선거구 선거관리위원회는
당해 예비후보자에게 즉시 선거사무소의 **폐쇄를 명하여야 한다.**

> **심화학습**
>
> · 제7항의 규정은 정당선거사무소에서는 준용하지 않으므로 폐쇄하지 않더라도 폐쇄명령의 근거가 없다.

> **조문정리**

〈선거운동기구〉

구 분		선거사무소	선거연락소
대통령선거 (정당 또는 후보자 설치)		1	시·도 및 구·시·군(하나의 구·시·군이 2 이상의 국회의원 지역구로 된 경우는 국회의원 지역구)마다 1개소
국회의원선거	지 역 구 (후보자 설치)	1	하나의 국회의원 지역구가 2 이상의 구·시·군으로 된 경우 선거사무소를 두지 아니하는 구·시·군마다 1개소
	비례대표 (정당 설치)	1	둘 수 없음.
시·도의원선거	지 역 구 (후보자 설치)	1	둘 수 없음.
	비례대표 (정당 설치)	후보자명부를 제출한 시·도마다 1	둘 수 없음.
자치구·시·군 의원선거	지 역 구 (후보자 설치)	1	둘 수 없음.
	비례대표 (정당 설치)	후보자명부를 제출한 자치구·시·군마다 1	둘 수 없음.
시·도지사선거 (후보자 설치)		1	당해 시·도 안의 구·시·군마다 1개소
자치구·시·군의 장선거 (후보자 설치)		1	· 자치구가 아닌 구가 설치된 시의 경우 선거사무소를 두지 아니하는 구마다 1개소 · 하나의 구·시·군이 2 이상의 국회의원 지역구로 된 경우 선거사무소를 두지 아니하는 국회의원 지역구마다 1개소

> **보충개념**
>
> ○ **선거사무소 등의 수를 제한하는 취지**
> 법 제61조 제1항 제2호에서 말하는 선거사무소 또는 선거연락소라 함은 그 명칭 여하를 불문하고 선거운동 기타 선거에 관한 사무를 처리하는 일체의 고정된 장소적 설비를 가리킨다고 할 것이고, 이러한 선거사무소 또는 선거연락소의 수를 제한하는 취지는 재력·위력 또는 권력 등에 의하여 좌우되지 아니하는 공정한 선거를 도모하고자 함에 있음.(대법원 1999. 3. 9. 98도3169)
>
> [2019 공직선거법규운용자료 2권 146쪽, 중앙선관위]

📢 제61조의2(정당선거사무소의 설치)

① **정당**은 선거에 있어서 **당해** 선거에 관한 **정당**의 **사무**를 **처리**하기 위하여
다음 각 호에서 **정하는 날**
(**그날 후에** 실시사유가 확정된 보궐선거 등에 있어서는
그 선거의 실시사유가 **확정된 때**)부터 **선거일 후 30일까지**
선거구 안에 있는 **구·시·군**
(하나의 구·시·군이 **2 이상**의 국회의원 지역구로 된 경우에는
국회의원 지역구)마다 1개소의 정당선거사무소를 설치할 수 있다.

  1. 대통령선거:
    선거일 전 240일
  2. 국회의원선거 및 시·도지사선거:
    선거일 전 120일
  3. 지방의회의원선거 및 자치구·시·군의 장선거:
    선거기간 개시일 전 60일 ⟨예비후보자 등록신청 개시일과 불일치⟩

기출체크

정당의 정당선거사무소의 설치에 대한 설명으로 옳지 않은 것은?
① 임기만료에 의한 지방의회의원선거에 있어서, A정당은 선거일 전 60일부터 선거일 후 30일까지 서울특별시의 경우에는 국회의원 지역구마다 1개소의 정당선거사무소를 설치할 수 있다.
② 임기만료에 의한 시·도지사선거에 있어서, A정당은 선거일 전 120일부터 선거일 후 30일까지 서울특별시의 경우에는 국회의원 지역구마다 1개소의 정당선거사무소를 설치할 수 있다.
③ 임기만료에 의한 국회의원선거에 있어서, A정당은 선거일 전 120일부터 선거일 후 30일까지 서울특별시의 경우에는 국회의원 지역구마다 1개소의 정당선거사무소를 설치할 수 있다.
④ 임기만료에 의한 대통령선거에 있어서, A정당은 선거일 전 240일부터 선거일 후 30일까지 서울특별시의 경우에는 국회의원 지역구마다 1개소의 정당선거사무소를 설치할 수 있다.
[① ×(지방의회의원선거는 선거기간 개시일 전 60일부터임) ②③④ ○ 7급 14]

② 정당선거사무소에는 **당원 중에서 소장 1인을 두어야 하며**,
2인 이내의 유급사무직원을 둘 수 있다.   [3인 이내(×) 7급 24]

③ **중앙당 또는 시·도당의 대표자**는 정당선거사무소를 설치하는 때에는
지체 없이 관할 선거관리위원회에 다음 각 호의 사항을 서면으로 **신고하여야** 한다.
이 경우 **신고사항**의 **변경**이 있는 때에는 지체 없이 그 **변경사항을 신고하여야** 한다.

  1. 설치연월일
  2. 사무소의 소재지와 명칭
  3. 소장의 성명·주소·주민등록번호
  4. 사무소 인(印)

④ 정당선거사무소에는 중앙선거관리위원회 규칙으로 정하는 바에 따라 정당의 홍보에 필요한 사항을 게재한 **간판·현판·현수막**을 설치·게시할 수 있다.

⑤ 정당선거사무소의 **소장**은 **이 법** 또는 **다른 법률**의 규정에 의한 **신고·신청·제출·보고·추천** 등에 관하여 당해 **정당**을 **대표**한다.

⑥ 정당은 **선거일 후 30일이 지난 때**에는 제1항의 규정에 의한 정당선거사무소를 즉시 **폐쇄**하여야 한다. [○ 7급 24]

> **심화학습**
> · 정당선거사무소는 즉시 폐쇄는 하여야 하나, 예비후보자 선거사무소와 달리 불이행 시 폐쇄명령은 할 수 없다.

⑦ 제61조(선거운동기구의 설치) 제2항〈지방자치단체사무소가 다른 시·도 또는 구·시·군 안에 소재할 때의 정당선거사무소 설치〉 및 제5항〈고정된 장소 설치 의무, 영업장소 등에 설치 금지〉의 규정은 정당선거사무소에 이를 **준용**한다. 이 경우 "선거사무소 또는 선거연락소"와 "선거사무소와 선거연락소"는 "정당선거사무소"로 본다.

> **보충개념**
>
> ○ **선거사무소와 정당선거사무소와의 차이**
> 「공직선거법」상 선거운동기구인 선거사무소 및 선거연락소(이하 '선거사무소'라고 한다)와 정당선거사무소는 그 설치목적과 역할, 구성원 및 경비 부담주체 등이 서로 다른 별개의 기구임.
> 선거사무소가 특정 후보자의 선거운동과 선거에 관한 사무를 처리하기 위하여 설치하는 후보자의 선거운동본부라고 한다면, 정당선거사무소는 특정 후보자의 선거운동과 무관하게 당해 선거에 관한 정당의 사무, 즉 정당홍보, 법률이 정하는 정당의 각종 신고·신청·제출·보고·추천 등의 업무를 처리하기 위하여 정당이 설치하는 정당의 하부 당부라고 할 수 있음.
> 선거사무소에는 선거운동을 할 수 있는 자 중에서 선거사무소장, 선거연락소장, 선거사무원 등(이하 '선거운동원 등'이라고 한다)을 선임할 수 있고, 정당선거사무소에는 당원 중에서 소장을 두고 그 외 유급사무직원을 둘 수 있음.
> 선거운동원 등에게는 법정(法定)의 수당과 실비를 지급하는 외에 공명선거를 위해 일체의 금품 내지 이익제공이 금지되지만, 정당선거사무소장과 유급사무직원은 선거운동과 직접 관련이 없는 통상적인 정당업무를 수행하기 때문에 정당이 당헌·당규에 따라 보수 등을 지급함.
> 이처럼 선거사무소는 후보자의 당선을 위한 선거운동기구로 그 활동은 선거운동에 해당하므로 선거사무소의 운영비는 법률이 정한 선거비용의 범위 내에서 후보자가 부담하는 반면, 정당선거사무소는 정당의 선거관련 사무를 처리하는 정당의 하급기구로서 그 활동은 '선거운동'이 아닌 통상적인 정당활동이므로 정당선거사무소의 운영비는 정당이 부담하여야 함.
> 다만 선거사무소를 정당선거사무소에 둘 수 있는데(공직선거법 제61조 제3항) 그 경우 법률에 아무런 규정이 없지만 입법취지에 비추어 볼 때, 양자의 운영비는 분리하여 회계처리하여야 할 것임.(헌재 2011. 4. 28. 2010헌바473)
> [2019 공직선거법규운용자료 2권 152쪽, 중앙선관위]

제62조(선거사무관계자의 선임)

① 제61조(선거운동기구의 설치)의 **선거사무소와 선거연락소를 설치한 자**는 **선거운동을 할 수 있는 자 중**에서 선거사무소에 **선거사무장 1인**을, 선거연락소에 **선거연락소장 1인**을 두어야 한다.

② 선거사무장 또는 선거연락소장은 선거에 관한 사무를 처리하기 위하여 **선거운동을 할 수 있는 자** 중에서 다음 각 호에 의하여 **선거사무원** (제135조 제1항 본문에 따른 **수당**과 **실비를 지급받는** 선거사무원을 말한다. 이하 같다)을 둘 수 있다.

1. **대통령선거**:

    선거사무소에 시·도수의 6배수〈17시·도×6=102명〉 이내와

    시·도선거연락소에 당해 시·도 안의 구·시·군

    (하나의 구·시·군이 2 **이상의 국회의원 지역구**로 된 경우에는

    국회의원 지역구를 말한다. 이하 이 항에서 같다)수

    (그 **구·시·군수가 10 미만인 때에는 10인**〈광역시·제주도 등〉) 이내

    및 **구·시·군 선거연락소에 당해 구·시·군 안의 읍·면·동**(제148조 제1항

    제2호〈읍·면·동이 설치·폐지·분할·합병되어 관할구역의 총 읍·면·동의 수가 줄어든 경우〉에

    해당하는 경우에는 설치·폐지·분할·합병 직전의 읍·면·동을 말한다.

    이하 이 조, 제67조 제1항, 제118조 제5호 및 제121조 제1항에서 같다)수 이내

> **심화학습**
>
> • 지방자치단체의 통합·개편으로 인하여 읍·면·동의 수가 감소한 지역에 사전투표소를 추가로 설치할 수 있도록 하고, 통합·개편 전의 읍·면·동수를 기준으로 선거사무원 수 등을 산정할 수 있도록 하였다.

2. **지역구 국회의원선거 및 자치구·시·군의 장선거**:

    선거사무소와 선거연락소를 두는 구·시·군 안의 읍·면·동수의 3배수에 5를 더한 수 이내

    (**선거연락소를 두지 아니하는 경우**에는 선거연락소에 둘 수 있는 선거사무원의 수만큼 **선거사무소에 더 둘 수 있다**)

3. 비례대표 국회의원선거:

    선거사무소에 시·도수의 2배수〈17시·도×2=34명〉 이내

4. 지역구 시·도의원선거:

    선거사무소에 10인 이내

5. 비례대표 시·도의원선거:

    선거사무소에 당해 시·도 안의 구·시·군의 수

    (산정한 수가 **20 미만인 때에는 20인**) 이내

6. 시·도지사선거:

    선거사무소에 당해 시·도 안의 구·시·군의 수

    (그 **구·시·군수가 10 미만인 때에는 10인**) 이내와

    선거연락소에 당해 구·시·군 안의 읍·면·동수 이내

7. 지역구 자치구·시·군의원선거:

   선거사무소에 8명 이내

8. 비례대표 자치구·시·군의원선거:

   선거사무소에 당해 자치구·시·군 안의 **읍·면·동수** 이내

조문정리

〈선거사무원 수〉

선 거 별		선거사무소	선거연락소
대통령선거		시·도 수의 6배수 이내	· 시·도: 구·시·군(국회의원 지역구) 수 이내 (최소 10인) · 구·시·군: 읍·면·동수 이내
시·도지사선거		구·시·군수 이내 (최소 10인)	읍·면·동수 이내
지역구 국회의원선거 자치구·시·군의 장선거		(읍·면·동수 × 3배수) + 5명 ⇒ 선거연락소를 두지 않는 경우에는 선거연락소에 둘 수 있는 수만큼 선거사무소에 더 둘 수 있음.	
비례대표 국회의원선거		시·도 수의 2배수 이내	-
시·도의원선거	지역구	10인 이내	-
	비례대표	구·시·군수 이내 (최소 20인)	-
자치구·시·군의원 선거	지역구	8인 이내	-
	비례대표	읍·면·동수 이내	-

· 읍·면·동: 제148조 제1항 제2호〈읍·면·동이 설치·폐지·분할·합병되어 관할구역의 총 읍·면·동의 수가 줄어든 경우〉에 해당하는 경우에는 설치·폐지·분할·합병 직전의 읍·면·동을 말한다.

---

③ 예비후보자는 선거운동을 할 수 있는 자 중에서 제1항에 따른 **선거사무장을 포함하여** 다음 각 호에 따른 수의 **선거사무원**을 둘 수 있다.

[선거사무장과 선거연락소장을 포함하여(×) 7급 24]

심화학습

· 예비후보자는 '선거사무장을 포함하여' 아래 인원 이내임에 유의해야 한다.

1. 대통령선거:

   10인 이내

2. 시·도지사선거:

   5인 이내

3. 지역구 국회의원선거 및 자치구·시·군의 장선거:

   3인 이내

4. 지역구 지방의회의원선거:

   2인 이내

④ 중앙선거관리위원회 규칙으로 정하는 **장애인 예비후보자·후보자**는
그의 활동을 보조하기 위하여 **선거운동을 할 수 있는 사람** 중에서
1명의 활동보조인(이하 "활동보조인"이라 한다)을 둘 수 있다.
이 경우 활동보조인은 제2항 및 제3항에 따른 **선거사무원수에 산입하지 아니한다.** [O 9급 17]

⑤ 제135조 제1항 단서의 규정에 의하여 수당을 지급받을 수 없는
정당의 유급사무직원, 국회의원과 그 보좌관·선임비서관·비서관 또는 지방의회의원은
선거사무원이 된 경우에도
제2항〈후보자 신분〉의 선거사무원 **수에는 산입하지 아니한다.**

⑥ **선거사무장**을 두지 아니한 경우에는 후보자(제2항 제1호·제3호·제5호 및
제8호의 경우〈대선, 비례대표선거〉에는 **정당의 회계책임자**)
또는 예비후보자가 선거사무장을 겸한 것으로 본다. [O 9급 17]

> **심화학습**
> · 본 규정은 선거사무장만 해당하는 규정이고 선거연락소장은 해당이 없다.

⑦ 같은 선거에 있어서는 2 이상의 정당·예비후보자 또는 후보자가
동일인을 함께 선거사무장·선거연락소장 또는 선거사무원으로 선임할 수 없다.

⑧ 누구든지 이 법에 규정되지 아니한 방법으로 인쇄물·시설물, 그 밖의
광고물을 이용하여 선거운동을 하는 사람을 모집할 수 없다.

> **심화학습**
> · 이 법에 규정된 선거벽보, 선거공보, 정강·정책홍보물, 선거운동용 신문광고 및 정당기관지 등에 의하여 선거운동을 하는 자를 모집하는 것은 가능하다.

📢 제63조(선거운동기구 및 선거사무관계자의 신고)

① 정당·후보자 또는 예비후보자가 **선거사무소와 선거연락소를 설치·변경**한 때와
정당·후보자·예비후보자·선거사무장 또는 선거연락소장이
선거사무장·선거연락소장·선거사무원 또는 활동보조인
(이하 이 조에서 "선거사무장 등"이라 한다)을 **선임**하거나 **해임**한 때에는
지체 없이 관할 선거관리위원회에 서면으로 **신고**하여야 한다.
이 경우 **교체 선임할 수 있는 선거사무원 수**는
최초의 선임을 포함하여 [최초의 선임을 제외하고(×) 9급 17]
제62조 제2항 또는 제3항에 따른 선거사무원 수의 **2배수를 넘을 수 없다.**

> **심화학습**
> - 선거사무원을 최초에 20명을 선임하였다면 최초 20명을 포함한 40명까지만 교체 가능하다.
> - 선거사무장·선거연락소장·회계책임자·활동보조인의 교체 횟수에는 제한이 없다.

② **선거사무장 등**(회계책임자를 포함한다)은 해당 선거관리위원회가 교부하는 **표지를 패용**하고 **선거운동**을 하여야 한다. [O 9급 17]

③ 선거관리위원회는 제2항에 따른 **표지의 교부신청**을 받은 때에는 **즉시** 이를 **교부**하여야 한다.

④ 선거사무소와 선거연락소의 설치신고서, 선거사무장 등의 선임신고서, 선거사무장 등(회계책임자를 포함한다)의 표지 및 그 표지 분실 시 처리절차, 그 밖에 필요한 사항은 중앙선거관리위원회 규칙으로 정한다.

제64조(선거벽보) 〈비례대표선거 제외〉

① 선거운동에 사용하는 **선거벽보**에는
 후보자의 **사진**(후보자만의 사진을 말한다)·**성명**
  · **기호**(제150조에 따라 투표용지에 인쇄할 정당 또는 후보자의 게재순위를 말한다. 이하 같다)
 ·정당추천 후보자의 **소속 정당명**(무소속 후보자는 "**무소속**"이라 표시한다)
 ·**경력**[학력을 게재하는 경우에는 **정규학력**과 이에 준하는 **외국의 교육과정을 이수한 학력** 외에는 게재할 수 없다. 이 경우 **정규학력**을 게재하는 경우에는 졸업 또는 수료당시의 **학교명**(**중퇴**한 경우에는 **수학기간**을 함께 기재하여야 한다)을 기재하고, 정규학력에 준하는 **외국의 교육과정을 이수한 학력**을 게재하는 때에는 그 **교육과정명**과 **수학기간** 및 학위를 취득한 때의 **취득학위명**을 기재하여야 하며, 정규학력의 최종학력과 외국의 교육과정을 이수한 학력은 제49조 제4항 제6호에 따라 **학력증명서를 제출한 학력에 한하여 게재**할 수 있다. 이하 같다]
 ·**정견** 및 소속 정당의 **정강·정책** 그 밖의 홍보에 필요한 사항
 (**지역구** 국회의원선거에 있어서는 **비례대표** 국회의원 **후보자 명단**을,
 지역구 시·도의원선거에 있어서는 **비례대표** 시·도의원후보자 **명단**을,
 지역구 자치구·시·군의원 선거에 있어서는 **비례대표** 자치구·시·군의원후보자 **명단**을 포함하며, 후보자 **외의 자의 인물사진을 제외**한다)을 게재하여
 동에 있어서는 인구 **500명에 1매**,
 읍에 있어서는 인구 **250명에 1매**,
 면에 있어서는 인구 **100명에 1매**의 비율을 한도로 **작성·첨부**한다.

다만, 인구밀집상태 및 첩부장소 등을 감안하여 중앙선거관리위원회 규칙으로 정하는 바에 따라 **인구 1천 명에 1매의 비율까지 조정할 수 있다.**

> **기출체크**
>
> ❶ 읍에 있어서는 인구 500명에 1매, 면에 있어서는 인구 250명에 1매, 동에 있어서는 인구 100명에 1매의 비율을 한도로 선거 벽보를 작성·첩부한다. [× 9급 19]
>
> ❷ 「공직선거법」에서 국내 정규학력의 경우와는 달리 정규학력에 준하는 외국의 교육과정을 이수한 학력을 게재하는 때에 그 수학기간을 기재하도록 하면서 이를 위반한 경우 처벌하는 것은 평등권 침해가 아니다.(헌재 2010. 3. 25. 2009헌바121) [○ 9급 15]
>
> ❸ 선거운동의 선거벽보에 비정규학력의 게재를 금지하는 구 「공직선거 및 선거부정방지법」 제64조 제1항은 선거벽보에 비정규학력을 게재할 경우 유권자들이 후보자의 학력을 과대평가하여 공정한 판단을 흐릴 수 있음을 방지하는 목적에도 불구하고 피해의 최소성 요건과 법익의 균형성을 갖추고 있다고 볼 수 없으므로 과잉금지원칙에 위반된다. [× 7급 14]
> ⇒ 위 법률조항이 피해의 최소성 요건을 갖추고 있고, 선거과정의 공정성을 확보하기 위한 공익과 제한되는 사익 사이에 법익의 균형성도 인정되므로 위 법률조항은 과잉금지원칙에 위반되지 아니한다.(헌재 1999. 9. 16. 99헌바5)

② 제1항에 따른 선거벽보는 후보자
　(**비례대표** 국회의원 후보자와 비례대표 지방의회의원 후보자를 **제외**하며,
　대통령선거에 있어서 정당추천 후보자의 경우에는 그 **추천 정당**을 말한다.
　이하 이 조에서 같다)가 작성하여
　대통령선거는 후보자등록 마감일 후 3일
　(제51조에 따른 추가등록〈후보자등록 마감일 후 5일까지〉의 경우에는
　추가등록 마감일 후 2일 이내를 말한다)까지,
　국회의원선거와 지방자치단체의 **의회의원** 및 **장의 선거**는
　후보자등록 마감일 후 5일까지
　첩부할 지역을 관할하는 구·시·군선거관리위원회에 제출하고,

[시·도선거관리위원회에 제출(×) 7급 23]

해당 구·시·군선거관리위원회가 이를 확인하여
선거벽보 제출마감일 후 2일
(**대통령선거**와 **섬** 및 **산간오지**지역의 경우는 **3일**)까지 **첩부**한다.
이 경우 선거벽보의 **일부를 제출하지 아니할 때**에는
선거벽보를 **첩부하지 아니할 지역**(**투표구를 단위로 한다**)을 **지정**하여
선거벽보의 **제출 시**에 **서면**으로 **신고**하여야 하고,
선거벽보를 첩부하지 아니할 지역을 **신고하지 아니한 때**에는
해당 **구·시·군선거관리위원회**가 그 지역을 **지정**한다. 〈후단은 선거공보도 준용〉

> **심화학습**
>
> - 대선 추가등록 시의 규정
> ① 선거벽보 제출: 추가등록 마감일 후 2일 이내(§64)
> ② 선거공보 제출: 추가등록 마감일 후 2일 이내(§65)
> ③ 후보자 등 방송연설신청서 제출: 추가등록 마감일까지(§71)

③ **관할 선거구** 선거관리위원회는
  제2항에 따라 **후보자**가 작성하여 **보관** 또는 **제출**할 선거벽보의 **수량**을
  선거기간 개시일 전 10일까지 공고하여야 한다.   [20일까지 공고(×) 9급 19]
                                                                     [30일까지 공고(×) 7급 14]
  이 경우 중앙선거관리위원회 규칙으로 정하는 바에 따라 일정한 수량을
  가산할 수 있다. 〈선거공보, 선거공약서도 준용〉

④ 후보자가 제2항에 따른 **제출마감일까지 선거벽보를 제출하지 아니한 때**와
  규격을 넘거나 미달하는 선거벽보를 제출한 때에는 그 선거벽보는
  첩부하지 아니한다. 〈선거공보에서는 미제출 시 미발송 준용〉

> **심화학습**
>
> - 선거벽보 미첩부 사유는 ① 제출기한 위반, ② 규격위반뿐이다.

⑤ 제2항에 따라 제출된 선거벽보는 **정정** 또는 **철회할 수 없다.** 〈원칙〉
  다만, 후보자는 〈자신의〉선거벽보에 게재된 후보자의 성명·기호·소속 정당명과
  경력·학력·학위·상벌(이하 "**경력 등**"이라 한다)이 **거짓**으로 **게재**되어 있거나
  이 법에 위반되는 내용이 게재되어 있음을 이유로
  해당 선거구 선거관리위원회에 서면으로 **정정** 또는 **삭제**를 요청할 수 있으며,
  그 요청을 받은 **선거구** 선거관리위원회는 제2항에 따른 선거벽보 **제출마감일까지**
  그 내용을 **정정** 또는 **삭제하게 할 수 있다.** 〈예외〉
  이 경우 해당 내용을 정정 또는 삭제하는 외에
  새로운 내용을 추가하거나 종전의 배열방법·색상·규격 등을 변경할 수 없다.

⑥ 누구든지 〈어느 후보자의〉선거벽보의 내용 중
  경력 등에 관한 **거짓 사실의 게재를 이유로 이의제기**를 하는 때에는
  해당 **선거구** 선거관리위원회를 거쳐
  직근 상급선거관리위원회에 **서면으로** 하여야 하고,   [중앙선거관리위원회에(×) 9급 19]
  이의제기를 받은 **상급선거관리위원회**는
  후보자와 이의제기자에게 그 증명서류의 제출을 요구할 수 있으며,   [○ 7급 23, 9급 21]
  그 증명서류의 제출이 없거나 거짓 사실임이 판명된 때에는
  그 사실을 공고하여야 한다. 〈선거공보(후보자정보 공개자료 포함)도 준용〉

⑦ 관할 **선거구** 선거관리위원회는 제1항의 **선거벽보에**
   다른 후보자, 그의 배우자 또는 직계존·비속이나 형제자매의 사생활에 대한
   사실을 적시하여 비방하는 내용이 이 법에 위반된다고 인정하는 때에는
   이를 고발하고 공고하여야 한다. 〈선거공보도 준용〉 [O 9급 19]
⑧ 선거벽보를 인쇄하는 **인쇄업자는**
   제3항의 선거벽보의 **수량 외에는 이를 인쇄하여 누구에게도 제공할 수 없다.** [O 7급 23]
⑨ **후보자는** 관할 구·시·군선거관리위원회가 첩부한 선거벽보가
   오손되거나 훼손되어 **보완 첩부하고자 하는 때에는**
   제3항에 따라 공고된 수량의 범위에서 그 선거벽보 위에 **덧붙여야 한다.**
⑩ 선거벽보는 다수의 통행인이 보기 쉬운 건물 또는 게시판 등에 첩부하여야 한다.
   이 경우 해당 건물 또는 게시판 등의 소유자 또는 관리자와
   미리 협의하여야 한다. [O 7급 23]

> **심화학습**
> · 선거벽보 첩부 시 소유자 등과 협의 절차를 법률에 명시하였다.

⑪ 제1항에 따라 선거벽보를 첩부하는 경우에
   첩부장소가 있는 토지·건물 그 밖의 시설물의 소유자 또는 관리자는
   선거벽보의 첩부가 해당 시설물을 심각하게 훼손하거나
   자신의 사생활을 침해하는 등 특별한 사유가 없는 한
   선거벽보의 첩부에 협조하여야 한다.
⑫ 선거벽보 내용의 정정·삭제 신청, 수량공고·규격·작성·제출·확인·첩부·경력 등에 관한 허위사실이나 사생활비방으로 인한 고발사실의 공고, 선거벽보 첩부를 위한 협의절차, 그 밖에 필요한 사항은 중앙선거관리위원회 규칙으로 정한다.

> **조문정리**
>
> 〈선거벽보, 선거공보 이의제기 등〉
>
> ① **선거벽보 미제출, 규격초과·미달**: 첩부하지 않는다(선거공보는 규격초과: 발송하지 않는다).
> ② **정정·삭제요청**
>   · 누가 어떻게: 후보자가 선거구위원회에 서면으로 정정·삭제요청 가능
>   · 무엇에 대한: 후보자의 성명·기호·소속 정당명과 경력·학력·학위·상벌(이하 "**경력 등**")
>   · 무슨 내용을: **거짓사실 게재** 또는 이 법 **위반내용** ⇒ 제출마감일까지 정정하게 할 수 있다. 단, 새로운 내용 추가, 종전 배열 등 변경금지
>
> ③ **이의제기**
>   · 누가 어떻게: 누구든지(미성년자도) 선거구위원회를 거쳐 **직근 상급**위원회에 서면으로
>   · 무엇에 대한: **경력 등**(경력·학력·학위·상벌)만 대상으로(성명·기호·소속 정당명 ×)
>   ⇒ **선거공보는 후보자정보 공개자료**도 추가로 **포함**됨.
>   · 무슨 내용을: **거짓사실 게재** 이유로(이 법 위반내용 ×)

- 처리는: 직근 상급위원회는 후보자·이의제기자에게 증명서류 제출 요구
  ⇒ **증명서류 미제출(3일)** 또는 **거짓사실 판명** 시 ⇒ **직근 상급위원회가 공고**
  ⇒ 거짓사실 판명 시 위법 여부 따지지 않고 공고
  ⇒ 고발은 임의사항(고발하고 공고하여야 한다. ×)
  ⇒ 거짓사실 자체 인지: 공고하지 않는다.
  ⇒ 이의제기자에게 통보해 주는 절차는 없다.

④ 사생활 비방 고발·공고
- 누가: 선거구위원회가
- 무엇에 대해: **후보자, 배우자, 직계존·비속, 형제자매의 사생활 비방 내용**이 이 법에 **위반된다고 인정될 때** (둘 다 충족해야 함), (그냥 사생활 비방내용 있을 때 고발·공고 ×)
- 선거구위원회가 **고발하고 공고**

> **보충개념**
>
> ○ **'정규학력'의 의미**
> '정규학력'이라 함은 사전적 의미 그대로 '정식의 규정에 의하여 수학한 이력'을 뜻하므로, 초·중등교육법, 고등교육법(각 부칙에 의한 구 교육법 포함)의 규정에 의한 학교, 즉 유치원, 초등학교(국민학교)·공민학교, 중학교·고등공민학교, 고등학교·고등기술학교, 특수학교, 대학·산업대학·교육대학·전문대학·방송통신대학·기술대학, 대학원, 각종학교를 졸업·중퇴·수료·수학하거나 재학 중인 이력만을 말함.(헌재 2009. 11. 26. 2008헌마114)
> '정규학력'이란 초·중등교육법 및 고등교육법에서 학교의 종류, 설립, 경영, 교원, 교과과정, 학력평가 및 능력인증 등에 관하여 엄격히 관리·통제되고 있는 학교교육제도 상의 학력만을 의미함.(대법원 2006. 3. 10. 2005도6316, 헌재 2000. 11. 30. 99헌바95 참조) 따라서 '이에 준하는 외국의 교육과정을 이수한 학력'에 해당하는지 여부도 외국의 교육과정에 대한 입학자격, 수업연한, 교과과정, 학력평가 및 능력인증 절차 등을 종합적으로 고찰하여 합리적으로 판단하여야 할 것임.(대법원 2009. 5. 28. 2009도2457)
>
> ○ **선거벽보 등에 비정규학력의 게재를 금지하는 취지**
> 선거벽보 등에 비정규학력을 게재할 경우 유권자들로 하여금 후보자의 학력을 과대평가하고 이로써 선거인의 투표에 관한 공정한 판단을 저해하기 때문에 공선법은 비정규학력의 게재를 엄격히 제한하고 있음.(헌재 2000. 11. 30. 99헌바95)
> [2019 공직선거법규운용자료 2권 164쪽, 중앙선관위]

제65조(선거공보) 〈모든 선거〉

① 후보자(대통령선거에 있어서 정당추천 후보자와 **비례대표 국회의원선거** 및 **비례대표 지방의회의원선거**의 경우에는 **그 추천 정당**을 말한다. 이하 이 조에서 같다)는 선거운동을 위하여 **책자형 선거공보 1종(대통령선거에서는 전단형 선거공보 1종을 포함한다)**을 작성할 수 있다. 이 경우 **비례대표 국회의원선거** 및 **비례대표 지방의회의원선거**에서는 중앙선거관리위원회 규칙으로 정하는 바에 따라 해당 정당이 추천한 **후보자 모두의 사진·성명·학력·경력을 게재하여야 한다.** [○ 9급 23]

> **기출체크**
>
> ❶ 비례대표 국회의원선거에 있어서 비례대표 국회의원 추천 정당은 선거운동을 위하여 책자형 선거공보 1종과 전단형 선거공보 1종을 작성할 수 있다. [× 9급 21]
> ❷ 비례대표 국회의원선거의 경우 후보자의 추천 정당은 선거운동을 위하여 책자형 선거공보 1종을 작성할 수 있다. [○ 7급 19]

② 제1항의 규정에 따른 **책자형 선거공보는**

　대통령선거에 있어서는 16면 이내로,

　국회의원선거 및 **지방자치단체의 장선거에 있어서는 12면** 이내로,

　지방의회의원선거에 있어서는 8면 이내로 작성하고,

　전단형 선거공보는 **1매(양면에 게재할 수 있다)**로 작성한다. [○ 7급 19]

조문정리

⟨선거별 홍보물 면수⟩

구 분	대통령	국회의원	시·도지사	구·시·군의 장	지방의원
예비후보자 홍보물(§60의3) – 규칙	16	8	8	8	8
예비후보자 공약집(§60의4)	제한없음		제한없음	제한없음	
선거공보(§65)	16	12	12	12	8
선거공약서(§66)	32		16	12	
정강·정책 홍보물(§138)	16	8	8	8	8

③ 제1항의 규정에 따른 **책자형** 선거공보의 수량은

　당해 선거구 안의 **세대수**와 **예상 거소투표 신고인 수** 및

　제5항⟨군인, 경찰⟩에 따른 **예상신청자 수**를 합한 수에 상당하는 수 이내로,

　전단형 선거공보의 수량은 당해 선거구 안의 **세대수**에 상당하는 수 이내로 한다.

> **심화학습**
>
> · 책자형 선거공보 수량: 세대수 + 예상 거소투표 신고인 수 + 사전투표가능 선거인 중 군인·경찰의 책자형 선거공보 발송 예상신청자 수
> · 전단형 선거공보 수량: 투표안내문과 함께 매 세대에만 발송

④ **후보자**는 제1항의 규정에 따른 선거공보 외에 시각장애선거인

　(선거인으로서 「장애인복지법」 제32조에 따라 등록된 시각장애인을 말한다.

　이하 이 조에서 같다)을 위한 선거공보(이하 "**점자형 선거공보**"라 한다) 1종을

　제2항에 따른 **책자형** 선거공보의 **면수의 두 배 이내**에서 작성할 수 있다.

　다만, **대통령선거·지역구 국회의원선거** 및 **지방자치단체의 장선거의 후보자는**

점자형 선거공보를 작성·제출하여야 하되, 〈의무적 작성〉

[국회의원선거, 지방의회의원선거의 후보자(×) 7급 23]
[지역구 지방의회의원선거의 후보자 의무 작성·제출(×) 9급 24]

책자형 선거공보에 그 내용이 음성·점자 등으로 출력되는 **인쇄물 접근성 바코드를 표시하는 것으로 대신할 수 있다.** [○ 9급 23, 7급 19]

심화학습

- 점자형 선거공보 제작 면수를 책자형 선거공보 면수의 두 배 이내에서 작성할 수 있도록 하여 장애인의 선거권 보장을 강화하였다.

기출체크

❶ 지역구 지방의회의원선거의 후보자는 선거공보 외에 시각장애선거인을 위한 선거공보 1종을 작성하여야 하며, 점자형 선거공보에 그 내용이 음성·점자 등으로 출력되는 인쇄물 접근성 바코드를 표시하는 것으로 대신할 수 있다. [×(점자형 선거공보의 작성이 임의사항) 9급 21]

❷ 대통령선거·지역구 국회의원선거 및 지방자치단체의 장선거에서, 점자형 선거공보를 책자형 선거공보의 면수 이내에서 의무적으로 작성하도록 하면서, 책자형 선거공보에 내용이 음성으로 출력되는 전자적 표시가 있는 경우에는 점자형 선거공보의 작성을 생략할 수 있도록 규정한 「공직선거법」 조항 중 '대통령선거·지역구 국회의원선거 및 지방자치단체의 장선거' 부분은 청구인들의 선거권을 침해하지 않는다.(헌재 2016. 12. 29. 2016헌마548) [○ 9급 19]

❸ 대통령선거·지역구 국회의원선거 및 지방자치단체의 장선거에서 책자형 선거공보에 그 내용이 음성으로 출력되는 전자적 표시를 함으로써 점자형 선거공보의 작성·제출을 생략할 수 있도록 하는 것은 시각장애선거인의 평등권을 침해한 것이 아니다.(헌재 2016. 12. 29. 2016헌마548) [○ 7급 17]

⑤ 사전투표소에서 투표할 수 있는 선거인 중

법령에 따라 **영내 또는 함정에 장기 기거하는 군인**이나 **경찰공무원**은

선거인명부 작성기간 중 관할 구·시·군선거관리위원회에

자신의 거주지로 책자형 선거공보를 발송해 줄 것을

서면이나 중앙선거관리위원회 홈페이지를 통하여 **신청할 수 있다.** [○ 7급 23, 9급 21·19]
[구·시·군선거관리위원회의 홈페이지(×) 7급 19]

이 경우 부대장·경찰관서의 장은 선거인명부 작성기간 개시일 전일까지
소속 군인·경찰공무원에게 선거공보의 발송 신청을 할 수 있다는 사실을 알려야 한다.

심화학습

- 책자형 선거공보 발송 신청방법
  ① 관할 구·시·군선관위에: 서면
  ② 중앙선관위에: 홈페이지(신청 창구 일원화)
- 이 조항은 사전투표제도가 도입되면서 후보자정보 접근이 제한된 군인·경찰공무원의 사전투표를 위한 알권리 보장을 위해 신설하였고, 2015. 8. 13. 개정 시에는 부대장·경찰관서의 장이 소속 군인·경찰공무원에게 알릴 의무를 부과하였다.

⑥ 선거공보의 **제출**과 **발송**은 다음 각 호에 따른다.
   1. **대통령**선거
      가. **책자형** 선거공보(**점자형** 선거공보를 포함한다):
         후보자가 후보자등록 마감일 후 6일
         (제51조에 따른 **추가등록**의 경우에는 **추가등록 마감일 후 2일**)까지
         배부할 지역을 관할하는 구·시·군선거관리위원회에 제출하고
         당해 선거관리위원회가 이를 확인하여
         관할 구역 안의 매 세대에는 **제출마감일 후 3일**까지,
         제5항에 따른 **발송신청자**〈군인·경찰〉에게는
         선거일 전 10일까지 각각 우편으로 발송하고,
         거소투표 신고인 명부에 올라 있는 선거인에게는
         제154조〈거소투표자에 대한 투표용지의 발송〉에 따라 **거소투표용지를**
         발송하는 때〈선거일 전 10일까지 발송〉에 동봉하여 **발송한다**.
      나. **전단형** 선거공보:
         후보자가 후보자등록 마감일 후 10일까지
         배부할 지역을 관할하는 구·시·군선거관리위원회에 제출하고
         당해 선거관리위원회가 이를 확인하여
         제153조(투표안내문의 발송)의 규정에 따른 투표안내문을
         발송하는 때에 이를 동봉하여 발송한다.
         이 경우 **선거인명부 확정결과**
         책자형 선거공보를 발송하지 아니한 세대가 있는 때에는
         그 세대에 이를 **전단형 선거공보와 함께 추가로 발송하여야 한다.**
   2. **국회의원선거, 지방자치단체의 의회의원 및 장의 선거:**
      후보자가 후보자등록 마감일 후 7일까지
      배부할 지역을 관할하는 구·시·군선거관리위원회에 **제출**하고
      해당 선거관리위원회가 이를 확인하여
      제5항에 따른 **발송신청자**〈군인·경찰〉에게는
      선거일 전 10일까지 우편으로 발송하고,
      매 세대에는 제153조에 따라 **투표안내문을 발송하는 때**에,
      거소투표 신고인 명부에 올라 있는 선거인에게는 제154조에 따라
      거소투표용지를 발송하는 때에 각각 동봉하여 발송한다.

조문정리

〈선거공보 제출·발송의 시기·방법 등〉

구 분		제 출(배부지역 관할 구·시·군위원회에)		발 송
책자형 선거공보 (16, 12, 8면 이내)	대통령선거	후보자등록 마감일 후 6일 (추가등록 마감일 후 2일)까지	발송신청자	선거일 전 10일까지 우편발송
			매 세대	제출마감일 후 3일까지 우편발송
			거소	거소투표용지 발송 시 동봉 발송
	기타선거	후보자등록 마감일 후 7일까지	발송신청자	선거일 전 10일까지 우편발송
			매 세대	투표안내문 발송 시 동봉 발송
			거소	거소투표용지 발송 시 동봉 발송
전단형 선거공보 (대선, 1매 양면)		후보자등록 마감일 후 10일까지	매 세대	투표안내문 발송 시 동봉 발송 ⇒ 책자형 미발송 세대 추가 발송

· 대통령선거 책자형의 경우 선거인명부 확정 전에 발송하므로 명부확정 결과 책자형 미발송 세대가 있는 경우 전단형과 함께 추가로 발송(추가발송이 강행규정)

⑦ **구·시·군의 장**은 제4항의 규정에 따른 **시각장애선거인과 그 세대주의 성명·주소를 조사하여 선거기간 개시일 전 20일까지 관할 구·시·군선거관리위원회에 통보하여야 한다.** [O 7급 23]

⑧ **대통령선거, 지역구 국회의원선거, 지역구 지방의회의원선거 및 지방자치단체의 장선거에서** 〈비례대표 선거는 제외〉 **책자형 선거공보(점자형 선거공보를 포함한다)를 제출하는 경우에는** 중앙선거관리위원회 규칙으로 정하는 바에 따라 다음 각 호에 따른 내용(이하 이 조에서 "후보자정보 공개자료"라 한다)을 **그 둘째 면에 게재하여야 하며,** 후보자정보 공개자료에 대하여 소명이 필요한 사항은 **그 소명자료를 함께 게재할 수 있다.** [O 9급 24]
이 경우 그 둘째 면에는 후보자정보 공개자료와 그 소명자료만을 게재하여야 하며, **점자형 선거공보에 게재하는 후보자정보 공개자료의 내용은 책자형 선거공보에 게재하는 내용과 똑같아야** 한다. [O 9급 24]

1. **재산상황:**
   후보자, 후보자의 배우자 및 직계존·비속 (혼인한 딸과 외조부모 및 외손자녀를 제외한다. [혼인한 딸을 포함한다(×) 9급 21]
   이하 제3호〈납세실적〉에서 같다)의 각 **재산총액**

2. **병역사항:**
   후보자 및 후보자의 직계비속의 군별·계급·복무기간·복무분야·병역처분사항 및 병역처분사유

[「공직자 등의 병역사항 신고 및 공개에 관한 법률」
제8조(신고사항의 공개) 제3항의 규정에 따라
질병명 또는 심신장애내용의 비공개를 요구하는 경우에는 이를 제외한다]

3. **최근 5년간 소득세·재산세·종합부동산세 납부 및 체납실적**:
후보자, 후보자의 배우자 및 직계존·비속〈혼인한 딸, 외조부모 및 외손자녀 제외〉
의 연도별 **납부액**, 연도별 **체납액**
(**10만 원 이하 또는 3월 이내의 체납은 제외한다**) 및
완납시기[제49조(후보자등록 등) 제4항 제4호의 규정에 따라
제출한 원천징수 소득세를 포함하되,
증명서의 **제출을 거부한** 후보자의 **직계존속의** 납부 및 **체납실적은 제외한다**]

4. **전과기록**:
죄명과 그 형 및 확정일자 〈규칙: 벌금 100만 원 이상 죄명, 형의 종류·확정일자〉

5. **직업·학력·경력 등 인적사항**:
후보자등록신청서에 기재된 사항

기출체크

❶ 대통령선거에서 책자형 선거공보를 제출하는 경우에는 중앙선거관리위원회 규칙으로 정하는 바에 따라 선거공보 둘째 면에 게재하여야 할 사항에 해당하는 것은? ⇒ §65⑧
① 혼인한 딸의 재산상황
② 후보자 직계존속의 병역처분사항
③ 후보자·배우자의 최근 5년간 재산세 납부실적
④ 후보자의 「도로교통법」상 범칙금 납부내역

[③ ○, ①②④ × 9급 15]

❷ 대통령선거에서 후보자의 책자형 선거공보에는 재산상황, 병역사항, 최근 5년간 세금 납부 및 체납실적, 전과기록, 직업·학력·경력 등 인적사항을 게재하여야 한다.

[○ 7급 15]

⑨ 후보자가 제13항에 따라 공고한 **책자형 선거공보** 제출수량의
전부 또는 일부를 제출하지 아니하는 때에는
후보자정보 공개자료를 별도로 작성하여
제6항에 따라 책자형 선거공보의 **제출마감일까지 제출하여야 하며,**
제출받은 후보자정보 공개자료는
제6항에 따라 **책자형 선거공보를 발송하는 때에 함께 발송**한다.
이 경우 **별도로 작성한 후보자정보 공개자료를**
그 제출마감일까지 제출하지 못한 정당한 사유가 있는 때에는
책자형 선거공보의 발송 전까지 이를 제출할 수 있다.

> **심화학습**
>
> · 정당한 사유 없이 후보자정보 공개자료 미제출 시는 등록무효 사유가 된다.(§52①11)

> **기출체크**
>
> 대통령선거에서 후보자가 책자형 선거공보 제출수량의 전부 또는 일부를 배부할 지역을 관할하는 구·시·군선거관리위원회에 제출하지 않은 경우에는 후보자정보 공개자료를 별도로 작성하여 제출하여야 한다. [O 7급 15]

⑩ 제1항의 규정에도 불구하고
　관할 **선거구** 선거관리위원회는 후보자로 하여금 **책자형 선거공보 원고를**
　제49조의 규정에 따라 후보자등록을 신청하는 때에
　당해 선거관리위원회가 제공하는 서식에 따라 컴퓨터의 **자기디스크**
　그 밖에 이와 유사한 **매체**에 **기록**하여 **제출**하게 하거나
　당해 선거관리위원회가 지정하는 **인터넷 홈페이지**에 **입력**하는 방법으로
　제출하게 한 후 제150조(투표용지의 정당·후보자의 게재순위 등)의 규정에 따라
　투표용지에 게재할 후보자의 **기호 순**에 따라
　선거공보를 1책으로 작성하여 발송할 수 있다.
　이 경우 선거공보의 **인쇄비용**은 후보자가 **부담**하여야 한다.

⑪ 후보자가 **시각장애선거인**에게 제공하기 위하여 책자형 선거공보의 내용을
　음성·점자 등으로 출력되는 **디지털 파일로 전환**하여 **저장한 저장매체를**
　책자형 선거공보(점자형 선거공보를 포함한다)와 같이 **제출하는 경우**
　배부할 지역을 관할하는 구·시·군선거관리위원회는
　이를 **함께 발송**하여야 한다. [O 9급 24, 7급 23]

> **심화학습**
>
> · 후보자가 책자형 선거공보의 내용을 음성·점자 등으로 출력되는 디지털 파일로 전환하여 저장한 저장매체를 같이 제출할 수 있도록 하여 장애인의 선거권 보장을 강화하였다.

⑫ 구·시·군선거관리위원회는 제8항을 위반하여
　책자형 선거공보(점자형 선거공보는 **제외**한다. 이하 이 항에서 같다)에
　후보자정보 공개자료를 게재하지 아니하거나,
　책자형 선거공보의 **둘째 면이 아닌 다른 면**
　(둘째 면이 부족하여 셋째 면에 **연이어 게재**한 경우는 **제외**한다)에
　후보자정보 공개자료를 **게재하거나**,
　그 **둘째 면**에 후보자정보 공개자료와 그 소명자료 외의 **다른 내용**을 **게재하거나**,
　선거공보의 **규격·제출기한**을 위반한 때에는 이를 **접수하지 아니한다**.

> **심화학습**
>
> · 선거공보 접수 불가 사유
>   ① 제출마감일까지 미제출
>   ② 규격을 넘는 때
>   ③ 후보자정보 공개자료 관련 위반행위 시
>   - 후보자정보 공개자료 미기재
>   - 2면이 아닌 다른 면에 게재(2면이 부족하여 3면에 연이어 게재는 가능)
>   - 2면에 후보자정보 공개자료와 그 소명자료 외의 다른 내용 게재

⑬ 제64조 제2항 후단부터 제8항까지의 규정은 선거공보에 이를 **준용**한다. 이 경우 "선거벽보"는 "선거공보"로, "첩부하지 아니할 지역"은 "발송하지 아니할 대상 및 지역"으로, "첩부"는 "발송"으로, "규격을 넘거나 미달하는"은 "규격을 넘는"으로, "경력·학력·학위·상벌(이하 "경력 등"이라 한다)"은 "경력 등이나 후보자정보 공개자료"로 본다.

> **준용조문**
>
> **제64조(선거벽보)** ② … 이 경우 선거공보의 일부를 제출하지 아니할 때에는 선거공보를 발송하지 아니할 대상 및 지역(투표구를 단위로 한다)을 지정하여 선거공보의 제출 시에 서면으로 신고하여야 하되, 선거공보를 발송하지 아니할 대상 및 지역을 신고하지 아니한 때에는 해당 구·시·군선거관리위원회가 그 지역을 지정한다.
> ③ 관할 선거구 선거관리위원회는 제2항에 따라 후보자가 작성하여 보관 또는 제출할 선거공보의 수량을 선거기간개시일 전 10일까지 공고하여야 한다. 이 경우 중앙선거관리위원회 규칙으로 정하는 바에 따라 일정한 수량을 가산할 수 있다.
> ④ 후보자가 제2항에 따른 제출마감일까지 선거공보를 제출하지 아니한 때와 규격을 넘는 선거공보를 제출한 때에는 그 선거공보는 발송하지 아니한다.
> ⑤ 제2항에 따라 제출된 선거공보는 정정 또는 철회할 수 없다. 다만, 후보자는 선거공보에 게재된 후보자의 성명·기호·소속 정당명과 경력 등이나 후보자정보 공개자료가 거짓으로 게재되어 있거나 이 법에 위반되는 내용이 게재되어 있음을 이유로 해당 선거구 선거관리위원회에 서면으로 정정 또는 삭제를 요청할 수 있으며, 그 요청을 받은 선거구 선거관리위원회는 제2항에 따른 선거공보 제출마감까지 그 내용을 정정 또는 삭제하게 할 수 있다. 이 경우 해당 내용을 정정 또는 삭제하는 외에 새로운 내용을 추가하거나 종전의 배열방법·색상·규격 등을 변경할 수 없다.
> ⑥ 누구든지 선거공보의 내용 중 경력 등이나 후보자정보 공개자료에 관한 거짓 사실의 게재를 이유로 이의제기를 하는 때에는 해당 선거구 선거관리위원회를 거쳐 직근 상급선거관리위원회에 서면으로 하여야 하고, 이의제기를 받은 상급선거관리위원회는 후보자와 이의제기자에게 그 증명서류의 제출을 요구할 수 있으며, 그 증명서류의 제출이 없거나 거짓 사실임이 판명된 때에는 그 사실을 공고하여야 한다.
> ⑦ 관할 선거구 선거관리위원회는 제1항의 선거공보에 다른 후보자, 그의 배우자 또는 직계존·비속이나 형제자매의 사생활에 대한 사실을 적시하여 비방하는 내용이 이 법에 위반된다고 인정하는 때에는 이를 고발하고 공고하여야 한다.
> ⑧ 선거공보를 인쇄하는 인쇄업자는 제3항의 선거공보의 수량 외에는 이를 인쇄하여 누구에게도 제공할 수 없다.

⑭ 선거공보의 규격·작성·제출·확인·발송 및 공고, 책자형 선거공보의 발송신청 양식, 후보자정보 공개자료의 게재방법과 선거공보의 원고 및 인쇄비용의 산정·납부 그 밖에 필요한 사항은 중앙선거관리위원회 규칙으로 정한다.

> **보충개념**

○ '금고 이상 형의 범죄경력 공개'의 취지

　헌법 제24조는 "모든 국민은 법률이 정하는 바에 의하여 선거권을 가진다."고 규정하고 있으며, 원칙적으로 간접민주정치를 채택하고 있는 우리나라에서 이처럼 공무원을 선거하는 권리는 국민의 참정권 중 가장 중요한 기본적 권리라고 할 것이므로, 그러한 선거권의 행사를 위하여는 그 전제로 충분한 정보가 제공되어야 함. 즉 후보자가 누구인지, 후보자의 정견은 무엇인지, 정당의 정책과 공약은 무엇인지 등에 대한 충분한 정보가 있어야 선거권을 공정하게 행사할 수 있음. 나아가 공직선거 후보자의 도덕성, 청렴성 및 자질 등은 선거권자가 후보자의 공직적합성을 판단하는 데 가장 중요한 요소 중의 하나이므로 선거권자에게 후보자의 객관적이고 사실적인 범죄관련 이력을 제공하여 줄 필요성도 매우 큼. 따라서 후보자의 실효된 형까지 포함한 금고 이상의 형의 범죄경력을 공개함으로써 국민의 알 권리를 충족하고 공정하고 정당한 선거권 행사를 보장하고자 하는 후보자정보공개제도의 입법목적은 정당하다 할 것임.[헌재 2008. 4. 24. 2006헌마 402, 531(병합)]

　⇒ 2014. 2. 13. 법 개정 시 제49조 제4항 제5호의 '전과기록'이 '금고 이상의 형(제18조 제1항 제3호의 규정된 죄의 경우에는 100만 원 이상의 벌금형 포함)'에서 '벌금 100만 원 이상의 형'으로 확대되었음.

○ 비례대표 후보자의 선거공보를 후보자 개인이 아닌 추천 정당이 일괄 작성하도록 하고 있는 이유

　비례대표 시·도의원 후보자의 당선 여부는 추천 정당이 얼마나 많은 득표를 하는지에 달려 있으므로 비례대표 시·도의원선거는 정당에 대한 선거로서의 성격이 강함. 물론 비례대표 시·도의원선거에 있어서 비례대표 시·도의원 후보자가 중요한 이해관계자이기는 하나, 비례대표 시·도의원 후보자명부를 추천 정당에서 일방적으로 작성하고 추천 정당의 득표율에 따라 후보자의 당선 여부가 결정되는 비례대표 시·도의원선거에 있어서 가장 밀접한 이해관계를 가지고 있는 것은 추천 정당임. 이와 같은 비례대표 시·도의원선거의 성격과 추천 정당의 이해관계를 고려하면, 비례대표 시·도의원 후보자의 선거공보는 정당 차원의 전략에 따라 작성되어야 하고, 후보자 개개인의 이해득실을 고려하기보다는 추천 정당의 전체적인 이해득실을 고려하여 선거공보의 내용을 결정하여야 하는 것임. 따라서 이러한 방식으로 비례대표 시·도의원 후보자의 선거공보를 작성하도록 하기 위하여 추천 정당이 주체가 되어 선거공보를 작성하도록 한 위 공직선거법 제65조 제1항은 합리적인 규정이라 할 것임. 그리고 추천 정당이 비례대표 시·도의원 후보자의 선거공보를 작성한다고 하더라도 그 선거공보를 작성하는 과정에서 비례대표 시·도의원 후보자가 상당한 정도 관여할 수 있는 이상, 후보자가 개별적으로 선거공보를 작성할 수 없다고 하여 선거공보 작성을 통해 선거운동을 할 수 있는 자유가 지나치게 제한되었다고 볼 수도 없음.(헌재 2011. 3. 31. 2010헌마314)

[2019 공직선거법규운용자료 2권 175쪽, 중앙선관위]

제66조(선거공약서)

① **대통령선거 및 지방자치단체의 장선거의 후보자**　　　　　　　　[국회의원선거 후보자(×) 7급 14]
[비례대표 지방의회의원선거에서(×) 9급 23]

　　(대통령선거에 있어서 정당추천 후보자의 경우에는 그 **추천 정당**을 말한다.
　　이하 제2항 및 제5항을 제외하고 이 조에서 같다)는
　　선거운동을 위하여 **선거공약** 및 그 **추진계획**을 게재한 인쇄물
　　(이하 "**선거공약서**"라 한다) 1종을 작성할 수 있다.

② 선거공약서에는 선거공약 및 이에 대한 추진계획으로 각 사업의 목표·
　　우선순위·이행절차·이행기한·재원조달방안을 **게재**하여야 하며,
　　다른 정당이나 후보자에 관한 사항을 게재할 수 없다.
　　이 경우 후보자의 **성명·기호**와 **선거공약** 및 그 **추진계획**에 관한 사항 외의
　　후보자의 **사진·학력·경력**, 그 밖에 홍보에 필요한 사항은
　　제3항에 따른 면수 중 **1면 이내**에서 게재할 수 있다.　　　　　　　　[○ 9급 23]

조문정리

〈선거공약 게재 면수 등〉

구 분	선거공약 등 게재 면수	게재 금지 규정
예비후보자 홍보물(§60의3)	전체면수의 50% 이상	공약게재 면에는 다른 정당이나 후보자가 되려는 자에 관한 사항 불가
예비후보자 공약집(§60의4)	홍보사항 10% 이하	다른 정당이나 후보자가 되려는 자에 관한 사항 불가
선거공보(§65)	제한 없음	제한 없음
선거공약서(§66)	홍보사항 1면 이내	다른 정당이나 후보자에 관한 사항 불가
정책공약집(§138의2)	제한 없음	후보자 및 다른 정당에 관한 사항 불가

③ 선거공약서는 **대통령**선거에 있어서는 **32면 이내**로,
  시·도지사선거에 있어서는 **16면 이내**로,
  자치구·시·군의 장선거에 있어서는 **12면 이내**로 작성한다. [○ 9급 21, 7급 16]

[대통령선거 36면 이내, 시·도지사선거 24면 이내(×) 7급 23]

④ **선거공약서의 수량**은 해당 **선거구 안에 있는**
  세대수의 100분의 10에 해당하는 수 이내로 한다. [○ 7급 23·16]

심화학습

· 선거공약서 수량은 예비후보자 홍보물과 같이 선거구 안 세대수의 10% 이내로 제한된다.

⑤ 후보자와 그 가족, 선거사무장, 선거연락소장, 선거사무원, 회계책임자 및
  후보자와 함께 다니는 활동보조인은 선거공약서를 배부할 수 있다.
  다만, 우편발송(점자형 선거공약서〈가능〉는 제외한다)·호별방문이나
  살포(특정 장소에 비치하는 방법〈불가〉을 포함한다)의 방법으로
  선거공약서를 배부할 수 없다. [○ 7급 24·23·16]

⑥ 후보자가 선거공약서를 **배부하고자 하는 때**에는
  배부일 전일까지 2부를 첨부하여
  작성수량·작성비용 및 배부방법 등을
  관할 선거구 선거관리위원회에 서면으로 **신고**하여야 하며,
  배부 전까지 배부할 지역을 관할하는 구·시·군선거관리위원회에
  각 2부를 제출하여야 한다. [○ 7급 24·23]

[중앙선거관리위원회는(×) 7급 24]

⑦ **관할 선거구** 선거관리위원회는
  선거공약서를 선거관리위원회의 인터넷 **홈페이지에 게시**하는 등
  선거구민이 알 수 있도록 이를 공개할 수 있으며,
  당선인 결정 후에는

당선인의 선거공약서를 그 임기만료일까지 [그 임기개시일까지(×) 7급 24]
**선거관리위원회의 인터넷 홈페이지 또는 중앙선거관리위원회가 지정하는
인터넷 홈페이지에 게시할 수 있다.** [게시하여야 한다(×) 7급 16]
이 경우 후보자로 하여금 그 **전산자료 복사본**을 제출하게 하거나
그 **내용**을 **요약**하여 **제출**하게 할 수 있다.

⑧ 제64조 제3항〈수량 공고〉·제8항〈초과인쇄 제공금지〉 및 제65조 제4항(단서는 제외한다)〈점자선거공보 작성〉은 선거공약서에 관하여 각각 이를 **준용**한다. 이 경우 "선거벽보" 또는 "책자형 선거공보"는 "선거공약서"로, "작성하여 보관 또는 제출할"은 "작성할"로, "점자형 선거공보"는 "점자형 선거공약서"로 보며, 점자형 선거공약서는 선거공약서와 같은 종류로 본다. [○ 7급 24]

> **심화학습**
> · 선거공약서는 허위사실 게재에 따른 이의제기 대상이 아니다(선거벽보, 선거공보만 대상).

⑨ 선거공약서의 규격, 작성근거 등의 표시, 신고 및 제출 그 밖의 필요한 사항은 중앙선거관리위원회 규칙으로 정한다.

📢 제67조(현수막) 〈비례대표선거 제외〉

① **후보자**(**비례대표** 국회의원 후보자 및 비례대표 지방의회의원 후보자를 **제외**하며, **대통령**선거에 있어서 정당추천 후보자의 경우에는 그 **추천 정당**을 말한다)는 선거운동을 위하여 해당 **선거구 안의 읍·면·동**(제148조 제1항 제2호〈읍·면·동이 설치·폐지·분할·합병되어 관할구역의 총 읍·면·동의 수가 줄어든 경우〉에 해당하는 경우에는 설치·폐지·분할·합병 직전의 읍·면·동을 말한다)**수의 2배 이내의 현수막을 게시할 수 있다.** 〈개정 22. 1. 21.〉
[비례대표 지방의회의원 후보자의 현수막 선거운동(×) 9급 14]

> **기출체크**
> ❶ 비례대표 국회의원선거의 후보자는 선거운동을 위하여 현수막을 게시할 수 없다. [○ 7급 19]
> ❷ 지역구 국회의원선거와 비례대표 국회의원선거에서 각 후보자 1인이 게시할 수 있는 선거운동을 위한 현수막의 개수는 동일하다. [×(비례대표선거는 현수막 선거운동 불가) 7급 17]

② 삭제
③ 제1항의 현수막의 규격 및 게시방법 등에 관하여 필요한 사항은 중앙선거관리위원회 규칙으로 정한다.

제68조(어깨띠 등 소품) 〈모든 선거〉

① 후보자와 그 배우자
(배우자 대신 후보자가 그의 직계존·비속 중에서 신고한 1인을 포함한다),
선거사무장, 선거연락소장, 선거사무원,
후보자와 함께 다니는 활동보조인 및 회계책임자는 선거운동기간 중
후보자의 사진·성명·기호 및 소속 정당명, 그 밖의 홍보에 필요한 사항을 게재한
어깨띠나 중앙선거관리위원회 규칙으로 정하는 규격 또는 금액 범위의
윗옷·표찰·수기·마스코트, 그 밖의 소품(이하 "소품 등"이라 한다)을
붙이거나 입거나 지니고 선거운동을 할 수 있다.

> **심화학습**
> · 예비후보자 선거운동 시에는 예비후보자만이 어깨띠 착용이 가능하다.

② **선거운동을 할 수 있는 사람**은 선거운동기간 중
중앙선거관리위원회 규칙으로 정하는 규격 범위의
소형의 소품 등을 **본인의 부담**으로 제작 또는 구입하여
몸에 붙이거나 지니고 선거운동을 할 수 있다.

> **기출체크**
> 선거운동기간 중 어깨띠 등 표시물을 사용한 선거운동을 금지한 「공직선거법」 제68조 제2항은 과잉금지원칙에 반하여 정치적 표현의 자유를 침해한다.(헌재 2022. 7. 21. 2017헌가4) [O 9급 23]

③ 제1항 및 제2항에 따른 어깨띠의 규격 또는 그 밖에 필요한 사항은
중앙선거관리위원회 규칙으로 정한다.

제69조(신문광고) 〈대통령, 비례대표 국회의원, 시·도지사선거〉

① 선거운동을 위한 신문광고는 후보자
(대통령선거에 있어서 정당추천 후보자와 비례대표 국회의원선거의 경우에는
후보자를 추천한 **정당**을 말한다. 이하 이 조에서 같다)가 다음 각 호에 의하여
선거기간 개시일부터 선거일 전 2일까지
소속 정당의 정강·정책이나 후보자의 정견, **정치자금 모금(대통령선거**에 한한다)
[비례대표 국회의원선거에서 정치자금 모금 홍보(×) 7급 21]
기타 홍보에 필요한 사항을 「신문 등의 진흥에 관한 법률」 제2조(정의) 제1호
가목 및 나목에 따른 **일간신문**에 **게재**할 수 있다.
이 경우 일간신문에의 광고횟수의 계산에 있어서는 **하나의 일간신문**에
1회 광고하는 것을 1회로 본다.

> **심화학습**
>
> • 본 조의 신문광고는 일간신문에 선거일 전 2일까지만 가능하다(선거운동기간 중의 예외).

> **기출체크**
>
> ❶ 후보자를 추천한 정당은 선거기간 개시일부터 선거일 전일까지 소속 정당의 정강·정책이나 후보자의 정견 등을 전국에 걸쳐 알리기 위하여 신문광고, 방송광고, 경력방송과 인터넷광고를 통한 선거운동을 할 수 있다.
> [×(신문광고는 선거기간 개시일부터 선거일 전 2일까지) 7급 19]
>
> ❷ 후보자는 선거기간 개시일부터 선거일 전 2일까지 신문광고를 할 수 있으며, 대통령선거의 경우에는 정치자금 모금을 위한 신문광고를 일간신문에 게재할 수 있다. [○ 7급 13]

1. **대통령**선거:

    총 **70회** 이내

2. **비례대표 국회의원**선거:

    총 **20회** 이내.

3. **시·도지사**선거:

    총 **5회** 이내

    다만, **인구 300만**을 넘는 시·도에 있어서는

    300만을 넘는 매 100만까지마다 1회를 더한다.

> **심화학습**
>
> • 서울시 인구가 1선만 명인 경우: 기본 5회 + 가산 7회 = 합계 12회 가능

② 제1항의 광고에는 **광고근거**와 **광고주명**을 표시하여야 한다.

③ **시·도지사선거**에 있어서 **같은 정당의 추천을 받은 2인 이상**의 후보자는 **합동**으로 광고를 할 수 있다. [합동으로 광고를 할 수는 없다(×) 7급 13]

　　이 경우 **광고횟수**는 해당 후보자가 **각각 1회**의 광고를 한 것으로 보며,

　　그 **비용**은 해당 후보자 간의 **약정에 의하여 분담**하되,

　　그 분담내역을 **광고계약서에 명시**하여야 한다.

④ 삭제

⑤ 후보자가 광고를 하고자 하는 때에는 **광고 전에**

　　이 법에 의한 광고임을 인정하는

　　관할 선거구 선거관리위원회의 **인증서를 교부받아 광고를 하여야 하며**, [○ 7급 13]

　　일간신문을 경영·관리하는 자 또는 광고업무를 담당하는 자는

　　인증서가 첨부되지 아니한 후보자의 광고를 게재하여서는 아니 된다.

심화학습

- 신문광고 게재 인증서 교부대상: §69(신문광고)와 §137(정강·정책 신문광고) 2종
- §70(방송광고), §82의7(인터넷광고)은 인증서 교부제도가 없다.

⑥ 삭제, ⑦ 삭제
⑧ 제1항의 규정에 의한 신문광고를 게재하는 일간신문을 경영·관리하는 자는 그 광고비용을 산정함에 있어 **선거기간** 중에 같은 **지면**에 같은 **규격**으로 게재하는 상업·문화 기타 각종 광고의 요금 중 **최저요금**을 초과하여 후보자에게 청구하거나 받을 수 없다.
⑨ 인증서의 서식, 광고근거의 표시, 그 밖에 필요한 사항은 중앙선거관리위원회 규칙으로 정한다.

조문정리

〈신문·방송·인터넷광고 비교〉

구 분	신문광고(§69)	방송광고(§70)	인터넷광고(§82의7)
대상선거 및 광고주체	• 대선, 비례대표 국선, 시·도지사선거 • 정당(대선, 비례대표 국선), 대선 무소속 후보자	좌 동	• 모든 선거 • 정당(대선, 비례선거), 후보자
광고시기	선거기간 개시일부터 **선거일 전 2일**까지 ⇒ 선거운동기간이 아님	선거운동기간 중	선거운동기간 중
규 격 (광고시간)	제한 없음	1회 1분 초과 금지	제한 없음
게재내용	• 소속 정당의 정강·정책, 후보자 정견 • **대선 시 정치자금 모금** • 기타 홍보에 필요한 사항	• 소속 정당의 정강·정책, 후보자 정견 • 기타 홍보에 필요한 사항	제한 없음. 선거운동에 필요한 사항 모두 게시 가능
광고매체	일간신문	TV, 라디오방송시설	인터넷언론사의 인터넷 홈페이지
광고횟수	• 대선 70, 비례대표 국선 20 • 시·도지사선거는 5회. 인구 300만 초과 시 매 100만마다 1회 가산	TV, 라디오방송별 • 대선: 각 30 • 비례대표 국선: 각 15 • 시·도지사: 각 5(지역방송시설)	제한 없음
광고절차	인증서교부 ⇒ 광고계약	광고계약 ⇒ 선관위통보 (방송·방영일 전일까지 계약서사본 첨부) ⇒ 인증서 교부 없음 ⇒ 통보주체는 방송시설 경영자	광고계약 ⇒ 인증서 교부 없음
광고위치	제한 없음	좌 동	좌 동

구 분	신문광고(§69)	방송광고(§70)	인터넷광고(§82의7)
합동광고	시·도지사선거의 같은 정당추천 후보자끼리 (분담내역 계약서 명시)	없 음	선거 제한 없이 같은 정당추천 후보자끼리 (분담내역 계약서 명시)
광고요금	최저요금	좌 동	제한 없음

- TV·라디오방송: 무선국 및 종합유선방송국(종합편성 또는 보도전문편성의 방송채널사용사업자의 채널 포함)

제70조(방송광고) 〈대통령, 비례대표 국회의원, 시·도지사선거〉

① 선거운동을 위한 방송광고는 후보자
(**대통령**선거에 있어서 정당추천 후보자와 **비례대표** 국회의원선거의 경우에는 후보자를 추천한 **정당**을 말한다. 이하 이 조에서 같다)가 다음 각 호에 따라

[대통령선거에서 정당추천후보자가 직접(×) 7급 21]

선거운동기간 중
소속 정당의 **정강·정책**이나 후보자의 **정견** 그 밖의 홍보에 필요한 사항을
텔레비전 및 **라디오** 방송시설[「방송법」에 의한 방송사업자가 관리·운영하는
무선국〈일반 지상파방송국, 위성방송국을 말함〉 및
종합유선방송국(종합편성 또는 보도전문편성의 방송채널사용사업자의 채널을
포함한다)을 말한다. 이하 이 조에서 같다]을 이용하여 **실시할 수 있되**,
광고시간은 1회 1분을 초과할 수 없다.
이 경우 **광고횟수**의 계산에 있어서는 **재방송**을 **포함하되**,

[재방송을 포함하지 않는다(×) 9급 24, 7급 21]

**하나의 텔레비전 또는 라디오 방송시설을 선정하여 당해 방송망을
동시에 이용하는 것은 1회로 본다.** [○ 9급 17]

1. **대통령선거**:
   텔레비전 및 라디오 방송별로 **각 30회** 이내

기출체크

선거운동을 위한 방송광고를 하는 경우 대통령선거에 있어서 정당추천 후보자는 텔레비전 및 라디오 방송별로 각 30회 이내로 선거운동기간 중 소속 정당의 정강·정책이나 후보자의 정견 그 밖의 홍보에 필요한 사항을 텔레비전 및 라디오 방송시설을 이용하여 실시할 수 있다. [○ 9급 17]

2. **비례대표 국회의원선거**:
   텔레비전 및 라디오 방송별로 **각 15회** 이내
3. **시·도지사선거**:
   지역방송시설을 이용하여 텔레비전 및 라디오 방송별로 **각 5회** 이내

> **심화학습**
>
> · 선거운동을 할 수 있는 방송시설과 후보자 등의 방송연설을 중계방송할 수 있는 범위에 종합편성채널을 추가하였다.

② 삭제
③ 제1항의 규정에 의한 광고를 실시하는 **방송시설**의 **경영자**는
　방송광고의 **일시와 광고내용** 등을 중앙선거관리위원회규칙이 정하는 바에 따라
　관할 선거구 선거관리위원회에 **통보하여야 한다.**
④ 제1항의 방송광고는 「방송법」 제73조(방송광고 등) 제2항〈방송광고 종류·
　허용범위·시간·횟수·방법 등에 관한 규정〉 및 「방송광고판매대행 등에 관한 법률」
　제5조〈위탁 광고물 외의 방송광고 금지 규정〉의 규정을 **적용하지 아니한다.**
⑤ **방송시설**을 경영 또는 관리하는 자는 제1항의 방송광고를 함에 있어서
　방송시간대와 방송권역 등을 고려하여 **모든 후보자에게 공평하게** 하여야 하며,
　후보자가 신청한 방송시설의 **이용일시**가 서로 **중첩**되는 경우에
　방송일시의 조정은 **중앙선거관리위원회 규칙**이 정하는 바에 의한다.
⑥ **후보자**는 제1항의 규정에 의한 방송광고에 있어서
　청각장애선거인을 위한 **한국수화언어**(이하 "한국수어"라 한다)
　또는 **자막**을 방영할 수 있다.

> **심화학습**
>
> · 한국수어, 자막방영의 결정권자는 방송사가 아닌 후보자이다.

> **기출체크**
>
> ❶ 「공직선거법」상 선거방송에서 청각장애인을 위한 수화 및 자막방송을 할 수도 있고 안 할 수도 있는 단순한 재량사항으로 규율하고 있는 것은 수화 및 자막 등의 방영이 실시되지 않을 경우 차별취급이 존재하게 되고 이는 청각장애선거인의 참정권에 중대한 제한을 초래하게 되는 것이므로 평등원칙을 위반하는 것이다. [× 9급 20]
> ⇒ 심판대상조항이 입법자의 입법형성의 범위를 벗어난 것으로서 청구인들의 참정권, 평등권 등 헌법상 기본권을 침해하는 정도의 것이라고 볼 수 없다.(헌재 2009. 5. 28. 2006헌마285)
> ❷ 방송광고, 후보자 등의 방송연설, 방송시설주관 후보자연설의 방송, 선거방송토론위원회주관 대담·토론회의 방송에서 한국수화언어 또는 자막의 방영을 재량사항으로 규정한 「공직선거법」 조항은 청각장애인인 청구인의 선거권을 침해한다. [× 9급 24]
> ⇒ 선거권 및 평등권을 침해하지 아니한다.(헌재 2020. 8. 28. 2017헌마813)

⑦ 삭제
⑧ 제1항의 규정에 의한 방송광고를 행하는 방송시설을 경영·관리하는 자는
　그 광고비용을 산정함에 있어
　선거기간 중 같은 방송시간대에 광고하는 상업·문화 기타 각종 광고의 요금 중
　최저요금을 초과하여 후보자에게 청구하거나 받을 수 없다. [○ 9급 17, 7급 13]

심화학습

- 공선법상 최저요금 적용 규정: 신문광고(§69), 방송광고(§70), 후보자 등의 방송연설(§71), 정강·정책의 신문광고(§137), 정강·정책의 방송연설(§137의2)

조문정리

〈신문광고·방송광고 등 비교〉

구분	신문광고(§69)	방송광고(§70)	정강·정책의 신문광고 등의 제한(§137)
주체	• 후보자(시·도지사, 대선 무소속) • 정당(대선, 비례대표 국선)	• 후보자(시·도지사, 대선 무소속) • 정당(대선, 비례대표 국선)	중앙당
광고매체	일간신문	• 텔레비전 및 라디오 방송시설(무선국) • 종합유선방송국 • 종합편성채널 • 보도전문편성 방송채널사업자	신문법 제2조 제1호의 신문, 정기간행물 ⇒ 인터넷신문은 불가(제1호에 미해당)
기간	선거기간 개시일부터 선거일 전 2일까지 ⇒ 선거운동기간이 아님.	선거운동기간 중	• 임기만료선거: 선거일 전 90일부터 선거기간 개시일 전일까지 • 대선(궐위·재·연기) 및 보궐선거 등: 선거의 실시사유가 확정된 때부터 선거기간 개시일 전일까지
광고횟수	• 대통령선거: 총 70회 이내 • 비례대표 국선: 총 20회 이내 • 시·도지사선거: 총 5회 이내 ⇒ 인구 300만 이상 100만 초과 시마다 1회 추가	• 대선: TV 및 R 각 30회 이내 • 비례대표 국선: TV 및 R 각 15회 이내 • 시·도지사선거: 지역방송시설 이용 TV 및 R 각 5회 이내 ⇒ 1회 1분을 초과할 수 없음.	• 임기만료선거: 총 70회 이내 • 대선(궐위·재·연기): 총 20회 이내 • 그 외 보궐선거 등: 총 10회 이내
광고내용	• 소속 정당의 정강·정책 • 후보자의 정견 • 정치자금 모금(대선) • 기타 홍보에 필요한 사항	• 소속 정당의 정강·정책 • 후보자의 정견 • 기타 홍보에 필요한 사항	• 정강·정책의 홍보 • 당원·후보자지망생 모집 • 당비 모금, 정치자금 모금(대선) • 정당·후보자가 사용할 구호, 도안, 정책 기타 선거에 관한 의견수집 ⇒ 후보예정자의 사진, 성명 등 선거운동에 이르는 사항 금지
신고통보	신고규정 없음	방송시설 경영자가 방송·방영일 전일까지 관할 선거구위원회에 통보	중앙당의 대표자가 광고게재일 전일까지 중앙선관위에 신고

기타	• 시·도지사선거: 합동광고 가능
	• 광고횟수산정
	  – 하나의 일간신문광고 1회로 봄
	  – 배달지역에 따라 발행일자가 다르게 표시되어도 1회로 봄
	• 광고근거·광고주명 표시
	• 인증서 교부
	• 같은 지면·규격 최저요금
		• 하나의 TV 또는 R 방송시설을 동시 이용하는 것은 1회로 봄.
		• 방송시간대·방송권역 등을 고려하여 모든 후보자에게 공평하게
		• 한국수어 또는 자막방송 가능
		• 같은 방송시간대 최저요금
		• 녹음·녹화물 제출 협조
		• 인증서 교부없음
			광고기간 기준: 발행되는 날
			⇒ 발행일자가 아님.
			〈§69 준용〉
			• 광고횟수 산정
			• 광고근거·광고주명 표시
			• 인증서 교부
			• 최저요금(같은 지면·같은 규격)

📢 제71조(후보자 등의 방송연설) 〈비례대표 시·도의원 외의 지방의원선거 제외〉

① 후보자와 후보자가 지명하는 **연설원**은
소속 정당의 정강·정책이나 후보자의 정견 기타 홍보에 필요한 사항을
발표하기 위하여 다음 각 호에 의하여 **선거운동기간 중**
텔레비전 및 라디오 방송시설
[제70조(방송광고) 제1항의 규정에 의한 방송시설〈종합편성채널 포함〉을 말한다.
이하 이 조에서 같다]을 이용한 연설을 할 수 있다.

1. **대통령**선거:
   후보자와 후보자가 지명한 **연설원**이 **각각 1회 20분 이내에서**
   텔레비전 및 라디오 방송별 **각 11회 이내**

   [O 7급 14]
   [연설원도 방송연설을 할 수 있다(O) 9급 20]

> **심화학습**
> · 연설시간이 대통령선거만 각 20분 이내이고, 나머지 선거는 10분 이내이다.

2. **비례대표 국회의원**선거:
   정당별로 비례대표 국회의원 **후보자 중에서 선임된 대표 2인**이
   각각 1회 10분 이내에서 텔레비전 및 라디오 방송별 **각 1회**

   [O 7급 19]
   [비례대표 국회의원 후보자가 아닌 정당의 대표(×) 9급 20]

3. **지역구 국회의원**선거 및 **자치구·시·군의 장** 선거:
   후보자가 1회 10분 이내에서 **지역방송시설**을 이용하여
   텔레비전 및 라디오 방송별 **각 2회 이내**

   [O 9급 24]

> **심화학습**
> · 방송연설은 대통령, 비례대표 국회의원선거 외의 선거는 지역방송시설, 자치구·시·군의 장선거는 종합유선방송을 이용하여 실시한다.
> · 부칙 2000. 2. 16. §5(자치구·시·군의 장 후보자의 방송연설에 관한 경과조치)
> 자치구·시·군의 장의 선거에 있어서 제71조(후보자 등의 방송연설)의 개정규정에 의한 후보자의 방송연설은 1일 방송시간·방송시설 등을 고려하여 그 실시시기를 별도로 정할 때까지 방송법에 의한 종합유선방송을 이용하여 실시한다.

4. **비례대표 시·도의원**선거:
   정당별로 비례대표 시·도의원 **선거구마다**
   당해 선거의 후보자 중에서 선임된 **대표 1인**이 1회 10분 이내에서
   지역방송시설을 이용하여 텔레비전 및 라디오 방송별 **각 1회**

5. **시·도지사**선거:
   후보자가 1회 10분 이내에서
   지역방송시설을 이용하여 텔레비전 및 라디오 방송별 **각 5회 이내**

② 이 법에서 "**지역방송시설**"이란 해당 **시·도의 관할 구역 안에 있는 방송시설**
(도의 경우 해당 도의 구역을 방송권역으로 하는 **인접한 특별시**
또는 **광역시 안에 있는** 방송시설을 **포함한다**)을 말하며,
해당 시·도의 관할 구역 안에 **지역방송시설이 없는 시·도**로서
서울특별시에 인접한 시·도의 경우 서울특별시 안에 있는 방송시설을 말한다.

③ 제70조(방송광고) 제1항 후단〈연설 횟수 계산〉·제6항〈한국수어·자막〉 및
제8항〈최저요금〉의 규정은 후보자 등의 방송연설에 이를 준용한다.

④ 제1항에 따라 텔레비전 방송시설을 이용한 방송연설을 하는 경우에는
후보자 또는 연설원이 **연설하는 모습**, 후보자의 **성명·기호·소속 정당명**
(해당 **정당**을 상징하는 마크나 **심벌**의 표시를 포함한다)·**경력**, 연설요지 및
통계자료 외의 다른 내용이 방영되게 하여서는 **아니 되며**,
후보자 또는 연설원이 방송연설을 **녹화**하여 **방송**하고자 하는 때에는
당해 방송시설을 **이용**하여야 한다.

⑤ **방송시설을 경영 또는 관리하는 자**는 제1항의 규정에 의한 후보자 또는
연설원의 연설을 위한 **방송시설명·이용일시·시간대** 등을
선거일 전 30일(보궐선거 등에 있어서는 **후보자등록신청 개시일 전 3일**)까지

[보궐선거 등에 있어서 후보자등록신청 개시일 전 5일까지(×) 9급 24]

관할 **선거구** 선거관리위원회에 **통보**하여야 한다.

⑥ **선거구** 선거관리위원회는 후보자등록신청 개시일 전 3일

[지역구 국회의원선거에서 중앙선거관리위원회는(×) 7급 21]

(보궐선거 등에 있어서는 **후보자등록신청 개시일 전일**)까지
제1항의 규정에 의한 연설에 이용할 수 있는
방송시설과 일정을 선거구단위로 미리 **지정·공고**하고
후보자등록신청 시 후보자에게 **통지**하여야 한다.

⑦ **대통령선거**에 있어서 후보자가 제1항의 규정에 의하여
방송시설을 이용한 연설을 하고자 하는 때에는
이용할 방송시설명·이용일시·연설을 할 사람의 성명·
소요시간·이용방법 등을 기재한 **신청서**를
후보자등록 마감일 후 3일(추가등록의 경우에는 **추가등록 마감일**)까지
중앙선거관리위원회에 서면으로 **제출**하여야 한다.

> [심화학습]
> · 대통령선거는 방송연설신청서만 중앙선관위에 제출하면 되고 별도의 신고는 하지 않는다(나머지 선거는 신고).

⑧ 제7항의 규정〈대통령선거〉에 의하여 후보자
(정당추천 후보자는 그 추천 정당을 말한다)가 **신청한**
방송시설의 이용일시가 서로 **중첩되는 경우에는**
중앙선거관리위원회가 그 일시를 정하되,
그 일시는 모든 후보자에게 **공평**하여야 한다.
이 경우 후보자가 그 **지정된 일시의 24시간 전까지**
방송시설이용**계약을 하지 아니한 때**에는
당해 방송시설을 경영·관리하는 자는 그 시간대에 **다른 방송**을 할 수 있다.
⑨ **중앙선거관리위원회**가 제8항의 규정에 의하여
〈후보자 간 중첩되는〉**방송일시를 결정한 때**에는 이를 공고하고,
정당 또는 후보자에게 **통지**하여야 한다.
⑩ **국회의원선거, 비례대표 시·도의원선거, 지방자치단체의 장선거**에 있어서
후보자가 제1항 제2호 내지 제5호의 규정에 의하여
방송시설을 이용한 **연설을 하고자 하는 때**에는
당해 방송시설을 경영 또는 관리하는 자와 체결한
방송시설 이용계약서 사본을 첨부하여
이용할 방송시설명·이용일시·소요시간·이용방법 등을
방송일 전 3일까지 당해 **선거구** 선거관리위원회에 서면으로 **신고**하여야 한다.
⑪ **방송시설**을 경영 또는 관리하는 자는
제1항의 방송시설을 이용한 **연설에 협조**하여야 하며,
방송시간대와 방송권역 등을 고려하여 모든 후보자에게 **공평**하게 하여야 한다.
⑫ 「방송법」에 따른 **종합유선**방송사업자(종합편성 또는
보도전문편성의 방송채널사용사업자를 포함한다)·
중계유선방송사업자 및 **인터넷언론사**는
후보자 등의 방송연설을 **중계방송할 수 있다.**
이 경우 방송연설을 행한 모든 후보자에게 **공평**하게 하여야 한다.

심화학습
· 선거운동을 할 수 있는 방송시설과 후보자 등의 방송연설을 중계방송할 수 있는 범위에 종합편성채널을 추가하였다.

⑬ 방송시설을 이용한 연설신청서의 서식·중첩된 방송일시의 조정방법 기타 필요한 사항은 중앙선거관리위원회규칙으로 정한다.

조문정리

〈방송연설 연설자·횟수·시간〉

구 분	연 설 자	연설횟수	1회 연설시간
대통령선거	후보자	텔레비전 및 라디오 방송별 각 11회 이내	20분 이내
	연설원	텔레비전 및 라디오 방송별 각 11회 이내	
비례대표 국회의원선거	정당별 후보자 중 선임된 2인	각각 텔레비전 및 라디오 방송별 각 1회	10분 이내
시·도지사선거	후보자	지역방송시설 이용 텔레비전 및 라디오 방송별 각 5회 이내	10분 이내
지역구 국회의원, 자치구·시·군의 장선거	후보자	지역방송시설 이용 텔레비전 및 라디오 방송별 각 2회 이내 ⇒ 자치구·시·군의 장선거에 있어서는 방송연설의 실시시기를 별도로 정할 때까지 「방송법」에 의한 종합유선방송을 이용하여 실시함(부칙).	10분 이내
비례대표 시·도의원선거	정당별 비례대표 선거구마다 후보자 중 선임된 1인	지역방송시설 이용 텔레비전 및 라디오 방송별 각 1회	10분 이내

· TV·라디오방송: 무선국 및 종합유선방송국(종합편성 또는 보도전문편성의 방송채널사용사업자의 채널 포함)

보충개념

○ **방송연설 사전신고제도의 입법취지**

선거운동은 적지 아니한 참여자들이 후보자를 당선되게 하거나 되지 못하게 하기 위하여 일정기간 동시에 여러 곳에서 매우 다양한 방법으로 이루어지는 일련의 과정이고, 그중 방송연설은 선거에 미치는 영향이 상대적으로 크다는 점을 고려할 때, 방송연설의 사전신고 절차는 선거관리위원회로 하여금 해당 선거운동이 예정되어 있음을 명확히 인식함으로써 방송연설의 사전·실행 중 또는 사후에 그 적법성과 공정성을 효율적으로 관리·통제할 수 있도록 하기 위하여 마련된 것으로 보임. 따라서 방송연설에서 사전신고는 해당 선거운동 자체의 적법성을 이루는 요소가 된다고 보아야 하므로, 사전신고 절차를 거치지 아니한 방송연설은 「공직선거법」을 위반한 선거운동에 해당함.(대법원 2010. 11. 25. 2008두1078)

[2019 공직선거법규운용자료 2권 209쪽, 중앙선관위]

조문정리

〈후보자 등 방송연설, 정강·정책 방송연설 비교〉

구 분	후보자 등 방송연설(§71)	정강·정책 방송연설(§137의2)
적용선거	지역구시·도의원 및 기초의원만 제외	· 임기만료에 의한 선거 · 대통령 궐위·재선거·연기된 선거
주 체	후보자(대선 시 연설원 포함)	중앙당
연설자	· 적용 선거의 후보자 · 대선만 후보자가 지명하는 연설원	· 중앙당 대표자 또는 선거운동 가능자 중 그가 지명한 자

시 기	선거운동기간 중	· 임기만료 선거:
		  선거일 전 90일이 속하는 달의 초일부터 선거기간 개시일 전일까지
		· 대통령 궐위 등 선거:
		  실시사유 확정일부터 선거기간 개시일 전일까지

내 용	· 정당의 정강·정책, 후보자 정견 · 기타 홍보에 필요한 사항	· 정강·정책 · 선거운동에 이르는 내용의 연설 금지
방송시설 범위	· 선거별 전국망(대선, 비례대표 국선만) · 지역방송시설(지역구 국선, 단체장선거, 비례대표 시·도의원선거)	지역방송시설이든 전국망이든 가능

횟수·시간	· 대선 1회 20분(기타 10분) 이내
	· 대선: TV·라디오별 각 11회
	· 기타: 별도 횟수
		· 임기만료 선거:
		  1회 20분, TV·라디오별 월 2회 이내(10일 이내의 경우도 1회 인정)
		· 대통령 궐위 등 선거:
		  1회 10분, TV·라디오별 각 5회 이내

방송방법 제한	· 후보자 또는 연설원이 연설하는 모습, 후보자의 성명·기호·소속 정당명(해당 정당을 상징하는 마크나 심벌의 표시를 포함한다)·경력, 연설요지 및 통계자료 외의 다른 내용 방영 금지 · 녹화하여 방송 시 당해 방송시설 이용	· 연설하는 모습, 정당명(해당 정당을 상징하는 마크나 심벌의 표시를 포함한다), 연설요지 및 통계자료 외의 다른 내용 방영 금지 · 좌동
연설일시 중첩 시 조정	· 대선만 중앙선관위가 조정 · 기타선거는 방송사가 결정	공영방송사가 비용을 부담하는 월 1회의 연설만 방송사와 협의(일시·시간대 등)
공영방송사 비용부담	적용 제외	· 교섭단체 구성 정당, 공영방송사마다 · TV 및 라디오방송별 월 1회 연설비용 ⇒ 제작비용은 제외
녹음·녹화물 제출협조	적용	적용 제외
방송연설 신고	방송일 전 3일까지 서면신고 (방송시설이용계약서 첨부)	좌 동(준용)
중계방송	· 종합유선방송국, 종합편성 또는 보도전문편성 방송채널 사용사업자의 채널, 중계유선방송사업자, 인터넷언론사 · 연설을 행한 모든 후보자에게 공평	좌 동(준용)
방송광고 준용부분	· 광고횟수(재방송 포함, 당해 방송망 동시 이용은 1회) · 한국수어·자막 방영 실시 가능 · 같은 방송시간대 각종 광고의 최저요금 초과 청구·수령 금지	좌 동

조문정리

〈방송연설 등을 할 수 있는 자〉

구 분	할 수 있는 자
후보자 등의 방송연설(§71)	• 후보자: 대선, 시·도지사선거, 비례대표·지역구 국선, 자치구·시·군의 장, 비례대표 시·도의원선거 • 연설원: 후보자가 지명하는 자로서 대통령선거에서만 가능 ⇒ 지역구시·도의원, (비례대표, 지역구)자치구·시·군의원선거에서는 할 수 없는 선거운동임.
방송시설주관 후보자연설의 방송(§72)	• 후보자: 비례대표를 제외한 모든 선거 • 후보자 중에서 선임한 자: 비례대표 국선, 비례대표 지선
공개장소에서의 연설·대담(§79)	• 후보자: 비례대표를 제외한 모든 선거(비례대표 국선, 비례대표 지선에서는 할 수 없는 선거운동임) • 연설가능자: 후보자·선거사무장·선거연락소장·선거사무원(이하 후보자 등), 후보자 등이 선거운동을 할 수 있는 사람 중에서 지정한 사람
단체의 후보자 등 초청 대담·토론회(§81)	• 후보자: 모든 선거 • 대담·토론자 1명: 정당 또는 후보자가 선거운동을 할 수 있는 자 중에서 지명 ⇒ 대통령선거 및 시·도지사선거에서만 대담·토론자 가능, 선거사무소 또는 선거연락소마다 지명한 1인
언론기관의 후보자등 초청 대담·토론회(§82)	• 후보자: 모든 선거(단, 선거운동기간 전에는 대선, 국선, 지방자치단체장 선거에서만 가능) • 대담·토론자: 후보자가 선거운동을 할 수 있는 자 중에서 지정

선거방송토론위원회 주관 대담·토론회(§82의2)

구분		할 수 있는 자
중앙	대통령선거	후보자 1인 또는 수인 초청 3회 이상
	비례대표 국선	후보자 중에서 당해 정당의 대표자가 지정. 1인 또는 수인 초청 2회 이상
시·도	시·도지사선거	후보자 1인 또는 수인 초청 1회 이상
	비례대표 시·도의원선거	후보자 중에서 당해 정당의 대표자가 지정. 1인 또는 수인 초청 1회 이상
구·시·군	지역구 국선	후보자 초청 1회 이상 ⇒ 대담·토론회 또는 합동방송연설회 개최
	자치구·시·군의 장선거	

선거방송토론위원회 주관 정책토론회(§82의3)	• 정당의 대표자: 선거에 참여하지 아니할 것을 공표한 정당 제외 • 그가 지정하는 자: 선거운동을 할 수 있는 자인지를 묻지 않음. ⇒ 임기만료선거(대선 궐위·재선거 포함)의 선거일 전 90일부터 후보자등록신청 개시일 전일까지 월 1회 이상 개최

제72조(방송시설주관 후보자연설의 방송) 〈모든 선거〉

① 텔레비전 및 라디오 방송시설[제70조(방송광고) 제1항의 규정에 의한 방송시설〈종합편성채널 포함〉을 말한다. 이하 이 조에서 같다]이 **그의 부담으로** 제71조(후보자 등의 방송연설)의 규정에 의한 후보자 등의 **방송연설 외에**
선거운동기간 중
정당 또는 후보자를 선거인에게 알리기 위하여
후보자(비례대표 국회의원선거 및 비례대표 지방의회의원선거에 있어서는
그 추천 정당이 당해 선거의 **후보자 중에서 선임한 자**를 말한다.
이하 제3항에서 같다)의 연설을 방송하고자 하는 때에는

내용을 편집하지 아니한 상태에서 **방송**하여야 하며,
선거구단위로 모든 정당 또는 후보자에게 공평하게 하여야 한다.
다만, 정당 또는 후보자가 그 **연설**을 포기한 때에는 그러하지 아니하다.

> **심화학습**
>
> • 모든 선거에서 가능하다. 후보자만 연설이 가능하고, 선관위 통보의무가 있다.

② 제1항의 규정에 의한 후보자 연설의 방송에 있어서는 청각장애선거인을 위하여
한국수어 또는 **자막**을 방영할 수 있다. 〈언론기관 토론회도 준용〉
③ **방송시설**을 경영 또는 관리하는 자가
제1항의 규정에 의하여 후보자의 연설을 **방송하고자 하는 때**에는
그 방송일 전 2일까지 방송시설명·방송일시·소요시간 등을
중앙선거관리위원회 규칙이 정하는 바에 따라
관할 선거구 선거관리위원회에 **통보**하여야 한다.
④ 제71조 제12항의 규정〈중계방송〉은 방송시설주관 후보자연설의 방송에 이를 **준용**한다.

> **조문정리**

〈방송연설 비교〉

구분	후보자 등의 방송연설 (§71)	방송시설주관 후보자연설의 방송 (§72)	정강·정책의 방송연설의 제한(§137의2)
주체	· 후보자 · 후보자가 지명한 연설원(대선)	· 후보자 · 후보자 중에서 선임한 자(비례)	· 정당의 중앙당 대표자 · 대표자가 선거운동을 할 수 있는 자 중에서 지명한 자
이용매체	· 텔레비전 및 라디오 방송시설 (무선국) · 종합유선방송국 · 종합편성채널 · 보도전문편성 방송채널사업자	좌동	좌동
기간 및 실시 횟수	선거운동기간 중 · 대선: 후보자와 연설원이 TV 및 R 각 11회 이내(1회 20분 이내) · 비례대표 국선: 후보자 중 2인이 각 1회(1회 10분 이내, 이하 같음) · 지역구 국선 및 기초장선거: 후보자가 각 2회 이내 ⇒ 기초장: 종합유선방송이용 · 비례대표 시·도의원선거: 후보자 중 대표 1인이 각 1회 · 시·도지사: 후보자가 각 5회 이내 ⇒ 지역구 시·도의원, 기초의원 불가	선거운동기간 중 방송시설 경영·관리자가 결정 (방송시설명, 이용일시, 시간대, 후보자 1인의 방송연설시간) ⇒ 모든 선거에서 가능	· 임기만료선거: 1회 20분 이내 ⇒ 선거일 전 90일이 속하는 달의 초일부터 선거기간 개시일 전일까지 TV 및 R 방송별 월 2회(선거기간 개시일 전일이 해당 달의 10일 이내에 해당하는 경우에는 1회) · 대선(궐위·재·연기): 1회 10분 이내 ⇒ 선거의 실시사유가 확정된 때부터 선거기간 개시일 전일까지 TV 및 R 방송별 각 5회 이내

구분	후보자 등의 방송연설 (§71)	방송시설주관 후보자연설의 방송(§72)	정강·정책의 방송연설의 제한(§137의2)
연설 내용	• 소속 정당의 정강·정책 • 후보자의 정견, 기타 홍보에 필요한 사항	• 소속 정당의 정강·정책 • 후보자의 정견, 기타 홍보에 필요한 사항	정강·정책 홍보 ⇒ 선거운동에 이르는 내용의 연설 금지
신고 통보	후보자가 방송일 전 3일까지 ⇒ 선거구위원회에 신고 (대선 제외)	방송사가 방송일 전 2일까지 ⇒ 선거구위원회에 통보	정당이 방송일 전 3일까지 ⇒ 중앙선관위에 신고
비용 부담	보전대상(후보자가 행한 연설)	방송시설 경영·관리하는 자	• 정당이 부담 • 교섭단체 정당은 각 공영방송사 월 1회 부담(제작비용 제외)
기타	• 하나의 TV 또는 R 방송시설을 동시 이용하는 것은 1회로 봄. • 한국수어 또는 자막방송 가능 • 선거기간 중 최저요금 • 후보자 또는 연설원이 연설하는 모습, 후보자의 성명·기호·소속 정당명(해당 정당을 상징하는 마크나 심벌의 표시를 포함)·경력, 연설요지 및 통계자료 외의 다른 내용 방영금지, 녹화방송 시 당해 방송시설 이용 • 모든 후보자에게 공평하게 • 종합유선(종합편성·보도전문채널), 중계유선방송, 인터넷 언론사 중계빙송 시 공평하게 실시 • 방송연설일시 중첩 시 방송사가 결정(대선은 중앙선관위가) • 녹음·녹화물 제출 협조	• 한국수어 또는 자막방송 가능 • 선거구 단위로 모든 후보자(정당)에게 통지 • 종합유선(종합편성·보도전문채널), 중계유선방송, 인터넷 언론사 중계빙송 시 공평하게 실시 • 편집하여 방송 불가 • 녹음·녹화물 제출 협조	• 하나의 TV 또는 R 방송시설을 동시 이용하는 것은 1회로 봄. • 한국수어 또는 자막방송 가능 • 최저요금 초과금지 • 연설하는 모습, 정당명(해당 정당을 상징하는 마크나 심벌의 표시를 포함), 연설요지 및 통계자료 외의 다른 내용 방영금지, 녹화방송 시 당해 방송시설 이용 • 종합유선(종합편성·보도전문채널), 중계유선방송, 인터넷 언론사 중계빙송 시 공평하게 실시 ⇒ 녹음·녹화물 제출 협조가 유일하게 없음.

📢 **제73조(경력방송)** 〈모든 지방의원선거 제외〉

① 한국방송공사는

대통령선거·국회의원선거〈비례대표 포함〉 및 **지방자치단체의 장선거에 있어서**

선거운동기간 중 텔레비전과 라디오 방송시설을 이용하여

후보자마다 매회 2분 이내의 범위 안에서

관할 선거구 **선거관리위원회가** 제공하는 후보자의 **사진·성명·기호·연령·**

소속 정당명(무소속 후보자는 "**무소속**"이라 한다) 및

직업 기타 주요한 **경력**을 선거인에게 알리기 위하여 **방송하여야 한다.**

이 경우 **대통령선거가 아닌 선거에 있어서는** 그 **지역방송시설을 이용**하여

실시할 수 있다. [○ 7급 21]

② 제1항의 **경력방송 횟수**는
　텔레비전 및 라디오 방송별로 다음 각 호의 1에 의한다.
　1. 대통령선거:
　　각 8회 이상
　2. 국회의원선거 및 자치구·시·군의 장 선거:
　　각 2회 이상
　3. 시·도지사선거:
　　각 3회 이상
③ <u>경력방송을 하는 때에는</u>
　그 **횟수와 내용**이 선거구 단위로 모든 후보자에게 공평하게 하여야 하며,
　그 **비용**은 **한국방송공사가 부담**한다.　　　　　　　　　　　[O 9급 24]
　　　　　　　　　　　　　　　　　　　　　　　　　　　[후보자가 부담한다(×) 9급 17]
④ 제71조(후보자 등의 방송연설) 제12항〈중계방송〉 및 제72조(방송시설주관 후보자연설의 방송) 제2항〈한국수어·자막〉의 규정은 경력방송에 이를 **준용**한다.
⑤ 경력방송 원고의 관할 선거구 선거관리위원회에의 제출 및 경력방송실시의 통보 기타 필요한 사항은 중앙선거관리위원회 규칙으로 정한다.

📢 제74조(방송시설주관 경력방송) 〈모든 선거〉

① 한국방송공사 **외의** 텔레비전 및 라디오 방송시설[제70조(방송광고) 제1항의
　규정에 의한 방송시설을 말한다. 이하 이 조에서 같다]이 **그의 부담**으로
　후보자의 **경력**을 **방송**하고자 하는 때에는
　관할 선거구 **선거관리위원회가 제공**하는 내용에 의하되,[후보자가 제공하는 내용에 의하되(×) 9급 20]
　선거구 단위로 모든 후보자에게 공평하게 하여야 한다.
② 제71조(후보자 등의 방송연설) 제12항〈중계방송〉 및 제72조(방송시설주관 후보자연설의 방송) 제2항〈한국수어·자막〉 및 제3항〈방송일 전 2일까지 선거구 통보〉의 규정은 방송시설주관 경력방송에 이를 **준용**한다.

제75조 ~ 제78조 삭제

📢 제79조(공개장소에서의 연설·대담) 〈비례대표선거를 제외한 모든 선거〉

① **후보자**(비례대표 국회의원 후보자 및
　비례대표 지방의회의원 후보자는 **제외**한다. 이하 이 조에서 같다)는
　　　　　　　　　　　　　　　　　　　　　　　[비례대표 지방의회의원 후보자 가능(×) 7급 24]

선거운동기간 중에
소속 정당의 정강·정책이나 후보자의 정견, 그 밖에 필요한 사항을 홍보하기 위하여 공개장소에서의 연설·대담을 할 수 있다.

> **심화학습**
>
> - 비례대표선거에 적용되지 않는 규정
>   ① 예비후보자등록
>   ② 선거벽보
>   ③ 후보자 정보공개자료(정당에서 책자형 선거공보는 작성하되, 후보자정보 공개자료는 기재하지 않음.)
>   ④ 거리현수막
>   ⑤ 공개장소에서의 연설·대담
>   ⑥ 선거운동을 위한 자동차와 확성장치의 사용
>   ⑦ 녹음기·녹화기를 사용한 선거운동
>   ⑧ 선거기간 중 수행원에 대한 식사제공(지역구 국회의원 후보자에게만 인정)

> **기출체크**
>
> ❶ 선거운동기간 중 공개장소에서 비례대표 국회의원 후보자의 연설·대담을 금지하는 것은 연설·대담에 소요되는 비용과 노력에 비해 정당의 정책홍보기회의 박탈이라는 불이익한 결과가 초래되어 비례대표 국회의원 후보자의 선거운동의 자유 및 정당활동의 자유를 침해한다. [× 7급 21]
>   ⇒ 이 사건 법률조항은 과잉금지원칙에 반하여 청구인의 선거운동의 자유 및 정당활동의 자유를 침해한다고 할 수 없다. (헌재 2013. 10. 24. 2012헌마311)
> ❷ 비례대표 국회의원선거가 지역구 국회의원선거와는 달리 정당에 대한 선거로서의 성격을 갖고 있기 때문에 지역구 국회의원 후보자에게 허용되는 모든 선거운동방법이 반드시 비례대표 국회의원 후보자에게 허용되어야 하는 것은 아니다.(헌재 2013. 10. 24. 2012헌마311) [○ 9급 19]
> ❸ 지역구 국회의원 후보자와 비례대표 국회의원 후보자는 공개장소에서의 연설·대담을 통한 선거운동의 가능여부에 차이가 있다. [○ 7급 17]
> ❹ 선거운동기간 중 공개장소에서 비례대표 국회의원 후보자의 연설·대담을 금지하는 법률규정이 과잉금지원칙에 반하여 비례대표 국회의원 후보자의 선거운동의 자유 및 정당활동의 자유를 침해한다고 할 수 없다.(헌재 2013. 10. 24. 2012헌마311) [○ 9급 17, 7급 14]
> ❺ 지역구 국회의원 후보자는 선거운동기간 중에 주민회관이나 시장을 방문하여 정당이나 후보자에 대한 지지를 호소하는 연설을 할 수 있다. [○ 9급 14]

② 제1항에서 **"공개장소에서의 연설·대담"**이라 함은
  후보자·선거사무장·선거연락소장·선거사무원(이하 이 조에서 "후보자 등"이라 한다)과 후보자 등이 **선거운동을 할 수 있는 사람 중에서 지정한 사람**이
  도로변·광장·공터·주민회관·시장 또는 **점포**, 그 밖에
  중앙선거관리위원회 규칙으로 정하는 **다수인이 왕래하는 공개장소**를 방문하여
  정당이나 후보자에 대한 지지를 호소하는 **연설**을 하거나
  청중의 질문에 대답하는 방식으로 **대답**하는 것을 말한다.

③ 공개장소에서의 연설·대담을 위하여 다음 각 호의 구분에 따라
자동차와 이에 **부착된 확성장치** 및 **휴대용 확성장치**를 각각 사용할 수 있다.
  1. 대통령선거:
    후보자와 시·도 및 구·시·군 **선거연락소마다** 각 1대·각 1조
  2. 지역구 국회의원선거 및 시·도지사선거:
    후보자와 구·시·군 **선거연락소마다** 각 1대·각 1조
  3. 지역구 지방의회의원선거 및 자치구·시·군의 장선거:
    후보자마다 1대·1조

> **심화학습**
> · 자치구·시·군의 장선거의 경우 선거연락소를 두는 경우에도 후보자마다 1대·1조이므로 지역구 국회의원선거와 달리 선거연락소용 차량 및 확성장치를 별도로 사용할 수 없다.

> **기출체크**
> ❶ 자동차에 부착하는 확성장치 및 휴대용 확성장치의 수를 규정한 「공직선거법」 규정은 사용시간과 사용지역에 따른 수인한도 내에서 확성장치의 최고출력 내지 소음 규제기준을 두고 있지 않아 국민의 건강하고 쾌적한 환경에서 생활할 권리를 침해한다.(헌재 2019. 12. 27. 2018헌마730) [○ 9급 20]
> ❷ 헌법재판소는 **국회의원선거**에서 「공직선거법」상 선거운동과 관련하여 확성기 사용 등에 따른 소음제한기준을 두지 않은 것은 건강하고 쾌적한 환경에서 생활할 권리를 침해한다고 하였다. [× 7급 20]
> ⇒ 헌법재판소는 **시·도지사선거**에서 「공직선거법」상 선거운동과 관련하여 확성기 사용 등에 따른 소음제한기준을 두지 않은 것은 건강하고 쾌적한 환경에서 생활할 권리를 침해한다고 하였다.(헌재 2019. 12. 27. 2018헌마730)

④ 제3항의 확성장치는 **연설·대담을 하는 경우에만 사용**할 수 있으며,
  휴대용 확성장치는 연설·대담용 차량이 정차한 외의 다른 지역에서 사용할 수 없다.
  [차량이 정차한 외의 다른 지역에서 사용할 수 있다(×) 9급 20]
  이 경우 차량 **부착용 확성장치와 동시에 사용할 수 없다.** [동시에 사용할 수 있다(×) 7급 24·21]

⑤ 자동차에 부착된 확성장치를 사용함에 있어 **확성나팔의 수는 1개를 넘을 수 없다.**
  [○ 7급 24]
  [2개를 넘을 수 없다(×) 9급 20]

⑥ **자동차와 확성장치**에는 중앙선거관리위원회 규칙으로 정하는 바에 따라
  표지를 부착하여야 하고, 제64조의 선거벽보, 제65조의 선거공보, [○ 9급 20]
  제66조의 선거공약서 및 **후보자 사진**을 붙일 수 있다. [○ 7급 21]

⑦ 후보자 등은 **다른 사람이 개최한 옥내모임에 일시적**으로 참석하여
  연설·대담을 할 수 있으며, 이 경우 그 장소에 설치된 확성장치를 사용하거나
  휴대용 확성장치를 사용할 수 있다. [사용할 수 없다(×) 7급 24, 9급 20]

> **심화학습**
> - 옥내모임 선거운동 가능자: ① 후보자, ② 선거사무장, ③ 선거연락소장, ④ 선거사무원
> - 상기 이외의 자는 배우자, 회계책임자라도 옥내에서 연설·대담이나 확성장치 사용 불가

⑧ 제3항에 따른 확성장치는 다음 각 호의 구분에 따른 소음기준을 초과할 수 없다.

  1. **자동차**에 부착된 확성장치:

    정격출력 3킬로와트 및 음압수준 127데시벨.
    [지역구국회의원선거 후보자용: 정격출력 2킬로와트 및 음압수준 137데시벨(×) 9급 23]

    다만, 제3항 제1호에 따른 대통령선거 후보자용 또는

    같은 항 제2호에 따른 시·도지사선거 후보자용의 경우에는

    정격출력 40킬로와트 및 음압수준 150데시벨   [○ 9급 23]

  2. **휴대용** 확성장치

    정격출력 30와트.   [자치구·시·군의 장선거 후보자용(○) 9급 23]

    다만, 제3항 제1호에 따른 대통령선거 후보자용 또는

    같은 항 제2호에 따른 시·도지사선거 후보자용의 경우에는 정격출력 **3킬로와트**
    [○ 9급 23]

⑨ 삭제

⑩ 후보자 등이 공개장소에서의 **연설·대담을 하는 때**

  (후보자 등이 연설·대담을 하기 위하여 제3항에 따른 자동차를 타고 **이동**하거나

  해당 자동차 주위에서 **준비** 또는 **대기**하고 있는 경우를 포함한다)에는

  후보자와 선거연락소

  (대통령선거, 지역구 국회의원선거, 시·도지사선거의 선거연락소에 한정한다)마다

  각 1대의 녹음기 또는 녹화기

  (**비디오 및 오디오 기기**를 포함한다. 이하 이 조에서 같다)를 사용하여

  선거운동을 위한 **음악** 또는 **선거운동**에 관한 **내용**을 **방송**할 수 있다.

  이 경우 **녹음기** 및 **녹화기**에는

  중앙선거관리위원회 규칙으로 정하는 바에 따라 **표지**를 부착하여야 한다.

⑪ 삭제

⑫ 녹화기의 규격 기타 필요한 사항은 중앙선거관리위원회 규칙으로 정한다.

보충개념

○ **확성장치를 이용한 선거운동 허용취지**

공직선거는 국민주권의 원리에 따라 국민의 대표자를 선출하는 것으로서 헌법질서에서 매우 중대한 가치와 기능을 가지는 제도임. 공직선거의 기능이 제대로 성취되려면 선거인들이 선거권을 올바르고 정확하게 행사할 수 있도록 하여야 하고, 그렇게 하려면 선거인들이 후보자들의 인품·능력과 정책 및 공직 적합성 기타 후보자들에 관한 제반 정보를 충분히 알 수 있도록 하여야 하고, 그렇게 하려면 후보자에 관한 제반 정보를 선거인들에게 알리는 선거운동이 충분히 허용되어야 함.

공선법에서 선거운동을 위하여 확성장치를 사용할 수 있도록 한 것은 공직선거의 후보자에 관한 정보를 선거인들에게 효율적으로 알려서 공직선거의 목적을 온전히 성취하려는 것이므로 공공복리를 위한 필요성이 인정된다고 할 것이고, 그러한 입법목적을 달성하기 위하여 확성장치를 사용할 수 있도록 허용한 것은 필요하고도 적절한 수단이라고 할 것임.(헌재 2008. 7. 31. 2006헌마711)

[2019 공직선거법규운용자료 2권 220쪽, 중앙선관위]

○ **확성장치 사용에 따른 선거소음 규제**

국가가 국민의 건강하고 쾌적한 환경에서 생활할 권리에 대한 보호의무를 다하였는지 여부를 헌법재판소가 심사할 때에는 국가가 이를 보호하기 위하여 적어도 적절하고 효율적인 최소한의 보호조치를 취하였는가 하는 이른바 '과소보호금지원칙'의 위반 여부를 기준으로 삼아야 함.

공직선거법에는 확성장치를 사용함에 있어 자동차에 부착하는 확성장치 및 휴대용 확성장치의 수는 '시·도지사선거는 후보자와 구·시·군 선거연락소마다 각 1대·각 1조, 지역구지방의회의원선거 및 자치구·시·군의 장 선거는 후보자마다 1대·1조를 넘을 수 없다'는 규정만 있을 뿐 확성장치의 최고출력 내지 소음 규제기준이 마련되어 있지 아니함. 기본권의 과소보호금지원칙에 부합하면서 선거운동을 위해 필요한 범위 내에서 합리적인 최고출력 내지 소음 규제기준을 정할 필요가 있음.

공직선거법에는 야간 연설 및 대담을 제한하는 규정만 있음. 그러나 대다수의 직장과 학교는 그 근무 및 학업 시간대를 오전 9시부터 오후 6시까지로 하고 있어 그 전후 시간대의 주거지역에서는 정온한 환경이 더욱더 요구됨. 그러므로 출근 또는 등교 시간대 이전인 오전 6시부터 7시까지, 퇴근 또는 하교 시간대 이후인 오후 7시부터 11시까지에도 확성장치의 사용을 제한할 필요가 있음.

선거운동의 자유를 감안하여 선거운동을 위한 확성장치를 허용할 공익적 필요성이 인정된다고 하더라도 정온한 생활환경이 보장되어야 할 주거지역에서 출근 또는 등교 이전 및 퇴근 또는 하교 이후 시간대에 확성장치의 최고출력 내지 소음을 제한하는 등 사용시간과 사용지역에 따른 수인한도 내에서 확성장치의 최고출력 내지 소음 규제기준에 관한 규정을 두지 아니한 것은, 국민이 건강하고 쾌적하게 생활할 수 있는 양호한 주거환경을 위하여 노력하여야 할 국가의 의무를 부과한 헌법 제35조 제3항에 비추어 보면, 적절하고 효율적인 최소한의 보호조치를 취하지 아니하여 국가의 기본권 보호의무를 과소하게 이행한 것으로서, 청구인의 건강하고 쾌적한 환경에서 생활할 권리를 침해하므로 헌법에 위반됨. 2021. 12. 31.을 시한으로 잠정적용을 명함.(헌재 2019. 12. 27. 2018헌마730)

제80조(연설 금지장소)

다음 각 호의 1에 해당하는 시설이나 장소에서는
제79조(공개장소에서의 연설·대담)의 **연설·대담을 할 수 없다.**

1. **국가** 또는 **지방자치단체가 소유**하거나 **관리**하는 **건물·시설**. 〈금지〉

    다만, 공원·문화원·시장·운동장·주민회관·체육관·도로변·광장 또는 학교 [O 9급 23]
    기타 **다수인이 왕래하는 공개된 장소**는 그러하지 아니하다. 〈가능〉

2. 선박·**정기**여객자동차·열차·전동차·항공기의 안과

    그 터미널 **구내** 및 **지하철역 구내** 〈금지〉   [지하철역 구내에서 할 수 있다(×) 7급 21]

3. 병원·진료소·도서관·연구소 또는 시험소 기타 의료·연구시설 〈금지〉

> **기출체크**
>
> 병원·진료소·도서관·연구소 또는 시험소 기타 의료·연구시설이라 하더라도 당해 시설의 소유권자나 법률상 관리인의 허가를 얻은 경우에는 「공직선거법」상의 연설·대담을 할 수 있다.
> [×(허가 여부를 불문하고 연설·대담 금지장소임) 7급 14]

> **조문정리**

〈연설 금지장소, 예비후보자 명함배부 금지장소〉

연설 금지장소(§80)	명함배부 금지장소(§60의3①2)
· 국가·지방자치단체가 소유·관리하는 건물·시설. 다만, 공원, 문화원, 시장, 운동장, 주민회관, 체육관, 도로변, 광장, 학교 등 다수인이 왕래하는 공개된 장소는 제외 · 선박·정기여객자동차·열차·전동차·항공기의 안과 그 터미널 구내 및 지하철역 구내 · 병원, 진료소, 도서관, 연구소 또는 시험소 기타 의료·연구시설	· 해당 없음. · 선박·정기여객자동차·열차·전동차·항공기의 안과 그 터미널·역·공항의 개찰구 안 ⇒ 개찰구 밖은 명함 배부 허용 · 병원·종교시설·극장의 옥내(대관 등으로 해당 시설이 본래의 용도 외의 용도로 이용되는 경우는 제외) 선거운동기간 중에는 명함배부 금지장소 규정이 없음

📢 제81조(단체의 후보자 등 초청 대담·토론회) 〈모든 선거〉

① 제87조(단체의 선거운동금지) 제1항 제1호 내지 제6호의 규정에
해당하지 아니하는 단체는 〈개최 가능〉
후보자 또는 대담·토론자(대통령선거 및 시·도지사선거의 경우에 한하며,
정당 또는 후보자가 선거운동을 할 수 있는 자 중에서
선거사무소 또는 선거연락소마다 지명한 1인을 말한다. 이하 이 조에서 같다)
1인 또는 수인을 초청하여
소속 정당의 정강·정책이나 후보자의 정견 기타사항을 알아보기 위한
대담·토론회를 이 법이 정하는 바에 따라 옥내에서 개최할 수 있다.
다만, 제10조 제1항 제6호의 노동조합과 단체〈선거운동을 하거나 할 것을 표방한
노동조합과 단체〉는 그러하지 아니하다. 〈개최 불가〉 [○ 9급 21·18]

1. ~ 3. 삭제

> **인용조문**
>
> 제87조(단체의 선거운동금지) ① 다음 각 호의 어느 하나에 해당하는 기관·단체(그 대표자와 임직원 또는 구성원을 포함한다)는 그 기관·단체의 명의 또는 그 대표의 명의로 선거운동을 할 수 없다.
> 1. 국가·지방자치단체
> 2. 제53조(공무원 등의 입후보) 제1항 제4호 내지 제6호에 규정된 기관·단체 〈공공기관, 조합, 지방공기업〉
> 3. 향우회·종친회·동창회, 산악회 등 동호인회, 계모임 등 개인 간의 사적모임
> [대담·토론회를 개최할 수 있다(×) 9급 22]

4. 특별법에 의하여 설립된 국민운동단체로서 국가 또는 지방자치단체의 출연 또는 보조를 받는 단체(바르게살기운동협의회·새마을운동협의회·한국자유총연맹을 말한다)
   5. 법령에 의하여 정치활동이나 공직선거에의 관여가 금지된 단체
   6. 후보자 또는 후보자의 가족(이하 이 항에서 "후보자 등"이라 한다)이 임원으로 있거나, 후보자 등의 재산을 출연하여 설립하거나, 후보자 등이 운영경비를 부담하거나 관계 법규나 규약에 의하여 의사결정에 실질적으로 영향력을 행사하는 기관·단체

② 제1항에서 "대담"이라 함은
  1인의 후보자 또는 **대담자**가 소속 정당의 정강·정책이나 후보자의 정견
  기타사항에 관하여 사회자 또는 질문자의 **질문**에 대하여 **답변하는 것**을 말하고,
  "**토론**"이라 함은
  2인 이상의 후보자 또는 **토론자**가 사회자의 주관 하에
  소속 정당의 정강·정책이나 후보자의 정견 기타사항에 관한 주제에 대하여
  사회자를 통하여 질문·답변하는 것을 말한다. 〈언론기관 토론회도 준용〉

③ 제1항의 규정에 의하여 대담·토론회를 개최하고자 하는 단체는
  중앙선거관리위원회 규칙이 정하는 바에 따라
  주최단체명·대표자성명·사무소 소재지·회원수·설립근거 등 **단체에 관한 사항**과
  초청할 후보자 또는 대담·토론자의 성명, 대담 또는 토론의 주제, 사회자의 성명,
  진행방법, 개최일시와 **장소** 및 **참석예정자수** 등을 **개최일 전 2일까지**
  관할 선거구 선거관리위원회 또는 그 **개최장소**의 소재지를 관할하는
  구·시·군선거관리위원회에 서면으로 **신고**하여야 한다. 〈선택적 신고〉
  이 경우 초청할 후보자 또는 대담·토론자의 **참석승낙서**를 **첨부**하여야 한다.

④ 제1항의 규정에 의한 대담·토론회를 개최하는 때에는
  중앙선거관리위원회 규칙이 정하는 바에 따라 제1항에 의한
  대담·토론회임을 표시하는 표지를 **게시** 또는 첨부**하여야 한다**.

⑤ 제1항의 대담·토론은 모든 후보자에게 **공평**하게 실시하여야 하되,
  후보자가 초청을 수락하지 아니한 경우에는 그러하지 아니하며,
  대담·토론회를 개최하는 **단체**는 대담·토론이 공정하게 **진행**되도록 하여야 한다.

⑥ **정당, 후보자, 대담·토론자, 선거사무장, 선거연락소장, 선거사무원,**
  회계책임자 또는 제114조(정당 및 후보자의 가족 등의 기부행위제한) 제2항의
  후보자 또는 그 가족과 관계있는 회사 등은 제1항의 규정에 의한
  대담·토론회와 관련하여 대담·토론회를 주최하는 **단체** 또는 **사회자에게**
  금품·향응 기타의 이익을 제공하거나
  제공할 의사의 표시 또는 그 제공의 약속을 할 수 없다.

> **인용조문**
>
> **제114조(정당 및 후보자의 가족 등의 기부행위 제한)** ② 제1항에서 "후보자 또는 그 가족과 관계있는 회사 등"이라 함은 다음 각 호의 1에 해당하는 회사 등을 말한다.
> 1. 후보자가 임·직원 또는 구성원으로 있거나 기금을 출연하여 설립하고 운영에 참여하고 있거나 관계 법규나 규약에 의하여 의사결정에 실질적으로 영향력을 행사할 수 있는 회사 기타 법인·단체
> 2. 후보자의 가족이 임원 또는 구성원으로 있거나 기금을 출연하여 설립하고 운영에 참여하고 있거나 관계 법규 또는 규약에 의하여 의사결정에 실질적으로 영향력을 행사할 수 있는 회사 기타 법인·단체
> 3. 후보자가 소속한 정당이나 후보자를 위하여 설립한 정치자금법에 의한 후원회

⑦ 제1항의 대담·토론회를 개최하는 단체는
　그 비용을 후보자에게 부담시킬 수 없다. 〈언론기관토론회도 준용〉

⑧ 제71조(후보자 등의 방송연설) 제12항의 규정〈중계방송〉은 후보자 등 초청 대담·토론회에 이를 준용한다.

⑨ 대담·토론회의 개최신고서와 표지의 서식 기타 필요한 사항은 중앙선거관리위원회 규칙으로 정한다.

제82조(언론기관의 후보자 등 초청 대담·토론회) 〈모든 선거〉

① 텔레비전 및 라디오 방송시설
　(제70조 제1항에 따른 방송시설을 말한다. 이하 이 조에서 같다)·
　「신문 등의 진흥에 관한 법률」 제2조 제3호에 따른 **신문사업자**·
　「잡지 등 정기간행물의 진흥에 관한 법률」 제2조 제2호에 따른 **정기간행물사업자**
　(정보간행물·전자간행물·기타간행물을 발행하는 자를 제외한다)·
　「뉴스통신진흥에 관한 법률」 제2조 제3호에 따른 **뉴스통신사업자** 및
　인터넷언론사(이하 이 조에서 "**언론기관**"이라 한다)는
　선거운동기간 중
　후보자 또는 **대담·토론자**(후보자가 선거운동을 할 수 있는 자 중에서
　지정하는 자를 말한다)에 대하여
　후보자의 승낙을 받아 1명 또는 여러 명을 초청하여
　소속 정당의 정강·정책이나 후보자의 정견, 그 밖의 사항을 알아보기 위한
　대담·토론회를 **개최**하고 이를 **보도**할 수 있다.
　다만, 제59조〈선거운동기간〉에도 불구하고
　대통령선거에서는 선거일 전 1년부터,
　국회의원선거 또는 **지방자치단체의 장선거에 있어서는**
　선거일 전 60일부터 선거기간 개시일 전일까지
　후보자가 되고자 하는 자를 초청하여 대담·토론회를 **개최**하고 이를 **보도**할 수 있다.

이 경우 **방송시설**이 대담·토론회를 개최하고 이를 방송하고자 하는 때에는
내용을 편집하지 않은 상태에서 **방송하여야 하며**, [O 9급 22·21]
대담·토론회의 **방송일시**와 **진행방법** 등을 중앙선거관리위원회 규칙이 정하는 바에 따라
관할 **선거구** 선거관리위원회에 **통보**하여야 한다.

> **심화학습**
> · 선거기간 전 언론기관의 후보자 초청 대담·토론회 방송일시 등의 통보는 방송시설만 해당한다(신문 등은 통보 불요).

② 제1항의 대담·토론회는
언론기관이 방송시간·신문의 지면 등을 고려하여 **자율적**으로 **개최**한다.

③ 제1항의 대담·토론의 진행은 **공정**하여야 하며,
이에 관하여 필요한 사항은 중앙선거관리위원회 규칙으로 정한다.

> **심화학습**
> · 일부만을 초청하여 그 초청되는 일부가 선거운동에 있어 유리하게 되는 결과가 초래되는 차별이 있더라도 그러한 차별은 대담·토론회를 활성화하고 선거에 관한 유용한 정보를 제공하기 위한 합리적이고 상대적인 차별이다. (헌재 1999. 1. 28. 98헌마172)

④ 제71조(후보자 등의 방송연설) 제12항〈중계방송〉, 제72조(방송시설주관 후보자 연설의 방송) 제2항〈한국수어·자막〉 및 제81조(단체의 후보자 등 초청 대담·토론회) 제2항〈대담·토론의 정의〉·제6항〈언론사에 기부행위 금지〉·제7항〈후보자에게 비용부담 불가〉의 규정은 언론기관의 후보자 등 초청 대담·토론회에 이를 **준용**한다.

> **기출체크**
> 선거운동의 기회균등원칙은 일반적 평등원칙과 마찬가지로 절대적이고도 획일적인 평등 내지 기회균등을 요구하는 것으로 이해하여야 한다. ⇒ 삭제 조문 §77③   [× 7급 14]
> ⇒ 선거운동의 기회균등원칙이란 것도 일반적 평등원칙과 마찬가지로 절대적이고도 획일적인 평등 내지 기회균등을 요구하는 것이 아니라 합리적 근거 없는 자의적 차별 내지 차등만을 금지하는 것으로 이해하여야 한다.(헌재 1999. 1. 28. 98헌마172)

제82조의2(선거방송토론위원회 주관 대담·토론회) 〈비례대표 시·도의원 외의 지방의원 제외〉

① 중앙선거방송토론위원회는
대통령선거 및 **비례대표 국회의원선거**에 있어서 **선거운동기간 중**
다음 각 호에서 정하는 바에 따라 대담·토론회를 개최하여야 한다. [O 9급 15]

1. 대통령선거:
   후보자 중에서 1인 또는 수인을 초청하여 **3회 이상** [O 9급 20]
   [2회 이상(×) 7급 16]

2. 비례대표 국회의원선거:
     해당 정당의 대표자가
     비례대표 국회의원 **후보자** 또는 **선거운동을 할 수 있는 사람**
     (**지역구 국회의원 후보자는 제외**한다) 중에서 지정하는
     1명 또는 여러 명을 초청하여 **2회 이상** [O 7급 19]

② **시·도선거방송토론위원회는**
  시·도지사선거 및 **비례대표 시·도의원선거**에 있어서 **선거운동기간 중**
  다음 각 호에서 정하는 바에 따라 대담·토론회를 개최하여야 한다.
  1. 시·도지사선거:
     후보자 중에서 1인 또는 수인을 초청하여 1회 이상 [O 9급 22]
  2. 비례대표 시·도의원선거:
     해당 정당의 대표자가
     비례대표 시·도의원후보자 또는 **선거운동을 할 수 있는 사람**
     (**지역구 시·도의원후보자는 제외**한다) 중에서 지정하는
     1명 또는 여러 명을 초청하여 **1회 이상**

③ **구·시·군선거방송토론위원회는 선거운동기간 중**
  지역구 국회의원선거 및 **자치구·시·군의 장선거**의 **후보자를 초청하여**
  1회 이상의 대담·토론회 또는 합동방송연설회를 개최하여야 한다.
  [지역구 국회의원선거에서 시·도선거방송토론위원회는(×) 9급 21]

  이 경우 합동방송연설회의 연설시간은
  후보자마다 10분 이내의 범위에서 **균등하게 배정**하여야 한다.

> **심화학습**
> · 대담·토론회는 지역구 시·도의원, 자치구·시·군의원(지역구, 비례대표)선거에서는 실시하지 않는다.

④ 각급 선거방송토론위원회는 제1항 내지 제3항의 대담·토론회를 개최하는 때에는
  다음 각 호의 어느 하나에 해당하는 **후보자를 대상으로 개최**한다.
  이 경우 각급 선거방송토론위원회로부터 초청받은 후보자는
  정당한 사유가 없는 한 그 대담·토론회에 참석하여야 한다. [O 9급 21·20·15]
  1. 대통령선거:
     가. 국회에 **5인 이상**〈지역구+비례대표〉의 **소속의원을 가진 정당**이 추천한 후보자
     나. **직전 대통령**선거, 비례대표 국회의원선거,
         비례대표 시·도의원선거 또는 비례대표 자치구·시·군의원 선거에서
         전국 유효투표총수의 100분의 3 이상을 득표한 **정당**이 추천한 후보자

다. 중앙선거관리위원회 규칙이 정하는 바에 따라 **언론기관**이 **선거기간 개시일 전 30일부터 선거기간 개시일 전일까지의 사이에 실시하여 공표한 여론조사결과를 평균한 지지율이 100분의 5 이상**인 후보자 〈후보자 지지율〉

2. **비례대표 국회의원선거** 및 **비례대표 시·도의원선거**:

　　가. 제1호 가목 또는 나목에 해당하는 **정당**의 대표자가 지정한 후보자
　　　　〈국회 5석 이상 또는 전국 유효득표율 3% 이상 정당〉

　　나. 제1호 다목에 의한 **여론조사결과를 평균하여 100분의 5 이상**의 지지를 얻은 **정당**의 대표자가 지정한 후보자 〈정당 지지율〉

3. **지역구 국회의원선거** 및 **지방자치단체의 장선거**:

　　가. 제1호 가목 또는 나목에 해당하는 **정당**이 추천한 후보자
　　　　〈국회 5석 이상 또는 전국 유효득표율 3% 이상 정당〉

　　나. **최근 4년 이내에 해당 선거구**
　　　　(선거구의 구역이 변경되어 변경된 구역이 직전 선거의 구역과 겹치는 경우를 포함한다)에서 실시된
　　　　대통령선거, 지역구 국회의원선거 또는 **지방자치단체의 장선거**
　　　　(그 **보궐선거** 등을 포함한다)에 입후보하여
　　　　유효투표총수의 100분의 10 이상을 득표한 후보자 〈후보자 득표율〉

　　다. 제1호 다목에 의한 **여론조사결과를 평균한 지지율이 100분의 5 이상**인 후보자

심화학습

· 정당득표율은 3/100 이상, 여론조사 지지율은 5/100 이상이다.

기출체크

❶ 정당추천에 의해 대통령선거에 출마한 甲, 乙, 丙, 丁의 상황이 다음과 같을 때, 중앙선거방송토론위원회에서 주관하는 대담·토론회의 대상 후보자만을 모두 고른 것은?

甲: 추천 정당 A의 국회의석수는 3석이며 직전 비례대표 자치구·시·군의원선거에서 전국 유효투표총수의 100분의 3을 득표함 ⇒ §82의2④1나

乙: 추천 정당 B 소속 국회의원은 없으며 직전 비례대표 시·도의원선거에서 전국 유효투표총수의 100분의 4를 득표함 ⇒ §82의2④1나

丙: 추천 정당 C의 국회의석수는 3석이며 중앙선거관리위원회 규칙이 정하는 바에 따라 언론기관이 선거기간 개시일 전 30일부터 선거기간 개시일 전일까지의 사이에 실시하여 공표한 여론조사결과를 평균한 지지율이 100분의 5임 ⇒ §82의2④다

丁: 추천 정당 D의 국회의석수는 5석이며 중앙선거관리위원회 규칙이 정하는 바에 따라 언론기관이 선거기간 개시일 전 30일부터 선거기간 개시일 전일까지의 사이에 실시하여 공표한 여론조사결과를 평균한 지지율이 100분의 3임 ⇒ §82의2④1가

[모두 초청대상임 9급 16]

❷ 선거방송토론위원회 주관 대담·토론회의 참가기준으로 여론조사 평균지지율 100분의 5를 요구하는 것은 과잉금지원칙에 위배된다. [× 7급 16]
⇒ 이 사건 법률조항이 국회에 5인 이상의 소속의원을 가진 정당 또는 직전 선거에서 3% 이상을 득표한 정당이 추천한 후보자, 최근 4년 이내 선거에서 10% 이상을 득표하였거나 여론조사결과 5% 이상의 지지율을 보여주는 후보자로 그 초청대상을 한정하고 있는 것을 두고 특별히 자의적인 기준이라거나 지나치게 엄격한 기준이라고 보기 어렵다 할 것이다.(헌재 2011. 5. 26. 2010헌마451)

❸ 대통령선거방송토론위원회가 후보자 중에서 토론의 대상자를 제한하는 결정을 하는 것은 평등원칙에 위배되지도 않고 국민의 알권리와 후보자 선택권을 침해한 것도 아니다.(헌재 1998. 8. 27. 97헌마372) [O 7급 15]

❹ 「공직선거법」상 후보자 토론회에서 후보자의 발언에 대한 설명으로 옳지 않은 것은? (다툼이 있는 경우 판례에 의함)
① 후보자 토론회는 선거의 공정과 후보자 간 균형을 위하여 토론의 형식이 엄격하게 규제되고 있으므로, 토론과정에서 자유롭고 활발한 의사 표현의 보장보다는 형식상 후보자 간 교환되는 공방의 형평성 실현이 더욱 중요하다. [× 7급 22]
⇒ 후보자 토론회는 선거의 공정과 후보자간 균형을 위하여 참여기회의 부여나 참여한 후보자 등의 발언순서, 발언시간 등 토론의 형식이 엄격하게 규제되고 있으므로(「공직선거법」 제82조 제3항, 제82조의2 제7항, 제14항, 「공직선거관리규칙」 제45조, 「선거방송토론위원회의 구성 및 운영에 관한 규칙」 제23조 등 참조), 이러한 공정과 균형을 위한 기본 조건이 준수되는 한 후보자 등은 토론과정에서 최대한 자유롭고 활발하게 의사를 표현하고 실질적인 공방을 주고받을 수 있어야 한다. (대법원 2020. 7. 16. 2019도13328) (제250조)
② 후보자 등이 후보자 토론회에서 토론회의 주제나 맥락과 관련 없이 일방적으로 허위의 사실을 드러내어 알리려는 의도에서 적극적으로 허위사실을 표명한 것이라는 등의 특별한 사정이 없는 한 후보자 토론회에서의 발언을 「공직선거법」상 허위사실공표죄로 처벌할 수 없다. (대법원 2020. 7. 16. 2019도13328) (제250조) [O 7급 22]
③ 선거운동의 자유는 정치적 자유권의 주된 내용의 하나로서 널리 선거과정에서 의사를 표현할 자유의 일환이므로 표현의 자유의 한 태양이기도 하다. (대법원 2020. 7. 16. 2019도13328) (제250조) [O 7급 22]
④ 후보자 토론회에서 후보자 등이 부분적으로 잘못되거나 일부 허위의 표현을 하더라도, 토론과정에서의 경쟁과 사후 검증을 통하여 도태되도록 하는 것이 민주적이고, 국가기관이 아닌 일반 국민이 그 토론과 후속 검증과정을 지켜보면서 누가 옳고 그른지 판단하는 것이 바람직하다. (대법원 2020. 7. 16. 2019도13328) (제250조) [O 7급 22]

⑤ 각급 선거방송토론위원회는 제4항의 **초청대상에 포함되지 아니하는 후보자를 대상으로** 대담·토론회를 개최할 수 있다. [O 9급 15]
이 경우 대담·토론회의 **시간**이나 **횟수**는 중앙선거관리위원회 규칙이 정하는 바에 따라 제4항의 초청대상 후보자의 대담·토론회와 **다르게** 정할 수 있다.

⑥ 각급 선거방송토론위원회는 제4항 후단의 규정을 위반하여 **정당한 사유 없이**
대담·토론회에 **참석하지 아니한 초청 후보자**가 있는 때에는
그 사실을 선거인이 알 수 있도록
당해 후보자의 **소속 정당명**(무소속 후보자는 "**무소속**"이라 한다)·**기호·성명**과
불참사실을 제10항 또는 제11항의 **중계방송을 시작하는 때**에 **방송**하게 하고,
중앙선거관리위원회 **규칙**으로 정하는 인터넷 **홈페이지에 게시**하여야 한다.

⑦ 각급 선거방송토론위원회는 제1항 내지 제3항 및 제5항의 대담·토론회
(합동방송연설회를 포함하며, 이하 이 조에서 "**대담·토론회**"라 한다)를

개최하는 때에는 **공정**하게 하여야 한다.
⑧ 각급 선거방송토론위원회 **위원장** 또는 **그가 미리 지명한 위원**은
　　대담·토론회에서 후보자가 **이 법에 위반되는** 내용을 발표하거나
　　배정된 시간을 초과하여 발언하는 때에는
　　이를 제지하거나 **자막 안내**하는 등 필요한 조치를 할 수 있다.
⑨ 각급 선거방송토론위원회 **위원장** 또는 **그가 미리 지명한 위원**은
　　대담·토론회장에서 **진행을 방해**하거나 **질서를 문란**하게 하는 자가 있는 때에는
　　그 **중지를 명하고**,
　　그 명령에 **불응하는** 때에는 대담·토론회장 밖으로 **퇴장시킬** 수 있다.
⑩ **공영방송사와 지상파방송사**는 그의 부담으로
　　대담·토론회를 **텔레비전방송**을 통하여 **중계방송**하여야 하되,
　　대통령선거에 있어서 중앙선거방송토론위원회가 주관하는 대담·토론회는
　　오후 8시부터 당일 오후 11시까지의 사이에 중계방송**하여야 한다**. 　　　[○ 7급 22, 9급 20]
　　〈토론위 주관 정책토론회도 준용〉
　　다만, 지역구 국회의원선거 및 자치구·시·군의 장선거에 있어서
　　전국을 방송권역으로 하는 등 **정당한 사유**가 있는 경우에는 그러하지 아니하다.

> **심화학습**
> · 공영방송사 외에 지상파방송사도 선거방송토론위원회 주관 대담·토론회를 의무적으로 중계방송하도록 하였다.
> · 공영방송사의 중계방송 의무를 규정한 조항으로 대통령선거는 반드시 골든타임에 중계방송하여야 한다.

⑪ 구·시·군선거방송토론위원회는
　　지역구 국회의원선거 및 자치구·시·군의 장선거에 있어서
　　제10항 단서의 규정에 의하여 **공영방송사와 지상파방송사**가
　　중계방송을 할 수 없는 때에는 다른 종합유선방송사업자의 방송시설을 이용하여
　　대담·토론회를 텔레비전방송을 통하여 중계방송하게 할 수 있다.
　　이 경우 그 방송시설**이용료**는 국가 또는 **당해 지방자치단체**가 부담한다.
⑫ 각급 선거방송토론위원회는 대담·토론회를 개최하는 때에는
　　청각장애선거인을 위하여 **자막방송** 또는 **한국수어통역**을 하여야 한다. 　　　[○ 9급 22]
　　〈토론위 주관 정책토론회도 준용〉

> **심화학습**
> · 선거방송토론위원회 주관 대담·토론회에 한국수어 또는 자막 방영을 의무화(제82조의2⑫)하고 이동약자 교통편의 대책 수립을 의무화(제6조②)하며 점자형 선거공보 면수 상한을 두 배로 늘리는 등(제65조④) 장애인, 이동약자의 선거권 보장을 강화하였다.

> **기출체크**
>
> 선거방송토론위원회 주관 대담·토론회의 방송에 있어서 청각장애 선거인을 위한 자막 또는 수화통역의 방영을 의무사항으로 규정하지 아니한 것은 청각장애 선거인들의 참정권 등 헌법상 기본권을 침해하지 않는다.(헌재 2009. 5. 28. 2006헌마285)   [O 7급 16]

⑬ 「방송법」 제2조(용어의 정의)의 규정에 의한 **방송사업자·중계유선방송사업자** 및 **인터넷언론사**는 그의 부담으로 대담·토론회를 **중계방송할 수 있다.**

[선거방송토론위원회의 부담으로(×) 7급 16]

이 경우 **편집 없이 중계방송**하여야 한다.   [O 9급 20], [편집하여 중계방송(×) 9급 15]

〈토론위 주관 정책토론회도 준용〉

⑭ 대담·토론회의 진행절차, 개최홍보, 방송시설이용료의 산정·지급 기타 필요한 사항은 중앙선거관리위원회 규칙으로 정한다.

> **보충개념**
>
> ○ **각급 선거방송토론위원회의 법적 지위**
> 각급 선거방송토론위원회는 텔레비전방송을 통한 선거방송토론을 개최·관리하기 위하여 각급 선거관리위원회가 그 산하에 설치하는 위원회로서, 선거방송토론과 관련하여 선거관리업무를 담당하는 **합의제 행정관청**으로서의 법적 지위를 가짐.(헌재 2006. 6. 29. 2005헌마415)
>
> ○ **선거방송 대담·토론 초청대상 후보자 제외 결정의 법적 성격**
> 선거방송토론을 주관·진행하는 행정관청인 선거방송토론위원회가 공선법 제82조의2 및 선거방송토론위원회의 구성 및 운영에 관한 규칙 제23조에 따라 **선거방송토론의 초청대상 후보자를 결정을 하는 것은 개별·구체적인 행정처분**으로서의 법적 성격을 가지며, 행정소송법 제2조 제1항 제1호가 정하는 **행정소송의 대상인 '처분'**에 해당됨.(헌재 2006. 6. 29. 2005헌마415)
>
> ○ **공선법 제82조의2 제4항의 입법목적**
> 선거방송 대담·토론회의 참가기준으로 여론조사 평균지지율의 100분의 5를 요구하고 있는 공선법 제82조의2 제4항의 입법목적은, 선거운동수단인 선거방송토론회의 자격을 후보자의 지지율에 따라 제한함으로써 유권자들의 관심이 큰 후보자들의 정책토론을 통해 정책검증의 기회를 마련하는 등 선거방송토론회를 효율적으로 운영하기 위한 것임.(헌재 2009. 3. 26. 2007헌마1327)
>
> [2019 공직선거법규운용자료 2권 258쪽, 중앙선관위]

📢 제82조의3(선거방송토론위원회 주관 정책토론회) 〈임기만료선거, 대통령궐위·재선거만 실시〉

① 중앙선거방송토론위원회는

　정당이 방송을 통하여 **정강·정책**을 알릴 수 있도록 하기 위하여

　임기만료에 의한 선거(대통령의 궐위로 인한 선거 및 **재선거**를 포함한다)의

　선거일 전 90일(대통령의 궐위로 인한 선거 및 **재선거**에 있어서는

　그 선거의 실시사유가 확정된 날의 다음 달)부터

　후보자등록 신청개시일 전일까지

　다음 각 호에 해당하는 정당

　(**선거에 참여하지 아니할 것을 공표한 정당을 제외한다**)의 **대표자**

또는 그가 **지정하는 자**를 **초청**하여
정책토론회(이하 이 조에서 "정책토론회"라 한다)를 **월 1회 이상** 개최하여야 한다.
1. 국회에 **5인 이상**〈지역구+비례대표〉의 **소속의원**을 가진 정당
2. **직전 대통령선거, 비례대표 국회의원선거** 또는
   비례대표 시·도의원선거에서 〈비례대표 자치구·시·군의원 선거는 제외〉
   전국 유효투표총수의 **100분의 3 이상**을 **득표**한 정당
② 제82조의2(선거방송토론위원회 주관 대담·토론회) 제7항 내지 제9항〈공정, 후보자위반 제지, 질서문란자 퇴장〉·제10항 본문〈공영방송사·지상파방송사 무료 중계〉·제12항〈한국수어·자막〉 및 제13항〈타 방송사 중계〉의 규정은 정책토론회에 이를 **준용**한다. 이 경우 "대담·토론회"는 "정책토론회"로, "각급 선거방송토론위원회"는 "중앙선거방송토론위원회"로 본다.
③ 정책토론회의 운영·진행절차·개최홍보 기타 필요한 사항은 중앙선거관리위원회 규칙으로 정한다.

📢 제82조의4(정보통신망을 이용한 선거운동)

① 삭제
② **누구든지** 「정보통신망 이용촉진 및 정보보호 등에 관한 법률」
제2조 제1항 제1호에 따른 **정보통신망**(이하 "정보통신망"이라 한다)을 **이용**하여
후보자(**후보자가 되려는 사람**을 포함한다. 이하 이 조에서 같다),
그의 배우자 또는 **직계존·비속이나 형제자매에 관하여** 〈사생활로 한정되지 않음〉
허위의 사실을 **유포**하여서는 아니 되며,
공연히 사실을 **적시**하여 이들을 **비방**하여서는 아니 된다.
다만, **진실한 사실**로서 **공공의 이익**에 관한 때에는 그러하지 아니하다.

> **기출체크**
> 「공직선거법」상 후보자뿐만 아니라 '후보자가 되고자 하는 자'에 대한 비방 행위를 처벌하는 것은 과잉금지원칙에 위배되어 정치적 표현의 자유를 침해하므로 헌법에 위반된다.(헌재 2024. 6. 27. 2023헌바78)   [O 7급 16]

③ **각급 선거관리위원회**(읍·면·동선거관리위원회를 **제외**한다) 또는 **후보자**는
이 법의 규정에 위반되는 정보가
인터넷 홈페이지 또는 그 게시판·대화방 등에 **게시**되거나,
정보통신망을 통하여 **전송**되는 사실을 **발견한 때**에는
해당 정보를 게시한 자 또는 해당 정보가 게시된
인터넷 홈페이지를 관리·운영하는 자에게
해당 정보의 **삭제**를 **요청**하거나,
전송되는 정보를 취급하는 인터넷 홈페이지의 관리·운영자 또는

「정보통신망 이용촉진 및 정보보호 등에 관한 법률」 제2조 제1항 제3호의 규정에 의한 **정보통신서비스제공자(이하 "정보통신서비스제공자"라 한다)에게** 그 취급의 거부·정지·제한을 요청할 수 있다.
이 경우 인터넷 홈페이지 관리·운영자 또는 정보통신서비스 제공자가 **후보자의 요청에 따르지 아니하는 때에는** 해당 후보자는 **관할 선거구** 선거관리위원회에 **서면으로 그 사실을 통보할 수 있으며,** 관할 **선거구** 선거관리위원회는 후보자가 삭제요청 또는 취급의 거부·정지·제한을 **요청한 정보가** 이 법의 규정에 **위반된다고 인정되는 때에는** 해당 인터넷 홈페이지 관리·운영자 또는 정보통신서비스 제공자에게 **삭제요청** 또는 **취급의 거부·정지·제한을 요청할 수 있다.**

④ 제3항에 따라 선거관리위원회로부터 요청을 받은 해당 정보의 게시자, 인터넷 홈페이지 관리·운영자 또는 정보통신서비스제공자는 **지체 없이 이에 따라야 한다.**

⑤ 제3항에 따라 선거관리위원회로부터 요청을 받은 해당 정보의 게시자, 인터넷 홈페이지 관리·운영자 또는 정보통신서비스제공자는 그 **요청을 받은 날부터,** 해당 **정보를 게시하거나 전송한 자는** 당해 정보가 **삭제되거나** 그 **취급이 거부·정지** 또는 **제한된 날부터 3일 이내에** 그 요청을 한 선거관리위원회에 **이의신청을** 할 수 있다.

> **심화학습**
> · 정보통신서비스제공자 등과 함께 해당 정보를 게시하거나 전송한 자도 이의신청을 할 수 있다.

⑥ 제3항에 따라 선거관리위원회로부터 요청을 받아 해당 정보를 **삭제** 또는 그 **취급의 거부·제한·정지를 한 인터넷 홈페이지 관리·운영자** 또는 **정보통신서비스제공자는** 다음 각 호에 따른 내용을 해당 인터넷 홈페이지 또는 그 게시판·대화방 등에 게시하는 방법 등으로 그 **정보를 게시하거나 전송한 사람에게 알려야 한다.**
  1. 선거관리위원회로부터 제3항에 따른 **요청이 있었다는 사실**
  2. 제5항에 따라 **이의신청을 할 수 있다는 사실**

> **심화학습**
>
> · 선거관리위원회로부터 위법게시물 삭제 등의 요청을 받은 인터넷 홈페이지 관리·운영자 또는 정보통신서비스제공자는 당해 인터넷 홈페이지 등에 선거관리위원회로부터 요청이 있었다는 사실과 이의신청을 할 수 있다는 사실을 게시하거나 전송하여야 한다(이용자의 개인정보 자기결정권을 보호).

⑦ 위법한 정보의 게시에 대한 삭제 등의 요청, 이의신청 기타 필요한 사항은 중앙선거관리위원회 규칙으로 정한다.

📢 제82조의5(선거운동정보의 전송 제한)

① **누구든지** 정보수신자의 **명시적인 수신 거부의사**에 반하여 **선거운동 목적의 정보를 전송하여서는 아니 된다.** [○ 7급 21]

② **예비후보자 또는 후보자가** 제59조 제2호〈문자메시지〉·제3호〈전자우편〉에 따라 선거운동 목적의 정보(이하 "선거운동정보"라 한다)를 **자동 동보통신의 방법으로 문자메시지로 전송하거나 전송대행업체에 위탁하여 전자우편으로 전송하는 때에는** 다음 각 호의 사항을 선거운동정보에 **명시하여야 한다.**

  1. **선거운동정보에 해당하는 사실**
  2. **문자메시지를 전송하는 경우 그의 전화번호**
  3. **불법수집정보 신고 전화번호**
  4. **수신거부의 의사표시를 쉽게 할 수 있는 조치 및 방법**에 관한 사항

③ 삭제

④ 선거운동정보를 전송하는 자는 수신자의 **수신거부를 회피하거나 방해할 목적으로 기술적 조치를** 하여서는 **아니 된다.**

⑤ 선거운동정보를 전송하는 자는 수신자가 **수신거부를 할 때** 발생하는 전화요금 기타 **금전적 비용을 수신자가 부담하지 아니하도록 필요한 조치를** 하여야 한다. [○ 9급 17]

⑥ **누구든지** 숫자·부호 또는 문자를 조합하여 전화번호·전자우편주소 등 수신자의 연락처를 자동으로 생성하는 프로그램 그 밖의 **기술적 장치를 이용**하여 선거운동정보를 전송하여서는 **아니 된다.**

제82조의6(인터넷언론사 게시판·대화방 등의 실명 확인) 〈삭제 23. 8. 30.〉

기출체크

❶ 인터넷언론사는 선거운동기간 중 당해 홈페이지 게시판 등에 정당·후보자에 대한 지지·반대 등의 정보를 게시하는 경우 실명을 확인받는 기술적 조치를 하도록 규정한 「공직선거법」 제82조의6제1항의 "인터넷언론사" 및 "지지·반대" 부분은 명확성원칙에 반하지 않는다.(헌재 2021. 1. 28. 2018헌마456, 2020헌마406, 2018헌가16)
[O 9급 23]

❷ 선거운동기간 중 인터넷언론사 게시판 등에 정당·후보자에 대한 지지·반대의 정보를 게시하려고 할 경우 실명확인을 받도록 하는 것은 게시판 이용자의 정치적 익명표현의 자유, 개인정보자기결정권 및 인터넷언론사의 언론의 자유를 침해한다.
[O 7급 15]

⇒ 심판대상조항은 정치적 의사표현이 가장 긴요한 선거운동기간 중에 인터넷언론사 홈페이지 게시판 등 이용자로 하여금 실명확인을 하도록 강제함으로써 익명표현의 자유와 언론의 자유를 제한하고, 모든 익명표현을 규제함으로써 대다수 국민의 개인정보자기결정권도 광범위하게 제한하고 있다는 점에서 이와 같은 불이익은 선거의 공정성 유지라는 공익보다 결코 과소평가될 수 없다. 그러므로 심판대상조항은 과잉금지원칙에 반하여 인터넷언론사 홈페이지 게시판 등 이용자의 익명표현의 자유와 개인정보자기결정권, 인터넷언론사의 언론의 자유를 침해한다.(헌재 2021. 1. 28. 2018헌마456, 2020헌마406, 2018헌가16)

보충개념

○ '지지·반대의 글'의 의미
선거운동기간 중에 인터넷언론사의 인터넷 홈페이지의 게시판·대화방 등에 정당·후보자에 대한 '지지·반대의 글'을 게시할 수 있도록 하는 경우에 이 사건 실명확인 절차를 거치도록 함으로써, 인터넷 선거운동에서 발생할 수 있는 폐해를 예방하는 한편 '선거운동'과 '지지·반대의 글'을 구분하고 있음.
선거운동의 개념, 허위사실 유포나 비방의 발생이 빈번한 인터넷 홈페이지에서 책임 있는 글쓰기를 유도하려는 이 사건 법률조항의 입법취지와 목적, 공직선거법 관련 조항과의 관계와 용어의 구분 등을 고려하면, 이 사건 '지지·반대의 글'은 위와 같은 선거운동에 이르는 글을 포함하면서, 그에 이르지 아니한다고 하더라도 정당·후보자에 대하여 찬동하여 원조하거나 찬성하지 않고 맞서서 거스르는 글을 의미하고, 건전한 상식과 통상적인 법 감정을 가진 사람이면 자신의 글이 이에 해당하는지를 충분히 알 수 있다고 할 것이므로 헌법이 요구하는 명확성의 원칙에 위배된다고 할 수 없음.(헌재 2010. 2. 25. 2008헌마324 참조)

[2019 공직선거법규운용자료 2권 273쪽, 중앙선관위]

제82조의7(인터넷광고) 〈모든 선거〉

① **후보자**(대통령선거의 정당추천 후보자와 비례대표 국회의원선거 및 비례대표 지방의회의원선거에 있어서는 후보자를 추천한 정당을 말한다. 이하 이 조에서 같다)는 인터넷언론사의 인터넷 홈페이지에 선거운동을 위한 광고(이하 "**인터넷광고**"라 한다)를 할 수 있다.
[지역구 국회의원후보자는 할 수 없다(×) 7급 22]

심화학습

· 인터넷광고는 인터넷 포털사이트 등에도 가능하다(다음, 네이버 등).
· 인터넷광고는 횟수·규격 제한이 없고, 인증서교부, 최저요금, 선관위에 신고 모두 적용받지 않는다.

② 제1항의 인터넷광고에는 **광고근거와 광고주명을 표시**하여야 한다.

③ 같은 정당의 추천을 받은 **2인 이상의 후보자**는
합동으로 제1항의 규정에 따른 **인터넷광고**를 할 수 있다.
이 경우 그 **비용**은 당해 후보자 간의 약정에 따라 **분담**하되, [추천 정당이 부담한다(×) 9급 17]
그 분담내역을 광고계약서에 명시하여야 한다.
④ 삭제
⑤ **누구든지** 제1항의 경우를 제외하고는 **선거운동을 위하여**
인터넷광고를 할 수 없다.
⑥ 광고근거의 표시방법 그 밖에 필요한 사항은 중앙선거관리위원회 규칙으로 정한다.

조문정리

〈신문광고와 인터넷광고 비교〉

구 분	신문광고(§69)	인터넷광고(§82의7)
대상선거 및 주체	· 대선, 비례대표 국선, 시·도지사선거 · 정당(대선, 비례대표 국선), 후보자	· 모든 선거 · 정당(대선, 비례대표 선거), 후보자
광고시기	선거기간 개시일부터 선거일 전 2일까지 ⇒ 선거운동기간이 아님	선거운동기간 중
규 격	제한 없음	제한 없음
광고횟수	· 대선 70, 비례대표 국선 20 · 시·도지사선거는 5회. 인구 300만 초과 시 매 100만마다 1회 가산	제한 없음
게재내용	· 소속 정당의 정강·정책, 후보자 정견 · 대선 시 정치자금 모금 · 기타 홍보에 필요한 사항	제한 없음. 선거운동에 필요한 사항 모두 게시 가능
의무표시 사항	광고근거, 광고주명	광고근거, 광고주명
광고매체	일간신문	인터넷언론사의 인터넷 홈페이지
광고절차	인증서 교부 ⇒ 광고계약 (신고제도 폐지)	광고계약 ⇒ 인증서 교부 없음(신고제도 폐지)
광고위치	제한 없음	제한 없음
합동광고	시·도지사선거의 같은 정당추천 후보자끼리	선거 제한 없이 같은 정당추천 후보자끼리
광고요금	선거기간 중 각종 광고의 최저요금	제한 없음

📢 제82조의8(딥페이크 영상 등을 이용한 선거운동)

① 누구든지 **선거일 전 90일부터 선거일까지** 선거운동을 위하여
인공지능 기술 등을 이용하여 만든 실제와 구분하기 어려운 가상의 음향,
이미지 또는 영상 등(이하 **"딥페이크 영상 등"**이라 한다)을
제작·편집·유포·상영 또는 게시하는 행위를 하여서는 아니 된다.

② 누구든지 **제1항의 기간이 아닌 때**에 선거운동을 위하여
 딥페이크 영상 등을 제작·편집·유포·상영 또는 게시하는 경우에는
 해당 정보가 인공지능 기술 등을 이용하여 만든 가상의 정보라는 사실을
 명확하게 인식할 수 있도록
 중앙선거관리위원회 규칙으로 정하는 바에 따라
 해당 사항을 **딥페이크 영상 등**에 표시하여야 한다. 〈개정 24. 1. 29.〉

제83조(교통편의의 제공)

① **대통령선거**에 있어서 **한국철도공사 사장**은
 중앙선거관리위원회 규칙이 정하는 바에 따라 **선거운동기간 중**에
 선거운동용으로 **계속하여 사용할 수 있는**
 전국용 무료승차권 50매를 각 후보자에게 **발급하여야 한다.**

> **기출체크**
> 대통령선거라 하더라도 한국철도공사 사장이 선거운동기간 중에 선거운동용으로 계속하여 사용할 수 있는 전국용 무료승차권 50매를 각 후보자에게 발급하는 것은 공무원의 선거관여로서 위법하여 허용되지 아니한다.
> [×(틀린 지문임) 7급 14]

② 제1항의 규정에 의하여 전국용 무료승차권을 발급받은 후보자가
 사퇴·사망하거나 등록이 **무효로 된 때**에는 그 후 이를 사용할 수 없으며,
 한국철도공사사장에게 지체 없이 **반환**하여야 한다.

제84조(무소속 후보자의 정당표방 제한)

무소속 후보자는 특정 **정당으로부터의 지지 또는 추천받음을 표방할 수 없다.**
다만, 다음 각 호의 어느 하나에 해당하는 행위는 **그러하지 아니하다.**
  1. 정당의 **당원경력**을 표시하는 행위 [○ 9급 13]
  2. 해당 선거구에 **후보자를 추천하지 아니한 정당**이
     무소속 후보자를 **지지**하거나 **지원**하는 경우 그 사실을 **표방**하는 행위

> **심화학습**
> · 나는 A당의 추천을 받았다.(금지) / 나는 A당을 지지한다.(가능)

> **기출체크**
> ❶ 무소속 후보자는 해당 선거구에 후보자를 추천하지 아니한 정당이 자신을 지지하거나 지원하는 경우에도 그 사실을 표방하는 행위를 할 수 없다.
> [×(할 수 있음) 7급 16]

❷ 무소속 후보자는 해당 선거구에 후보자를 추천하지 아니한 정당으로부터 지지 또는 지원받는 사실을 표방할 수 있다.
[○ 9급 14]

❸ 기초의회의원선거 후보자로 하여금 특정 정당으로부터의 지지 또는 추천 받음을 표방할 수 없도록 하는 규정을 두더라도 지방자치의 안정성을 위한 것이므로 정치적 표현의 자유를 침해한 것으로 보기는 어렵다. ⇒ 법 개정으로 정당표방 제한의 주체를 무소속 후보자로 한정 [× 9급 13]
⇒ 법 제84조는 불확실한 입법목적을 실현하기 위하여 그다지 실효성도 없고 불분명한 방법으로 과잉금지원칙에 위배하여 후보자의 정치적 표현의 자유를 과도하게 침해하고 있다고 할 것이다.(헌재 2003. 1. 30. 2001헌가4)

❹ 무소속 후보자는 정당의 당원경력을 표시하는 행위를 할 수 없다. [×(할 수 있음) 7급 13]

보충개념

○ '표방'의 의미
'표방'이라는 말의 사전적 의미는 어떠한 생각이나 의견 혹은 주의나 주장 따위를 공공연하게 밖으로 드러내어 내세우는 것임.(대법원 1999. 5. 25. 99도279)

○ '지지 또는 추천받음을 표방'하는 행위의 의미
'특정 정당의 지지 또는 추천을 표방하는 행위'라 함은 일반유권자로서 사회통념상 후보자가 특정 정당의 지지 또는 추천을 받고 입후보한 것으로 인식하게 되는 외관을 의식적으로 내세우는 행위를 뜻함.(대법원 1999. 5. 11. 99도556)

○ '정당표방행위'의 의미 및 판단기준
1. 정당표방행위라 함은 문제된 행위를 표현 당시의 상황에서 객관적으로 보아 정당으로부터 지지 또는 추천을 받는 것으로 인식될 만한 방법으로 자신의 정당과의 그러한 관계를 내세우는 것을 말하는 것이므로 구체적 상황에서 모든 관련 사정을 종합적으로 고려하여 판단되어야 할 것임.(대법원 2003. 5. 16. 2003도928)
2. 공선법 제84조에서 금지하는 행위는 무소속 후보자가 특정 정당으로부터 지지를 받고 있다는 점, 또는 특정 정당으로부터 후보자로 추천을 받았다는 점을 유권자들에게 드러내어 내세우는 일체의 행위를 가리키는바, 구체적으로 어떠한 행위가 같은 조가 금지하는 정당표방행위에 해당하는지 여부를 결정함에 있어서는 그 표현행위가 행하여지는 시기적, 지리적 여건과 행위자의 의도 등을 종합적으로 고려하여 그 시기, 그 선거구의 일반적인 유권자들이 그 표현을 접할 때에 특정 정당이 당해 후보자를 지지하고 있거나, 혹은 특정 정당이 당해 후보자를 추천하였다는 뜻을 표시하고 있는 것으로 받아들일 것인지 여부에 따라야 할 것임.(대법원 1999. 10. 8. 99도2314)

[2019 공직선거법규운용자료 2권 287쪽, 중앙선관위]

📢 제85조(공무원 등의 선거관여 등 금지)

① 공무원 등 법령에 따라 **정치적 중립을 지켜야 하는 자는**
직무와 관련하여 또는 **지위를 이용하여** 선거에 부당한 영향력을 행사하는 등
선거에 영향을 미치는 행위를 할 수 없다.

② 공무원은 그 **지위를 이용**하여 **선거운동을 할 수 없다.**
이 경우 공무원이 그 **소속직원**이나 제53조 제1항 제4호부터
제6호까지〈공공기관, 조합, 지방공기업〉에 **규정된 기관 등의 임직원** 또는
「공직자윤리법」 제17조에 따른 **취업심사대상기관의 임·직원**을 대상으로 한
선거운동은 그 **지위를 이용하여** 하는 **선거운동으로 본다.**

기출체크

❶ 지방의회의원이 선거운동을 함에 있어 지방의회의원의 지위를 이용하더라도 이는 주민 전체의 복리를 위해 행사하도록 부여된 자원과 권한을 일방적으로 특정 정당과 개인을 위하여 남용하는 것이라 볼 수 없고, 그로 인해 선거의 공정성을 해칠 우려가 없을 뿐만 아니라 공직에 대한 국민의 신뢰 실추라는 폐해가 발생하는 것은 아니다.   [× 9급 23]

⇒ 지방의회의원이 선거운동을 함에 있어 지방의회의원의 지위를 이용하면, 이는 주민 전체의 복리를 위해 행사하도록 부여된 자원과 권한을 일방적으로 특정 정당과 개인을 위하여 남용하는 것이고, 그로 인해 선거의 공정성을 해칠 우려 뿐 아니라 공직에 대한 국민의 신뢰 실추라는 폐해도 발생한다.(헌재 2020. 3. 26. 2018헌바3)

❷ 공무원의 지위를 이용하여 선거에 영향을 미치는 행위를 금지하는 조항은 선거에 영향을 미치는 행위의 구체적인 행위태양을 나열하지 않아 죄형법정주의의 명확성원칙에 위배된다.   [× 9급 20]

⇒ "선거에 영향을 미치는 행위"란 공직선거법이 적용되는 선거에 있어 선거과정 및 선거결과에 변화를 주거나 그러한 영향을 미칠 우려가 있는 일체의 행동으로 해석할 수 있고, 구체적인 사건에서 그 행위가 이루어진 시기, 동기, 방법 등 제반 사정을 종합하여 그 내용을 판단할 수 있으므로, 이 사건 금지조항은 죄형법정주의의 명확성원칙에 위배되지 아니한다.(헌재 2016. 7. 28. 2015헌바6)

③ **누구든지 교육적·종교적 또는 직업적인 기관·단체 등의 조직 내에서의 직무상 행위를 이용**하여 그 구성원에 대하여 **선거운동을 하거나 하게 하거나**, 계열화나 하도급 등 **거래상 특수한 지위를 이용**하여 **기업조직·기업체** 또는 그 구성원에 대하여 **선거운동을 하거나 하게 할 수 없다.**

④ **누구든지 교육적인 특수관계에 있는 선거권이 없는 자에 대하여 교육상의 행위를 이용**하여 선거운동을 할 수 없다.   [○ 7급 17·13]

보충개념

○ **법 제85조 제1항·제2항의 입법취지**

1. 공직선거법 제85조 제1항 중 "공무원이 지위를 이용하여 선거에 영향을 미치는 행위" 부분(벌칙 포함)은 2012년 제18대 대통령선거와 관련하여 국가정보원의 선거개입 여부에 대한 논란으로 인해 공무원의 정치적 중립에 대한 사회적 관심과 국민의 요구가 높아졌고, 공무원의 선거관여에 대한 처벌 강화의 목소리도 커짐. 이러한 상황에서 공무원 등의 선거관여, 즉 직무와 관련되거나 공무원의 지위를 이용하여 선거에 부당한 영향력을 행사하는 등의 방법으로 선거에 영향을 미치는 행위를 금지 및 처벌하기 위하여 2014. 2. 13. 신설됨.(헌재 2016. 7. 28. 2015헌바6)
2. 제85조 제2항은 공무원이 직무와 밀접한 관련이 있는 권한 행사를 통하여 선거인에게 이익 또는 불이익을 미칠 수 있는 입장에 있음을 이용하여 선거운동을 하는 경우 일반인이 선거운동을 하는 경우보다 선거의 공정을 크게 저해한다는 점에서 이를 가중처벌하기 위한 것임.(대법원 2006. 12. 21. 2005두13414)

○ **법 제85조 제1항과 제85조 제2항, 제86조 제1항과의 비교**

공직선거법 제86조 제1항과 제255조 제1항 제10호, 제256조 제3항 제1호 바목이 공무원의 선거에 영향을 미치는 대표적인 행위유형을 나열하여 그러한 행위만을 금지 및 처벌하였던 것과는 달리, 제85조 제1항은 공무원이 직무와 관련하거나 그 지위를 이용하여 선거에 부당한 영향력을 행사하는 등 선거에 영향을 미치는 행위를 한 경우 이를 포괄적으로 금지 및 처벌하므로 공직선거법 제86조 제1항에 비하여 적용범위가 상대적으로 넓음. 이는 공무원의 행위가 선거에 영향을 미칠 우려가 있는 경우라도 특정 후보자의 당선 또는 낙선을 위한 것이라는 목적의사가 객관적으로 인정될 수 있는 능동적이고 계획적 행위, 즉 선거운동에 해당하지 않는 경우에는 구 공직선거법 제85조 제1항의 선거운동 위반으로 처벌할 수 없고, 공직선거법 제86조 제1항 각 호의 행위유형에 포섭되지 않는 이상 제86조 제1항 위반으로도 처벌을 할 수 없게 되어 처벌의 공백이 발생하며, 공무원이 그 지위를 이용하여 선거에 영향을 미치는 경우 일반인에 비하여 선거의 공정과 자유를 크게 저해하고 그로 인한 부작용과 폐해가 크다는 점을 고려한 것임. (헌재 2016. 7. 28. 2015헌바6)

○ **'공무원이 그 지위를 이용하여'의 의미**
법 제85조 제2항에서 '공무원이 그 지위를 이용하여'라 함은 공무원이 그 직무를 집행함에 즈음하여 선거운동을 하는 경우는 물론, 외견상 그 직무에 관련한 행위에 편승하여 선거운동을 함으로써 공무원의 지위에 있음으로 말미암아 선거구민에게 영향력을 줄 수 있는 경우도 이에 포함된다고 할 것이고(대법원 1969. 7. 22. 69도195, 대법원 2004. 4. 27. 2003도6653 참조), 공무원이 그 소속 직원을 대상으로 한 선거운동은 공선법 제85조 제1항(현행: 제85조 제2항) 후문에 의하여 그 지위를 이용하여 하는 선거운동으로 간주됨.(대법원 2006. 12. 21. 2006도7814)
⇒ 2014. 2. 13. 공선법 개정으로 제85조 제1항은 제2항으로 변경됨.

○ **'조직 내에서의 직무상 행위를 이용한 것'인지 판단**
법 제85조 제2항(현행: 제85조 제3항)에서 어떠한 행위가 '조직 내에서의 직무상 행위를 이용한 것'인지를 판단할 때에는, 조직에서 차지하고 있는 지위에 기하여 취급하는 직무 내용은 물론 행위가 행하여지는 시기·장소·방법 등 여러 사정을 종합적으로 관찰하여 직무와 관련된 행위인지를 판단하여야 함.(대법원 2011. 4. 28. 2011도1925)
⇒ 2014. 2. 13. 공선법 개정으로 제85조 제2항은 제3항으로 변경됨.

[2019 공직선거법규운용자료 2권 292쪽, 중앙선관위]

제86조(공무원 등의 선거에 영향을 미치는 행위 금지)

심화학습

- 이 조항은 관권선거나 공적 지위에 있는 자의 선거 개입의 여지를 없애기 위하여 '선거운동'으로서가 아니라 별개의 법률 조항에 의하여 '선거운동과 관련한 행위'로써 금지하는 것이다.(헌재 2005. 10. 27. 2004헌바41)
- 부단체장이 지방자치단체의 장의 직무를 대행하는 경우에도 「공직선거법」 §86② 내지 ⑦이 적용된다.

① **공무원**(국회의원과 그 보좌관·**선임비서관·비서관** 및 지방의회의원을 **제외**한다),
선상투표 신고를 한 선원이 승선하고 있는 선박의 **선장**,
제53조 제1항 제4호〈공공기관 중 정부가 50% 이상 지분을 가진 기관〉 및 제6호〈지방공기업〉에 규정된 기관 등의 **상근 임원**〈상근 직원은 제외〉〈개정 25. 1. 7.〉
〈5호 각종 조합은 제외〉
통·리·반의 장, 주민자치위원회위원과 **예비군 중대장급 이상의 간부**,
특별법에 의하여 설립된 국민운동단체로서 국가나 지방자치단체의 출연 또는 보조를 받는 단체(**바르게살기운동협의회**·새마을운동협의회·한국자유총연맹을 말한다)의 **상근 임·직원** 및
이들 단체 등(시·도조직 및 구·시·군조직을 포함한다)의 **대표자**는
다음 각 호의 어느 하나에 해당하는 행위를 하여서는 **아니 된다**.

심화학습

- 한국철도공사의 상근직원에 대한 선거운동 금지를 위헌으로 판단한 헌법재판소의 결정 취지에 따라 「공공기관의 운영에 관한 법률」 제4조 제1항 제3호에 해당하는 기관 중 정부가 100분의 50 이상의 지분을 가지고 있는 기관의 상근직원을 공무원 등의 선거에 영향을 미치는 행위 금지 대상에서 제외하였다.

> **기출체크**
>
> ❶ 국회의원과 그 보좌관·비서관·비서는 「공직선거법」상 선거에 영향을 미치는 행위를 금지하는 규정의 주체에서 제외하면서, 지방자치단체장을 예외로 인정하지 않는다 하더라도 평등원칙에 반하지 아니한다.(헌재 2008. 5. 29. 2006헌마1096) [O 7급 15]
> ❷ 지방의회의원은 선거중립의무를 지지 않는다. [O 9급 14]

1. **소속직원 또는 선거구민에게 교육 기타 명목 여하를 불문하고**
   특정 정당이나 후보자
   (후보자가 **되고자 하는** 자를 포함한다. 이하 이 항에서 같다)의
   업적을 홍보하는 행위

> **기출체크**
>
> ❶ 甲 도지사는 소속직원에게 교육 기타 명목 여하를 불문하고 특정 정당이나 후보자의 업적을 홍보하는 행위를 해서는 아니 된다. [O 9급 14]
> ❷ 주민자치위원회 위원이 선거구민에게 교육의 명목으로 특정 후보자의 업적을 홍보하는 행위 [금지 7급 13]

2. **지위를 이용하여**
   선거운동의 기획에 참여하거나 그 기획의 실시에 관여하는 행위

> **심화학습**
>
> · '지위를 이용하여'가 빠진 지문은 틀린 지문이다.

> **기출체크**
>
> 지방자치단체 소속 일반직공무원이 그 지위를 이용하지 않고 사적인 지위에서 선거운동의 기획에 참여하는 것은 「공직선거법」상 제한되지 않는다.(헌재 2008. 5. 29. 2006헌마1096) [O 9급 16]

3. **정당 또는 후보자**〈되고자 하는 자 포함〉**에 대한**
   선거권자의 지지도를 조사하거나 이를 발표하는 행위

> **기출체크**
>
> 국회의원 비서관은 정당 또는 후보자에 대한 선거권자의 지지도를 조사하거나 이를 발표하는 행위를 할 수 있다. [O 7급 17]

4. 삭제
5. **선거기간 중** 국가 또는 지방자치단체의 예산으로 시행하는 사업 중
   즉시 공사를 진행하지 아니할 사업의 **기공식을 거행하는 행위**
6. **선거기간 중 정상적 업무 외의 출장을 하는 행위**

> **기출체크**
> 丙 군수는 선거기간 중 정상적 업무 외의 출장을 할 수 없다. [○ 9급 14]

7. **선거기간 중 휴가기간**에 그 **업무와 관련된 기관이나 시설을 방문**하는 행위

> **기출체크**
> ❶ 새마을운동협의회 상근 임·직원은 선거기간 중에라도 휴가기간인 경우에는 그 업무와 관련된 기관이나 시설을 방문할 수 있다. [×(방문할 수 없음) 7급 16]
> ❷ 바르게살기운동협의회의 대표자가 선거기간 중 휴가기간에 그 업무와 관련된 기관이나 시설을 방문하는 행위 [금지 7급 13]

② 지방자치단체의 장(제4호의 경우 소속 공무원을 포함한다)은
  선거일 전 60일(선거일 전 60일 후에 실시사유가 확정된 보궐선거 등에
  있어서는 선거의 실시사유가 **확정된 때**)부터 **선거일**까지
  다음 각 호의 어느 하나에 해당하는 행위를 하여서는 **아니 된다**.
  1. 삭제
  2. **정당**의 정강·정책과 주의·주장을 **선거구민을 대상으로 홍보·선전**하는 행위.
     다만, 당해 지방자치단체의 장의 선거에 **예비후보자 또는 후보자가 되는**
     경우⟨할 수 있음⟩에는 그러하지 아니하다.

> **기출체크**
> 지방자치단체의 장이 당해 지방자치단체의 장의 선거에 예비후보자로 되어 선거일 전 30일에 선거구민을 대상으로 정당의 주장을 선전하는 행위 [가능 7급 13]

  3. **창당대회·합당대회·개편대회** 및 **후보자선출대회**⟨참석 가능⟩를 제외하고는
     정당이 개최하는 **시국강연회, 정견·정책발표회, 당원연수·단합대회** 등
     일체의 **정치행사에 참석하거나** ⟨참석 불가⟩   [선거일 전 50일이 되는 날 참석할 수 있다(×) 9급 20]
     선거대책기구, 선거사무소, 선거연락소를 방문하는 행위. ⟨방문 불가⟩
     [선거일 전 50일이 되는 날 참석할 수 있다(×) 9급 20]

     다만, 해당 지방자치단체의 장선거에
     예비후보자 또는 후보자가 된 경우와 ⟨참석, 방문 가능⟩
     당원으로서 소속 정당이 당원만을 대상으로 개최하는 **정당의 공개행사**에
     의례적으로 방문하는 경우에는 그러하지 아니하다. ⟨방문 가능⟩
     [선거일 전 50일에 방문 가능(○) 9급 20]

  4. 다음 각 목의 1을 **제외**하고는 교양강좌, 사업설명회, 공청회, 직능단체모임,
     체육대회, 경로행사, 민원상담 기타 각종 **행사**를 **개최**하거나 **후원**하는 행위
     ⟨제4호는 소속 공무원의 행위도 제한받음. 원칙: 개최·후원 불가⟩

가. **법령**에 의하여 개최하거나 후원하도록 규정된 **행사**를 개최·후원하는 행위
나. **특정일·특정시기**에 개최하지 아니하면 그 목적을 달성할 수 없는 행사
다. 천재·지변 기타 재해의 **구호·복구**를 위한 행위
라. **직업지원교육** 또는 **유상**으로 실시하는 **교양강좌**를 개최·후원하는 행위 〈가능〉
  또는 주민자치센터가 개최하는 **교양강좌**를 후원하는 행위. 〈가능〉
  다만, 종전의 범위를 넘는 **새로운 강좌**를 개설〈금지〉하거나
  수강생을 증원〈금지〉하거나 **장소를 이전**하여 **실시**〈금지〉하는
  주민자치센터의 교양강좌를 후원하는 행위를 **제외**한다.
마. **집단민원 또는 긴급한 민원**이 발생하였을 때 이를 해결하기 위한 행위
바. 가목 내지 마목에 준하는 행위로서 중앙선거관리위원회 규칙으로 정하는 행위

기출체크

❶ 서울특별시 강남구청 공무원은 보궐선거의 실시사유가 확정된 때라 하더라도 **직업지원교육을 개최하는 행위**를 할 수 없다.   [×(위 라.호에 따라 직업지원교육은 언제든지 개최할 수 있음) 7급 16]
❷ 乙 시장은 선거일 전 60일부터 선거일까지 교양강좌, 공청회 및 경로행사 등 **일체의 행사**를 개최해서는 아니 된다.
         [×(가.~바.목은 개최가능) 9급 14]

5. **통·리·반장의 회의에 참석**하는 행위. 〈금지〉
  다만, 천재·지변 기타 **재해**가 있거나 **집단민원 또는 긴급한 민원**이
  발생하였을 때〈가능〉에는 그러하지 아니하다.

기출체크

「공직선거법」상 공무원 등의 선거에 영향을 미치는 행위로서 금지되는 것만을 모두 고른 것은?
① 종전과 동일한 장소, 동일한 수강인원의 범위에서 주민자치센터가 개최하는 종래의 교양강좌를 후원하는 지방자치단체장의 행위 ⇒ §86②4라
② 집단민원 또는 긴급한 민원이 발생하였을 때 이를 해결하기 위한 지방자치단체장의 행위 ⇒ §86②4마
③ 소속직원에게 교육 기타 명목 여하를 불문하고 특정 정당이나 후보자의 업적을 홍보하는 한국은행 ○○국 부국장의 행위 ⇒ §86①(공공기관의 상근직원은 규제대상에서 제외, 개정 20. 3. 25.)
④ 선거기간 중 국가 또는 지방자치단체의 예산으로 시행하는 사업 중 즉시 공사를 진행하지 아니할 사업의 기공식을 거행하는 주민자치위원회위원의 행위 ⇒ §86①5
         [①②③ 가능, ④ 금지 9급 16]

③ 삭제, ④ 삭제
⑤ **지방자치단체의 장(소속 공무원을 포함한다)**은
  다음 각 호의 어느 하나에 해당하는 경우를 제외하고는 지방자치단체의 **사업계획**
  · **추진실적** 그 밖에 지방자치단체의 **활동상황**을 알리기 위한 **홍보물**
  (홍보지·소식지·간행물·시설물·녹음물·녹화물 그 밖의 홍보물 및
  신문·방송을 이용하여 행하는 경우를 포함한다)을

분기별로 1종 1회를 초과하여 발행·배부 또는 방송하여서는 아니 되며 〈상시 제한〉
당해 지방자치단체의 **장의 선거**의 선거일 전 180일(보궐선거 등에 있어서는
그 선거의 실시사유가 **확정된 때**, 이하 제6항에서 같다)부터 **선거일까지**는
홍보물을 발행·배부 또는 방송할 수 없다.
  1. **법령**에 의하여 발행·배부 또는 방송하도록 규정된 홍보물을
     발행·배부 또는 방송하는 행위
  2. **특정사업**을 추진하기 위하여 그 사업과 이해관계가 있는 자나 관계 주민의
     동의를 얻기 위한 행위

> **기출체크**
> 지방자치단체의 장은 특정사업을 추진하기 위하여 그 사업과 이해관계가 있는 자나 관계 주민의 동의를 얻기 위한 행위로서 지방자치단체의 사업계획·추진실적 그 밖에 지방자치단체의 활동상황을 알리기 위한 홍보물을 분기별로 1종 1회를 초과하여 발행·배부할 수 없다. [×(지문의 행위는 횟수 제한을 받지 않음) 7급 17]

  3. **집단민원** 또는 **긴급한 민원**이 발생하였을 때 이를 **해결**하기 위한 행위
  4. 기타 위 각 호의 1에 준하는 행위로서 중앙선거관리위원회 규칙이 정하는 행위
⑥ **지방자치단체의 장**은 당해 지방자치단체의 장의 선거의
   선거일 전 180일〈보궐선거 등은 실시사유가 확정된 때〉부터 **선거일까지**
   주민자치센터가 개최하는 교양강좌에 참석할 수 없으며, 〈근무시간 불문 참석 불가〉
   근무시간 중에 공공기관이 아닌 단체 등이 주최하는 행사 〈참석 불가〉
   (해당 지방자치단체의 **청사**에서 개최하는 행사를 포함한다)에는 **참석할 수 없다.**
   다만, 제2항 제3호〈소속당원 대상 정당의 공개행사〉에 따라
   참석 또는 방문할 수 있는 행사〈참석 가능〉의 경우에는 그러하지 아니하다.

> **기출체크**
> ❶ 시·도지사는 해당 시·도지사선거의 선거일 전 180일의 근무시간 중에 공공기관이 아닌 단체가 주최하는 행사에는 연가를 낸 경우라도 참석할 수 없다. [× 9급 16]
>   ⇒ 연가기간(반가 포함)과 점심시간은 법 제86조 제6항에 규정된 '근무시간'에 포함되지 아니한다.(대법원 2007. 7. 23. 2006도8445)
> ❷ 부산광역시장은 부산광역시장 선거일 전 150일이라도 근무시간 이후에는 공공기관이 아닌 단체가 부산광역시 청사에서 주최하는 행사에 참석할 수 있다. [○ 7급 16]
> ❸ 지방자치단체의 장이 당해 지방자치단체의 장의 선거의 선거일 전 240일에 주민자치센터가 개최하는 교양강좌에 참석하는 행위 [가능 7급 13]

⑦ **지방자치단체의 장**은 소관 사무나 그 밖의 명목 여하를 불문하고
   방송·신문·잡지나 그 밖의 광고에 출연할 수 없다. 〈상시 금지〉

기출체크

❶ 지방자치단체의 장은 지방 특산물 홍보를 위하여 해당 선거구 밖의 대규모점포에서 배부될 홍보전단지 광고에 출연할 수 없다. [○ 7급 17]

❷ 세종특별자치시장은 외국인 근로자들의 국내생활 적응을 장려하는 공익광고에는 출연할 수 있다.
[×(자치단체장은 일체의 광고에 출연할 수 없음) 7급 16]

보충개념

○ 입법취지 등

1. 공선법 제86조는 특정 정당이나 후보자의 득표나 당선을 목적으로 하는 행위가 아니기 때문에 위에서 말한 선거운동의 요건을 충족하지 못하지만 공무원이 특정 정당이나 후보자에게 유리 또는 불리하게 영향력을 행사함으로써 선거의 공정성을 해하는 것을 방지하기 위하여 공무원이 선거에 영향을 미칠 수 있는 행위를 하는 것을 금지하고 있음.(헌재 2005. 6. 30. 2004헌바33)

2. 공선법은 공무원의 선거에서의 정치적 중립의무, 공무원의 선거운동 제한, 공무원의 지위를 이용한 선거운동의 금지를 규정하는 것에서 더 나아가 제86조에서 소위 관권선거나 공적 지위에 있는 자의 선거 개입의 여지를 철저히 불식시키기 위하여 공무원이 선거운동의 기획에 참여하는 등 선거에 영향을 미치는 행위를 하는 것도 아울러 금지하고 있음. 이는 선거의 공정성을 확보하기 위한 방안으로 공무원 등 선거에 영향을 미칠 수 있는 특수한 지위에 있는 자가 선거 결과에 불공정한 영향을 미칠 우려가 큰 행위를 하지 못하도록 하는 것임.(헌재 2005. 6. 30. 2004헌바33)

3. 공선법 제86조 제1항의 제5호 내지 제7호의 규정 취지는, 통상적인 업무수행의 행태에 속하지 아니함에도 업무를 빙자하거나 업무와 관련 있는 기관, 시설을 방문하는 등의 방법으로 선거기간 중에 선거인과 접촉하는 불요불급한 행위를 통해 상대방의 공정한 선거권 행사에 지장을 초래하고 관권선거의 시비를 불러일으킬 우려가 있음을 감안하여 그중 종래부터 문제되어 온 대표적이고 전형적인 행위유형을 특정하여 여기에 해당하는 경우에는 별도 입증이 없이도 선거에 영향을 미쳤다고 하는 점에 대한 소명이 된 것으로 간주하여 이를 처벌하고자 함에 있다고 볼 수 있음.(대법원 2005. 8. 19. 2005도2690)

○ '업적을 홍보하는 행위'의 의미

공선법 제86조 제1항 제1호에 규정된 '특정 정당이나 후보자의 업적을 홍보하는 행위' 중 업적이라 함은 선거에서 긍정적 평가 자료가 될 수 있는 일체의 사회적 행위로 해석함이 상당하고, 미담사례를 발굴·소개하려는 취지이었다 하여 위 홍보에 해당되지 않는다고 볼 수 없음.(대법원 1997. 4. 25. 97도320)

○ '공무원 등 공적 지위에 있는 자로 하여금 소속직원 또는 선거구민에게 특정 후보자 등의 업적을 홍보하는 행위를 하게 하는 자'의 의미

공무원 등 공적 지위에 있는 자가 선거에 영향을 미치는 행위를 하는 것을 금지하려는 것으로서 그 주체가 '공무원 등 공적 지위에 있는 자'라는 점에 주안점을 두고 있는 것이지, '공무원 등 공적 지위에 있는 자'로 하여금 선거에 영향을 미치는 행위를 하게 하는 행위 주체까지 '공무원 등 공적 지위에 있는 자'로 한정하는 것은 아니라고 보는 것이 타당함. 따라서 공무원 등 공적 지위에 있는 자로 하여금 소속직원 또는 선거구민에게 특정 정당이나 후보자(후보자가 되고자 하는 자를 포함한다)의 업적을 홍보하는 행위를 하게 한 자는 공무원 등 공적 지위에 있는지를 불문하고 누구든지 「공직선거법」 제86조 제1항 제1호 및 제255조 제1항 제10호에 따라 처벌됨.(대법원 2011. 4. 28. 2010도17828)

○ '지위를 이용하여 선거운동의 기획에 참여하거나 그 기획의 실시에 관여하는 행위'의 의미

1. "기획(企劃)"이란 일을 계획하는 것을 의미하고, "참여"란 참가하여 관계함을 뜻하며, "관여"는 관계하여 참여함이 그 사전적 의미임.(헌재 2005. 6. 30. 2004헌바33)

2. 공선법 제86조 제1항 제2호가 규정하고 있는 "선거운동의 기획에 참여하거나 그 기획의 실시에 관여하는 행위"란 공무원이 선거운동의 효율적 수행을 위한 일체의 계획 수립에 참여하는 행위 또는 그 계획을 직접 실시하거나 실시에 관하여 지시·지도하는 행위를 함으로써 선거에 영향을 미치는 행위를 말함.(헌재 2008. 5. 29. 2006헌마1096)

3. '선거운동의 기획에 참여하거나 그 기획의 실시에 관여하는 행위'라 함은 당선되게 하거나 되지 못하게 하기 위한 선거운동에는 이르지 아니하는 것으로서 선거운동의 효율적 수행을 위한 일체의 계획 수립에 참여하는 행위 또는 그 계획을 직접 실시하거나 실시에 관하여 지시·지도하는 행위를 말하는 것으로 해석하여야 하고, 반드시 구체적인 선거운동을 염두에 두고 선거운동을 할 목적으로 그에 대한 기획에 참여하는 행위만을 의미하는 것으로 볼 수는 없음.(대법원 2011. 2. 24. 2010도16650)
4. 공무원이 선거운동의 기획에 '참여'하였다고 하기 위해서는 그러한 선거운동방안 제시 등으로 후보자의 선거운동 계획 수립에 직접적·간접적으로 관여하였음이 증명되어야 하고, 단지 공무원이 개인적으로 후보자를 위한 선거운동에 관한 의견을 표명하였다는 사정만으로 선거운동의 효율적 수행을 위한 일체의 계획 수립에 참여하였다고 단정할 수는 없음.(대법원 2013. 11. 28. 2010도12244)
5. 공직선거법 제86조 제1항 제2호에서의 '지위를 이용하여'라는 개념은 공무원이 개인의 자격으로서가 아니라 공무원의 지위와 결부되어 선거운동의 기획에 참여하거나 그 기획의 실시에 관여하는 행위를 뜻하는 것으로, 공무원의 지위에 있기 때문에 특히 선거운동의 기획행위를 효과적으로 할 수 있는 영향력 또는 편익을 이용하는 것을 의미하고, 구체적으로는 그 지위에 수반되는 신분상의 지휘감독권, 직무권한, 담당사무 등과 관련하여 공무원이 직무를 행하는 사무소 내부 또는 외부의 사람에게 작용하는 것도 포함됨.(헌재 2008. 5. 29. 2006헌마1096, 대법원 2011. 5. 13. 2011도2996)

제86조 제1항 제6호의 '정상적 업무 외의 출장행위'의 요건
1. 공선법 제86조 제1항 제6호의 선거에 영향을 미치는 공무원 등의 행위라고 하여 금지하고 있는 선거기간 중 '정상적 업무 외의 출장행위'에 해당하기 위해서는 그 행위가 명목상, 형식상이나마 당해 공무원 등의 업무와 관련한 출장행위의 외관을 지니고 있음을 전제로, 그 실질에 있어서 통상적인 업무수행의 일환으로 인정되지 아니하는 경우라야 함.(대법원 2005. 8. 19. 2005도2690)
2. 공무원의 정상적인 업무 외의 모든 출장행위를 처벌대상으로 하는 것이 아니라 '선거기간 중'에 그리고 '선거운동과 관련하여' 이루어진 경우에 한하여 처벌하고 있음.(헌재 2005. 10. 27. 2004헌바41)

제86조 제2항 제4호 규정 취지
선거일 전 60일부터 지방자치단체장이 교양강좌, 사업설명회, 공청회, 직능단체모임, 체육대회, 경로행사, 민원상담 기타 각종 행사를 개최하거나 후원하는 행위를 금지하고 있는 것은 선거일이 가까워지면서 선거운동의 과열과 혼탁을 방지하기 위하여 선거일 전 60일부터는 선거에 영향을 미치지 아니하더라도 위와 같은 행사를 개최하거나 후원하는 행위를 일체 금지하는 데 있음.(대법원 2011. 7. 14. 2011도3862)

제86조 제5항의 입법목적 및 취지
1. 지방자치단체의 장이 지방자치단체의 홍보물을 자신의 업적과 활동상황을 알리는 개인 홍보물로 이용함으로써 자신의 임기 중 사실상 선거준비 작업이나 선거운동의 일환으로 사용하는 것을 방지하고, 이로써 선거의 공정성을 확보하고 선거에서의 기회균등을 보장하고자 하는 것임.(헌재 1999. 5. 27. 98헌마214)
2. 지방자치단체의 홍보물이 그 내용에 있어서 지방자치단체의 사업계획·사업추진실적과 같이 주민에게 필요한 객관적인 정보의 제공에 제한되더라도, 정보의 내용이 지방자치단체의 업적과 성공사례에 관한 한, 항상 그의 대표기관이자 집행기관인 지방자치단체의 장에게 유리한 효과를 수반한다고 볼 수 있음.(헌재 1999. 5. 27. 98헌마214)

[2019 공직선거법규운용자료 2권 317쪽, 중앙선관위]

제87조(단체의 선거운동 금지)

① 다음 각 호의 어느 하나에 해당하는 **기관·단체**(그 대표자와 임직원 또는 구성원을 포함한다)는 그 기관·단체의 **명의** 또는 그 대표의 **명의**로 선거운동을 할 수 없다.
  1. 국가·지방자치단체
  2. 제53조(공무원 등의 입후보) 제1항 제4호 내지 제6호에 규정된 기관·단체

> **인용조문**
>
> 제53조(공무원 등의 입후보) ①
>   4. 「공공기관의 운영에 관한 법률」 제4조 제1항 제3호에 해당하는 기관 중 정부가 100분의 50 이상의 지분을 가지고 있는 기관(한국은행을 포함한다)의 상근 임원
>   5. 「농업협동조합법」·「수산업협동조합법」·「산림조합법」·「엽연초생산협동조합법」에 의하여 설립된 조합의 상근 임원과 이들 조합의 중앙회장
>   6. 「지방공기업법」 제2조(적용범위)에 규정된 지방공사와 지방공단의 상근 임원

3. 향우회·종친회·동창회, 산악회 등 동호인회, 계모임 등 **개인 간의 사적모임**
4. **특별법**에 의하여 설립된 국민운동단체로서
   국가 또는 지방자치단체의 출연 또는 보조를 받는 단체
   (**바르게살기운동협의회·새마을운동협의회·한국자유총연맹을 말한다**)
5. **법령**에 의하여 정치활동이나 공직선거에의 관여가 **금지된 단체**
6. 후보자 또는 후보자의 가족(이하 이 항에서 "**후보자 등**"이라 한다)이
   임원으로 있거나, 후보자 등의 재산을 출연하여 **설립**하거나,
   후보자 등이 **운영경비**를 부담하거나 관계 법규나 규약에 의하여
   의사결정에 실질적으로 **영향력**을 행사하는 기관·단체
7. 삭제 〈국민건강보험관리공단: 선거운동을 할 수 있음〉
8. **구성원의 과반수가 선거운동을 할 수 없는 자로 이루어진 기관·단체**　　　　[선거운동 불가 7급 17]

> **기출체크**
>
> ❶ 「공직선거법」상 금지되는 '단체의 선거운동'이란 단체, 그 대표자와 임직원 또는 구성원이 단체의 명의 또는 대표 명의를 직접 명시하거나 직접 명시하지 않아도 일반 선거인들이 단체의 명의 또는 대표 명의로 선거운동을 한다고 쉽게 인식할 수 있는 방법으로 선거운동을 하는 것을 의미한다.(대법원 2011. 12. 27. 2011도13285)[○ 9급 22]
>
> ❷ 선거운동을 할 수 없는 공무원이 구성원의 과반수인 기관·단체의 명의 또는 그 대표의 명의로 선거운동을 하거나 하게 한 자를 처벌하는 것은 선거의 불공정성을 방지하기 위한 것으로서 필요한 것이며, 처벌내용이 행위에 비하여 가혹한 것이라거나 입법재량의 범위를 벗어난 과도한 것이라고 볼 수 없다.(헌재 2008. 4. 24. 2004헌바47)
> [○ 9급 22]

② **누구든지** 선거에 있어서
   후보자(후보자가 **되고자 하는 자를 포함한다)의 선거운동을 위하여**
   연구소·동우회·향우회·산악회·조기축구회, 정당의 외곽단체 등
   그 명칭이나 표방하는 **목적 여하를 불문하고**
   사조직 기타 단체를 설립하거나 설치할 수 없다.

심화학습

- 인터넷 공간에서의 선거활동을 목적으로 하여 인터넷 카페 등을 개설하고 인터넷 회원 등을 모집하여 일정한 모임의 틀을 갖추어 이를 운영하는 경우에, 이러한 인터넷 상의 활동은 정보통신망을 통한 선거운동의 하나로서 허용되어야 하며, 이를 두고 공직선거법상 사조직에 해당한다고 보기 어렵고, 카페 개설을 위하여 별도로 준비 모임을 갖거나 카페 개설 후 일부 회원들이 오프라인에서 모임을 개최하였다 하더라도, 카페 개설 및 활동에 수반되는 일시적이고 임시적인 성격을 갖는 것에 그친다면 본조 사조직에 해당한다고 단정할 수 없다.(대법원 2013. 11. 14. 2013도2190)

기출체크

제87조 제2항에 대한 설명 중 옳지 않은 것은?(대법원 2013. 11. 14. 2013도2190)
① 후보자들 간에 선거운동기구의 형평성을 유지하고, 각종 형태의 선거운동기구의 난립으로 인한 과열경쟁 및 낭비를 방지하기 위한 규정이다.
② '후보자가 되고자 하는 자'에는 그 신분·접촉대상·언행 등에 비추어 선거에 입후보할 의사를 가진 것을 객관적으로 인식할 수 있을 정도에 이른 사람도 포함된다.
③ 법정선거기구 이외에 설립하거나 설치한 사조직이라 하더라도 회칙이 없고 조직과 임원 및 재정 등에 관하여 <u>구체적으로 정한 바가 없으면 설립이나 설치가 금지된 사조직에 해당하지 않는다.</u>
④ 인터넷 공간에서의 선거활동을 목적으로 하여 인터넷 카페 등을 개설하고 인터넷 회원 등을 모집하여 일정한 모임의 틀을 갖추어 운영하는 경우에 이를 두고 금지된 사조직에 해당한다고 보기 어렵다.

[③ ×(구체적으로 정한 바가 없더라도 공직선거법상 사조직에 해당함) ①②④ ○ 9급 17]

조문정리

〈단체관련 규정 비교〉

공명선거추진활동 금지단체(§10)〈불공정〉	대담·토론 금지단체(§81)〈불공정〉	선거운동 금지단체(§87)〈선거에 영향〉
① 특별법 단체(바살기·새운협·한자총) ② 정치활동, 선거관여 금지 단체 ③ 후보·가족 설립·운영단체 ④ 정당·후보자를 위한 지원 단체 〈후원회〉 ⑤ 삭제〈국민건강보험공단〉 ⑥ 선거운동을 하거나 표방한 노조·단체	① 국가, 지방자치단체 ② 공공기관(한은), 조합, 지방공사·공단 ③ 향우·종친·동창회, 동호인회 (사적모임) ④ 특별법 단체(바살기·새운협·한자총) ⑤ 정치활동, 선거관여 금지단체 ⑥ 후보·가족 임원, 재산출연 설립, 운영경비부담, 의사결정 실질적 영향력 행사 기관·단체 ⑦ 삭제〈국민건강보험공단〉 ⑧ 선거운동을 하거나 표방한 노조·단체	① 국가, 지방자치단체 ② 공공기관(한은), 조합, 지방공사·공단 ③ 향우·종친·동창회, 동호인회 (사적모임) ④ 특별법 단체(바살기·새운협·한자총) ⑤ 정치활동, 선거관여 금지 단체 ⑥ 후보·가족 임원, 재산출연 설립, 운영경비 부담, 의사결정 실질적 영향력 행사 기관·단체 ⇒ 후원회는 선거운동이 가능함 ⑦ 삭제〈국민건강보험공단〉 ⑧ 구성원 과반수가 선거운동을 할 수 없는 자로 이루어진 기관·단체

> **보충개념**
>
> ○ **제87조의 입법이유**
> 이 법 제87조는 단체에서 선거운동을 허용할 경우에 야기될 여러 가지 문제점들을 차단하여 선거의 공정성을 확보하고자 규정된 것임. 따라서 법 제87조의 의미는 선거의 공정성 보장을 위한 위와 같은 이 법의 전체적 체계 속에서 이해되어야 하고, 그 위헌 여부를 판단함에 있어서는 선거의 공정성이 강조되어 있는 입법의 전체적 취지를 충분히 고려하여야 할 것임.(헌재 1995. 5. 25. 95헌마105)
>
> ○ **선거운동이 허용되는 단체의 선거운동방법**
> 공선법에 의하여 특정 후보의 지지 등이 허용되는 단체라고 하더라도 같은 법 제1조에서 나타난 입법취지 및 후보자 자신도 같은 법에 의하여 허용되는 범위 내에서만 선거운동이 허용되는 점에 비추어 볼 때 아무런 제한 없이 특정 후보자를 지지·반대하는 선거운동을 할 수 있다고 볼 수는 없고 그러한 선거운동을 하는 경우에도 같은 법에서 허용하는 방법에 따라야 할 것임.(대법원 2003. 4. 25. 2003도782)
>
> ○ **제87조 제2항의 취지 및 설립 내지 설치를 금지하는 사조직의 의미**
> 공선법 제87조 제2항은 후보자 간 선거운동기구의 형평성을 유지하고, 각종 형태의 선거운동기구의 난립으로 인한 과열경쟁 및 낭비를 방지하기 위한 규정이고, 위 조항에서 설립 내지 설치를 금지하는 사조직은 선거에 있어서 후보자나 후보자가 되고자 하는 자를 위하여 그 명칭이나 표방하는 목적 여하를 불문하고 법정 선거운동기구 이외에 설립하거나 설치하는 일체의 사조직을 의미하므로, 설사 회칙이 없고 조직과 임원 및 재정 등에 관하여 구체적으로 정한 바가 없더라도 위 조항에서 말하는 사조직에 해당함.(대법원 2008. 3. 13. 2007도7902)
>
> [2019 공직선거법규운용자료 2권 370쪽, 중앙선관위]

제88조(타 후보자를 위한 선거운동 금지)

후보자, 선거사무장, 선거연락소장, 선거사무원, 회계책임자, 연설원,
대담·토론자는 다른 정당이나 선거구가 같거나 일부 겹치는
다른 후보자를 위한 선거운동을 할 수 없다.
다만, 정당이나 후보자를 위한 선거운동을 함에 있어서
그 일부가 다른 정당이나 후보자의 선거운동에 이른 경우와
같은 정당이나 같은 정당의 추천후보자를 지원하는 경우 및 이 법의 규정에 의하여
공동 선임된 선거사무장 등이 선거운동을 하는 경우에는 그러하지 아니하다.

> **보충개념**
>
> ○ **입법취지**
> 공선법 제88조는 후보자 간의 담합행위 및 매수가능성을 사전에 차단하여 선거권자의 판단에 혼선을 가져오지 않게 하기 위한 규정임.(헌재 1999. 1. 28. 98헌마172)
>
> [2019 공직선거법규운용자료 2권 409쪽, 중앙선관위]

제89조(유사기관의 설치 금지)

① **누구든지** 제61조 제1항·제2항에 따른 선거사무소, 선거연락소 및
선거대책기구 외에는 후보자 또는 후보자가 되려는 사람을 위하여
선거추진위원회·후원회·연구소·상담소 또는 휴게소 기타 명칭의 여하를 불문하고
이와 유사한 기관·단체·조직 또는 시설을 새로이 설립 또는 설치하거나
기존의 기관·단체·조직 또는 시설을 이용할 수 없다.

다만, 후보자 또는 예비후보자의 선거사무소에 설치되는 **1개의 선거대책기구** 및 「**정치자금법**」에 의한 **후원회**는 그러하지 아니하다.

[정치자금법에 의한 후원회를 설립할 수 없다(×) 9급 18]

심화학습

· 정당추천 후보자와 무소속 후보자와의 형평성 등을 고려하여 제61조 제1항의 정당 외에 후보자의 선거사무소에도 1개의 선거대책기구를 설치할 수 있도록 하였음.

기출체크

① 후보자 또는 예비후보자의 선거사무소에 설치되는 1개의 선거대책기구 및 「정치자금법」에 의한 후원회의 경우를 제외하고는, 누구든지 「공직선거법」에 따라 설치된 선거사무소, 선거연락소 및 선거대책기구 외에는 후보자 또는 후보자가 되려는 사람을 위하여 명칭 여하를 불문하고 유사기관을 새로이 설립 또는 설치할 수 없다.
[O 9급 16]

② 어떠한 기관·단체·조직 또는 시설이 설치가 금지된 선거운동기구인지 여부는 그것이 선거운동을 목적으로 설치된 것으로서 적법한 선거사무소나 선거연락소와 유사한 활동이나 기능을 하는 것에 해당하는지 여부에 의하여 결정된다.(대법원 2013. 12. 26. 2013도10896)
[O 9급 16]

③ 어떠한 기관·단체·조직 또는 시설이 설치가 금지된 선거운동기구와 유사한 기관에 해당하기 위해서는 **반드시** 그 유사기관의 '선거운동'이 「공직선거법」상 허용되지 않는 선거운동이어야 한다.
[× 9급 16]
⇒ 어떠한 기관·단체·조직 또는 시설이 '선거운동'을 목적으로 설립되었고 그것이 선거사무소 또는 선거연락사무소처럼 이용되는 정도에 이르렀다면 공직선거법 제89조 제1항에서 정한 유사기관이 되는 것이지, 반드시 그 '선거운동'이 공직선거법상 허용되지 않는 선거운동이어야만 하는 것은 아니다.(대법원 2013. 12. 26. 2013도10896)

② **정당**이나 **후보자**(후보자가 **되려는 사람**을 포함한다. 이하 이 항에서 같다)가
설립·운영하는 기관·단체·조직 또는 시설은
선거일 전 180일(보궐선거 등에 있어서는 그 선거의 실시사유가 확정된 때)부터
선거일까지
당해 선거구민을 대상으로 **선거에 영향**을 미치는 행위를 하거나,
그 기관·단체 또는 시설의 **설립**이나 **활동내용**을 선거구민에게 알리기 위하여
정당 또는 **후보자의 명의**나 그 명의를 **유추할 수 있는 방법**으로
벽보·현수막·방송·신문·통신·잡지 또는 인쇄물을 이용하거나
그 밖의 방법으로 **선전할 수 없다**.
다만, 「정치자금법」 제15조(후원금 모금 등의 고지·광고)의 규정에 따른
모금을 위한 고지·광고는 그러하지 아니하다.

보충개념

○ **입법목적**
1. 제89조 제1항은 법정 선거운동기구 이외의 선거운동기구의 난립으로 야기될 과열경쟁과 낭비를 방지하고 후보자 간에 선거운동의 균등한 기회를 보장함으로써 선거의 공정성을 확보하기 위한 규정임.(헌재 1999. 1. 28. 98헌마172)

2. 제89조 제2항은 정당이나 후보자가 설립·운용하는 기관·단체 등을 이용한 과당경쟁과 낭비를 방지하고 선거운동의 균등한 기회를 보장함으로써 선거의 공정성을 확보하고자 하는 것임.(헌재 2001. 10. 25. 2000헌마193)

○ **'유사기관'에 해당하는지 여부의 판단기준**
어떤 단체 등이 공선법 제89조 제1항 본문의 '유사기관'에 해당하는지는 선거운동 목적의 유무에 의하여 결정되므로, 후보자가 되고자 하는 자가 내부적 선거 준비행위의 차원을 넘어 선거인에게 영향을 미칠 목적으로 단체 등을 설립하였다면 이는 위 조항 소정의 유사기관에 해당함.(대법원 2013. 2. 28. 2012도15689)

○ **제89조 제2항의 '선거에 영향을 미치는 행위'의 의미**
제89조 제2항이 정한 '선거에 영향을 미치는 행위'는 선거운동보다 넓은 개념으로 선거운동에까지 이르지 아니하였다고 하더라도 선거에 간접적으로 영향을 미쳐 선거의 공정을 해함으로써 선거에 영향을 미칠 우려가 있는 행위도 포함되는 것이고, 따라서 비록 표면적으로는 선거와 무관한 것처럼 보이는 행위라 할지라도 그 행위가 이루어진 시기, 동기, 방법 등 제반 사정을 종합하여 선거에 영향을 미칠 우려가 있는 행위로 평가된다면 위 조항에서 정한 선거에 영향을 미치는 행위로 보아야 함.(대법원 2006. 6. 27. 2005도303)

○ **제89조 제2항의 '그 명의를 유추할 수 있는 방법으로' 선전하는 행위 의미**
단체 등이 그 설립이나 활동내용을 벽보 등의 매체를 이용하여 선전하면서 정당이나 후보자의 명의를 직접 명시하지 않아도 그 선전에 사용된 특정 문구나 기호, 이미지, 영상 등에 의하여 또는 그러한 정보들을 종합함으로써 일반 선거인들이 그 정당이나 후보자의 명의를 쉽게 유추할 수 있다고 인정되는 경우를 의미하고, 위와 같이 벽보 등을 이용한 단체 등의 선전행위가 정당이나 후보자의 명의를 쉽게 유추할 수 있는 방법에 해당하는지 여부는 그 단체 등의 회원이 아닌 일반 선거구민을 기준으로 판단하여야 함.(대법원 2011. 3. 10. 2010도16996)

[2019 공직선거법규운용자료 2권 414쪽, 중앙선관위]

제89조의2 삭제

제90조(시설물 설치 등의 금지)

① 누구든지 선거일 전 120일
(보궐선거 등에서는 그 선거의 실시사유가 **확정된 때**)부터 **선거일까지**
선거에 영향을 미치게 하기 위하여
이 법의 규정에 의한 것을 제외하고는
다음 각 호의 어느 하나에 해당하는 행위를 **할 수 없다.**
이 경우 **정당**(창당준비위원회를 포함한다)의 **명칭**이나 **후보자**
(**후보자가 되려는 사람**을 포함한다. 이하 이 조에서 같다)의 **성명·사진** 또는
그 **명칭·성명을 유추할 수 있는 내용**을 명시한 것은
선거에 영향을 미치게 하기 위한 것으로 본다.

1. 화환·풍선·간판·현수막·애드벌룬·기구류 또는 선전탑,
그 밖의 광고물이나 광고시설을 설치·진열·게시·배부하는 행위

> **심화학습**
> · 헌법불합치 결정: 현수막, 그 밖의 광고물을 설치·게시하는 행위(헌재 2022. 7. 21. 2017헌바100)

2. **표찰**이나 그 밖의 **표시물**을 **착용** 또는 **배부**하는 행위

> **심화학습**
>
> • 헌법불합치 결정: 그 밖의 표시물을 착용하는 행위(헌재 2022. 7. 21. 2017헌바100)

　　3. 후보자를 상징하는 인형·마스코트 등 **상징물을 제작·판매**하는 행위

② 제1항에도 불구하고 다음 각 호의 어느 하나에 해당하는 행위는 선거에 영향을 미치게 하기 위한 행위로 **보지 아니한다**.

　　1. **선거기간이 아닌 때**에 행하는 「정당법」 제37조 제2항에 따른 **통상적인 정당활동**
　　2. **의례적**이거나 **직무상·업무상의 행위** 또는 **통상적인 정당활동**으로서 중앙선거관리위원회 규칙으로 정하는 행위

> **보충개념**
>
> ○ **입법취지**
> 법 제90조 전문은 선거일 전 180일부터 선거에 영향을 미치게 하기 위하여 법정의 방법 이외의 방법으로 시설물설치 등을 하는 것을 금지한 규정으로서, 이는 선거의 부당한 과열경쟁으로 인한 사회경제적 손실을 막고 후보자 간의 실질적인 기회균등을 보장함과 동시에 탈법적인 선거운동으로 인하여 선거의 공정과 평온이 침해되는 것을 방지하고자 일정 범위의 선거운동방법에 대하여는 그 주체, 시간, 태양을 불문하고 일률적으로 이를 금지하는 것임. (헌재 2001. 12. 20. 2000헌바96·2001헌바57 병합) ⇒ '선거일 전 120일부터'로 개정
>
> ○ **제256조 제2항 제1호 아목의 '선전물'의 의미**
> 선전물이라 함은 공선법 제90조에 규정된 광고물, 광고시설, 표찰 기타 표시물을 포함하는 개념으로서, 반드시 후보자의 성명이나 외모가 기재·묘사되거나 특징 등이 화체되어 있지 아니하더라도 선거운동에 있어 특정 후보자의 인지도를 상승시키거나 이미지를 고양시키기 위하여 사용되는 제반 시설물과 용구를 총칭하는 것으로 보아야 함. (대법원 2004. 3. 11. 2003도6650, 대법원 2004. 4. 23. 2004도1242)
>
> ○ **제90조의 '상징물'의 의미**
> 상징물이라 함은 후보자 개인의 외형적 이미지를 형상화한 것에 국한되는 것이 아니라 널리 후보자의 사고와 주장을 표상할 수 있는 물건까지 포함하는 것으로서, 후보자의 외형적·내면적 이미지를 형상화하여 일반 공중에게 후보자를 연상시킬 수 있는 물건을 말함.(대법원 2004. 10. 28. 2004도4355)
>
> ○ **광고물 '게시'의 의미**
> 광고물을 손으로 들고 있는 행위도 공직선거법 제90조 제1항 제1호 규정에서 금지하는 광고물 '게시'에 해당한다고 보는 것이 공직선거법의 입법취지에 부합함. '게시'의 사전적 의미는 '여러 사람에게 알리기 위하여 내붙이거나 내걸어 두루 보게 하는 것'으로, 그 문언 자체만 보면 게시물이 움직이지 않는 물체의 표면에 고정될 것을 요건으로 하는 것처럼 보이기는 함. 그러나 일상적인 언어생활에서 사용되는 '게시'의 개념은 불특정 다수가 쉽게 볼 수 있는 방법으로 게시물을 현출하는 행위를 의미할 뿐, 반드시 게시물이 일정한 장소나 물체의 표면에 고정될 것을 전제로 하지 않는다고 할 것이므로, '내붙이거나 내걸어 두는 것'은 게시물의 현출 방법 중 하나라고 보는 것이 타당함. (대법원 2018. 8. 30. 2018도9299, 서울고등법원 2018. 5. 31. 2018노792)
>
> [2019 공직선거법규운용자료 2권 427쪽, 중앙선관위]

제91조(확성장치와 자동차 등의 사용제한)

① **누구든지** 이 법의 규정에 의한 공개장소에서의 연설·대담장소 또는 대담·토론회장에서 연설·대담·토론용으로 사용하는 경우를 제외하고는 **선거운동을 위하여 확성장치를 사용할 수 없다**.

> **심화학습**
> · 합헌 결정: 제91조 제1항 및 제255조 제2항 제4호 중 '제91조 제1항의 규정에 위반하여 확성장치를 사용하여 선거운동을 한 자' 부분은 모두 헌법에 위반되지 아니한다.(헌재 2022. 7. 21. 2017헌바100)

② 삭제

③ 누구든지 **자동차**를 **사용**하여 선거운동을 할 수 없다.
다만, 제79조에 따른 연설·대담장소에서
자동차에 승차하여 선거운동을 하는 경우와
같은 조 제6항에 따른 **선거벽보 등을 자동차에 부착하여 사용**하는 경우에는
그러하지 아니하다. 〈연설·대담용 차량〉

④ **정당·후보자·선거사무장** 또는 **선거연락소장**은
제3항 단서에 따른 경우 **외에** 다음 각 호에 따른 수 이내에서
관할선거관리위원회가 교부한 **표지를 부착한 자동차와 선박**에
제64조의 선거벽보, 제65조의 선거공보 및 제66조의 선거공약서〈후보자사진은 불가〉를
부착하여 **운행**하거나 운행하게 **할 수 있다.** 〈홍보물 첩부차량〉

> **심화학습**
> · 후보자사진은 제4항의 자동차와 선박에 부착할 수 없고, 제79조 제6항의 연설·대담차량과 선거사무소, 선거연락소 건물에만 부착할 수 있다.

1. 대통령선거와 시·도지시선거:
   선거사무소와 선거연락소마다 각 5대·5척 이내
2. 지역구 국회의원선거와 자치구·시·군의 장 선거:
   후보자마다 각 5대·5척 이내
3. 지역구 시·도의원선거:
   후보자마다 **각 2대·2척** 이내
4. 지역구 자치구·시·군의원 선거:
   후보자마다 **각 1대·1척**

> **심화학습**
> · 비례대표선거에서는 본 항의 자동차와 선박을 운행할 수 없다.
> · §120.6: 본 항의 자동차와 선박의 운영비용은 선거비용이 아니라 선거비용 외 정치자금이다.

> **보충개념**
>
> ○ **입법취지**
> 선거운동을 함에 있어 확성장치와 자동차의 무제한적 사용은 심각한 소음 공해와 도로교통의 무질서 등 공공의 안녕과 질서에 직접적인 위해를 가져오고 또한 선거비용의 과다 지출을 가져오므로 후보자 등 한정된 범위에 한하여서만 일부 허용하고 그 외의 사용은 이를 제한하고 있는 규정임.(헌재 2001. 12. 20. 2000헌바96·2001헌바57 병합)
>
> [2019 공직선거법규운용자료 2권 458쪽, 중앙선관위]

제92조(영화 등을 이용한 선거운동 금지)

누구든지 선거기간 중에는 선거운동을 위하여
저술·연예·연극·영화 또는 사진을 이 법에 규정되지 아니한 방법으로
배부·공연·상연·상영 또는 게시할 수 없다.

제93조(탈법방법에 의한 문서·도화의 배부·게시 등 금지)

① 누구든지 선거일 전 120일 〈개정 23. 8. 30.〉
(보궐선거 등에 있어서는 그 선거의 실시사유가 확정된 때)부터 **선거일**까지
선거에 영향을 미치게 하기 위하여 이 법의 규정에 의하지 아니하고는
정당(창당준비위원회와 정당의 **정강·정책**을 포함한다. 이하 이 조에서 같다)
또는 후보자(후보자가 **되고자 하는 자**를 포함한다. 이하 이 조에서 같다)를
지지·추천하거나 **반대**하는 **내용**이 포함되어 있거나
정당의 **명칭** 또는 후보자의 **성명**을 나타내는 광고, 인사장, 벽보, 사진, 문서·도화,
인쇄물이나 녹음·녹화테이프 그 밖에 **이와 유사한 것**을
배부·첩부·살포·상영 또는 게시할 수 없다.
다만, 다음 각 호의 어느 하나에 해당하는 행위는 **그러하지 아니하다**.

> **심화학습**
>
> · 문서 등에 반드시 후보자의 성명이 표시되어 있지 않더라도 누구를 지칭하는 것인지 알 수 있다면 제93조에 해당한다. (대법원 2003. 1. 24. 2002도5982)

1. **선거운동기간 중 후보자**, 제60조의3 제2항 각 호의 어느 하나에 해당하는
사람〈후보자의 명함 배부가능자〉(같은 항 제2호의 경우 **선거연락소장**을
포함하며, 이 경우 "예비후보자"는 "후보자"로 본다)이
제60조의3 제1항 제2호에 따른 후보자의 **명함**을 직접 주는 행위

> **인용조문**

제60조의3(예비후보자 등의 선거운동) ①
2. 자신의 성명·사진·전화번호·학력(정규학력과 이에 준하는 외국의 교육과정을 이수한 학력을 말한다. 이하 제4호에서 같다)·경력, 그 밖에 홍보에 필요한 사항을 게재한 길이 9센티미터 너비 5센티미터 이내의 명함을 직접 주거나 지지를 호소하는 행위 다만, 선박·정기여객자동차·열차·전동차·항공기의 안과 그 터미널·역·공항의 개찰구 안, 병원·종교시설·극장의 옥내(대관 등으로 해당 시설이 본래의 용도 외의 용도로 이용되는 경우는 제외한다)에서 주거나 지지를 호소하는 행위는 그러하지 아니하다.
② 다음 각 호의 어느 하나에 해당하는 사람은 예비후보자의 선거운동을 위하여 제1항제2호에 따른 예비후보자의 명함을 직접 주거나 예비후보자에 대한 지지를 호소할 수 있다.
  1. 후보자의 배우자(배우자가 없는 경우 후보자가 지정한 1명)와 직계존비속
  2. 후보자와 함께 다니는 선거사무장·〈선거연락소장〉·선거사무원 및 제62조 제4항에 따른 활동보조인
  3. 후보자가 그와 함께 다니는 사람 중에서 지정한 1명

> **심화학습**

- 선거운동기간 중에는 예비후보자와 달리 후보자의 명함 배부 금지장소 규정이 없다.
- 공직선거법(2010. 1. 25. 법률 제9974호로 개정된 것) 제93조 제1항 제1호 중 제60조의3 제2항 제3호 가운데 '후보자의 배우자가 그와 함께 다니는 사람 중에서 지정한 1명' 부분은 헌법에 위반된다.(헌재 2016. 9. 29. 2016헌마287)

2. 선거기간이 아닌 때에 행하는 「정당법」 제37조 제2항에 따른 통상적인 정당활동

> **인용조문**

「정당법」 제37조(활동의 자유) ② 정당이 특정 정당이나 공직선거의 후보자(후보자가 되고자 하는 자를 포함한다)를 지지·추천하거나 반대함이 없이 자당의 정책이나 정치적 현안에 대한 입장을 인쇄물·시설물·광고 등을 이용하여 홍보하는 행위와 당원을 모집하기 위한 활동(호별방문을 제외한다)은 통상적인 정당활동으로 보장되어야 한다.

> **기출체크**

❶ 대의민주주의에서 후보자나 정당 등에 관한 정치적 정보 및 의견을 자유롭게 발표하고 교환하는 것을 내용으로 하는 선거운동 등 정치적 표현의 자유는 선거의 공정성을 전제로 인정되는 것이며, 선거의 공정성은 그러한 자유의 한정원리로 기능할 수 있다.(헌재 2014. 4. 24. 2011헌바17) [O 9급 17]
❷ 정치적 표현의 자유의 헌법상 지위, 선거운동의 자유의 성격과 중요성에 비추어 볼 때, 정치적 표현 및 선거운동에 대하여는 '자유를 원칙으로, 금지를 예외로' 하여야 하고, '금지를 원칙으로, 허용을 예외로' 해서는 안 된다는 점은 자명하다.(헌재 2011. 12. 29. 2007헌마1001) [O 7급 17]
❸ 제93조에 대한 설명 중 옳지 않은 것은?
  ① '그 밖에 이와 유사한 것'에 정보통신망을 이용하여 인터넷 홈페이지 또는 그 게시판·대화방 등에 글이나 동영상 등 정보를 게시하거나 전자우편을 전송하는 방법이 포함되는 것으로 해석하는 한 헌법에 위반된다.(헌재 2011. 11. 29. 2007헌마1001)
  ② 위 규정은 사람의 관념이나 의사를 시각이나 청각 또는 시청각에 호소하는 방법으로 다른 사람에게 전달하는 것에 중점을 두고 있는 것이 아니라 매체의 형식에 중점을 두고 있는 것이다.
    ⇒ 이 사건 조항은 매체의 형식에 중점을 두고 있는 것이 아니라 사람의 관념이나 의사를 시각이나 청각 또는 시청각에 호소하는 방법으로 다른 사람에게 전달하는 것에 중점을 두고 있는 것이다.(헌재 2009. 5. 28. 2007헌바24)

③ '그 밖에 이와 유사한 것'이라는 규정에 따라 휴대전화 문자메시지 전송을 금지하는 것은 선거운동의 부당한 경쟁 및 후보자들 간의 경제력 차이에 따른 불균형이라는 폐해를 막고, 선거의 평온과 공정을 해하는 결과의 발생을 방지함으로써 선거의 자유와 공정의 보장을 도모하는 것으로서 정당한 목적 달성을 위한 적절한 수단에 해당한다.(헌재 2009. 5. 28. 2007헌바24)

④ 대통령선거에 입후보하려는 갑이 선거일 전 60일에 자신의 이력과 성명 그리고 일정한 구호를 담은 A4용지 규격의 인쇄물을 불특정 다수인에게 배포한 것에 대하여, 위 규정에 근거하여 이를 금지한 것은 갑의 정치적 표현의 자유를 침해하지 아니한다. [② ×, ①③④ ○ 7급 17]

❹ 선거일 전 180일부터 선거일까지 선거에 영향을 미치게 하기 위하여 인터넷에 글이나 동영상을 올려 게시하거나 전자우편을 전송하는 방법으로 후보자나 정당에 관한 일정한 내용의 정보를 표현하는 행위를 금지하는 것은 헌법에 위반되지 않는다. [× 7급 16]

⇒ 이 사건 법률조항 중 '기타 이와 유사한 것'에 '정보통신망을 이용하여 인터넷 홈페이지 또는 그 게시판·대화방 등에 글이나 동영상 등 정보를 게시하거나 전자우편을 전송하는 방법'이 포함되는 것으로 해석하여 이를 금지하고 처벌하는 것은 과잉금지원칙에 위배하여 청구인들의 선거운동의 자유 내지 정치적 표현의 자유를 침해한다 할 것이다.(헌재 2011. 12. 29. 2007헌마1001)

❺ 선거일 전 180일부터 선거일까지 인터넷상 선거와 관련한 정치적 표현 및 선거운동을 금지하고 처벌하는 것은 후보자 간 경제력 차이에 따른 불균형 및 흑색선전을 통한 부당한 경쟁을 막고, 선거의 평온과 공정을 해하는 결과를 방지한다는 입법목적 달성을 위하여 적합한 수단이라고 할 수 없다.(헌재 2011. 12. 29. 2007헌마1001) [○ 7급 13]

② 누구든지 선거일 전 90일부터 선거일까지는

정당〈창준위, 정강·정책 포함〉 또는

후보자〈후보자가 되고자 하는 자 포함〉**의 명의**를 나타내는

저술·연예·연극·영화·사진 그 밖의 물품을

이 법에 규정되지 아니한 방법으로 **광고할 수 없으며,**

후보자는 방송·신문·잡지 기타의 **광고에 출연할 수 없다.**

다만, 선거기간이 아닌 때에

「신문 등의 진흥에 관한 법률」 제2조 제1호에 따른 **신문** 또는

「잡지 등 정기간행물의 진흥에 관한 법률」 제2조에 따른 **정기간행물의**

판매를 위하여 통상적인 방법으로 광고하는 경우에는 그러하지 아니하다.

> 심화학습
>
> · 광고 출연은 선거에 영향을 미치는지 여부를 불문하고 제한기간 중 무조건 금지된다.

③ 누구든지 **선거운동을 하도록 권유·약속하기 위하여**

선거구민에 대하여 신분증명서·문서 기타 **인쇄물을 발급·배부** 또는

[선거권자에 대하여(×) 7급 21]

징구하거나 하게 할 수 없다. 〈상시 제한〉

> 보충개념

○ **입법목적**
공선법 제93조 제1항은 헌법 제116조 제1항의 선거운동 기회균등 보장의 원칙에 입각하여 선거운동의 부당한 경쟁 및 후보자들 간의 경제력 차이에 따른 불균형이라는 폐해를 막고, 선거의 평온과 공정을 해하는 결과의 발생을 방지함으로써 선거의 자유와 공정의 보장을 도모하여 선거관계자를 포함한 선거구민 내지는 국민 전체의 공동이익을 달성하고자 하는 것으로 그 입법목적이 정당함.(헌재 2009. 7. 30. 2007헌마718)

○ **'선거에 영향을 미치게 할 목적'의 판단 기준**
공선법 제93조 제1항에서 '선거에 영향을 미치게 하기 위하여'라는 전제 아래 그에 정한 행위를 제한하고 있는 것은 고의 이외에 초과주관적 요소로서 '선거에 영향을 미치게 할 목적'을 범죄성립요건으로 하는 목적범으로 규정한 것이라 할 것인바, 그 목적에 대하여는 적극적 의욕이나 확정적 인식을 필요로 하는 것이 아니라 미필적 인식만으로도 족하고, 그 목적이 있었는지 여부는 피고인의 사회적 지위, 피고인과 후보자·경쟁 후보자 또는 정당과의 관계, 행위의 동기 및 경위와 수단 및 방법, 행위의 내용과 태양, 행위 당시의 사회상황 등 여러 사정을 종합하여 사회통념에 비추어 합리적으로 판단하여야 할 것임.(대법원 2009. 5. 28. 2008도11857)

○ **「공직선거법」 제93조 제1항의 예시적 입법형식**
선거에 영향을 미치는 탈법적인 행위의 수단이 되는 매체를 정하는 문제는 사회적, 정치적 상황의 변화, 다양한 매체의 발전 속도 등에 따라 탄력적, 유동적으로 규율할 필요가 큼. 따라서 법률조항에서 선거에 영향을 미치는 행위에 사용되는 모든 매체를 개별적, 구체적으로 상세히 규율하는 것이 반드시 바람직하다고 볼 수는 없음. 선거의 공정성을 담보하기 위해서는 이 사건 규정에서 구체적으로 열거하고 있는 문서, 도화 등과 같은 전형적인 매체들에 의한 탈법행위를 금지할 필요성도 있지만, 정보통신기술의 발달에 의해 새롭게 등장한 매체들이 그 전파의 범위나 강도, 접근에 대한 용이성 등의 측면에서 이 사건 규정에서 열거하고 있는 매체들과 유사한 정도의 기능과 역할을 한다면, 이 역시 규제의 필요성이 있을 것임. 이에 이 사건 법률조항은 금지되는 행위 태양을 열거적인 폐쇄적 형태로 규정하지 않고, '기타 이와 유사한 것'이라는 일반조항을 두어 새로운 매체에 대한 금지 가능성을 열어 놓고 있음. 위 조항은 매체의 형식에 중점을 두고 있는 것이 아니라 사람의 관념이나 의사를 시각이나 청각 또는 시청각에 호소하는 방법으로 다른 사람에게 전달하는 것에 중점을 두고 있다는 것을 알 수 있음. 즉 어떠한 매체를 수단으로 사용하느냐보다는 어떠한 매체이든 이를 사용하여 관념이나 의사를 전달하고 있는가 여부에 중점을 두고 있는 것임. 따라서 일반조항으로서의 '기타 이와 유사한 것'은 선거에 영향을 미치게 하기 위하여 정당 또는 후보자를 지지, 추천하거나 반대하는 내용을 포함할 수 있는 가독성 내지 가청성을 가진 앞에 열거된 매체와 유사한 매체, 관념이나 의사전달의 기능을 가진 매체나 수단을 의미하는 것으로 볼 수 있음.(헌재 2009. 5. 28. 2007헌바24)
⇒ 2010. 1. 25. 공선법 제93조 제1항의 개정으로 '기타 이와 유사한 것'이 '그 밖에 이와 유사한 것'으로 변경됨.

○ **'선거에 영향을 미치게 할 목적'의 해석**
"선거에 영향을 미치게 하기 위하여"라는 부분 역시, 공선법 제93조 제1항의 입법목적, 공선법에 규정된 다른 규제조항들과의 전체적 구조, 같은 법 조항의 내용 등을 고려하면 이는 선거의 준비과정 및 선거운동, 선거결과 등에 어떤 작용을 하려는 의도를 가리키는 것으로 해석할 수 있을 뿐 아니라, 그 인정에 있어서는 위 법 조항 소정의 문서, 도화 등의 배부·첩부 등 행위 그 자체, 행위 당시의 정황, 행위의 방법 및 결과, 전후 사정 등 전체적 과정을 참작할 수 있다고 보아야 함.(헌재 2001. 8. 30. 99헌바92·2000헌바39·2000헌마167·168·199·205·280 병합)

○ **제93조 제1항에 규정된 문서·도화의 배부·게시 등 행위가 일상적·의례적·사교적 행위인지 여부의 판단기준**
제93조 제1항에 규정된 문서·도화의 배부·게시 등 행위가 일상적·의례적·사교적 행위에 불과한 것인지 아니면 선거에 영향을 미치게 하기 위한 목적을 가진 탈법행위인지 여부를 판단할 때에는, 위 조항의 입법 목적이 그에 정한 행위가 비록 선거운동에까지는 이르지 않더라도 선거의 공정성과 평온성을 침해하므로 그러한 탈법적인 행위를 차단함으로써 공공의 이익을 도모하려는 것임을 염두에 두고, 행위의 시기, 동기, 경위와 수단 및 방법, 행위의 내용과 태양, 행위 당시의 상황 등 모든 사정을 종합하여 사회통념에 비추어 합리적으로 판단하여야 함.(대법원 2009. 5. 28. 2009도1937)

○ **제93조 제1항 본문 중 '광고의 배부 금지'의 규정 취지**
　광고는 일반적으로 배부되고 불특정 다수의 사람들이 그들의 의도와 상관없이 광고에 노출된다는 점에서는 문서, 인쇄물 등 다른 방식과 마찬가지이지만, 대중매체를 이용할 경우 광범위한 표현의 상대방을 두기 때문에 그 파급효과가 문서, 인쇄물 등 다른 방식에 비하여 훨씬 큼. 또한 광고는 표현 방법을 금전적으로 구매하는 것이기 때문에 문서, 인쇄물 등 다른 방식에 비하여 후보자 본인의 특별한 노력은 필요로 하지 않으면서 비용은 많이 드는 매체이므로, 경제력에 따라 그 이용 가능성에 큰 차이가 있을 수 있음. 이와 같은 사정 등을 종합하여 볼 때, 광고는 문서, 인쇄물 등 다른 방식에 비하여 선거의 공정성을 훼손할 우려가 더 크다고 할 것이므로, 탈법방법에 의한 광고의 배부를 금지하는 것은 과잉금지원칙에 위배되어 선거운동의 자유 및 정치적 표현의 자유를 침해한다고 볼 수 없음.(헌재 2016. 3. 31. 2013헌바26)

○ **'기타 이와 유사한 것'에 문자메시지를 대량 전송한 행위가 포함되는지 여부**
　1. '기타 이와 유사한 것'은 선거에 영향을 미치게 하기 위하여 정당 또는 후보자를 지지, 추천하거나 반대하는 내용을 포함할 수 있는 가독성 내지 가청성을 가진 공선법 제93조 제1항에 열거된 매체와 유사한 매체, 관념이나 의사전달의 기능을 가진 매체나 수단을 의미하는 것으로 볼 수 있음.(헌재 2009. 7. 30. 2007헌마718)
　2. 공직선거법 제93조 제1항은 탈법행위의 수단을 '광고, 인사장, 벽보, 사진, 문서·도화, 인쇄물이나 녹음·녹화테이프 기타 이와 유사한 것'이라고 표현함으로써 적용대상에 관하여 기본적으로 의사전달의 성질이나 기능을 가진 매체나 수단을 포괄적으로 규정하고 있는 점, 무선정보통신으로 전달되는 것이 유형물이 아니라 전자정보에 해당하더라도 문자와 기호를 사용하여 관념이나 의사를 다른 사람에게 전달하는 문서가 가지는 고유의 기능을 그대로 보유하고 있는 점, 휴대전화가 보편적으로 보급되어 일상생활화된 이른바 정보통신시대에 있어 휴대전화 문자메시지는 유체물인 종이문서 등을 대신하는 기능과 역할을 담당하고 있어 문자메시지로 전송한 글도 선거에 미치는 영향이 문서 못지않아 이를 규제할 필요성이 클 뿐만 아니라 선거의 공정성을 보장하려는 공직선거법 규정의 입법취지에도 부합한다고 보이는 점 등에 비추어 보면, 휴대전화로 문자메시지를 대량 전송한 행위는 공직선거법 제255조 제2항 제5호, 제93조 제1항의 구성요건에 해당함.(대법원 2007. 2. 22. 2006도7847, 대법원 2007. 8. 23. 2007도3940)
　⇒ 2010. 1. 25. 공선법 제93조 제1항의 개정으로 '기타 이와 유사한 것'이 '그 밖에 이와 유사한 것'으로 변경됨.

○ **'배부행위'의 의미 및 요건**
　1. 배부행위라 함은 같은 조항에 규정된 문서·도서 등을 불특정 다수인에게 교부하는 행위를 말하지만, 문서·도서 등을 개별적으로 어느 한 사람에게 교부하였더라도 그로부터 불특정 다수인에게 그 문서·도서 등이 전파될 가능성이 있다면 교부행위의 요건은 충족됨.(대법원 2002. 1. 25. 2000도1696)
　2. '배부'는 그 취지상 출판물이나 서류 등과 같은 문서 또는 이와 유사한 것을 불특정 다수에게 나누어주는 행위를 의미하고, 이러한 배부는 출판물이나 서류 등 문서와 같은 유형적인 것을 나누어주는 것에 한정되지 않으며, 전자적 방식을 통한 정보의 전송과 같은 행위도 포함됨. 나아가 불특정 다수에게 교부하는 행위이면 유·무상을 불문하며, 특정 소수의 자를 통해 배부되더라도 다수의 자에게 배포되거나 또는 행위의 성질상 불특정 또는 다수의 자에게 배포될 것이 확실한 정황 하에서 특정 소수에게 배부한 경우라면, 이에 해당함.(헌재 2009. 5. 28. 2007헌바24)
　3. 문자메시지를 대량으로 전송하는 행위는 불특정 다수인에게 문서 기타 이에 유사한 것을 교부하는 행위로 공직선거법 제93조 제1항 소정의 '배부'에 해당하거나, 그 문자메시지를 수신한 휴대전화를 사용하는 사람이 마음만 먹으면 그 문자메시지를 볼 수 있도록 문서 기타 이에 유사한 것을 내붙이는 행위로 같은 항 소정의 '게시'에 해당함.(대법원 2007. 2. 22. 2006도7847)

[2019 공직선거법규운용자료 2권 469쪽, 중앙선관위]

제94조(방송·신문 등에 의한 광고의 금지)

누구든지 선거기간 중 선거운동을 위하여
이 법에 규정되지 아니한 방법으로 방송·신문·통신 또는 잡지
기타의 간행물 등 언론매체를 통하여 **광고할 수 없다.**

> **보충개념**

○ **'광고'의 의미**
'광고'는 특정한 내용을 불특정·다수인에게 널리 알리는 것을 말하는 것으로서 일반공중에게 널리 알려질 수 있는 상태에 놓이는 것으로 족하다고 할 것임.(대법원 2004. 11. 12. 2004도6010)

[2019 공직선거법규운용자료 2권 529쪽, 중앙선관위]

📢 제95조(신문·잡지 등의 통상방법 외의 배부 등 금지)

① 누구든지 이 법의 규정에 의한 경우를 제외하고는
  선거에 관한 기사를 게재한 신문·통신·잡지 또는 기관·단체·시설의 기관지
  기타 간행물을 통상방법 외의 방법으로 배부·살포·게시·첩부하거나
  그 기사를 복사하여 배부·살포·게시·첩부할 수 없다. [○ 9급 19]

② 제1항에서 "선거에 관한 기사"라 함은
  후보자(후보자가 되려는 사람을 포함한다. 이하 제96조 및 제97조에서 같다)의
  당락이나 특정 정당(창당준비위원회를 포함한다)에
  유리 또는 불리한 기사를 말하며, [○ 9급 13]
  "통상방법에 의한 배부"라 함은
  종전의 방법과 범위 안에서 발행·배부하는 것을 말한다.

> **보충개념**

○ **입법목적 등**
  1. 선거의 공정성을 확보하기 위한 규정이며, 공선법에 규정된 방식에 의하지 아니한 절차적 측면에서의 탈법행위에 의한 선거운동을 규제하기 위한 것임.
  2. '선거에 관한 기사'의 내용이 진실하지 않은 경우에만 공선법 제95조의 규제대상이 되는 것으로 볼 수는 없음. (대법원 2007. 10. 25. 2007도3601)

○ **'이 법의 규정에 의한 경우'의 의미 등**
선거운동에 사용하는 소형인쇄물의 내용에 대해서는 일정한 제한이 있으나, 그 내용의 표현방법에 있어서는 아무런 제한이 없으므로 선거에 관한 기사를 복사·인쇄하여 선거홍보물에 게재하는 것 역시 하나의 표현방법으로서 허용된다고 보아야 할 뿐 아니라 이처럼 모든 후보자들이 공평하게 이용할 수 있도록 보장되어 있는 소형인쇄물 등 선거홍보물에 신문 등의 기사를 게재할 수 있도록 허용하는 것이 같은 법 제95조의 입법취지에 반하지도 아니한다 할 것임.(대법원 2000. 12. 12. 99도3097)
⇒ 현행법에서 소형인쇄물은 폐지되었음.

○ **'신문·통신·잡지 또는 기관·단체·시설의 기관지 기타 간행물'의 의미 및 범위**
  1. 공선법 제93조에 대한 특칙으로서 제95조를 규정한 취지와 선거운동에 관하여 엄격한 제한주의를 취하고 있는 공선법의 전체적 구조 등을 고려하면, 위 조항에서의 '신문 등'이라 함은 단순한 문서·도화의 수준을 넘어서서 상당한 기간 반복적으로 제호, 발행인, 발행일 등을 표기하면서 일정한 격식을 갖추어 발행되는 것에 한정되고, 비록 신문·잡지의 형식을 취하였다고 하더라도 통상방법에 의한 배부인지 여부를 판단할 수 있을 정도로 상당한 기간 반복적으로 발행·배부되어 오던 것이 아니라면 제93조 제1항에 규정된 '문서·도화·인쇄물 등'에 해당할 뿐 이에는 해당하지 않음.(대법원 2005. 5. 13. 2005도836)

2. 공선법(2004. 3. 12. 법률 제7189호로 개정되기 전의 것) 제93조에 대한 특칙으로서 제95조를 규정한 취지와 선거운동과 관련하여 엄격한 제한주의를 취하고 있는 우리 공선법의 전체적인 체제에 비추어 볼 때, 제95조의 해석에 의하여 배부가 허용되는 '신문 등'은 제93조의 규율대상인 단순한 문서·도화의 수준을 넘어서서 상당한 기간 반복적으로 제호(題號), 발행인, 발행일 등을 표기하면서 일정한 격식을 갖추어 발행되는 것에 한정되는 것으로 보아야 할 것이며, 특히 신문·통신·방송과 같은 언론기관의 경우 공선법 등 관련법에 의하여 그 보도 내용의 공정성에 관한 규제를 받고 있음에 반하여 그와 같은 심의절차조차 마련되어 있지 아니한 일반 기관·단체·시설에서 종래 계속적으로 발행해오던 정규 기관지도 아닌 호외성 간행물 또는 임시 호를 발행하여 배부하는 경우까지 제95조의 해석에 의하여 허용된다고 볼 수는 없음.(대법원 2005. 5. 13. 2004도395, 대법원 2005. 5. 13. 2004도3385)

○ '통상방법 외의 방법'의 의미
1. 공선법 제95조 제2항에서 '통상방법에 의한 배부라 함은 종전의 방법과 범위 안에서 발행·배부하는 것을 말한다'라고 규정하고 있어서, '통상방법 외의 방법'이란 간행물 등의 본래의 발행목적 수행을 위하여 평소 실시되던 본래의 방법과 범위에서 일탈하여 간행물 등을 선거홍보물화 하는 이례적인 배부방법을 가리키는 것으로 해석됨. (광주고등법원 2007. 4. 26. 2007노69)
2. '통상방법 외의 방법'이라 함은 그 발행 목적을 달성하기 위하여 종래 실시되던 방법과 범위에서 일탈한 경우를 의미한다 할 것이고 반드시 특정인에 대한 지지를 유도하기 위한 선거홍보물의 일종으로 배부하는 경우만을 의미한다고 볼 수는 없음.(대법원 2005. 6. 23. 2004도8969)

○ '배부'행위의 의미
공직선거법 제95조 제1항의 배부행위라 함은 같은 조항에 규정된 문서·도서 등을 불특정 다수인에게 교부하는 행위를 말하지만, 문서·도서 등을 개별적으로 어느 한 사람에게 교부하였더라도 그로부터 불특정 다수인에게 그 문서·도서 등이 전파될 가능성이 있다면 교부행위의 요건은 충족되는 것임.(대법원 2002. 1. 25. 2000도1696 등)

○ '선거에 관한 기사'의 의미
'선거에 관한 기사'라 함은 '후보자의 당락이나 특정 정당에 유리 또는 불리한 기사'를 의미하고(제95조 제2항), 단순한 선거 관련 뉴스나 객관적인 사실보도는 이에 해당되지 않는다고 할 것임. (광주고등법원 2007. 4. 26. 2007노69)

○ 제93조와 제95조의 적용범위
신문·통신·잡지 또는 기관·단체·시설의 기관지 기타 간행물(이하 '신문·통신·잡지 등'이라고 한다)의 경우 공선법 제93조의 규율대상인 일반적인 문서·도화와 비교할 때 단순한 문서·도화의 수준을 넘어서서 상당한 기간 반복적으로 제호, 발행인, 발행일 등을 표기하면서 일정한 격식을 갖추어 주로 정기적으로 발행되고, 통상 객관적인 사실에 관한 보도와 논평으로 구성되는 성격상, 통상방법을 벗어나 악용되는 때에는 선거에 미치는 영향이 크기 때문에 제93조보다 높은 형으로 처벌하도록 하는 한편 그와 같은 격식을 갖춘 신문·통신·잡지 등에 대하여는 선거에 관한 보도와 논평의 자유를 보호하는 차원에서 특별히 통상방법으로 발행·배부하는 행위에 한하여 제93조 위반죄로 처벌하지 않는다는 뜻도 포함되어 있다고 봄이 상당하며, 따라서 선거에 관한 기사를 게재한 신문·통신·잡지 등을 통상방법 외의 방법으로 배부하거나 그 기사를 복사하여 배부한 경우에 공선법 제95조 위반죄로 처벌할 수 있음은 별론으로 하더라도, 그러한 배부행위에 대하여 공선법 제93조가 적용될 여지는 없다고 할 것임.(대법원 2005. 6. 23. 2004도8969)

[2019 공직선거법규운용자료 2권 531쪽, 중앙선관위]

제96조(허위논평·보도 등 금지)

① 누구든지 선거에 관한 여론조사 결과를 **왜곡**하여 공표 또는 보도할 수 없다.
② 방송·신문·통신·잡지, 그 밖의 간행물을 **경영·관리**하는 자 또는 **편집·취재·집필·보도**하는 자는 [누구든지(×) 9급 19]
다음 각 호의 어느 하나에 해당하는 행위를 할 수 없다.
  1. 특정 후보자〈후보자가 되려는 사람 포함〉를 **당선되게** 하거나

되지 못하게 할 목적으로 선거에 관하여 허위의 사실을 보도하거나
사실을 왜곡하여 보도 또는 논평을 하는 행위
2. 여론조사결과 등과 같은 **객관적 자료를 제시하지 아니하고**
선거결과를 예측하는 보도를 하는 행위   [○ 9급 22]

> **보충개념**
>
> ○ **제96조의 취지**
> 선거의 공정성을 확보하기 위한 규정이며, 논평이나 보도의 내용에 대한 규제를 하기 위한 것임.(대법원 2007. 10. 25. 2007도3601)
>
> ○ **'선거에 관하여'의 의미**
> 공선법 제96조에서의 '선거에 관하여'라 함은 당해 선거를 위한 선거운동이 되지 않더라도 당해 선거를 동기로 하거나 빌미로 하는 등 당해 선거와 관련이 있는 경우를 말하므로 위 규정에서의 보도 또는 논평은 특정 후보자의 당락에 영향을 줄 수 있는 내용에 한하지 아니하고 당해 선거와 관련된 모든 사항에 대한 보도와 논평을 가리킴.(대법원 2003. 9. 26. 2003도2230)
>
> ○ **'허위사실'의 의미**
> '허위사실'이라 함은 진실에 부합하지 않은 사항으로서 선거인으로 하여금 후보자에 대한 정확한 판단을 그르치게 할 수 있을 정도로 구체성을 가진 것이면 충분함.(대법원 2003. 9. 26. 2003도2230)
>
> ○ **'보도' 및 '논평'의 의미**
> 보도란 객관적인 사실의 전달을 말하고 논평이란 정당 후보자 등의 정강 정책 정견 언동 등을 대상으로 이를 논의·비판하는 것을 말함.(대법원 2002. 4. 9. 2000도4469)
>
> [2019 공직선거법규운용자료 2권 550쪽, 중앙선관위]

📢 제97조(방송·신문의 불법 이용을 위한 행위 등의 제한)

① 누구든지 선거운동을 위하여
방송·신문·통신·잡지 기타의 간행물을 **경영·관리하는 자** 또는
편집·취재·집필·보도하는 자에게 금품·향응 기타의 **이익을 제공**하거나
제공할 의사의 표시 또는 그 제공을 약속할 수 없다.   [○ 9급 19]

② **정당, 후보자**⟨후보자가 되려는 사람 포함⟩, 선거사무장, 선거연락소장,
선거사무원, 회계책임자, 연설원, 대담·토론자 또는
제114조(정당 및 후보자의 가족 등의 기부행위제한) 제2항의
후보자 또는 그 가족과 **관계있는 회사** 등은
선거에 관한 보도·논평이나 **대담·토론과 관련**하여
당해 방송·신문·통신·잡지 기타 간행물을 **경영·관리**하거나
편집·취재·집필·보도하는 자 또는 그 **보조자**에게 금품·향응
기타 **이익을 제공**하거나 제공할 의사의 표시 또는 그 제공을 약속할 수 없다.

> **심화학습**
>
> · 제2항에서는 보조자도 이익 제공 등의 금지 객체가 된다.

③ 방송·신문·통신·잡지 기타 간행물을 **경영·관리**하거나
편집·취재·집필·보도하는 자는 제1항 및 제2항의 규정에 의한
금품·향응 기타의 이익을 **받거나 권유·요구** 또는 **약속할 수 없다**.

> **보충개념**
>
> ○ **'선거운동을 위하여'의 인정 범위**
> 공선법 제97조 제1항의 '선거운동을 위하여'에는 선거에서 당선을 위한 유리한 보도를 하게 하려는 적극적인 목적뿐만 아니라 불리한 보도를 회피하려는 소극적인 목적도 포함된다고 할 것임.(대법원 2010. 12. 9. 2010도10451)
>
> [2019 공직선거법규운용자료 2권 559쪽, 중앙선관위]

제98조(선거운동을 위한 방송이용의 제한)

누구든지 이 법의 규정에 의하지 아니하고는 그 방법의 여하를 불문하고
방송시설을 이용하여 선거운동을 위한 방송을 하거나 하게 할 수 없다.

> **심화학습**
>
> · 본 조의 방송시설은 방송법에 의한 방송시설을 의미하고, 구내방송은 제99조에서 규율한다.

제99조(구내방송 등에 의한 선거운동 금지)

누구든지 이 법의 규정에 의하지 아니하고는 **선거기간 중**
교통수단·건물 또는 **시설 안**의 방송시설을 **이용**하여 선거운동을 할 수 없다.

제100조(녹음기 등의 사용 금지)

누구든지 선거기간 중 이 법의 규정에 의하지 아니하고는 **녹음기나 녹화기**
(**비디오 및 오디오기기를 포함한다**)를 사용하여 **선거운동을 할 수 없다**. [○ 9급 23·19]

제101조(타 연설회 등의 금지)

누구든지 선거기간 중 선거에 **영향**을 미치게 하기 위하여
이 법의 규정에 의한 연설·대담 또는 대담·토론회를 제외하고는
다수인을 모이게 하여 개인정견발표회·시국강연회·좌담회 또는 토론회
기타의 **연설회나 대담·토론회**를 개최할 수 없다. [○ 9급 23]

제102조(야간연설 등의 제한)

① 이 법의 규정에 의한 **연설·대담**과 **대담·토론회**
(방송시설을 이용하는 경우〈제한없음〉를 **제외**한다)는
오후 11시부터 다음 날 오전 6시까지는 개최할 수 없으며,
공개장소에서의 연설·대담은

오후 11시부터 다음 날 오전 7시까지는 이를 할 수 없다.
다만, 공개장소에서의 연설·대담에 있어서
자동차에 부착된 확성장치 또는 휴대용 확성장치는
오전 7시부터 오후 9시까지 사용할 수 있다.

> **심화학습**
> - 전화(송수화자 간 직접통화)를 이용한 선거운동은 오후 11시부터 다음 날 오전 6시까지 제한한다.(§109②)
> - 전화를 이용한 선거에 관한 여론조사는 오후 10시부터 다음 날 오전 7시까지 제한한다.(§108⑩)

② 제79조에 따른 공개장소에서의 연설·대담을 하는 경우
오후 9시부터 다음 날 오전 7시까지 같은 조 제10항에 따른
녹음기와 녹화기(비디오 및 오디오 기기를 포함한다. 이하 이 항에서 같다)를
사용할 수 없다.
다만, 녹화기는 소리의 출력 없이 화면만을 표출하는 경우에 한정하여
오후 11시까지 사용할 수 있다.

📢 제103조(각종 집회 등의 제한)

① 누구든지 **선거기간 중 선거운동을 위하여** 이 법에 규정된 것을 제외하고는
명칭 여하를 불문하고 집회나 모임을 개최할 수 없다.

② **특별법**에 따라 설립된 국민운동단체로서 국가나 지방자치단체의 출연 또는
보조를 받는 단체(**바르게살기운동협의회·새마을운동협의회·한국자유총연맹을**
말한다) 및 **주민자치위원회**는
선거기간 중 회의 그 밖에 어떠한 명칭의 **모임도 개최할 수 없다.**

> **기출체크**
> 특별법에 따라 설립된 국민운동단체로서 국가나 지방자치단체의 출연 또는 보조를 받은 단체에게 선거기간 중 회의 그 밖의 어떠한 명칭의 모임도 개최할 수 없도록 하는 것은 관권 개입 및 탈법행위 위험성의 차단을 위한 것으로 과잉금지의 원칙에 위배되지 않는다.(헌재 2013. 12. 26. 2010헌가90)   [O 7급 15]

③ **누구든지 선거기간 중 선거에 영향**을 미치게 하기 위하여 향우회·
종친회·동창회·단합대회, 야유회 또는 참가인원이 25명을 초과하는
그 밖의 **집회나 모임**을 개최할 수 없다.

> **심화학습**
> - 위헌 결정: 제103조 제3항 중 '누구든지 선거기간 중 선거에 영향을 미치게 하기 위하여 그 밖의 집회나 모임을 개최할 수 없다' 부분, 제256조 제2항 제1호 카목 가운데 제103조 제3항 중 '누구든지 선거기간 중 선거에 영향을 미치게 하기 위하여 그 밖의 집회나 모임을 개최할 수 없다' 부분은 헌법에 위반된다.(헌재 2022. 7. 21. 2018헌바164)

> **기출체크**
>
> "누구든지 선거기간 중 선거에 영향을 미치게 하기 위하여 향우회·종친회·동창회·단합대회 또는 야유회, 그 밖의 집회나 모임을 개최할 수 없다"고 규정하고 있는 「공직선거법」 제103조 제3항 중 "누구든지 선거기간 중 선거에 영향을 미치게 하기 위하여 그 밖의 집회나 모임을 개최할 수 없다"고 규정한 부분은 죄형법정주의 명확성원칙에 위배된다.(헌재 2022. 7. 21. 2018헌바164)   [×(명확성원칙에 위배되지 아니한다) 9급 23]

④ 선거기간 중에는 **특별한 사유**가 없는 한 **반상회**를 개최할 수 없다.

⑤ 누구든지 **선거일 전 90일**(선거일 전 90일 후에 실시사유가 확정된 보궐선거 등에 있어서는 그 선거의 실시사유가 **확정된 때**)부터 **선거일까지** **후보자**(후보자가 **되고자 하는 자를 포함한다**)와 관련 있는 저서의 **출판기념회**를 개최할 수 없다.   [선거일 전 60일이 되는 날에 개최할 수 있다(×) 9급 20]

> **보충개념**
>
> ○ **선거기간 중 국민운동단체 모임 금지의 입법취지**
> 과거 여러 선거에서 선거기간 중 개최된 각종 집회에 후보자들이 참석하는 등으로 사실상 특정 후보에 대한 선거운동이 이루어졌고, 이러한 집회를 통하여 후보자 측에게 금품을 요구하는 등 선거분위기의 과열·타락이 조장되는 사례가 빈발하였는데, 특히 국가나 지방자치단체와 관련된 단체의 경우 그 영향력이 더 크다는 점에서 폐해가 지적되어 왔는바, 법 제103조 제2항은 이러한 과거의 선거 현실에 대한 반성의 산물로서, 특별법에 의하여 설립된 국민운동단체로서 국가나 지방자치단체의 출연 또는 보조를 받는 단체인 ○○운동협의회가 선거기간 중에 모임을 개최하는 경우 그 모임의 성격, 개최 장소, 개최 목적, 모임의 내용 등을 불문하고 선거에 영향을 미친다고 보고 그 모임을 개최한 자를 처벌하기 위한 규정임.(헌재 2013. 12. 26. 2010헌가90)
>
> [2019 공직선거법규운용자료 2권 575쪽, 중앙선관위]

📢 제104조(연설회장에서의 소란행위 등의 금지)

누구든지 이 법의 규정에 의한 공개장소에서의 **연설·대담장소**, **대담·토론회장** 또는 정당의 **집회장소**에서 폭행·협박 기타 어떠한 방법으로도 연설·대담장소 등의 **질서를 문란**하게 하거나 그 **진행을 방해**할 수 없으며, 연설·대담 등의 주관자가 연단과 그 주변의 조명을 위하여 사용하는 경우를 제외하고는 **횃불**을 사용할 수 없다.

📢 제105조(행렬 등의 금지)

① **누구든지 선거운동을 위하여**
　　5명(후보자와 함께 있는 경우에는 후보자를 포함하여 10명)을 초과하여
　　무리를 지어 다음 각 호의 어느 하나에 해당하는 **행위를 할 수 없다**.
　　다만, 제2호의 행위를 하는 경우에는
　　후보자와 그 배우자
　　(배우자 대신 후보자가 그의 직계존·비속 중에서 **신고한 1인**을 포함한다),

선거사무장, 선거연락소장, 선거사무원, 후보자와 함께 있는 **활동보조인** 및 **회계책임자**는 그 수에 산입하지 아니한다.

1. **거리를 행진하는 행위** [O 7급 20]

> **심화학습**
> • 1호의 거리행진과 3호의 연달아 소리지르는 행위는 후보자가 없으면 6인부터, 후보자가 함께 있으면 11인부터 법 위반이므로 단속대상이다.

> **기출체크**
> 선거운동기간 동안 후보자의 선거사무원들만으로 구성된 5인이 선거운동을 위하여 거리를 행진하는 행위는 허용된다.
> [O 7급 17]

2. **다수의 선거구민에게 인사**하는 행위 〈후보자, 배우자, 선거사무관계자는 수에서 제외〉 [O 9급 20]

> **기출체크**
> 모양과 색상이 동일한 윗옷(上衣)을 입은 선거사무원이 후보자와 함께 선거운동을 위하여 다수의 선거구민에게 인사하는 것
> [가능 9급 14]

3. **연달아 소리지르는 행위.**
   다만, 제79조(공개장소에서의 연설·대담)의 규정에 의한 **공개장소**에서의 **연설·대담**에서 당해 정당 또는 후보자에 대한 **지지**를 나타내기 위하여 연달아 소리지르는 경우에는 그러하지 아니하다.

> **심화학습**
> • 단서의 규정은 지지연호만 허용하는 것이지 반대연호는 금지된다(타 정당의 연설장소에서 반대연호를 할 수 없다).

② 삭제

> **보충개념**
> ○ **입법목적**
> 공선법 제105조 제1항의 인사조항은 다수에 의하여 발생하는 시민의 통행권과 평온한 사생활에 대한 침해를 방지함으로써 질서를 유지하고, 무분별한 경쟁으로 인한 후보자들 간의 선거의 자유와 공정의 보장을 도모하여 선거관계자를 포함한 선거구민 내지는 국민 전체의 공동이익을 위하는 것으로서 그 입법목적의 정당성이 인정됨.(헌재 2006. 7. 27. 2004헌마215)
> [2019 공직선거법규운용자료 2권 591쪽, 중앙선관위]

📢 제106조(호별방문의 제한)

① 누구든지 선거운동을 위하여 또는 **선거기간 중 입당의 권유**를 위하여 **호별로 방문할 수 없다.** [호별로 방문할 수 있다(×) 9급 14]

② 선거운동을 할 수 있는 자는 제1항의 규정에도 불구하고
관혼상제의 의식이 거행되는 장소와   [후보자의 배우자가 혼례식장에서 지지 호소(○) 9급 20]
도로·시장·점포·다방·대합실 기타 **다수인이 왕래하는 공개된 장소에서**
정당 또는 후보자에 대한 **지지를 호소할 수 있다.**   [○ 7급 14]
    [지지를 호소할 수 없다(×) 9급 23·15·14]

③ 누구든지 선거기간 중
공개장소에서의 연설·대담의 통지를 위하여 **호별로 방문할 수 없다.**   [○ 9급 20, 7급 21]

> **심화학습**
> - 선거운동을 위한 호별방문은 언제든지 금지된다.
> - 선거기간 중에는 입당의 권유를 위한 호별방문, 공개장소 연설·대담 통지를 위한 호별방문도 허용하지 않는다.
> - 다만, 무소속 후보자가 후보자등록 시 제출할 선거권자 추천을 받기 위한 호별방문은 허용된다.(헌재 2009. 9. 24. 2008헌마265)

> **기출체크**
> ❶ 호별방문금지 조항 중 '호'는 건전한 상식과 통상적 법감정을 가진 사람이라면 그 의미를 명확히 알 수 있도록 규정되어 있으므로, '호별로 방문할 수 없다' 부분은 죄형법정주의의 명확성원칙에 위배되지 않는다.(헌재 2022. 3. 31. 2019헌바509)   [○ 7급 22]
> ❷ 각 집의 방문이 '연속적'인 것으로 인정되기 위해서는 각 방문행위 사이에 어느 정도의 시간적 근접성이 있어야 할 것이고, 이러한 시간적 근접성이 없다면 '연속적'인 것으로 인정될 수는 없다.(대법원 2007. 3. 15. 2006도9042)   [○ 7급 22]
> ❸ 관공서와 같이 일반인에게 자유로운 출입이 허용되지 않는 업무공간과 일반인의 자유로운 출입이 가능한 민원실이 혼재된 장소의 경우, 그 개별 공간마다 호별방문금지 조항의 '호'에 해당하는지 여부를 달리 판단하게 된다.   [× 7급 22]
> ⇒ 관공서와 같이 일반인에게 자유로운 출입이 허용되지 않는 업무공간과 일반인의 자유로운 출입이 가능한 민원실이 혼재된 장소도 그 전체가 이 사건 호별방문금지 조항의 '호'에 해당하고, 다만 그 중 민원실과 같이 일반인의 자유로운 출입이 가능한 장소의 경우에는 이 사건 호별방문금지 조항의 예외 사유인 '기타 다수인이 왕래하는 공개된 장소'에 해당하여 선거운동이 허용되는 것으로 해석된다. 따라서 한 장소에서의 개별 공간마다 이 사건 호별방문금지 조항의 '호'에 해당하는지 여부가 달리 판단되는 것도 아니다.(헌재 2022. 3. 31. 2019헌바509)
> ❹ 「공직선거법」상 소정의 호별방문죄는 연속적으로 두 집 이상을 방문함으로써 성립하고, 또 타인과 면담하기 위하여 그 거택 등에 들어간 경우는 물론 타인을 면담하기 위하여 방문하였으나 피방문자가 부재중이어서 들어가지 못한 경우에도 성립한다.(대법원 2007. 3. 15. 2006도9042)   [○ 7급 22, 9급 17]
> ❺ 누구든지 선거운동을 위하여 또는 선거기간 중 입당의 권유를 위하여 호별로 방문할 수 없으나, 선거기간 중 단순히 공개장소에서의 연설·대담의 통지를 위해서는 호별 방문이 가능하다.   [× 7급 14]

> **보충개념**
> ○ **제106조 제1항에서 호별방문을 금지하는 취지**
> 호별방문을 금지하는 취지는, 첫째 일반 공중의 눈에 띄지 않는 장소에서의 대화가 의리나 인정 등 다분히 정서적이고 비본질적인 요소에 치우쳐 선거인의 냉정하고 합리적인 판단을 방해할 우려가 있고, 둘째 비공개적인 장소에서의 만남을 통하여 매수 및 이해유도죄 등의 부정행위가 행하여질 개연성이 상존하며, 셋째 선거인의 입장에서는 전혀 모르는 후보자 측의 예기치 않는 방문을 받게 되어 사생활의 평온이 침해될 우려가 있고, 넷째 후보자 측의 입장

에서도 필요 이상으로 호별방문의 유혹에 빠지게 됨으로써 경제력이나 선거운동원의 동원력이 뛰어난 후보자가 유리하게 되는 등 후보자 간의 선거운동의 실질적 평등을 보장하기 어려운 폐해가 예상되기 때문임.(대구고등법원 2007. 3. 15. 2007노38)

○ 호별방문의 성립요건
호별방문죄는 연속적으로 두 집 이상을 방문함으로써 성립하고, 반드시 그 거택 등에 들어가야 하는 것은 아니므로 방문한 세대수가 3세대에 불과하다거나 출입문 안으로 들어가지 아니한 채 대문 밖에 서서 인사를 하였다는 이유만으로 가벌적 위법성이 없다고 할 수 없음.(대법원 2000. 2. 25. 99도4330)

[2019 공직선거법규운용자료 2권 596쪽, 중앙선관위]

제107조(서명·날인운동의 금지)

누구든지 선거운동을 위하여
선거구민에 대하여 서명이나 날인을 받을 수 없다.

[○ 9급 23, 7급 21]
[받을 수 있다(×) 9급 14]

기출체크

서명운동금지조항은 모든 정치적 사안에 대한 서명·날인을 받는 행위를 금지하고 있는 것이 아니라, 선거운동을 위하여 선거구민에 대해 서명·날인을 받는 경우만을 규제하고 있으므로 선거운동 등 정치적 표현의 자유를 침해한다고 볼 수 없다.(헌재 2015. 4. 30. 2011헌바163)

[○ 7급 21]

보충개념

○ 제107조의 취지
서명운동금지조항(선거운동을 위한 서명·날인운동을 제한한 공직선거법 제255조 제1항 제18호)은 투표 전에 특정 후보자에 대한 지지 또는 반대의사를 표명하는 서명·날인을 구할 경우 서명·날인한 자기 스스로 한 서명·날인에 심리적으로 구속되어 결국 선거인의 자유로운 의사에 의한 공정한 투표를 방해할 위험이 있으므로, 이를 금지함으로써 선거의 공정성을 보장하기 위한 것이다.(헌재 2015. 4. 30. 2011헌바163)

[2019 공직선거법규운용자료 2권 611쪽, 중앙선관위]

제108조(여론조사의 결과공표 금지 등)

① 누구든지 선거일 전 6일부터

[선거기간 개시일부터(×) 7급 21]
[선거일 전 ( )일부터 9급 17]

선거일의 투표 마감시각까지 선거에 관하여
정당에 대한 지지도나 당선인을 예상하게 하는 여론조사
(모의투표나 인기투표에 의한 경우를 포함한다. 이하 이 조에서 같다)의
경위와 그 결과를 공표하거나 인용하여 보도할 수 없다.

[○ 9급 22·16, 7급 22]
[인용하여 보도할 수 있다(×) 9급 13]
[인기투표의 경위와 그 결과의 공표는 허용된다(×) 7급 19]

심화학습

· 선거에 관한 여론조사는 언제든지 할 수 있지만, 선거일 전 6일부터 선거일의 투표 마감시각까지의 여론조사는 그 결과를 공표하지 못하도록 하는 규정이다.

> **기출체크**
>
> ❶ 선거의 공정을 위하여 선거일을 앞두고 일정 기간 동안 선거에 관한 여론조사결과의 공표를 금지하는 것 자체는 그 금지기간이 지나치게 길지 않는 한 위헌이라고 할 수 없다.(헌재 1999. 1. 28. 98헌바64) [O 9급 13]
> ❷ 국회의원선거·지방의회의원 및 지방자치단체의 장의 선거에 있어서 여론조사결과의 공표를 허용할 것인지 여부에 관하여 대통령선거와 같이 취급하여 일정 기간 동안 여론조사결과의 공표를 금지하는 것은 평등원칙에 위반된다. [× 9급 13]
> ⇒ 과거 대통령선거법에서 우리나라에서의 여론조사에 관한 여건이나 기타의 상황 등을 고려하면 대통령선거의 공정성을 확보하기 위하여 선거일공고일부터 선거일까지의 선거기간 중 선거에 관한 여론조사결과 등의 공표를 금지하는 것은 필요하고도 합리적인 범위 내에서의 제한이므로, 이 규정이 과잉금지의 원칙에 위배하여 언론·출판의 자유와 알권리 및 선거권을 침해하였다고 할 수 없다. 이 결정이유는 공직선거법 제108조 제1항의 규정에도 그대로 타당하여 헌법에 위배되지 아니한다.(헌재 1999. 1. 28. 98헌바64)

② 누구든지 선거일 전 60일 [선거일 전 90일부터(×) 9급 16]

(선거일 전 60일 후에 실시사유가 확정된 보궐선거 등에서는

그 선거의 실시사유가 **확정된 때**)부터 **선거일까지**

선거에 관한 여론조사를 투표용지와 유사한 모형에 의한 방법을 사용하거나

후보자(후보자가 **되고자 하는 자**를 포함한다. 이하 이 조에서 같다) 또는

정당(창당준비위원회를 포함한다. 이하 이 조에서 같다)**의 명의로**

선거에 관한 여론조사를 **할 수 없다.**

다만, 제57조의2 제2항〈정당의 당내경선〉에 따른 여론조사는 **그러하지 아니하다**.

> **기출체크**
>
> 선거일 전 60일부터 선거일까지 선거에 관한 여론조사에서 투표용지와 유사한 모형에 의한 방법은 사용할 수 없으며, 경선후보자 간의 서면합의에 따라 실시한 당내경선을 대체하는 여론조사의 경우에도 마찬가지다.
> [×(후단의 경우에는 가능함) 7급 19]

③ **다음 각 호의 어느 하나에 해당하는 자를 제외하고는**

누구든지 선거에 관한 **여론조사**를 실시하려면

여론조사의 목적, 표본의 크기, 조사지역·일시·방법, 전체 설문내용 등

중앙선거관리위원회 규칙으로 **정하는 사항을 여론조사 개시일 전 2일까지**

관할 선거여론조사심의위원회에 서면으로 **신고하여야 한다.**

[여론조사 개시일 전 3일까지(×) 7급 21]
[여론조사 개시일 전 7일까지(×) 9급 16]

1. 제3자로부터 여론조사를 **의뢰받은 여론조사 기관·단체**

   (제3자의 의뢰 없이 **직접 하는 경우**〈신고대상〉는 제외한다)
   [제3자의 의뢰 없이 직접 하는 경우 신고의무가 없다(×) 9급 18]

2. **정당**[창당준비위원회와 「정당법」 제38조(정책연구소의 설치·운영)에 따른

   정책연구소를 포함한다] [O(정책연구소는 신고의무가 없음) 9급 18]

3. 「방송법」 제2조(용어의 정의)에 따른 **방송사업자**

    4. **전국** 또는 **시·도**를 **보급지역**으로 하는 「신문 등의 진흥에 관한 법률」
       제2조(정의)에 따른 **신문사업자** 및 「잡지 등 정기간행물의 진흥에 관한 법률」
       제2조(정의)에 따른 **정기간행물사업자**
    5. 「뉴스통신 진흥에 관한 법률」 제2조(정의)에 따른 **뉴스통신사업자**
    6. 제3호부터 제5호까지의 사업자가 관리·운영하는 **인터넷언론사**
    7. 전년도 말 기준 직전 **3개월 간**〈10월~12월〉의
       일일 평균 이용자 수 10만 명 이상인 인터넷언론사 [신고대상(×) 7급 21]

④ 관할 선거여론조사심의위원회는 제3항에 따른 신고 내용이
   이 법 또는 선거여론조사기준을 **충족하지 못한다고 판단되는 때**에는
   여론조사실시 전까지 보완할 것을 요구할 수 있다.
   이 경우 **보완요구에 이의가 있는 때**에는
   관할 선거여론조사심의위원회에 **서면**으로 **이의신청**을 할 수 있다.

⑤ **누구든지** 선거에 관한 여론조사를 하는 경우에는
   피조사자에게 질문을 하기 전에
   여론조사 기관·단체의 **명칭**과 **전화번호**를 밝혀야 하고,
   해당 조사대상의 **전 계층**을 대표할 수 있도록 **피조사자를 선정**하여야 하며,
   다음 각 호의 어느 하나에 해당하는 행위를 하여서는 **아니 된다.**
    1. 특정 정당〈창당준비위원회 포함〉 또는 후보자〈후보자가 되고자 하는 자 포함〉에게 **편향되도록 하는 어휘나 문장을 사용**하여 질문하는 행위
    2. 피조사자에게 **응답을 강요**하거나
       조사자의 의도에 따라 **응답을 유도**하는 방법으로 질문하거나,
       피조사자의 **의사를 왜곡**하는 행위
    3. 오락 기타 **사행성을 조장**할 수 있는 방법으로 조사하거나 제13항에 따라
       제공할 수 있는 **전화요금 할인 혜택을 초과**하여 **제공**하는 행위
    4. 피조사자의 **성명**이나 성명을 유추할 수 있는 내용을 **공개**하는 행위

⑥ **누구든지** 선거에 관한 **여론조사의 결과를 공표** 또는 **보도**하는 때에는
   선거여론조사기준으로 정한 사항을 함께 공표 또는 보도하여야 하며,
   선거에 관한 여론조사를 실시한 기관·단체는
   조사설계서·피조사자선정·표본추출·질문지작성·결과분석 등
   조사의 **신뢰성과 객관성의 입증**에 필요한 **자료와**
   수집된 설문지 및 결과분석자료 등
   해당 **여론조사와 관련 있는 자료일체를**
   해당 선거의 **선거일 후 6개월까지 보관**하여야 한다.   [○ 7급 21]
                                                    [선거일 후 12개월까지(×) 9급 16]

⑦ 선거에 관한 여론조사 결과를 **공표·보도하려는 때**에는
그 결과의 공표·보도 전에
해당 여론조사를 실시한 선거여론조사기관이 **선거여론조사기준**으로 정한 사항을
중앙선거여론조사심의위원회 **홈페이지**에 등록하여야 한다.
이 경우 선거여론조사기관이 제3자로부터 **의뢰를 받아 여론조사를 실시한 때**에는
해당 여론조사를 **의뢰한 자**는 선거여론조사기관에
해당 여론조사 결과의 **공표·보도 예정일시를 통보**하여야 하며,
선거여론조사기관은 통보받은 공표·보도 예정일시 **전에**
해당 사항을 **등록**하여야 한다.
⑧ **누구든지** 다음 각 호의 어느 하나에 해당하는 행위를 하여서는 **아니 된다.**
 1. 제7항에 따라 중앙선거여론조사심의위원회 **홈페이지에 등록되지 아니한**
    선거에 관한 **여론조사 결과를 공표 또는 보도하는 행위**
 2. **선거여론조사기준을 따르지 아니하고**
    공표 또는 보도를 목적으로 선거에 관한 **여론조사를 하거나**
    그 **결과를 공표 또는 보도하는 행위**
⑨ 다음 각 호의 어느 하나에 해당하는 때에는
해당 여론조사를 실시한 기관·단체에 제6항에 따라 **보관 중인**
여론조사와 관련된 **자료의 제출을 요구**할 수 있으며,
그 요구를 받은 기관·단체는 **지체 없이** 이에 따라야 한다.
 1. **관할 선거구** 선거관리위원회가 공표 또는 보도된 여론조사와 관련하여
    이 법을 위반하였다고 **인정할 만한 상당한 이유가 있다고** 판단되는 때
 2. **선거여론조사심의위원회**가 공표 또는 보도된 여론조사결과의 **객관성**
    ·**신뢰성**에 대하여 **정당** 또는 **후보자**로부터 **서면**으로 **이의신청**을 받거나
    제8조의8 제7항 제2호〈이 법 또는 선거여론조사기준을 위반하였는지 여부에 대한
    심의〉에 따른 **심의를 위하여 필요하다고** 판단되는 때
⑩ **누구든지 야간**(오후 10시부터 다음 날 오전 7시까지를 말한다)에는
전화를 이용하여 선거에 관한 **여론조사를 실시할 수 없다.**   [O 7급 23·19]
[실시할 수 있다(×) 9급 13]

심화학습

· 제59조 제4호에 따른 전화를 이용한 선거운동은 야간(오후 11시부터 다음 날 오전 6시까지를 말한다)에는 이를 할 수 없다.(§109②)

⑪ **누구든지** 다음 각 호의 어느 하나에 해당하는 행위를 하여서는 **아니 된다.**
　1. 제57조의2 제1항에 따른 **당내경선**을 위한 **여론조사**의 결과에
　　영향을 미치게 하기 위하여 다수의 선거구민을 대상으로
　　성별·연령 등을 거짓으로 응답하도록 지시·권유·유도하는 행위
　2. **선거에 관한 여론조사의 결과에 영향을 미치게 하기 위하여**
　　둘 이상의 전화번호를 착신 전환 등의 조치를 하여
　　같은 사람이 두 차례 이상 응답하거나 이를 지시·권유·유도하는 행위

⑫ **누구든지** 다음 각 호의 어느 하나에 해당하는 선거에 관한 여론조사의 결과를
　해당 선거일의 투표 마감시각까지 공표 또는 보도할 수 없다.
　다만, 제2호의 경우 해당 선거여론조사기관에 대하여
　불송치결정 또는 **불기소처분**이 있거나
　무죄의 판결이 확정된 때에는 그러하지 아니하다.
　1. **정당** 또는 **후보자가 실시한** 해당 선거에 관한 여론조사　　　　　[불가 9급 18]
　2. 제8조의8 제10항〈이 법 또는 선거여론조사기준을 위반한 여론조사〉에 따라
　　고발되거나 이 법에 따른 **여론조사에 관한 범죄로 기소된**
　　선거여론조사기관이 실시한 선거에 관한 여론조사
　3. **선거여론조사기관이 아닌** 여론조사기관·단체가 **실시한**
　　선거에 관한 여론조사　　　　　　　　　　　　　　　　　　　　[불가 9급 18]

⑬ 선거에 관한 여론조사에 성실하게 응답한 사람에게는 중앙선거관리위원회
　규칙으로 정하는 바에 따라 **전화요금 할인 혜택**을 제공할 수 있다.
　이 경우 **전화요금 할인에 소요되는 비용은**
　해당 **여론조사를 실시하는 자가 부담**한다.　　　　　　　　　　[국가가 부담한다(×) 9급 22]
　　　　　　　　　　　　　　　　　[선거공영제에 따라 중앙선거관리위원회가 부담한다(×) 7급 19]

⑭ 여론조사의 신고, 이의신청, 자료제출 요구 절차, 그 밖에 필요한 사항은 중앙선거관리위원회 규칙으로 정한다.

> **보충개념**
>
> ○ **'여론조사'의 기능**
> 여론조사를 통하여 국민은 정당이나 정치인의 정책에 대한 자신의 의사를 표명할 기회를 갖게 됨으로써 간접적이나마 국가정책에 참여할 수 있고, 정당이나 정치인들은 자신들이 추진하고 있는 정책에 대한 지지도를 파악하여 국민이 거부하는 정책을 시정할 수 있으므로 선거와 선거 사이의 공백이나 선거의 결과가 정책보다는 후보자의 개인적인 인기에 좌우되기 쉽다는 선거의 문제점을 어느 정도 보완할 수 있게 됨. 또한 여론조사는 선거와 관련하여 예비선거의 기능을 수행하고, 무엇보다도 국민으로 하여금 선거에 대하여 높은 관심을 갖도록 하는 구실을 함.
> (헌재 1995. 7. 21. 92헌마177·199)
>
> [2019 공직선거법규운용자료 2권 617쪽, 중앙선관위]

조문정리

〈선거여론조사 제도 개선 내용(2017. 2. 8.)〉

구 분	개정 전	개정 후
기관의 명칭 등 (§8의8①)	선거여론조사공정심의위원회	선거여론조사심의위원회("공정"삭제)
여심위 권한 (§8의8⑩)	규정 없음	조사권, 과태료 부과권, 고발권 부여
선거여론조사 범위 규정 (§8의8⑧)	규정 없음	(선거여론조사 범위에서 제외되는 여론조사) · 정당이 그 대표자 등 당직자를 선출하기 위하여 실시하는 여론조사 · 후보자(예정자 포함)의 성명이나 정당(창준위 포함)의 명칭을 나타내지 아니하고 정책·공약개발을 위하여 실시하는 여론조사 · 국회의원 및 지방의회의원이 의정활동과 관련하여 실시하는 여론조사 ⇒ 단, 해당 선거의 예비후보자등록 신청 개시일부터 선거일까지 실시하는 여론조사는 제외 · 정치·선거 등 분야에서 순수한 학술·연구 목적으로 실시하는 여론조사 · 단체 등이 의사결정을 위하여 그 구성원만을 대상으로 실시하는 여론조사
선거여론조사기관 등록제 (§8의9①)	규정 없음	· 등록된 여론조사기관만 선거여론조사결과 공표·보도 허용 · 조사시스템, 분석전문인력 등 요건 구비 · 선거여론조사기관 현황 인터넷공개 · 등록·취소절차 세부사항은 중앙선관위규칙에 위임
휴대전화 가상번호 활용 (§57의8, §108의2)	원내정당만 이용 ⇒ 당내경선을 위한 여론조사 및 정당활동을 위하여 여론수렴이 필요한 경우	원내정당 외에 선거여론조사기관의 공표·보도용 여론조사에도 휴대전화 가상번호 이용 가능
응답자 인센티브 제공 (§108⑬)	규정 없음	· 성실 응답자에게 통신비 할인 · 비용은 여론조사를 실시하는 자가 부담
정당·후보자 등이 실시한 여론조사 결과 공표·보도 금지(§108⑫)	규정 없음	정당 또는 후보자(예정자 포함)가 실시한 해당 선거 여론조사 결과 공표·보도 금지
여론조사비용의 선거비용 산입 (§120.10)	규정 없음	예비후보자와 후보자 기간을 합하여 4회를 초과하는 여론조사비용을 선거비용에 산입
위법 선거여론조사기관 제재 (§108⑫)	위법한 선거여론조사를 실시한 이후에 실시하는 선거여론조사를 제한하는 규정이 없음	여심위로부터 고발되거나 여론조사에 관한 범죄로 기소된 선거여론조사기관이 실시한 선거여론조사결과의 공표·보도 금지 ⇒ 다만, 불기소처분이 있거나 무죄판결이 확정된 경우는 공표·보도 가능

〈개정이유〉
· 선거여론조사업체의 전문성 부족(떴다방식 난립) ⇒ 여론조사업체 등록제
· 여론조사방법 한계(유선전화 여론조사) ⇒ 휴대전화 가상번호 활용
· 여론조사를 탈법적 선거운동으로 악용 ⇒ 4회를 초과한 선거여론조사비용의 선거비용 산입
· 선거여론조사 응답률 저조 ⇒ 응답자 인센티브 제공(통신비 할인)
· 위법 선거여론조사 업체 제재 미흡 ⇒ 고발·기소된 기관의 여론조사 공표 금지

제108조의2(선거여론조사를 위한 휴대전화 가상번호의 제공)

① **선거여론조사기관이 공표 또는 보도를 목적으로 전화를 이용**하여
선거에 관한 여론조사를 실시하는 경우 **휴대전화 가상번호를 사용할 수 있다.** [O 9급 22]

② 선거여론조사기관이 제1항에 따른 여론조사를 실시하는 경우에는
관할 선거여론조사심의위원회를 경유하여 **이동통신사업자에게**
휴대전화 가상번호를 제공하여 줄 것을 요청할 수 있다. [O 9급 19]

③ 제2항에 따라 휴대전화 가상번호를 사용하고자 하는 선거여론조사기관은
해당 **여론조사 개시일 전 10일**까지 관할 선거여론조사심의위원회에
휴대전화 가상번호 제공 **요청서**를 **제출**하여야 하고,
관할 선거여론조사심의위원회는 해당 요청서의 기재사항을 **심사**한 후
제출받은 날부터 **3일 이내**에 해당 요청서를 이동통신사업자에게 **송부**하여야 한다.

④ 선거여론조사기관이 제2항에 따른 요청을 하는 경우에는
휴대전화 가상번호 제공 **요청서**에 다음 각 호에 따른 **사항**을 적어야 한다.
  1. 여론조사의 **목적·내용** 및 **기간**
  2. 여론조사 **대상 지역** 및 **대상자 수**
  3. 이동통신사업자별로 제공하여야 하는
     성별·연령별·지역별 휴대전화 **가상번호 수.**
     이 경우 제공을 요청할 수 있는 휴대전화 **가상번호의 총수**는
     제2호에 따른 **대상자 수의 30배수**를 초과할 수 없다.
  4. 그 밖에 중앙선거관리위원회 규칙으로 정하는 사항

⑤ 선거에 관한 여론조사를 위한 휴대전화 가상번호 제공에 관하여는 제57조의8 제4항부터
제7항까지 및 제9항부터 제11항까지의 규정을 **준용**한다.

> **준용조문**
>
> **제57조의8(당내경선 등을 위한 휴대전화 가상번호의 제공)** ④ 관할 선거관리위원회는 제출된 휴대전화 가상번호 제공 요청서에 제3항에 따른 기재사항이 누락되었거나 심사를 위하여 추가로 자료가 필요하다고 판단되는 때에는 해당 정당에 휴대전화 가상번호 제공 요청서의 보완 또는 자료의 제출을 요구할 수 있으며, 그 요구를 받은 정당은 지체 없이 이에 따라야 한다.
> ⑤ 이동통신사업자가 제1항에 따른 요청을 받은 때에는 그 요청을 받은 날부터 7일 이내에 휴대전화 가상번호 제공 요청서에 따라 휴대전화 가상번호를 생성하여 유효기간을 설정한 다음 관할 선거관리위원회를 경유하여 해당 정당에 제공하여야 한다. 다만, 이동통신사업자는 이용자 수의 부족 등으로 제공할 수 있는 휴대전화 가상번호 수가 제공하여야 하는 휴대전화 가상번호 수 보다 적은 때에는 지체 없이 관할 선거관리위원회에 통보하여야 하고, 관할 선거관리위원회는 중앙선거관리위원회 규칙으로 정하는 바에 따라 해당 정당과 협의하여 제공하여야 하는 휴대전화 가상번호 수를 조정할 수 있다.
> ⑥ 이동통신사업자는 중앙선거관리위원회 규칙으로 정하는 바에 따라 이용자에게 정당의 당내경선이나 여론수렴 등을 위하여 본인의 이동전화번호가 정당에 휴대전화 가상번호로 제공된다는 사실과 그 제공을 거부할 수 있다는 사실을 알려야 한다.

⑦ 이동통신사업자(그 대표자 및 구성원을 포함한다)가 제5항에 따라 휴대전화 가상번호를 제공할 때에는 다음 각 호의 어느 하나에 해당하는 행위를 하여서는 아니 된다.
  1. 휴대전화 가상번호에 유효기간을 설정하지 아니하고 제공하거나 휴대전화 가상번호를 제공하는 날부터 당내경선의 선거일까지의 기간(당내경선을 위한 여론조사를 실시하는 경우에는 그 여론조사기간을 말한다)이나 여론수렴 기간을 초과하는 유효기간을 설정하여 제공하는 행위
  2. 요청받은 휴대전화 가상번호 수를 초과하여 휴대전화 가상번호를 제공하는 행위
  3. 휴대전화 가상번호, 이용자의 성(性)·연령·거주지역 정보 외의 정보를 제공하는 행위. 이 경우 연령과 거주지역 정보의 범위에 대하여는 중앙선거관리위원회 규칙으로 정한다.
  4. 휴대전화 가상번호의 제공을 요청한 정당 외의 자에게 휴대전화 가상번호를 제공하는 행위
  5. 제6항에 따른 고지를 받고 명시적으로 거부의사를 밝힌 이용자의 휴대전화 가상번호를 제공하는 행위
  6. 여론조사의 결과에 영향을 미치게 하기 위하여 특정 정당 또는 후보자가 되려는 사람에게 유리 또는 불리하도록 휴대전화 가상번호를 생성하여 제공하는 행위
⑨ 제5항 본문 또는 제8항에 따라 휴대전화 가상번호를 제공받은 정당(그 대표자 및 구성원을 포함한다) 또는 여론조사 기관·단체(그 대표자 및 구성원을 포함한다)는 다음 각 호의 어느 하나에 해당하는 행위를 하여서는 아니 된다.
  1. 제공받은 휴대전화 가상번호를 제1항에 따른 여론조사를 실시하거나 여론수렴을 하기 위한 목적 외의 다른 목적으로 사용하는 행위
  2. 제공받은 휴대전화 가상번호를 다른 자에게 제공하는 행위
⑩ 휴대전화 가상번호를 제공받은 자(그 대표자 및 구성원을 포함한다)는 유효기간이 지난 휴대전화 가상번호를 즉시 폐기하여야 한다.
⑪ 이동통신사업자가 제5항에 따라 휴대전화 가상번호를 생성하여 제공하는 데 소요되는 비용은 휴대전화 가상번호의 제공을 요청한 해당 정당이 부담한다. 이 경우 이동통신사업자는 휴대전화 가상번호 생성·제공에 소요되는 최소한의 비용을 청구하여야 한다.

⑥ 휴대전화 가상번호 제공 요청 방법과 절차, 휴대전화 가상번호의 유효기간 설정, 휴대전화 가상번호 제공 요청서 서식, 그 밖에 필요한 사항은 중앙선거관리위원회 규칙으로 정한다.

📢 제108조의3(정책·공약에 관한 비교평가 결과의 공표제한 등)

① **언론기관**(제82조의 언론기관을 말한다) 및
제87조 제1항 각 호의 어느 하나에 해당하지 아니하는 **단체**
<선거운동 가능 단체>(이하 이 조에서 "**언론기관 등**"이라 한다)는
정당·후보자
(후보자가 **되려는** 자를 포함한다. 이하 이 조에서 "**후보자 등**"이라 한다)의
정책이나 **공약**에 관하여 **비교평가**하고 그 결과를 **공표**할 수 있다.

② 언론기관 등이 후보자 등의 정책이나
공약에 관한 비교평가를 하거나 그 결과를 공표하는 때에는
다음 각 호의 어느 하나에 해당하는 행위를 하여서는 **아니 된다.**
  1. 특정 후보자 등에게 유리 또는 불리하게 평가단을 구성·운영하는 행위

2. 후보자 등별로 점수부여 또는 순위나 등급을 정하는 등의 방법으로
서열화하는 **행위** [서열화하는 행위를 할 수 있다(×) 7급 21]

③ 언론기관 등이
후보자 등의 정책이나 공약에 관한 비교평가의 결과를 공표하는 때에는
평가주체, 평가단 구성·운영, 평가지표·기준·방법 등
평가의 신뢰성·객관성을 입증할 수 있는 내용을 공표하여야 하며,
비교평가와 관련 있는 **자료 일체**를
해당 선거의 **선거일 후 6개월**까지 **보관**하여야 한다.
이 경우 선거운동을 하거나 할 것을 표방한 단체는 지지하는 후보자 등을
함께 공표하여야 한다.

제109조(서신·전보 등에 의한 선거운동의 금지)

① **누구든지 선거기간 중** 이 법에 규정되지 아니한 방법으로 선거권자에게
서신·전보·모사전송 그 밖에 **전기통신**의 방법을 이용하여 선거운동을 할 수 없다.
② 제59조 제4호〈선거일이 아닌 때에
선거운동을 할 수 있는 자의 직접 통화방식의 전화 선거운동〉에 따른
전화를 이용한 선거운동은
야간(오후 11시부터 다음 날 오전 6시까지를 말한다)에는 이를 할 수 없다.
③ **누구든지 선거운동을 위하여 후보자**, 선거사무장, 선거연락소장, 선거사무원,
회계책임자, 연설원, 대담·토론자 또는 **선거권자 등을**
전화 기타의 방법으로 **협박**할 수 없다.

보충개념

○ **입법목적**
제109조는 후보자들 간의 치열한 경쟁이 전개되는 선거의 현실에서 서신에 의한 선거운동을 허용할 경우 인쇄서신·복사서신·대필서신·자필서신 등이 그 종류와 양을 가리지 않고 작성·발송됨으로써 초래되는 사회경제적 손실을 예방하고, 후보자가 타인을 대량으로 고용하여 서신을 대신 작성하도록 하는 등 후보자들 간 경제력의 차이에 따른 선거운동기회의 불균형과 불공정이 발생하는 것을 방지하기 위하여 서신을 이용한 선거운동을 금지하고 있는데, 이는 헌법 제116조 제I항의 선거운동 기회균등보장의 요청에 부응하여 위와 같은 폐해를 방지하고 선거의 자유와 공정을 확보함으로써 선거관계자를 포함한 국민전체의 공동이익을 위한 조치라 할 것이므로 그 입법목적의 정당성이 인정됨.(헌재 2007. 8. 30. 2004헌바49)

[2019 공직선거법규운용자료 2권 662쪽, 중앙선관위]

제110조(후보자 등의 비방금지)

① **누구든지 선거운동을 위하여**
후보자(후보자가 **되고자 하는 자를 포함**한다. 이하 이 조에서 같다),

후보자의 배우자 또는 직계존·비속이나 형제자매의
출생지·가족관계·신분·직업·**경력 등**·재산·**행위**·소속단체,
특정인 또는 특정단체로부터의 지지 여부 등에 관하여
허위의 사실을 공표할 수 없으며,
공연히 사실을 적시하여 사생활을 비방할 수 없다.
다만, 진실한 사실로서 공공의 이익에 관한 때에는 그러하지 아니하다. [○ 9급 24]

② **누구든지 선거운동을 위하여**
정당, 후보자〈후보자가 되고자 하는 자 포함〉, 후보자의 배우자 또는
직계존·비속이나 형제자매와 **관련하여**
특정 지역·지역인 또는 성별을 공연히 비하·모욕하여서는 아니 된다. [○ 9급 24]

📢 제110조의2(허위사실 등에 대한 이의제기)

① **누구든지 후보자 또는 예비후보자의**
출생지·가족관계·신분·직업·**경력 등**·재산·**행위**·소속단체,
특정인 또는 특정단체로부터의 지지 여부 등에 관하여
공표된 사실이 거짓임을 이유로
해당 선거구 선거관리위원회를 거쳐
직근 상급선거관리위원회에 서면으로 **이의제기를 할 수 있다.**
[직근 상급선거관리위원회를 거쳐 중앙선거관리위원회에(×) 9급 24]

② 제1항에 따른 이의제기를 받은 **직근 상급선거관리위원회는**
후보자 또는 예비후보자, 소속 정당, 이의제기자, 관련 국가기관·지방자치단체,
그 밖의 기관·단체에 대하여 **증명서류 및 관련자료의 제출을 요구할 수 있다.**
이 경우 제출요구를 받은 자는
정당한 사유가 없으면 지체 없이 이에 **따라야 한다.**

③ **직근 상급선거관리위원회는** 증명서류 및 관련 자료의 **제출이 없거나**
제출한 증명서류 및 관련 자료를 통하여 확인한 결과
공표된 사실이 거짓으로 판명된 때에는 이를 **지체 없이** 공고하여야 한다.
이 경우 **이의제기서와 제출받은 서류·자료를**
「개인정보 보호법」을 위반하지 아니하는 범위에서
편집·수정 없이 선거관리위원회 홈페이지에 공개하여야 한다.

④ 이의제기서의 양식, 제출 서류·자료의 공개, 그 밖에 필요한 사항은 중앙선거관리위원회
규칙으로 정한다. [○ 9급 24]

📢 제111조(의정활동 보고)

① **국회의원 또는 지방의회의원**은 보고회 등 **집회**,
　보고서(인쇄물, 녹음·녹화물 및 **전산자료 복사본을 포함한다**),
　인터넷, 문자메시지, 송·수화자 간 직접 통화방식의 전화 또는 축사·인사말
　(게재하는 경우를 포함한다)을 통하여 **의정활동**
　(**선거구활동·일정 고지**, 그 밖에 **업적의 홍보**에 필요한 사항을 포함한다)을
　선거구민(행정구역 또는 선거구역의 변경으로 **새로 편입된 구역의 선거구민을**
　포함한다. 이하 이 조에서 같다)에게 보고할 수 있다.
　다만, 대통령선거·국회의원선거·지방의회의원선거 및 지방자치단체의 장선거의
　선거일 전 90일부터 선거일까지
　직무상의 행위 그 밖에 명목 여하를 불문하고
　의정활동을 인터넷 홈페이지 또는 그 **게시판·대화방** 등에 게시〈가능〉하거나
　전자우편·문자메시지로 전송〈가능〉하는 외의 방법〈금지〉으로
　의정활동을 보고할 수 없다.　　　[인터넷 홈페이지 등의 방법으로도 의정활동보고를 할 수 없다(×) 9급 22]

② 국회의원 또는 지방의회의원이 **의정보고회를 개최하는 때**에는
　고지벽보와 의정보고회 장소표지를 첨부·게시할 수 있으며,　　　[O 9급 22]
　고지벽보와 표지에는 **보고회명과 개최일시·장소 및 보고사항**
　(후보자가 되고자 하는 자를 **선전하는 내용을 제외한다**)을 게재할 수 있다.
　이 경우 의정보고회를 개최한 국회의원 또는 지방의회의원은
　고지벽보와 표지를 의정보고회가 **끝난 후 지체 없이 철거**하여야 한다.

③ 제1항의 규정에 따라 **보고서를 우편으로 발송**하고자 하는
　국회의원 또는 지방의회의원은 그 **발송수량의 범위** 안에서 선거구민인
　세대주의 성명·주소(이하 이 조에서 "**세대주명단**"이라 한다)의 교부를
　연 1회에 한하여 구·시·군의 장에게 서면으로 **신청**할 수 있으며,　　　[O 9급 22]
　신청을 받은 **구·시·군의 장**은 다른 법률의 규정에도 불구하고 **지체 없이**
　그 세대주명단을 **작성·교부**하여야 한다.

④ 제3항의 규정에 따른 **세대주명단의 작성비용의 납부**, 교부된 세대주명단의 양도·대여 및
　사용의 금지에 관하여는 제46조(명부사본의 교부) 제3항 및 제4항의 규정을 **준용**한다. 이
　경우 "명부"는 "세대주명단"으로 본다.　　　[O 9급 22]

> **인용조문**
>
> **제46조(명부사본의 교부)** ③ 제2항의 규정에 의하여 세대주명단의 사본이나 전산자료 복사본의 교부신청을 하는
> 　자는 그 사본작성비용을 교부신청과 함께 납부하여야 한다.
> 　④ 누구든지 제1항의 규정에 의하여 교부된 세대주명단의 사본 또는 전산자료 복사본을 다른 사람에게 양도 또는
> 　대여할 수 없으며 재산상의 이익 기타 영리를 목적으로 사용할 수 없다.

⑤ 의정보고회의 고지벽보와 표지의 규격·수량, 세대주의 명단의 교부신청 그 밖의 의정활동보고에 관하여 필요한 사항은 중앙선거관리위원회 규칙으로 정한다.

> **보충개념**
>
> ○ **의정활동보고의 기능**
> 국회의원의 의정활동보고는 국회의원이 국민의 대표로서 행한 의회에서의 정치적 활동을 자신을 선출한 선거구민에게 직접 보고하는 행위로서 국회의원이 주권자인 국민의 의사를 대변하여 대의정치가 구현되도록 하는 기능을 가지는 것임. 따라서 이는 국회의원의 정치적 책무이고 고유한 직무활동이므로 특별한 사정이 없는 한 자유롭게 허용됨이 상당함.(헌재 1996. 3. 28. 96헌마18·37·64·66, 헌재 2001. 8. 30 99헌바92 등)
>
> ○ **의정활동보고의 한계**
> 국회의원이 하는 집회·보고서·컴퓨터·전화 등에 의한 의정활동보고는 허용된다고 할 것이지만, 여기서 허용되는 것은 국회의원이 지역주민 대표로서의 지위에서 행하는 순수한 의정활동보고일 뿐이고, 의정활동보고라는 명목 하에 이루어지는 형태의 선거운동은 허용되지 않는다 할 것인바, 국회의원이 선거일 전 180일부터 선거일까지의 기간에 의정보고서를 제작하여 선거구민들에게 배부함에 있어 그 내용 중 선거구 활동 기타 업적의 홍보에 필요한 사항 등 의정활동보고의 범위를 벗어나서 선거에 영향을 미치게 하기 위하여 특정 정당이나 후보자를 지지·추천하거나 반대하는 내용이 포함되어 있다면 그 부분은 공선법 제93조 제1항에서 금지하고 있는 탈법방법에 의한 문서배부행위에 해당되어 위법함.(대법원 2006. 3. 24. 2005도3717)
> ⇒ 현행은 선거일 전 90일부터 선거일까지 제한
>
> ○ **의정활동보고 기간을 제한한 취지**
> 제111조가 선거일 전 90일부터 선거일까지 의정활동보고를 금지하고 있는 것은 이러한 의정활동보고가 선거운동의 방법과 횟수 등에 대하여 엄격한 제한을 가하고 있는 공선법의 제한규정을 회피하는 수단으로 악용되는 것을 차단하려는 데에 그 취지가 있음.(대법원 2009. 4. 23. 2009도832)
>
> [2019 공직선거법규운용자료 2권 671쪽, 중앙선관위]

📢 제112조(기부행위의 정의 등)

① 이 법에서 **"기부행위"**라 함은

당해 선거구 안에 있는 자나 기관·단체·시설 및 선거구민의 모임이나 행사 또는

당해 선거구의 밖에 있더라도

그 선거구민과 연고가 있는 자나 기관·단체·시설에 대하여

금전·물품 기타 재산상 이익의 제공, 이익제공의 의사표시 또는

그 제공을 약속하는 행위를 말한다. [○ 9급 13, 7급 22]

1. ~ 11. 삭제

> **기출체크**
>
> ❶ 당해 선거구의 밖에 있더라도 그 선거구민과 연고가 있는 시설에 대하여 후보자가 재산상 이익제공의 의사표시를 하는 경우도 기부행위에 해당한다. [○ 9급 21]
> ❷ 기부행위를 정의함에 있어 '당해 선거구 안에 있는 자'라 함은 선거구 내에 주소나 거소를 갖는 사람은 포함되나, 선거구 안에 일시적으로 머무르는 사람은 포함되지 않는다.(대법원 1996. 11. 29. 96도500)
> [×(선거구 안에 일시적으로 머무르는 사람도 포함됨) 9급 18]
> ❸ 이익제공의 상대방이 선거구민이 아니라면 기부행위는 성립되지 아니한다. [×(기부행위임) 7급 16]

❹ 기부행위란 실제 재산상 이익이 제공된 경우에만 성립할 뿐, 이익제공의 의사표시나 그 제공을 약속하는 행위는 기부행위로 보지 아니한다. [×(기부행위임) 7급 16]

❺ 당해 선거구의 밖에 있다면 그 선거구민과 연고가 있는 자나 기관·단체·시설에 대하여 금전·물품 기타 재산상 이익의 제공, 이익제공의 의사표시 또는 그 제공을 약속하는 행위는 기부행위에 해당하지 않는다. [×(기부행위임) 9급 15]

❻ 기부행위의 객체가 되는 서적은 재산상의 가치가 있는 서적에 한정하는 것은 아니지만, 불특정한 사람이 일정한 대가를 지급하고 획득하려는 의지를 촉발시킬 정도에까지는 이르러야 함을 의미한다. [× 7급 24]

⇒ 「공직선거법」 제112조 제2항은 기부행위로 보지 아니하는 행위 중 하나로 제1호 (라)목에서 일정한 정당 행사에서 참석당원 등에게 정당의 경비로 '교재나 그 밖에 정당의 홍보인쇄물 등을 제공하는 행위'를 들고 있어, 정당의 홍보인쇄물도 원칙적으로 기부행위의 객체에 해당함을 전제로 그 예외를 규정하고 있다. 이러한 규정에 비추어 보면, 기부행위의 객체가 되는 서적이 재산상의 가치가 있는 서적으로 한정된다거나 불특정의 사람이 일정한 대가를 지급하고 획득하려는 의지를 촉발시켜야 할 정도에 이르러야만 한다고 볼 수 없다.(대법원 2024. 4. 4. 선고 2023도18846)

② 제1항의 규정에도 불구하고
　다음 각 호의 어느 하나에 해당하는 행위는 **기부행위로 보지 아니한다.**
1. **통상적인 정당활동**과 관련한 행위
　가. 정당이 각급 당부에 당해 당부의 **운영경비를 지원**하거나
　　　유급사무직원에게 보수를 지급하는 행위 [기부행위 아님 7급 22·14]
　나. 정당의 당헌·당규 기타 정당의 내부규약에 의하여 정당의 당원이
　　　당비 기타 **부담금을 납부하는 행위** [기부행위 아님 7급 22·16]
　다. 정당이 소속 **국회의원**, 이 법에 따른 공직선거의 **후보자**
　　　·**예비후보자에게 정치자금을 지원**하는 행위 [기부행위 아님 9급 14, 7급 22]
　라. 제140조 제1항에 따른 **창당대회** 등과
　　　제141조 제2항에 따른 **당원집회** 및 **당원교육**,
　　　그 밖에 **소속 당원**만을 대상으로 하는 당원집회에서
　　　참석당원 등에게 **정당의 경비로 교재**,
　　　그 밖에 정당의 **홍보인쇄물**, 싼 값의 정당의 **배지** 또는 **상징마스코트**나
　　　통상적인 범위에서 **차·커피 등 음료**(주류는 제외한다)를 제공하는 행위
　마. 통상적인 범위 안에서 **선거사무소·선거연락소** 또는
　　　정당의 사무소를 방문하는 자에게 다과·떡·김밥·음료(주류는 제외한다) 등
　　　다과류의 음식물을 제공하는 행위
　바. **중앙당**의 **대표자**가 참석하는 **당직자회의**(**구·시·군 단위 이상**의
　　　지역책임자급 간부와 **시·도수의 10배수**에 상당하는
　　　상위직의 간부가 참석하는 회의를 말한다) 또는
　　　시·도당의 대표자가 참석하는 당직자회의(**읍·면·동 단위 이상**의
　　　지역책임자급 간부와 **관할 구·시·군의 수**에 상당하는
　　　상위직의 간부가 참석하는 회의를 말한다)에 참석한 **당직자에게**

통상적인 범위에서 **식사류**의 음식물을 제공하는 행위

사. 정당이 소속 유급사무직원을 대상으로 실시하는
교육·연수에 참석한 유급사무직원에게 정당의 경비로
숙식·교통편의 또는 실비의 **여비**를 제공하는 행위 [기부행위 아님 7급 21]

아. 정당의 대표자가 **소속 당원만을 대상**으로 개최하는
신년회·송년회에 참석한 사람에게
정당의 **경비**로 통상적인 범위에서 **다과류**의 음식물을 제공하는 행위

자. 정당이 그 명의로
재해구호·장애인돕기·농촌일손돕기 등 대민 **자원봉사활동**을 하거나
그 자원봉사활동에 **참석한 당원**에게 정당의 경비로
교통편의(여비는 제외한다)와 통상적인 범위에서
식사류의 음식물을 제공하는 행위 [기부행위 아님 9급 24, 7급 18·14]

차. 정당의 **대표자가 개최**하는 정당의 **정책개발**을 위한 **간담회·토론회**에
참석한 직능·사회단체의 대표자, 주제발표자, 토론자 등에게
정당의 **경비**로 **식사류**의 음식물을 제공하는 행위 [O 7급 24]
[자신의 경비로(×) 9급 14]

카. 정당의 **대표자가 개최**하는 정당의 각종 행사에서
모범·우수당원에게 정당의 경비로 **상장**과 통상적인 **부상**을 수여하는 행위

타. 제57조의5 제1항 단서에 따른 **의례적인** 행위

> **인용조문**
>
> **제57조의5(당원 등 매수금지)** ① 누구든지 당내경선에 있어 후보자로 선출되거나 되게 하거나 되지 못하게 할 목적으로 경선선거인(당내경선의 선거인명부에 등재된 자를 말한다) 또는 그의 배우자나 직계존·비속에게 명목 여하를 불문하고 금품 그 밖의 재산상의 이익 또는 공사의 직을 제공하거나 그 제공의 의사를 표시하거나 그 제공을 약속하는 행위를 할 수 없다. 다만, 중앙선거관리위원회 규칙이 정하는 의례적인 행위는 그러하지 아니하다.

파. 정당의 **대표자가 주관**하는 당무에 관한 **회의**에서
참석한 각급 당부의 대표자·책임자 또는 유급당직자에게
정당의 경비로 **식사류**의 음식물을 제공하는 행위 [기부행위 아님 9급 24]

하. 정당의 **중앙당**의 **대표자**가 당무파악 및 지역여론을 수렴하기 위하여
시·도당을 방문하는 때에 **정당**의 **경비**로
방문지역의 기관·단체의 장 또는 사회단체의 간부나 언론인 등
제한된 범위의 인사를 초청하여 **간담회**를 개최하고
식사류의 음식물을 제공하는 행위

거. 정당의 **중앙당**이 당헌에 따라 개최하는
전국 단위의 최고 대의기관 회의에 참석하는 **당원**에게

정당의 경비로 교통편의를 제공하는 행위

2. **의례적 행위**

가. 민법 제777조(친족의 범위)의 규정에 의한 **친족의 관혼상제의식**
   <u>기타 경조사에 축의·부의금품을 제공하는 행위</u>　　　　　　　　[기부행위 아님 9급 14]

나. **정당의 대표자가**
   중앙당 또는 시·도당에서 근무하는 해당 **유급사무직원**
   (**중앙당** 대표자의 경우 **시·도당**의 **대표자와 상근 간부를 포함한다**)·
   그 배우자 또는 그 직계존·비속이 결혼하거나 사망한 때에
   통상적인 범위에서 **축의·부의금품**(**화환** 또는 **화분을 포함한다**)을
   제공하거나 **해당 유급사무직원**
   (**중앙당** 대표자의 경우 **시·도당 대표자를 포함한다**)에게
   연말·설·추석·창당기념일 또는 **그의 생일에**
   정당의 경비로 의례적인 선물을 정당의 명의로 제공하는 행위

다. 국가유공자의 **위령제**, 국경일의 **기념식**, 「각종 기념일 등에 관한 규정」
   제2조에 규정된 정부가 주관하는 **기념일의 기념식**,
   공공기관·시설의 개소·이전식, 합동결혼식, 합동분향식,
   산하 기관·단체의 준공식, 정당의 **창당대회·합당대회·후보자선출대회**,
   그 밖에 이에 준하는 행사에 **의례적인 화환·화분·기념품을 제공하는 행위**

> **[심화학습]**
> · 화환·화분 제공은 모두 의례적 행위로서 허용될 뿐 직무상 행위 또는 통상적인 정당활동에서 허용되는 예는 없다.

라. **공익을 목적으로 설립된 재단 또는 기금이 선거일 전 4년 이전부터**
   그 설립목적에 따라 **정기적**으로 지급하여 온 **금품을 지급하는 행위**. 〈가능〉
   다만, **선거일 전 120일**(선거일 전 120일 후에 실시사유가 확정된 보궐선거 등에
   있어서는 그 선거의 실시사유가 **확정된 때**)부터 **선거일까지**
   그 금품의 금액과 **지급 대상·방법** 등을 확대·변경〈금지〉하거나
   후보자(후보자가 **되려는 사람**을 포함한다. 이하 이 조에서 같다)가
   직접 주거나 〈금지〉
   후보자 또는 그 소속 정당의 **명의를 추정할 수 있는 방법**으로
   지급〈금지〉하는 행위는 **제외한다**.

마. 친목회·향우회·종친회·동창회 등 각종 사교·친목단체 및 사회단체의
   구성원으로서 당해 단체의 정관·규약 또는 운영관례상의 의무에 기하여
   종전의 범위 안에서 **회비를 납부하는 행위**

바. 종교인이 평소 자신이 다니는 교회·성당·사찰 등에 **통상의 예**에 따라
　헌금(물품의 제공을 포함한다)하는 행위　　　　　　　　　　[기부행위 아님 9급 15]
사. **선거운동을 위하여 후보자와 함께 다니는 자**나
　국회의원·후보자·예비후보자가 관할 구역안의 지역을 방문하는 때에
　함께 다니는 자에게
　통상적인 범위에서 **식사류의 음식물을 제공하는 행위**.　　[기부행위 아님 7급 21]
　이 경우 함께 다니는 자의 범위에 관하여는 중앙선거관리위원회
　규칙으로 정한다.
아. **기관·단체·시설의 대표자가 소속 상근직원**〈본청 소속〉
　(「**지방자치법**」 제6장 제3절과 제4절에서 규정하고 있는
　소속 행정기관〈보건소 등〉 및 **하부행정기관**〈읍·면·동사무소 등〉과 그 밖에
　명칭여하를 불문하고 이에 준하는 기관·단체·시설의 **직원**은 **제외**한다.
　이하 이 목에서 같다)이나
　소속 또는 차하급 기관·단체·시설의 대표자·그 배우자 또는
　그 **직계존·비속**이 결혼하거나 **사망**한 때에
　통상적인 범위에서
　축의·부의금품(화환 또는 화분을 포함한다)을 제공하는 행위와
　소속 상근직원이나 소속 또는 차하급기관·단체·시설의 대표자에게
　연말·설·추석·창립기념일 또는 그의 **생일**에
　자체사업계획과 예산에 따라 의례적인 **선물**을
　해당 기관·단체·시설의 명의로 제공하는 행위
자. **읍·면·동 이상의** 행정구역단위의 **정기적인 문화·예술·체육행사**,
　각급 학교의 **졸업식** 또는 **공공의 이익**을 위한 행사에
　의례적인 범위에서 **상장**(부상은 **제외**한다. 이하 이 목에서 같다)을
　수여하는 행위와
　구·시·군단위 이상의 조직 또는 단체(향우회·종친회·동창회, 동호인회,
　계모임 등 개인 간의 **사적모임은 제외**한다)의 **정기총회**에
　의례적인 범위에서 **연 1회**에 한하여 **상장**〈부상은 제외〉을 수여하는 행위.
　다만, 제60조의2(예비후보자등록) 제1항의 규정에 따른
　예비후보자등록 신청개시일부터 선거일까지
　후보자(후보자가 **되고자 하는** 자를 포함한다)가
　직접 수여하는 행위를 제외한다.
차. **의정활동보고회, 정책토론회, 출판기념회,**
　그 밖의 각종 행사에 참석한 사람에게 통상적인 범위에서

차·커피 등 음료(**주류는 제외한다**)를 제공하는 행위
[주류를 제공하는 것은 기부행위로 보지 않는다(×) 9급 21]

카. 선거사무소·선거연락소 또는 정당선거사무소의 **개소식·간판게시식**
또는 **현판식**에 참석한 정당의 간부·당원들이나 선거사무관계자들에게
해당 사무소 안에서 통상적인 범위의 다과류의 음식물
(**주류를 제외한다**)을 제공하는 행위
[기부행위 아님 7급 18]

타. 제114조 제2항에 따른 후보자 또는 그 가족과 **관계있는 회사 등**이 개최하는
정기적인 창립기념식·사원체육대회 또는 **사옥준공식** 등에 참석한
소속 임직원이나 그 가족, 거래선, 한정된 범위의 내빈 등에게
회사 등의 경비로
통상적인 범위에서 **유공자를 표창**
(**지방자치단체**의 경우 **소속 직원이 아닌 자**에 대한
부상의 수여〈기부행위〉는 **제외한다**)하거나
식사류의 음식물 또는 싼 값의 기념품을 제공하는 행위

파. 제113조 및 제114조에 따른 **기부행위를 할 수 없는 자**의
관혼상제에 참석한 **하객**이나 **조객** 등에게
통상적인 범위에서 **음식물** 또는 **답례품**을 제공하는 행위

3. **구호적·자선적 행위**

가. **법령**에 의하여 설치된 사회보호시설 중
수용보호시설에 **의연금품**을 제공하는 행위

나. 「재해구호법」의 규정에 의한 **구호기관**(전국재해구호협회를 포함한다)
및 「대한적십자사 조직법」에 의한 **대한적십자사**에
천재·지변으로 인한 재해의 구호를 위하여 **금품**을 제공하는 행위

다. 「장애인복지법」 제58조에 따른 **장애인복지시설**
(유료복지시설을 **제외한다**)에 **의연금품·구호금품**을 제공하는 행위

라. 「국민기초생활 보장법」에 의한 **수급권자**인 **중증장애인**에게
자선·구호금품을 제공하는 행위

마. **자선사업을 주관·시행하는 국가·지방자치단체·언론기관·사회단체**
또는 종교단체 그 밖에 국가기관이나 지방자치단체의 허가를 받아
설립된 법인 또는 단체에 **의연금품·구호금품**을 제공하는 행위.
[기부행위(×) 9급 24]
다만, 광범위한 선거구민을 대상으로 하는 경우
제공하는 **개별 물품** 또는 그 포장지에 **직명·성명** 또는
그 소속 **정당의 명칭**을 표시하여 제공하는 행위〈기부행위〉는 **제외한다**.
[기부행위 아님(×) 9급 24]

바. **자선·구호사업**을 주관·시행하는 국가·지방자치단체, 그 밖의
공공기관·법인을 **통하여** 소년·소녀가장과 후원인으로 **결연**을 맺고
정기적으로 제공하여 온 **자선·구호금품**을 제공하는 행위

사. **국가기관·지방자치단체** 또는 **구호·자선단체**가 **개최**하는
소년·소녀가장, 장애인, 국가유공자, 무의탁노인, 결식자, 이재민,
「국민기초생활 보장법」에 따른 수급자 등을 돕기 위한
후원회 등의 행사에 금품을 제공하는 행위.
다만, **개별 물품** 또는 그 포장지에 **직명·성명** 또는 그 소속 정당의
명칭을 표시하여 제공하는 행위〈기부행위〉는 **제외**한다. [기부행위 7급 21·18]

아. **근로청소년**을 대상으로 **무료학교(야학을 포함한다)**를 **운영**하거나
그 학교에서 **학생들을 가르치는 행위** [기부행위 아님 9급 14, 7급 18]

4. **직무상의 행위**

가. **국가기관** 또는 **지방자치단체**가 자체사업계획과 예산으로 행하는
법령에 의한 금품제공행위(**지방자치단체**가 표창·포상을 하는 경우
부상의 수여〈기부행위〉를 **제외**한다. 이하 나목에서 같다)

나. **지방자치단체**가 자체사업계획과 예산으로 대상·방법·범위 등을
구체적으로 정한 당해 지방자치단체의 **조례**에 의한 **금품제공행위**
〈지방자치단체가 표창·포상을 하는 경우 부상의 수여를 제외한다.〉

다. **구호사업** 또는 **자선사업**을 행하는 국가기관 또는 지방자치단체가
자체사업계획과 예산으로 당해 **국가기관** 또는 **지방자치단체**의 **명의**를
나타내어 행하는 **구호행위·자선행위**

라. **선거일 전 60일까지**
국가·지방자치단체 또는 **공공기관**(「공공기관의 운영에 관한 법률」
제4조에 따라 지정된 기관이나 그 밖에 중앙선거관리위원회 규칙으로
정하는 기관을 말한다)의 **장**이
업무파악을 위한 **초도순시** 또는 **연두순시** 차 하급기관을 방문하여
업무보고를 받거나 주민여론 등을 청취하면서 자체사업계획과 예산에 따라
참석한 소속공무원이나 임·직원, 유관기관·단체의 장과
의례적인 범위 안의 주민대표에게 통상적인 범위 안에서
식사류(지방자치단체의 장의 경우에는 다과류를 말한다)의
음식물을 제공하는 행위

마. 국가기관 또는 지방자치단체가 **긴급한 현안**을 해결하기 위하여
자체사업계획과 예산으로 해당 **국가기관** 또는 **지방자치단체**의 **명의**로
금품이나 그 밖에 **재산상의 이익**을 제공하는 행위

바. **선거기간이 아닌 때에 국가기관이**
　　효자·효부·모범시민·유공자 등에게 **포상**을 하거나,　　　　　[기부행위 아님 7급 20]
　　국가기관·지방자치단체가 관할 구역 안의
　　환경미화원·구두미화원·가두신문판매원·**우편집배원** 등에게
　　위문품을 제공하는 행위
사. **국회의원 및 지방의회의원**이
　　자신의 직무 또는 업무를 수행하는 **상설사무소** 또는
　　상설사무소를 두지 아니하는 구·시·군의 경우 **임시사무소** 등
　　중앙선거관리위원회 **규칙**으로 **정하는 장소**에서 행하거나,
　　정당이 해당 **당사**에서 행하는 **무료**의 **민원상담**행위　　　[기부행위 아님 7급 21]
아. **변호사·의사** 등 법률에서 정하는 일정한 자격을 가진 **전문직업인**이
　　업무활동을 촉진하기 위하여 **자신이 개설한 인터넷 홈페이지를 통하여**
　　법률·의료 등 자신의 **전문분야**에 대한 **무료상담**을 하는 행위
　　　　　　　　　　　　　　　　　　　　　　[기부행위 아님 9급 18, 7급 14]
자. 제114조 제2항에 따른 후보자 또는 그 가족과 **관계있는 회사**가
　　영업활동을 위하여 달력·수첩·탁상일기·메모판 등 홍보물
　　(**후보자의 성명**이나 **직명** 또는 **사진**이 표시된 것⟨기부행위⟩은 **제외**한다)을
　　그 ⟨회사⟩**명의**로 종업원이나 제한된 범위의 거래처,
　　영업활동에 필요한 유관기관·단체·시설에 **배부**하거나
　　영업활동에 부가하여 해당 기업의 영업범위에서 **무료강좌**를 실시하는 행위
차. 물품구매·공사·역무의 제공 등에 대한 **대가**의 **제공** 또는
　　부담금의 납부 등 **채무를 이행**하는 행위　　　　　　　　　　[기부행위 아님 9급 15]
5. 제1호부터 제4호까지의 행위 외에
　　법령의 규정에 근거하여 금품 등을 **찬조·출연** 또는 **제공**하는 행위
6. 그 밖에 위 각 호의 어느 하나에 준하는 행위로서 중앙선거관리위원회
　　규칙으로 정하는 행위

③ 제2항에서 "**통상적인 범위에서 제공하는 음식물 또는 음료**"라 함은
　중앙선거관리위원회 규칙으로 정하는 금액범위 안에서 **일상적인 예**를 갖추는데
　필요한 정도로 **현장에서 소비될 것**으로 제공하는 것을 말하며,
　기념품 또는 선물로 제공하는 것⟨기부행위⟩은 **제외**한다.
④ 제2항 제4호 각 목 중 **지방자치단체의 직무상 행위**는 법령·조례에 따라
　표창·포상하는 경우를 **제외**하고는 해당 **지방자치단체의 명의**로 하여야 하며,
　해당 지방자치단체의 장의 직명 또는 성명을 밝히거나
　그가 하는 것으로 추정할 수 있는 방법으로 하는 행위는 **기부행위로 본다.**

이 경우 다음 각 호의 어느 하나에 해당하는 경우에는
"그가 하는 것으로 **추정할 수 있는 방법**"에 해당하는 것으로 본다.
1. 종전의 **대상·방법·범위·시기** 등을
   법령 또는 조례의 제정 또는 **개정 없이 확대 변경**하는 경우
2. 해당 지방자치단체의 **장의 업적을 홍보**하는 등
   그를 **선전하는** 행위가 **부가**되는 경우
⑤ **각급** 선거관리위원회(읍·면·동선거관리위원회를 **제외**한다)는 기부행위 제한의
   주체·내용 및 기간 그 밖에 필요한 사항을 **광고** 등의 방법으로 **홍보**하여야 한다.

> **보충개념**
>
> ○ **'기부행위'의 정의**
> 공선법 제112조 제1항의 '기부행위'라 함은 원칙적으로 당사자의 일방이 상대방에게 무상으로 금전·물품 기타 재산상 이익의 제공, 이익제공의 의사표시 또는 그 제공을 약속하는 행위를 말하므로 채무의 이행 등 정당한 대가관계로 행하는 경우에는 기부행위가 되지 아니한다고 할 것이나, 한편 그러한 행위를 무상으로 하거나 일부 대가관계가 있더라도 급부와 반대급부 간의 불균형으로 그 일부에 관하여는 무상인 경우에는 정당한 대가관계라고 할 수 없어 기부행위가 되고, 비록 유상으로 행해지는 경우에도 그것으로 인하여 다른 일반인은 얻기 어려운 재산상 이익을 얻게 되는 경우에는 기부행위가 된다고 해석해야 함.(대법원 2009. 7. 23. 2009도1880)
>
> ○ **기부행위 제한의 취지**
> 공선법이 위와 같이 기부행위를 제한기간 없이 원칙적으로 금지하게 된 이유가 기부행위는 후보자의 지지기반을 조성하는 데에 기여하거나 매수행위와 결부될 가능성이 높아 이를 허용할 경우 선거 자체가 후보자의 인물·식견 및 정책 등을 평가받는 기회가 되기보다는 후보자의 자금력을 겨루는 과정으로 타락할 위험성이 있어 이를 방지하고, 그 동안 우리 사회에 퍼져 있던 관행적이고 음성적인 금품 등 제공행위를 효과적으로 근절·청산하여 새로운 선거 문화 풍토를 조성하기 위한 것이기 때문임.(대법원 2007. 7. 12. 2007도579, 대법원 2009. 4. 23. 2009도834)
>
> ○ **기부행위 제한 위반죄의 성립요건 등**
> 1. 공선법 제257조에 의하여 금지되는 기부행위의 대상은 반드시 재산적 가치가 다대할 필요는 없으며, 나아가 기부행위는 행위자가 기부한 물품을 돌려받을 의사를 일부 가지고 있었다고 하더라도 그 물품을 돌려받지 못할 수도 있다는 점을 인식하였다면 그 물품을 교부하는 것만으로도 성립함.(대법원 2004. 3. 11. 2003도6650, 대법원 2004. 6. 24. 2004도1554)
> 2. 공선법 제112조 내지 제115조의 체제와 내용 및 그 입법취지, 특히 제114조, 제115조에서 기부행위와 선거와의 관련성을 별도의 요건으로 명시하고 있는 점 등을 종합해 보면, 공선법 제112조 제1항에 해당하는 금품 등 제공행위는 같은 조 제2항과 이에 근거한 중앙선거관리위원회 규칙 및 그 위원회의 결정에 의하여 허용되는 것으로 열거된 행위에 해당하지 아니한 이상 기부행위에 해당하는 것이고(대법원 1996. 5. 10. 95도2820 등 참조), 제113조 기부행위 제한 위반죄가 성립되기 위하여 선거운동의 목적 또는 선거와의 관련성까지 필요한 것은 아님.(대법원 2007. 11. 16. 2007도7205)
>
> ○ **기부행위의 위법성이 조각되기 위한 요건**
> 기부행위가 공선법 제112조 제2항 등에 의하여 규정된 의례적이거나 직무상의 행위 또는 통상적인 정당활동에 해당하지는 아니하더라도 그것이 지극히 정상적인 생활형태의 하나로서 역사적으로 생성된 사회질서의 범위 안에 있는 것이라고 볼 수 있는 경우에는 일종의 의례적이거나 직무상의 행위 또는 통상적인 정당활동으로서 사회상규에 위배되지 아니하여 위법성이 조각되는 경우가 있을 수 있지만, 그와 같은 사유로 위법성의 조각을 인정함에는 신중을 요함.(대법원 2007. 4. 26. 2007도218, 대법원 2009. 4. 9. 2009도676 등)

○ **기부행위의 상대방**
　어떠한 행위가 공선법에서 말하는 기부행위라고 인정하기 위하여는 기부행위의 상대방이 위 규정에 정해진 자로 특정되어야 할 뿐만 아니라 그 상대방은 금품이나 재산상 이익 등을 제공받는 구체적이고 직접적인 상대방이어야 하고 추상적이고 잠재적인 수혜자에 불과할 경우에는 여기에 해당되지 않는다고 할 것임.(대법원 2003. 10. 23. 2003도3137)

○ **'당해 선거구 안에 있는 자'의 의미**
　'당해 선거구 안에 있는 자'는 그 문구 자체도 후단의 '당해 선거구민과 연고가 있는 자'에 사용된 '당해 선거구민'과는 다르고, 그 입법취지도 당해 선거구 내에서는 선거구민은 물론 선거구민이 아닌 사람에게라도 금품이나 재산상 이익이 제공되면 선거구민에게 영향을 미칠 우려가 있으므로 이러한 경우도 금지하려는 취지로 보이므로, 위의 '당해 선거구 안에 있는 자'란 선거구 내에 주소나 거소를 갖는 자는 물론 선거구 안에 일시적으로 체재하는 자도 포함한다고 보아야 함.(대법원 1996. 11. 29. 96도500, 대법원 2007. 3. 30. 2006도9043 등)

○ **'선거구민과 연고가 있는 자'의 의미**
　공선법 제113조 제1항은 '당해 선거구 안에 있는 자'와 '당해 선거구의 밖에 있더라도 그 선거구민과 연고가 있는 자'에 대한 기부행위를 금지하고 있는바, 여기서 '선거구민과 연고가 있는 자'란 당해 선거구민의 가족·친지·친구·직장동료·상하급자나 향우회·동창회·친목회 등 일정한 혈연적·인간적 관계를 가지고 있어 그 선거구민의 의사결정에 직접적 또는 간접적으로 어떠한 영향을 미칠 수 있는 가능성이 있는 사람을 말하며 그 연고를 맺게 된 사유는 불문함.(대법원 2006. 12. 21. 2006도7087, 대법원 2010. 12. 9. 2010도10451 등)　　　　[○ 7급 24]

○ **기부행위를 할 수 없는 상대방으로 규정된 "기관·단체·시설"의 범위**
　공선법 제257조 제1항 제1호, 제113조, 제112조 제1항에서 기부행위 제한기간 중에 기부행위를 할 수 없는 상대방으로 규정하고 있는 "기관·단체·시설"이라고 함은 당해 선거구 안에 활동의 근거를 두고 있는 다수인의 계속적인 조직이나 시설이면 충분하고, 반드시 민법상의 법인과 같이 형식적·실질적인 요건을 모두 갖춘 단체에 한정된다고 할 수 없음.(대법원 1996. 6. 28. 96도1063)

○ **기부행위 중 금품의 '제공'에 중간자에게 금품을 교부한 경우도 포함되는지 여부**
　공선법 제112조 제1항에서 정한 '제공'은 반드시 금품을 '상대방에게 귀속'시키는 것만을 뜻하는 것으로 한정 해석할 것은 아니고, 중간자에게 금품을 주는 경우라 하더라도 그 중간자가 단순한 보관자이거나 특정인에게 특정금품을 전달하기 위하여 심부름을 하는 사자에 불과한 자가 아니고 그에게 금품배분의 대상이나 방법, 배분액수 등에 대한 어느 정도의 판단과 재량의 여지가 있는 한 비록 그에게 귀속될 부분이 지정되어 있지 않은 경우라 하더라도 위 규정에서 말하는 '제공'에 포함된다고 해석함이 상당함.(대법원 2002. 2. 21.2001도2819, 대법원 2009. 4. 23. 2009도834)

○ **금품이나 이익제공의 의사표시의 성립요건**
　1. 공선법상 기부행위는 금전 등이 실제로 제공된 경우뿐 아니라 제공의 의사표시가 있는 경우도 포함되는바(공선법 제112조 제1항), 이와 같은 '금전 등 제공의 의사표시로 인한 기부행위의 금지제한 등 위반죄'는 선거의 공정을 보호법익으로 하는 추상적 위험범인 점에 비추어 그 의사가 외부적, 객관적으로 나타나고 상대방에게 제공될 가능성이 현저한 단계에 이른 경우에 성립함.(서울고등법원 2006. 4. 25. 2006도90, 대법원 1989. 12. 22. 89도151)
　2. 공선법 제112조 제1항의 기부행위 중 금품이나 이익제공의 의사표시는 사회통념상 쉽게 철회하기 어려울 정도로 진정한 의지가 담긴 것으로 외부적·객관적으로 나타나는 정도에 이르러야 하고, 금품이나 이익제공과 관련하여 어떤 대화가 있었다고 하더라도 그것이 단지 의례적이나 사교적인 인사치레 표현에 불과하다면 금품이나 이익제공의 의사표시라고 볼 수 없음. 여러 사람이 식사를 함께 한 경우 참석자 중 한 사람 또는 그 일부가 식사대금 전부를 지급하는 우리 사회의 관행 등에 비추어 볼 때, 피고인이 찻값을 내겠다고 말하였다는 사정만 가지고 실제로 찻값을 내지 아니한 피고인에게 단순한 인사치레로서의 의사표시를 넘어서 모임 참석자에게 차를 대접하겠다는 진정한 의사를 표시함으로써 기부행위를 하였다고 단정할 수 없음.(대법원 2007. 3. 15. 2006도8869)

○ **당원의 당비 납부행위가 공선법상 기부행위로 보지 아니하는 행위에 해당하기 위한 요건**
　정당의 당원이 당비를 납부하는 행위가 공선법 제112조 제2항에 의하여 기부행위로 보지 아니하는 같은 항 제1호 (나)목의 '정당의 당헌·당규 기타 정당의 내부규약에 의하여 정당의 당원이 당비 기타 부담금을 납부하는 행위'에 해당하려면, 위 규정의 문언상 당해 정당의 당헌·당규 기타 내부규약에 따른 경우라야 함.(대법원 2007. 4. 26. 2007도218, 대법원 2009. 4. 23. 2009도834)

○ **'회비를 납부하는 행위'의 의미**
공선법 제112조 제2항 제2호 마목에서 정한 '친목회·향우회·종친회·동창회 등 각종 사교·친목단체 및 사회단체의 구성원으로서 당해 단체의 정관·규약 또는 운영관례상의 의무에 기하여 종전의 범위 안에서 회비를 납부하는 행위'에 해당하려면 그 금품제공행위가 정관·규약 또는 운영 관례상의 '의무에 기한 회비' 납부행위인 경우여야 하는바, 정관 등에 아무런 근거도 없는 상태에서 막연히 종전의 관행에 따라 금원을 제공하였다는 것만으로는 이에 해당한다고 볼 수는 없음.(대법원 2007. 7. 12. 2007도579)

○ **'법령에 의한 금품제공행위'에 해당하기 위한 요건**
공선법 제112조 제2항 제4호 가목에서 국가기관 또는 지방자치단체의 직무상의 행위 중 하나로 열거된 '법령에 의한' 금품제공행위에 해당하려면, 그 금품제공행위와 관련된 '자체사업계획과 예산'과는 별도로 존재하는 법령에서 이를 직접적으로 뒷받침하고 있는 경우여야 하고, 단순히 자체사업계획에 의하여 예산을 그 편성 목적 및 절차에 따라 지출하였다는 것만으로는 위 조항에 의한 금품제공행위에 해당한다고 볼 수 없음.(대법원 2007. 7. 12. 2007도579, 대법원 2009. 12. 10. 2009도9925 등)

[2019 공직선거법규운용자료 2권 710쪽, 중앙선관위]

제113조(후보자 등의 기부행위 제한)

① 국회의원·지방의회의원·지방자치단체의 장·정당의 대표자·후보자(후보자가 되고자 하는 자를 포함한다)와 그 배우자는 당해 선거구 안에 있는 자나 기관·단체·시설 또는 당해 선거구의 밖에 있더라도 그 선거구민과 연고가 있는 자나 기관·단체·시설에 기부행위(결혼식에서의 주례행위를 포함한다)를 할 수 없다.

기출체크

❶ 후보자가 되고자 하는 자는 물론 그 배우자도 당해 선거구 안에 있는 단체나 시설에 기부행위를 할 수 없다.
[○ 9급 21]

❷ 기부행위 제한의 적용을 받는 자에 '후보자가 되고자 하는 자'까지 포함하여 '후보자가 되고자 하는 자'의 기부행위를 상시 제한하고 있는 것은 '후보자가 되고자 하는 자'의 인격권, 행복추구권, 평등권, 공무담임권을 침해하지 않는다.(헌재 2009. 4. 30. 2007헌바29)
[○ 9급 18]

❸ 당해 선거구 밖에 있더라도 그 선거구민과 연고가 있는 사람의 결혼식에서 국회의원의 배우자는 주례행위를 할 수 없다.
[○ 9급 18]

❹ 후보자가 되고자 하는 자와 그 배우자는 당해 선거구민의 결혼식에서 주례행위를 할 수 없다.
[○ 7급 16]

❺ 기부행위 제한의 적용을 받는 자에 '후보자가 되고자 하는 자'까지 포함하면서 기부행위의 제한기간을 폐지하여 상시 제한하도록 한 것은 과잉금지원칙을 위반하여 선거운동의 자유를 침해하는 것이다.
[× 7급 14]
⇒ 기부행위 제한의 적용을 받는 자에 '후보자가 되고자 하는 자까지 포함하면서 기부행위의 제한기간을 폐지하여 상시 제한하도록 한 것이 과잉금지원칙을 위반하여 행복추구권, 선거운동의 자유, 공무담임권을 침해한다고 볼 수 없다.(헌재 2010. 9. 30. 2009헌바201)

❻ 정당의 대표자·후보자와 그 배우자는 당해 선거구 안에 있는 자나 기관·단체·시설 또는 당해 선거구의 밖에 있더라도 그 선거구민과 연고가 있는 자나 기관·단체·시설에 기부행위를 할 수 없다.
[○ 7급 14]

❼ 국회의원 '후보자가 되고자 하는 자'로 하여금 당해 선거구 안에 있는 자나 당해 선거구 밖에 있더라도 그 선거구민과 연고가 있는 자에 대한 기부행위를 금지하고 있는 「공직선거법」 제113조 제1항 중 '후보자가 되고자 하는 자' 부분은 명확성원칙에 위반되고 선거운동의 자유를 침해한다.(헌재 2021. 2. 25. 2018헌바223)
[×(죄형법정주의의 명확성원칙에 위배되지 않는다. 과잉금지원칙에 위배되어 선거운동의 자유를 침해하지 않는다.) 9급 23]

❽ 후보자가 되고자 하는 자와 그 배우자는 당해 선거구 안에 있는 자 또는 당해 선거구의 밖에 있더라도 그 선거구민과 연고가 있는 자의 결혼식에서 주례행위를 할 수 없다. [O 9급 24]

② 누구든지 제1항의 행위를 **약속·지시·권유·알선** 또는 **요구**할 수 없다.

> **보충개념**
>
> ○ **입법취지**
> 제113조는 개인의 자유로운 의사결정에 의하여 행하여져야 할 선거에서, 부정한 경제적 이익 등으로 개인의 자유의사를 왜곡시키는 선거운동을 범죄로 하여 처벌함으로써, 선거의 공정성을 보장하기 위한 규정임. 이것은 각종 선거에서 온갖 유형의 금품수수행위가 자행되고, 그로 인하여 혼탁한 선거풍토를 노정하였던 과거의 선거사에 대한 반성에서 비롯된 것임. 매수 및 이해유도행위와 후보자 등의 부정한 기부행위를 근절하여 공정하고 깨끗한 선거의 실현을 도모하고자 함이 위 법률조항의 입법취지인 것임.(헌재 2005. 6. 30. 2003헌바90)
>
> ○ **기부행위 상시제한의 취지**
> 제113조가 선거기간 등과 관계없이 상시로 일체의 기부행위를 할 수 없도록 규정한 취지는, 그러한 기부행위가 후보자 등의 지지 기반을 조성하는 데에 기여하거나 매수행위와 결부될 가능성이 높아 이를 허용할 경우 선거가 후보자 등의 인물·식견 및 정책 등을 평가받는 기회가 되기보다는 후보자 등의 자금력을 겨루는 과정으로 타락할 위험성이 있어 이를 방지하기 위한 데에 있음.(헌재 2009. 4. 30. 2007헌바29·86, 대법원 2003. 6. 27. 2002도6519)
>
> ○ **비례대표 국회의원 후보자의 기부행위 제한위반죄의 주체 여부**
> 공선법에 비추어 비례대표 국회의원 후보자나 후보예정자도 비례대표 국회의원 선거에 대비하여 적극적으로 선거운동에 나설 가능성이 있는 점, 비례대표 국회의원 후보자나 후보예정자의 경우 공선법 제113조의 규정의 '당해 선거구'란 전국을 의미하고 기부행위가 금지되는 대상은 전국의 선거구민이 되는 것으로 해석하는 것이 충분히 가능한 점, 비례대표 국회의원의 경우에 전국적인 차원에서 기부행위를 금할 실질적인 필요성이 지역구 국회의원보다 더 강하다고 볼 수도 있는 점, 비례대표 국회의원 후보자나 후보예정자의 전국의 선거구민에 대한 기부행위를 공선법 제113조 제1항에 의하여 제한한다고 하더라도 그 제한 범위가 특별히 모호하다고 할 수 없는 점, 위 공선법 조항에서 기부행위를 할 수 없도록 제한한 주체에 비례대표 국회의원 후보자나 후보예정자는 포함되지 않는 것으로 제한하여 해석하게 되면 공선법 제113조 등을 통해 고비용 정치구조를 개혁하려는 입법취지를 훼손할 가능성이 있는 점 등을 고려하면, 비례대표 국회의원 및 그 후보자나 후보예정자 또한 공선법 제113조 제1항에 정한 기부행위 제한위반죄의 주체가 될 수 있음.(대법원 2009. 4. 23. 2009도834)
>
> ○ **'후보자가 되고자 하는 자'의 의미**
> 1. 공선법 제113조의 '후보자가 되고자 하는 자'에는 선거에 출마할 예정인 사람으로서 정당에 공천신청을 하거나 일반 선거권자로부터 후보자추천을 받기 위한 활동을 벌이는 등 입후보의사가 확정적으로 외부에 표출된 사람뿐만 아니라 그 신분·접촉대상·언행 등에 비추어 선거에 입후보할 의사를 가진 것을 객관적으로 인식할 수 있을 정도에 이른 사람도 포함됨.(대법원 2005. 12. 22. 2004도7116, 대법원 2008. 8. 11. 2008도4492 등)
> 2. 공선법 제113조 제1항 소정의 기부행위 제한의 적용을 받는 사람에 포함되는 '후보자가 되고자 하는 자'에 해당하는 여부는 당사자의 주관적 의사에만 좌우되는 것이 아니고, 그 신분·접촉 대상·언행 등에 비추어 선거에 입후보할 의사를 가진 것을 객관적으로 인식할 수 있는 여부와 같이 후보자 의사를 인정할 수 있는 객관적 징표에 의하여 결정되는 것임. '후보자가 되고자 하는 자'에 해당여부의 판단을 당해 선거만 기준으로 할 것인지, 아니면 장래 선거도 포함할 것인지, 여러 선거가 겹치는 경우 어느 것을 기준으로 하여 판단할 것인지 여부도 문제되는 당해 선거를 기준으로 하여 기부행위 당시 후보자 의사를 인정할 수 있는 객관적 징표를 고려하여 판단하면 될 것임.(헌재 2009. 4. 30. 2007헌바29·86)
>
> [2019 공직선거법규운용자료 2권 711쪽, 중앙선관위]

📢 제114조(정당 및 후보자의 가족 등의 기부행위 제한)

① **정당**[「정당법」 제37조 제3항에 따른 **당원협의회**(이하 "당원협의회"라 한다)와 **창당준비위원회**를 포함한다. 이하 이 조에서 같다], **정당선거사무소의 소장**, **후보자**(후보자가 **되고자 하는 자**를 포함한다. 이하 이 조에서 같다)나
그 배우자의 직계존·비속과 형제자매,
후보자의 직계비속 및 형제자매의 배우자,
선거사무장, 선거연락소장, 선거사무원, 회계책임자, 연설원, 대담·토론자나
후보자 또는 그 가족
(가족의 범위는 제10조 제1항 제3호에 규정된 "후보자의 가족"을 준용한다)과
관계있는 회사 그 밖의 법인·단체(이하 "회사 등"이라 한다) 또는 그 임·직원은
선거기간 전에는 당해 선거에 관하여,
선거기간에는 당해 선거에 관한 여부를 불문하고
후보자 또는 그 소속 정당을 위하여 일체의 기부행위를 할 수 없다. [O 9급 21]
이 경우 후보자 또는 그 소속 정당의 **명의를 밝혀** 기부행위를 하거나
후보자 또는 그 소속 정당이 기부하는 것으로
추정할 수 있는 방법으로 기부행위를 하는 것은
당해 선거에 관하여 후보자 또는 정당을 위한 **기부행위로 본다**.

② 제1항에서 "**후보자 또는 그 가족과 관계있는 회사 등**"이라 함은
다음 각 호의 어느 하나에 해당하는 회사 등을 말한다.

   1. **후보자가 임·직원** 또는 **구성원**으로 있거나
      기금을 출연하여 설립하고 운영에 참여하고 있거나
      관계 법규나 규약에 의하여
      의사결정에 실질적으로 **영향력**을 행사할 수 있는 회사 기타 법인·단체

   2. **후보자의 가족이 임원**〈직원 제외〉 또는 **구성원**으로 있거나
      기금을 출연하여 설립하고 운영에 참여하고 있거나
      관계 법규 또는 규약에 의하여
      의사결정에 실질적으로 **영향력**을 행사할 수 있는 회사 기타 법인·단체

   3. 후보자가 소속한 정당이나 후보자를 위하여 설립한
      「**정치자금법**」에 의한 **후원회**

| 보충개념 |

○ **제114조 위반죄의 성립요건**
후보자와 관계있는 회사 등이 선거기간 전에 당해 선거구 안에 있는 자 등에게 금품 등을 제공한 행위가 법 제114조 제1항에서 금지하는 기부행위에 해당하려면 그 금품 등 제공행위가 '당해 선거'를 위한 선거운동이 되지는 않더라도 적어도 '당해 선거'를 동기로 하거나 빌미로 하는 등 당해 선거와 관련이 있어야 하는 것이고,(대법원 1996. 6. 14. 96도405, 대법원 2005. 3. 25. 2004도5298 등 참조) 이와는 달리 금품 등의 제공이 당해 선거와는 관계없이 회사 등의 일상적인 직무상의 행위로서 행하여진 경우에는 법 제114조 제1항 위반죄가 성립하지 않음.(대법원 2007. 10. 26. 2007도717)

○ **제114조의 '당해 선거에 관하여'의 의미**
공선법 제114조, 제115조에서 규정하는 '당해 선거에 관하여'라 함은 당해 선거를 위한 선거운동이 되는지 여부를 불문하고 당해 선거를 동기로 하거나 빌미로 하는 등 당해 선거와 관련이 있으면 족함.(대법원 1996. 6. 14. 96도405, 대법원 2007. 9. 21. 2007도4386 등)

[2019 공직선거법규운용자료 2권 720쪽, 중앙선관위]

📢 제115조(제삼자의 기부행위 제한)

제113조(후보자 등의 기부행위 제한) 또는
제114조(정당 및 후보자의 가족 등의 기부행위 제한)에 규정되지 아니한 자라도
누구든지 선거에 관하여
후보자(후보자가 **되고자 하는 자**를 포함한다. 이하 이 조에서 같다) 또는
그 소속 정당(창당준비위원회를 포함한다. 이하 이 조에서 같다)을 위하여
기부행위를 하거나 하게 할 수 없다.
이 경우 후보자 또는 그 소속 정당의 **명의**를 밝혀 기부행위를 하거나
후보자 또는 그 소속 정당이 기부하는 것으로 **추정**할 수 있는 방법으로
기부행위를 하는 것은
당해 선거에 관하여 후보자 또는 정당을 위한 기부행위로 본다.

| 기 출 체 크 |

공직선거에 출마할 정당추천 후보자를 선출하기 위한 당내경선에 즈음하여 제3자가 당내에서 후보선출권이 있고 동시에 당해 선거구 안에 있거나 그 선거구민과 연고가 있는 자에 대하여 그 후보자를 지지하도록 하기 위하여 금품을 수수하는 행위는 「공직선거법」상 금지하는 제3자의 기부행위에 해당한다.(대법원 2021. 6. 24. 2019도13234)

[○ 7급 24]

| 보충개념 |

○ **기부행위자의 특정 방법 및 제115조 위반죄 주체의 요건**
공선법 제112조 제1항의 기부행위는 그에 의한 기부의 효과를 후보자 또는 후보자가 되려는 자에게 돌리려는 의사를 가지고 공선법 제112조 제1항에 규정된 사람에게 금품 등을 제공하는 것으로서 그 출연자가 기부행위자가 되는 것이 통례이지만, 그 기부행위를 한 것으로 평가되는 주체인 기부행위자는 항상 그 물품 등의 사실상 출연자에 한정되는 것은 아니고, 또 출연자와 기부행위자가 일치하지 않거나 외형상 기부행위에 함께 관여하는 듯이 보여서 어느 쪽이 기부행위자인지 분명하지 않은 경우에는 그 물품 등이 출연된 동기 또는 목적, 출연행위와 기부행위의 실행 경위, 기부자와 출연자 그리고 기부받는 자와의 관계 등 모든 사정을 종합하여 기부행위자를 특정하여야 함. 따라서 공선법 제115조 위반의 주체는 위와 같은 사정을 종합하여 기부행위자로 평가되는 자에 해당하면 충분하고, 반드시 제공한 물품에 대한 소유권 또는 처분권을 가지는 자에 해당하여야 하는 것은 아님.(대법원 2008. 3. 13. 2007도9507)

[2019 공직선거법규운용자료 2권 714쪽, 중앙선관위]

제116조(기부의 권유·요구 등의 금지)

누구든지 선거에 관하여
제113조부터 제115조까지에 규정된 **기부행위가 제한되는** 자로부터
기부를 받거나 기부를 **권유** 또는 **요구**할 수 **없다**.

제117조(기부받는 행위 등의 금지)

누구든지 선거에 관하여「정치자금법」제31조(기부의 제한)의 규정에 따라
정치자금을 기부할 수 없는 자에게
기부를 **요구**하거나 그로부터 기부를 **받을 수 없다**.

> **인용조문**
>
> 「정치자금법」제31조(기부의 제한) ① 외국인, 국내·외의 법인 또는 단체는 정치자금을 기부할 수 없다.
> ② 누구든지 국내·외의 법인 또는 단체와 관련된 자금으로 정치자금을 기부할 수 없다.

제117조의2 삭제

제118조(선거일 후 답례금지)

후보자와 후보자의 가족 또는 **정당의 당직자**는 선거일 후에
당선되거나 되지 아니한데 대하여 **선거구민**에게
축하 또는 **위로** 그 밖의 **답례**를 하기 위하여
다음 각 호의 어느 하나에 해당하는 행위를 **할 수 없다**.
1. **금품** 또는 **향응**을 **제공**하는 행위
2. 방송·신문 또는 잡지 기타 간행물에 **광고**하는 행위 [금지 9급 22]

> **심화학습**
>
> · 금지 주체가 아닌 제3자가 하는 축하광고는 허용된다.

3. **자동차**에 의한 **행렬**을 하거나 다수인이 **무리를 지어 거리를 행진**하거나
   거리에서 **연달아 소리 지르는 행위**.
   다만, 제79조(공개장소에서의 연설·대담) 제3항의 규정에 의한
   자동차를 이용하여
   당선 또는 낙선에 대한 **거리인사**를 하는 경우에는 그러하지 아니하다.
4. **일반선거구민**을 모이게 하여
   당선축하회 또는 낙선에 대한 **위로회를 개최**하는 행위 [금지 9급 22]
5. **현수막**을 게시하는 행위. [금지 9급 22]

다만, 선거일의 다음 날부터 13일 동안 해당 선거구 안의
읍·면·동(제148조 제1항
제2호〈읍·면·동이 설치·폐지·분할·합병되어 관할구역의 총 읍·면·동의 수가 줄어든 경우〉에
해당하는 경우에는 설치·폐지·분할·합병 직전의 읍·면·동을 말한다)마다
1매의 현수막을 게시하는 행위는 그러하지 아니하다.   [가능 9급 22]

기출체크

❶ 「공직선거법」상 선거일 후에 한 행위로서 허용되는 것은?
  ① 낙선한 후보자가 신문에 지지에 감사하는 광고를 게재하였다. ⇒ §118.2
  ② 당선된 후보자의 가족이 일반선거구민을 모이게 하여 당선축하회를 개최하였다. ⇒ §118.4
  ③ 낙선한 후보자가 「공직선거법」 제79조 제3항에 의하여 선거운동기간 중에 허용된 공개장소에서의 연설·대담을 할 때 사용하던 자동차를 이용하여 낙선에 대한 거리인사를 하였다. ⇒ §118.3
  ④ 당선된 후보자가 선거일의 다음 날부터 30일 동안 해당 선거구 안의 읍·면·동마다 1매의 당선사례 현수막을 게시하였다. ⇒ §118.5
                [①② 불가, ③ 가능, ④ 13일 동안만 가능 7급 17]

❷ 후보자의 가족은 선거일 후에 당선되지 아니한 데 대하여 일반선거구민을 모아 낙선에 대한 위로회를 개최할 수 있다.
                [×(금지됨) 7급 13]

보충개념

○ **공선법 제118조에서 정한 '일반 선거구민'의 의미**
  공선법 제256조 제4항 제11호, 제118조는 후보자가 선거일 이후 일반 선거구민에게 당선 축하 또는 낙선 위로 등의 답례로 금품 등을 제공하는 행위 등을 금지하고 이를 처벌하는 규정으로서, 여기의 '일반 선거구민'은 선거운동에 관여하지 아니한 일반 유권자를 가리킨다고 보아야 함.(대법원 2007. 10. 25. 2007도4069)
                [2019 공직선거법규운용자료 2권 858쪽, 중앙선관위]

조문정리

〈기간별 제한·금지규정 내용〉

기 간	해당 법조
D-180~D	· 지방자치단체의 장의 홍보물 발행·배부 등 제한 및 주민자치센터가 개최하는 교양강좌나 근무시간 중에 공공기관이 주최하는 행사 외의 행사에 참석금지 (§86⑤·⑥, 당해 지방자치단체의 장선거에 한함) · 정당·후보자가 설립·운영하는 기관 등의 선전행위 금지(§89②)
D-120~D	· 선거에 영향을 미치는 각종 시설물 설치 금지(§90) · 탈법방법에 의한 문서·도화의 배부·게시 등 금지(§93①) · 창당·합당·개편·후보자선출대회의 개최장소와 고지의 제한(§140①·②)
D-90~D	· 정당·후보자의 명의를 나타내는 저술 등의 광고 금지 및 후보자의 광고출연 금지(§93②) · 후보자와 관련 있는 저서의 출판기념회 개최 금지(§103⑤) · 의정활동보고 제한(§111)
D-90~선거기간 개시일 전일	· 정강·정책의 신문광고 등의 제한(§137) ⇒ 선거기간 중에는 광고 금지

기간	내용
D-90~D-31	· 당원집회의 제한(§141)
D-90이 속하는 달의 초일~선거기간 개시일 전일	· 정강·정책의 방송연설의 제한(§137의2①1)
D-60~D	· 지방자치단체장의 선거에 영향을 미치는 행위 금지(§86②) · 투표용지와 유사한 모형 또는 후보자, 정당 명의로 선거에 관한 여론조사 금지(§108②)
D-30~D	· 당원집회·당원교육 등 제한(§141)
선거기간 중	· 공무원 등의 선거에 영향을 미치는 행위 금지(§86①5~7) · 저술·연예·영화 등을 이용한 선거운동 금지(§92) · 방송·신문 등에 의한 광고의 금지(§94) · 구내방송 등에 의한 선거운동 금지(§99) · 녹음기·녹화기 등의 사용 금지(§100) · 타연설회 등의 금지(§101) · 야간연설 등의 제한(§102) · 각종 집회 등의 제한 및 반상회 개최 금지(§103) · 입당권유·공개장소 연설·대담 통지를 위한 호별방문 금지(§106) · 서신·전보 등에 의한 선거운동 금지(§109) · 정강·정책의 신문광고 금지(§137) · 정강·정책홍보물과 정당기관지의 발행·배부 제한(§138, §139) · 당원모집 및 입당원서 배부 금지(§144①) · 당사게시 선전물 등의 제한(§145)
D-6 ~ 선거일의 투표 마감시각	· 여론조사의 경위와 그 결과를 공표·인용보도 금지(§108①)
D	· 투표 마감시각 전까지 문자메시지, 인터넷 등을 제외한 일체의 선거운동 금지(§59) · 투표 마감시각 종료 이전에 선거인에 대하여 투표하고자 하는 정당이나 후보자 또는 투표한 정당이나 후보자의 표시요구 금지(§167②)
선거기간과 관계없는 제한·금지	· 공무원 등 정치적 중립을 지켜야 하는 자의 선거에 대한 부당한 영향력의 행사 기타 선거결과에 영향을 미치는 행위 금지(§9) · 선거인명부 사본의 양도·대여 금지(§46④) · 무소속 후보자의 미검인 추천장 사용 금지(§48③) · 선거운동을 할 수 없는 자의 선거운동 금지(§60①) · 정보통신망 이용 허위사실유포·비방 금지(§82의4②) · 공무원 등의 직무와 관련한 또는 지위 등을 이용한 선거관여 및 선거운동 금지(§85) · 공무원 등의 선거에 영향을 미치는 행위 금지(§86①1~3) · 지방자치단체장의 광고출연 금지(§86⑦) · 선거운동을 할 수 없는 단체의 선거운동 금지(§87①) · 사조직 등을 이용한 선거운동 금지(§87②) · 유사기관의 설치 금지(§89①) · 선거운동을 위한 확성장치 및 자동차의 사용 제한(§91) · 신문·잡지 등의 통상방법 외의 배부 금지(§95) · 허위논평·보도 등 금지(§96) · 선거운동을 위한 방송이용 제한(§98) · 행렬·연호행위 금지(§105) · 선거운동을 위한 호별방문 금지(§106) · 선거운동을 위하여 선거구민에게 서명·날인 받는 행위 금지(§107) · 선거에 관한 여론조사 신고(§108③) · 후보자 등의 비방 금지(§110) · 기부행위의 제한·금지(§112~§117) · 선거일 후 답례 금지(§118)

제 8 장 선거비용

제119조	선거비용 등의 정의	285
제120조	선거비용으로 인정되지 아니하는 비용	286
제121조	선거비용제한액의 산정	288
제122조	선거비용제한액의 공고	290
제122조의2	선거비용의 보전 등	290

제123조~제134조 〈삭제 2005. 8. 4.〉
제135조	선거사무관계자에 대한 수당과 실비보상	295
제135조의2	선거비용 보전의 제한	297
제136조	〈삭제 2005. 8. 4.〉	

📢 제119조(선거비용 등의 정의)

① 이 법에서 "**선거비용**"이라 함은
　　당해 선거에서 **선거운동**을 위하여 소요되는 **금전·물품 및 채무**,
　　그 밖에 모든 재산상의 가치가 있는 것으로서
　　당해 후보자(후보자가 **되려는 사람**을 포함하며, 대통령선거에 있어서
　　정당추천 후보자와 비례대표 국회의원선거 및 비례대표 지방의회의원선거에
　　있어서는 그 **추천 정당**을 포함한다. 이하 이 항에서 같다)가
　　부담하는 비용과 다음 각 호의 어느 하나에 해당되는 비용을 말한다.
　　1. **후보자**가 이 법에 **위반되는 선거운동**을 위하여 지출한 비용과
　　　　기부행위 제한규정을 위반하여 지출한 비용　　　　[선거비용임 9급 16·15, 7급 16]
　　　　　　　　　　　　　　　　　　　　　　　　　　　　　　[선거비용에 해당되지 않는다(×) 9급 19]
　　2. **정당, 정당선거사무소의 소장, 후보자의 배우자 및 직계존·비속,**
　　　　선거사무장·선거연락소장·회계책임자가 해당 후보자의 **선거운동**
　　　　(**위법선거운동**을 포함한다. 이하 이 항에서 같다)을 위하여
　　　　지출한 비용과 **기부행위 제한규정**을 위반하여 지출한 비용　　[선거비용임 7급 19]
　　3. **선거사무장·선거연락소장·회계책임자**로 선임된 사람이 **선임·신고되기 전까지**
　　　　해당 후보자의 선거운동을 위하여 **지출한 비용**과
　　　　기부행위 제한규정을 위반하여 지출한 비용　　　　[선거비용임 7급 22·19]
　　4. 제2호 및 제3호에 규정되지 아니한 사람이라도 **누구든지 후보자**,
　　　　제2호 또는 제3호에 **규정된 자**와 **통모**하여 해당 후보자의 **선거운동**을 위하여
　　　　지출한 비용과 **기부행위 제한규정**을 위반하여 지출한 비용

심화학습
· 제3자의 통모대상은 후보자, 정당·정당선거사무소장, 후보자의 배우자 및 직계존·비속, 선거사무장·선거연락소장 또는 회계책임자이다.

기출체크
❶ 초등학교 동문인 유권자가 후보자와 통모하여 해당 후보자의 선거운동을 위해 지출한 비용　[선거비용임 9급 15]
❷ 「공직선거법」상의 선거비용으로 인정되지 아니하는 것은?
　　① 당해 선거에서 선거운동을 위하여 소요되는 금전·물품 및 채무, 그 밖에 모든 재산상의 가치가 있는 것으로서 당해 후보자가 부담하는 비용 ⇒ §119①
　　② 후보자의 배우자가 해당 후보자의 선거운동을 위하여 지출한 비용과 기부행위 제한규정을 위반하여 지출한 비용 ⇒ §119①2
　　③ 선거연락소장으로 선임된 사람이 선임·신고되기 전까지 해당 후보자의 선거운동을 위하여 지출한 비용과 기부행위 제한규정을 위반하여 지출한 비용 ⇒ §119①3

④ 선거사무소와 선거연락소의 전화료·전기료 및 수도료, 기타의 유지비로서 선거기간 전부터 정당 또는 후보자가 지출하여 온 비용 ⇒ §120.4

[①②③ 선거비용, ④ 선거비용 아님 9급 14]

② 이 법에서 **"수입"**이라 함은 선거비용의 충당을 위한 **금전** 및 금전으로 환가할 수 있는 **물품**, 기타 **재산상의 이익을 받거나** 받기로 한 **약속**을 말한다.

③ 이 법에서 **"지출"**이라 함은 선거비용의 **제공·교부** 또는 그 **약속**을 말한다.

④ 이 법에서 **"회계책임자"**라 함은 「정치자금법」 제34조(회계책임자의 선임신고 등) 제1항 제5호·제6호 또는 제3항의 규정에 의하여 **선임 신고된** 각각의 회계책임자를 말한다.

> **인용조문**
>
> 「정치자금법」 제34조(회계책임자의 선임신고 등) ① 다음 각 호에 해당하는 자(이하 "선임권자"라 한다)는 정치자금의 수입과 지출을 담당하는 회계책임자 1인을 공직선거의 선거운동을 할 수 있는 자 중에서 선임하여 지체 없이 이 관할 선거관리위원회에 서면으로 신고하여야 한다.
> 5. 공직선거의 후보자·예비후보자(선거사무소 및 선거연락소의 회계책임자를 선임하는 경우를 말한다). 이 경우 대통령선거의 정당추천 후보자, 비례대표 국회의원선거 및 비례대표 지방의회의원선거에 있어서는 그 추천 정당이 선임권자가 되며, 그 선거사무소 및 선거연락소의 회계책임자는 각각 정당의 회계책임자가 겸한다.
> 6. 선거연락소장(선거연락소의 회계책임자에 한한다)
> ③ 지방의회의원, 공직선거의 후보자·예비후보자 또는 그 선거사무장이나 선거연락소장은 회계책임자를 겸할 수 있다. 이 경우 그 뜻을 지체 없이 관할 선거관리위원회에 서면으로 신고하여야 한다. 제1항 제5호 후단 및 제2항 단서의 규정에 의하여 회계책임자를 겸하는 경우에도 또한 같다.

기출체크

회계책임자라 함은 「정치자금법」의 규정에 의하여 선임 신고된 회계책임자를 말하고, 지출이라 함은 선거비용의 제공·교부 또는 그 약속을 말한다. [○ 7급 17]

제120조(선거비용으로 인정되지 아니하는 비용)

다음 각 호의 어느 하나에 해당하는 비용은 이 법에 따른 선거비용으로 **보지 아니한다**.

1. 선거권자의 추천을 받는데 소요된 비용 등
   선거운동을 위한 준비행위에 소요되는 비용
   [선거비용으로 인정된다(×) 9급 16]
   [선거비용 아님 9급 19·15, 7급 22·19]

2. 정당의 후보자선출대회비용,
   기타 **선거와 관련한 정당활동에 소요되는 정당비용**
   [선거비용 아님 7급 22·16]

3. 선거에 관하여 국가·지방자치단체 또는 선거관리위원회에 납부하거나 지급하는 **기탁금**과 모든 **납부금** 및 **수수료**
   [선거비용 아님 7급 22, 9급 16]

4. 선거사무소와 선거연락소의 **전화료·전기료** 및 **수도료**, 기타의 **유지비**로서
선거기간 전부터 정당 또는 후보자가 지출하여 온 경비
5. 선거사무소와 선거연락소의 **설치** 및 **유지비용**　　　　　　　　　　[선거비용 아님 7급 20·19·18]
6. 정당, 후보자, 선거사무장, 선거연락소장, 선거사무원, 회계책임자, 연설원 및
대담·토론자가 **승용하는 자동차**[제91조(확성장치와 자동차 등의 사용제한)
제4항의 규정에 의한 **자동차와 선박**〈홍보물 첨부용〉을 포함한다]의 운영비용
　　　　　　　　　　　　　　　　　　　　　　　　　　　　　　　　[선거비용 아님 7급 24]
7. **제3자**가 정당·후보자·선거사무장·선거연락소장 또는 회계책임자와
통모함이 없이 특정 후보자의 선거운동을 위하여 지출한 **전신료 등의 비용**
　　　　　　　　　　　　　　　　　　　　　　　　　　　　　　　　[선거비용 아님 9급 16·15]
8. 제112조 제2항에 따라 기부행위로 보지 아니하는 행위에 소요되는 비용.
다만, 같은 항 제1호 마목〈선거비용〉(**정당의 사무소를 방문하는 사람에게**
제공하는 경우〈선거비용 외〉는 **제외**한다) 및 **제2호 사목**〈선거비용〉
(**후보자·예비후보자가 아닌 국회의원이 제공하는 경우**〈선거비용 외〉는
제외한다)의 행위에 소요되는 비용은 선거비용으로 **본다**.

> **인용조문**
>
> 제112조(기부행위의 정의 등) ② (통상적인 정당활동 등)
> 　1. 마. 통상적인 범위 안에서 선거사무소·선거연락소 또는 정당의 사무소를 방문하는 자에게 다과·떡·김밥·음료 (주류는 제외한다)등 다과류의 음식물을 제공하는 행위
> 　2. 사. 선거운동을 위하여 후보자와 함께 다니는 자나 국회의원·후보자·예비후보자가 관할구역안의 지역을 방문 하는 때에 함께 다니는 자에게 통상적인 범위에서 식사류의 음식물을 제공하는 행위

기출체크

선거운동을 위하여 예비후보자가 관할 구역안의 지역을 방문하는 때에 중앙선거관리위원회 규칙으로 정한 범위 내의 함께 다니는 자에게 통상적인 범위에서 식사류의 음식물을 제공하는 행위에 소요되는 비용은 선거비용으로 본다.　　[O 7급 19]

9. 선거일 후에 지출원인이 발생한 **잔무정리비용**
10. **후보자**(후보자가 **되려는 사람**을 포함한다)가 선거에 관한 **여론조사**의
실시를 위하여 지출한 비용.
다만, 제60조의2 제1항에 따른 **예비후보자등록신청 개시일**부터
선거일까지의 기간 동안
4회를 초과〈선거비용〉하여 실시하는
선거에 관한 여론조사비용은 선거비용으로 **본다**.　　　　　　　　[선거비용임 9급 21, 7급 19]

📢 제121조(선거비용제한액의 산정)

① 선거비용제한액은 선거별로 다음 각 호에 의하여 산정되는 금액으로 한다. 이 경우 100만 원 미만의 단수는 100만 원으로 한다.

1. 대통령선거:

    인구수×950원   [대통령선거에서는 인구수를 고려하지 않는다(×) 9급 21]

2. 지역구 국회의원선거:

    1억 원+(인구수×200원)+[읍·면·동(제148조 제1항 제2호〈읍·면·동이 설치·폐지·분할·합병되어 관할구역의 총 읍·면·동의 수가 줄어든 경우〉에 해당하는 경우에는 설치·폐지·분할·합병 직전의 읍·면·동을 말한다. 이하 이 항에서 같다)수×200만 원].

    이 경우 **하나의 국회의원 지역구가 둘 이상의 자치구·시·군**으로 된 경우에는 **하나를 초과하는 자치구·시·군마다 1천5백만 원**을 가산한다.

3. 비례대표 국회의원선거:

    인구수×90원   [○ 9급 19]

4. 지역구 시·도의원선거:

    4천만 원+(인구수×100원)

기출체크

인구 20만 명인 선거구에서 지역구시·도의원선거 후보자의 선거비용 제한액은 **5천만 원**이다.
⇒ 4천만 원+(인구수×100원)=6천만 원   [× 7급 18]

5. 비례대표 시·도의원선거:

    4천만 원+(인구수×50원)

6. 시·도지사선거

    가. 특별시장·광역시장·특별자치시장선거:

        4억 원(인구수 **200만 미만**인 때에는 **2억 원**)+(인구수×300원)

    나. 도지사선거:

        8억 원(인구수 **100만 미만**인 때에는 **3억 원**)+(인구수×250원)

7. 지역구 자치구·시·군의원선거:

    3천500만 원+(인구수×100원)

8. 비례대표 자치구·시·군의원선거:

    3천5백만 원+(인구수×50원)

9. 자치구·시·군의 장선거:

    9천만 원+(인구수×200원)+(읍·면·동수×100만 원)

    [9천만 원+(인구수×100원)+(읍·면·동수×200만 원)(×) 7급 24]

심화학습

· 인구수는 모든 선거에서 선거비용제한액 산정의 기준요소가 된다.

조문정리

〈선거별 선거비용 산출기준〉

선거별		산출기준
시·도지사선거	특별시장·광역시장	4억 원(인구수 200만 미만인 때에는 2억 원) + (인구수×300원)
	도지사	8억 원(인구수 100만 미만인 때에는 3억 원) + (인구수×250원)
자치구·시·군의 장선거		9천만 원 + (인구수×200원) + (읍·면·동수×100만 원)
국회의원선거	지역구	1억 원 + (인구수×200원) + (읍·면·동수×200만 원) 지역구 1초과 자치구·시·군마다 1,500만 원 가산
	비례대표	인구수×90원
대통령선거		인구수×950원
시·도의원선거	지역구	4천만 원 + (인구수×100원)
	비례대표	4천만 원 + (인구수×50원)
자치구·시·군 의원선거	지역구	3천500만 원 + (인구수×100원)
	비례대표	3천500만 원 + (인구수×50원)

· 읍·면·동: 제148조 제1항 제2호〈읍·면·동이 설치·폐지·분할·합병되어 관할구역의 총 읍·면·동의 수가 줄어든 경우〉에 해당하는 경우에는 설치·폐지·분할·합병 직전의 읍·면·동을 말한다.

② 제1항의 규정에 의한 선거비용제한액을 산정하는 때에는
당해 선거의 **직전 임기만료에 의한 선거의 선거일이 속하는 달의 말일**부터
제122조(선거비용제한액의 공고)의 규정에 의한 **공고일이 속하는 달의**
전전달 말일까지의 전국소비자물가변동률(「통계법」 제3조의 규정에 의하여
통계청장이 매년 고시하는 전국소비자물가변동률을 말한다)을 감안하여 정한 비율
(이하 "제한액산정비율"이라 한다)을 적용하여 **증감할 수 있다.** [○ 9급 13, 7급 20]
이 경우 그 **제한액산정비율**은
관할 **선거구** 선거관리위원회가 해당 **선거 때마다** 정한다.

③ 제135조 제2항에 따른 선거사무장 등(활동보조인은 제외한다. 이하 이 항에서 같다)에게
지급할 수 있는 **수당의 금액이 인상된 경우**
총 수당 인상액과 선거사무장 등이
「산업재해보상보험법」에 따른 산재보험 가입에 소요되는 **총 산재보험료**를
다음 각 호에 따라 **산정**하여
제1항 및 제2항에 따라 산정한 **선거비용제한액에 각각 가산**하여야 한다.
  1. 총 수당 인상액
     선거사무장 등에게 지급할 수 있는 **수당의 인상차액**×
     선거사무장 등의 수(선거사무원의 경우에는 제62조 제2항에 따라

선거별로 선거사무장 또는 선거연락소장이 둘 수 있는 선거사무원의 최대수를 말한다. 이하 이 항에서 같다)×해당 선거의 **선거운동기간**

2. 총 산재보험료
   선거사무장 등의 수×제135조 제2항에 따라 선거사무장 등에게 지급할 수 있는 **수당의 금액**×해당 선거의 **선거운동기간**×**산재보험료율**

④ 선거비용제한액 산정을 위한 인구수의 기준일, 제한액산정비율의 결정, 기타 필요한 사항은 중앙선거관리위원회 규칙으로 정한다.

> **보충개념**
>
> ○ **선거비용 제한의 입법목적**
> 선거비용의 제한은 금권선거 및 후보자 간의 경제력의 차이에 따른 불공평을 방지함과 아울러 막대한 선거비용을 마련할 수 없는 유능하고 참신한 후보자의 입후보를 보장하기 위한 목적으로 규정된 것이라고 할 것임.(대구고등법원 1997. 8. 12. 97초12)
> [2019 공직선거법규운용자료 1권 351쪽, 중앙선관위]

제122조(선거비용제한액의 공고)

선거구 선거관리위원회는 선거별로
제121조(선거비용제한액의 산정)의 규정에 의하여 산정한 **선거비용제한액**을
중앙선거관리위원회 규칙이 정하는 바에 따라 **공고**하여야 한다.

제122조의2(선거비용의 보전 등)

① 선거구 선거관리위원회는 다음 각 호의 규정에 따라 **후보자**
(대통령선거의 정당추천 후보자와 비례대표 국회의원선거 및 비례대표
지방의회의원선거에 있어서는 후보자를 추천한 **정당**을 말한다.
이하 이 조에서 같다)가
이 법의 규정에 의한 선거운동을 위하여 **지출한 선거비용**
[「정치자금법」 제40조(회계보고)의 규정에 따라 제출한 **회계보고서에 보고된**
선거비용으로서 **정당하게 지출한** 것으로 인정되는 선거비용을 말한다]을
제122조(선거비용제한액의 공고)의 규정에 의하여 **공고한 비용의 범위 안에서**
대통령선거 및 국회의원선거에 있어서는 **국가**의 부담으로,
지방자치단체의 의회의원 및 장의 선거에 있어서는
당해 **지방자치단체**의 부담으로 선거일 후 **보전**한다.

> **심화학습**
>
> · 보전대상은 회계보고서에 보고된 비용이어야 하고, 정당하게 지출한 비용이어야 한다.
> · 공고된 선거비용제한액 범위 안에서 보전한다.
> · 선거비용제한액을 초과하여 지출하면 처벌대상이 된다.

1. 대통령선거, 지역구 국회의원선거, 지역구 지방의회의원선거 및
   지방자치단체의 장선거 〈비례대표선거 이외의 선거〉
   가. 후보자가 **당선**되거나 **사망**한 경우 또는
       후보자의 득표수가 **유효투표총수의 100분의 15 이상**인 경우:
       후보자가 지출한 선거비용의 **전액**
   나. 후보자의 득표수가
       유효투표총수의 100분의 10 이상 100분의 15 미만인 경우:
       후보자가 지출한 선거비용의 **100분의 50에 해당하는 금액**

기출체크

❶ A광역시장 선거에 출마한 후보자 甲이 사망한 경우에는 후보자 甲이 지출한 선거비용의 전액을 국가가 부담한다.
[×(지방선거는 지방자치단체가 부담함) 7급 18]

❷ 대통령선거에 있어서는 후보자의 득표수가 유효투표총수의 100분의 10 이상 100분의 15 미만인 경우 후보자가 지출한 선거비용의 100분의 30에 해당하는 금액을 보전한다.
[×(100분의 50에 해당하는 금액) 7급 16]

❸ 선거구 선거관리위원회는 지역구 지방의회의원선거에서 후보자가 유효투표총수의 100분의 14의 득표수로 당선된 경우 그 후보자가 지출한 선거비용의 100분의 50을 보전한다.
[×(당선된 경우에는 득표율에 관계없이 후보자가 지출한 선거비용 전액을 보전함) 9급 15]

❹ 대통령선거에서 후보자의 득표수가 유효투표총수의 100분의 15 이상인 경우, 후보자가 지출한 선거비용의 전액을 보전해 주는 총액보전 방식을 실시하고 있다.
[○ 7급 14]

❺ 선거비용의 보전에 있어서 기준득표율을 넘은 후보자와 그렇지 않은 후보자를 차별하는 데에는 선거공영제의 취지에 부합하는 합리적인 이유가 없다 할 것이므로, 기준득표율에 따라 선거비용보전에 차등을 두는 법률조항은 입법재량권의 한계를 일탈하여 자의적으로 평등권을 침해한다고 할 수 있다.
[× 9급 13]

⇒ 득표율을 기준으로 보전 여부를 결정하는 것이 가장 합리적이고, 득표율이 10% 미만인 자는 당선가능성이 거의 없는 자이며, 지난 18대 지역구 국회의원선거에서 절반에 이르는 후보자가 선거비용을 보전 받았을 뿐 아니라 국가가 후보자들이 개인적으로 부담하는 선거비용 외에도 상당한 부분의 선거비용을 부담하고 있는 점 등을 고려하면, 이 사건 법률조항이 입법재량권의 한계를 일탈하여 자의적으로 청구인의 평등권을 침해한다고 할 수 없다.(헌재 2010. 5. 27. 2008헌마491)

❻ 「공직선거법」의 선거비용 보전조항은 지출한 선거비용을 사후적으로 보전받기 위하여 충족하여야 할 기준을 정한 것일 뿐, 선거 전에 무소속후보자인 청구인이 후보자로 등록하는 것을 제한하여 공직취임의 기회를 제한하는 것은 아니므로, 청구인의 공무담임권 내지 피선거권을 제한하지 않는다.(헌재 2021. 9. 30. 2020헌마899)
[○ 9급 24]

❼ 헌법 제116조 제2항에 따라 입법자가 후보자에게 선거비용을 부담시키는 법률을 제정할 수 있다고 하더라도, 그 정도가 지나칠 경우 그 법률은 후보자의 선거운동의 자유를 침해할 수 있다.(헌재 2018. 7. 26. 2016헌마524·537)
[○ 9급 24]

❽ 지역구 국회의원선거에서 후보자의 득표수가 유효투표총수의 100분의 15 이상인 때에는 후보자가 지출한 선거비용의 전액을, 유효투표총수의 100분의 10 이상 100분의 15 미만인 때에는 후보자가 지출한 선거비용의 반액을 각 보전하도록 규정하고 있는 「공직선거법」 규정이 입법 재량권의 한계를 일탈하여 자의적으로 청구인의 평등권을 침해한다고 할 수 없다.(헌재 2010. 5. 27. 2008헌마491)
[○ 9급 24]

2. 비례대표 국회의원선거 및 비례대표 지방의회의원선거:
   후보자명부에 올라 있는 후보 중 당선인이 있는 경우에
   당해 **정당**이 지출한 선거비용의 **전액** [O 9급 13]
   [전체 후보자 수 대비 당선인 수의 비율에 따라 보전(×) 9급 22]

② 제1항에 따른 선거비용의 보전에 있어서
   다음 각 호의 어느 하나에 해당하는 비용은 이를 **보전하지 아니한다**.
   1. **예비후보자의 선거비용** [O 7급 19]
   [보전된다(×) 9급 23]

기출체크

❶ 선거비용의 보전 제한조항이 예비후보자 선거비용을 보전 대상에서 제외하여 후보자에게 부담하도록 하는 것은 그 입법목적을 달성하기 위한 효과적이고 적절한 수단에 해당하지 아니한다. [× 9급 22]
   ⇒ 선거가 조기에 과열되거나 불필요한 선거운동이 남용되어 선거 과정이 혼탁해지는 것을 방지하는 한편, 선거공영제를 운영함에 있어 국가 예산의 효율적 집행을 도모하려는 선거비용 보전 제한조항의 입법목적은 정당하고, 선거비용 보전 제한조항이 예비후보자 선거비용을 보전대상에서 제외하여 후보자에게 부담하도록 하는 것은 그 입법목적을 달성하기 위한 효과적이고 적절한 수단에 해당한다.(헌재 2018. 7. 26. 2016헌마524·537)

❷ 예비후보자 선거비용을 보전해 주면 선거가 조기에 과열되고 탈법적인 선거운동 등을 단속하기 위한 행정력의 낭비가 증가될 수 있다는 점을 고려할 때, 예비후보자 선거비용을 보전대상에서 제외하고 있는 「공직선거법」은 선거운동의 자유를 침해하지 않는다.(헌재 2018. 7. 26. 2016헌마524·537) [O 7급 20, 9급 19]

❸ 지역구 국회의원선거의 예비후보자는 후원회 등록 후에 지출원인이 발생한 선거비용을 후보자 개인의 자산이 아닌 후원회 기부금으로부터 지출할 수 없다. [× 7급 19]
   ⇒ 공직선거법은 예비후보자의 선거운동을 제한적으로만 허용하고 있고, 비용이 많이 들지 않는 선거운동에 한하여 허용하고 있다. 예비후보자로서는 선거비용을 후보자 개인의 자산이 아닌 후원회 기부금으로부터 지출할 수 있다.(헌재 2018. 7. 26. 2016헌마524·537 병합)

❹ 예비후보자의 선거비용을 보전대상에서 제외하고 있는 「공직선거법」 제122조의2 제2항 제1호 중 '지역구 국회의원선거의 후보자'에 관한 부분은 예비후보자가 선거비용을 보전받지 못한다는 점에서 지역구 국회의원선거의 후보자와 비교하여 차별 취급을 받고 있다고 할 수 있으므로 지역구 국회의원선거의 예비후보자인 청구인의 평등권을 침해한다. [× 9급 24]
   ⇒ 선거비용 보전 제한조항이 예비후보자 선거비용을 보전대상에서 제외하여 후보자에게 부담하도록 하는 것은 그 입법목적을 달성하기 위한 효과적이고 적절한 수단에 해당한다.(헌재 2018. 7. 26. 2016헌마524·537)

   2. 「**정치자금법**」 제40조(회계보고)의 규정에 따라
      제출한 **회계보고서**에 **보고되지 아니하거나 허위**로 보고된 비용
   3. 이 법에 **위반되는 선거운동**을 위하여
      또는 **기부행위 제한규정을 위반**하여 지출된 비용
   4. 제64조 또는 제65조에 따라 **선거벽보와 선거공보**를 관할 구·시·군
      선거관리위원회에 **제출**한 후 그 내용을 **정정**하거나 **삭제**하는 데 소요되는 비용

> **기출체크**
> 자치구 B의 지역구 국회의원선거에 출마한 후보자 乙이 선거공보를 B구선거관리위원회에 제출한 후 그 내용을 정정하는 데 소요된 비용은 자치구 B가 후보자 乙을 위하여 이를 보전한다. [×(보전하지 않음) 7급 18]

  5. **이 법에 따라 제공하는 경우 외에**
     선거운동과 관련하여 지출된 **수당·실비, 그 밖의 비용**

  6. **정당한 사유 없이** 지출을 증빙하는
     적법한 영수증, 그 밖의 증빙서류가 첨부되지 아니한 비용

  7. 후보자가 **자신의 차량·장비·물품 등을 사용하거나**
     후보자의 가족·소속 정당 또는 제3자의 차량·장비·물품 등을 **무상으로 제공**
     또는 대여 받는 등 정당 또는 후보자가 **실제로 지출하지 아니한 비용** [보전된다(×) 9급 23]

  8. 청구금액이 중앙선거관리위원회 규칙으로 정하는 기준에 따라
     산정한 **통상적인 거래가격** 또는 **임차가격과 비교하여 정당한 사유 없이**
     현저하게 비싸다고 인정되는 경우 그 초과하는 가액의 비용 [보전된다(×) 9급 23]

  9. **선거운동에 사용하지 아니한 차량·장비·물품 등의 임차·구입·제작비용**

  10. **휴대전화 통화료와 정보이용요금.**
      다만, **후보자와 그 배우자, 선거사무장, 선거연락소장 및 회계책임자**가
      선거운동기간 중 선거운동을 위하여 사용한 휴대전화 통화료 중
      후보자가 부담하는 통화료는 보전한다. 〈정보이용요금은 미보전〉 [○ 9급 23·15·13]
                                                         [통화료는 보전받지 못한다(×) 9급 22, 7급 20]

  11. 그 밖에 위 각 호의 어느 하나에 준하는 비용으로서
      중앙선거관리위원회 규칙으로 정하는 비용

③ 다음 각 호의 어느 하나에 해당하는 비용은 **국가 또는 지방자치단체**가
후보자를 위하여 **부담한다.**
이 경우 제3호의2〈활동보조인 수당·실비〉 및 제5호의 비용〈정책토론회 개최비용〉은
국가가 부담한다. [○ 9급 22·21]

  1. 제64조에 따른 **선거벽보의 첩부 및 철거의 비용**
     (첩부 및 철거에 따른 **원상복구 비용을 포함한다**)

  2. 제65조에 따른 **점자형 선거공보**(같은 조 제11항에 따라
     후보자가 제출하는 저장매체를 포함한다. 이하 이 항에서 같다)의 **작성비용**과
     책자형 선거공보(점자형 선거공보 및 같은 조 제9항의 〈선거공보 미제출 시
     별도로 제출하는〉**후보자정보 공개자료를 포함한다**) 및 **전단형 선거공보**의
     발송비용과 우편요금

  3. 제66조(선거공약서) 제8항의 규정에 따른 **점자형 선거공약서의 작성비용**

3의2. **활동보조인(예비후보자로서 선임하였던 활동보조인을 포함한다)의
수당, 실비 및 산재보험료** 〈모든 선거에서 국가가 부담〉

기출체크

❶ 예비후보자가 후보자로 등록한 경우, 예비후보자로서 선임하였던 활동보조인의 수당과 실비는 국가가 부담한다.
[○ 7급 19]

❷ C광역시장 선거에서 후보자 丙의 활동보조인의 수당과 실비는 지방자치단체가 부담한다.
[×(선거 종류를 불문하고 국가가 부담함) 7급 18]

4. 제82조의2(선거방송토론위원회 주관 대담·토론회)의 규정에 의한
   대담·토론회(합동방송연설회를 포함한다)의 개최비용

5. 제82조의3(선거방송토론위원회 주관 정책토론회)의 규정에 의한
   정책토론회의 개최비용 〈모든 선거에서 국가가 부담〉

6. 제161조(투표참관)의 규정에 의한
   투표참관인 및 제162조에 따른 **사전투표참관인의 수당과 식비**

7. 제181조(개표참관)의 규정에 의한 **개표참관인의 수당과 식비**

기출체크

❶ 「공직선거법」상 지방선거에서도 국가가 부담하는 선거비용만을 모두 고른 것은?
   ① 선거벽보의 첩부 및 철거의 비용 ⇒ §122의2③1
   ② 점자형 선거공약서의 작성비용 ⇒ §122의2③3
   ③ 활동보조인의 수당과 실비 ⇒ §122의2③3의2
   ④ 선거방송토론회가 주관한 정책토론회의 개최비용 ⇒ §122의2③5
   ⑤ 사전투표참관인의 수당과 식비 ⇒ §122의2③6
[③④ ○, ①②⑤ × 7급 17]

❷ 지방선거의 선거사무를 구·시·군선거관리위원회가 담당하는 경우에도 그 비용은 지방자치단체가 부담하여야 하고, 대한민국 국회가 지방선거의 선거비용을 지방자치단체가 부담하도록 「공직선거법」을 개정한 것은 지방자치단체의 자치권한을 침해한 것이라고 볼 수 없다.(헌재 2008. 6. 26. 2005헌라7)
[○ 7급 18]

❸ 헌법상 선거공영제도에 관한 규정이 있다고 하여 각종 선거의 선거비용부담 주체가 정당이나 후보자 이외에는 반드시 국가여야 한다는 것은 아니다.(헌재 2008. 6. 26. 2005헌라7)
[○ 7급 18]

④ 제3항 제6호에 따른 투표참관인 및 사전투표참관인 수당은 **10만 원**으로 하고,
같은 항 제7호에 따른 개표참관인 수당은 **10만 원**으로 한다.
이 경우 투표참관인 및 사전투표참관인의 수당과
개표참관 도중 개표참관인을 교체하는 경우의 수당은
6시간 이상 출석한 사람에게만 지급한다.
[○ 7급 24]

> **심화학습**
>
> · 선거사무장 등의 수당에 관한 현행 「공직선거관리규칙」의 규정을 현행법에 직접 규정하면서 수당을 현행의 2배로 일괄하여 인상(제135조②)하고, 투·개표참관인에 대한 수당도 2배로 인상(제122조의2④)하며, 선거사무장 등 수당 인상액에 연동하여 선거비용제한액을 함께 늘림(제121조③) 〈개정 22. 4. 20.〉

⑤ 제1항 내지 제3항의 규정에 따른 비용의 산정 및 보전청구,
그 밖에 필요한 사항은 중앙선거관리위원회 규칙으로 정한다.

> **보충개념**
>
> ○ **선거관리경비 부담주체**
> 우리 헌법은 제116조 제2항에서 '선거에 관한 경비는 법률이 정하는 경우를 제외하고는 정당 또는 후보자에게 부담시킬 수 없다'고 규정하고 있는바, 이는 단지 선거공영제도를 천명하고 있는 것이므로(헌재 1991. 3. 11. 91헌마21 참조) 위 규정이 있다고 하여 각종 선거의 선거비용부담 주체가 정당이나 후보자 이외에는 반드시 국가여야 한다는 것은 아니며, 선거의 성격이 무엇이냐에 따라 그 경비 부담 주체도 달라질 수 있음.(헌재 2008. 6. 26. 2005헌라7)
>
> ○ **선거공영제와 선거운동의 자유**
> 선거공영제의 내용은 우리의 선거문화와 풍토, 정치문화 및 국가의 재정상황과 국민의 법감정 등 여러 가지 요소를 종합적으로 고려하여 입법자가 정책적으로 결정할 사항으로서 넓은 입법형성권이 인정되는 영역이라고 할 것임.(헌재 2012. 2. 23. 2010헌바485 참조) 선거운동에는 선거비용이 필수적으로 수반되므로, 선거비용의 사용을 제한하는 것은 선거운동을 제한하는 결과로 됨.(헌재 2009. 12. 29. 2007헌마1412, 헌재 2009. 12. 29. 2008헌마141 등 참조) 선거공영제는 선거운동의 자유와 선거비용의 관계를 헌법적으로 선언한 것으로서 매우 중요한 의미를 가짐. 헌법과 법률에 따라 일정한 선거운동의 자유가 보장된다고 하더라도, 그에 수반되는 선거비용을 공적으로 부담하도록 하지 않고 공직선거의 후보자가 사적으로 부담하도록 한다면, 이는 후보자의 선거운동의 자유를 제한하는 것임. 그러므로 헌법 제116조 제2항에 따라 입법자가 후보자에게 선거비용을 부담시키는 법률을 제정할 수 있다고 하더라도, 그 정도가 지나칠 경우 그 법률은 후보자의 선거운동의 자유를 침해할 수 있음.(헌재 2018. 7. 26. 2016헌마524·537)
>
> ○ **위법선거운동비용을 보전비용에서 제외한 입법취지**
> 공직선거법 제122조의2 제2항 제3호는 위법한 선거운동에 소요된 비용까지 공공부담으로 할 수 없음을 명확히 한 것으로, 선거가 국민의 자유로운 의사와 민주적인 절차에 의하여 공정히 행하여지도록 하고 선거와 관련한 부정을 방지하고자 마련된 공직선거법의 입법목적과 조화를 이루고 있을 뿐만 아니라, 국회가 선거운동의 적법성과 공정성 확보의 중요성을 고려하여 위법한 선거운동의 내용이나 모습, 위법성의 경중 등에 차별을 두지 아니하고 원칙적으로 모든 위법한 선거운동에 소요된 비용을 선거비용 보전대상에서 제외하고자 하는 정책적 결단을 취한 결과로 보임.(대법원 2010. 11. 25. 2008두1078)
>
> [2019 공직선거법규운용자료 1권 354쪽, 중앙선관위]

제123조~제134조 삭제

📢 제135조(선거사무관계자에 대한 수당과 실비보상)

① 선거사무장·선거연락소장·선거사무원·활동보조인 및 회계책임자(이하
이 조에서 "**선거사무장 등**"이라 한다)에 대하여는 수당과 실비를 지급할 수 있다.
다만, 정당의 유급사무직원, 국회의원과 그 보좌관·선임비서관·비서관 또는
지방의회의원이 선거사무장 등을 겸한 때에는 **실비만을 보상할 수 있으며,**

[수당과 실비를 지급할 수 있다(×) 7급 16]
[수당과 실비를 지급할 수 없다(×) 7급 24]

후보자등록 신청개시일부터 선거기간 개시일 전일까지는
후보자로서 신고한 선거사무장 등에게 수당과 실비를 지급할 수 없다. [○ 9급 21]

② 제1항에 따라 선거사무장 등에게 지급할 수 있는 수당의 금액은 다음 각 호와 같다.
다만, 같은 사람이 회계책임자·선거사무장·선거연락소장 또는 선거사무원·활동보조인을
함께 맡은 때에는 다음 각 호의 금액 중 **많은 금액**으로 한다.

  1. 대통령선거 및 비례대표국회의원선거의 **선거사무장: 14만 원 이내**
  2. 비례대표 시·도의원선거와 시·도지사선거의 **선거사무장**,
     대통령선거의 **시·도선거연락소장: 14만 원 이내**
  3. 지역구국회의원선거 및 자치구·시·군의 장선거의 **선거사무장**,
     대통령선거 및 시·도지사선거의 **구·시·군선거연락소장: 10만 원 이내**
  4. 지역구시·도의원선거 및 자치구·시·군의원선거의 **선거사무장**,
     지역구국회의원선거 및 자치구·시·군의 장선거의 **선거연락소장: 10만 원 이내**
  5. **선거사무원·활동보조인: 6만 원 이내**
  6. **회계책임자**: 해당 회계책임자가 소속된 선거사무소 또는 선거연락소의
     선거사무장 또는 선거연락소장의 수당과 같은 금액

③ 이 법의 **규정**에 의하여 수당·실비, 기타 이익을 제공하는 경우를 **제외하고는**
수당·실비, 기타 자원봉사에 대한 보상 등 **명목 여하를 불문하고**
누구든지 선거운동과 관련하여
금품, 기타 이익의 **제공** 또는 그 제공의 **의사를 표시**하거나
그 제공의 **약속·지시·권유·알선·요구** 또는 **수령할 수 없다.**

④ 제1항에 따른 수당의 지급에 있어서
같은 정당의 추천을 받은 둘 이상의 후보자가
선거사무장 등(회계책임자는 제외한다. 이하 이 항에서 같다)을 **공동으로 선임한 경우**
후보자별로 선거사무장 등에게 지급하여야 하는 수당의 금액은
해당 후보자 사이의 약정에 따라
한 후보자의 선거사무장 등에 대한 수당만을 지급하여야 한다.

⑤ 제1항에 따라 선거사무장 등에게 지급할 수 있는 **실비의 종류와 금액**은
중앙선거관리위원회 규칙으로 정한다.

> **보충개념**
>
> ○ **공선법 제135조 및 제230조 제1항 제4호, 제5호의 입법취지**
> 공직선거법 제230조 제1항 제4호, 제5호 및 제135조 제3항 등 관련 법령의 입법취지는 선거운동과 관련하여 이익제공행위를 허용하면, 과도한 선거운동으로 인하여 금권선거를 방지하기 힘들며, 선거운동원 등에게 이익이 제공되면 선거운동원들도 이익을 목적으로 선거운동을 하게 되어 과열선거운동이 행하여지고 종국적으로는 공명선거를 행하기 어렵게 되므로 이를 방지하기 위한 것임.(서울고등법원 2009. 6. 25. 2009노726)
> ⇒ 2012. 2. 29. 법 개정으로 법 제230조 제1항 제5호는 같은 항 제6호에 규정됨.

○ **'선거운동과 관련하여'의 의미**
　공직선거법 제135조 제3항에서 정한 '선거운동과 관련하여'는 '선거운동에 즈음하여, 선거운동에 관한 사항을 동기로 하여'라는 의미로서, '선거운동을 위하여'보다 광범위하고, 선거운동의 목적 또는 선거에 영향을 미치게 할 목적이 없었다 하더라도 그 행위 자체가 선거의 자유·공정을 침해할 우려가 높은 행위를 규제할 필요성에서 설정된 것이므로, 반드시 금품제공이 선거운동의 대가일 필요는 없으며, 선거운동 관련 정보제공의 대가, 선거사무관계자 스카우트비용 등과 같이 선거운동과 관련된 것이면 무엇이든 이에 포함됨.(대법원 2005. 2. 18. 2004도6795)

○ **제135조 제3항의 위반행위 제한 시기**
　공직선거법이 제135조 제3항의 위반행위와 관련하여 그 시기에 제한을 두고 있지 않으므로 그 문리적 의미에 의하면 선거일 후의 위반행위에 대하여도 적용되는 것으로 보아야 하는 점, 선거일 후에 위반행위를 하더라도 처벌의 필요성이 있는 것으로 보아야 할 것인데 공직선거법에서 그에 관한 별도의 처벌규정을 두고 있지 않은 점 등에 비추어, 공직선거법 제135조 제3항이 선거일 전의 행위에 대하여만 적용되는 것으로 볼 수 없음.(대법원 2007. 10. 25. 2007도4069)

[2019 공직선거법규운용자료 1권 363쪽, 중앙선관위]

📢 제135조의2(선거비용 보전의 제한)

① **선거구** 선거관리위원회는 이 법의 규정에 의하여 선거비용을 보전함에 있어서
　선거사무소의 회계책임자가 정당한 사유 없이
　「**정치자금법**」 제40조(회계보고)의 규정에 따른 **회계보고서를 그 제출마감일까지**
　제출하지 아니한 때에는 그 비용을 보전하지 아니한다. 　　　　[O 9급 19·15, 7급 23·15]

② 선거구 선거관리위원회는 **후보자·예비후보자·선거사무장** 또는
　선거사무소의 회계책임자〈4주체〉가 당해 선거와 관련하여
　이 법 또는 「**정치자금법**」 제49조(선거비용관련 위반행위에 관한 벌칙)에 규정된
　죄를 범함으로 인하여 **유죄의 판결이 확정**되거나
　선거비용제한액을 초과하여 지출한 경우에는
　이 법의 규정에 의하여 보전할 비용 중 그 **위법행위에 소요된 비용** 또는
　선거비용제한액을 초과하여 지출한 비용의 2배에 해당하는 금액은
　이를 보전하지 아니한다. 　　　　　　　　　　　　　　　　　　[O 7급 23]

> **심화학습**
> · 형이 확정되기 전에 아래 제4항의 규정에 따라 위법행위에 소요된 비용의 2배 금액을 보전 유예하였다가 형 확정 시 미보전 처리한다.

> **기출체크**
> 선거사무장이 당해 선거와 관련하여 「공직선거법」상 후보자비방죄를 범하여 유죄의 판결이 확정된 경우 보전할 비용 중 그 위법행위에 소요된 비용의 2배에 해당하는 금액은 보전하지 아니한다. 　　　　　　[O 7급 15]

③ 선거구 선거관리위원회는 제2항〈2배 미보전〉에도 불구하고
　정당, 후보자(예비후보자를 포함한다) 및 그 가족, 선거사무장,

선거연락소장, 선거사무원, 회계책임자 또는 연설원으로부터 **기부를 받은 자**가

제261조 제9항에 따른 **과태료를 부과받은 경우** [100만 원의 벌금형을 선고받은 경우(×) 7급 15]

이 법에 따라 보전할 비용 중

그 기부행위에 사용된 비용의 5배에 해당하는 금액을 보전하지 아니한다.

[2배에 해당하는 금액(×) 7급 23]

> **기출체크**
>
> ❶ 대통령선거 후보자 丁의 배우자가 「공직선거법」에서 금지되는 20만 원의 금품을 戊에게 기부하여 戊가 과태료 300만 원을 부과받은 경우, 「공직선거법」에 따라 후보자 丁에게 보전할 비용 중 100만 원은 이를 보전하지 아니한다. [O 7급 18]
>
> ❷ 선거구 선거관리위원회는 예비후보자의 선거사무원으로부터 기부를 받은 자가 「공직선거법」 제261조 제9항에 따른 과태료를 부과받은 경우 「공직선거법」에 따라 보전할 비용 중 그 기부행위에 사용된 비용의 5배에 해당하는 금액을 보전하지 아니한다. [O 9급 15]

④ 제2항에 규정된 자〈후보자·예비후보자·선거사무장 또는 선거사무소의 회계책임자〉가

당해 선거와 관련하여

이 법 또는 「정치자금법」 제49조에 규정된 죄를 범함으로 인하여 기소되거나

선거관리위원회에 의하여 고발된 때에는 판결이 확정될 때까지

그 위법행위에 소요된 비용의 2배에 해당하는 금액의 보전을 유예한다. [O 7급 23]

> **기출체크**
>
> 후보자가 당해 선거와 관련하여 「공직선거법」에 규정된 죄를 범하여 기소된 때에는 판결이 확정될 때까지 그 위법행위에 소요된 비용의 2배에 해당하는 금액의 보전을 유예한다. [O 7급 15]

⑤ 선거구 선거관리위원회는 정당 또는 후보자에게 선거비용을 **보전한 후에**

제1항부터 제3항까지의 규정에 따라 **보전하지 아니할 사유가 발견**된 때에는

당해 정당 또는 후보자에게 그 사실을 통지하고, 보전비용액 중

제1항부터 제3항까지의 규정에 해당하는 금액의 **반환을 명하여야 한다.**

이 경우 정당 또는 후보자는 그 반환명령을 받은 날부터

30일 이내에 당해 선거구 선거관리위원회에 이를 반환하여야 한다.

⑥ 선거구 선거관리위원회는 정당 또는 후보자가 제5항 후단의 기한 안에

해당금액을 반환하지 아니한 때에는

대통령선거와 국회의원선거에 있어서는

관할세무서장에게 징수를 위탁하고 관할세무서장이

국세 체납처분의 예에 따라 이를 징수하여 국가에 납입하여야 하며,

[국회의원선거에서 지방자치단체의 장에게 징수를 위탁(×) 7급 23]

지방자치단체의 의회의원 및 장의 선거에 있어서는

당해 **지방자치단체의 장**에게 징수를 위탁하고 지방자치단체의 장이
지방세 체납처분의 예에 따라 이를 징수하여 **지방자치단체에 납입**하여야 한다.
⑦ 보전하지 아니할 비용의 산정, 기타 필요한 사항은 중앙선거관리위원회 규칙으로 정한다.

조문정리

〈선거비용보전의 제한〉

구 분	사 유	해당신분	제한금액
미보전	정당한 사유 없이 회계보고서 미제출	선거사무소의 회계책임자	전 액
	공선법 및 정금법 §49의 유죄판결 확정	후보자, 예비후보자, 선거사무장, 선거사무소의 회계책임자	위법비용의 2배
	선거비용제한액 초과지출	누구든지	초과비용의 2배
	기부행위 받은 자가 §261⑥의 과태료 처분	정당, 후보자, 예비후보자, 가족, 선거사무장, 선거연락소장, 선거사무원, 회계책임자, 연설원	사용비용의 5배
유 예	공선법 및 정금법 §49로 기소, 선관위 고발	후보자, 예비후보자, 선거사무장, 선거사무소의 회계책임자	위법비용의 2배

제136조 삭제

제 9 장 선거와 관련 있는 정당활동의 규제

제137조	정강·정책의 신문광고 등의 제한	301
제137조의2	정강·정책의 방송연설의 제한	303
제138조	정강·정책홍보물의 배부제한 등	305
제138조의2	정책공약집의 배부제한 등	305
제139조	정당기관지의 발행·배부제한	306
제140조	창당대회 등의 개최와 고지의 제한	308
제141조	당원집회의 제한	309
제142조~제143조	〈삭제 2004. 3. 12.〉	
제144조	정당의 당원모집 등의 제한	312
제145조	당사게시 선전물 등의 제한	312

📖 제137조(정강·정책의 신문광고 등의 제한) 〈중앙당만 가능〉

① **선거가 임박한 시기**에 있어서 정당이 행하는
「신문 등의 진흥에 관한 법률」 제2조 제1호에 따른 **신문**과
「잡지 등 정기간행물의 진흥에 관한 법률」 제2조 제1호에 따른 **정기간행물**
(이하 이 조에서 "일간신문 등"이라 한다)에 의한 **정강·정책의 홍보**,
당원·후보지망자의 모집, 당비모금, 정치자금 모금(대통령선거에 한한다) 또는
선거에 있어 당해 정당이나 추천후보자가 사용할 **구호·도안·정책**, 그 밖에
선거에 관한 의견 수집을 위한 광고는 다음 각 호의 범위 안에서 하여야 하며,
그 **선거기간 중에는 이를 할 수 없다.**

1. **임기만료**에 의한 선거:
   정당의 중앙당이 행하되,
   선거일 전 90일부터 선거기간 개시일 전일까지 일간신문 등에 총 70회 이내

   [O 7급 22, 9급 21·13]
   [선거기간 중에(×) 9급 17]
   [( )회 이내 9급 16]
   [국회의원선거에서 80회 이내, 정치자금 모금(×) 7급 23]

2. **대통령의 궐위로 인한 선거·재선거**
   [제197조(선거의 **일부 무효로 인한 재선거**)의 규정에 의한 재선거를 **제외**한다.
   이하 이 항에서 같다] 및 **연기된 선거**:
   정당의 중앙당이 행하되, 그 선거의 실시사유가 **확정**된 때부터
   선거기간 개시일 전일까지 일간신문 등에 총 20회 이내

3. **제2호 외의 보궐선거·재선거** 및 **연기된 선거**:
   정당의 중앙당이 행하되, 그 선거의 실시사유가 **확정**된 때부터
   선거기간 개시일 전일까지 일간신문 등에 총 10회 이내

② 제1항의 규정에 의한 일간신문 등의 **광고 1회의 규격**은
가로 37센티미터 세로 17센티미터 이내로 하여야 하며,
후보자가 되고자 하는 자의 **사진·성명**(성명을 유추할 수 있는 내용을 포함한다),
기타 **선거운동에 이르는 내용을 게재할 수 없다.**

③ 제69조 제1항 후단(광고횟수를 말한다)·제2항·제5항·제8항 및 제9항은 제1항의 규정에
의한 일간신문 등의 광고에 이를 **준용**한다. 이 경우 "후보자"는 "정당"으로 본다.

> **준용조문**

제69조(신문광고) ① … 이 경우 일간신문에의 광고횟수의 계산에 있어서는 하나의 일간신문에 1회 광고하는 것을 1회로 본다.
② 제1항의 광고에는 광고근거와 광고주명을 표시하여야 한다.
⑤ 정당이 광고를 하고자 하는 때에는 광고 전에 이 법에 의한 광고임을 인정하는 관할 선거구 선거관리위원회의 인증서를 교부받아 광고를 하여야 하며, 일간신문을 경영·관리하는 자 또는 광고 업무를 담당하는 자는 인증서가 첨부되지 아니한 정당의 광고를 게재하여서는 아니 된다.
⑧ 제1항의 규정에 의한 신문광고를 게재하는 일간신문을 경영·관리하는 자는 그 광고비용을 산정함에 있어 선거기간 중에 같은 지면에 같은 규격으로 게재하는 상업·문화, 기타 각종 광고의 요금 중 최저요금을 초과하여 정당에게 청구하거나 받을 수 없다.
⑨ 인증서서식, 광고근거의 표시, 그 밖에 필요한 사항은 중앙선거관리위원회 규칙으로 정한다.

조문정리

〈신문광고와 정강·정책 신문광고 비교〉

구 분	신문광고(§69)	정강·정책 신문광고(§137)
적용선거	대선, 비례대표 국선, 시·도지사선거 ⇒ 보궐선거 등도 적용	모든 선거(일부 무효 재선거만 제외)
광고주체	정당(대선 정당추천 후보자, 비례대표 국선), 후보자	중앙당만 가능
광고시기	선거기간 개시일부터 선거일 전 2일까지 ⇒ 선거운동기간이 아님	선거일 전 90일(실시사유 확정일)부터 선거기간 개시일 전일까지 ⇒ 선거기간 중에는 광고 불가(§69 신문광고 허용)
광고매체	정기간행물 중 일간신문	신문, 정기간행물
게재내용	• 소속 정당의 정강·정책, 후보자 정견 • 정치자금 모금(대선만 가능) • 기타 홍보에 필요한 사항	• 정강·정책 홍보, 후보자망생 모집 • 당비모금, 대선 시 정치자금 모금 • 구호·도안·정책 등 의견수렴 • 후보자(입후보예정자 포함)의 사진·성명(성명 유추 가능한 내용 포함), 기타 선거운동에 이르는 내용 게재 금지
의무기재사항	광고주, 광고근거	좌 동(준용)

광고횟수	• 대선 70회, 비례대표 국선 20회
	• 시·도지사선거는 5회. 인구 300만 초과 시 매 100만마다 1회 가산
	• 횟수산정기준
	  - 1신문 1회 광고는 1회
	  - 동일자 발행되는 신문이 배달지역 따라 발행일자 달리 표시된 경우에도 그 신문에 게재된 광고횟수는 1회로 간주
		• 임기만료선거 70회
		• 대통령 궐위·재선거 및 연기된 선거 20회
		• 기타 재보선, 연기된 선거 10회
		
		• 횟수산정기준: 좌동(준용)

광고절차	인증서교부 ⇒ 광고계약 ⇒ 광고게재	좌 동(준용)
광고위치	제한 없음	좌 동(준용)
광고요금	선거기간 중 최저요금	좌 동(준용)

📢 제137조의2(정강·정책의 방송연설의 제한) ⟨중앙당만 가능⟩

① 정당이 방송시설[제70조(방송광고) 제1항의 규정에 의한 방송시설을 말한다. 이하 이 조에서 같다]을 이용하여 정강·정책을 알리기 위한 **방송연설**을 하는 때에는 다음 각 호의 범위 안에서 하여야 한다.

1. **임기만료**에 의한 선거:

    정당의 **중앙당 대표자** 또는 그가 선거운동을 할 수 있는 자 중에서 **지명한 자가 행하되**,

    선거일 전 90일이 속하는 달의 초일부터 선거기간 개시일 전일까지

    1회 20분 이내에서 텔레비전 및 라디오방송별로 **월 2회** [선거일 전 90일부터, 월 3회(×) 9급 22]

    (선거기간 개시일 전일이 해당 달의 10일 이내에 해당하는 경우에는 **1회**) 이내

2. **대통령의 궐위로 인한 선거, 재선거**

    [제197조(선거의 **일부 무효**로 인한 재선거)의 규정에 의한 재선거를 **제외**한다] 및 **연기된 선거**:

    정당의 중앙당 대표자 또는 그가 선거운동을 할 수 있는 자 중에서 **지명한 자가 행하되**,

    그 선거의 실시사유가 **확정된 때**부터 선거기간 개시일 전일까지

    1회 10분 이내에서 텔레비전 및 라디오 방송별 **각 5회** 이내   [○ 9급 22]

    [1회 30분 이내, 각 10회 이내(×) 7급 23]

> **심화학습**
>
> ·§137(정강·정책의 신문광고)과 달리 임기만료 선거와 대통령의 궐위로 인한 선거, 재선거 및 연기된 선거를 제외한 기타의 보궐선거·재선거 및 연기된 선거에서는 정강·정책 방송연설을 할 수 없다.

② 제1항에 따라 **텔레비전** 방송시설을 이용한 방송연설을 하는 때에는

   연설하는 모습, 정당명(해당 정당을 상징하는 **마크**나 **심벌**의 표시를 포함한다),

   연설의 요지 및 통계자료 외의 다른 내용이 방영되게 하여서는 아니 되며,   [○ 9급 22]

   방송연설을 녹화하여 방송하고자 하는 때에는 **당해 방송시설을 이용**하여야 한다.

③ 제1항의 규정에 의한 방송연설을 함에 있어서는

   선거운동에 이르는 내용의 연설을 하여서는 아니 된다.   [○ 9급 22·21, 7급 21]

④ 제1항의 규정에 의한 방송연설의 비용은 당해 정당이 부담하되,

   국회에 **교섭단체**를 구성한 **정당**이 **공영방송사**를 이용하여 방송연설을 하는 때에는

   각 공영방송사⟨KBS, MBC⟩마다 **텔레비전 및 라디오 방송별**로 행하는

   월 1회의 방송연설비용(제작비용을 제외한다)은

   당해 **공영방송사가 이를 부담**하여야 한다.   [○ 9급 17, 7급 20]

> **심화학습**
>
> · 무료방송의 의무는 공영방송사에만 해당한다.(그 외의 방송사 이용 시는 유료)

> **기출체크**
>
> ❶ 중앙선거관리위원회에 등록된 정당이 공영방송사를 이용하여 방송연설을 하는 때에는 각 공영방송사마다 텔레비전 및 라디오 방송별로 행하는 월 1회의 방송연설비용(제작비용 제외)은 당해 공영방송사가 이를 부담한다.
> [×(국회에 교섭단체를 구성한 정당만 해당함) 9급 15]
>
> ❷ 정당이 정강·정책을 알리기 위해 방송연설을 하는 경우 그 비용은 정당이 부담하되, 국회에 교섭단체를 구성한 정당이 종합유선방송사를 이용하여 방송연설을 하는 때에는 각 방송사마다 텔레비전 및 라디오 방송별로 행하는 월 1회의 방송연설비용(제작비용 제외)은 당해 종합유선방송사가 이를 부담하여야 한다. [×(공영방송사임) 9급 13]

⑤ 제4항의 규정에 의하여 **공영방송사가 비용을 부담하는 방송연설**을 하고자 하는 경우 그 방송연설의 일시·시간대, 기타 필요한 사항은 당해 **공영방송사**와 당해 **정당**이 **협의**하여 정한다.

⑥ 제70조(방송광고) 제1항 후단·제6항 및 제8항과 제71조 제10항 및 제12항의 규정은 제1항의 규정에 의한 방송연설에 이를 **준용**한다.

> **준용조문**
>
> **제70조(방송광고)** ① … 이 경우 광고횟수의 계산에 있어서는 재방송을 포함하되, 하나의 텔레비전 또는 라디오 방송시설을 선정하여 당해 방송망을 동시에 이용하는 것은 1회로 본다.
> ⑥ 중앙당은 제1항의 규정에 의한 방송연설에 있어서 청각장애인을 위한 한국수화언어(이하 "한국수어"라 한다) 또는 자막을 방영할 수 있다.
> ⑧ 제1항의 규정에 의한 방송연설을 행하는 방송시설을 경영·관리하는 자는 그 연설비용을 산정함에 있어 그 기간 중 같은 방송시간대에 광고하는 상업·문화, 기타 각종 광고의 요금 중 최저요금을 초과하여 후보자에게 청구하거나 받을 수 없다.
>
> **제71조(후보자 등의 방송연설)** ⑩ 국회의원선거, 비례대표 시·도의원선거, 지방자치단체의 장선거에 있어서 중앙당이 방송연설을 하고자 하는 때에는 당해 방송시설을 경영 또는 관리하는 자와 체결한 방송연설용 계약서사본을 첨부하여 이용할 방송시설명·이용일시·소요시간·이용방법 등을 방송일 전 3일까지 당해 선거구 선거관리위원회에 서면으로 신고하여야 한다.
> ⑫ 「방송법」에 따른 종합유선방송사업자(보도전문편성의 방송채널사용사업자를 포함한다)·중계유선방송사업자 및 인터넷언론사는 후보자 등의 방송연설을 중계방송할 수 있다. 이 경우 방송연설을 행한 모든 정당에게 공평하게 하여야 한다.

> **심화학습**
>
> · 녹음·녹화물 제출 협조의무의 예외조항이다.

⑦ 제6항의 규정에 의한 방송연설신고서의 서식, 기타 필요한 사항은 중앙선거관리위원회 규칙으로 정한다.

제138조(정강·정책홍보물의 배부제한 등) 〈중앙당만 가능〉

① 정당이 **선거기간 중에 후보자를 추천한 선거구의 소속당원에게**
배부할 수 있는 정강·정책홍보물은 정당의 **중앙당**이 제작한
책자형 정강·정책홍보물 **1종**으로 한다.　　　　　　　　　　[○ 9급 19·16·15·13, 7급 21]

② 제1항의 규정에 의한 정강·정책홍보물을 배부할 수 있는 **수량**은
후보자를 추천한 선거구의 소속당원에 상당하는 수를 넘지 못한다.　　[○ 7급 22]

> **심화학습**
> · 그냥 소속당원 수가 아니라 '후보자를 추천한 선거구'의 소속당원 수를 넘지 못한다. 선거 종류에 따라 수량이 달라진다.

③ 제1항의 규정에 의한 정강·정책홍보물을 제작·배부하는 때에는 그 표지에
"당원용"이라 표시하여야 한다.

④ 정당이 제1항의 정강·정책홍보물을 배부하고자 하는 때에는 **배부 전까지**
중앙선거관리위원회에 2부를 제출하여야 하되, **전자적 파일로 대신** 제출할 수 있다.
　　　　　　　　　　　　　　　　　　　　　　　　　[관할선거관리위원회에 제출(×) 7급 24]

> **기출체크**
> 정당이 정강·정책홍보물을 배부하고자 하는 때에는 배부 전까지 중앙선거관리위원회에 책자형 정강·정책홍보물 2부와 전자적 파일을 제출하여야 한다.　　　　　　　　　　[×(책자형 또는 파일 선택적 제출) 7급 19]

⑤ 제1항에 따른 정강·정책홍보물에는
해당 정당이 추천한 **후보자의 기호·성명·사진·경력 등**을 제외하고는
후보자와 관련된 사항을 게재할 수 없다.　　　　　　　　　　　　　　[○ 9급 19]
　　　　　　　　　　　　　　　　　　　　　　[경력을 게재할 수 없다(×) 9급 21]
　　　　　　　　　　　　　　　[경력 등과 같은 후보자와 관련된 사항을 게재할 수 없다(×) 9급 23]

> **심화학습**
> · 본 조의 정강정책홍보물의 후보자 관련 게재사항은 §139(정당기관지)의 게재사항과 같다.

⑥ 제1항의 규정에 따른 정강·정책홍보물은 **길이 27센티미터 너비 19센티미터**
이내에서 **대통령선거**의 경우에는 **16면** 이내로,
지역구 국회의원선거, 지역구 지방의회의원선거 및 지방자치단체의 장선거의
경우에는 **8면** 이내로 작성한다.　　　　　　[지역구 국회의원선거에서는 16면 이내로(×) 7급 19]

제138조의2(정책공약집의 배부제한 등) 〈중앙당, 시·도당〉

① **정당**이 자당의 정책과 선거에 있어서 공약을 게재한
정책공약집(도서의 형태로 발간된 것을 말하며, 이하 "정책공약집"이라 한다)을

배부하고자 하는 때에는 **통상적인 방법**으로 **판매**하여야 한다.
　　다만, 방문판매의 방법으로 정책공약집을 판매할 수 없다. [○ 9급 16, 7급 19]
　　　　　　　　　　　　　　　　　　　　[방문판매의 방법으로도 정책공약집을 판매할 수 있다(×) 9급 23·19, 7급 20]

> **심화학습**
> · 정책공약집은 면수·규격·종수 제한이 없다. 다만, 도서의 형태로 발간되어야 한다.
> · 공개장소에서의 연설·대담장소에서도 판매가 가능하므로 선거기간 중에도 제한되지 않는다.
> · 판매만 가능하고 무상으로 배부할 수 없다.

② 정당은 제1항의 규정에 따른 통상적인 방법에 의한 판매 외에 해당 정당의
　　당사와 제79조에 따라 소속 정당추천 후보자가 개최한 **공개장소**에서의
　　연설·대담 장소에서 정책공약집을 **판매할 수 있다.**
　　이 경우 정당의 **당사에서 판매할 때**에는
　　공개된 장소에 별도의 판매대를 설치하는 등
　　정책공약집의 판매사실을 공개적으로 확인할 수 있는 방법으로 판매하여야 한다.

> **심화학습**
> · 정당의 당사에서 판매 시 판매사실을 공개적으로 확인할 수 있는 방법으로 판매하도록 한 것은 방문객 등을 대상으로 무상으로 배부하는 것을 방지하기 위한 것이다.

③ 정당이 제1항 및 제2항의 규정에 따라
　　정책공약집을 **판매하고자 하는 때**에는 **발간 즉시** 「정당법」의 규정에 따라
　　해당 정당의 등록사무를 처리하는 **관할선거관리위원회**에 **2권**을 제출하여야 하되,
　　전자적 파일로 대신 제출할 수 있다. [○ 7급 23·21·20]

④ 정책공약집에는 후보자의 기호·성명·사진·학력·경력 등 **후보자와 관련된 사항**
　　및 **다른 정당**에 관한 사항을 **게재할 수 없다.** [○ 7급 24, 9급 17·13]
　　　　　　　　　　　　　　　　　　　　　　　　[후보자와 관련된 사항은 게재할 수 있으나(×) 7급 20]

> **심화학습**
> · 게재 금지사항의 게재를 허용하면 선거기간이 아닌 때에는 사전선거운동이 된다.

⑤ 정책공약집의 작성근거 등의 표시, 제출, 그 밖의 필요한 사항은
　　중앙선거관리위원회 규칙으로 정한다.

📢 제139조(정당기관지의 발행·배부제한) 〈중앙당만 가능, 수량제한 없음〉

① 정당의 **중앙당**은 **선거기간 중**
　　기관지를 **통상적인 방법 외의 방법**으로 발행·배부할 수 없다. [○ 9급 18]
　　다만, **선거기간 중** 통상적인 주기에 의한 **발행횟수가 2회 미만**인 때에는 **2회**

(증보·호외·임시판을 포함하며, 배부되는 지역에 따라 게재내용 중
일부를 달리하더라도 동일한 것으로 본다) 이내로 한다.

[증보·호외·임시판은 포함되지 않는다(×) 9급 18]

이 경우 정당의 중앙당 **외의** 당부가 발행하거나
공개장소에서의 연설·대담장소 또는 대담·토론회장에서의 **배부**,
거리에서의 판매·배부, 첩부, 게시, 살포는
통상적인 방법에 의한 배부로 **보지 아니한다**.

> **심화학습**
> · 정당기관지는 선거기간 중에 공개장소 연설·대담장소에서 배부할 수 없다.
> · 정책공약집은 공개장소 연설·대담장소에서 판매할 수 있다.(§138의2②)

② 제1항의 기관지에는 당해 정당이 추천한 후보자의 **기호·성명·사진·**
학력·경력 등 외에 후보자의 홍보에 관한 사항을 **게재할 수 없다**.

[○ 9급 18]
[홍보에 관한 사항을 게재할 수 있다(×) 7급 21]

> **심화학습**
> · 정강·정책홍보물(§138⑤)과 정당기관지(§139②)의 후보자관련 게재사항이 동일하다.

③ 제1항의 기관지를 발행·배부하고자 하는 때에는
발행 즉시 2부를 중앙선거관리위원회에 제출하여야 하되,
전자적 파일로 대신 제출할 수 있다.

[○ 9급 18]

> **조문정리**

〈정당기관지 등의 판매(배부) 및 제출방법 비교〉

구 분	판매(배부) 방법	제출처 및 제출기한
예비후보자 공약집(§60의4)	판매(통상방법으로, 방판 불가)	선거구: 발간 즉시 2부
선거공약서(§66)	배부 · 배부자: 후보자, 그 가족, 선거사무장, 선거연락소장, 선거사무원, 회계책임자, 후보자동행 활동보조인 · 배부제한: 우편발송(점자형은 우편발송 가능), 호별방문, 살포, 비치	선거구: 배부일 전일까지 2부 구·시·군: 배부 전까지 2부
정강·정책홍보물 (§138)	배부(소속당원에게만)	중앙: 배부 전까지 2부 (전자 파일로 제출 가능)
정책공약집 (§138의2)	판매(통상방법으로, 방판 불가) · 당사(공개적) · §79연설·대담장소에서 판매 가능	관할: 발간 즉시 2권 (전자 파일로 제출 가능)
정당기관지 (§139)	배부(통상방법으로) · §79, §81, §82, 거리 판매·배부, 첩부, 게시, 살포 불가	중앙: 발행 즉시 2부 (전자 파일로 제출 가능)

〈정강·정책홍보물과 정당기관지 비교〉

구 분	정강·정책홍보물(§138)	정당기관지(§139)
발 행	정당의 중앙당	정당의 중앙당
제한기간	선거기간 중	선거기간 중
규격·면수	• 책자형 정강·정책 홍보물 1종 　- 대통령선거: 16면 이내 　- 지역구 국회의원, 지역구 지방의회의원, 지방자치단체장선거: 8면 이내 • 규 격: 길이 27cm×너비 19cm 이내	통상적으로 발행하여 온 규격과 면수
배부수량	후보자를 추천한 선거구의 소속당원에 상당하는 수 이내	통상적인 주기에 의한 발행·배부 ⇒ 선거기간 중 통상적인 주기에 의한 발행횟수가 2회 미만인 때에는 2회(증보, 호외, 임시판 포함)
게재내용	후보자의 기호·성명·사진·경력 등을 제외하고는 후보자와 관련된 사항은 게재할 수 없음.	후보자의 기호·성명·사진·학력·경력 등 외에 후보자의 홍보에 관한 사항은 게재할 수 없음.
제 출	배부 전까지 중앙선관위 2부 제출 (배부지역 관할 구·시·군위원회 제출은 하지 않음)	발행 즉시 중앙선관위 2부 제출 (배부지역 관할 구·시·군위원회 제출은 하지 않음)
기 타	표지에 "당원용"이라 표시	통상적 방법 외의 발행·배부로 보는 것 • 중앙당 외의 당부 발행 • 연설·대담장소, 대담·토론회장에서 배부 • 거리에서의 판매·배부, 첩부, 게시, 살포

제140조(창당대회 등의 개최와 고지의 제한) 〈중앙당, 시·도당〉

① **정당이 선거일 전 120일**(선거일 전 120일 후에 실시사유가 확정된 보궐선거 등에 있어서는 그 선거의 실시사유가 **확정**된 때)부터 **선거일까지** 창당대회·합당대회·개편대회 및 후보자선출대회 (이하 이 조에서 "**창당대회 등**"이라 한다)를 개최하는 때에는 **다수인이 왕래하는 공개된 장소가 아닌 장소**에서 **소속당원**(후보자선출대회의 경우에는 당해 정당의 공직선거후보자를 선출하기 위한 투표권이 있는 **당원이 아닌 자를 포함한다**)만을 대상으로 개최하여야 하되, 사회통념상 인정되는 범위 안에서 **당원이 아닌 자를 초청할 수 있다.**

[당원이 아닌 자는 초청할 수 없다(×) 7급 20]

> **심화학습**
> • 창당대회 등은 다수인이 왕래하는 공개된 장소가 아닌 장소에서 개최하여야 한다. 이는 정당집회가 일반 선거구민에게 미치는 영향을 배제하기 위한 취지이다.
> • 후보자선출대회에는 투표권이 있는 당원이 아닌 자를 당연히 참석시킬 수 있다.

② 제1항의 창당대회 등을 주관하는 정당은 「정당법」제10조(창당집회의 공개) 제2항의 **신문공고**를 하는 외에

창당대회 등의 장소에 **5매 이내**의 표지를 게시할 수 있다.
이 경우 **신문공고·표지**에는 후보자(후보자가 **되고자 하는** 자를 포함한다. 이하
이 항에서 같다)의 **사진·성명**(성명을 유추할 수 있는 내용을 포함한다)
또는 선전구호 등 후보자를 선전하는 내용을 게재할 수 없다.

> **인용조문**
> 「**정당법**」 제10조(**창당집회의 공개**) ② 중앙당창당준비위원회는 창당집회의 공개를 위하여 집회개최일 전 5일까지 「신문 등의 진흥에 관한 법률」 제2조(정의)에 따른 일간신문에 집회개최공고를 하여야 한다.

③ 제1항에서 "**개편대회**"라 함은
정당의 **대표자의 변경** 등 당헌·당규상의 조직개편에 관한 안건을
처리하기 위하여 개최하는 **당원총회** 또는 그 **대의기관의 회의** 등 집회를 말하고,
"**후보자선출대회**"라 함은
정당의 각급 당부가 이 법에 의한 선거의 당해 정당추천 후보자를 선출하기 위하여
제57조의2(**당내경선의 실시**)의 규정에 의하여 개최하는 집회를 말한다.
④ 제2항의 규정에 의한 **표지**는 당해 **집회종료 후 지체 없이**
주최자가 철거하여야 한다.

제141조(당원집회의 제한)

① **정당**(**당원협의회**를 포함한다)은 선거일 전 **30일**부터 선거일까지
소속당원의 단합·수련·연수·교육, 그 밖에 **명목 여하를 불문하고**
선거가 실시 중인 선거구 안이나 선거구민인 당원을 대상으로 당원수련회 등
(이하 이 조에서 "**당원집회**"라 한다)**을 개최할 수 없다**.   [O 9급 16]
다만, 당무에 관한 연락·지시 등을 위하여 **일시적으로 이루어지는**
당원간의 면접은 당원집회로 보지 아니한다.   [O 9급 23·19, 7급 24·22]

② 정당이 **선거일 전 90일**(선거일 전 90일 후에 실시사유가 확정된
보궐선거 등에서는 그 선거의 실시사유가 **확정된 때**)부터
당원집회를 개최하는 때
(**중앙당이 그 연수시설에서 개최하는 경우**〈신고 제외〉**를 제외**한다)에는
개최지역을 관할하는 구·시·군선거관리위원회에 **신고한 후**
당해 정당의 사무소, 주민회관, 공공기관·단체의 사무소, 그 밖의 공공시설 또는
다수인이 왕래하는 장소가 아닌 공개된 장소에서 개최하여야 한다.   [O 7급 23]
[다수인이 왕래하는 공개된 장소(×) 7급 19]

> **심화학습**
> - 중앙당 연수시설에서 개최하는 당원집회는 제한기간 중이라도 신고대상이 아니다.
> - 당원집회는 다수인이 왕래하는 장소가 아닌 공개된 장소에서 개최하여야 한다. 이는 정당집회가 일반 선거구민에게 미치는 영향 배제와 음성적인 불·탈법행위를 방지하기 위한 취지이다.

③ 「정치자금법」 제27조(보조금의 배분)의 규정에 의하여
　보조금의 배분대상이 되는 **정당**은
　중앙선거관리위원회 규칙이 정하는 바에 따라 국가 또는 **지방자치단체**
　[제53조(공무원 등의 입후보) 제1항 제4호 또는 제6호에 규정된 기관
　〈공공기관(한국은행), 지방공사 등, 5호 조합은 제외〉을 포함한다]가
　소유하거나 관리하는 **주민회관·체육관** 또는 **문화원**, 기타
　다수인이 모일 수 있는 시설이나 **장소**를
　당원집회의 장소로써 **무료**로 사용할 수 있다.
　이 경우 시설의 손괴 또는 전력의 사용 등 재산상의 손실을 끼친 때에는
　당해 정당이 **보상**하여야 한다. 　　　　　　　　　　　　　　　[○ 7급 23]

> **심화학습**
> - 보조금 배분대상 정당만이 주민회관 등에서 사용료 없이 당원집회를 가질 수 있다.
> - 농협 등 각종 조합의 사무소는 무료 사용대상이 아니다.
> - 「공직선거법」상 국고보조금 배분대상 정당 적용 규정(3개)
>   ① 당내경선사무 중 경선운동, 투표 및 개표에 관한 사무 관리의 선관위 위탁 가능(§57의4)
>   ② 국가·지방자치단체 등이 소유하거나 관리하는 주민회관 등의 당원집회 장소 무료 사용(§141③)
>   ③ 국회의원선거 시 재외투표참관인 2명 신고(§218의20)

④ 제2항의 **당원집회 장소의 외부**에는
　이 법에 의한 당원집회임을 표시하는 **표지**를 첨부 또는 게시하여야 하되,
　그 개최자는 당해 집회종료 후에는 **지체 없이 철거**하여야 한다.
　이 경우 그 표지에는 **후보자가 되고자 하는 자의 사진·성명** 또는
　선전구호, 기타 후보자가 되고자 하는 자를 **선전하는 내용**을 게재하여서는 **아니 된다**.
　　　　　　　　　　　　　　　　　　　　　　　　　　　　　　　　　[○ 7급 23]

> **심화학습**
> - 제한기간 중 당원집회에서 후보자 관련사항을 게재하면 사전선거운동이 된다.

⑤ 제3항의 규정에 의한 사용신청을 받은 공공시설의 관리자는
　정당한 사유가 있는 경우를 제외하고는 그 사용을 **거부할 수 없다**.
⑥ 당원집회의 신고, 표지의 매수, 그 밖에 필요한 사항은
　중앙선거관리위원회 **규칙**으로 정한다. 　　　　　　　　　　　　[○ 7급 23]

조문정리

〈창당·합당·개편·후보자선출대회와 당원집회 비교〉

구 분		창당대회 등의 개최와 고지제한(§140)	당원집회의 제한(§141)
제한기간		· 선거일 전 120일부터 선거일까지 · 선거일 전 120일 후에 실시사유가 확정된 보궐선거 등에 있어서는 그 선거의 실시사유가 확정된 때부터 선거일까지	· 선거일 전 90일부터 선거일 전 31일까지 · 선거일 전 90일 후에 실시사유가 확정된 보궐선거 등에 있어서는 그 선거의 실시사유가 확정된 때부터 선거일 전 31일까지
금지기간		없 음. (선거일까지 개최 가능)	선거일 전 30일부터 선거일까지 당원집회 금지 ⇒ 당무에 관한 연락·지시 등을 위하여 일시적으로 이루어지는 당원 간의 면접은 당원집회로 보지 아니함.
개최신고		없 음.	· 신고기한: 당원집회의 개최일 전일까지 · 신고처: 개최지역을 관할하는 구·시·군위원회 ⇒ 신고하지 않아도 되는 경우 – 중앙당이 그 연수시설에서 개최하는 경우 – 정당의 사무소 및 당원연수시설에서 개최하는 당원집회
개최장소		다수인이 왕래하는 공개된 장소가 아닌 장소	· 다수인이 왕래하는 장소가 아닌 공개된 장소 · 당해 정당의 사무소, 주민회관, 공공기관·단체 사무소, 기타 공공시설 ⇒ 보조금 배분대상 정당은 국가·지방자치단체, 공공기관(한국은행 포함), 지방공사·공단이 소유하거나 관리하는 주민회관·체육관 또는 문화원, 기타 다수인이 모일 수 있는 시설이나 장소를 무료로 사용할 수 있음.
참석대상		소속당원과 사회통념상 인정되는 범위 안에서 당원이 아닌 자 ⇒ 후보자선출대회의 경우 당해 정당의 공직선거후보자를 선출하기 위한 투표권이 있는 당원이 아닌 자 포함.	당원만 참석
표지	수 량	· 신문공고: 중앙당창당준비위원회 개최 창당대회(반드시) · 표지 5매: 게시할 수 있음.(임의) (창당대회 등의 장소에)	표지 1매: 첩부 또는 게시하여야 함.(강행) (당원집회 장소의 외부에)
	후보자 관련 내용	후보자(되고자 하는 자 포함) 사진·성명(유추하는 내용 포함) 또는 선전구호 등 후보자를 선전하는 내용 게재금지	후보자가 되고자 하는 자(선거기간 중에는 개최할 수 없으므로 후보자는 해당 없음.)의 사진·성명 또는 선전구호, 기타 후보자가 되고자 하는 자를 선전하는 내용 게재금지
	표지 내용	대회명, 개최일시, 개최장소, 주최당부명, 그 밖에 정당의 홍보에 필요한 사항을 게재할 수 있음.	집회명, 일시, 장소, 주최당부명, 참석대상 외의 사항을 게재할 수 없음.
	규 격	규격 제한 없음.	규격 제한 없음.
	철 거	당해 집회종료 후 지체 없이 주최자가 철거	당해 집회종료 후 지체 없이 개최자가 철거

제142조~제143조 삭제

제144조(정당의 당원모집 등의 제한)

① 정당은 **선거기간 중 당원을 모집**하거나 **입당원서를 배부할 수 없다.**
다만, 시·도당의 창당 또는 개편을 위하여 창당대회·개편대회를 개최하는
경우에는 그 **집회일까지는** 그러하지 아니하다.   [○ 7급 24, 9급 21·19·17·16]

[당원을 모집할 수 없지만 입당원서는 배부할 수 있다(×) 7급 20]
[그 집회일을 전후하여 가능(×) 7급 22]
[선거기간 중 당원을 모집하거나 입당원서를 배부할 수 있으나(×) 9급 23]

② 삭제

제145조(당사게시 선전물 등의 제한) 〈규격, 수량제한 없음〉

① **정당**(제61조 제1항에 따라 해당 정당의 사무소에 **선거대책기구를 설치한 정당은 제외한다**)은 **선거기간 중** 구호, 그 밖에 **정당의 홍보에 필요한 사항과 당해 당부명 및 그 대표자 성명,** 해당 정당이 추천한 후보자의 **기호·성명·사진·경력** 등에 관한 사항을 게재한 **간판·현판** 또는 **현수막**을 중앙선거관리위원회 규칙으로 정하는 바에 따라 당해 **당사의 외벽면** 또는 **옥상**에 설치·게시할 수 있다.

> **심화학습**
> · 선거대책기구에는 각종 선거홍보물을 설치할 수 있으므로 본 조의 적용대상이 아니다.

② 「정치자금법」에 따른 **후원회**의 사무소에는 중앙선거관리위원회 규칙으로 정하는 바에 따라 **간판**을 달 수 있다.

조문정리

〈정당활동의 규제 정리〉

정당활동	제한기간	제한내용
정강·정책의 신문광고 (§137)	선거일 전 90일부터 선거기간 개시일 전일까지	· 임기만료에 의한 선거: 선거일 전 90일부터 선거기간 개시일 전까지 일간신문 등에 총 70회 이내 · 대통령의 궐위로 인한 선거·재선거 및 연기된 선거와 그 밖의 보궐선거·재선거 및 연기된 선거: 선거의 실시사유가 확정된 때부터 선거기간 개시일 전일까지 일간신문 등에 각 총 20회 이내와 총 10회 이내
정강·정책의 방송연설 (§137의2)	선거일 전 90일이 속하는 달의 초일부터 선거기간 개시일 전일까지	· 임기만료에 의한 선거: 중앙당대표자 또는 그가 지명하는 자가 1회 20분 이내에서 TV 및 라디오방송별 월 2회(선거기간 개시일 전일이 해당 달의 10일 이내에 해당하는 경우에는 1회) 이내 · 대통령의 궐위로 인한 선거·재선거 및 연기된 선거: 선거의 실시사유가 확정된 때부터 선거기간 개시일 전일까지 1회 10분 이내에서 TV 및 라디오방송별 각 5회 이내

정당활동	제한기간	제한내용
정강·정책홍보물 (§138)	선거기간 중	· 후보자를 추천한 선거구의 소속당원에게 중앙당이 제작한 책자형 1종 · 해당 정당이 추천한 후보자의 기호·성명·사진·경력 등을 제외하고는 후보자와 관련된 사항 게재 금지
정책공약집 (§138의2)	상 시	· 자당의 정책과 선거에 있어서 공약을 게재한 정책공약집(도서 형태로 발간된 것)은 통상적인 방법에 의한 판매, 해당 당사와 소속 정당추천 후보자의 공개장소 연설·대담 장소에서 판매 가능, 다만, 방문판매는 금지 · 정책공약집에는 후보자와 관련된 사항 및 다른 정당에 관한 사항 일체 게재 금지
정당기관지 (§139)	선거기간 중	· 중앙당이 통상적인 방법(2회 미만인 때에는 2회)으로 발행·배부 · 당해 정당이 추천한 후보자의 기호·성명·사진·학력·경력 등 외에 후보자의 홍보에 관한 사항 게재 금지
창당대회 등 (§140)	선거일 전 120일부터 선거일까지	다수인이 왕래하는 공개된 장소가 아닌 장소에서 소속당원(당원이 아닌 자를 포함하여 실시하는 후보자선출대회 제외)만을 대상으로 개최, 고지방법 제한
당원집회 (§141)	선거일 전 30일부터 선거일까지	· 당원의 단합·수련·연수·교육 등 명목 여하 불문하고 당원집회 금지 · 선거일 전 90일부터 당원집회 개최 시 개최지역을 관할하는 구·시·군선관위에 신고한 후 해당 정당의 사무소, 주민회관, 공공기관·단체의 사무소, 그 밖의 공공시설 또는 다수인이 왕래하는 장소가 아닌 공개된 장소만 개최 가능 ⇒ 정당의 사무소 및 당원연수시설에서 개최하는 당원집회 등은 집회 신고를 아니할 수 있음.
당원모집 (§144)	선거기간 중	당원모집 및 입당원서 배부 금지

제10장 투표

제146조	선거방법	316
제146조의2	투표관리관 및 사전투표관리관	317
제147조	투표소의 설치	317
제148조	사전투표소의 설치	319
제149조	기관·시설 안의 기표소	321
제149조의2	〈삭제 2014. 1. 17.〉	
제150조	투표용지의 정당·후보자의 게재순위 등	323
제151조	투표용지와 투표함의 작성	326
제152조	투표용지모형 등의 공고	327
제153조	투표안내문의 발송	327
제154조	거소투표자에 대한 투표용지의 발송	328
제154조의2	선상투표자에 대한 투표용지의 전송 등	329
제155조	투표시간	329
제156조	투표의 제한	331
제157조	투표용지 수령 및 기표절차	332
제158조	사전투표	334
제158조의2	거소투표	336
제158조의3	선상투표	336
제159조	기표방법	338
제160조	〈삭제 2005. 8. 4.〉	
제161조	투표참관	338
제162조	사전투표참관	340
제163조	투표소 등의 출입제한	342
제164조	투표소 등의 질서유지	342
제165조	무기나 흉기 등의 휴대 금지	343

제166조	투표소 내외에서의 소란언동 금지 등	343
제166조의2	투표지 등의 촬영행위 금지	344
제167조	투표의 비밀보장	344
제168조	투표함 등의 봉쇄·봉인	345
제169조	투표록의 작성	345
제170조	투표함 등의 송부	345
제171조	투표관계서류의 인계	345

제146조(선거방법)

① 선거는 **기표방법**에 의한 투표로 한다.
② 투표는 **직접** 또는 **우편**으로 하되, **1인 1표**로 한다.
   다만, 국회의원선거, 시·도의원선거 및 자치구·시·군의원선거에 있어서는
   지역구의원선거 및 **비례대표의원선거마다 1인 1표**로 한다.

> **심화학습**
> · 본 조항은 헌법상의 직접선거와 평등선거를 규정하고 있다. 보통선거는 §15(선거권)에서 규정하고 있다.

> **기출체크**
>
> ❶ 1인1표제하에서의 비례대표의석배분방식에서, 자신이 지지하는 정당이 자신의 지역구에 후보자를 추천하지 않아 어쩔 수 없이 무소속후보자에게 투표하는 유권자들로서는 자신의 의사에 반하여 투표가치의 불평등을 강요당하게 되는바, 이는 합리적 이유 없이 무소속후보자에게 투표하는 유권자를 차별하는 것이라 할 것이므로 평등선거의 원칙에 위배된다.(헌재 2001. 7. 19. 2000헌마91·112·134) [O 7급 22]
>
> ❷ 평등선거의 원칙은 투표의 수적인 평등뿐만 아니라 투표의 성과가치의 평등도 의미한다.(헌재 1998. 11. 26. 96헌마54) [O 7급 16]
>
> ❸ 국회의원선거의 경우에 지역선거구에서 얻은 득표율로 비례대표의석을 할당하는 것은 평등선거원칙에 위배되지만 직접선거원칙에 위배되는 것은 아니다. [× 7급 16]
> ⇒ 비례대표제를 채택하는 경우 직접선거의 원칙은 의원의 선출뿐만 아니라 정당의 비례적인 의석확보도 선거권자의 투표에 의하여 직접 결정될 것을 요구하는바, 비례대표의원의 선거는 지역구의원의 선거와는 별도의 선거이므로 이에 관한 유권자의 별도의 의사표시, 즉 정당명부에 대한 별도의 투표가 있어야 함에도 현행제도는 정당명부에 대한 투표가 따로 없으므로 결국 비례대표의원의 선출에 있어서는 정당의 명부작성행위가 최종적·결정적인 의의를 지니게 되고, 선거권자들의 투표행위로써 비례대표의원의 선출을 직접·결정적으로 좌우할 수 없으므로 직접선거의 원칙에 위배된다.
> 현행 1인1표제하에서의 비례대표의석 배분방식에서, 지역구후보자에 대한 투표는 지역구의원의 선출에 기여함과 아울러 그가 속한 정당의 비례대표의원의 선출에도 기여하는 2중의 가치를 지니게 되는 데 반하여, 무소속 후보자에 대한 투표는 그 무소속 후보자의 선출에만 기여할 뿐 비례대표의원의 선출에는 전혀 기여하지 못하므로 투표가치의 불평등이 발생하는바, 자신이 지지하는 정당이 자신의 지역구에 후보자를 추천하지 않아 어쩔 수 없이 무소속 후보자에게 투표하는 유권자들로서는 자신의 의사에 반하여 투표가치의 불평등을 강요당하게 되는바, 이는 합리적 이유 없이 무소속 후보자에게 투표하는 유권자를 차별하는 것이라 할 것이므로 평등선거의 원칙에 위배된다.(헌재 2001. 7. 19. 2000헌마91)
>
> ❹ 비례대표의원의 선거는 지역구의원의 선거와는 별도의 선거이므로 정당명부에 대한 별도의 투표가 없다면 직접선거의 원칙을 위배한다.(헌재 2001. 7. 19. 2000헌마91) [O 9급 15]
>
> ❺ 개방명부식이나 가변명부식과 달리 고정명부식은 후보자와 그 순위가 전적으로 정당에 의해 정해지지만 직접선거의 원칙에 위배되는 것은 아니다.(헌재 2001. 7. 19. 2000헌마91) [O 9급 15]

③ 투표를 함에 있어서는 **선거인**의 **성명**,
   기타 **선거인**을 **추정**할 수 있는 **표시**를 하여서는 아니 된다.

> **심화학습**
> · 본 조항은 헌법상의 비밀선거를 규정하고 있다.

📢 제146조의2(투표관리관 및 사전투표관리관)

① 구·시·군선거관리위원회는 투표에 관한 사무를 관리하게 하기 위하여
   투표구마다 **투표관리관 1명**을, 사전투표소마다 **사전투표관리관 1명**을 각각 둔다.
② 투표관리관 및 사전투표관리관은
   국가 또는 지방자치단체의 소속 공무원 또는 각급 학교의 교직원 중에서 위촉하며,
   사전투표관리관은 위촉된 투표관리관 중에서 지정할 수 있다.   [○ 9급 18]
   [공무원이 아닌 사람은 투표관리관으로 위촉될 수 없다(×) 7급 20]

기출체크

❶ 투표관리관 및 사전투표관리관은 국가 또는 지방자치단체의 소속 공무원 중에서 위촉하여야 하며, 사전투표관리관은 위촉된 투표관리관 중에서 지정하여야 한다.   [× 9급 21]
❷ 구·시·군선거관리위원회는 투표에 관한 사무를 관리하게 하기 위하여 투표구마다 투표관리관 1명을 두되, 투표관리관은 국가 또는 지방자치단체의 소속 공무원 또는 각급 학교의 교직원 중에서 위촉하며, 사전투표관리관은 위촉된 투표관리관 중에서 호선한다.   [×(지정) 7급 18]

③ 국가기관·지방자치단체 및 각급 학교의 장이 선거관리위원회로부터
   투표관리관 및 사전투표관리관의 **추천 협조요구**를 받은 **때**에는
   우선적으로 이에 따라야 한다.
④ 투표관리관 및 사전투표관리관의 위촉 및 해촉, 수당, 그 밖에 필요한 사항은
   중앙선거관리위원회 규칙으로 정한다.

📢 제147조(투표소의 설치)

① **읍·면·동선거관리위원회는 선거일 전일까지**   [구·시·군선거관리위원회는(×) 9급 21]
   관할 구역 안의 **투표구마다 투표소를 설치**하여야 한다.
② 투표소는 투표구 안의 학교, 읍·면·동사무소 등 관공서,
   공공기관·단체의 사무소, 주민회관, 기타 **선거인이 투표하기 편리한 곳**에 설치한다.
   다만, 당해 투표구 안에 투표소를 설치할 적당한 장소가 없는 경우에는
   인접한 다른 투표구 안에 설치할 수 있다.
③ 학교·관공서 및 공공기관·단체의 장은
   선거관리위원회로부터 투표소 설치를 위한 **장소사용 협조요구**를 받은 때에는
   우선적으로 이에 응하여야 한다. 〈사전투표소와 개표소도 준용〉
④ **병영 안과 종교시설 안에는 투표소를 설치하지 못한다.**
   다만, **종교시설의 경우** 투표소를 설치할 적합한 장소가 없는 **부득이한 경우**에는
   그러하지 아니하다.   [○ 7급 20]
   [부득이한 경우 병영 안에 투표소를 설치할 수 있다(×) 7급 22, 9급 21·16·13]

> **심화학습**
> • 투표소는 병영 안에는 일체 설치하지 못하는 것이 원칙이지만, 재외투표소는 병영 안에 설치할 수 있다. (§218의17②)

⑤ 투표소에는 **기표소·투표함·참관인의 좌석**,
그 밖의 투표관리에 필요한 시설을 **설비**하여야 한다.

⑥ **기표소**는 그 안을 다른 사람이 엿볼 수 없도록 설비하여야 하며
어떠한 표지도 하여서는 아니 된다. [○ 7급 16]

⑦ **정당·후보자·선거사무장** 또는 **선거연락소장**은 투표소의 설비에 대하여
그 **시정을 요구**할 수 있다. [○ 7급 13]

> **심화학습**
> • 개표소는 설비에 대한 시정요구권 자체가 없다.

⑧ 제1항의 규정에 의하여 **투표소를 설치**하는 때에는 **읍·면·동선거관리위원회**는
선거일 전 10일까지 그 명칭과 소재지를 공고하여야 한다.
다만, 천재·지변, 기타 부득이한 사유가 있는 때에는 이를 **변경**할 수 있으며,
이 경우에는 즉시 **공고**하여 선거인에게 알려야 한다. [○ 9급 23]

> **심화학습**
> • 재외선거관리위원회는 선거일 전 20일까지 재외투표소의 명칭·소재지와 운영기간 등을 인터넷 홈페이지 등에 공고하여야 한다. (§218의17③)

⑨ **읍·면·동선거관리위원회**는 투표사무를 보조하게 하기 위하여
다음 각 호의 어느 하나에 해당하는 자 중에서 **투표사무원을 위촉하여야 한다.**
[투표사무원의 성명을 선거일 전 3일까지 공고(×) 9급 18]

1. 「국가공무원법」 제2조에 규정된 **국가공무원**과
「지방공무원법」 제2조에 규정된 **지방공무원**.
다만, 일반직공무원의 행정직군 중 **교정·보호·검찰사무·마약수사·**
출입국관리·철도공안 직렬의 공무원과 **교육공무원 외의 특정직공무원** 및
정무직공무원을 제외한다. [경찰공무원은 투표사무원으로 위촉될 수 있다(×) 9급 23]
2. 각급 학교의 **교직원** [○ 7급 17]
3. 「은행법」 제2조의 규정에 의한 은행의 직원

> **기출체크**
> 읍·면·동선거관리위원회는 투표사무를 보조하게 하기 위하여 투표사무원을 위촉하되, 농업협동조합의 직원은 투표사무원에 위촉될 수 있으나 「은행법」 제2조의 규정에 의한 은행의 직원은 투표사무원에 위촉될 수 없다.
> [×(위촉될 수 있다) 7급 18]

4. 제53조 제1항 제4호 내지 제6호에 규정된 기관 등의 **직원**

> **인용조문**
>
> **제53조(공무원 등의 입후보)** ①
> 4. 「공공기관의 운영에 관한 법률」 제4조 제1항 제3호에 해당하는 기관 중 정부가 100분의 50 이상의 지분을 가지는 기관(한국은행을 포함한다)
> 5. 「농업협동조합법」・「수산업협동조합법」・「산림조합법」・「엽연초생산협동조합법」에 의하여 설립된 조합
> 6. 「지방공기업법」 제2조(적용범위)에 규정된 지방공사와 지방공단

5. 투표사무를 보조할 능력이 있는 **공정하고 중립적인 자**
   〈미성년자인 중・고등학생 자원봉사도 가능〉

⑩ 제9항 제1호부터 제4호까지의 기관・단체의 장이 선거관리위원회로부터 **투표사무원의 추천 협조요구**를 받은 때에는 **우선적으로** 이에 따라야 한다.

⑪ 투표소의 설비, 고령자・장애인・임산부 등 교통약자와 격리자 등의 투표소 접근 편의를 보장하기 위한 제반 시설의 설치, 적절한 투표소 위치 확보 등의 조치, 그 밖에 필요한 사항은 중앙선거관리위원회 규칙으로 정한다.

제148조(사전투표소의 설치)

① 구・시・군선거관리위원회는 **선거일 전 5일부터 2일 동안**
(이하 "**사전투표기간**"이라 한다) 관할 구역(선거구가 해당 구・시・군의 관할 구역보다 작은 경우에는 해당 선거구를 말한다)의 **읍・면・동마다 1개소씩** 사전투표소를 설치・운영하여야 한다.   [선거일 전 6일부터(×) 9급 16, 7급 21]
[읍・면・동마다 2개소씩(×) 7급 16]

다만, 다음 각 호의 어느 하나에 해당하는 경우에는
해당 지역에 사전투표소를 **추가로** 설치・운영할 수 있다.   [○ 7급 24, 9급 21]

1. 읍・면・동 관할구역에 군부대 밀집지역 등이 있는 경우
2. 읍・면・동이 설치・폐지・분할・합병되어 관할구역의 **총 읍・면・동의 수가 줄어든 경우**
   [○ 7급 22]

> **심화학습**
>
> ・2018년 6월 13일 이후 지방자치단체의 통합・개편으로 인하여 읍・면・동의 수가 감소한 지역에 사전투표소를 추가로 설치할 수 있도록 하고, 통합・개편 전의 읍・면・동 수를 기준으로 선거사무원 수 등을 산정할 수 있도록 하였다. 〈개정 22. 1. 21.〉

3. 읍・면・동 관할구역에
   「감염병의 예방 및 관리에 관한 법률」 제36조 제3항에 따른 **감염병관리시설** 또는 같은 법 제39조의3 제1항에 따른 **감염병의심자 격리시설**이 있는 경우

4. **천재지변** 또는 **전쟁·폭동**, 그 밖에 **부득이한 사유**로 인하여 사전투표소를 추가로 설치·운영할 필요가 있다고 **관할 구·시·군선거관리위원회가 인정하는 경우**

② **구·시·군선거관리위원회는** 제1항에 따라 사전투표소를 설치할 때에는
[읍·면·동 선거관리위원회는(×) 7급 24]

선거일 전 9일까지 그 명칭·소재지 및 설치·운영기간을 공고하고,
[선거일 전 7일까지(×) 7급 24]

<u>선거사무장 또는 선거연락소장에게 이를 **통지**하여야 하며,</u>
<u>관할 구역 안의 **투표구마다 5개소**에 공고문을 첨부하여야 한다.</u> [○ 9급 16, 7급 20·16]
사전투표소의 설치장소를 **변경한** 때에도 또한 같다.

> **심화학습**
> · 사전투표소 설치 시 공고하고 선거사무장 또는 선거연락소장에게 통지하여야 하나, 일반투표소 설치 시에는 공고는 하되 별도 통지규정은 없다.

③ **구·시·군선거관리위원회는**
제1항에 따라 설치된 사전투표소의 투표사무를 보조하게 하기 위하여
제147조 제9항 각 호의 어느 하나에 해당하는 사람〈투표사무원 가능자〉 중에서
사전투표사무원을 두어야 한다. [○ 7급 16]

> **심화학습**
> · 투표사무원과 사전투표사무원의 위촉대상은 같다.

> **기출체크**
> 「은행법」 제2조의 규정에 의한 은행의 직원은 사전투표소의 사전투표사무원으로 위촉될 수 있으나, 사립초등학교 직원은 투표소의 투표사무원으로 <u>위촉될 수 없다</u>. [×(위촉될 수 있다) 9급 21]

④ 사전투표소 설치 장소의 제한·사용협조, 설비, 사전투표사무원의 추천 협조 등에 관하여는 제147조 제3항부터 제7항까지 및 제10항 및 제11항을 **준용**한다.

> **준용조문**
> **제147조(투표소의 설치)** ③ 학교·관공서 및 공공기관·단체의 장은 선거관리위원회로부터 사전투표소 설치를 위한 장소사용 협조요구를 받은 때에는 우선적으로 이에 응하여야 한다.
> ④ 병영 안과 종교시설 안에는 사전투표소를 설치하지 못한다. 다만, 종교시설의 경우 사전투표소를 설치할 적합한 장소가 없는 부득이한 경우에는 그러하지 아니하다. [병영 안에 부득이한 경우 설치 가능(×) 7급 24]
> ⑤ 사전투표소에는 기표소·투표함 및 참관인의 좌석, 기타 사전투표관리에 필요한 시설을 설비하여야 한다.
> ⑥ 기표소는 그 안을 다른 사람이 엿볼 수 없도록 설비하여야 하며 어떠한 표지도 하여서는 아니 된다.
> ⑦ 정당·후보자·선거사무장 또는 선거연락소장은 사전투표소의 설비에 대하여 그 시정을 요구할 수 있다.

⑩ 제9항 제1호부터 제4호까지의 기관·단체의 장이 선거관리위원회로부터 사전투표사무원의 추천 협조요구를 받은 때에는 우선적으로 이에 따라야 한다.
⑪ 사전투표소의 설비, 고령자·장애인·임산부 등 교통약자와 격리자 등의 사전투표소 접근 편의를 보장하기 위한 제반 시설의 설치, 적절한 사전투표소 위치 확보 등의 조치, 그 밖에 필요한 사항은 중앙선거관리위원회 규칙으로 정한다.

⑤ **중앙선거관리위원회**는 사전투표소에서 통합선거인명부를 사용하기 위한 **선거전용통신망**을 구축하여야 하며, [각급 선거관리위원회는(×) 7급 22·21]
정보의 불법 유출·위조·변조·삭제 등을 방지하기 위한
기술적 보호조치를 하여야 한다. [○ 7급 16]

⑥ 사전투표소의 설치·공고·통보 및 사전투표사무원의 위촉, 그 밖에 필요한 사항은 중앙선거관리위원회 규칙으로 정한다.

기출체크

중앙선거관리위원회는 사전투표소에서 통합선거인명부를 사용하기 위한 선거전용통신망을 구축하여야 하며, 사전투표소의 설치·공고·통보 및 사전투표사무원의 위촉,그 밖에 필요한 사항은 중앙선거관리위원회 규칙으로 정한다.
[○ 9급 21]

조문정리

〈일반투표소와 사전투표소의 비교〉

구 분		투표소	사전투표소
설치주체		읍·면·동위원회	구·시·군위원회
설치운영기간		D	D-5부터 2일간
투표시간	임기만료	오전 6시~오후 6시 ※ 격리자 등: 오후 6시 30분~오후 7시 30분	오전 6시~오후 6시 ※ 격리자 등(둘째 날 - 일반사전투표소): 오후 6시 30분~오후 8시
	보궐선거 등	오전 6시~오후 8시 ※ 격리자 등: 오후 8시 30분~오후 9시 30분	
공 고		D-10까지	D-9까지 (투표구마다 5개소 공고문)
통 지		없 음	D-9까지 선거사무장, 선거연락소장
투표사무원 공고		공고 안 함(위촉은 함)	공고 안 함(위촉은 함)

📢 제149조(기관·시설 안의 기표소)

① 다음 각 호의 어느 하나에 해당하는
기관·시설(이하 이 조에서 "기관·시설"이라 한다)로서
제38조 제1항의 **거소투표 신고인을 수용**하고 있는 기관·시설의 장은
그 **명칭과 소재지 및 거소투표 신고인수** 등을 **선거인명부**

작성기간 만료일 후 3일까지 관할 구·시·군선거관리위원회에 **신고**하여야 한다.

[선거인명부 작성기간 만료일의 다음 날까지(×) 7급 17]

1. 병원·요양소·수용소·교도소 및 구치소
2. 「장애인복지법」 제58조(장애인복지시설) 제1항 제1호에 따른 **장애인 거주시설**

> 📖 **인용조문**
>
> 「장애인복지법」 제58조(장애인복지시설) ①
>   1. 장애인 거주시설: 거주공간을 활용하여 일반가정에서 생활하기 어려운 장애인에게 일정 기간 동안 거주·요양·지원 등의 서비스를 제공하는 동시에 지역사회생활을 지원하는 시설

3. 「감염병의 예방 및 관리에 관한 법률」 제36조 제3항에 따른 **감염병관리시설** 또는 같은 법 제39조의3 제1항에 따른 **감염병의심자 격리시설**

② 제1항의 신고를 받은 **관할 구·시·군선거관리위원회는**
거소투표 신고인을 수용하고 있는 기관·시설의 명칭과 소재지 및
거소투표 신고인수 등을 **공고**하여야 한다.

③ **10명 이상**의 거소투표 신고인을 수용하고 있는 기관·시설의 장은
일시·장소를 정하여 해당 신고인의 거소투표를 위한 **기표소를**
설치하여야 한다.   [○ 9급 18, 7급 20·17]

④ **후보자**(대통령선거에서 정당추천 후보자의 경우에는 그 **추천 정당**을 말한다.
이하 이 조에서 같다)·**선거사무장** 또는 **선거연락소장은**
10명 미만의 거소투표 신고인을 수용하고 있는 기관·시설의 장에게
제2항에 따른 공고일 후 2일 이내에 거소투표를 위한 **기표소 설치를 요청할 수 있다.**
이 경우 기관·시설의 장은 **정당한 사유가 없는 한** 이에 따라야 한다.

> 🔍 **심화학습**
>
> · 거소투표 신고인이 10명 이상인 기관·시설의 장은 기표소를 의무적으로 설치하고, 10명 미만의 기관·시설의 장은 후보자 등의 신청이 있으면 기표소를 설치하여야 한다.
> · 후보자 등이 10명 미만의 거소투표 신고인의 거소투표를 위한 기표소 설치를 관할 구·시·군위원회에 요청할 수 있다. (×, 기관·시설의 장에게 요청)

> ✅ **기출체크**
>
> 대통령선거에서 후보자를 추천한 정당은 10명 미만의 거소투표 신고인을 수용하고 있는 기관·시설의 장에게 거소투표를 위한 기표소의 설치를 요청할 수 없다.   [×(요청할 수 있음) 7급 17]

⑤ 제3항 및 제4항에 따라 **기표소를 설치하는** 기관·시설의 장은
기표소 설치·운영 일시 및 장소를 정하여 그 **기표소 설치일 전 2일까지**
관할 구·시·군선거관리위원회에 **신고**하여야 하며,

신고를 받은 관할 구·시·군선거관리위원회는 이를 공고하여야 한다.
⑥ **후보자·선거사무장·선거연락소장**은 선거권자 중에서 **1명**을 선정하여
기관·시설의 장이 설치·운영하는 기표소의 **투표상황을 참관**하게 할 수 있다. [O 7급 20]
⑦ 기관·시설의 장은 기표소를 설치하는 장소에 기표소·참관좌석,
그 밖에 필요한 시설을 **설비**하여야 한다.
⑧ 기관·시설의 거소투표 신고인수 공고 서식, 그 밖에 필요한 사항은
중앙선거관리위원회 규칙으로 정한다.

제149조의2 삭제

📢 제150조(투표용지의 정당·후보자의 게재순위 등)

① 투표용지에는 후보자의 **기호**·정당추천 후보자의 **소속 정당명** 및
성명을 표시하여야 한다.
다만, 무소속 후보자는 후보자의 정당추천 후보자의 소속 정당명의 란에
"무소속"으로 표시하고,
비례대표 국회의원선거 및 비례대표 지방의회의원선거에 있어서는
후보자를 추천한 **정당**의 **기호**와 **정당명**을 표시하여야 한다. [O 7급 16]

② **기호**는 투표용지에 게재할 정당 또는 후보자의 순위에 의하여
"1, 2, 3" 등으로 표시하여야 하며, **정당명과 후보자의 성명은 한글로 기재**한다.
다만, 한글로 표시된 성명이 같은 후보자가 있는 경우에는
괄호 속에 한자를 함께 기재한다.

③ **후보자**의 **게재순위**를 정함에 있어서는 **후보자등록 마감일 현재**

[후보자등록신청개시일 현재(×) 7급 21]

국회에서 **의석을 갖고 있는 정당의 추천을 받은 후보자**,
국회에서 **의석을 갖고 있지 아니한 정당의 추천을 받은 후보자**,
무소속 후보자의 순으로 하고, [O 7급 19·14]
정당의 **게재순위**를 정함에 있어서는 후보자등록 마감일 현재
국회에서 **의석을 가지고 있는 정당**,
국회에서 **의석을 가지고 있지 아니한 정당**의 순으로 한다.

> **심화학습**
> • 후보자 게재순위(원칙)는 (후보등록마감일 현재) 국회 의석보유 정당 추천 후보자(다수의석 순) ⇒ 의석 미보유 정당 추천 후보자(정당 명칭의 가나다 순) ⇒ 무소속 후보자(추첨) 순이다.
> • 정당 게재순위(원칙)는 (후보등록마감일 현재) 국회 의석보유 정당(다수의석 순) ⇒ 의석 미보유 정당(정당 명칭의 가나다순)이다.

기출체크

❶ 헌법재판소는 투표용지의 후보자 게재순위를 정함에 있어서 정당·의석수를 기준으로 한 기호배정 방법이 위헌이라고 결정하였다. [× 9급 16]
  ⇒ 이 규정은 단지 후보자에 대한 투표용지 게재순위를 결정하는 방법에 관한 규정일 뿐, 공무담임권과는 직접관련이 없다 할 것이므로, 이를 침해하는 것이라고 볼 수 없다.(헌재 2011. 3. 31. 2009헌마286)

❷ 후보자의 게재순위를 정함에 있어서는 무소속 후보자, 후보자등록 마감일 현재 국회에서 의석을 갖고 있지 아니한 정당의 추천을 받은 후보자, 국회에서 의석을 갖고 있는 정당의 추천을 받은 후보자의 순으로 한다. [× 7급 22·16]

❸ 국회의원선거에 있어서 투표용지의 후보자 게재순위를 정함에 있어서 후보자등록마감일 현재 국회에 의석을 갖고 있는 정당추천 후보자, 국회에 의석이 없는 정당추천 후보자, 무소속 후보자의 순으로 정하도록 하는 정당·의석우선제도는 무소속 후보자의 평등권을 침해하지 아니한다.(헌재 2013. 11. 28. 2013헌마7) [○ 9급 24]

④ **제3항의 경우 국회에서 의석을 가지고 있는 정당의 게재순위를 정함에 있어** 다음 각 호의 어느 하나에 해당하는 정당은 **전국적으로 통일된 기호를 우선하여 부여**한다.
  1. 국회에 **5명 이상의 소속 지역구** 국회의원을 가진 정당 [○ 7급 19·15] [소속의원(×) 7급 14]
  2. **직전** 대통령선거, 비례대표 국회의원선거 또는 비례대표 지방의회의원선거에서 전국 유효투표총수의 **100분의 3 이상**을 득표한 정당

심화학습

· 토론위 개최 후보자토론회의 초청대상(§82의2④)은 국회에 5인 이상의 소속의원(비례대표+지역구)을 가진 정당이 추천한 후보자이다.
· 비례대표 국회의원 의석의 배분이 되는 의석할당정당의 기준(§189①)은 비례대표 국회의원선거에서 유효투표총수의 100분의 3 이상을 득표한 정당이나 지역구 국회의원총선거에서 5석 이상의 의석을 차지한 정당이다.

⑤ 제3항 및 제4항에 따라 관할 선거구 선거관리위원회가 **정당 또는 후보자의 게재순위**를 정함에 있어서는 다음 각 호에 따른다.
  1. **후보자등록 마감일 현재** 국회에 **의석을 가지고 있는 정당**이나 그 정당의 추천을 받은 **후보자** 사이의 게재순위는 국회에서의 **다수의석 순**. **다만, 같은 의석을 가진 정당이 둘 이상인 때에는 최근에 실시된 비례대표 국회의원선거에서의 득표수 순** [○ 9급 24] [최근에 실시된 선거(×) 7급 14]
  2. 후보자등록 마감일 현재 국회에서 **의석을 가지고 있지 아니한 정당**이나 그 정당의 추천을 받은 후보자 사이의 게재순위는 그 **정당의 명칭의 가나다순** [○ 7급 15] [게재순위는 추첨하여 결정(×) 7급 22·16·14]
  3. **무소속 후보자** 사이의 게재순위는 관할 선거구 선거관리위원회에서 **추첨**하여 결정하는 순 [성명의 가나다순(×) 9급 24, 7급 21·15]

기출체크

「공직선거법」상 다음 5명의 후보자가 후보자등록을 하였을 때 투표용지의 게재순위를 바르게 나열한 것은?
① 국회의석을 갖지 아니한 '밤나무' 정당의 후보자
② 국회의석 100석을 가진 '참나무' 정당의 후보자
③ 무소속의 '이기자(이름)' 후보자
④ 국회의석 150석을 가진 '소나무' 정당의 후보자
⑤ 국회의석을 갖지 아니한 '대나무' 정당의 후보자

[④-②-⑤-①-③ 9급 14]

⑥ 제5항의 경우에 **같은 게재순위**에 해당하는 **정당 또는 후보자**가
  2 이상이 있을 때에는 소속 정당의 대표자나 후보자 또는 그 대리인의 참여하에
  관할 선거구 선거관리위원회에서 후보자등록마감 후에 **추첨**하여 결정한다.
  다만, 추첨개시시각에
  소속 정당의 대표자나 후보자 또는 그 대리인이 **참여하지 아니하는 경우**에는
  관할 선거구 선거관리위원회 **위원장** 또는 **그가 지명한 자**가
  그 정당 또는 후보자를 **대리**하여 **추첨**할 수 있다.

⑦ **지역구 자치구·시·군의원 선거**에서
  정당이 같은 선거구에 2명 이상의 후보자를 추천한 경우
  그 정당이 추천한 후보자 사이의 **투표용지 게재순위**는
  해당 **정당이 정한 순위**에 따르되,   [후보자 성명의 가나다순(×) 7급 15]
  정당이 정하지 아니한 경우에는
  관할 선거구 선거관리위원회에서 **추첨**하여 결정한다.   [○ 7급 22·19]
  이 경우 그 게재순위는 "1-가, 1-나, 1-다" 등으로 표시한다.

심화학습

- 지역구 자치구·시·군의원 선거는 1선거구당 2~4명을 선출하는 중선거구제를 채택하고 있어 정당에 따라 1선거구에 1명부터 4명까지 추천할 수 있기 때문에 둔 규정이다.

기출체크

지방선거에서 통일된 기호를 부여받는 정당이 같은 선거구에 2인 이상의 후보자를 추천하는 경우 후보자 성명의 가나다순 기준으로 기호를 배정하도록 하는 것은 평등권을 침해한다.   [× 7급 22]
⇒ 법 제150조 제5항 후문은 선거운동의 준비, 홍보효과 등의 점에 있어서 선순위 기호를 가진 후보자를 유리하게 하고, 후순위 기호를 가진 후보자를 상대적으로 불리하게 하는 등 차별을 두고 있으나, 정당이 복수의 후보자를 추천하는 경우 그 후보자 간에 후보자 성명의 가나다순을 기준으로 기호를 배정하는 것은 기호배정과 관련하여 일정한 기준을 마련하고, 선거의 원활한 운영을 도모하기 위한 것이어서 그 입법목적이 정당하며, 입법목적 달성을 위한 방법 또한 추첨이나 당내경선에 의한 득표수순에 의한 방법과 비교하더라도 적정하다고 할 것이므로 위 조항은 청구인들의 평등권을 침해하지 않는다. 또한 위 조항은 같은 선거구에 등록한 동일한 정당의 후보자에 대하여 후보자 성명의 가나다순에 따라 기호배정을 하고 있는 것일 뿐 청구인들의 공무담임권 내지 성명권을 제한하는 것이라고 볼 수 없다.(헌재 2007. 10. 4. 2006헌마364·587·791)

⑧ 후보자등록기간이 **지난 후**에 후보자가 **사퇴·사망**하거나
등록이 **무효**로 된 때라도 투표용지에서 그 기호·정당명 및 성명을
말소하지 아니한다. [말소한다(×) 7급 21·19·16]
⑨ **대통령선거**에 있어서 제51조(추가등록)의 규정에 의한 **추가등록**이 있는 경우에
그 정당의 후보자의 게재순위는 이미 결정된 **종전의**
당해 정당추천 후보자의 **게재순위**로 한다. [○ 9급 24, 7급 21]
⑩ 투표용지에는 **일련번호**를 인쇄하여야 한다.

📢 제151조(투표용지와 투표함의 작성)

① 투표용지와 투표함은 구·시·군선거관리위원회가 작성하여
선거일 전일까지 읍·면·동선거관리위원회에 **송부**하며,
이를 송부받은 읍·면·동선거관리위원회 **위원장**은 투표용지를 **봉함**하여
보관하였다가 투표함과 함께 **투표관리관에게 인계**하여야 한다.
② **하나의 선거**에 관한 투표에 있어서
투표구마다 선거구별로 동시에 2개의 투표함을 **사용할 수 없다.** [○ 7급 18]
③ 사전투표소의 투표함(이하 "**사전투표함**"이라 한다)과 우편으로 접수한 투표를
보관하는 투표함(이하 "**우편투표함**"이라 한다)은 **따로 작성**하되,
그 수는 예상 사전투표자수 및 거소투표 신고인수·선상투표 신고인수를 감안하여
당해 **구·시·군선거관리위원회**가 **정한다.** [○ 7급 23, 9급 16]
[읍·면·동선거관리위원회가 정한다(×) 7급 18]
④ 투표용지에는 중앙선거관리위원회 규칙이 정하는 바에 따라
관할 구·시·군선거관리위원회의 청인을 날인하여야 한다.
이 경우 그 청인의 날인은 **인쇄날인**으로 갈음할 수 있다. [○ 9급 19]
⑤ **구·시·군선거관리위원회**는 투표용지의 **인쇄·납품** 및
읍·면·동선거관리위원회에 **송부**하는 과정에,
읍·면·동선거관리위원회는 투표용지의 **수령·보관** 및 **투표관리관에게**
인계하는 과정에 당해 선거관리위원회의 **정당추천위원**이
각각 참여하여 **입회**할 수 있도록 하여야 한다.
이 경우 정당추천위원이 **참여하지 아니한 때**에는 입회를 **포기한 것으로 본다.** [○ 7급 23]
⑥ 구·시·군선거관리위원회는 제1항 및 제5항에도 불구하고
사전투표소에서 교부할 투표용지는 사전투표관리관이 사전투표소에서
투표용지 발급기를 이용하여 작성하게 하여야 한다.
이 경우 투표용지에 인쇄하는 **일련번호**는 **바코드**(컴퓨터가 인식할 수 있도록
표시한 막대 모양의 기호를 말한다)의 형태로 표시하여야 하며,

바코드에는 **선거명, 선거구명, 관할 선거관리위원회명** 및
일련번호를 제외한 그 밖의 정보를 담아서는 아니 된다.

[선거인명부(×) 7급 21]
[사전투표관리관명 및 일련번호(×) 9급 24]

⑦ 제1항 또는 제6항에 따라 **투표용지**를 작성하는 때에는
각 **정당 칸** 또는 **후보자 칸 사이**에 **여백**을 두어야 하며,
그 구체적인 작성방법은 중앙선거관리위원회 규칙으로 정한다.
⑧ 구·시·군선거관리위원회는 **시각장애**로 인하여
자신이 기표를 할 수 없는 선거인을 위하여 필요한 경우에는
중앙선거관리위원회 규칙이 정하는 바에 따라
특수투표용지 또는 **투표보조용구**를 제작·사용할 수 있다. [○ 7급 23, 9급 15]
⑨ 투표용지와 투표함의 규격 및 투표용지의 봉함·보관·인계, 그 밖에 필요한 사항은
중앙선거관리위원회 규칙으로 정한다.

📢 제152조(투표용지모형 등의 공고)

① **구·시·군선거관리위원회는** 투표용지의 모형을
선거일 전 7일까지 공고하여야 한다.

[선거인명부 확정일 전 7일까지(×) 9급 19]
[○ 9급 24·23]

② **구·시·군선거관리위원회는** 투표용지를 인쇄할 **인쇄소**를 결정한 때에는
지체 없이 그 인쇄소의 **명칭과 소재지**를 공고하여야 한다. [○ 9급 24]

📢 제153조(투표안내문의 발송)

① **구·시·군선거관리위원회는 세대별**로
선거인의 성명·선거인명부등재번호·투표소의 위치·투표할 수 있는 시간·
투표할 때 가지고 가야 할 지참물, 그 밖에 투표참여를 권유하는 내용 등이
기재된 **투표안내문**을 작성하여 **선거인명부 확정일**〈선거일 전 12일〉 후 **2일까지**
관할 구역 안의 **매 세대**에 **발송**하여야 한다.
이 경우 제65조 제7항〈구·시·군의 장이 통보한 시각장애인〉에 따라 통보받은
세대에는 **점자형 투표안내문**을 동봉하여 발송하여야 한다.
② 제1항의 투표안내문의 발송을 위한 **우편요금**은
국가 또는 당해 **지방자치단체**가 **부담**한다.
③ 투표안내문의 작성은 **전산조직**에 의할 수 있다.
④ 투표안내문의 서식·규격·게재사항 및 우편발송절차, 기타 필요한 사항은
중앙선거관리위원회 규칙으로 정한다.

제154조(거소투표자에 대한 투표용지의 발송)

① 거소투표 신고인명부에 올라 있는 선거인(이하 "**거소투표자**"라 한다)에게 발송할 투표용지(이하 "**거소투표용지**"라 한다)는 **구·시·군선거관리위원회**에서 당해 구·시·군선거관리위원회 **정당추천위원**의 **참여**하에 **투표용지의 일련번호를 절취한 후 바코드**(거소투표의 접수에 필요한 거소투표자의 거소·성명·선거인명부등재번호 등이 기록되어 컴퓨터가 인식할 수 있도록 표시한 막대 모양의 기호를 말한다)**가 표시된 회송용 봉투에 넣고 다시 발송용 봉투에 넣어** 봉함한 후 **선거일 전 10일까지** 거소투표자에게 **발송**하여야 한다. [○ 9급 19]
이 경우 정당추천위원이 그 시각까지 **참석하지 아니한 때**에는 참여를 포기한 것으로 본다.

② 제1항의 규정에도 불구하고 거소투표자가 다음 각 호의 어느 하나에 해당하는 경우 해당 거소투표자에게는 당해 구·시·군선거관리위원회의 **의결**로 거소투표용지를 발송하지 아니할 수 있다. 이 경우 거소투표발송록에 그 **사실을 기재**하여야 한다.
　1. **허위로 신고한 경우**
　2. **자신의 의사**에 의하여 신고된 것으로 인정되지 아니한 경우
　3. 격리자 등이 제38조 제1항 전단에 따라 신고한 후 거소투표용지 발송 전에 **치료가 완료**되거나 **격리가 해제**된 경우

③ **구·시·군선거관리위원회**는 제2항의 규정에 의하여 거소투표용지를 **발송하지 아니한 거소투표자**와 **선거일 전 2일까지** 거소투표용지가 **반송된 거소투표자**의 명단을 작성하여 **선거일 전일까지** 읍·면·동선거관리위원회에 **통지**하여야 하며, 읍·면·동선거관리위원회는 **지체 없이** 이를 **투표관리관에게 통지**하여야 한다.

④ 거소투표용지의 **발송과 회송은 등기우편**으로 하되, 그 **우편요금**은 국가 또는 당해 지방자치단체가 부담한다. [○ 7급 21]

⑤ 구·시·군선거관리위원회는 투표방법, 기타 선거에 관한 **안내문**을 **거소투표용지와 동봉**하여 발송하여야 한다.

⑥ 거소투표용지의 발송용 봉투 및 회송용 봉투의 규격·게재사항, 그 밖에 필요한 사항은 중앙선거관리위원회 규칙으로 정한다.

📢 제154조의2(선상투표자에 대한 투표용지의 전송 등)

① **구·시·군선거관리위원회**는
   선상투표 신고인 명부에 올라 있는 선거인(이하 "**선상투표자**"라 한다)에게 보낼
   투표용지(이하 "**선상투표용지**"라 한다)를 작성하여
   해당 선상투표자가 승선하고 있는 선박의 **선장**(이하 "**선장**"이라 한다)에게
   선거일 전 9일까지 팩시밀리를 이용하여 전송하여야 한다.
   이 경우 **허위로 신고**하거나
   자신의 의사에 따라 신고된 것으로 인정되지 아니한 선상투표자에 대하여는
   제154조 제2항을 **준용**한다.   [O 9급 19]

> **📋 준용조문**
>
> **제154조(거소투표자에 대한 투표용지의 발송)** ② 제1항의 규정에도 불구하고 허위로 신고한 자 및 자신의 의사에 의하여 신고된 것으로 인정되지 아니한 선상투표자에게는 당해 구·시·군선거관리위원회의 의결로 선상투표용지를 발송하지 아니할 수 있다. 이 경우 선상투표발송록에 그 사실을 기재하여야 한다.

> **심화학습**
>
> · 거소투표자에 대한 투표용지 발송은 선거일 전 10일까지, 선상투표용지 전송은 선거일 전 9일까지이다.

② **구·시·군선거관리위원회**는
   선상투표용지를 작성할 때 **표지부분**과 **투표부분**을 **구분**하고,
   표지부분에는 **선거인 확인란**과 해당 선거구의 **정당·후보자**에 관한 **정보**를
   열람할 수 있는 중앙선거관리위원회 인터넷 홈페이지 주소,
   선상투표방법에 관한 사항 등을 **게재**하여야 한다.
③ **선장**이 제1항에 따라 **선상투표용지**를 받은 때에는
   즉시 해당 **선상투표자에게 인계**하여야 한다.
④ 선상투표용지의 규격과 게재사항, 선상투표용지 송부과정에 정당추천위원의 참여,
   그 밖에 필요한 사항은 중앙선거관리위원회 규칙으로 정한다.

📢 제155조(투표시간)

① **투표소**는 선거일 **오전 6시**에 열고
   오후 6시(보궐선거 등에 있어서는 오후 8시)에 닫는다.
   다만, 마감할 때에 투표소에서 투표하기 위하여 대기하고 있는 선거인에게는
   번호표를 부여하여 투표하게 한 후에 닫아야 한다.
② **사전투표소**는 사전투표기간 중 **매일 오전 6시**에 열고 **오후 6시**에 닫되,
   제148조 제1항 제3호에 따라 설치하는 사전투표소

〈감염병관리시설 또는 감염병의심자 격리시설이 있는 경우의 사전투표소〉는
관할 구·시·군선거관리위원회가 예상 투표자수 등을 고려하여
투표시간을 조정할 수 있다.
이 경우 제1항 단서의 규정〈대기자 번호표 부여〉은
사전투표소에 이를 준용한다.   [○ 9급 17, 7급 18]

③ **투표를 개시**하는 때에는 **투표관리관**은
  투표함 및 기표소 내외의 이상 유무에 관하여 **검사**하여야 하며,
  이에는 **투표참관인**이 **참관**하여야 한다.
  다만, 투표 개시시각까지 투표참관인이 참석하지 아니한 때에는
  최초로 투표하러 온 선거인으로 하여금 참관하게 하여야 한다.   [○ 7급 18]
                              [투표인 중 정당추천인을 선정하여 참관(×) 7급 22]

④ **사전투표소에서 투표를 개시**하는 때에는 **사전투표관리관**은
  사전투표함 및 기표소 내외의 이상 유무에 관하여 **검사**하여야 하며,
  이에는 **사전투표참관인**이 **참관**하여야 한다.
  다만, 사전투표 개시시각까지 사전투표참관인이 참석하지 아니한 때에는
  최초로 투표하러 온 선거인으로 하여금 참관하게 하여야 한다.   [○ 9급 17, 7급 18]

⑤ 사전투표·거소투표 및 선상투표는
  선거일 오후 6시(보궐선거 등에 있어서는 오후 8시)까지
  관할 구·시·군선거관리위원회에 도착되어야 한다.   [○ 7급 22]
                                   [보궐선거 등에 있어서 오후 6시까지(×) 9급 21]

⑥ 제1항 본문 및 제2항 전단에도 불구하고
  격리자 등이 선거권을 행사할 수 있도록 격리자 등에 한정하여서는
  투표소를 오후 6시 30분(보궐선거 등에 있어서는 오후 8시 30분)에 열고 오후 7시 30분
  (보궐선거 등에 있어서는 오후 9시 30분)에 닫으며,   [○ 7급 22]
  사전투표소(제148조 제1항 제3호에 따라 설치하는
  사전투표소〈감염병관리시설 또는 감염병의심자 격리시설이 있는 경우의 사전투표소〉를 **제외**하고
  사전투표기간 중 둘째 날의 사전투표소에 한정한다. 이하 이 항에서 같다)는
  오후 6시 30분에 열고 오후 8시에 닫는다.
  다만, 중앙선거관리위원회는 질병관리청장과 미리 협의하여
  감염병의 전국적 대유행 여부, 격리자 등의 수, 공중보건에
  미치는 영향 등을 고려하여 달리 정할 수 있다.

⑦ 제6항 단서에 따른 절차 그 밖에 필요한 사항은
  중앙선거관리위원회 규칙으로 정한다.

> **심화학습**
>
> - 격리자 등에 한정하여 사전투표 둘째 날의 사전투표소를 오후 6시 30분부터 오후 8시까지 운영하고, 격리자 등에 한정하여 선거일의 투표소는 오후 6시 30분부터 오후 7시 30분까지 운영함.

⑧ 제6항 본문에 따라 투표하는 경우 제5항〈우편투표 선관위 도착시한〉,

제176조 제4항〈우편투표함 개표소 이송시각〉, 제218조의16 제2항〈재외투표 선관위 도착시한〉 및

제218조의24 제2항부터 제4항〈재외투표함 개표소 이송시각, 재외선관위 개표사유, 재외선관위

개표개시시각〉까지의 규정 중 "선거일 오후 6시"는 각각 "선거일 오후 7시 30분"으로,

"오후 8시"는 각각 "오후 9시 30분"으로 보되,

제6항 단서에 따라 투표하는 경우

"오후 6시" 및 "오후 8시"는

각각 "격리자 등의 투표시간을 포함한 투표 마감시각"으로 본다. 〈개정 24. 3. 8.〉

조문정리

〈선거에 관한 시간〉

구 분		시 간
투 표 (§155①)	임기만료	오전 6시부터 오후 6시까지 ※ 격리자 등: 오후 6시 30분부터 오후 7시 30분(예외 있음)
	보궐선거 등	오전 6시부터 오후 8시까지 ※ 격리자 등: 오후 8시 30분부터 오후 9시 30분(예외 있음)
사전투표(§155②)		매일 오전 6시부터 오후 6시까지 ※ 격리자 등(2일차 일반사전투표소): 오후 6시 30분부터 오후 8시까지(예외 있음)
재외투표(§218의17⑦)		매일 오전 8시부터 오후 5시까지
후보자등록(§49⑦)		공휴일에도 불구하고 매일 오전 9시부터 오후 6시까지
예비후보자와 관련된 신청·신고·제출 (규칙 §26⑥)		일반직 국가공무원의 정상근무일의 오전 9시부터 오후 6시까지. 다만, 예비후보자등록 신청개시일에는 토요일 또는 공휴일에도 불구하고 오전 9시부터 오후 6시까지
선거인명부 열람(규칙 §13②)		공휴일에도 불구하고 매일 오전 9시부터 오후 6시까지
선거기간 중 선거에 관한 신고·신청·제출·보고 등(§274)		법에 특별한 규정이 있는 경우를 제외하고는 공휴일에도 불구하고 매일 오전 9시부터 오후 6시까지

제156조(투표의 제한)

① **선거인명부에 올라 있지 아니한 자는 투표할 수 없다.**

다만, 제41조(이의신청과 결정)

제2항〈선거권자의 이의신청에 의한 구·시·군의 장의 이유 있다는 결정〉·

제42조(불복신청과 결정) 제2항〈이의신청에 대한 결정에 불복하여 구·시·군선관위에

제출된 불복신청에 대한 인용 결정〉 또는

제43조(명부누락자의 구제) 제2항〈이의신청기간 경과 후 명부확정일 전일까지 누락된 선거권자 또는 구·시·군의 장이 증빙서류를 갖추어 선관위에 서면으로 한 신청에 대한 등재 결정〉의 이유 있다는 **결정통지서를 가지고 온 자는 투표할 수 있다.**

② 선거인명부에 올라 있더라도 **선거일에 선거권이 없는 자는 투표할 수 없다.**

[선거권이 없는 자도 투표할 수 있다(×) 7급 23]

③ 거소투표자는 제158조의2에 따라 거소투표를 하여야 한다.
다만, 다음 각 호의 어느 하나에 해당하는 사람은 **선거일에 해당 투표소에서 투표할 수 있다.**

1. 제154조 제2항〈허위신고자, 자신 의사로 신고하지 않은 자, 치료완료나 격리해제된 격리자 등〉에 해당하여 거소투표용지를 송부받지 못한 사람
2. **거소투표용지가 반송되어** 거소투표용지를 송부받지 못한 사람 [O 7급 20]
3. 거소투표용지를 송부받았으나 거소투표를 하지 못한 사람으로서 선거일에 해당 투표소에서 투표관리관에게 **거소투표용지와 회송용 봉투를 반납한 사람** [O 7급 20]

④ 제3항 단서에 따라 **거소투표자가 선거일에 해당 투표소에서 투표하는 경우 투표관리관은 선거인명부** 또는 제154조 제3항에 따라 통지받은 **거소투표자의 명단과 대조·확인하고 선거인명부 비고란에 그 사실을 적어야 한다.**

📢 제157조(투표용지 수령 및 기표절차)

① **선거인**은 자신이 투표소에 가서 **투표참관인의 참관** 하에 **주민등록증**(주민등록증이 **없는 경우**에는 관공서 또는 공공기관이 발행한 증명서로서 **사진이** 첨부되어 본인임을 확인할 수 있는 **여권·운전면허증·공무원증** 또는 중앙선거관리위원회 규칙으로 정하는 신분증명서를 말한다. 이하 "**신분증명서**"라 한다)을 **제시하고 본인임을 확인받은 후 선거인명부에 서명이나 날인 또는 무인하고 투표용지를 받아야 한다.**

② **투표관리관**은 선거일에 선거인에게 **투표용지를 교부하는 때에는** 사인날인 란에 **사인을 날인한 후 선거인이 보는 앞에서 일련번호지를 떼어서 교부하되,** 필요하다고 인정되는 때에는 **100매 이내**의 범위 안에서 그 **사인을 미리 날인해 놓은 후 이를 교부할 수 있다.** [200매 이내(×) 7급 23]

③ 투표관리관은 **신분증명서를 제시하지 아니한 선거인에게** 투표용지를 교부하여서는 아니 된다.

④ 선거인은 투표용지를 받은 후 **기표소에 들어가** 투표용지에 **1인의 후보자**(비례대표 국회의원선거와 비례대표 지방의회의원선거에

있어서는 하나의 **정당**을 말한다)를 **선택**하여 투표용지의 해당란에 **기표**한 후

그 자리에서 기표내용이 다른 사람에게 보이지 아니하게 **접어**

투표참관인의 앞에서 **투표함**에 넣어야 한다.

⑤ 투표용지를 **교부**받은 후 그 **선거인에게 책임**이 있는 사유로

훼손 또는 **오손**된 때에는 다시 이를 교부하지 아니한다. [다시 교부한다(×) 7급 23]

⑥ 선거인은 투표소의 질서를 해하지 아니하는 범위 안에서

초등학생 이하의 어린이와 함께 투표소

(**초등학생**인 어린이의 경우에는 **기표소를 제외**한다) 안에 **출입**할 수 있으며, [○ 9급 22]

시각 또는 **신체**의 **장애**로 인하여 자신이 기표할 수 없는 선거인은

그 **가족** 또는 **본인**이 **지정**한 **2인**을 동반하여 투표를 보조하게 할 수 있다.

〈사전투표소도 준용〉 [○ 7급 23·22, 9급 22·15]

심화학습

- 시각 또는 신체의 장애로 인하여 자신이 기표할 수 없는 선거인의 투표보조자가 그 가족인 경우에는 1인만으로도 보조가 가능하다.(대법원 1999. 7. 13. 99우48)

기출체크

❶ 「공직선거법」에서 장애인에 대한 투표보조인 제도를 둔 것은 일차적으로 신체의 장애로 인하여 직접 기표할 수 없는 선거인에 대하여 보통선거의 원칙을 실현하기 위해 마련된 것이다.(헌재 2020. 5. 27. 2017헌마867)
[○ 7급 22]

❷ 신체장애를 가진 선거인이 투표보조인의 도움 없이 스스로 기표행위를 할 수 있도록 국가에 선거용 보조기구를 마련할 의무를 부여할 수도 있으나, 중증장애인들의 장애의 유형이나 정도에 따라 다양한 선거용 보조기구를 모두 마련하는 것은 쉽지 않고 이를 도입하더라도 여전히 보조인이 필요할 수 있으므로, 투표보조인의 보조를 통한 투표가 더 현실적인 방안이다.(헌재 2020. 5. 27. 2017헌마867) [○ 7급 22]

❸ 신체장애를 가진 선거인이 투표보조인 2인을 동반하지 않은 경우 투표사무원 중에 추가로 투표보조인으로 선정하도록 한 것은 선거인의 의사에 상관없이 신뢰관계가 형성된 적 없는 낯선 제3자에 대해서까지 자신의 내밀한 정치적 의사를 공개하도록 하는 제도이므로 선거권을 침해한다. [× 7급 22]
⇒ 심판대상조항은 선거인이 투표보조 제도를 쉽게 활용하면서 투표의 비밀이 보다 잘 유지되도록 투표보조인을 상호 견제가 가능한 최소한의 인원인 2인으로 한정하고 있고, 중앙선거관리위원회는 실무상 선거인이 투표보조인 2인을 동반하지 않은 경우 투표사무원 중에 추가로 투표보조인으로 선정하여 투표를 보조할 수 있도록 함으로써 선거권 행사를 지원하고 있으며, 공직선거법은 처벌규정을 통해 투표보조인이 비밀유지의무를 준수하도록 강제하고 있다. 따라서 심판대상조항은 침해의 최소성원칙에 반하지 않는다.(헌재 2020. 5. 27. 2017헌마867)

❹ 비밀선거는 유권자의 정치적 의사결정을 국가의 강제와 사회의 압력으로부터 보호하기 위한 필수적이고도 효과적인 수단이며, 자유선거 원칙을 실질적으로 보장하기 위한 전제조건이다.(헌재 2020. 5. 27. 2017헌마867)
[○ 9급 22]

❺ 국회의원선거 당일 투표소 내에 수화통역인을 배치하도록 하는 내용의 구체적·개별적 사항에 대한 입법의무가 헌법해석상 도출된다.(헌재 2013. 8. 29. 2012헌마840) [×(도출된다고 볼 수 없음) 7급 17]

⑦ 제6항의 경우를 제외하고는

같은 기표소 안에 **2인 이상**이 동시에 들어갈 수 없다. 〈사전투표소도 준용〉

⑧ 투표용지의 날인·교부방법 및 기표절차, 그 밖에 필요한 사항은
중앙선거관리위원회 규칙으로 정한다.

📢 제158조(사전투표)

① **선거인**(거소투표자와 선상투표자는 **제외**한다)은 **누구든지** 사전투표기간 중에
사전투표소에 가서 투표할 수 있다. [거소투표자와 선상투표자를 포함한 선거인은(×) 7급 20]
[선거인은 누구든지(×) 9급 17]

> **심화학습**
> · 거소투표자와 선상투표자는 통합선거인명부 시스템상으로 사전투표소에서 투표할 수 없도록 조치한다.

> **기출체크**
> 선거인명부에 오를 자격이 있는 국내거주자로서 선거일에 투표소에서 투표할 수 없는 사람은 선거인명부 작성기간 중 구·시·군의 장에게 서면으로 부재자신고를 할 수 있다.
> [×(국내 부재자신고제도는 사전투표제도로 대체) 7급 13]

② 사전투표를 하려는 선거인은
사전투표소에서 **신분증명서**를 제시하여 **본인임을 확인**받은 다음
전자적 방식으로 손도장을 찍거나 **서명**한 후 투표용지를 받아야 한다. [○ 9급 17, 7급 20]
이 경우 중앙선거관리위원회는 해당 선거인에게 투표용지가 교부된 사실을
확인할 수 있도록 **신분증명서의 일부**를 전자적 이미지 형태로 **저장**하여
선거일의 투표 마감시각까지 보관하여야 한다. [○ 9급 16, 7급 21·20]

③ 사전투표관리관은 **투표용지 발급기**로 선거권이 있는 해당 선거의 투표용지를
인쇄하여 "사전투표관리관" 칸에 자신의 **도장**을 찍은 후
일련번호를 떼지 아니하고 회송용 봉투와 함께 선거인에게 **교부**한다. [일련번호를 떼고(×) 9급 21]

> **심화학습**
> · 사전투표소와 재외투표소에서는 일련번호를 떼지 않고 교부한다(QR코드에 일련번호가 포함되어 있음).

④ 투표용지와 회송용 봉투를 받은 선거인은 **기표소**에 들어가 투표용지에
1명의 **후보자**(비례대표 국회의원선거 및 비례대표 지방의회의원선거에서는
하나의 **정당**을 말한다)를 선택하여 투표용지의 해당 칸에 **기표**한 다음
그 자리에서 기표내용이 다른 사람에게 보이지 아니하게 **접어**
이를 회송용 봉투에 넣어 **봉함**한 후 **사전투표함**에 넣어야 한다.

⑤ 제3항 및 제4항에도 불구하고 사전투표관리관은
중앙선거관리위원회 규칙으로 정하는 구역의 선거인에게는
회송용 봉투를 교부하지 아니할 수 있다. 〈관내투표〉

⑥ 사전투표관리관은 **사전투표기간 중 매일의 사전투표마감 후** 또는
사전투표기간 종료 후 투표지를 **인계**하는 경우에는
사전투표참관인의 참관하에 다음 각 호에 따라 처리한다.
  1. 제3항 및 제4항에 따라
      투표용지와 회송용 봉투를 함께 교부하여 투표하게 한 경우〈관외투표〉에는
      사전투표함을 개함하고 사전투표자수를 계산한 후
      관할 우체국장에게 인계하여 **등기우편**으로 발송한다.
      이 경우 사전투표관리관은 후보자별로 **사전투표참관인 1명씩**을 지정하여
      해당 우체국까지 동행하여야 하며,
      사전투표관리관이 지정한 사전투표참관인이
      정당한 사유없이 동행을 거부한 때에는
      그 권한을 포기한 것으로 보고 **투표록에 그 사유를 기재**한다.
  2. 제5항에 따라 **회송용 봉투를 교부하지 아니하고 투표하게 한 경우**에는
      해당 사전투표함을 **직접** 관할 구·시·군선거관리위원회에 **인계**한다.
      이 경우 사전투표함 등의 송부에 관하여는 제170조를 **준용**한다.

> **준용조문**
> **제170조(투표함 등의 송부)** ① 사전투표관리관은 투표가 끝난 후 지체 없이 사전투표함 및 그 열쇠와 투표록 및 잔여투표용지를 관할 구·시·군선거관리위원회에 송부하여야 한다.
> ② 제1항의 규정에 의하여 사전투표함을 송부하는 때에는 후보자별로 사전투표참관인 1인과 호송에 필요한 정복을 한 경찰공무원을 2인에 한하여 동반할 수 있다.

⑦ 투표용지를 교부하지 아니하는 경우와 투표소 출입 등에 관하여는
    제157조 제3항 및 제5항부터 제7항까지의 규정을 **준용**한다.

> **준용조문**
> **제157조(투표용지수령 및 기표절차)** ③ 사전투표관리관은 신분증명서를 제시하지 아니한 선거인에게 투표용지를 교부하여서는 아니 된다.
> ⑤ 투표용지를 교부받은 후 그 선거인에게 책임이 있는 사유로 훼손 또는 오손된 때에는 다시 이를 교부하지 아니한다.
> ⑥ 선거인은 사전투표소의 질서를 해하지 아니하는 범위 안에서 초등학생 이하의 어린이와 함께 사전투표소(초등학생인 어린이의 경우에는 기표소를 제외한다) 안에 출입할 수 있으며, 시각 또는 신체의 장애로 인하여 자신이 기표할 수 없는 선거인은 그 가족 또는 본인이 지명한 2인을 동반하여 투표를 보조하게 할 수 있다.
> ⑦ 제6항의 경우를 제외하고는 같은 기표소 안에 2인 이상이 동시에 들어갈 수 없다.

⑧ 전기통신 장애 등이 발생하는 경우 사전투표절차,
    그 밖에 필요한 사항은 중앙선거관리위원회 규칙으로 정한다.

제158조의2(거소투표)

거소투표자는 관할 구·시·군선거관리위원회로부터 송부받은 투표용지에 **1명의 후보자**(비례대표 국회의원선거 및 비례대표 지방의회의원선거에서는 하나의 **정당**을 말한다)를 선택하여 투표용지의 해당 칸에 **기표**한 다음 **회송용 봉투**에 넣어 봉함한 후 **등기우편**으로 **발송**하여야 한다. [O 7급 22·20]

제158조의3(선상투표)

① **선장은 선거일 전 8일부터 선거일 전 5일까지의 기간**
[선거일 전 9일부터 선거일 전 6일까지(×) 7급 24]

(이하 "**선상투표기간**"이라 한다) 중 해당 선박의 선상투표자의 수와 운항사정 등을 고려하여 **선상투표를 할 수 있는 일시를 정하고,** 해당 선박에 **선상투표소를 설치**하여야 한다. [O 9급 19, 7급 16]

이 경우 선장은 **지체 없이** 선상투표자에게 선상투표를 할 수 있는 **일시**와 선상투표소가 설치된 **장소를 알려야 한다.**

② **선장**은 선상투표소를 설치할 때 선상투표자가 투표의 비밀이 보장된 상태에서 투표한 후 **팩시밀리로 선상투표용지를 전송**할 수 있도록 **설비**하여야 한다. [O 9급 19]

③ 선장은 **선상투표가 진행되는 동안**에는 해당 선박에 승선하고 있는 **선원 중 대한민국 국민**으로서 공정하고 중립적인 사람 **1명 이상을 입회**시켜야 한다.
[2명 이상을 입회(×) 7급 21]

다만, 해당 선박에 승선하고 있는 대한민국 국민이 **1명뿐인 경우**에는 그러하지 아니하다. [O 7급 24]

④ 선장은 제1항에 따른 선상투표소에서 선상투표자가 가져온 **선상투표용지의 해당 서명란**에 제3항 본문에 따른 입회인(이하 "**입회인**"이라 한다)**과 함께 서명**한 다음 해당 **선상투표자에게 교부**하여야 한다.

이 경우 선상투표소에서 **투표하기 전에 미리 기표하여 온 선상투표용지**는 **회수**하여 **별도의 봉투**에 넣어 봉함한다.

⑤ 제4항에 따라 선상투표용지를 교부받은 **선상투표자**는 **선거인 확인란에 서명**한 후 1명의 후보자(비례대표 국회의원선거에서는 하나의 정당을 말한다)를 선택하여 선상투표용지의 해당란에 **기표**한 다음 선상투표소에 설치된 **팩시밀리**로 **직접** 해당 **시·도선거관리위원회**에 **전송**하여야 한다.
[중앙선거관리위원회에(×) 9급 19]

> **기출체크**
>
> 선상투표도 선거권자가 직접 의사결정을 하고 단지 그 송부만이 모사전송 시스템에 의하여 이루어지는 것이므로, 직접선거의 원칙에 위배되는 것은 아니다.(헌재 2007. 6. 28. 2005헌마772)　　　　　　　　　　　　　　　[O 7급 17]

⑥ 제5항에 따라 **전송을 마친 선상투표자**는
　　선상투표지를 직접 봉투에 넣어 봉함한 후 선장에게 제출하여야 한다.
⑦ <u>선장은 해당 선박의 선상투표를 마친 후</u>　　　　　　　　　　[입회인은(×) 7급 24]
　　입회인의 입회 아래 제6항에 따라 **제출된 선상투표지 봉투**와
　　제4항 후단<투표 전 미리 기표한 투표용지>에 따른 **선상투표용지 봉투를 구분**하여
　　함께 포장한 다음 자신과 입회인이 각각 **봉인**한 후 **보관**하여야 한다.
⑧ 선장은 해당 선박의 선상투표를 마친 때에는
　　선상투표관리기록부를 작성하여 **선거일 전일까지**
　　해당 선박의 **선박원부를 관리**하는 **지방해양항만청의 소재지**
　　(대한민국국적취득조건부 나용선의 경우 해당 **선박회사의 등록지**,
　　외국국적 선박은 선박관리업 등록을 한 **지방해양항만청의 소재지를 말한다**)를
　　관할하는 **시·도선거관리위원회에 팩시밀리로 전송**하고,
　　국내에 도착하는 즉시 **선상투표관리기록부**와
　　제7항에 따라 **보관 중인 봉투**를 해당 시·도선거관리위원회에 **제출**하여야 한다.
　　이 경우 **국내에 도착하기 전**이라도 외국에서 국제우편을 이용하여 **제출**할 수 있다.
⑨ 시·도선거관리위원회는 제5항에 따른 선상투표지를 **수신할 팩시밀리**에
　　투표의 비밀이 보장될 수 있도록 기술적 장치를 하여야 한다.
⑩ 시·도선거관리위원회는 제5항에 따라 **수신된 선상투표지**의
　　투표부분은 절취하여 봉투에 넣고, 표지부분은 그 봉투에 붙여서 봉함한 후
　　선상투표자의 주소지 관할 구·시·군선거관리위원회에 보내야 한다.
　　이 경우 **투표한 선거인을 알 수 없는 선상투표지**는
　　봉투에 넣어 봉함한 후 그 사유를 적은 **표지를 부착**하여 **보관**한다.
⑪ **시·도선거관리위원회**는
　　선상투표지 관리록에 선상투표지 **수신 상황**과 **발송 상황**을 적어야 한다.
⑫ **구·시·군선거관리위원회**는
　　선거일 투표 마감시각까지 시·도선거관리위원회로부터 송부된
　　선상투표지를 접수하여 우편투표함에 투입하여야 한다.
⑬ <u>선상투표기간 개시일 전에 국내에 도착한 선상투표자</u>는
　　<u>중앙선거관리위원회 규칙으로 정하는 서류를 첨부</u>하여
　　<u>관할 구·시·군선거관리위원회에 신고한 후</u>

선거일에 주소지를 관할하는 투표구에 설치된 **투표소**에서 **투표**할 수 있다. [O 9급 19]
이 경우 해당 선박에서 선상투표용지를 미리 교부받은 사람은
관할 구·시·군선거관리위원회에 **신고할 때**에 그 투표용지를 **반납**하여야 한다. [O 7급 21]

> **심화학습**
> · 본 항의 투표를 실무적으로는 '귀국투표'라고 한다.

⑭ 선상투표의 투표절차, 투표의 비밀을 보장하기 위한 팩시밀리의 기술적 요건, 선상투표관리기록부 및 선상투표지 관리록의 작성·제출, 선상투표기간 개시일 전에 국내에 도착한 선상투표자의 투표절차, 그 밖에 필요한 사항은 중앙선거관리위원회 규칙으로 정한다.

제159조(기표방법)

선거인이 투표용지에 기표를 하는 때에는
"㊞"표가 각인된 **기표용구**를 사용하여야 한다.
다만, 거소투표자가 **거소투표**(선상투표를 포함한다)를 하는 경우에는
"○"표를 할 수 있다.

제160조 삭제

제161조(투표참관)

① 투표관리관은 **투표참관인**으로 하여금
   투표용지의 교부상황과 투표상황을 참관하게 하여야 한다.
② 투표참관인은 정당·후보자·선거사무장 또는 선거연락소장이 **후보자마다**
   투표소별로 2인을 선정하여 **선거일 전 2일까지** [투표소별로 1인(×) 7급 24]
   읍·면·동선거관리위원회에 서면으로 **신고**하여야 한다. [O 9급 23, 7급 18]

> **심화학습**
> · 동시선거 시 투표참관인 신고인원수는 후보자를 추천한 정당·무소속 후보자마다 2인이다.(§213①)
> · 동시선거 시 사전투표참관인 신고인원수는 당해 선거에 참여한 정당마다 2인, 무소속 후보자는 1인이다.(§213②)

③ 투표참관인은 **투표소마다 8명**으로 하되,
   제2항의 규정에 의하여 선정·신고한 인원수가 **8명을 넘는 때**에는
   읍·면·동선거관리위원회가 **추첨**에 의하여 지정한 자를 투표참관인으로 한다.
   다만, 투표참관인의 선정이 없거나 선정·신고한 인원수가 4명에 미달하는 때에는
   읍·면·동선거관리위원회가 그 투표구를 관할하는
   구·시·군의 구역 안에 거주하는 선거권자 중에서 본인의 승낙을 얻어
   4명에 달할 때까지 선정한 자를 투표참관인으로 한다. [O 7급 23]

> **심화학습**
> · 일반투표소 참관인의 자체선정 사유는 선정이 없거나 무조건 4명 미만일 때이며, 4명까지 채워서 선정해야 한다 (관할 구·시·군 거주 선거권자 요건).
> · 사전투표소와 개표소의 자체선정 참관인은 대한민국 선거권자 중에서 지정한다(거주지역 제한이 없다).

④ 읍·면·동선거관리위원회가 제3항의 규정에 의하여 투표참관인을 지정하는 경우에
후보자수가 8명을 넘는 때에는
후보자별로 1명씩 우선 선정한 후 추첨에 의하여 8명을 지정하고,
후보자수가 8명에 미달하되 후보자가 선정·신고한 인원수가 8명을 넘는 때에는
후보자별로 1명씩 선정한 자를 우선 지정한 후
나머지 인원은 추첨에 의하여 지정한다.

⑤ 정당·후보자·선거사무장 또는 선거연락소장은
그가 선정한 투표참관인에 대하여는 필요한 경우에는
언제든지 읍·면·동선거관리위원회에 신고하고 **교체**할 수 있으며,
선거일에는 투표소에서 교체 신고할 수 있다. [O 9급 23, 7급 17]
[선거일에는 투표소에서라도 교체 신고할 수 없다(×) 7급 24]

⑥ 제3항 단서의 규정에 의하여 읍·면·동선거관리위원회가 선정한 투표참관인은
정당한 사유 없이 **참관**을 **거부**하거나 그 직을 **사임**할 수 없다. 〈사전투표소도 준용〉
[O 7급 23]

⑦ **대한민국 국민이 아닌 자·미성년자**
·제18조(선거권이 없는 자) 제1항 각 호의 1에 해당하는 자
·제53조(공무원 등의 입후보) 제1항 각 호의 1에 해당하는 자〈입후보제한직〉
·**후보자 또는 후보자의 배우자**는 투표참관인이 **될 수 없다.**

> **심화학습**
> · 후보자와 그의 배우자가 투표참관인은 될 수 없으나, 개표참관인은 될 수 있다.
> · 지방선거의 선거권이 있는 외국인이라도 투·개표참관인은 될 수 없다.(대한민국 국민이 아닌 자)

> **기출체크**
> ❶ 후보자는 투표참관인이 될 수 없으나 개표참관인은 될 수 있다. [O 7급 15]
> ❷ 「공직선거법」상 정당의 당원이 될 수 있는 것은?
> ① 선거구획정위원회 위원 ⇒ §24⑦, §24의3③ ② 인터넷선거보도심의위원회 위원 ⇒ §8의5⑤
> ③ 투표참관인 ⇒ §161⑦ ④ 선거방송토론위원회 위원 ⇒ §8의7⑤
> [③ O, ①②④ × 9급 14]
> ❸ 지방의회의원의 선거권이 있는 외국인은 당해 지방의회의원선거에서 투표참관인이 될 수 있다. [× 7급 24]

⑧ 투표관리관은 원활한 투표관리를 위하여 필요하다고 인정하는 경우에는
투표참관인을 **교대**로 **참관**하게 할 수 있다.
이 경우 정당·후보자별로 참관인수의 **2분의 1씩 교대**하여 참관하게 하여야 한다. [○ 7급 24]
[3분의 1씩 교대(×) 7급 23]

⑨ 투표관리관은 투표용지의 교부상황과 투표상황을 쉽게 볼 수 있는 장소에
투표참관인석을 마련하여야 한다. 〈사전투표소도 준용〉

⑩ **투표참관인**은 투표에 간섭하거나 투표를 권유하거나 기타 어떠한 방법으로든지
선거에 영향을 미치는 행위를 하여서는 아니 된다. 〈사전투표소도 준용〉

⑪ **투표관리관**은 투표참관인이 투표간섭 또는 부정투표, 그 밖에
이 법의 규정에 **위반**되는 사실을 발견하고 그 **시정**을 **요구한 경우**에
그 요구가 정당하다고 인정하는 때에는 이를 **시정**하여야 한다. 〈사전투표소도 준용〉

⑫ **투표참관인**은 투표소 안에서 **사고가 발생한 때**에는 투표상황을 **촬영**할 수 있다.
〈사전투표소도 준용〉

> **심화학습**
> · 개표참관인은 사고발생 여부와 관계없이 언제든지 촬영할 수 있다.

> **기출체크**
> 투표관리관을 제외한 **투표참관인** 또는 투표사무원은 투표소 안에서 사고가 발생한 때에는 투표상황을 촬영할 수 없다. [×(투표참관인은 촬영 가능) 7급 17]

⑬ 삭제
⑭ 투표참관인 신고서의 서식, 기타 필요한 사항은 중앙선거관리위원회 규칙으로 정한다.

제162조(사전투표참관)

① 사전투표관리관은
사전투표참관인으로 하여금 사전투표 상황을 **참관**하게 하고
제158조 제6항 제1호〈관외 사전투표 우체국 인계〉에 따라
관할 우체국장에게 투표지를 인계하기까지 [관할 구·시·군선거관리위원회에(×) 7급 23]
일련의 과정에 **동행**하게 하여야 한다.

② 정당·후보자·선거사무장 또는 선거연락소장은
후보자마다 사전투표소별로 2명의 사전투표참관인을 선정하여 [사전투표소별로 1명(×) 7급 23]
선거일 전 7일까지 구·시·군선거관리위원회에 서면으로 **신고**하여야 하고,
필요한 경우 **언제든지** 신고한 후 **교체**할 수 있으며 사전투표기간 중에는
사전투표소에서 교체 신고를 할 수 있다. [교체 신고를 할 수 없다(×) 7급 23, 9급 18]

③ 사전투표참관인은 **사전투표소마다 8명**으로 하되,
　제2항에 따라 선정·신고한 인원수가 **8명을 넘는 때**에는
　관할구·시·군선거관리위원회가 **추첨**에 의하여 지정한 사람을
　사전투표참관인으로 한다.
　이 경우 후보자수가 **8명을 넘는 때**에는
　후보자별로 1명씩 우선 선정한 후 추첨에 의하여 8명을 지정하고,
　후보자수가 8명에 미달하되 후보자가 선정·신고한 인원수가 8명을 넘는 때에는
　후보자별로 1명씩 선정한 사람을 우선 지정한 후
　나머지 인원은 추첨에 의하여 지정한다. 〈개정 25. 1. 7.〉
④ 제2항에 따른 사전투표참관인의 **선정이 없거나**
　한 후보자가 선정한 사전투표참관인밖에 없는 때에는
　관할 구·시·군선거관리위원회가 **선거권자 중**에서 본인의 승낙을 얻어
　4인에 달할 때까지 선정한 자를 사전투표참관인으로 한다.
⑤ 사전투표참관에 관하여는 제161조 제6항부터 제12항까지의 규정을 **준용**한다.
　이 경우 "읍·면·동선거관리위원회"는 "관할 구·시·군선거관리위원회"로, "투표관리관"은
　"사전투표관리관"으로, "투표참관인"은 "사전투표참관인"으로 본다.

> **준용조문**
> **제161조(투표참관)** ⑥ 제3항 단서의 규정에 의하여 관할 구·시·군선거관리위원회가 선정한 사전투표참관인은 정당한 사유 없이 참관을 거부하거나 그 직을 사임할 수 없다.
> ⑦ 대한민국 국민이 아닌 자·미성년자·제18조(선거권이 없는 자) 제1항 각 호의 1에 해당하는 자·제53조(공무원 등의 입후보) 제1항 각 호의 1에 해당하는 자·후보자 또는 후보자의 배우자는 사전투표참관인이 될 수 없다.
> ⑧ 사전투표관리관은 원활한 투표관리를 위하여 필요하다고 인정하는 경우에는 사전투표참관인을 교대로 참관하게 할 수 있다. 이 경우 정당·후보자별로 참관인수의 2분의 1씩 교대하여 참관하게 하여야 한다.
> ⑨ 사전투표관리관은 투표용지의 교부상황과 투표상황을 쉽게 볼 수 있는 장소에 투표참관인석을 마련하여야 한다.
> ⑩ 사전투표참관인은 투표에 간섭하거나 투표를 권유하거나 기타 어떠한 방법으로든지 선거에 영향을 미치는 행위를 하여서는 아니 된다.
> ⑪ 사전투표관리관은 사전투표참관인이 투표간섭 또는 부정투표, 기타 이 법의 규정에 위반되는 사실을 발견하고 그 시정을 요구한 경우에 그 요구가 정당하다고 인정하는 때에는 이를 시정하여야 한다.
> ⑫ 사전투표참관인은 투표소 안에서 사고가 발생한 때에는 투표상황을 촬영할 수 있다.

> **심화학습**
> · 사전투표참관인수는 §161③의 참관인수 상한(8인)규정을 미준용하여 상한이 없다.

⑥ 사전투표참관인신고서의 서식, 그 밖에 필요한 사항은 중앙선거관리위원회 규칙으로 정한다.

제163조(투표소 등의 출입제한) <모든 (재외)투표소에 적용>

① **투표하려는 선거인·투표참관인·투표관리관**,
   읍·면·동선거관리위원회 및 그 **상급선거관리위원회의 위원**과 **직원** 및
   투표사무원을 제외하고는 누구든지 투표소에 들어갈 수 없다. [O 7급 19]

② 선거관리위원회의 위원·직원·투표관리관·투표사무원 및
   투표참관인이 **투표소에 출입하는 때**에는
   중앙선거관리위원회 규칙이 정하는 바에 따라 **표지**를 달거나 붙여야 하며,
   이 규정에 의한 표지 외에는 선거와 관련한 어떠한 표시물도 달거나 붙일 수 없다.

③ 제2항의 표지는 다른 사람에게 **양도·양여할 수 없다.** [양도·양여할 수 있다(×) 7급 24]

④ **사전투표소**(제149조<기관·시설 안의 기표소>에 따라 기표소가 설치된 장소를 포함한다)의
   출입제한에 관하여는 제1항부터 제3항까지의 규정을 **준용**한다.

제164조(투표소 등의 질서유지)

① **투표관리관** 또는 **투표사무원**은 투표소의 질서가 심히 문란하여
   공정한 투표가 실시될 수 없다고 인정하는 때에는
   투표소의 질서를 유지하기 위하여 **정복**을 한 경찰공무원 또는
   경찰관서장에게 **원조를 요구**할 수 있다. [O 9급 13, 7급 24·17]

> **심화학습**
> - 원조요구 주체(투표관리관, 투표사무원) 숙지. 개표소는 위원장, 위원
> - §166(투표소 내외에서의 소란언동 금지 등)도 원조요구 절차를 동일하게 규정하고 있다.
> - (일반, 사전)투표소는 투표사무원도 모두 원조요구권자. 위원회 위원 또는 직원은 포함되지 않는다.

② 제1항의 규정에 의하여 원조요구를 받은 경찰공무원 또는 경찰관서장은
   즉시 이에 따라야 한다.

③ 제1항의 요구에 의하여 투표소 안에 들어간 경찰공무원 또는 경찰관서장은
   투표관리관의 지시를 받아야 하며,
   질서가 회복되거나 투표관리관의 요구가 있는 때에는
   즉시 투표소 안에서 퇴거하여야 한다.

> **심화학습**
> - 지시 또는 퇴거 요구권은 책임자만 가지고 있다.(개표소도 같다.)

> **기출체크**
>
> 투표사무원은 투표소의 질서가 심히 문란하여 공정한 투표가 실시될 수 없다고 인정하는 때 투표소의 질서를 유지하기 위하여 정복을 한 경찰공무원에게 원조를 요구할 수 있으며, 질서가 회복된 후에는 그 경찰공무원은 투표 마감시각과 동시에 투표소 안에서 퇴거하여야 한다.
> [×(질서가 회복되거나 투표관리관의 요구가 있는 때에는 즉시 투표소 안에서 퇴거) 7급 19]

④ **사전투표소**의 질서유지에 관하여는 제1항부터 제3항까지의 규정을 **준용**한다. 이 경우 "투표관리관"은 "사전투표관리관"으로, "투표사무원"은 "사전투표사무원"으로 본다.

제165조(무기나 흉기 등의 휴대 금지)

① 제164조(투표소 등의 질서유지) 제1항〈정복을 한 경찰공무원〉의 경우를
 제외하고는 **누구든지** 투표소 안에서 무기나 흉기 또는 폭발물을 **지닐 수 없다**.

> **기출체크**
>
> 투표소의 질서유지를 위하여 투표사무원의 원조요구를 받은 경찰공무원은 투표소 안에 들어갈 때 무기를 소지할 수 없다.
> [×(무기를 소지할 수 있음) 7급 19]

② **사전투표소**(제149조〈기관·시설 안의 기표소〉에 따라 **기표소가 설치된 장소를**
 포함한다)에서의 무기나 흉기 등의 휴대금지에 관하여는 제1항을 **준용**한다.

제166조(투표소 내외에서의 소란언동 금지 등) 〈모든 (재외)투표소에 적용〉

① **투표소 안에서 또는 투표소로부터 100미터 안에서**
 소란한 언동을 하거나 특정 정당이나 후보자를 **지지 또는 반대**하는 **언동**을
 하는 자가 있는 때에는 **투표관리관 또는 투표사무원**은 이를 **제지**하고,
 그 명령에 **불응**하는 때에는 **투표소 또는 그 제한거리 밖으로 퇴거**하게 할 수 있다.
 [○ 7급 21]

이 경우 투표관리관 또는 투표사무원은 필요하다고 인정하는 때에는
 정복을 한 경찰공무원 또는 경찰관서장에게 **원조**를 **요구**할 수 있다.

> **심화학습**
>
> · §164는 공정한 투표사무 진행에 지장을 초래하는 경우의 조치이고, 본 조는 소란을 피우는 자들에 대한 규정이다.

② 제1항의 규정에 의하여 **퇴거당한 선거인은 최후에 투표하게 한다**.
 다만, 투표관리관은 투표소의 질서를 문란하게 할 우려가 없다고 인정하는 때에는
 그 전에라도 **투표하게 할 수 있다**. [퇴거당한 선거인은 투표할 수 없다(×) 7급 24]

③ 누구든지 제163조(투표소 등의 출입제한) 제2항의 규정에 의하여
 표지를 달거나 붙이는 경우를 제외하고는 **선거일**에 완장·흉장 등의 착용,

기타의 방법으로 **선거에 영향을 미칠 우려가 있는 표지**를 할 수 없다.

[투표소가 설치된 때부터 투표소 내외에서(×) 7급 21]

④ 제164조(투표소 등의 질서유지) 제2항 및 제3항의 규정은 투표소 내외에서의 소란언동금지 등에 이를 **준용**한다.

> **준용조문**
>
> **제164조(투표소 등의 질서유지)** ② 제1항의 규정에 의하여 원조요구를 받은 경찰공무원 또는 경찰관서장은 즉시 이에 따라야 한다.
> ③ 제1항의 요구에 의하여 투표소 안에 들어간 경찰공무원 또는 경찰관서장은 투표관리관의 지시를 받아야 하며, 질서가 회복되거나 투표관리관의 요구가 있는 때에는 즉시 투표소 안에서 퇴거하여야 한다.

⑤ **사전투표소** 내외에서의 소란언동금지 등에 관하여는
제1항부터 제4항까지의 규정을 **준용**한다.
이 경우 "투표관리관"은 "사전투표관리관"으로,
"투표사무원"은 "사전투표사무원"으로,
"선거일에"는 "사전투표소 안에서"로 본다.

제166조의2(투표지 등의 촬영행위 금지) 〈모든 (재외)투표소에 적용〉

① 누구든지 **기표소 안에서 투표지를 촬영**하여서는 아니 된다. [O 9급 22·13]
② 투표관리관 또는 사전투표관리관은
선거인이 기표소 안에서 투표지를 촬영한 경우
해당 선거인으로부터 그 **촬영물을 회수**하고 **투표록에 그 사유를 기록**한다. [O 7급 21]

[기록하며, 해당 선거인에게는 새로운 투표지를 교부한다(×) 7급 19]
[해당 선거인으로 하여금 투표록에 그 사유를 기록하게 해야 한다(×) 7급 24]

제167조(투표의 비밀보장) 〈모든 투표소에 적용(재외: ②단서 제외)〉

① 투표의 비밀은 보장되어야 한다.
② 선거인은 투표한 후보자의 **성명**이나 **정당명**을
누구에게도 또한 **어떠한 경우에도** 진술할 의무가 없으며,
누구든지 **선거일의 투표 마감시각까지** 이를 질문하거나 그 **진술을 요구**할 수 없다.
다만, 텔레비전방송국·라디오방송국·
「신문 등의 진흥에 관한 법률」 제2조 제1호 가목 및 나목에 따른 **일간신문사가**
선거의 결과를 예상하기 위하여 선거일에 **투표소로부터 50미터 밖에서**
투표의 비밀이 침해되지 않는 방법으로 질문하는 경우에는 그러하지 아니하며
이 경우 **투표 마감시각까지 그 경위와 결과를 공표할 수 없다.** [O 9급 22·16·13]

③ 선거인은 자신이 기표한 투표지를 공개할 수 없으며,
공개된 투표지는 무효로 한다. [○ 7급 21·16]

> **심화학습**
> · 선거의 4대 원칙 중 비밀투표를 규정한 조항이다.

제168조(투표함 등의 봉쇄·봉인)

① 투표관리관은 투표소를 닫는 시각이 된 때에는 투표소의 입구를 닫아야 하며,
투표소 안에 있는 선거인의 투표가 끝나면 **투표참관인의 참관**하에
투표함의 투입구와 그 자물쇠를 봉쇄·봉인하여야 한다.
다만, 정당한 사유 없이 **참관을 거부**하는 투표참관인이 있는 때에는
그 권한을 포기한 것으로 보고, **투표록에 그 사유를 기재**한다.
② **투표함의 열쇠와 잔여 투표용지 및 번호지**는 제1항의 규정에 의하여
각각 봉인하여야 한다.

제169조(투표록의 작성)

투표관리관은 투표록을 작성하여 **기명**하고 **서명** 또는 **날인**하여야 한다. [○ 9급 24]

> **심화학습**
> · 동시선거에 있어 투표록 및 개표록은 선거의 구분 없이 하나의 투표록 및 개표록으로 각각 작성할 수 있다.(§217)

제170조(투표함 등의 송부)

① 투표관리관은 투표가 끝난 후 지체 없이
투표함 및 그 열쇠와 투표록 및 잔여 투표용지를
관할 구·시·군선거관리위원회에 **송부**하여야 한다. [○ 9급 24·22]
② 제1항의 규정에 의하여 투표함을 송부하는 때에는 **후보자별로 투표참관인 1인**과
호송에 필요한 **정복**을 한 **경찰공무원을 2인에 한하여** 동반할 수 있다.

제171조(투표관계서류의 인계)

투표관리관은 투표가 끝난 후 **선거인명부, 기타 선거에 관한 모든 서류**를
관할 구·시·군선거관리위원회 **위원장에게** 인계하여야 한다.

제11장 개표

제172조	개표관리	347
제173조	개표소	348
제174조	개표사무원	349
제175조	개표개시	349
제176조	사전투표·거소투표 및 선상투표의 접수·개표	350
제177조	투표함의 개함	350
제178조	개표의 진행	351
제179조	무효투표	352
제180조	투표의 효력에 관한 이의에 대한 결정	354
제181조	개표참관	354
제182조	개표관람	359
제183조	개표소의 출입제한과 질서유지	359
제184조	투표지의 구분	360
제185조	개표록·집계록 및 선거록의 작성 등	360
제186조	투표지·개표록 및 선거록 등의 보관	361

📢 제172조(개표관리)

① 개표사무는 **구·시·군선거관리위원회**가 이를 행한다.

② 제173조(개표소) 제2항의 규정에 의하여 **2개 이상의 개표소를 설치**하는 때에는
　　당해 구·시·군선거관리위원회 **위원**을 각 개표소에 **비등하게 지정·배치**하되,
　　이 법에 의한 개표관리에 관하여
　　당해 구·시·군선거관리위원회의 **의결을 요하는 사항**은
　　당해 개표소에 **배치된 위원**[「선거관리위원회법」 제4조(위원의 임명 및 위촉)
　　제13항의 규정에 의한 **보조위원**을 포함한다. 이하 이 장에서 같다]수의
　　과반수의 의결로 결정하고,
　　구·시·군선거관리위원회 위원장의 직무는
　　각각 당해 **위원장과 부위원장 또는 위원장이 지명한 위원**이 행한다.

> **심화학습**
> ・제2항의 의결정족수는 2개 이상 개표소의 경우에만 적용한다.
> ・1개 개표소를 설치한 경우에는 선거관리위원회법 제10조(과반수 출석, 출석 과반수 찬성으로 의결)에 의한 일반 의결정족수에 따른다.

③ **개표를 개시한 이후**에는 개표소에
　　구·시·군선거관리위원회 **재적위원**(제173조 제2항의 규정에 의하여
　　2개 이상의 개표소를 설치한 때에는 당해 개표소에 **배치된 위원**을 말한다)의
　　과반수가 참석하여야 한다.　　　　　　　　　　　　　　　　[○ 9급 15, 7급 18]
　　　　　　　　　　　　　　　　　　　　　　　　　[3분의 2 이상이 참석하여야 한다(×) 7급 22]

④ 「선거관리위원회법」 제4조 제13항 및 동법 제5조(위원장) 제4항의 규정은
　　2개 이상의 개표소를 설치하는 선거의 경우에 관하여 이를 **준용**한다.

> **준용조문**
> 「선거관리위원회법」 제4조(위원의 임명 및 위촉) ⑬ 공직선거법 제173조(개표소) 제2항의 규정에 의하여 하나의 구·시·군선거관리위원회가 2개 이상의 개표소를 설치하는 경우 구·시·군선거관리위원회의 개표 사무를 보조하기 위한 보조위원은 선거기간 개시일 현재 국회에 교섭단체를 둔 정당이 개표소마다 각 3인 이내에서 추천한 자를 구·시·군선거관리위원회가 위촉한다. 이 경우 정당추천보조위원의 신분보장에 관하여는 제13조(위원의 신분보장)의 규정을 준용하며, 그 근무기간·실비보상 및 위촉절차, 기타 필요한 사항은 중앙선거관리위원회 규칙으로 정한다.
> **제5조(위원장)** ④ 구·시·군선거관리위원회와 읍·면·동선거관리위원회에 부위원장 1인을 두며 당해 선거관리위원회 위원 중에서 호선한다. 다만, 구·시·군선거관리위원회는 「공직선거법」 제173조(개표소) 제2항의 규정에 의하여 하나의 구·시·군선거관리위원회가 2개 이상의 개표소를 설치하는 경우의 선거관리를 위하여 제4조(위원의 임명 및 위촉) 제3항의 위원정수에 불구하고 개표소마다 지방법원장 또는 지원장이 추천하는 법관 1인을 당해 구·시·군선거관리위원회 부위원장으로 위촉할 수 있다. 이 경우 근무기간, 실비보상 및 위촉절차 기타 필요한 사항은 중앙선거관리위원회 규칙으로 정한다.

조문정리

〈의결정족수 등 비교〉

구 분	의결정족수 또는 참석해야 할 위원 수
각급 위원회 의결정족수 (선거관리위원회법 §10)	과반수 출석으로 개의, 출석위원 과반수의 찬성으로 의결 (가부 동수이면 위원장이 결정)
개표개시 후 개표소 참석 위원수(§172③)	구·시·군위원회 재적위원의 과반수가 참석해야 함
2개 이상의 개표소 설치 시 개표관리에 관한 의결정족수(§172②)	당해 개표소에 배치된 위원(보조위원 포함)수의 과반수의 의결로 결정
투표의 효력에 관한 이의에 대한 의결정족수(§180)	구·시·군위원회의 재적위원 과반수의 출석과 출석위원 과반수의 의결로 결정

제173조(개표소)

① 구·시·군선거관리위원회는 **선거일 전 5일까지** 그 **구·시·군의 사무소 소재지** 또는 당해 **관할 구역**(당해 구역 안에 적정한 장소가 없는 때에는 **인접한 다른 구역**을 포함한다) 안에 설치할 **개표소를 공고**하여야 한다. [○ 9급 20]
다만, 천재·지변, 기타 부득이한 사유가 있는 때에는 이를 **변경**할 수 있으며, 이 경우에는 즉시 **공고**하여야 한다.

② 구·시·군선거관리위원회는 **2개 이상의 개표소**를 설치할 수 있다.
[2개 이상 설치할 수 없다(×) 7급 22]

③ 제147조(투표소의 설치) 제3항의 규정은 개표소에 **준용**한다.

> **준용조문**
>
> **제147조(투표소의 설치)** ③ 학교·관공서 및 공공기관·단체의 장은 선거관리위원회로부터 개표소 설치를 위한 장소 사용 협조요구를 받은 때에는 우선적으로 이에 응하여야 한다.

④ 2개 이상의 개표소를 설치하는 때의 개표의 절차 및 방법, 기타 필요한 사항은 중앙선거관리위원회 규칙으로 정한다.

조문정리

〈투표구 등 공고·통보사항〉

구 분	시 기	공 고	통 보(통지)
투표구	·설치 또는 변경 시 ·선거를 실시하는 때 (명부작성기준일 전일까지)	·명칭과 구역 공고 ·일괄 공고	·구·시·군의 장 ·읍·면·동위원회
투표소	선거일 전일까지 설비	·읍·면·동위원회가 선거일 전 10일까지 공고 ·천재·지변 변경 공고는 즉시	규정 없음
사전투표소	사전투표개시일 전일까지 설비	·선거일 전 9일까지 공고 ·투표구마다 공고문 5개소 첩부	선거사무장 또는 선거연락소장

구 분	시 기	공 고	통 보(통지)
기관·시설 안의 기표소	기관·시설의 장이 기표소 설치·운영 일시 및 장소 결정	구·시·군위원회가 기표소 설치일 전일까지	규정 없음
개표소	규정은 없음 (선거일 전일까지 설치)	선거일 전 5일까지 공고	2개소 이상 설치 시만 선거사무장 또는 선거연락소장

제174조(개표사무원)

① 구·시·군선거관리위원회는 개표사무를 보조하게 하기 위하여 **개표사무원을 두어야 한다.** [○ 9급 20]

> **심화학습**
> · 투표사무원, 개표사무원의 성명은 공고하지 않는다.

② 개표사무원은 제147조 제9항 제1호 내지 제4호에 해당하는 자 또는 **공정하고 중립적인 자 중에서 위촉한다.**

> **인용조문**
> 제147조(투표소의 설치) ⑨
> 1. 국가공무원과 지방공무원. 다만, 교정·보호·검찰사무·마약수사·출입국관리·철도공안 직렬의 공무원과 교육공무원 외의 특정직공무원 및 정무직공무원을 제외한다.
> 2. 각급 학교의 교직원
> 3. 은행의 직원
> 4. 제53조 제1항 제4호 내지 제6호에 규정된 기관 등의 직원
> [제53조(공무원 등의 입후보)] ①
> 4. 정부가 100분의 50 이상의 지분을 가지는 기관(한국은행을 포함한다)
> 5. 「농업협동조합법」·「수산업협동조합법」·「산림조합법」·「엽연초생산협동조합법」에 의하여 설립된 조합
> 6. 지방공사와 지방공단

③ 제147조 제9항 제1호부터 제4호까지의 기관·단체의 장이 선거관리위원회로부터 **개표사무원의 추천 협조요구**를 받은 때에는 **우선적으로 이에 따라야 한다.**

④ 삭제

제175조(개표개시)

① 삭제
② 구·시·군선거관리위원회는 관할 구역 안에 2 이상의 선거구가 있는 경우에는 **선거구 단위로 개표한다.** [○ 9급 15]

> **심화학습**
>
> · 동시선거 시 제175조(개표개시) 제2항의 규정에 의한 개표순서는 선거별 또는 그 선거구의 관할 구역이 작은 선거구별로 구분하여 행한다.(§214)

📢 제176조(사전투표·거소투표 및 선상투표의 접수·개표)

① 구·시·군선거관리위원회는
우편으로 송부된 **사전투표·거소투표 및 선상투표**를 **접수한 때**에는
당해 구·시·군선거관리위원회의 **정당추천위원의 참여**하에
이를 즉시 **우편투표함에 투입·보관**하여야 한다.　[구·시·군선거관리위원회 위원장의 입회하에(×) 9급 18]

② 구·시·군선거관리위원회는 제158조 제6항 제2호〈관내투표〉에 따라
사전투표함을 인계받은 때에는
해당 구·시·군선거관리위원회의 **정당추천위원의 참여**하에
투표함의 봉함·봉인상태를 확인하고 보관하여야 한다.

③ 구·시·군선거관리위원회는
제1항에 따른 우편투표함과 제2항에 따른 사전투표함을
「개인정보 보호법」 제2조 제7호에 따른
고정형 영상정보처리기기가 설치된 장소에 보관하여야 하고,
해당 영상정보는
해당 선거의 **선거일 후 6개월까지 보관**하여야 한다.　[선거일 후 1년까지 보관(×) 7급 22]

④ 제1항에 따른 **우편투표함**과 제2항에 따른 **사전투표함**은
개표참관인의 참관하에 선거일 오후 6시〈격리자 등 투표 시는 오후 7시 30분〉
(**보궐선거 등에 있어서는 오후 8시**)〈격리자 등 투표 시는 오후 9시 30분〉 후에
개표소로 옮겨서 일반투표함의 투표지와 별도로 **먼저 개표할 수 있다**.　[○ 7급 24·15]
　　　　　　　　　　　　　　　　　　　　[동시에 개표하여야 한다(×) 7급 21]
　　　　　　　　　　　　　　　　　　　　[보궐선거에서 오후 6시 후에(×) 9급 15]

⑤ 제3항에 따른 영상정보처리기기의 설치, 투표함 보관, 그 밖에 필요한 사항은
중앙선거관리위원회 규칙으로 정한다.

📢 제177조(투표함의 개함)

① **투표함을 개함하는 때**에는
구·시·군선거관리위원회 **위원장은 개표참관인의 참관하에**
투표함의 봉쇄와 봉인을 검사한 후 이를 열어야 한다.
다만, **정당한 사유 없이 참관을 거부하는 개표참관인이 있는 때**에는
그 **권한을 포기한 것으로 보고, 개표록에 그 사유를 기재**한다.　[○ 7급 24]

② 구·시·군선거관리위원회 **위원장**은 투표함을 개함한 후 **투표수를 계산**하여
투표록에 기재된 **투표용지 교부수와 대조**하여야 한다.
이 경우 **정당한 사유 없이 개표사무를 지연시키는 위원**이 있는 때에는
그 권한을 포기한 것으로 보고, **개표록에 그 사유를 기재**한다.

📢 제178조(개표의 진행)

① 개표는 **투표구별**로 구분하여 투표수를 계산한다. [○ 7급 22]
② 구·시·군선거관리위원회는 개표사무를 보조하기 위하여
투표지를 **유·무효별** 또는 **후보자**(비례대표 국회의원선거 및 비례대표
지방의회의원선거에서는 **정당**을 말한다)별로 구분하거나
계산에 필요한 **기계장치** 또는 **전산조직**을 이용할 수 있다.

> **기출체크**
>
> ❶ 「공직선거법」 제178조에 따른 개표의 진행과 관련하여 동시계표 투표함 수에 대한 제한을 두지 아니한 것은 입법자의 합리적 재량의 범위 안에 있는 것으로 인정되고, 일부 개표소에서 동시계표 투표함 수에 비하여 상대적으로 적은 수의 개표참관인이 선정될 수 있다는 사정만으로 입법자의 선택이 현저히 불합리하거나 불공정하여 유권자의 선거권이 침해되었다고 볼 수 없다.(헌재 2013. 8. 29. 2012헌마326) [○ 9급 21, 7급 19]
> ❷ 개표사무에 소모되는 예산 및 인력 절감, 개표의 신속성과 정확성을 제고하기 위하여 공직선거 개표를 보조하는 기계장치 등을 이용할 수 있도록 한 것은 선거권자의 선거권을 침해하는 것이 아니다.(헌재 2016. 3. 31. 2015헌마1056·1172) [○ 9급 24·18]

③ **후보자별 득표수**(비례대표 국회의원선거 및 비례대표 지방의회의원선거에
있어서는 **정당별 득표수**를 말한다. 이하 이 조에서 같다)의 **공표**는
구·시·군선거관리위원회 **위원장**이
투표구별로 집계·작성된 **개표상황표**에 의하여 **투표구 단위**로 하되,
출석한 구·시·군선거관리위원회 **위원 전원**은
공표 전에 득표수를 검열하고 개표상황표에 **서명**하거나 **날인**하여야 한다.
다만, 정당한 사유 없이 개표사무를 지연시키는 위원이 있는 때에는
그 권한을 포기한 것으로 보고, 개표록에 그 **사유를 기재**한다.
④ 누구든지 제3항에 따른 후보자별 득표수의 **공표 전**에는 이를 **보도할 수 없다**.
다만, 선거관리위원회가 제공하는 개표상황 자료를 보도하는 경우에는
그러하지 아니하다.

> **심화학습**
>
> • 공표 전에 보도만 제한하는 것이지 개표참관인은 공표 전이라도 후보자 측에 통보는 할 수 있다.
> • 선관위가 제공하는 개표상황 자료는 공표 전에도 보도할 수 있다.
> • 임기만료에 의한 지방자치단체의 의회의원 및 장의 선거를 동시에 실시하는 경우(4개 이상 선거의 동시실시에 관한 특례) 개표진행 및 결과공표는 제178조 제1항·제2항에도 불구하고 읍·면·동을 단위로 할 수 있다.(§216②)

⑤ 개표절차 및 개표상황표의 서식, 기타 필요한 사항은 중앙선거관리위원회 규칙으로 정한다.

제179조(무효투표)

① 다음 각 호의 어느 하나에 해당하는 투표는 무효로 한다.
  1. **정규의 투표용지**를 사용하지 아니한 것
  2. **어느 란에도 표를 하지 아니한 것**
  3. **2란에 걸쳐서 표를 하거나 2 이상의 란에 표를 한 것** [무효, 9급 23]
  4. 어느 란에 표를 한 것인지 **식별할 수 없는 것**
  5. ⓘ표를 하지 아니하고 **문자 또는 물형을 기입**한 것 [무효, 9급 23]
  6. ⓘ표 외에 **다른 사항을 기입**한 것 [무효, 9급 23]
  7. 선거관리위원회의 **기표용구가 아닌 용구**로 표를 한 것 [무효, 9급 23·20]

② **사전투표 및 거소투표**의 경우에는 제1항의 규정에 의하는 외에 다음 각 호의 어느 하나에 해당하는 투표도 이를 무효로 한다.
  1. **정규의 회송용 봉투**를 사용하지 아니한 것
  2. 회송용 봉투가 **봉함되지 아니한 것** [무효, 9급 22, 7급 14]
  3. 삭제
  4. 삭제

③ **선상투표**의 경우에는 제1항에 따라 무효로 하는 경우 외에 다음 각 호의 어느 하나에 해당하는 경우에도 무효로 한다.
  1. **선상투표 신고서에 기재된 팩시밀리 번호가 아닌 번호**를 이용하여 전송되거나 전송한 **팩시밀리 번호를 알 수 없는 것**
  2. 같은 선거인의 투표지가 2회 이상 수신된 경우 정상적으로 수신된 **최초의 투표지 외의 것** [정상적으로 수신된 해당 선거인의 모든 투표를 무효로 한다(×) 9급 22]
  [정상적으로 수신된 최초의 투표지(유효) 7급 14]
  3. 선거인이나 선장 또는 입회인의 **서명이 누락된 것**
  (제158조의3 제3항 단서에 따라 입회인을 두지 아니한 경우 입회인의 서명이 누락된 것〈유효〉은 **제외**한다)
  4. 표지부분에 **후보자의 성명**이나 **정당의 명칭** 또는 그 성명이나 명칭을 유추할 수 있는 내용이 **표시된 것** [무효, 7급 14]

④ 다음 각 호의 어느 하나에 해당하는 투표는 **무효로 하지 아니한다**.
  1. ⓘ표가 일부분 표시되거나 ⓘ표 안이 메워진 것으로서 **선거관리위원회의 기표용구를 사용하여 기표를 한 것이 명확한 것**

2. **한 후보자**(비례대표 국회의원선거 및 비례대표 지방의회의원선거에
   있어서는 **정당**을 말한다. 이하 이 항에서 같다) **란에만 2 이상 기표**된 것

[무효로 한다(×) 9급 21]
[유효, 9급 20]

3. **후보자란 외에 추가 기표**되었으나
   추가 기표된 것이 어느 후보자에게도 기표한 것으로 볼 수 없는 것

[유효, 9급 20]

기출체크

투표지의 기표가 어느 후보자의 기표란 밖에 표시된 것이라 하더라도 그 기표의 외곽선이 오로지 어느 특정 후보자의 기호란이나 성명란 등에만 접선되어 있는 것이라면 그 접선된 후보자에게 기표한 것으로 본다.(대법원 1997. 2. 25. 96우85)

[○ 9급 21, 7급 15]

4. 삭제
5. 기표한 것이 **전사**된 것으로서 어느 후보자에게 기표한 것인지가 **명확**한 것
6. 인육으로 오손되거나 훼손되었으나 **정규의 투표용지**임이 명백하고
   어느 후보자에게 기표한 것인지가 **명확**한 것

기출체크

흐리게 찍히기는 하였으나 어느 란에 표를 한 것인지 식별할 수 있는 것은 유효로 한다.

[유효, 9급 23]

7. **거소투표**(선상투표를 포함한다)의 경우 이 법에 규정된 방법 **외**의
   다른 방법[**인장**〈무효〉(**무인**〈유효〉을 제외한다)의 날인·**성명기재**〈무효〉 등
   누가 투표한 것인지 알 수 있는 것을 제외한다]으로 표를 하였으나
   어느 후보자에게 기표한 것인지가 **명확**한 것

기출체크

거소투표의 경우 무인으로 표를 하였으나 어느 후보자에게 기표한 것인지 명확한 것은 무효로 하지 아니한다.

[○ 7급 15]

8. **회송용 봉투**에 성명 또는 **거소**가 기재되거나 **사인**이 날인된 것 [유효, 9급 20, 7급 15·14]

심화학습

· 성명, 거소, 사인이 봉투에 기재·날인된 것만 유효이고, 투표지에 기재된 것은 당연 무효이다.

9. 거소투표자 또는 선상투표자가 투표 후 선거일의 투표개시 전에
   사망한 경우 그 거소투표 또는 선상투표
10. 사전투표소에서 **투표한 선거인이 선거일의 투표개시 전에 사망한 경우**
    해당 선거인의 투표

[유효, 9급 15]
[무효로 한다(×) 7급 15]

기출체크

무효투표에 해당하는 것을 모두 고른 것은?(다툼이 있는 경우 판례에 의함)
① 거소투표자의 기표 및 봉함이 투표자 본인의 의사에 따라 직접 행하여졌으나 그 회송용 겉봉투의 봉함 부분에 거소투표자의 사인 대신 당해 투표자들이 요양치료 중인 정신병원장의 직인이 날인된 경우(대법원 2000. 10. 6. 2000수63)
② 선상투표 신고서에 기재된 팩시밀리 번호가 아닌 번호를 이용하여 전송되거나 전송한 팩시밀리 번호를 알 수 없는 경우 ⇒ §179③
③ 기표의 횟수와 관련하여 후보자·정당란 외에 추가 기표되었으나 추가 기표된 것이 어느 후보자·정당에도 기표한 것으로 볼 수 없는 경우 ⇒ §179④
④ 사전투표소에서 투표한 선거인이 선거일의 투표개시 전에 사망한 경우 해당 선거인의 투표 ⇒ §179④

[① 출제 당시 법에서는 무효, ② 무효, ③④ 유효, 7급 16]

📢 제180조(투표의 효력에 관한 이의에 대한 결정)

① 투표의 효력에 관하여 **이의가 있는 때**에는 구·시·군선거관리위원회는 **재적위원 과반수의 출석과 출석위원 과반수의 의결로 결정한다.** [○ 9급 20, 7급 24·18]
[최소한 재적위원 과반수의 의결로 결정한다(×) 7급 15]

심화학습
· 개표개시 후에는 §172③ 규정으로 이미 재적위원 과반수가 출석해 있어야 하므로 그 과반수로 의결하면 된다.

② 투표의 효력을 결정함에 있어서는 **선거인의 의사가 존중**되어야 한다.

📢 제181조(개표참관)

① 구·시·군선거관리위원회는 개표참관인으로 하여금 개표소 안에서 개표상황을 참관하게 **하여야 한다.**

② 제1항의 개표참관인은 구·시·군선거관리위원회의 관할 구역 안에서 실시되는 선거에 후보자를 추천하는 **정당은 6인을, 무소속 후보자는 3인을 선정**하여 [정당은 5인을(×) 7급 24]
선거일 전 2일까지
당해 구·시·군선거관리위원회에 서면으로 **신고**하여 참관하게 하되,
신고 후 언제든지 교체할 수 있으며
개표일에는 개표소에서 교체 신고를 할 수 있다. [○ 9급 22]
[개표일에는 교체 신고를 할 수 없다(×) 7급 14]

심화학습
· 개표소에서 교체 신고는 법문상 선거일 아닌 개표일로 되어 있다.(선거일 다음 날까지 개표하는 경우를 고려)
· 동시선거 시 개표참관인 신고인 수: 정당 8인, 무소속 2인
· 동시선거 시 투표참관인 신고인 수: 정당 2인, 무소속 2인(단일선거: 후보자마다 2인)

> **기출체크**
> 동시계표 투표함 수에 비하여 상대적으로 적은 수의 개표참관인이 선정될 수 있는 경우에도 동시계표 투표함 수를 제한하지 않는 것은 헌법에 위반되지 않는다.(헌재 2013. 8. 29. 2012헌마326) [O 7급 16]

③ 제2항의 규정에 의한 개표참관인의 **신고가 없거나**
  한 정당 또는 한 후보자가 선정한 개표참관인밖에 없는 때에는
  구·시·군선거관리위원회가 **선거권자** 중에서 본인의 승낙을 얻어 **12인**
  [**지역구 자치구·시·군의원** 선거에 있어서는 **6인**
  (한 정당이 선정한 개표참관인밖에 없는 때에는〈6인이므로〉 9인)]에
  달할 때까지 선정한 자를 개표참관인으로 한다.

> **기출체크**
> 지역구 자치구·시·군의원선거에서 한 후보자가 선정한 개표참관인밖에 없는 때에는 구·시·군선거관리위원회가 선거권자 중에서 본인의 승낙을 얻어 6인에 달할 때까지 선정한 자를 개표참관인으로 한다. [O 7급 14]

④ 제3항의 규정에 의하여 구·시·군선거관리위원회가 선정한 개표참관인은
  정당한 사유 없이 **참관을 거부하거나** 그 **직을 사임할 수 없다.**
⑤ 구·시·군선거관리위원회는 제2항 및 제3항에도 불구하고
  개표장소, 선거인수 등을 고려하여 **선거권자**의 신청을 받아 제2항에 따라
  정당 또는 후보자가 신고할 수 있는 개표참관인 수의 **100분의 20 이내**에서
  개표참관인을 **추가로 선정**하여 참관하게 할 수 있다. [O 9급 18]
⑥ 개표참관인은 투표구에서 송부된 **투표함의 인계·인수절차**를 참관하고
  투표함의 봉쇄·봉인을 검사하며 그 **관리상황을 참관**할 수 있다.
⑦ 구·시·군선거관리위원회는 개표참관인이 개표내용을 식별할 수 있는
  가까운 거리(**1미터 이상 2미터 이내**)에서 참관할 수 있도록
  개표참관인석을 마련하여야 한다. [관람할 수 있도록 개표관람인석을 마련(×) 9급 18]
⑧ 구·시·군선거관리위원회는
  개표참관인이 개표에 관한 **위법사항**을 발견하여 그 **시정을 요구한 경우**에
  그 요구가 정당하다고 인정되는 때에는 이를 **시정하여야 한다.**
⑨ 개표참관인은 개표소 안에서
  개표상황을 언제든지 **순회·감시 또는 촬영**할 수 있으며, [O 7급 19]
  당해 구·시·군선거관리위원회 위원장이 **개표소 안** 또는 **일반관람인석**에
  지정한 장소에 전화·컴퓨터, 기타의 **통신설비**를 설치하고,
  이를 이용하여 **개표상황을 후보자 또는 정당에 통보**할 수 있다. [O 9급 18, 7급 15·14]
  [당해 구·시·군선거관리위원회 위원장의 허락 없이 촬영을 하여서는 아니 된다(×) 9급 22]

⑩ 구·시·군선거관리위원회는 원활한 개표관리를 위하여 필요한 경우에는 개표참관인을 **교대**하여 **참관**하게 할 수 있다. 이 경우 정당·후보자별로 참관인수의 **2분의 1씩** 교대하여 참관하게 하여야 한다. [O 7급 14]

⑪ 다음 각 호의 어느 하나에 해당하는 사람은 **개표참관인이 될 수 없다.**
  1. 대한민국 국민이 아닌 사람
  2. 미성년자
  3. 제18조 제1항 각 호의 어느 하나에 해당하는 사람
  4. 제53조 제1항 각 호의 어느 하나에 해당하는 사람

> **인용조문**
>
> **제18조(선거권이 없는 자)** ①
>   1. 금치산선고를 받은 자
>   2. 1년 이상의 징역 또는 금고의 형의 선고를 받고 그 집행이 종료되지 아니하거나 그 집행을 받지 아니하기로 확정되지 아니한 사람. 다만, 그형의 집행유예를 선고받고 유예기간 중에 있는 사람은 제외한다.
>   3. 선거범 등
>   4. 법원의 판결 또는 다른 법률에 의하여 선거권이 정지 또는 상실된 자
>
> **제53조(공무원 등의 입후보)** ①
>   1. 국가공무원과 지방공무원. 다만, 「정당법」 제22조(발기인 및 당원의 자격) 제1항 제1호 단서의 규정에 의하여 정당의 당원이 될 수 있는 공무원(정무직공무원을 제외한다)은 그러하지 아니하다.
>   2. 각급 선거관리위원회 위원 또는 교육위원회의 교육위원
>   3. 다른 법령의 규정에 의하여 공무원의 신분을 가진 자
>   4. 정부가 100분의 50 이상의 지분을 가지고 있는 기관(한국은행을 포함한다)의 상근 임원
>   5. 「농업협동조합법」·「수산업협동조합법」·「산림조합법」·「엽연초생산협동조합법」에 의하여 설립된 조합의 상근 임원과 이들 조합의 중앙회장
>   6. 「지방공기업법」 제2조(적용범위)에 규정된 지방공사와 지방공단의 상근 임원
>   7. 「정당법」 제22조 제1항 제2호의 규정에 의하여 정당의 당원이 될 수 없는 사립학교 교원
>   8. 「신문 등의 진흥에 관한 법률」 제2조에 따른 신문 및 인터넷신문, 「잡지 등 정기간행물의 진흥에 관한 법률」 제2조에 따른 정기간행물, 「방송법」 제2조에 따른 방송사업을 발행·경영하는 자와 이에 상시 고용되어 편집·제작·취재·집필·보도의 업무에 종사하는 자로서 중앙선거관리위원회 규칙으로 정하는 언론인
>   9. 특별법에 의하여 설립된 국민운동단체로서 국가 또는 지방자치단체의 출연 또는 보조를 받는 단체(바르게살기운동협의회·새마을운동협의회·한국자유총연맹을 말하며, 시·도조직 및 구·시·군조직을 포함한다)의 대표자

> **심화학습**
>
> · 후보자와 후보자의 배우자는 투표참관인은 될 수 없으나 개표참관인은 될 수 있다.

기출체크

❶ 「정당법」상 정당의 당원이 될 수 없는 사립학교 교원은 개표참관인이 될 수 없다. [O 7급 19]

❷ 「공직선거법」상 지방선거에서 선거권자로서 개표참관인이 될 수 없는 사람만을 모두 고른 것은?
① 영주의 체류자격 취득일 후 3년이 경과하고 해당 지방자치단체의 외국인등록대장에 올라 있는 중국 국적자 ⇒ §181⑪1
② 징역 1년에 집행유예 2년을 선고받고 집행유예기간 중에 있는 대한민국 국민 ⇒ §181⑪3
③ 바르게살기운동협의회의 대표자 ⇒ §181⑪4
④ 「농업협동조합법」에 의하여 설립된 조합의 상근 임원 ⇒ §181⑪4
[① ×(외국인은 불가) ③ ×(§53①9에 해당하여 불가) ④ ×(§53①5에 해당하여 불가)
② O(선거권이 있는 자로 가능) 7급 17]

❸ 후보자는 투표참관인이 될 수 없으나 개표참관인은 될 수 있다. [O 7급 15]

⑫ 개표참관인신고서의 서식, 기타 필요한 사항은 중앙선거관리위원회 규칙으로 정한다.

조문정리

〈투·개표참관인 비교〉

구 분	투표참관인	사전투표참관인	개표참관인	재외투표참관인
신고권자	정당, 후보자, 선거사무장 or 선거연락소장	좌 동	후보자추천 정당, 무소속 후보자	후보자(대선-정당) 국선-보조금 정당
신고인원	후보자마다 투표소별 2인	좌 동	정당 6인, 무소속 3인	재외선거인 등 2명
신고기한 신고처	· 선거일 전 2일까지 · 읍·면·동위원회	· 선거일 전 7일까지, 기관·시설은 그 투표일 전 2일까지 · 구·시·군위원회 (기관·시설도)	· 선거일 전 2일까지 · 구·시·군위원회	· 선거일 전 17일까지 · 재외위원회
교체신고	언제든지 가능 (투표소에서도)	좌 동	좌 동(개표소에서도)	좌 동
상한인원	8명	8명	해당 없음	없 음
상한초과 시 처리방법	· 후보 8명 초과: 후보자별 1명씩 선정 후 추첨 · 후보 8명 미달: 후보자별 1명씩 배정, 나머지 추첨	좌 동	해당 없음	하한 2명 상한 없음
하한미달 등 자체선정 사유	신고 없거나 4인 미달	신고 없거나 1후보자만 신고 시	신고 없거나 1정당 또는 1후보자만 신고 시	좌 동

구 분	투표참관인	사전투표참관인	개표참관인	재외투표참관인
하한미달 시 처리방법	투표구 관할 구·시·군 거주 선거권자 중 본인 승낙 받아 4인에 달할 때까지 선정	(대한민국) 선거권자 중에서 본인 승낙받아 4인에 달할 때까지 선정	선거권자 중에서 12인[지역구기초의원은 6인 (한 정당이 선정한 개표참관인밖에 없는 때에는 9인)]에 달할 때까지 선정	재외위원회가 2명 선정 (1명 신고 시 1+2=3명)
참관인 제한	외국인, 미성년자, 선거권 없는 자, 입후보제한직, 후보자 및 그 배우자	좌 동	외국인, 미성년자, 선거권 없는 자, 입후보제한직	
권 한	· 위법사실 발견 시 투표관리관에게 시정요구권 · 투표소 안 사고발생 시 촬영	좌 동 (시정요구는 사전투표관리관에게)	· 위법사실 발견 시 구·시·군위원회 통해서만 시정요구권 · 언제든지 순회·감시·촬영 · 통신설비 설치 및 개표상황 통보 · 투표함 인계·인수절차 참관, 투표함 봉쇄·봉인 검사 등	
각급위원회 위원, 예비군중대장, 주민자치위원, 통·리·반장	선거일 전 90일까지 사직(보궐선거 등은 확정일부터 5일 이내)	좌 동	사직 없이 가능 (각급위원회 위원은 사직)	

조문정리

〈단일선거와 동시선거의 참관인 비교〉

구 분	단일선거	동시선거
투 표 참관인 (§161③, §213①)	① 정수는 8명 ② 후보자마다 2인 선정 ③ 8명 초과 시 무조건 추첨 ④ 전원참관이 원칙(교대참관조치 가능) ⑤ 신고기한은 선거일 전 2일까지 ⑥ 선정이 없거나 4명에 미달 시 위원회 선정 ⑦ 구·시·군 거주 선거권자	① 단일선거와 같음 ② 후보자 추천 정당과 무소속마다 2인 ③ 같 음 ④ 특례가 없으므로 일반규정 적용 ⑤ 좌 동 ⑥ 좌 동 ⑦ 좌 동
사전투표 참관인 (§162)	① 정수는 8명 ② 후보자마다 2인 ③ 8명 초과시 무조건 추첨 ④ 전원참관이 원칙(교대참관조치 가능) ⑤ 신고기한은 선거일 전 7일까지 ⑥ 미신고, 한 후보만 신고 시 위원회 선정 ⑦ 선거권자 중에서 4인	① 정수는 8인 ② 선거참여 정당마다 2인, 무소속 1인 ③ 정수 초과 시 앞 순위 정당 우선 지정 ④ 특례가 없으므로 일반규정 적용 ⑤ 좌 동 ⑥ 좌 동 ⑦ 좌 동

구 분	단일선거	동시선거
개 표 참관인 (§181, §215)	① 정수제한이 없음. ② 후보자 추천 정당 6인, 무소속 3인 　⇒ 선거권자 중 정당·후보자가 신고할 수 있는 자의 20% 추가선정 가능 ③ 거소·선상 및 사전투표의 개표 참관 특별규정이 없음. ④ 신고기한은 선거일 전 2일까지 ⑤ 전원참관이 원칙(교대참관조치 가능) ⑥ 미신고, 1정당 또는 1후보만 신고 시 위원회선정 ⑦ 선거권자 중 12인[지역구기초선거는 6인 　(1정당이 선정한 개표참관인 밖에 없는 때에는 9인)]	① 특례가 없으므로 일반규정 적용 ② 후보자 추천 정당마다 8인, 무소속 2인 ③ 거소·선상 및 사전투표 개표: 정당 4인, 무소속 1인씩 참관 ④ 특례가 없으므로 일반규정 적용 ⑤ 좌 동 ⑥ 좌 동 ⑦ 좌 동

- 투표참관인·사전투표참관인·개표참관인에게 모두 해당되는 사항(공통점)
  - (읍·면·동, 구·시·군)위원회 선정 참관인이 정당한 사유 없이 참관 거부, 사임 금지
  - 참관인이 될 수 없는 자(외국인, 미성년자, §18 선거권이 없는 자, §53 입후보제한자)

📢 제182조(개표관람)

① 누구든지 구·시·군선거관리위원회가 발행하는 **관람증**을 받아

[중앙선거관리위원회가 발행하는(×) 9급 21]

구획된 장소에서 개표상황을 **관람할 수 있다.**　　　　　　　　　　[○ 7급 23·19]

② 제1항의 관람증의 매수는 개표장소를 참작하여 적당한 수로 하되,

후보자별로 균등하게 배부되도록 하여야 한다.　　　　　　　　　　[○ 9급 22]

[정당별로 균등하게(×) 7급 19]

> **심화학습**
>
> · 동시선거 시에는 정당별로 우선 균등 배부 후 무소속 후보자별로 균등 배부하되, 후보자마다 1매 이상 배부한다.(§215②)

③ 구·시·군선거관리위원회는

일반관람인석에 대하여 **질서유지**에 필요한 **설비**를 하여야 한다.　　[○ 7급 23]

📢 제183조(개표소의 출입제한과 질서유지)

① 구·시·군선거관리위원회와 그 상급선거관리위원회의 **위원·직원**,

개표사무원·개표사무협조요원 및 **개표참관인**을 제외하고는　　　[후보자(×) 7급 18]

누구든지 개표소에 들어갈 수 없다.　　　　　　[방송·신문·통신의 취재·보도요원(×) 7급 23]

다만, 관람증을 배부받은 자와 방송·신문·통신의 **취재·보도요원**이

일반관람인석에 들어가는 경우는 그러하지 아니하다.

> **심화학습**
>
> · 기자도 일반관람인석 출입근거만 있지 법문상으로 개표장소 안에 출입근거는 없다.

② 선거관리위원회의 위원·직원, 개표사무원·개표사무협조요원 및
개표참관인이 개표소에 출입하는 때에는
중앙선거관리위원회 규칙이 정하는 바에 따라 **표지**를 달거나 붙여야 하며,
이를 다른 사람에게 **양도·양여**할 수 없다. [○ 7급 23]

③ 구·시·군선거관리위원회 **위원장**이나 **위원**은 개표소의 질서가 심히 문란하여
공정한 개표가 진행될 수 없다고 인정하는 때에는
개표소의 **질서유지**를 위하여
정복을 한 경찰공무원 또는 경찰관서장에게 **원조를 요구**할 수 있다. [○ 7급 23]

④ 제3항의 규정에 의하여
원조요구를 받은 경찰공무원 또는 경찰관서장은 즉시 이에 **따라야 한다**.

⑤ 제3항의 요구에 의하여 개표소 안에 들어간 경찰공무원 또는 경찰관서장은
구·시·군선거관리위원회 **위원장의 지시**를 받아야 하며,
질서가 회복되거나 **위원장의 요구**가 있는 때에는 즉시 개표소에서 **퇴거**하여야 한다.
[○ 9급 22]

⑥ 제3항〈경찰〉의 경우를 제외하고는
누구든지 개표소 안에서 **무기**나 **흉기** 또는 **폭발물**을 지닐 수 없다.

제184조(투표지의 구분)

개표가 끝난 때에는 **투표구별**로 개표한 투표지를 **유효·무효**로 **구분**하고,
유효투표지는 다시 후보자(비례대표 국회의원선거 및 비례대표
지방의회의원선거에 있어서는 후보자를 추천한 **정당**을 말한다)**별**로 **구분**하여
각각 포장하여 구·시·군선거관리위원회 **위원장**이 **봉인**하여야 한다.

제185조(개표록·집계록 및 선거록의 작성 등)

① **구·시·군선거관리위원회**는 개표결과를 즉시 **공표**하고 **개표록**을 **작성**하여
관할 **선거구** 선거관리위원회(대통령선거 및 **비례대표 국회의원선거**에
있어서는 **시·도선거관리위원회**)에 **송부**하여야 한다. [○ 9급 17]

② 제1항의 개표록을 송부받은 관할 **선거구** 선거관리위원회는 지체 없이
후보자(비례대표 지방의회의원선거에 있어서는 **정당**을 말한다)별 득표수를 **계산·
공표**하고 **선거록**을 **작성**하여야 한다.

③ **시·도선거관리위원회**가 제1항의 개표록을 송부받은 때에는
대통령선거에 있어서는 **후보자별 득표수**를,
비례대표 국회의원선거에 있어서는 **정당별 득표수**를 **계산·공표**하고
집계록을 **작성**하여 중앙선거관리위원회에 **송부**하여야 한다. [○ 9급 17]

> **심화학습**
> · 집계록은 시·도선관위에서만 작성한다.

④ **중앙선거관리위원회**가 제3항의 집계록을 송부받은 때에는
  대통령선거에 있어서는 **후보자별 득표수**를,
  비례대표 국회의원선거에 있어서는 **정당별 득표수**를 **계산·공표**하고,
  선거록을 작성하여야 한다.

> **심화학습**
> · 중앙선관위는 위 2개 선거의 선거구위원회이므로 선거록만 작성한다. 집계록은 작성하지 않는다.

⑤ 개표록·집계록 및 선거록에는
  위원장과 출석한 위원 전원이 기명하고 서명 또는 날인하여야 한다.
  다만, 정당한 사유 없이 서명 또는 날인을 거부하는 위원이 있는 때에는
  그 권한을 포기한 것으로 보고,
  개표록·집계록 및 선거록에 <u>그 사유를 기재</u>한다.   [그 사유를 기재하지 아니한다(×) 9급 17]

⑥ 개표록·집계록 및 선거록의 서식, 기타 필요한 사항은 중앙선거관리위원회 규칙으로 정한다.

> **심화학습**
> · 동시선거에 있어 투표록 및 개표록은 선거의 구분 없이 하나의 투표록 및 개표록으로 각각 작성할 수 있다.(§217)

📢 제186조(투표지·개표록 및 선거록 등의 보관)

구·시·군선거관리위원회는
투표지·투표함·투표록·개표록·선거록, 기타 선거에 관한 모든 서류를,
시·도선거관리위원회는 **집계록 및 선거록**, 기타 선거에 관한 모든 서류를,
중앙선거관리위원회는 **선거록**, 기타 선거에 관한 모든 서류를
<u>그 당선인의 임기 중</u> 각각 <u>보관</u>하여야 한다.
다만, 제219조(선거소청)·제222조(선거소송) 및 제223조(당선소송)의 규정에 의한
선거에 관한 쟁송이 제기되지 아니하거나 계속되지 아니하게 된 때에는
<u>중앙선거관리위원회 규칙이 정하는 바에 따라</u>
<u>그 보존기간을 단축할 수 있다.</u>   [○ 9급 17]

제12장 당선인

제187조	대통령 당선인의 결정·공고·통지	363
제188조	지역구 국회의원 당선인의 결정·공고·통지	363
제189조	비례대표 국회의원 의석의 배분과 당선인의 결정·공고·통지	365
제190조	지역구 지방의회의원 당선인의 결정·공고·통지	368
제190조의2	비례대표 지방의회의원 당선인의 결정·공고·통지	369
제191조	지방자치단체의 장의 당선인의 결정·공고·통지	371
제191조의2	당선인 사퇴의 신고	372
제192조	피선거권 상실로 인한 당선무효 등	373
제193조	당선인 결정의 착오시정	375
제194조	당선인의 재결정과 비례대표 국회의원 의석 및 비례대표 지방의회의원 의석의 재배분	375

📢 제187조(대통령 당선인의 결정·공고·통지)

① 대통령선거에 있어서는 중앙선거관리위원회가 **유효투표의 다수를 얻은 자**를
당선인으로 **결정**하고, 이를 **국회의장**에게 통지하여야 한다.
다만, 후보자가 1인인 때에는 그 득표수가 선거권자총수의 3분의 1 이상에
달하여야 당선인으로 결정한다.　　　　　　　　　　　　　[○ 9급 24, 7급 21]
　　　　　　　　　　　　　　　　　　　　　　　　　　　[유효투표총수(×) 9급 15]

> **심화학습**
> · 대통령 당선인이 결정되면 의결기관인 국회의장에게 통지하고, 지방자치단체장 당선인은 지방의회의장에게 통지하는 것으로 이해한다.

② **최고득표자가 2인 이상인 때에는** 중앙선거관리위원회의 통지에 의하여
국회는 재적의원 과반수가 출석한 공개회의에서 **다수표를 얻은 자**를
당선인으로 **결정**한다.　　　　　　　　　　　　　　　　[○ 9급 24·13]

③ **제1항**의 규정에 의하여 당선인이 결정된 때에는 **중앙선거관리위원회 위원장**이,
제2항의 규정에 의하여 당선인이 결정된 때에는 **국회의장**이 이를 공고하고,
지체 없이 당선인에게 **당선증을 교부**하여야 한다.　[중앙선관위 위원장이 공고(×) 9급 21, 7급 19·13]

> **기출체크**
> 대통령선거에서 최고득표자가 2인 이상인 때에는 국회는 재적의원 과반수가 출석한 공개회의에서 다수표를 얻은 자를 당선인으로 결정하고, 이를 국회의장이 공고하며 중앙선거관리위원회 위원장이 당선증을 교부한다.
> [×(국회의장이 당선증을 교부한다) 7급 18]

④ 천재·지변, 기타 부득이한 사유로 인하여
개표를 모두 마치지 못하였다 하더라도
개표를 마치지 못한 지역의 투표가
선거의 결과에 영향을 미칠 염려가 없다고 인정되는 때에는
중앙선거관리위원회는 **우선** 당선인을 **결정할 수 있다**.　　　[○ 9급 18]

> **심화학습**
> · 본 항의 규정은 비례대표선거를 포함한 모든 선거에 준용된다.

📢 제188조(지역구 국회의원 당선인의 결정·공고·통지)

① 지역구 국회의원선거에 있어서는 **선거구 선거관리위원회**가
당해 국회의원 지역구에서 **유효투표의 다수를 얻은 자를 당선인으로 결정**한다.
다만, **최고득표자가 2인 이상인 때에는 연장자**를
당선인으로 결정한다.　　　　　　　　　　　　　　　[○ 9급 18·13, 7급 13]

② **후보자등록마감시각**에 지역구 국회의원 후보자가 **1인**이거나
　후보자등록마감 후 선거일 투표 개시시각 전까지
　지역구 국회의원 후보자가 **사퇴·사망**하거나 등록이 **무효**로 되어
　지역구 국회의원 후보자수가 **1인**이 된 때에는
　지역구 국회의원 후보자에 대한 **투표를 실시하지 아니하고**,
　선거일에 그 후보자를 당선인으로 결정한다. 　　　　　　　　[○ 9급 24, 7급 24·23·21·15]

> **기출체크**
> ❶ 후보자등록마감시각에 지역구 국회의원 후보자가 1인인 경우 당해 지역구 국회의원 후보자에 대한 투표는 실시하지 아니한다. 　　　　　　　　　　　　　　　　　　　　　　　　　　　　　　　　　　　　　　[○ 9급 14]
> ❷ 후보자등록마감시각에 지역구 국회의원후보자가 1인인 때에는 그 득표수가 선거권자 총수의 3분의 1 이상에 달하여야 당선인으로 결정한다. 　　　　　　　　　　　　　　　　　　　　　　　　　　　　[× 7급 24]

③ **선거일의 투표 개시시각부터 투표 마감시각까지**
　지역구 국회의원 후보자가 **사퇴·사망**하거나 등록이 **무효**로 되어
　지역구 국회의원 후보자수가 **1인**이 된 때에는
　나머지 투표는 실시하지 아니하고 그 후보자를 당선인으로 결정한다. 　　[○ 7급 23, 9급 14]

> **심화학습**
> · 투표하는 도중에 후보자수가 1인이 되면 지체 없이 공고하고 나머지 투표는 하지 않는다.
> · 지방자치단체장선거와 지역구 지방의회의원선거에서도 준용한다.

④ **선거일의 투표 마감시각 후 당선인 결정 전까지**
　지역구 국회의원 후보자가 **사퇴·사망**하거나 등록이 **무효**로 된 경우에는
　〈개표를 정상적으로 진행하여〉
　개표결과 유효투표의 다수를 얻은 자를 당선인으로 결정하되,
　사퇴·사망하거나 등록이 무효로 된 자가 유효투표의 다수를 얻은 때에는
　그 국회의원 지역구는 **당선인이 없는 것**으로 한다. 　　　　[○ 9급 14, 7급 23·21·18]

> **심화학습**
> · 이 경우는 당선인이 없으므로 재선거사유가 된다.
> · 지방자치단체장선거와 지역구 지방의원선거에서도 준용한다.

⑤ 제2항 및 제3항의 규정에 의하여 **투표를 실시하지 아니하는 때**에는
　당해 **선거구 선거관리위원회**는 지체 없이 이를 공고하고
　상급선거관리위원회에 보고하여야 하며, **하급선거관리위원회에 통지**하여야 한다.

심화학습

- 지방자치단체장선거와 지역구 지방의원선거에서도 준용한다.

⑥ 제1항 내지 제4항의 규정에 의하여 **국회의원 지역구**의 **당선인이 결정된 때에는**
당해 **선거구** 선거관리위원회 위원장은 이를 공고하고
지체 없이 당선인에게 **당선증을 교부**하여야 하며,
상급선거관리위원회에 보고하여야 한다. [O 7급 24·23]

심화학습

- 지방자치단체장선거와 지역구 지방의원선거에서도 준용한다.

⑦ 제187조(대통령 당선인의 결정·공고·통지) 제4항의 규정은
지역구 국회의원 당선인의 결정에 이를 **준용**한다.

> **준용조문**
> **제187조(대통령 당선인의 결정·공고·통지)** ④ 천재·지변, 기타 부득이한 사유로 인하여 개표를 모두 마치지 못하였다 하더라도 개표를 마치지 못한 지역의 투표가 선거의 결과에 영향을 미칠 염려가 없다고 인정되는 때에는 관할 선거구 선거관리위원회는 우선 당선인을 결정할 수 있다.

심화학습

- **대표제(선거에서의 당선인 결정 방법)**

구 분	지역구	비례대표
국회의원	선거구별로 1인의 최고득표자를 당선인으로 하는 소선거구 상대(비교)다수대표제	정당별 득표비율에 따라 정당이 제출한 후보자명부 순으로 당선인을 결정(구속명부제)
시·도의회의원	상 동	상 동(시·도 단위)
자치구·시·군의회의원	하나의 지역구에서 2~4명을 선출하는 중선거구 단순다수대표제	상 동(자치구·시·군 단위)

제189조(비례대표 국회의원 의석의 배분과 당선인의 결정·공고·통지)

① 중앙선거관리위원회는 다음 각 호의 **어느 하나**에 해당하는 정당(이하 이 조에서 **"의석할당정당"**이라 한다)에 대하여 비례대표 국회의원 의석을 배분한다.
  1. 임기만료에 따른 비례대표 국회의원선거에서
     전국 유효투표총수의 100분의 3 이상을 득표한 정당 〈또는〉
  2. 임기만료에 따른 **지역구** 국회의원선거에서 **5 이상의 의석을 차지한 정당**
     [지역구에서 3 이상의 의석(×) 7급 22]
     [득표하고 지역구 5석 이상(×) 9급 13]

심화학습

- 비례대표 시·도의원선거의 의석할당 요건은 유효투표총수의 100분의 5 이상 득표 요건(지역구 의석수 반영은 하지 않고 득표비율 요건이 높다)
- 비례대표 시·도의원선거의 경우 의석할당정당 외의 정당에 비례대표 의석이 배분되는 경우가 있으나, 비례대표 국회의원선거의 경우 의석할당정당 외의 정당에 비례대표 의석이 배분되는 경우는 없다.

기출체크

비례대표 국회의원선거에서 유효투표총수의 100분의 3 이상을 득표한 정당은 비례대표 국회의원선거에서 얻은 득표비율에 따라 비례대표 국회의원 의석을 배분받을 수 있다. [O 7급 13]

② 비례대표 국회의원 의석은 다음 각 호에 따라 각 의석할당정당에 배분한다.

1. **각 의석할당정당에 배분할 의석수**(이하 이 조에서 "**연동배분 의석수**"라 한다)는 다음 계산식에 따른 값을 **소수점 첫째 자리**에서 **반올림**하여 산정한다.
   이 경우 연동배분 의석수가 **1보다 작은 경우** 연동배분 의석수는 **0으로 한다**.

$$\text{연동배분 의석수} = [(\text{국회의원정수} - \text{의석할당정당이 추천하지 않은 지역구 국회의원 당선인수}) \times \text{해당 정당의 비례대표 국회의원선거 득표비율} - \text{해당 정당의 지역구 국회의원 당선인수}] \div 2$$

2. 제1호에 따른 각 정당별 **연동배분 의석수의 합계**가 **비례대표 국회의원 의석정수에 미달할 경우**
   각 의석할당정당에 배분할 잔여의석수(이하 이 조에서 "**잔여배분 의석수**"라 한다)는 다음 계산식에 따라 산정한다.
   이 경우 **정수(整數)의 의석을 먼저 배정하고**
   잔여의석은 소수점 이하 수가 큰 순으로 각 의석할당정당에 1석씩 배분하되,
   그 수가 **같은 때**에는 해당 정당 사이의 **추첨**에 따른다.

$$\text{잔여배분 의석수} = (\text{비례대표 국회의원 의석정수} - \text{각 연동배분 의석수의 합계}) \times \text{비례대표 국회의원선거 득표비율}$$

3. 제1호에 따른 각 정당별 **연동배분 의석수의 합계**가 **비례대표 국회의원 의석정수를 초과할 경우**에는
   제1호 및 제2호에도 불구하고 다음 계산식에 따라 산출된 수 (이하 이 조에서 "**조정의석수**"라 한다)를
   각 연동배분의석 할당정당의 의석으로 산정한다.
   이 경우 산출방식에 관하여는 제2호 후단을 **준용**한다.

$$\text{조정의석수} = \text{비례대표 국회의원 의석정수} \times \text{연동배분 의석수} \div \text{각 연동배분 의석수의 합계}$$

③ 제2항의 비례대표 국회의원선거 **득표비율**은 각 의석할당정당의 득표수를
모든 의석할당정당의 득표수의 합계로 나누어 산출한다.

> **심화학습**
> · 비례대표 국회의원선거는 득표비율 산정 시에 소수점 이하에서 반올림을 하지 않는다.(예 32.3456257…)
>   비례대표 지방의회의원선거는 소수 이하 5위에서 반올림한다.(예 2.3456)
> · 비례대표 지방의회의원선거는 단수 배분 시 소수점 5위에서 반올림을 하므로 소수점 이하가 같을 수 있어, 같으면 득표수를 먼저 판단한 후 득표수도 같으면 그때 추첨을 한다.

> **기출체크**
> 비례대표 국회의원 의석배분을 위한 득표비율은 각 의석할당정당의 득표수를 모든 의석할당정당의 득표수의 합계로 나누어 산출한다.   [O 9급 17, 7급 13]

④ 중앙선거관리위원회는 제출된 정당별 비례대표 국회의원 **후보자명부**에 기재된
당선인으로 될 순위에 따라 정당에 배분된 비례대표 국회의원의 **당선인을**
결정한다. 〈비례대표 지방의원선거도 준용〉   [O 7급 22]

⑤ 정당에 **배분된** 비례대표 국회의원 **의석수가**
그 정당이 추천한 비례대표 국회의원 **후보자수를 넘는 때에는**
그 **넘는 의석은 공석으로 한다.** 〈비례대표 지방의원선거도 준용〉   [O 7급 22, 9급 15·13]
　　　　　　　　　　　　　　　　　　　　　[그 넘는 의석만큼 추가로 후보자를 추천받는다(×) 9급 17]
　　　　　　　　　　　　　　　　　　　　　[그 넘는 의석은 득표율이 가장 높은 정당에 배분한다(×) 7급 13]

⑥ 중앙선거관리위원회는 **비례대표 국회의원선거에 있어서**
제198조(**천재·지변** 등으로 인한 재투표)의 규정에 의한
재투표 사유가 발생한 경우에는
그 투표구의 선거인수를 전국선거인수로 나눈 수에
비례대표 국회의원 의석정수를 곱하여 얻은 수의 **정수**(1 미만의 **단수는 1로 본다**)를
비례대표 국회의원 의석정수에서 뺀 다음
제1항부터 제4항까지의 규정에 따라
비례대표 국회의원 의석을 배분하고 당선인을 결정한다.
다만, **재투표 결과**에 따라
의석할당정당이 추가될 것으로 예상되는 경우에는
추가가 예상되는 정당마다
비례대표 국회의원 의석정수의 100분의 3에 해당하는 정수
(1미만의 **단수는 1로 본다**)의 의석을 **별도로 빼야 한다.**

⑦ 비례대표 국회의원의 **당선인이 결정된 때에는**
중앙선거관리위원회 위원장은 그 명단을 공고하고 지체 없이 각 **정당에 통지하며,**

당선인에게 **당선증**을 교부하여야 한다. 〈비례대표 지방의원선거도 준용〉 [O 7급 22]

⑧ 제187조(대통령당선인의 결정·공고·통지) 제4항의 규정은 비례대표 국회의원 당선인의 결정에 이를 준용한다.

> **준용조문**
>
> **제187조(대통령당선인의 결정·공고·통지)** ④ 천재·지변, 기타 부득이한 사유로 인하여 개표를 모두 마치지 못하였다 하더라도 개표를 마치지 못한 지역의 투표가 선거의 결과에 영향을 미칠 염려가 없다고 인정되는 때에는 중앙선거관리위원회는 우선 당선인을 결정할 수 있다.

제190조(지역구 지방의회의원 당선인의 결정·공고·통지)

① **지역구 시·도의원** 및 **지역구 자치구·시·군의원**의 선거에 있어서는
   선거구 선거관리위원회가 당해 선거구에서 **유효투표의 다수를 얻은 자**
   (**지역구 자치구·시·군의원** 선거에 있어서는 유효투표의 다수를 얻은 자 순으로
   의원정수에 이르는 자를 말한다. 이하 이 조에서 같다)를 당선인으로 결정한다.
   다만, 최고득표자가 2인 이상인 때에는 연장자 순에 의하여 당선인을 결정한다.

② **후보자등록 마감시각에**
   후보자가 당해 선거구에서 선거할 **의원정수를 넘지 아니하거나**
   후보자등록마감 후 선거일 투표 개시시각까지
   후보자가 **사퇴·사망**하거나 **등록이 무효**로 되어
   후보자수가 당해 선거구에서 선거할 의원정수를 넘지 아니하게 된 때에는
   투표를 실시하지 아니하고,
   선거일에 그 후보자를 당선인으로 결정한다. [O 9급 13, 7급 19]

③ 제187조(대통령당선인의 결정·공고·통지) 제4항 및 제188조(지역구 국회의원 당선인의 결정·공고·통지) 제3항 내지 제6항의 규정은 지역구 지방의회의원의 당선인의 결정·공고·통지에 이를 **준용**한다. 이 경우 "지역구 국회의원 후보자"는 "지역구 지방의회의원 후보자"로, "1인이 된 때"는 "의원정수를 넘지 아니하게 된 때"로, "그 국회의원 지역구"는 "그 선거구"로 본다.

> **준용조문**
>
> **제187조(대통령당선인의 결정·공고·통지)** ④ 천재·지변, 기타 부득이한 사유로 인하여 개표를 모두 마치지 못하였다 하더라도 개표를 마치지 못한 지역의 투표가 선거의 결과에 영향을 미칠 염려가 없다고 인정되는 때에는 중앙선거관리위원회는 우선 당선인을 결정할 수 있다.
>
> **제188조(지역구 국회의원 당선인의 결정·공고·통지)** ③ 선거일의 투표 개시시각부터 투표 마감시각까지 지방의회의원 후보자가 사퇴·사망하거나 등록이 무효로 되어 지방의회의원 후보자수가 의원정수를 넘지 아니하게 된 때에는 나머지 투표는 실시하지 아니하고 그 후보자를 당선인으로 결정한다.
> ④ 선거일의 투표 마감시각 후 당선인 결정 전까지 지방의회의원 후보자가 사퇴·사망하거나 등록이 무효로 된 경우에는 개표결과 유효투표의 다수를 얻은 자를 당선인으로 결정하되, 사퇴·사망하거나 등록이 무효로 된 자가 유효투표의 다수를 얻은 때에는 그 선거구는 **당선인이 없는 것으로 한다.**

> ⇒ 2인 선출 선거구의 경우 투표마감 후 3인 중 1인이 사퇴하여 개표한 결과 2위 득표자가 사퇴자인 경우 3위 득표자의 차순위자 당선을 인정하지 않는다. 이때는 2위를 한 1명의 당선인이 없으므로 재선거 사유가 된다.
> [차순위의 다수득표를 얻은 후보자를 당선인으로 결정한다(×) 9급 24]
> ⑤ 제2항 및 제3항의 규정에 의하여 투표를 실시하지 아니하는 때에는 당해 선거구 선거관리위원회는 지체 없이 이를 공고하고 상급선거관리위원회에 보고하여야 하며, 하급선거관리위원회에 통지하여야 한다.
> ⑥ 제1항 내지 제4항의 규정에 의하여 선거구의 당선인이 결정된 때에는 당해 선거구 선거관리위원회 위원장은 이를 공고하고 지체 없이 당선인에게 당선증을 교부하여야 하며, 상급선거관리위원회에 보고하여야 한다.

④ ~ ⑨ 삭제

제190조의2(비례대표 지방의회의원 당선인의 결정·공고·통지)

① 비례대표 지방의회의원선거에 있어서는 당해 선거구 선거관리위원회가
유효투표총수의 100분의 5 이상을 득표한 각 정당 [100분의 3 이상(×) 9급 13]
(이하 이 조에서 "**의석할당정당**"이라 한다)에 대하여
당해 선거에서 얻은 득표비율에 비례대표 지방의회의원 정수를 곱하여
산출된 수의 **정수의 의석**을 그 정당에 먼저 **배분**하고
잔여의석은 단수가 큰 순으로 각 의석할당정당에 1석씩 배분하되,
같은 단수가 있는 때에는 그 득표수가 많은 정당에 배분하고
그 득표수가 같은 때에는 당해 정당 사이의 **추첨**에 의한다.
이 경우 득표비율은
각 의석할당 정당의 득표수를 모든 의석할당정당의 득표수의 합계로 나누고
소수점 이하 제5위를 반올림하여 산출한다.

> **기출체크**
> 비례대표 지방의회의원선거에 있어서는 유효투표총수의 100분의 5 이상을 득표한 각 정당이 의석을 배분받을 수 있다. [O 7급 13]

② **비례대표 시·도의원선거에 있어서** [비례대표 구·시·군의원선거에 있어서(×) 7급 18]
하나의 정당에
의석정수의 3분의 2 이상의 의석이 배분될 때에는 [5분의 3 이상(×) 9급 13]
[2분의 1 이상(×) 7급 24]
그 정당에 3분의 2에 해당하는 수의 정수(整數)의 의석을 먼저 배분하고,
잔여의석은 나머지 의석할당정당 간의 득표비율에 잔여의석을 곱하여
산출된 수의 정수(整數)의 의석을 각 나머지 의석할당정당에 배분한 다음
잔여의석이 있는 때에는 그 단수가 큰 순위에 따라
각 나머지 의석할당정당에 1석씩 배분한다.
다만, 의석정수의 3분의 2에 해당하는 수의 정수(整數)에 해당하는 의석을
배분받는 정당 외에 **의석할당정당이 없는 경우에는**

의석할당정당이 아닌 정당 간의 득표비율에 잔여의석을 곱하여 산출된 수의 정수(整數)의 의석을 먼저 그 정당에 배분하고 잔여의석이 있을 경우 단수가 큰 순으로 각 정당에 1석씩 배분한다. 이 경우 득표비율의 산출 및 같은 단수가 있는 경우의 의석배분은 제1항의 규정을 준용한다.

③ 관할 선거구 선거관리위원회는 비례대표 지방의회의원선거에 있어서 제198조(천재·지변 등으로 인한 재투표)의 규정에 의한 재투표 사유가 발생한 때에는 그 투표구의 선거인수를 당해 선거구의 선거인수로 나눈 수에 비례대표 지방의회의원 의석정수를 곱하여 얻은 수의 정수(1 미만의 단수는 1로 본다)를 비례대표 지방의회의원 의석정수에서 뺀 다음 제1항 및 제2항의 규정에 따라 비례대표 지방의회의원 의석을 배분하고 당선인을 결정한다. 다만, 비례대표 지방의회의원 의석배분이 배제된 정당 중 재투표결과에 따라 의석할당정당이 추가될 것으로 예상되는 때에는 추가가 예상되는 정당마다 비례대표 지방의회의원 정수의 100분의 5에 해당하는 정수(1 미만의 단수는 1로 본다)의 의석을 별도로 빼야 한다.

④ 제187조(대통령당선인의 결정·공고·통지) 제4항〈천재·지변 등 일부 미개표 시 당선인 우선결정〉, 제189조〈비례대표 국회의원 의석의 배분과 당선인의 결정·공고·통지〉제4항〈후보자명부 순으로 당선인 결정〉·제5항〈후보자수를 넘는 수 공석〉및 제7항〈공고·보고·통지〉은 비례대표 지방의회의원 당선인의 결정에 이를 준용한다. 이 경우 "중앙선거관리위원회"는 "관할 선거구 선거관리위원회"로, "비례대표 국회의원"은 "비례대표 지방의회의원"으로 본다.

조문정리

〈국회 소속의원 수 및 득표율 등 적용규정 비교〉

적용대상	적용규정
선거방송토론위원회 주관 대담·토론회 초청 대상 후보자 (§82의2)	① 국회에 5인 이상의 소속의원을 가진 정당이 추천한 후보자 ② 직전 대통령선거, 비례대표 국회의원선거, 비례대표 시·도의원선거 또는 비례대표 자치구·시·군의원 선거에서 전국 유효투표총수의 100분의 3 이상을 득표한 정당이 추천한 후보자 ③ 언론기관이 선거기간 개시일 전 30일부터 선거기간 개시일 전일까지의 사이에 실시하여 공표한 여론조사결과를 평균한 지지율이 100분의 5 이상인 후보자 ④ 최근 4년 이내에 해당 선거구(선거구의 구역이 변경되어 변경된 구역이 직전 선거의 구역과 겹치는 경우를 포함한다)에서 실시된 대통령선거, 지역구 국회의원선거 또는 지방자치단체의 장선거(그 보궐선거 등을 포함한다)에 입후보하여 유효투표총수의 100분의 10 이상을 득표한 후보자 ⇒ 4호는 지역구 국회의원선거 및 지방자치단체의 장선거에 한함.

적용대상		적용규정
선거방송토론위원회 주관 정책토론회 초청 대상 정당 (§82의2)		① 국회에 5인 이상의 소속의원을 가진 정당 ② 직전 대통령선거, 비례대표 국회의원선거 또는 비례대표 시·도의원선거에서 전국 유효투표총수의 100분의 3 이상을 득표한 정당
전국 통일기호 부여 정당 (§150)		① 국회에 5명 이상의 소속 지역구 국회의원을 가진 정당 ② 직전 대통령선거, 비례대표 국회의원선거 또는 비례대표 지방의회의원선거에서 전국 유효투표총수의 100분의 3 이상을 득표한 정당
의 석 할당정당	비례대표 국회의원선거 (§189)	① 임기만료에 따른 비례대표 국회의원선거에서 전국 유효투표총수의 100분의 3 이상을 득표한 정당 ② 임기만료에 따른 지역구 국회의원선거에서 5 이상의 의석을 차지한 정당
	비례대표 지방의회의원선거 (§190의2)	유효투표총수의 100분의 5 이상을 득표한 각 정당

제191조(지방자치단체의 장의 당선인의 결정·공고·통지)

① 지방자치단체의 장선거에 있어서는

선거구 선거관리위원회가 유효투표의 다수를 얻은 자를 당선인으로 결정하고,

이를 당해 **지방의회의장에게 통지하여야 한다.** [중앙선거관리위원회에 통지(×) 7급 21]

다만, 최고득표자가 2인 이상인 때에는

연장자를 당선인으로 결정한다. [○ 9급 24·19·17]

심화학습

• 대통령 당선인이 결정되면 국회의장에게 통지하고, 지방자치단체장 당선인은 지방의회의장에게 통지한다.

기출체크

지방자치단체의 장선거에서 최고득표자가 2인 이상인 때에 지방의회는 재적의원 과반수가 출석한 공개회의에서 다수표를 얻은 자를 당선인으로 결정한다. [×(연장자를 당선인으로 결정함) 9급 14]

② 삭제

③ 제187조 제4항 및 제188조 제2항부터 제6항까지의 규정은

지방자치단체의 장의 당선인의 결정에 이를 **준용**한다.

준용조문

제187조(대통령 당선인의 결정·공고·통지) ④ 천재·지변, 기타 부득이한 사유로 인하여 개표를 모두 마치지 못하였다 하더라도 개표를 마치지 못한 지역의 투표가 선거의 결과에 영향을 미칠 염려가 없다고 인정되는 때에는 중앙선거관리위원회는 우선 당선인을 결정할 수 있다.

제188조(지역구 국회의원 당선인의 결정·공고·통지) ② 후보자등록마감시각에 지방자치단체의 장선거의 후보자가 1인이거나 후보자등록마감 후 선거일 투표 개시시각 전까지 지방자치단체의 장선거의 후보자가 사퇴·사망하거나 등록이 무효로 되어 지방자치단체의 장선거의 후보자수가 1인이 된 때에는 지방자치단체의 장선거의 후보자에 대한 투표를 실시하지 아니하고, 선거일에 그 후보자를 당선인으로 결정한다. [○ 9급 19]

③ 선거일의 투표 개시시각부터 투표 마감시각까지 지방자치단체의 장선거의 후보자가 사퇴·사망하거나 등록이 무효로 되어 지방자치단체의 장선거의 후보자가 1인이 된 때에는 나머지 투표는 실시하지 아니하고 그 후보자를 당선인으로 결정한다. [○ 9급 19]

④ 선거일의 투표 마감시각 후 당선인 결정 전까지 지방자치단체의 장선거의 후보자가 사퇴·사망하거나 등록이 무효로 된 경우에는 개표결과 유효투표의 다수를 얻은 자를 당선인으로 결정하되, 사퇴·사망하거나 등록이 무효로 된 자가 유효투표의 다수를 얻은 때에는 그 선거구는 당선인이 없는 것으로 한다.
[차순위자를 당선인으로 결정한다(×) 9급 19]

⑤ 제2항 및 제3항의 규정에 의하여 투표를 실시하지 아니하는 때에는 당해 선거구 선거관리위원회는 지체 없이 이를 공고하고 상급선거관리위원회에 보고하여야 하며, 하급선거관리위원회에 통지하여야 한다.

⑥ 제1항 내지 제4항의 규정에 의하여 선거구의 당선인이 결정된 때에는 당해 선거구 선거관리위원회 위원장은 이를 공고하고 지체 없이 당선인에게 당선증을 교부하여야 하며, 상급선거관리위원회에 보고하여야 한다.

기출체크

❶ 당선인이 반드시 일정비율 이상의 득표를 해야 민주적 정당성이나 대표성을 획득한다고 볼 수 있으므로, 지방자치단체의 장 선거에서 후보자 등록 마감시간까지 후보자 1인만이 등록한 경우 투표를 실시하지 않고 그 후보자를 당선인으로 결정하도록 하는 것은 국민의 선거권을 전면적으로 제한하여 해당 지방자치단체주민의 선거권을 침해한다. [× 9급 21]
⇒ 선거권을 침해하지 않는다.(헌재 2016. 10. 27. 2014헌마797)

❷ 지방자치단체의 장 선거에서 후보자 등록마감시간까지 후보자 1인만이 등록한 경우 투표를 실시하지 않고 그 후보자를 당선인으로 결정하도록 하는 것은 국민의 선거권을 전면적으로 제한하는 것이라고 할 수 있으므로 유권자의 선거권을 침해한다. [× 7급 19]
⇒ 후보자가 1인일 경우 투표를 실시하지 않고 해당 후보자를 지방자치단체의 장 당선자로 정하도록 결단한 것은 입법목적 달성에 필요한 범위를 넘은 과도한 제한이라 할 수 없으므로 심판대상조항은 청구인의 선거권을 침해하지 않는다. (헌재 2016. 10. 27. 2014헌마797)

❸ 지방자치단체의 장선거에 있어서는 선거구 선거관리위원회가 유효투표의 다수를 얻은 자를 당선인으로 결정하고, 이를 당해 지방의회의장에게 통지하여야 하며, 지방의회의장이 당선증을 교부한다.
[×(당해 선거구 선거관리위원회 위원장이 당선증을 교부함) 7급 18]

❹ 지방자치단체의 장선거에서 후보자등록 마감시간까지 후보자 1인만 등록한 경우에 투표를 실시하지 않고 그 후보자를 당선인으로 결정하도록 하는 것은 해당 선거구 선거권자의 선거권을 침해한 것이 아니다.(헌재 2016. 10. 27. 2014헌마797) [○ 7급 17]

❺ 지방자치단체의 장 선거에서 후보자등록 마감시각에 후보자가 1인이 된 때에는 투표를 실시하여 그 득표수가 투표자총수의 3분의 1 이상에 달하여야 당선인으로 결정한다. [× 9급 13]

❻ 지방자치단체의 장의 선거에서 후보자등록 마감시각에 후보자가 1인인 경우에는 투표를 실시하지 아니하고 선거일에 그 후보자를 당선인으로 결정한다.(§191③, §188② 준용) [○ 7급 13]

제191조의2(당선인 사퇴의 신고)

**당선인이 임기개시 전에 사퇴하려는 때에는
직접 해당 선거구 선거관리위원회에 서면으로 신고하여야 하고,
비례대표 국회의원선거 또는 비례대표 지방의회의원선거의 당선인이
사퇴하려는 때에는 소속 정당의 사퇴승인서를 첨부하여야 한다.**

> **심화학습**
>
> · 당선인의 사퇴승인서는 비례대표 선거의 당선인만 첨부한다.

> **기출체크**
>
> ❶ 지역구국회의원선거의 당선인이 임기개시 전에 사퇴하려는 때에는 직접 중앙선거관리위원회에 서면으로 신고하여야 하고, 비례대표국회의원선거의 당선인이 사퇴하려는 때에는 소속정당의 사퇴승인서를 첨부하여야 한다. [× 9급 21]
> ❷ 지방자치단체의 장 선거에서 당선인이 임기개시 전에 사퇴하려는 때에는 직접 해당 선거구 선거관리위원회에 서면으로 신고하여야 하고, 정당추천으로 입후보하여 당선된 경우 소속 정당의 사퇴승인서를 첨부하여야 한다. [× 9급 17]

📢 제192조(피선거권 상실로 인한 당선무효 등)

① **선거일**에 **피선거권이 없는 자**는 **당선인이 될 수 없다.**

> **심화학습**
>
> · 피선거권은 선거일 현재로 판단하는바, 후보자등록 당시 또는 그 후에는 피선거권이 있었다 하더라도 선거일에 피선거권이 없게 된 경우에는 당선인이 될 수 없다. 범죄로 인하여 재판 중에 있는 후보자가 선거일에 피선거권 결격사유에 해당하는 형이 확정되는 경우 등이다.

② 당선인이 **임기개시 전에 피선거권이 없게 된 때에는**
   당선의 효력이 상실된다. [○ 9급 15]

> **심화학습**
>
> · 제2항은 피선거권의 결격사유 없이 정상적으로 당선인으로 결정된 자가 임기개시 전까지 피선거권 결격사유가 추가로 발생된 경우로써, 이 경우에는 당선의 효력이 상실되고 재선거사유가 된다.
> · 임기개시 후에는 피선거권이 상실되면 국회법 또는 지방자치법에 의하여 퇴직사유가 된다.

③ 당선인이 **임기개시 전에**
   다음 각 호의 어느 하나에 해당되는 때에는 그 **당선을 무효**로 한다.
   1. 당선인이 제1항의 규정〈피선거권〉에 **위반하여 당선**된 것이 발견된 때
   2. 당선인이 제52조〈등록무효〉 제1항 각 호의 어느 하나
      또는 같은 조 제2항 및 제3항의
      등록무효 사유에 해당하는 사실이 발견된 때

> **심화학습**
>
> · 본 규정은 당선인 결정 시까지 후보자가 등록무효 사유에 해당함에도 불구하고 그 사실을 발견하지 못하여 당선인으로 결정하였으나, 그 당선인의 임기개시 전까지 등록무효 사유에 해당되는 것이 발견된 경우(제52조 제1항 각 호의 어느 하나 또는 같은 조 제2항·제3항의 등록무효 사유에 해당하는 사실이 발견된 때)로써 관할 선거구위원회가 이를 확인하고 그 당선을 무효로 하는 것이다.

> **기출체크**
>
> 당선인이 임기개시 전에 같은 선거의 다른 선거구에 후보자로 등록된 것이 발견된 때에는 그 당선을 무효로 한다.
> [O 9급 22]

    3. **비례대표 국회의원** 또는 **비례대표 지방의회의원의 당선인**이
       소속 정당의 합당·해산 또는 제명 **외의** 사유로 **당적을 이탈·변경**하거나
       2 이상의 당적을 가지고 있는 때
       (**당선인 결정 시** 2 이상의 당적을 가진 자를 포함한다)

> **심화학습**
>
> - 비례대표 의원의 당선인이 임기개시 전에 스스로 당적을 이탈·변경하거나 2 이상의 당적을 가지고 있는 때(당선인 결정 시 2 이상의 당적을 가진 자를 포함한다)에는 그 당선인의 당선을 무효로 하는 것이다. 그러나 당선인의 의사와 무관하게 소속정당의 합당·해산으로 없어지거나 본인의 의사에 반하여 제명된 경우에는 그 당선인의 당선을 무효로 할 수 없다.

> **기출체크**
>
> 비례대표 국회의원 당선인의 임기 개시 전에 그 당선인이 소속된 정당의 합당으로 인하여 당적이 변경된 경우 그 당선을 무효로 한다.
> [× 9급 18]

  ④ **비례대표 국회의원** 또는 **비례대표 지방의회의원**이
     소속 정당의 합당·해산 또는 제명〈의원직 유지〉**외의** 사유〈의원직 상실〉로
     당적을 이탈·변경하거나 **2 이상의 당적을 가지고 있는 때**에는
     「국회법」제136조(퇴직) 또는
     「지방자치법」제90조(의원의 퇴직)의 규정에도 불구하고 **퇴직**된다.
     다만, 비례대표 국회의원이 국회의장으로 당선되어 「국회법」규정에 의하여
     당적을 이탈한 경우에는 그러하지 아니하다.

> **심화학습**
>
> - 비례대표 의원의 의사와 무관하게 소속 정당이 합당·해산 또는 제명된 경우에는 비례대표 의원의 직에서 퇴직당하지 아니하나, 본인의 의사에 의한 경우, 즉 비례대표 의원이 소속하고 있는 정당이 다른 정당과 합당할 경우 합당에 동참할 뜻이 없어 합당한 정당에서 이탈할 경우 등에는 본 항에 의한 퇴직사유에 해당된다.

  ⑤ 제2항 및 제3항의 경우 **관할 선거구** 선거관리위원회
     [제187조(대통령당선인의 결정·공고·통지) 제2항의 규정에 의하여
     국회에서 대통령당선인을 결정한 경우에는 **국회**]는 그 사실을 **공고**하고
     당해 **당선인** 및 그 당선인의 **추천 정당에 통지**하여야 하며,
     당선의 효력이 상실되거나 무효로 된 자가

대통령당선인 및 **국회의원** 당선인인 때에는 **국회의장**에게,
지방자치단체의 **의회의원** 및 **장**의 당선인인 때에는
당해 **지방의회의장**에게 통지하여야 한다.

📢 제193조(당선인 결정의 착오시정)

① **선거구** 선거관리위원회[제187조(대통령당선인의 결정·공고·통지) 제2항의
규정에 의하여 국회에서 대통령당선인을 결정하는 경우에는 **국회**]는
당선인 결정에 명백한 착오가 있는 것을 발견한 때에는
선거일 후 10일 이내에 당선인의 결정을 시정하여야 한다. [O 9급 18]
[선거일 후 ( )일 이내에 9급 16]

② **선거구** 선거관리위원회(**중앙**선거관리위원회를 **제외**한다)가
제1항의 규정에 의한 시정을 하는 때에는
지역구 국회의원선거, **비례대표 시·도의원**선거,
지역구 세종특별자치시의회의원선거 및
시·도지사선거에 있어서는 **중앙선거관리위원회의**,
지역구 시·도의원선거(지역구 세종특별자치시의회의원선거는 **제외**한다) 및
자치구·시·군의 의회의원과 장의 선거에 있어서는
시·도선거관리위원회의 심사를 받아야 한다. [후보자를 추천한 정당과 협의하여야 한다(×) 7급 17]

> **심화학습**
> · 중앙선관위 심사대상: 지역구 국회의원선거, 시·도선관위가 선거구위원회인 선거
> · 시·도선관위 심사대상: 나머지 구·시·군위원회가 선거구위원회인 선거

> **기출체크**
> ❶ 지역구국회의원선거에서 당선인결정에 명백한 착오가 있는 것을 발견한 때에는 관할선거구선거관리위원회는 선거일 후 10일 이내에 당선인의 결정을 시정하여야 하며, 이때 중앙선거관리위원회의 심사를 받아야 한다. [O 9급 21]
> ❷ 중앙선거관리위원회는 지역구 국회의원선거에서 당선인결정에 명백한 착오가 있는 것을 발견한 때에는 당선인결정 후 10일 이내에 당선인의 결정을 시정하여야 한다. [× 7급 24]

📢 제194조(당선인의 재결정과 비례대표 국회의원 의석 및 비례대표 지방의회의원 의석의 재배분)

① 제187조(대통령당선인의 결정·공고·통지)·제188조(지역구 국회의원 당선인의
결정·공고·통지)·제190조 제1항 내지 제3항 또는 제191조(지방자치단체의 장의
당선인의 결정·공고·통지)의 규정에 의한
당선인 결정의 위법을 이유로

당선무효의 판결이나 결정이 확정된 때에는
당해 **선거구 선거관리위원회**(제187조 제2항의 규정에 의하여
국회에서 대통령당선인을 결정한 경우에는 **국회**)는
지체 없이 당선인을 다시 결정하여야 한다.

② 제189조(비례대표 국회의원 의석의 배분과 당선인의 결정·공고·통지) 및
제190조의2(비례대표 지방의회의원 당선인의 결정·공고·통지)의 규정에 따른
비례대표 국회의원 의석 또는
비례대표 지방의회의원 **의석의 배분** 및
그 당선인 결정의 위법을 이유로
당선무효의 판결이나 결정이 있는 때
또는 제197조(선거의 일부 무효로 인한 재선거)의 사유로 인한
재선거를 실시한 때에는
관할 선거구 선거관리위원회는 **지체 없이 의석을 재배분**하고
다시 당선인을 결정하여야 한다.

③ 선거구 선거관리위원회는
비례대표 국회의원선거 또는 **비례대표** 지방의회의원선거의
당선인이 그 임기개시 전에 사퇴·사망하거나
제192조(피선거권 상실로 인한 당선무효 등) 제2항의 규정에 의하여
당선의 효력이 상실되거나
같은 조 제3항의 규정에 의하여 **당선이 무효로 된 때**에는
그 선거 당시의 소속 정당이 추천한 후보자를
비례대표 국회의원 후보자명부 또는 비례대표 지방의회의원 후보자명부에
기재된 순위에 따라 당선인으로 결정한다.

> **기출체크**
> 비례대표 지방의회의원선거의 당선인이 그 임기개시 전에 사퇴·사망한 때에, 선거구 선거관리위원회는 그 선거 당시의 소속 정당이 추천한 후보자를 비례대표 지방의회의원 후보자명부에 기재된 순위에 따라 당선인으로 결정한다.
> [O 7급 14]

④ 선거구 선거관리위원회는
비례대표 국회의원선거 또는 **비례대표** 지방의회의원선거에 있어서
제198조〈천재·지변 등으로 인한 재투표〉의 사유로 인한 **재투표**를 실시한 때에는
당초 선거에서의 득표수와 재투표에서의 득표수를 합하여 득표비율을 산출하고
그 득표비율에 당해 선거구의 의석정수를 곱하여 얻은 수에서
각 정당이 이미 배분받은 의석수를 뺀 수가 큰 순위에 따라
잔여의석을 배분하고 당선인을 결정한다.

이 경우 비례대표 국회의원선거에 있어서는

제189조〈비례대표 국회의원 의석의 배분과 당선인의 결정·공고·통지〉

제1항부터 제5항까지의 규정을,

비례대표 지방의회의원선거에 있어서는

제190조의2〈비례대표 지방의회의원 당선인의 결정·공고·통지〉의 규정을 준용한다.

심화학습

- 당선인 결정방법

결정방법	내 용
다수대표제	다수표를 획득한 자를 당선인으로 결정하는 제도로, 이 제도는 유효표를 1표라도 더 득표한 후보자를 당선인으로 결정하는 상대다수대표제(비교다수대표제라고도 함)와 과반수 또는 그 이상의 일정 수 이상을 득표한 후보자를 당선인으로 결정하는 절대다수대표제가 있음. 다수대표제는 소선거구제를 전제로 함.
소수대표제	소수표를 획득한 자에게도 당선인이 될 수 있도록 하는 제도로, 다수파의 의석과점(議席寡占)을 방지하고 소수의견을 존중하기 위하여 고안된 제도임. 대선거구제를 전제로 함.
비례대표제	각 정당의 득표수에 비례하여 당선자수를 배분하는 제도로, 사표(死票)를 방지하고 다수와 소수의 의사를 반영하여 의석을 되도록 정확히 배분하기 위하여 고안된 제도임.

제13장 재선거와 보궐선거

제195조 재선거 ·· 379
제196조 선거의 연기 ·· 380
제197조 선거의 일부 무효로 인한 재선거 ······························· 381
제198조 천재·지변 등으로 인한 재투표 ································· 382
제199조 연기된 선거 등의 실시 ·· 383

제200조 보궐선거 ·· 383
제201조 보궐선거 등에 관한 특례 ·· 384

제195조(재선거)

① 다음 각 호의 1에 해당하는 사유가 있는 때에는 **재선거**를 실시한다.

1. 당해 선거구의 **후보자가 없는 때**
2. **당선인이 없거나** 지역구 자치구·시·군의원선거에 있어 당선인이 당해 선거구에서 선거할 지방의회의원 **정수에 달하지 아니한 때** [○ 9급 15] [○ 9급 20, 7급 21]
3. 선거의 **전부 무효**의 판결 또는 결정이 있는 때
4. 당선인이 **임기개시 전에 사퇴**하거나 **사망한 때** [○ 9급 15] [보궐선거사유(×) 7급 18]
5. 당선인이 **임기개시 전에** 제192조(피선거권 상실로 인한 당선무효 등) 제2항의 규정에 의하여 **당선의 효력이 상실**되거나 같은 조 제3항의 규정에 의하여 **당선이 무효로 된 때**
6. 제263조(선거비용의 초과지출로 인한 당선무효) 내지 〈제264조(당선인의 선거범죄로 인한 당선무효)〉 제265조(선거사무장 등의 선거범죄로 인한 당선무효)의 규정에 의하여 **당선이 무효로 된 때**

기출체크

❶ 선거사무장의 선거범죄로 인하여 당선이 무효로 된 때에는 보궐선거를 실시하여야 한다. [×(재선거사유임) 7급 20]

❷ 당선인이 당해 선거에 있어 선거비용의 초과지출로 인하여 공직선거법을 위반한 결과 임기개시 후에 당선이 무효로 된 때에는 보궐선거를 실시한다. [×(재선거사유임) 7급 13]

② 하나의 선거의 같은 선거구에 제200조(보궐선거)의 규정에 의한 **보궐선거의 실시사유가 확정된 후 재선거 실시사유가 확정된 경우로서 그 선거일이 같은 때**에는 **재선거로 본다**. [보궐선거로 본다(×) 9급 19, 7급 18] [○ 7급 23]

심화학습

- 이와 같은 간주규정을 둔 이유는 §201(보궐선거 등에 관한 특례)의 규정에 의해 사실상 재선거인데도 불구하고 보궐선거로 되면 선거를 하지 않아도 되는 경우가 발생할 수 있으므로 이를 구별하기 위한 것이다.
- 이 경우 '선거실시사유의 확정시기'에 대해서는 보궐선거의 실시사유가 확정된 때를 재선거의 실시사유가 확정된 때로 본다.(§35⑤3) 그 이유는 보궐선거의 실시사유가 확정되는 시점에 이미 선거 관련 각종 신고·신청이나 제한·금지 규정의 기준이 되는 기간이 개시되기 때문이다.

기출체크

「공직선거법」상 보궐선거의 실시사유에 해당하는 것은?
① 당선인이 임기개시 전에 피선거권이 없게 된 때 ⇒ §195①5
② 지방자치단체의 장이 선거사범으로 기소된 후에 스스로 사직한 때 ⇒ §200①
③ 대통령선거에서 후보자가 1인인 경우에 그 득표수가 선거권자총수의 3분의 1 이상이 되지 아니한 때 ⇒ §195①2
④ 선거의 전부 무효의 결정이 있는 때 ⇒ §195①3

[② 보궐선거, ①③④ 재선거 9급 14]

📢 제196조(선거의 연기)

① **천재·지변**, 기타 부득이한 사유로 인하여
선거를 실시할 수 없거나 실시하지 못한 때에는
대통령선거와 **국회의원**선거에 있어서는 **대통령**이, 〈국정선거〉

[국회의원선거는 중앙선거관리위원회 위원장이 연기(×) 9급 20]
[국회의원선거는 관할 선거구 선거관리위원회 위원장이 연기(×) 7급 23]

지방의회의원 및 지방자치단체의 장의 선거에 있어서는
관할 선거구 선거관리위원회 위원장이 〈지방선거〉 [당해 지방자치단체의 장이 선거를 연기(×) 7급 20]
당해 **지방자치단체의 장**(직무대행자를 포함한다)과 **협의**하여
선거를 연기하여야 한다.

[○ 7급 24, 9급 16]

기출체크

❶ 천재·지변, 기타 부득이한 사유로 인하여 선거를 실시할 수 없는 경우, 지방의회의원 및 지방자치단체의 장의 선거에 있어서는 당해 지방자치단체의 장(직무대행자를 포함한다)이 관할 선거구 선거관리위원회 위원장과 협의하여 선거를 연기하여야 한다. [× 7급 17]
❷ 국회의원선거에 있어 천재·지변, 기타 부득이한 사유로 인하여 선거를 실시할 수 없거나 실시하지 못한 때에는 대통령이 선거를 연기하여야 한다. [○ 7급 13]

② 제1항의 경우 **선거를 연기한 때**에는
처음부터 선거절차를 다시 진행하여야 하고,
선거일만을 다시 정한 때에는 이미 진행된 선거절차에 **이어 계속**하여야 한다.

③ 제1항의 규정에 의하여 **선거를 연기하는 때**에는
대통령 또는 관할 선거구 선거관리위원회 위원장은
연기할 **선거명**과 **연기사유** 등을 공고하고,
지체 없이 **대통령**은 관할 **선거구** 선거관리위원회 **위원장**에게,
관할 **선거구** 선거관리위원회 **위원장**은
당해 **지방자치단체의 장**에게 각각 **통보**하여야 한다.

제197조(선거의 일부 무효로 인한 재선거)

① 선거의 **일부 무효의 판결** 또는 **결정**이 확정된 때에는
관할 선거구 선거관리위원회는
선거가 무효로 된 당해 투표구의 재선거를 실시한 후
다시 당선인을 결정하여야 한다. [O 7급 24·21]

② 제1항의 재선거를 실시함에 있어서
판결 또는 결정에 특별한 명시가 없는 한
제44조 제1항에도 불구하고
당초 선거에 사용된 선거인명부를 사용한다. [O 9급 15, 7급 20]
[선거인명부를 다시 작성하여야 한다(×) 9급 14]
[당초 선거에 사용된 선거인명부를 사용할 수 없다(×) 7급 17]

③ 제1항의 재선거를 실시함에 있어서 정당이 **합당한 경우** 합당된 정당은
그 재선거의 **선거기간 개시일**부터 그 다음 날까지 당해 선거구 선거관리위원회에
합당 전 후보자 중 1인을 후보자로 추천하고, [O 7급 23, 9급 14]
비례대표 국회의원선거 및 **비례대표** 지방의회의원선거에 있어서는
하나의 후보자명부를 제출하되
합당 전 각 정당이 제출한 후보자명부에 등재되지 아니한 자를
추가할 수 없다. 〈천재·지변 등 재투표도 준용〉 [O 9급 19, 7급 20·17]

④ 제3항의 기간 내에 추천이 없는 때에는
합당 전 정당의 당해 선거구의 후보자의 등록은
모두 무효로 한다. 〈천재·지변 등 재투표도 준용〉

⑤ **합당된 정당의 후보자**(비례대표 국회의원선거 및 비례대표
지방의회의원선거에 있어서는 후보자를 추천한 **정당**을 말한다)의 **기호**는
당초 선거 당시의 그 후보자의 기호로 한다. 〈천재·지변 등 재투표도 준용〉 [O 9급 19·14]
[기호는 새로운 합당 정당의 순위에 따른다(×) 7급 21]

⑥ 제3항의 규정에 의하여 추천된 후보자의 득표 **계산**에 있어서는
합당으로 인하여 추천을 받지 못한 후보자의 득표는
이를 계산하지 아니한다. 〈천재·지변 등 재투표도 준용〉

⑦ **비례대표** 국회의원선거 및 **비례대표** 지방의회의원선거에 있어서
제1항의 규정에 의한 재선거 사유가 확정된 경우에는
그 투표구의 선거인수를 당해 선거구의 선거인수로 나눈 수에
당해 선거구의 의석정수를 곱하여 얻은 수의 정수(1 미만의 단수는 1로 본다)를
의석정수에서 뺀 다음
제189조 제1항부터 제4항까지 또는 제190조의2의 규정에 따라 **의석을 재배분**하고,
그 재배분에서 **제외**된 비례대표 국회의원 및 비례대표 지방의회의원의 **당선은**
무효로 한다.

⑧ 비례대표 국회의원선거 및 비례대표 지방의회의원선거에 있어서
　제1항의 규정에 의한 재선거를 실시한 때의 의석 재배분 및 당선인 결정에 있어서는
　제194조 제4항의 규정을 **준용**한다.

> **준용조문**
>
> 제194조(당선인의 재결정과 비례대표 국회의원 의석 및 비례대표 지방의회의원 의석의 재배분) ④ 선거구 선거관리위원회는 비례대표 국회의원선거 또는 비례대표 지방의회의원선거에 있어서 제198조의 사유로 인한 재투표를 실시한 때에는 당초 선거에서의 득표수와 재투표에서의 득표수를 합하여 득표비율을 산출하고 그 득표비율에 당해 선거구의 의석정수를 곱하여 얻은 수에서 각 정당이 이미 배분받은 의석수를 뺀 수가 큰 순위에 따라 잔여의석을 배분하고 당선인을 결정한다. 이 경우 비례대표 국회의원선거에 있어서는 제189조 제1항 내지 제5항의 규정을, 비례대표 지방의회의원선거에 있어서는 제190조의2의 규정을 준용한다.

심화학습

- 비례대표선거의 일부 무효 재선거 사유가 확정되면 그 투표구 득표수를 제외하고 의석을 재배분하였다가 재선거 후 합산한 득표율로 다시 의석을 배분한다.

⑨ 제1항의 규정에 의한 재선거에 있어서의 선거운동 및 선거비용,
　기타 필요한 사항은 이 법의 범위 안에서 중앙선거관리위원회 규칙으로 정한다.

제198조(천재·지변 등으로 인한 재투표)

① **천재·지변, 기타 부득이한 사유**로 인하여
　어느 투표구의 투표를 실시하지 못한 때와
　투표함의 분실·멸실 등의 사유가 발생한 때에는
　관할 선거구 선거관리위원회는
　당해 **투표구의 재투표**를 실시한 후 당해 선거구의 **당선인**을 결정한다. 　[O 9급 20, 7급 21]

② 제1항의 규정에 의한 재투표가
　당해 선거구의 선거결과에 영향을 미칠 염려가 없다고 인정되는 때에는
　재투표를 실시하지 아니하고 당선인을 결정한다. 　[O 7급 17]

심화학습

- '재투표가 당해 선거구의 선거결과에 영향을 미칠 염려가 없다고 인정되는 때'란 1위 득표자와 2위 득표자 간의 득표수의 차이가 재투표를 실시할 투표구의 전체 선거권자보다 많아서 재투표를 하더라도 당락에 영향을 미칠 염려가 없는 때를 말한다.

③ 제1항의 재투표를 실시함에 있어서 **합당된 정당이 있는 경우**
　제194조의 **비례대표** 국회의원 및 **비례대표** 지방의회의원의 의석 재배분을 위한
　득표수의 계산은 그 후보자의 **합당 전 정당의 득표수에 합산**한다.

④ 제197조(선거의 일부 무효로 인한 재선거) 제3항 내지 제6항의 규정은
천재·지변 등으로 인한 재투표에 이를 **준용**한다.

> **준용조문**
>
> **제197조(선거의 일부 무효로 인한 재선거)** ③ 제1항의 재선거를 실시함에 있어서 정당이 합당한 경우 합당된 정당은 그 재선거의 선거기간 개시일부터 그 다음 날까지 당해 선거구 선거관리위원회에 합당 전 후보자 중 1인을 후보자로 추천하고, 비례대표 국회의원선거 및 비례대표 시·도의원선거에 있어서는 하나의 후보자명부를 제출하되 합당 전 각 정당이 제출한 후보자명부에 등재되지 아니한 자를 추가할 수 없다.
> ④ 제3항의 기간 내에 추천이 없는 때에는 합당 전 정당의 당해 선거구의 후보자의 등록은 모두 무효로 한다.
> ⑤ 합당된 정당의 후보자(비례대표 국회의원선거 및 비례대표 시·도의원선거에 있어서는 후보자를 추천한 정당을 말한다)의 기호는 당초 선거 당시의 그 후보자의 기호로 한다.
> ⑥ 제3항의 규정에 의하여 추천된 후보자의 득표계산에 있어서는 합당으로 인하여 추천을 받지 못한 후보자의 득표는 이를 계산하지 아니한다.

⑤ 제1항의 규정에 의한 재투표에 있어서의 선거운동 및 선거비용,
기타 필요한 사항은 이 법의 범위 안에서 중앙선거관리위원회 규칙으로 정한다.

📢 제199조(연기된 선거 등의 실시)

제196조(선거의 연기) 제1항의 **연기된 선거**
또는 제198조(천재·지변 등으로 인한 재투표) 제1항의 **재투표는 가능한 한**
제35조(보궐선거 등의 선거일)의 규정에 의한 선거와 **함께 실시**하여야 한다.

> **심화학습**
>
> · 이 규정과 달리 '선거의 일부 무효로 인한 재선거'는 §35의 정기 재·보궐선거 등의 선거와 함께 실시하지 않고, 확정판결 또는 결정의 통지를 받은 날부터 30일 이내에 실시하여야 한다.(§35③)

📢 제200조(보궐선거)

① **지역구** 국회의원·**지역구** 지방의회의원 및 **지방자치단체의 장**에
궐원 또는 **궐위가** 생긴 때에는 **보궐선거**를 실시한다.

② **비례대표** 국회의원 및 **비례대표** 지방의회의원에 **궐원이 생긴 때에는**
선거구 선거관리위원회는 **궐원통지를 받은 후 10일 이내에**
그 궐원된 의원이 그 **선거 당시에 소속한 정당**의 비례대표 국회의원 후보자명부
및 비례대표 지방의회의원 후보자명부에 **기재된 순위에 따라**
궐원된 국회의원 및 지방의회의원의 **의석을 승계할 자를 결정**하여야 한다.

[○ 7급 24·22, 9급 20]

③ 제2항에도 불구하고 의석을 승계할 후보자를 추천한 정당이 <u>해산되거나</u>
<u>**임기만료일 전 120일 이내에** 궐원이 생긴 때에는</u>   [임기만료일 전 180일 이내에(×) 7급 22, 9급 15]
<u>의석을 승계할 사람을 결정하지 아니한다.</u>   [○(이 경우 승계할 자를 결정하지 않음) 7급 24·14]

> **기출체크**
>
> ❶ 선거범죄로 인하여 당선이 무효로 된 때를 비례대표 지방의회의원의 의석 승계 제한사유로 규정한 구 공직선거법 제200조 제2항 단서 중 '비례대표 지방의회의원 당선인이 제264조(당선인의 선거범죄로 인한 당선무효)의 규정에 의하여 당선이 무효로 된 때'의 부분은 대의제 민주주의 원리에 위배되는 것이 아니다. [× 7급 14]
> ⇒ 선거범죄를 범한 비례대표 지방의회의원 당선인 본인의 의원직 박탈로 그치지 아니하고 그로 인하여 궐원된 의석의 승계를 인정하지 아니함으로써 결과적으로 그 정당에 비례대표 지방의회의원의석을 할당받도록 한 선거권자들의 정치적 의사표명을 무시하고 왜곡하는 결과를 초래할 수 있다는 점에서 헌법의 기본원리인 대의제 민주주의 원리에 부합되지 않는다고 할 것이다.(헌재 2009. 6. 25. 2007헌마40)
>
> ❷ 현행 비례대표선거제하에서 선거에 참여한 선거권자들의 정치적 의사표명에 의하여 직접 결정되는 것은, 어떠한 비례대표 지방의회의원 후보자가 비례대표 지방의회의원으로 선출되느냐의 문제라기보다는 비례대표 지방의회의원의석을 할당받을 정당에 배분되는 비례대표 지방의회의원의 의석수라고 할 수 있다.(헌재 2009. 6. 25. 2007헌마40) [○ 7급 14]

④ **대통령권한 대행자**는 대통령이 궐위된 때에는 **중앙선거관리위원회**에,
국회의장은 국회의원이 궐원된 때에는 **대통령 및 중앙선거관리위원회**에
그 사실을 지체 없이 통보하여야 한다. [○ 7급 22]
[대통령이 궐위된 때에 국회의장이 통보(×) 7급 13]

> **심화학습**
>
> · **국회법 제137조(궐원 통지)** 의원이 궐원되었을 때에는 의장은 15일 이내에 대통령과 중앙선거관리위원회에 통지하여야 한다.

⑤ **지방의회의장**은 당해 지방의회의원에 궐원이 생긴 때에는
당해 **지방자치단체의 장과 관할 선거구 선거관리위원회**에 이를 통보하여야 하며,
지방자치단체의 장이 궐위된 때에는
궐위된 **지방자치단체의 장의 직무를 대행하는 자**가
당해 **지방의회의장과 관할 선거구 선거관리위원회**에 이를 **통보하여야 한다**. [○ 7급 22, 9급 19]
[당해 지방의회의장이 통보하여야 한다(×) 7급 18]

⑥ 국회의원 또는 지방의회의원이
제53조(공무원 등의 입후보)의 규정에 의하여 그 직을 그만두었으나
후보자등록신청 시까지 제4항 또는 제5항의 규정에 의한 **궐원통보가 없는 경우**에는
후보자로 등록된 때에 그 통보를 받은 것으로 본다.

📢 제201조(보궐선거 등에 관한 특례)

① 보궐선거 등(대통령선거·비례대표 국회의원선거 및
비례대표 지방의회의원선거를 **제외**한다. 이하 이 항에서 같다)은
그 선거일부터 임기만료일까지의 기간이 1년 미만이거나,
지방의회의 의원정수의 4분의 1 이상이 궐원

(임기만료일까지의 기간이 **1년 이상인 때**에 재선거·연기된 선거
또는 재투표사유로 인한 경우〈선거 실시〉를 **제외한다)**되지 아니한 경우에는
실시하지 아니할 수 있다. [○ 9급 15]
　이 경우 지방의회의 의원정수의 4분의 1 이상이 궐원되어
보궐선거 등을 실시하는 때에는
그 **궐원된 의원 전원**에 대하여 **실시하여야 한다.**
② 제219조(선거소청) 제2항 또는 제223조(당선소송)의 규정에 의하여
　당선의 효력에 관한 **쟁송이 계속 중인 때에는**
　보궐선거를 실시하지 아니한다.
③ **지방의회의원의 보궐선거·재선거·연기된 선거** 또는
　재투표를 실시하는 경우에
　지방자치단체의 **관할 구역의 변경에 따라**
　그 선거구의 구역이 그 지방의회의원이 속하는 지방자치단체에 상응하는
　다른 지방자치단체의 관할 구역에 걸치게 된 때에는
　당해 지방자치단체에 속한 구역만을 그 선거구의 구역으로 한다. [○ 7급 23·18]
④ 보궐선거 등의 사유가 발생하였으나 제1항 전단의 규정에 해당되어
　보궐선거 등을 실시하지 아니하고자 하는 때에는
　보궐선거 등의 **실시사유가 확정된 날부터 10일 이내**에 그 뜻을 공고하고,
　국회의원보궐선거 등에 있어서는 **대통령**이 관할 **선거구** 선거관리위원회에,
　지방자치단체의 **의회의원 및 장**의 보궐선거 등에 있어서는
　관할 **선거구** 선거관리위원회 **위원장**이
　당해 **지방의회의장 및 지방자치단체의 장**에게 통보하여야 한다.
　이 경우에는 제35조 제5항의 규정〈선거의 실시사유가 확정된 때〉에도 불구하고
　선거의 실시사유가 확정되지 아니한 것으로 본다.
⑤ 제1항 후단〈지방의회의원 1/4 이상이 궐원되어 실시하는 보궐선거〉에 따라
　보궐선거 등을 실시하게 된 때에는 제35조 제2항 제1호〈정기 재·보궐선거〉에도 불구하고
　그 **실시사유가 확정된 때부터 60일 이내**에 실시하여야 하며,
　관할 선거구 선거관리위원회 위원장은
　선거일 전 30일까지 선거일을 정하여 공고하여야 한다.
　다만, 그 보궐선거 등의 선거일이
　제35조 제2항 제1호에 따른 4월 중 첫 번째 수요일에 실시되는 보궐선거 등의
　선거기간 개시일 전 40일부터 선거일 후 30일까지의 사이에 있는 경우에는
　그 보궐선거 등과 **함께 선거를 실시한다.**

⑥ 제1항 후단 및 제5항에 따라 실시하는 보궐선거〈지방의회의원 1/4 이상이 궐원되어 실시하는 보궐선거〉 등의 "선거의 실시사유가 확정된 때"란

제35조 제5항〈선거의 실시사유가 확정된 때〉에도 불구하고

관할 **선거구** 선거관리위원회가

해당 **지방의회의장**으로부터 그 지방의회 의원정수의 4분의 1 이상의

궐원에 해당하는 의원의 **궐원을 통보받은 날**을 말한다. [O 9급 24]

> **기출체크**
>
> 지방의회의 의원정수의 4분의 1 이상이 궐원되어 실시하는 보궐선거 등의 "선거의 실시사유가 확정된 때"란 관할선거구선거관리위원회가 해당 지방의회의장에게 그 지방의회 의원정수의 4분의 1 이상의 궐원에 해당하는 의원의 궐원을 통보한 날을 말한다. [× 7급 24]

⑦ 보궐선거 등(대통령의 궐위로 인한 선거·재선거 및 연기된 선거,

임기만료에 따른 선거와 동시에 실시하는 보궐선거 등은 **제외**한다)에서

제38조 제4항 제1호부터 제5호까지에 해당하는 사람〈거소투표 가능자〉 외에

보궐선거 등이 실시되는 **선거구**(선거구가 해당 구·시·군의 관할 구역보다

작은 경우에는 해당 **구·시·군의 관할 구역**을 말한다) **밖**에

거소를 둔 사람도 거소투표 신고를 하고

제158조의2〈거소투표〉에 따른 **거소투표자의 예**에 따라 투표할 수 있다.

> **조문정리**
>
> 〈보궐선거와 재선거 등〉
>
> | 구 분 | 내 용 |
> |---|---|
> | 보궐선거
(§200) | • 당선자가 임기개시 후에 사퇴·사망·피선거권 상실 등으로 신분을 상실한 때에 그 결원을 보충하기 위하여 실시하는 선거
• 임기개시 후에 발생한 사퇴·사망 등으로 인해 실시하는 선거라는 점에서 재선거와 구별 |
> | 재선거
(§195) | • 후보자 또는 당선자가 없거나, 선거의 전부 무효 판결 또는 결정, 당선인이 임기개시 전에 사퇴·사망·피선거권 상실, 선거범죄로 당선무효된 때에 실시하는 선거
• 임기개시 전 사퇴·사망·피선거권 상실이라는 점에서 보궐선거와 구별되고, 선거구 내의 전 투표구를 대상으로 실시한다는 점에서 일부재선거나 재투표와 구별 |
> | 일부재선거
(§197) | • 선거의 일부 무효 판결 또는 결정이 확정된 때에 실시하는 선거
• 무효가 된 당해 투표구에 대해서만 실시한다는 점에서 재선거와 구별되고, 선거무효사유라는 점에서 재투표와 구별 |
> | 재투표
(§198) | • 천재·지변, 기타 부득이한 사유로 투표를 못 하였거나, 투표함의 분실·멸실 등의 사유가 발생한 때 실시하는 선거
• 일부 투표구에 대해서만 실시한다는 점에서 재선거와 구별되고, 천재·지변이나 투표함의 분실·멸실 사유라는 점에서 일부재선거와 구별 |
> | 연기된 선거
(§196) | • 천재·지변, 기타 부득이한 사유로 선거를 실시할 수 없거나 실시하지 못한 때 실시하는 선거
• 실시하지 못한 선거를 연기한다는 점에서 기 실시된 선거를 전제로 한 보궐선거·재선거·일부재선거·재투표와 구별되고, 선거구 전체를 대상으로 실시한다는 점에서 일부재선거나 재투표와 구별 |

제14장 동시선거에 관한 특례

제202조	동시선거의 정의와 선거기간	388
제203조	동시선거의 범위와 선거일	388
제204조	선거인명부에 관한 특례	389
제205조	선거운동기구의 설치 및 선거사무관계자의 선임에 관한 특례	389
제206조	선거벽보에 관한 특례	390
제207조	책자형 선거공보에 관한 특례	390
제208조	〈삭제 2004. 3. 12.〉	
제209조	공개장소에서의 연설·대담에 관한 특례	390
제210조	선거와 관련 있는 정당활동의 규제에 관한 특례	390
제211조	투표용지·투표안내문 등에 관한 특례	391
제212조	거소투표·사전투표의 투표용지 발송과 회송 등에 관한 특례	391
제213조	투표참관인 선정 및 지정 등에 관한 특례	392
제214조	투표함의 개함 등에 관한 특례	393
제215조	개표참관인 등에 관한 특례	393
제216조	4개 이상 선거의 동시실시에 관한 특례	394
제217조	투표록·개표록 등 작성에 관한 특례	394

제202조(동시선거의 정의와 선거기간)

① 이 법에서 "동시선거"라 함은
　　선거구의 일부 또는 전부가 서로 겹치는 구역에서
　　2 이상의 다른 종류의 선거를 같은 선거일에 실시하는 것을 말한다.
② 동시선거에 있어 선거기간 및 선거사무일정이 서로 다른 때에는
　　이 법의 다른 규정에도 불구하고 선거기간이 긴 선거의 예에 의한다.

[선거기간이 짧은 선거의 예(×) 7급 23]

제203조(동시선거의 범위와 선거일)

① 임기만료일이 같은 지방의회의원 및 지방자치단체의 장의 선거는
　　그 임기만료에 의한 선거의 선거일에 동시 실시한다.　　　　[O 9급 24, 7급 23]
② 제35조 제2항 제2호〈폐치·분합 시 장선거: 60일 이내 실시〉에 따른
　　지방자치단체의 장선거가 다음 각 호에 해당되는 때에는
　　임기만료에 의한 선거의 선거일에 동시 실시한다.
　　1. 임기만료에 의한 선거의 선거기간 중에
　　　　그 선거를 실시할 수 있는 기간의 만료일이 있는 보궐선거 등　　[O 7급 23]
　　2. 선거를 실시할 수 있는 기간의 만료일이
　　　　임기만료에 의한 선거의 선거일 후에 해당되나 그 선거의 실시사유가
　　　　임기만료에 의한 선거의 선거일 30일 전까지 확정된 보궐선거 등
③ 임기만료에 따른 국회의원선거 또는 지방의회의원 및 지방자치단체의 장의
　　선거가 실시되는 연도에는
　　제35조 제2항 제1호에 따라 4월 첫 번째 수요일에 실시하는 보궐선거 등은
　　임기만료에 따른 선거의 선거일에 동시 실시한다.
　　이 경우 4월 30일까지 실시사유가 확정된 보궐선거 등은
　　임기만료에 따른 지방의회의원 및
　　지방자치단체의 장의 선거의 선거일에 동시 실시한다.　　　　[O 7급 23]
④ 임기만료에 따른 대통령선거가 실시되는 연도에는
　　1월 31일까지 실시사유가 확정된
　　제35조 제2항 제1호 가목 본문〈국회의원·지방의회의원의 보궐선거·재선거 및
　　지방의회의원의 증원선거는 4월 첫 번째 수요일에 실시〉 및
　　나목〈지방자치단체의 장의 보궐선거·재선거 중
　　전년도 9월 1일부터 2월 말일까지 실시사유가 확정된 선거는
　　4월 첫 번째 수요일에 실시〉에 따른 보궐선거 등은
　　해당 임기만료에 따른 대통령선거의 선거일에 동시 실시한다.

⑤ 제35조 제2항 제1호 각 목(가목 단서〈3월 1일 이후 실시사유가 확정된
국회의원·지방의회의원의 보궐선거·재선거 및 지방의회의원의 증원선거는
그 다음 연도의 4월 첫 번째 수요일에 실시〉에 따른
보궐선거 등은 제외한다)에 따른 보궐선거 등의
후보자등록신청 개시일 전일까지 대통령의 궐위로 인한 선거 또는 재선거의
실시사유가 확정된 경우 그 보궐선거 등은
대통령의 궐위로 인한 선거 또는 재선거의 선거일에 동시 실시한다.

제204조(선거인명부에 관한 특례)

① 동시선거에 있어서 **선거인명부와 거소·선상투표 신고인명부는**
제44조 제1항에도 불구하고
각각 하나의 선거인명부와 거소·선상투표 신고인명부로 한다. [O 7급 13]
② 삭제
③ 동시선거에 사용할 선거인명부 및 거소·선상투표 신고인명부의 표지서식,
기타 필요한 사항은 중앙선거관리위원회 규칙으로 정한다.

제205조(선거운동기구의 설치 및 선거사무관계자의 선임에 관한 특례)

① 동시선거에 있어서 **같은 정당의 추천을 받은 2인 이상의 후보자**
(비례대표 지방의회의원선거에 있어서는 후보자를 추천한 **정당**을 포함한다.
이하 이 조에서 같다)는
선거사무소와 선거연락소를 공동으로 설치할 수 있다. [O 7급 13]
② 동시선거에 있어서 같은 정당의 추천을 받은
2인 이상의 후보자〈비례대표 지방의원선거는 정당 포함〉는
선거사무장·선거연락소장 또는 선거사무원을 공동으로 선임할 수 있다. [O 9급 20·17, 7급 21]
③ 제1항 및 제2항의 경우 그 설치 또는 선임은
후보자가 각각 설치·선임한 것으로 보며,
그 설치·선임신고서에 그 사실을 **명시**하여야 하고
공동설치·선임에 따른 **비용**은 당해 후보자 간의 **약정에 의하여** 분담할 수 있되,
그 **분담내역**을 설치·선임신고서에 **명시**하여야 한다.
④ **후보자는 다른 선거의 후보자의 선거사무장·선거연락소장·선거사무원**
또는 회계책임자가 될 수 없다. [O 7급 21]
⑤ 선거사무소·선거연락소의 공동설치와 선거사무관계자의 공동선임에 따른 설치·선임신고
및 신분증명서의 서식, 기타 필요한 사항은 중앙선거관리위원회 규칙으로 정한다.

📢 제206조(선거벽보에 관한 특례)

제203조 제1항〈임기만료일이 같은 지방의회의원 및 지방자치단체장의 선거〉에 따라
동시선거를 실시하는 때의 선거벽보의 매수는
2개의 선거를 동시에 실시하는 때에는
제64조 제1항에 따른 **기준매수의 3분의 2**,
3개 이상의 선거를 동시에 실시하는 때에는
기준매수의 2분의 1에 각 상당하는 수로 한다.　　　　　　　　　　[○ 7급 24]
　　　　　　　　　　　　　　　　　　　　　[3개 이상 선거에서 기준매수의 3분의 1(×) 7급 21]

📢 제207조(책자형 선거공보에 관한 특례)

① 동시선거에 있어서 **같은 정당의 추천을 받은 2인 이상의 후보자**
　(대통령선거의 정당추천 후보자와 **비례대표** 국회의원선거 및 비례대표 지방의회
　의원선거에 있어서는 후보자를 추천한 **정당**을 말한다. 이하 **이 조에서 같다**)는
　제65조(선거공보)의 규정에 따른 **책자형 선거공보를 공동으로 작성할 수 있으며**,
　책자형 선거공보는 공동으로 작성한 때에는
　후보자〈또는 정당〉마다 각각 1종을 작성한 것으로 본다.　　　　　[○ 9급 24]
② 관할 구역이 큰 선거구의 후보자가 책자형 선거공보의 **일부 지면에**
　작은 선거구의 후보자에 관한 내용을
　선거구에 따라 달리 게재하는 방법으로 공동 작성하였을 경우
　큰 선거구의 후보자에 관한 내용이 동일한 책자형 선거공보는 1종으로 본다.　[○ 7급 21]
③ 제1항의 규정에 의하여 책자형 선거공보를 공동으로 작성하는 경우에는
　후보자 간의 **약정**에 의하여 그 **비용을 분담할 수 있다.**
　이 경우 그 분담내역을 관할 구·시·군선거관리위원회에 책자형 선거공보를
　제출하는 때에 각각 서면으로 신고하여야 한다.

제208조 삭제

📢 제209조(공개장소에서의 연설·대담에 관한 특례)

동시선거에 있어서 같은 정당의 추천을 받은 **2인 이상의 후보자는 한 장소에서**
제79조에 따른 공개장소에서의 연설·대담을 공동으로 할 수 있다.　[○ 9급 20, 7급 24·13]

📢 제210조(선거와 관련 있는 정당활동의 규제에 관한 특례)

동시선거에 있어서
제9장 선거와 관련 있는 정당활동의 규제의 적용에 있어서 **기준이 되는 선거는**

동시에 실시하는 선거의 수에도 불구하고 **하나의 선거를 기준**으로 하되,
임기만료에 의한 선거와 제35조(보궐선거 등의 선거일) 제2항 및 제3항의
보궐선거 등이나 제36조(연기된 선거 등의 선거일)의 연기된 선거를
동시에 실시하는 경우에는
임기만료에 의한 선거를 기준으로 하고,
제35조 제2항 및 제3항의 규정에 의한 보궐선거 등을 동시에 실시하는 때의
"**그 선거의 실시사유가 확정된 때**"는
"동시에 실시하는 보궐선거 등 가운데 **최초로**
그 선거의 **실시사유가 확정된 보궐선거 등의 실시사유가 확정된 때**"로 본다.

📢 제211조(투표용지·투표안내문 등에 관한 특례)

① 동시선거에 있어서 **투표용지**는 색도 또는 지질 등을 달리하는 등
중앙선거관리위원회 규칙이 정하는 바에 따라 **선거별로 구분**이 되도록
작성·교부할 수 있다. [O 9급 20·17]

② 삭제

③ 동시선거에 있어서 **시·도지사선거** 및 **비례대표 시·도의원선거**의 **투표용지**는
제151조(투표용지와 투표함의 작성) 제1항의 규정〈구·시·군선관위가 작성〉에도 불구하고
중앙선거관리위원회 규칙이 정하는 바에 따라
당해 **시·도선거관리위원회**가 **작성**한다. [O 7급 23]
이 경우 투표용지에는 당해 **시·도선거관리위원회의 청인**을 날인하되,
인쇄날인으로 갈음할 수 있다. [O 9급 24]

④ 동시선거에 있어서
투표안내문(점자형 투표안내문을 포함한다. 이하 이 항에서 같다)은
제153조에도 불구하고 중앙선거관리위원회 규칙으로 정하는 바에 따라
하나의 투표안내문으로 할 수 있다.

⑤ 동시선거에 있어서 투표소의 수·설치·설비와 투표용지의 작성·교부자와 교부방법 및
투표절차, 기타 필요한 사항은 중앙선거관리위원회 규칙으로 정한다.

📢 제212조(거소투표·사전투표의 투표용지 발송과 회송 등에 관한 특례)

동시선거에서 다음 각 호의 어느 하나에 해당하는 경우에는 해당 선거인마다
하나의 회송용 봉투 또는 **발송용 봉투를 사용**하여 행할 수 있다.
1. **거소투표자**에 대한 투표용지의 발송 및 투표지 회송 [O 9급 17]
2. **사전투표소**에서 투표한 선거인의 투표지 회송

> **기출체크**
>
> 동시선거에서 거소투표자에 대한 투표용지의 발송 및 투표지회송은 해당 선거인마다 선거별로 회송용봉투 또는 발송용봉투를 사용하여야 한다. [× 7급 24]

📢 제213조(투표참관인 선정 및 지정 등에 관한 특례)

① 동시선거에 있어 **투표참관인**은
　제161조(투표참관) 제2항의 규정에 의한
　선정·신고인원수〈단일선거는 후보자마다 2인〉에도 불구하고
　후보자를 추천한 **정당과 무소속 후보자**마다 **2인**을 선정·신고하여야 한다. [O 7급 24]
　　　　　　　　　　　　　　　　　　　　　　　　　　　　　　　　　　[정당마다 2인, 무소속 후보자 1인(×) 9급 24]

② 동시선거의 투표참관인의 지정에 있어 제161조 제4항의 "후보자"는 "정당 또는 후보자"로, "후보자별"은 "정당·후보자별"로 본다.

> **📑 인용조문**
>
> **제161조(투표참관)** ④ 읍·면·동선거관리위원회가 제3항의 규정에 의하여 투표참관인을 지정하는 경우에 정당 또는 후보자 수가 8명을 넘는 때에는 정당·후보자별로 1명씩 우선 선정한 후 추첨에 의하여 8명을 지정하고, 정당 또는 후보자 수가 8명에 미달하되 정당 또는 후보자가 선정·신고한 인원수가 8명을 넘는 때에는 정당·후보자별로 1명씩 선정한 자를 우선 지정한 후 나머지 인원은 추첨에 의하여 지정한다.

③ 동시선거에서 **사전투표참관인**은
　제162조 제2항에 따른 선정·신고인원수〈단일선거는 후보자마다 2인〉에도 불구하고
　당해 **선거에 참여한 정당**마다 **2인**을,
　무소속 후보자는 **1인**을 선정·신고하여야 한다.

④ 동시선거에 있어서
　사전투표참관인은 8명 이내〈단일선거는 상한인원 없음〉로 하되,
　제3항의 규정에 의하여 **선정·신고한 인원수가 8명을 넘는 때**에는
　관할 선거관리위원회는 **정당이 선정·신고한 자를 우선 지정**하고
　나머지 인원은 무소속 후보자가 선정·신고한 자 중에서
　8명에 달할 때까지 추첨에 의하여 지정한다.
　이 경우 정당이 선정·신고한 인원수가 8명을 넘는 때에는
　제150조 제3항부터 제5항까지의 규정에 따른 **정당순위**〈투표용지 게재순위〉의
　앞 순위의 정당이 선정·신고한 자부터 **8명**에 달할 때까지 지정한다.

조문정리

〈단일선거와 동시선거의 투표참관인 비교〉

구 분	단일선거	동시선거
일반투표소의 참관인 선정·신고인원	후보자마다 2인	후보자를 추천한 정당과 무소속 후보자마다 2인
사전투표소의 참관인 선정·신고인원	후보자마다 2인	당해 선거에 참여한 정당마다 2인, 무소속 후보자마다 1인
일반투표소의 참관인 상한수	8인 이내	8인 이내
사전투표소의 참관인 상한수	8인 이내	8인 이내(정당이 선정한 자 우선 지정)

제214조(투표함의 개함 등에 관한 특례)

동시선거에 있어서 제175조(개표개시) 제2항의 규정에 의한 **개표순서는 선거별** 또는 그 선거구의 **관할 구역이 작은 선거구별로** 구분하여 행한다. [관할 구역이 큰 선거구별로(×) 9급 17, 7급 21]

제215조(개표참관인 등에 관한 특례)

① 동시선거에 있어서 **개표참관인은**
   제181조(개표참관) 제2항의 규정에 의한 선정·신고인원수
   〈단일선거는 정당 6, 무소속 3〉에도 불구하고
   후보자를 추천한 **정당마다 8인**을,
   무소속 후보자는 2인을 선정·신고하여야 한다.
   다만, 구·시·군선거관리위원회는 **거소투표·선상투표** 및
   사전투표의 개표를 하는 때에는
   정당 또는 후보자가 선정·신고한 자 중에서 **정당은 4인씩**을,
   무소속 후보자는 1인씩을 참관하게 한다. [정당은 8인씩, 무소속은 2인씩 참관(×) 9급 20]

② 동시선거에 있어서 **관람증의 매수는**
   제182조(개표관람) 제2항의 규정〈후보자별로 균등 배부〉에도 불구하고
   정당별로 균등하게 우선 배부한 후 무소속 후보자별로 균등하게 배부하되,
   후보자마다 1매 이상 배부하여야 한다.

조문정리

〈단일선거와 동시선거의 개표참관인 비교〉

구 분	단일선거	동시선거
선정·신고 인원	후보자를 추천한 정당마다 6인, 무소속 후보자마다 3인	후보자를 추천한 정당마다 8인, 무소속 후보자마다 2인
사전투표 등의 개표참관	선정·신고한 개표참관인은 제한 없이 참관할 수 있음	선정·신고한 자 중에서 정당은 4인씩, 무소속 후보자는 1인씩 참관

📢 제216조(4개 이상 선거의 동시실시에 관한 특례)

① **4개 이상** 동시선거에 있어
　지역구 자치구·시·군의원 선거의 후보자는
　제79조(공개장소에서의 연설·대담)의 연설·대담을 위하여
　자동차 1대와 휴대용 확성장치 1조를 사용할 수 있다. 〈차량부착용 확성장치 불가〉
　이 경우 휴대용 확성장치는
　제79조 제8항 제2호 본문에 따른 소음기준을 초과할 수 없다.

② **임기만료**에 의한 지방자치단체의 **의회의원** 및 **장**의 선거를
　동시에 실시하는 경우 **개표진행** 및 **결과공표**는
　제178조 제1항·제3항〈투표구 단위〉에도 불구하고 **읍·면·동**을 단위로 할 수 있다.
　　1. ~ 9. 삭제

③ 삭제, ④ 삭제

⑤ 4개 이상 선거를 동시에 실시하는 경우 제1항 및 제2항 외에
　투표소에 설치하는 투표함의 수, 투표와 개표의 절차·방법, 제2항의 개표절차,
　그 밖에 필요한 사항은 중앙선거관리위원회 규칙으로 정한다.

📢 제217조(투표록·개표록 등 작성에 관한 특례)

동시선거에 있어 **투표록** 및 **개표록**은 <u>선거의 구분 없이</u>
<u>**하나**의 투표록 및 개표록으로 각각 작성할 수 있다.</u>　　［선거별로 각각 구분하여 작성되어야 한다(×) 7급 13］

제14장의 2 재외선거에 관한 특례

조항	제목	페이지
제218조	재외선거관리위원회 설치·운영	399
제218조의2	재외투표관리관의 임명	403
제218조의3	재외선거관리위원회와 재외투표관리관의 직무	403
제218조의4	국외부재자 신고	404
제218조의5	재외선거인 등록신청	405
제218조의6	공관부재자 신고인명부 등 작성	407
제218조의7	공관부재자 신고인명부 등의 송부	408
제218조의8	재외선거인명부의 작성	408
제218조의9	국외부재자 신고인명부의 작성	409
제218조의10	재외선거인명부 등의 열람	410
제218조의11	재외선거인명부 등에 대한 이의 및 불복신청 등	411
제218조의12	대통령의 궐위선거 및 재선거에서 기한 등의 단축	412
제218조의13	재외선거인명부 등의 확정과 송부	413
제218조의14	국외선거운동 방법에 관한 특례	414
제218조의15	선거비용에 대한 특례	418
제218조의16	재외선거의 투표방법	418
제218조의17	재외투표소의 설치·운영	419
제218조의18	투표용지 작성 등	421
제218조의19	재외선거의 투표 절차	422
제218조의20	재외투표소의 투표참관	423
제218조의21	재외투표의 회송	423
제218조의22	재외투표소투표록 등의 작성·송부	424
제218조의23	재외투표의 접수	424
제218조의24	재외투표의 개표	425
제218조의25	재외투표의 효력	426

제218조의26	국외선거범에 대한 공소시효 등	427
제218조의27	재외선거의 공정성 확보 의무	427
제218조의28	재외선거사무의 지원 등	428
제218조의29	천재·지변 등의 발생 시 재외선거사무의 처리	428
제218조의30	국외선거범에 대한 여권발급 제한 등	429
제218조의31	외국인의 입국금지	430
제218조의32	국외선거범에 대한 영사조사	430
제218조의33	국외선거범에 대한 인터넷 화상조사	431
제218조의34	준용규정 등	431
제218조의35	시행규칙	431

〈재외선거 주요사무 일정표〉

실시사항	실시기관(자)	기준일	관계법조
재외선관위 설치·운영	중앙선관위	선거일 전 180일부터 선거일 후 30일까지	§218①
재외선거인 (변경)등록신청 〈재외투표관리관에게〉	재외선거인등록신청 대상자	선거일 전 60일까지	§218의5
국외부재자신고 〈재외투표관리관, 구·시·군의 장에게〉	국외부재자 신고대상자	선거일 전 150일부터 60일까지	§218의4, 6, 8
재외선거인 영구명부 정비	중앙선관위		
공관부재자 신고인명부 등 작성	재외투표관리관		
공관부재자 신고인명부 등 송부 〈중앙선관위에〉	재외투표관리관	공관부재자 신고인 명부 등 작성 즉시	§218의7
공관부재자 신고인명부·신고서 송부 〈구·시·군의 장에게〉	중앙선관위	공관명부 등 접수 후	
재외선거인의 국적확인에 필요한 서류의 종류 결정·공고	재외투표관리관 (2 이상 공관을 둔 국가는 대사관)	매년 1월 31일까지	§218의5④
재외선거관리록 비치·작성	재외투표관리관	선거일 전 59일부터 재외투표기간 만료일까지	§218의22③
재외선거인명부 작성	중앙선관위	선거일 전 49일부터 40일까지	§218의8
국외부재자 신고인명부 작성	구·시·군의 장		§218의9
재외선거인명부 등 열람장소, 기간, 인터넷 홈페이지 주소 및 열람방법 공고·안내	명부작성권자 재외투표관리관	열람개시일 전 3일까지	§218의34① §40③
재외선거인명부 등 열람 〈명부작성권자, 행정안전부장관, 재외투표관리관에게〉	선거권자는 누구든지	명부작성기간 만료일의 다음 날부터 5일간(선거일 전 39일부터 35일까지)	§218의10
재외선거인명부등에 대한 이의신청 〈명부작성권자에게〉		열람기간 중	§218의11
이의신청에 대한 심사·결정·통지 〈신청인, 관계인에게〉	명부작성권자	이의신청이 있는 날의 다음 날까지	§218의11①
국외부재자 신고인명부 이의신청 결정에 대한 불복신청 〈구·시·군선관위에〉	이의신청인 관계인	이의신청에 대한 결정통지를 받은 날의 다음 날까지	§218의11②
불복신청에 대한 심사·결정·통지 〈신청인, 관계인, 구·시·군의 장에게〉	구·시·군선관위	불복신청이 있는 날의 다음 날까지	§218의11⑤ §218의34① §42②
재외선거인명부 등 누락자 등재 신청 〈명부작성권자에게〉	해당 선거권자	이의신청기간 만료일의 다음 날부터 재외선거인명부 등의 확정일 전일까지	§218의11③
재외선거인명부 등 누락자 등재 신청에 대한 심사·결정·통지 〈신청인에게〉	명부작성권자	등재 신청이 있는 날의 다음 날까지	§218의11③ §218의34① §43②
후보자 등의 방송연설을 위한 위성방송 시설명·이용일시·시간대 등 통보 〈중앙선관위에〉	위성방송시설 경영·관리자	선거일 전 30일까지	§218의14① §71⑤
재외선거인명부 확정	중앙선관위	선거일 전 30일	§218의13①
국외부재자 신고인명부 확정	구·시·군의 장		

실시사항	실시기관(자)	기준일	관계법조
국외부재자 신고인명부 전산자료 복사본 송부 및 확정상황 통보 〈관할 구·시·군선관위에〉	구·시·군의 장	명부 확정 후 즉시	§218의13②
재외선거인명부 전산자료 복사본 송부 및 확정상황 통보 〈관할 구·시·군선관위에〉	중앙선관위		§218의13②
재외선거인명부 등 송부 〈재외선거관리위원회에〉	중앙선관위	재외선거인명부 등 확정 즉시	§218의13③
재외투표소의 명칭·소재지·운영기간 등 공고	재외선관위	선거일 전 20일까지	§218의17③
정당·후보자 정보자료 작성·송부 〈재외선거인등, 외교부, 공관에〉	중앙선관위	후보자등록마감 후 즉시	§218의14④
재외투표소의 투표참관인 신고 〈재외선관위에〉	후보자(정당) 보조금 배분 대상정당	선거일 전 17일까지	§218의20②
재외투표소의 투표참관인 선정(투표참관인의 선정이 없거나 한 정당이 선정한 투표참관인밖에 없는 경우)	재외선관위		§218의20④
재외투표용지 원고 송부 〈재외투표관리관에게〉	중앙선관위	재외투표기간 개시일 전 2일까지	§218의18②④
재외투표소 투표(매일 오전 8시~오후 5시)	재외선거인 등	선거일 전 14일부터 9일까지 기간 중 6일 이내	§218의 17, 19, 20
투표참관인 교체 신고 (재외투표기간 중 재외투표소에서)	보조금배분 대상정당		
재외투표소 투표록 작성	재외투표소 책임위원	재외투표기간 중 매일	§218의22
재외투표 및 재외투표소 투표록 등 회송 〈외교부 경유, 중앙선관위에〉	재외투표관리관	재외투표기간만료일 후 지체 없이	§218의21② §218의22④
재외투표 송부 〈구·시·군선관위에〉	중앙선관위	재외투표 인수 후 지체 없이	§218의21③
귀국투표 신고	주소지 등 관할 구·시·군선관위	귀국투표를 하고자 하는 때	§218의16③
재외투표함 설치 및 재외투표 접수	구·시·군선관위	선거일 전 10일부터 선거일 오후 6시까지	§218의23
재외투표 접수(오후 6시까지)	구·시·군선관위	선거일	§218의23
개표	구·시·군선관위		제11장 §218의24, 25

> **심화학습**
>
> **• 중앙선관위의 재외선거 주요 사무**
> ① 재외선거관리위원회 설치·운영(§218)
> ② 중앙선관위 홈페이지로 국외부재자신고 접수(§218의4)
> ③ 재외선거인 등록신청 접수(§218의5)
> ④ 공관부재자 신고인명부와 국외부재자신고서를 해당 구·시·군의 장에게 송부(§218의7)
> ⑤ 재외선거인명부 작성(§218의8)
> ⑥ 재외선거인명부 인터넷 열람 조치(§218의10)
> ⑦ 재외선거인명부 이의신청에 대한 결정(§218의11)
> ⑧ 확정된 재외선거인명부 등의 재외선거관리위원회에 송부(§218의13)
> ⑨ 정당·후보자 정보자료를 작성하여 재외선거인 등에게 제공(§218의14)
> ⑩ 투표용지 원고를 재외투표관리관에게 송부(§218의18)
> ⑪ 인수한 재외투표를 관할 구·시·군선관위에 등기우편 송부(§218의21)
> ⑫ 국외 선거범에 대한 여권발급 제한 등 요청(§218의30)

제218조(재외선거관리위원회 설치·운영)

① **중앙선거관리위원회는**
대통령선거와 임기만료에 따른 국회의원선거를 실시하는 때마다
선거일 전 180일부터 선거일 후 30일까지 [선거일 전 150일부터(×) 9급 16]
「대한민국재외공관 설치법」 제2조에 따른 **공관**
(공관이 설치되지 아니한 지역에서 **영사사무를 수행하는 사무소와**
같은 법 제3조에 따른 **분관** 또는 **출장소**를 포함하고,
영사사무를 수행하지 아니하거나 영사 관할 구역이 없는 공관 및
영사 관할 구역 안에 공관사무소가 설치되지 아니한 공관은 **제외**한다.
이하 이 장에서 "공관"이라 한다)**마다**
재외선거의 공정한 관리를 위하여 **재외선거관리위원회를 설치·운영**하여야 한다.
**다만, 대통령의 궐위로 인한 선거 또는 재선거는 그 선거의 실시사유가
확정된 날부터 10일 이내에 재외선거관리위원회를 설치**하여야 한다. [○ 7급 14]
[30일 이내(×) 7급 24]

> **인용조문**
>
> 「**대한민국 재외공관 설치법」 제2조(종류)** 대한민국 재외공관(이하 "공관"이라 한다)의 종류는 대사관·대표부·총영사관으로 한다.
>
> **제3조(분관 및 출장소)** 공관에는 소관 사무를 분장하게 하기 위하여 필요할 때에는 대통령령으로 정하는 바에 따라 분관(分館)이나 출장소를 둘 수 있다.

심화학습

- 공관 외에 영사사무를 수행하는 사무소에도 재외선거관리위원회를 설치할 수 있도록 허용함으로써 대만거주 재외국민의 참정권을 보장하였다.

기출체크

중앙선거관리위원회는 대통령선거와 임기만료에 따른 국회의원선거를 실시하는 때마다 선거일 전 180일부터 선거일 후 30일까지 중앙선거관리위원회에 재외선거의 공정한 관리를 위하여 재외선거관리위원회를 설치·운영하여야 한다. [×(공관에 설치함) 7급 18]

② 재외선거관리위원회는 **중앙선거관리위원회가 지명하는 2명 이내의 위원과**
[중앙선거관리위원회가 지명하는 3인(×) 7급 24]

국회에 **교섭단체를 구성한 정당이 추천하는 각 1명**,
⟨재외투표관리관이 아닌⟩**공관의 장 또는**
공관의 장이 공관원 중에서 추천하는 **1명**을
중앙선거관리위원회가 위원으로 위촉하여 구성하되, 그 위원 정수는 홀수로 한다.
[○ 7급 22]

다만, 재외선거관리위원회를 구성한 후에 국회에 교섭단체를 구성한 정당의 수에
변경이 있는 때에는 **현원을 위원정수로 본다.**

③ 다음 각 호의 어느 하나에 해당하는 사람은 재외선거관리위원회의 **위원이 될 수 없다.**
 1. 국회의원의 선거권이 없는 사람
 2. 정당의 당원인 사람
 3. 재외투표관리관
[○ 7급 24·22]
[「국가공무원법」상의 공무원은 재외선관위 위원이 될 수 없다(×) 7급 20]

④ 재외선거관리위원회에 **위원장과 부위원장 각 1명**을 두되, 위원 중에서 **호선**한다.
다만, 공관의 장과 그가 추천하는 공관원은 위원장이 될 수 없다. [○ 7급 23]
[공관의 장과 그가 추천하는 공관원은 위원장이나 부위원장이 될 수 없다(×) 7급 24]

기출체크

재외선거관리위원회는 중앙선거관리위원회가 지명하는 2명 이내의 위원과 국회에 교섭단체를 구성한 정당이 추천하는 각 1명, 공관의 장, 공관의 장이 공관원 중에서 추천하는 1명을 중앙선거관리위원회가 위원으로 위촉하여 구성하며, 공관의 장이 위원장이 된다. [× 9급 21]

⑤ 재외선거관리위원회는 재외선거의 관리를 위하여 필요한 때에는
해당 공관의 장에게 협조를 요구할 수 있으며,
그 협조를 요구받은 공관의 장은 **우선적으로** 이에 따라야 한다.

⑥ 재외선거관리위원회 **위원장**은 해당 공관의 장과 협의하여
해당 공관의 소속 직원 중에서 **간사·서기 및 선거사무종사원**을 위촉할 수 있다.

⑦ 새로이 구성된 재외선거관리위원회의 **최초의 회의소집**에 관하여는 **공관의 장**이 해당 재외선거관리위원회 **위원장**의 직무를 대행한다.

[공관의 장이 추천한 공관원이 위원장이 되어(×) 7급 22]

⑧ 재외선거관리위원회의 **관할 구역**은 해당 공관의 **영사관할 구역**
  (공관의 장이 **다른 대사관의 장을 겸하는 경우**에는
  그 다른 대사관의 영사 관할 구역을 포함한다)으로 하고,
  그 명칭은 해당 공관명을 붙여 표시하되 약칭을 사용할 수 있다.

⑨ 중앙선거관리위원회는 재외선거관리위원회의 운영기간 중
  또는 **운영기간 만료 후 6개월 이내에**
  다른 선거의 재외선거관리위원회 설치·운영기간이 시작되는 경우에는
  제1항에도 불구하고 다른 선거의 재외선거관리위원회를 설치하지 아니하고,
  운영 중인 재외선거관리위원회를 다른 선거의 재외선거관리위원회로 본다. [○ 7급 22]

⑩ 「선거관리위원회법」 제4조 제3항 단서, 제4조 제7항부터 제11항까지, 제4조 제12항 본문, 제5조 제3항·제5항, 제7조, 제9조 제1호부터 제4호까지, 제10조, 제11조 제1항·제3항, 제12조 제1항·제3항, 제13조 및 제14조의2는 재외선거관리위원회의 설치·운영에 **준용**한다. 이 경우 "관계선거관리위원회"·"하급선거관리위원회"·"각급 선거관리위원회" 및 "구·시·군선거관리위원회"는 각각 "재외선거관리위원회"로, "선거기간 개시일(위탁선거는 제외한다. 이하 같다) 또는 국민투표안공고일"·"선거기간 개시일 또는 국민투표안공고일" 및 "선거인명부 작성기준일 또는 국민투표안공고일"은 각각 "재외투표소 설치일"로, "당해 또는 읍·면·동선거관리위원회"는 "해당 재외선거관리위원회"로, "구·시·군선거관리위원회 위원장"은 "재외선거관리위원회 위원장"으로, "각 상급선거관리위원회"는 "중앙선거관리위원회"로, "상임위원 또는 부위원장"은 "부위원장"으로, "위원장·상임위원·부위원장"은 "위원장·부위원장"으로, "개표종료 시"는 "재외투표 마감일"로 본다.

> **준용조문**
>
> 「선거관리위원회법」
> **제4조(위원의 임명 및 위촉)** ③ …다만, 정당이 추천하는 위원은 재외투표소 설치일 후에는 해당 재외선거관리위원회가 위촉할 수 있다.
>   ⑦ 제2항 내지 제4항의 규정에 따라 정당에서 추천하는 위원(이하 "정당추천위원"이라 한다)은 국회에 교섭단체를 구성한 정당(1정당이 1교섭단체를 구성한 경우를 말한다. 이하 같다)이 각 1인씩 서면으로 추천한다. 이 경우 국회에 교섭단체를 구성한 정당이 3을 초과하거나 그 미만이 되어 제2조 제1항 제2호 내지 제4호에 정한 위원의 정수를 초과하거나 부족하게 되는 경우에는 그 현원을 위원정수로 본다.
>   ⑧ 제7항의 규정에 의한 정당추천위원의 추천은 당해 당부가 추천 정당의 당원이 아님을 증명하는 서류와 본인승낙서 및 주민등록표초본을 첨부하여 서면으로 제출한다. 다만, 국회의원선거권이 있는지의 여부에 대하여는 중앙선거관리위원회 규칙이 정하는 바에 따라 위촉 후에 조사할 수 있다. 이 경우 "당부"라 함은 정당법 제3조의 규정에 의한 중앙당과 시·도당을 말하며 추천할 당해 당부가 없을 때에는 그 상급 당부가 추천한다.

⑨ 정당추천위원에 결원이 생긴 때에는 재외선거관리위원회는 제8항의 규정에 의한 당해 당부에 이를 통지하여야 한다.
⑩ 국회의장은 제7항의 규정에 의한 교섭단체를 구성한 정당에 변동이 있을 때에는 이를 중앙선거관리위원회에 통보하여야 하며, 중앙선거관리위원회는 당해 정당과 그 재외선거관리위원회에 이를 즉시 통지하여야 한다.
⑪ 제7항의 규정에 따라 위원을 추천한 정당이 국회에 교섭단체를 구성할 수 없는 정당이 되고 새로 교섭단체를 구성하게 된 정당이 있는 경우에는 그 정당에서 추천한 자가 위원으로 위촉될 때까지 재임한다.
⑫ 재외선거관리위원회는 재외투표소 설치일 후에 해당 재외선거관리위원회의 정당추천위원의 추천서를 접수한 때에는 제3항 단서의 규정에 따라 24시간 이내에 위촉하여야 하며, 24시간 이내에 위촉하지 아니할 때에는 재외선거관리위원회 위원장이 이를 위촉하고 중앙선거관리위원회에 보고하여야 한다.(단서 제외)

제5조(위원장) ③ 위원장은 위원회를 대표하고 그 사무를 통할한다.
⑤ 위원장이 사고가 있을 때에는 부위원장이 그 직무를 대행하며 위원장·부위원장이 모두 사고가 있을 때에는 위원 중에서 임시위원장을 호선하여 위원장의 직무를 대행하게 한다.

제7조(정당추천위원의 상근) 재외선거관리위원회의 정당추천위원은 재외투표소 설치일로부터 재외투표마감일까지 상근할 수 있다.

제9조(위원의 해임사유) 재외선거관리위원회의 위원은 다음 각 호의 1에 해당할 때가 아니면 해임·해촉 또는 파면되지 아니한다.
1. 정당에 가입하거나 정치에 관여한 때
2. 탄핵결정으로 파면된 때
3. 금고 이상의 형의 선고를 받은 때
4. 정당추천위원으로서 그 추천 정당의 요구가 있거나 추천 정당이 국회에 교섭단체를 구성할 수 없게 된 때와 국회의원선거권이 없음이 발견된 때

> **기출체크**
> 중앙선거관리위원회 위원은 금고 이상의 형을 선고받지 않는 한 파면되지 아니한다. [× 7급 22]

제10조(위원회의 의결정족수) ① 재외선거관리위원회는 위원과반수의 출석으로 개의하고 출석위원 과반수의 찬성으로 의결한다.
② 위원장은 표결권을 가지며 가부동수인 때에는 결정권을 가진다.

제11조(회의소집) ① 재외선거관리위원회의 회의는 당해 위원장이 소집한다. 다만, 위원 3분의 1 이상의 요구가 있을 때에는 위원장은 회의를 소집하여야 하며 위원장이 회의소집을 거부할 때에는 회의소집을 요구한 3분의 1 이상의 위원이 직접 회의를 소집할 수 있다.
③ 재외선거관리위원회의 위원장과 부위원장이 모두 궐위 또는 사고가 있을 경우 위원장·부위원장 또는 임시위원장을 호선하기 위한 회의소집은 위촉간사가 이를 대행한다.

제12조(위원의 대우) ① 재외선거관리위원회 위원 중 상임이 아닌 위원은 명예직으로 한다. 다만, 예산의 범위에서 다음 각 호의 비용을 지급할 수 있다.
1. 공명선거 등을 위한 자료 수집·연구, 추진 활동에 사용되는 비용을 보전하기 위하여 매월 지급하는 활동비. 이 경우 그 대상은 중앙선거관리위원회 위원 중 상임이 아닌 위원으로 한정한다.
2. 직무활동에 대하여 지급하는 수당
3. 여비 및 그 밖의 실비
③ 재외선거관리위원회의 위원 및 위촉직원에 대한 활동비·수당·여비 및 그 밖의 실비에 관하여는 중앙선거관리위원회 규칙으로 정한다.

제13조(위원의 신분보장) 재외선거관리위원회의 위원은 재외투표소설치일로부터 재외투표 마감일까지 내란·외환·국교·폭발물·방화·마약·통화·유가증권·우표·인장·살인·폭행·체포·감금·절도·강도 및 국가보안법 위반의 범죄에 해당하는 경우를 제외하고는 현행범인이 아니면 체포 또는 구속되지 아니하며 병역소집의 유예를 받는다.

제14조의2(선거법위반행위에 대한 중지·경고 등) 재외선거관리위원회의 위원·직원은 직무수행 중에 선거법위반행위를 발견한 때에는 중지·경고 또는 시정명령을 하여야 하며, 그 위반행위가 선거의 공정을 현저하게 해치는 것으로 인정되거나 중지·경고 또는 시정명령을 불이행하는 때에는 관할 수사기관에 수사의뢰 또는 고발할 수 있다.

기출체크

재외선거에 관한 헌법재판소의 결정에 대한 설명으로 옳지 않은 것은?(헌재 2014. 7. 24. 2009헌마256)
① 국회의원은 전체 국민의 이익을 위하여 직무를 수행하는 자이므로, 재외선거인에게 임기만료 지역구 국회의원선거권을 인정하지 않은 것은 보통선거원칙에 위배된다.
　⇒ 지역구 국회의원은 국민의 대표임과 동시에 소속지역구의 이해관계를 대변하는 역할을 하고 있다. 특정한 지역구의 국회의원선거에 투표하기 위해서는 '해당 지역과의 관련성'이 인정되어야 한다. 주민등록과 국내거소신고를 기준으로 지역구 국회의원선거권을 인정하는 것은 해당 국민의 지역적 관련성을 확인하는 합리적인 방법이다. 따라서 선거권 조항과 재외선거인 등록신청조항이 재외선거인의 임기만료 지역구 국회의원선거권을 인정하지 않은 것이 재외선거인의 선거권을 침해하거나 보통선거원칙에 위배된다고 볼 수 없다.
② 재외선거권자로 하여금 선거를 실시할 때마다 재외선거인 등록신청을 하도록 규정한 조항은 재외선거인의 선거권을 침해하지 않는다. ⇒ 현행법상 영구명부제 채택
③ 입법자가 재외선거에서 우편투표방법을 채택하지 아니하고 원칙적으로 공관에 설치된 재외투표소에 직접 방문하여 투표하는 방법을 채택한 것은 재외선거인의 선거권을 침해하지 않는다.
④ 재외선거인은 대의기관을 선출할 권리가 있는 국민으로서 대의기관의 의사결정에 대해 승인할 권리가 있으므로, 국민투표권자에는 재외선거인이 포함된다.

[① ×, ②③④ ○ 9급 16]

제218조의2(재외투표관리관의 임명)

① 재외선거에 관한 사무를 처리하기 위하여 **공관마다 재외투표관리관**을 둔다.
② **재외투표관리관**은 **공관의 장**으로 한다. 〈당연직, 상설조직〉
　다만, 공관의 장과 총영사를 함께 두고 있는 공관의 경우
　그 공관의 장이 **총영사**를 재외투표관리관으로 지정할 수 있다.

제218조의3(재외선거관리위원회와 재외투표관리관의 직무)

① 재외선거관리**위원회**는 재외선거에 관한 다음 각 호의 사무를 처리한다.
　1. **재외투표소** 설치장소와 운영기간 등의 **결정·공고**
　2. 재외투표소의 투표관리

심화학습

· 재외선관위는 정당추천위원이 아닌 1명의 위원을 책임위원으로 지정하여 재외투표소의 투표관리를 행하게 한다. (§218의17⑤)

3. 재외투표소 투표사무원 위촉 및 투표참관인 선정 [O 9급 23]
4. 재외투표관리관이 행하는 **선거관리사무 감독**
5. **선거범죄 예방 및 단속에 관한 사무** [O 9급 23]
6. 그 밖에 재외투표관리관이 필요하다고 인정하여
   재외선거관리위원회에 **부의하는 사항**

② 재외투표**관리관**은 다음 각 호의 사무를 처리한다.
1. **재외선거인** 등록신청·변경등록신청과 **국외부재자 신고의 접수 및 처리** [O 9급 23]
2. **재외국민**의 선거권 행사에 필요한 사항의 홍보·지원 [O 9급 23]
3. 재외투표소 설비
4. 재외투표 국내 회송 등
   재외선거사무(국외부재자투표사무를 포함한다. 이하 같다) 총괄 관리
5. 재외선거관리위원회 운영 지원

제218조의4(국외부재자 신고)

① **주민등록이 되어 있는 사람으로서** 다음 각 호의 어느 하나에 해당하여
외국에서 투표하려는 선거권자(지역구 국회의원선거에서는
「주민등록법」 제6조 제1항 제3호에 해당하는 사람〈귀국 후 주민등록 재외국민〉과
같은 법 제19조 제4항〈해외이주자, 현지이주자〉에 따라
재외국민으로 등록·관리되는 사람은 제외한다)는
대통령선거와 **임기만료**에 따른 **국회의원**선거를 실시하는 때마다
선거일 전 150일부터 선거일 전 60일까지
(이하 이 장에서 "국외부재자 신고기간"이라 한다)
서면·전자우편 또는 중앙선거관리위원회 **홈페이지**를 통하여
관할 **구·시·군의 장**에게 **국외부재자 신고**를 하여야 한다.
이 경우 외국에 머물거나 거주하는 사람은 **공관을 경유**하여 신고하여야 한다.
1. **사전투표기간 개시일 전 출국**하여 **선거일 후에 귀국**이 예정된 사람
2. **외국에 머물거나 거주**하여 **선거일까지 귀국하지 아니할** 사람

기출체크
주민등록이 되어 있는 사람이 사전투표기간 개시일 전 출국하여 선거일 후에 귀국이 예정된 경우, 외국에서 대통령선거에 대한 투표를 하려면 선거일 전 150일부터 선거일 전 60일까지 서면으로 관할 구·시·군의 장에게 국외부재자 신고를 하여야 한다. [O 7급 14]

② 제1항에 따라 국외부재자 신고를 하려는 사람은 그 신고서에
다음 각 호의 사항을 적어야 한다.

1. 성명
2. 주민등록번호
3. 주소
4. **거소**(로마자 대문자로 적되,
    구체적인 방법은 중앙선거관리위원회 규칙으로 정한다.
    이하 제218조의5 제2항 제4호〈재외선거인 등록신청〉에서 같다)
5. **여권번호**

③ 제1항에 따른 **전자우편을 이용**하여 **국외부재자 신고**를 하려는 때에는
  재외투표관리관 또는 구·시·군의 장이 공고하는 전자우편 주소로
  국외부재자신고서를 **전송**하는 방법으로 하여야 한다.
  이 경우 본인 명의의 전자우편 주소로
  자신의 국외부재자 신고에 한하여 할 수 있다.

④ **재외투표관리관 또는 구·시·군의 장은**
  전자우편을 이용한 **국외부재자 신고를 접수**하기 위하여
  전자우편 계정을 별도로 개설하는 등 필요한 조치를 하여야 한다.

⑤ 재외투표관리관 또는 구·시·군의 장은
  국외부재자신고서에 제2항 각 호에 따른 기재사항 중
  여권번호의 누락이 있는 때에는 해당 선거권자에게
  국외부재자 신고기간 만료일까지 보완할 것을 통보하여야 하며,
  이를 통보받은 선거권자가 국외부재자 신고기간 만료일까지
  보완하지 아니한 때에는 그 신고를 접수하지 아니한다.

📢 제218조의5(재외선거인 등록신청)

① 주민등록이 되어 있지 아니하고
  재외선거인명부에 **올라 있지 아니한 사람**으로서 외국에서 **투표하려는 선거권자**는
  대통령선거와 임기만료에 따른 **비례대표** 국회의원선거를 실시하는 때마다
  해당 선거의 **선거일 전 60일까지**   [임기만료에 따른 지역구 국회의원선거에서(×) 7급 20]
  (이하 이 장에서 "**재외선거인 등록신청기한**"이라 한다) 〈상시등록신청제도〉
  다음 각 호의 어느 하나에 해당하는 **방법**으로
  중앙선거관리위원회에 **재외선거인 등록신청**을 하여야 한다.   [O 7급 18·14]
  1. **공관을 직접 방문**하여 **서면으로 신청**하는 방법.
     이 경우 대한민국 국민은 **가족**
     (본인의 배우자와 본인·배우자의 직계존·비속을 말한다)의
     재외선거인 등록신청서를 **대리하여 제출**할 수 있다.

> **심화학습**
>
> • 선거를 실시하는 때마다 재외선거인 등록신청을 하여야 하는 불편을 해소하여 재외선거인의 선거권 행사 편의를 제고하기 위하여 영구명부제를 도입하였다.

　　2. 관할 구역을 순회하는 공관에 근무하는 **직원**에게 직접 **서면**으로 신청하는 **방법**.
　　　이 경우 제1호 후단〈가족신청서 대리제출 가능〉을 **준용**한다.
　　3. **우편 또는 전자우편**을 이용하거나
　　　중앙선거관리위원회 홈페이지를 통하여 신청하는 방법.
　　　이 경우 **외국에 머물거나 거주하는 사람**은 **공관을 경유**하여 신고하여야 한다.

> **기출체크**
>
> ❶ 「공직선거법」상 주민등록이 되어 있지 아니하고 재외선거인명부에 올라 있지 아니한 사람으로서 외국에서 투표하려는 선거권자에게 요구되는 재외선거인 등록신청 방법으로 옳지 않은 것은?
> 　① 공관을 직접 방문하여 서면으로 신청하는 방법 ⇒ §218의5.1
> 　② 관할 구역을 순회하는 공관에 근무하는 직원에게 직접 서면으로 신청하는 방법 ⇒ §218의5.2
> 　③ 공관을 경유하여 전자우편을 이용하여 신청하는 방법 ⇒ §218의5.3후단
> 　④ 재외선거관리위원회의 홈페이지를 통하여 신청하는 방법 ⇒ §218의5①3
> 　　　　　　　　　　　　　　　　　[④ ×(중앙선거관리위원회 홈페이지에 신청함) ①②③ ○ 9급 16]
> ❷ 재외선거인에게 국회의원 재·보궐선거의 선거권을 인정하지 않은 재외선거인 등록신청조항이 재외선거인의 선거권을 침해하거나 보통선거원칙에 위배된다고 볼 수 없다.(헌재 2014. 7. 24. 2009헌마256)　　　　[○ 7급 17]
> ❸ 주민등록이 되어 있지 아니하고 재외신고인명부에 올라있지 아니한 사람으로서 외국에서 투표하려는 선거권자는 대통령선거와 임기만료에 따른 비례대표 국회의원선거를 실시하는 때마다 선거일 전 60일까지 중앙선거관리위원회에 재외선거인 등록신청을 하여야 하며, 이 경우 전자우편을 이용하여 신청하는 방법을 사용할 수 있다. [○ 7급 13]

② 재외선거인 등록신청(제3항에 따른 변경등록신청을 포함한다. 이하 이 장에서
　　같다)을 하려는 사람은 그 **신청서**에 다음 각 호의 사항을 적어야 한다.
　　1. 성명
　　2. 여권번호·생년월일 및 성별
　　3. **국내의 최종주소지**(국내의 최종주소지가 **없는 사람**은
　　　「가족관계의 등록 등에 관한 법률」에 따른 **등록기준지**)
　　　　　　　　　　　[여권 사본과 4항의 재외투표관리관이 공고한 서류의 사본을 덧붙여야 한다(×) 7급 20]
　　4. **거소** 〈로마자 대문자로 적되, 구체적인 방법은 중앙선거관리위원회 규칙으로 정한다〉
　　5. 「가족관계의 등록 등에 관한 법률」 제15조 제1항 제1호에 따른
　　　가족관계증명서에 기재된 부 또는 모의 성명 등
　　　중앙선거관리위원회 규칙으로 정하는 사항
③ 재외선거인명부에 올라 있는 선거인은 그 기재사항의 변경이 있는 경우에는
　　제1항 각 호의 어느 하나에 해당하는 방법으로
　　해당 선거의 **선거일 전 60일**까지 재외선거인 **변경등록신청**을 하여야 한다.

④ **재외투표관리관은 매년 1월 31일까지**
비자·영주권증명서·장기체류증 또는 거류국의 외국인등록증 등
재외선거인의 국적확인에 필요한 서류의 종류를 공고하여야 한다.
이 경우 둘 이상의 공관을 둔 국가에서는
대사관의 재외투표관리관이 일괄하여 공고한다. [○ 7급 23, 9급 19]

⑤ 재외선거인 등록신청에 관하여는 제218조의4 제3항부터 제5항까지의 규정을 **준용**한다. 이 경우 "국외부재자 신고"는 "재외선거인 등록신청"으로, "재외투표관리관 또는 구·시·군의 장"은 "재외투표관리관"으로, "국외부재자신고서"는 "재외선거인 등록신청서 또는 변경등록신청서"로, "국외부재자 신고기간 만료일"은 "재외선거인 등록신청기한"으로, "여권번호"는 "여권번호 및 「가족관계의 등록 등에 관한 법률」 제15조 제1항 제1호에 따른 가족관계증명서에 기재된 부 또는 모의 성명"으로 본다.

> **준용조문**
>
> **제218조의4(국외부재자 신고)** ③ 제1항에 따른 전자우편을 이용하여 재외선거인 등록신청을 하려는 때에는 재외투표관리관이 공고하는 전자우편 주소로 재외선거인 등록신청서 또는 변경등록신청서를 전송하는 방법으로 하여야 한다. 이 경우 본인 명의의 전자우편 주소로 자신의 재외선거인 등록신청에 한하여 할 수 있다.
> ④ 재외투표관리관은 전자우편을 이용한 재외선거인 등록신청을 접수하기 위하여 전자우편 계정을 별도로 개설하는 등 필요한 조치를 하여야 한다.
> ⑤ 재외투표관리관은 재외선거인 등록신청서 또는 변경등록신청서에 제2항 각 호에 따른 기재사항 중 여권번호 및 「가족관계의 등록 등에 관한 법률」 제15조 제1항 제1호에 따른 가족관계증명서에 기재된 부 또는 모의 성명의 누락이 있는 때에는 해당 선거권자에게 재외선거인 등록신청기한 만료일까지 보완할 것을 통보하여야 하며, 이를 통보받은 선거권자가 재외선거인 등록신청기한 만료일까지 보완하지 아니한 때에는 그 신고를 접수하지 아니한다.

📢 제218조의6(공관부재자 신고인명부 등 작성)

① 재외투표관리관이 **국외부재자신고서 또는 재외선거인 등록신청서**
   (**변경등록신청서를 포함한다. 이하 이 장에서 같다**)를 접수하면
   기재사항의 적정 여부, 정당한 신고·신청 여부를 **확인**한 다음
   제218조의4 제1항 각 호의 어느 하나에 해당하는 사람을 대상으로는
   공관부재자 신고인명부를,
   제218조의5 제1항 및 제3항에 해당하는 사람을 대상으로는
   재외선거인 등록신청자 명부를
   각각 작성(전산정보자료를 포함한다. 이하 이 장에서 같다)하여야 한다.

② 재외투표관리관은 제1항에 따른 **확인을 위하여 필요한 경우에는**
   「주민등록법」 제30조에 따른 주민등록전산정보자료
   또는 「가족관계의 등록 등에 관한 법률」 제11조에 따른 등록전산정보자료,
   그 밖에 국가가 관리하는 **전산정보자료를 이용할 수 있다.**

③ 재외투표관리관이 공관부재자 신고인명부와 재외선거인 등록신청자 명부를
작성하는 때에는 신고서 또는 신청서의 내용에 따라 정확하게 작성하여야 한다.

📢 제218조의7(공관부재자 신고인명부 등의 송부)

① 재외투표관리관이 공관부재자 신고인명부와 재외선거인 등록신청자 명부를
작성하면 이를 즉시 **구·시·군별로 분류**하여 **국외부재자신고서** 및 **재외선거인
등록신청서와 함께 외교부장관을 경유**하여 중앙선거관리위원회에 보낸다.
② **중앙선거관리위원회가** 제1항에 따라 공관부재자 신고인명부와
국외부재자신고서를 **접수**하면 이를 해당 **구·시·군의 장에게** 보낸다.

> **심화학습**
> · 재외선거인 등록신청자 명부와 재외선거인 등록신청서는 재외선거인명부 작성권자인 중앙선관위가 보관한다.

③ 제1항 및 제2항에 따른 공관부재자 신고인명부, 재외선거인 등록신청자 명부,
국외부재자신고서 및 재외선거인 등록신청서의 **송부는**
전산조직을 이용한 **전산정보자료의 전송**으로 갈음할 수 있다.
이 경우 해당 서류 **원본의 보관**,
그 밖에 필요한 사항은 중앙선거관리위원회 규칙으로 정한다.

📢 제218조의8(재외선거인명부의 작성)

① **중앙선거관리위원회는**
해당 선거의 **선거일 전 60일 현재의 최종주소지 또는 등록기준지를 기준**으로
선거일 전 49일부터 선거일 전 40일까지 10일간
해당 선거 직전에 실시한 대통령선거 또는 임기만료에 따른
비례대표 국회의원선거에서 **확정된 재외선거인명부**와
재외투표관리관이 송부한 **재외선거인 등록신청서**에 따라
재외선거인명부를 작성한다.
이 경우 **같은 사람이 2 이상의 재외선거인 등록신청**을 한 사실이 발견된 때에는
그중 **가장 나중에 접수**된 재외선거인 등록신청서에 따라 재외선거인명부를 작성한다.
② 중앙선거관리위원회는 해당 선거의 **선거일 전 60일까지**
해당 선거 직전에 실시한 대통령선거 또는 임기만료에 따른
비례대표 국회의원선거에서 **확정된 재외선거인명부에 올라 있는 선거인**의
선거권 유무 등을 확인하여 그 재외선거인명부를 **정비**하여야 한다. [○ 9급 19]
[재외선거관리위원회는, 선거일 전 90일까지(×) 7급 23]

③ **거짓**으로 재외선거인 등록신청을 한 사람이나
　자신의 의사에 따라 신청한 것으로 **인정되지 아니하는 사람**은
　재외선거인명부에 **올릴 수 없다**.
④ 다음 각 호의 어느 하나에 해당하는 정보를 관리하는 기관의 장은
　선거일 전 150일부터 중앙선거관리위원회가 **재외선거인명부의 작성** 및
　해당 선거 직전에 실시한 대통령선거 또는 임기만료에 따른 비례대표
　국회의원선거에서 **확정된 재외선거인명부의 정비**를 위하여 필요한 범위에서
　해당 정보를 **전산조직으로 조회**할 수 있도록 필요한 조치를 하여야 한다.
　1. 「주민등록법」 제30조에 따른 **주민등록**에 관한 정보
　2. 「가족관계의 등록 등에 관한 법률」 제11조에 따른 **가족관계 등록**에 관한 정보
　3. 제18조 제1항 제1호에 해당하는 **금치산자**에 관한 정보.
　　이 경우 **행정안전부장관**은 해당 정보를 관리하는 구·시·읍·면의 장으로부터
　　통보받은 **자료를 데이터베이스로 구축**하여 손쉽게 활용할 수 있도록 하여야 한다.
　4. 제18조 제1항 제2호부터 제4호까지의 규정〈선거권이 없는 자〉에
　　해당하는 사람에 관한 정보
⑤ 중앙선거관리위원회는 재외선거인 등록을 신청한 사람이
　정당한 신청인인지를 확인하기 위하여 관계 행정기관에 필요한 **지시**를 할 수 있다.
⑥ 국가는 재외선거인명부의 정확한 작성을 위하여 필요한
　제도적·재정적 조치를 하여야 한다.

📢 제218조의9(국외부재자 신고인명부의 작성)

① 구·시·군의 장은
　국외부재자 신고기간만료일〈선거일 전 60일〉 **현재의 주소지를 기준으로**
　선거일 전 49일부터 선거일 전 40일까지 10일간
　(이하 이 장에서 "**국외부재자 신고인명부 작성기간**"이라 한다)
　중앙선거관리위원회가 송부한 국외부재자신고서와
　해당 구·시·군의 장이 직접 접수한 국외부재자신고서에 따라
　국외부재자 신고인명부를 작성한다.
　이 경우 **같은 사람이 2 이상의 국외부재자신고**를 한 사실이 발견된 때에는
　그중 **가장 나중에 접수**된 국외부재자신고서에 따라
　국외부재자 신고인명부를 작성한다.
② **거짓**으로 국외부재자 신고를 한 사람이나
　자신의 의사에 따라 신고한 것으로 **인정되지 아니하는 사람**은
　국외부재자 신고인명부에 **올릴 수 없다**.

③ 국외부재자 신고인명부 작성의 감독 등에 관하여는 제39조를 **준용**한다.
　이 경우 "선거인명부"는 "국외부재자 신고인명부"로, "선거인명부 작성기간"은 "국외부재자 신고인명부 작성기간"으로 본다.

> **준용조문**
>
> **제39조(명부작성의 감독 등)** ① 국외부재자 신고인명부의 작성에 관하여는 관할 구·시·군선거관리위원회 및 읍·면·동선거관리위원회가 이를 감독한다.
> ② 국외부재자 신고인명부 작성에 종사하는 공무원이 임면된 때에는 당해 구·시·군의 장은 지체 없이 관할 구·시·군선거관리위원회에 그 사실을 통보하여야 한다.
> ③ 국외부재자 신고인명부 작성기간 중에 국외부재자 신고인명부 작성에 종사하는 공무원을 해임하고자 하는 때에는 그 임면권자는 관할 구·시·군선거관리위원회 또는 직근 상급선거관리위원회와 협의하여야 한다.
> ④ 국외부재자 신고인명부 작성에 종사하는 공무원이 정당한 사유 없이 국외부재자 신고인명부 작성에 관하여 관할 구·시·군선거관리위원회 또는 읍·면·동선거관리위원회의 지시·명령 또는 시정요구에 불응하거나 그 직무를 태만히 한 때 또는 위법·부당한 행위를 한 때에는 관할 구·시·군선거관리위원회 또는 직근 상급선거관리위원회는 임면권자에게 그 교체를 요구할 수 있다.
> ⑤ 제4항의 교체요구가 있는 때에는 임면권자는 정당한 사유가 없는 한 이에 따라야 한다.
> ⑥ 삭제
> ⑦ 삭제
> ⑧ 누구든지 국외부재자 신고인명부 작성사무를 방해하거나 기타 어떠한 방법으로든지 선거인명부 작성에 영향을 주는 행위를 하여서는 아니 된다.
> ⑨ 국외부재자 신고인명부 작성에 종사하는 공무원의 임면사항 통보 등 기타 필요한 사항은 중앙선거관리위원회규칙으로 정한다.

📢 제218조의10(재외선거인명부 등의 열람)

① **중앙선거관리위원회와 구·시·군의 장**(이하 이 장에서 "**명부작성권자**"라 한다)은
　재외선거인명부 및 국외부재자 신고인명부(이하 "**재외선거인명부 등**"이라 한다)의
　작성기간 만료일의 다음 날부터 5일간
　(이하 이 장에서 "재외선거인명부 등의 열람기간"이라 한다)
　장소를 정하여 재외선거인명부 등을 열람할 수 있도록 하여야 한다.
　다만, 재외선거인명부는 인터넷 홈페이지에서의 열람에 한한다. [국외부재자신고인명부는(×) 9급 21]
② **선거권자**는 누구든지 재외선거인명부 등의 **열람기간 중**
　자유로이 재외선거인명부 등을 **열람할 수 있다.**
③ **명부작성권자**는 재외선거인명부 등의 **열람기간 동안**
　자신이 개설·운영하는 **인터넷 홈페이지**에서
　국외부재자신고를 한 사람이나 재외선거인등록을 신청한 사람이
　자신의 정보에 한하여
　재외선거인명부 등을 열람할 수 있도록 하는 **기술적 조치**를 하여야 한다.

④ **행정안전부장관**은 명부작성권자의 협조를 받아
　재외선거인 및 국외부재자신고인(이하 "**재외선거인 등**"이라 한다)이
　재외선거인명부 등의 **열람기간** 동안 행정안전부가 개설·운영하는
　인터넷 홈페이지에서 자신이 재외선거인명부 등에 올라 있는지 여부를
　확인할 수 있도록 기술적 조치를 하여야 한다.
⑤ **재외투표관리관**은 재외선거인명부 등의 **열람기간** 동안
　중앙선거관리위원회가 **전송**하는 재외선거인명부 등을 이용하여 재외선거인 등이
　재외선거인명부 등에 올라 있는지 여부를 **확인할 수 있도록** 하여야 한다.
⑥ 재외선거인명부 등의 사본은 **교부하지 아니한다.** 〈사본 교부의 실익이 없음〉

제218조의11(재외선거인명부 등에 대한 이의 및 불복신청 등)

① **선거권자**는 재외선거인명부 등의 **열람기간 중**
　재외선거인명부 등에 **정당한 선거권자가 빠져 있거나**
　잘못 써진 내용이 있거나 **자격이 없는 사람**이 올라 있으면
　말 또는 서면으로 명부작성권자에게 **이의**를 신청할 수 있고,
　해당 **명부작성권자**는 그 신청이 있는 날의 다음 날까지 **심사·결정하여야** 한다.
② 제1항의 이의신청에 따른 **구·시·군의 장의 결정**〈국외부재자 신고인명부〉에
　대하여 불복이 있는 이의신청인이나 관계인은 그 통지를 받은 날의 다음 날까지
　관할 구·시·군선거관리위원회에 서면으로 불복을 신청할 수 있다.

> 심화학습
> · 재외선거인명부에 대한 불복신청제도는 없다.

③ 제1항에 따른 **이의신청기간 만료일의 다음 날부터**
　재외선거인명부 등의 확정일 전일까지 **명부작성권자의 착오**나 그 밖의 사유로
　재외선거인 등록신청 또는 국외부재자 신고를 한 사람 중
　정당한 선거권자가 재외선거인명부 등에 **빠진 것이 발견된 경우**
　해당 선거권자는 명부작성권자에게 **소명자료**를 붙여 서면으로 **등재 신청**을 할 수 있다.

> 심화학습
> · 재외선거인명부 누락자 등의 등재 신청은 해당 선거권자 본인만이 할 수 있다.

④ **선거권자**는 재외선거인 등록신청서를 대리하여 제출한 사람과
　재외선거인 **등록신청을 한 사람의 관계**가 제218조의5 제1항 제1호 후단에 따른
　가족이 아닌 경우 제1항에 따라 **이의신청**을 할 수 있다.

이 경우 **중앙선거관리위원회**는 「가족관계의 등록 등에 관한 법률」
제15조(증명서의 종류 및 기록사항) 제1항 각 호에 따른 증명서를
관계 기관으로부터 교부받아 **가족관계를 확인**하여야 하며,
제218조의5 제1항 제1호 후단에 따른 **가족이 아닌 것으로** 확인되면
그 등록신청을 한 사람을 **재외선거인명부에서 삭제**하여야 한다.

⑤ **이의신청·불복신청** 또는 재외선거인명부 등 등재 신청에 대한 **결정 내용의**
통지는 명부작성권자가 개설·운영하는 인터넷 **홈페이지**에 **게시**하거나
전자우편을 전송하는 방법으로 **갈음할 수 있다.**

⑥ **명부작성권자**가 재외선거인명부 등의 **확정일 전일**까지
같은 사람이 재외선거인명부와 국외부재자 신고인명부에
각각 올라 있는 사실을 발견한 때에는
그중 **나중에** 접수된 재외선거인 등록신청서 또는 국외부재자신고서에 따라
재외선거인명부 또는 국외부재자 신고인명부 중 **어느 하나에 올려야 한다.**

조문정리

〈선거인명부와 재외신고인명부 등의 이의신청 등 비교〉

구 분		선거인명부	재외선거인명부 등	
			재외선거인명부	국외부재자 신고인명부
이의신청	신청자	선거권자는 누구든지		
	신청기간	열람기간 중(3일간)	열람기간 중(5일간)	
	신청방법	구술 또는 서면		
	신청이유	누락, 오기, 자격 없는 선거인 등재		
	신청처	구·시·군의 장	중앙선관위	구·시·군의 장
	처리기한	신청일의 다음 날까지		
불복신청	신청자 (방법)	이의신청 결정에 불복이 있는 이의신청인이나 관계인(서면)	불인정	이의신청 결정에 불복이 있는 이의신청인이나 관계인(서면)
	신청처	관할 구·시·군선관위	-	관할 구·시·군선관위
	처리기한	신청일의 다음 날까지	-	신청일의 다음 날까지
누락자 등재 신청	신청자	해당 선거권자, 명부작성권자	해당 선거권자	
	신청방법	서면(소명자료 첨부)		
	신청처	관할 구·시·군선관위	중앙선관위(§218의11③) (명부작성권자)	구·시·군의 장(§218의11③) (명부작성권자)

제218조의12(대통령의 궐위선거 및 재선거에서 기한 등의 단축)

제218조의4부터 제218조의11까지의 규정에도 불구하고
대통령의 궐위로 인한 선거 또는 재선거를 실시하는 경우에

재외선거인 등록신청기한과 국외부재자 신고기간 등은 다음 각 호에 따른다.
이 경우 재외선거인명부 등에 대한 **열람**과 **이의신청**을 위한 **기간은**
따로 두지 아니한다.

1. 재외선거인 **등록신청기한** 및 국외부재자 **신고기간:**
   선거의 **실시사유가 확정된 때부터 선거일 전 40일까지**   [선거일 전 60일까지(×) 9급 16]

   > **심화학습**
   >
   > · 임기만료 선거 시에는 선거일 전 150일부터 선거일 전 60일까지 국외부재자신고를, 선거일 전 60일까지 재외선거인 등록신청을 하여야 한다.(§218의4①, §218의5①)

2. 재외선거인명부 등의 작성기간:
   선거일 전 34일부터 선거일 전 30일까지

   > **심화학습**
   >
   > · 임기만료 선거 시의 재외선거인명부 작성기간은 선거일 전 49일부터 선거일 전 40일까지이다.(§218의8①)
   > · 대통령의 궐위 등으로 인한 선거에서는 명부작성기간이 10일간에서 5일간으로 단축된다.

📢 제218조의13(재외선거인명부 등의 확정과 송부)

① 재외선거인명부 등은 **선거일 전 30일에 확정**되며,
   국외부재자 신고인명부는 **해당 선거에 한정**하여 **효력을 가진다.**   [선거일 전 60일에 확정(×) 9급 19]

   > **심화학습**
   >
   > · 일반선거인명부는 선거일 전 12일에, 거소·선상투표 신고인명부는 선거인명부 작성기간 만료일의 다음 날에 확정된다.(§44①)

② 명부작성권자는 재외선거인명부 등이 **확정되면**
   즉시 **전산자료 복사본**을 관할 **구·시·군선거관리위원회에 보내야 한다.**
   이 경우 구·시·군의 장은 국외부재자**신고서**(제218조의7 제3항에 따라
   전산정보자료로 전송받은 경우에는 그 **전산정보자료 복사본**을 포함한다)를
   함께 보내야 한다.

   > **심화학습**
   >
   > · 선거인명부 및 재외선거인명부 작성 시 명부작성권자가 관할 구·시·군선거관리위원회에 전산자료 복사본(파일)을 송부한다.

③ **중앙선거관리위원회는** 제1항에 따라 **확정된 재외선거인명부 등을**
   하나로 합하여 재외선거관리위원회에 **송부하여야 하며,**
   그 절차와 방법, 그 밖에 필요한 사항은 중앙선거관리위원회 규칙으로 정한다.

④ 누구든지 재외선거인 등이 투표한 후에는
그 재외선거인 등의 해당 선거의 **선거권 유무**에 대하여
대한민국 국민이 아니라는 이유로 법적·행정적 이의를 제기할 수 없다.

[이의를 제기할 수 있다(×) 9급 22]

조문정리

〈선거인명부, 재외선거인명부 등 비교〉

구 분		선거인명부	재외선거인명부 등	
			재외선거인명부	국외부재자 신고인명부
선거종류		모든 선거	대통령선거, 비례대표 국회의원선거	대통령선거, 임기만료 국회의원선거
작성방법		수시명부제	영구명부제	수시명부제
신고·신청	기간	・선거인명부: 직권작성 ・거소·선상투표: 명부작성기간 중 신고	선거일 전 60일까지 신청	선거일 전 150일부터 선거일 전 60일까지 신고
	방법	거소·선상투표: 직접, 우편	공관 방문(서면, 가족 대리제출 가능) 공관 순회 직원에게 제출(〃) 우편, 전자우편, 중앙선관위 홈페이지(외국 소재자는 공관 경유 신고)	서면, 전자우편, 중앙선관위 홈페이지(외국 소재자는 공관 경유 신고)
신청처		구·시·군의 장	중앙선관위	구·시·군의 장
작성기간		선거인명부 작성기준일부터 5일 이내	선거일 전 49일부터 선거일 전 40일까지(10일간)	
명부확정		선거일 전 12일에	선거일 전 30일에	
사본교부		가능	불가	

📢 제218조의14(국외선거운동 방법에 관한 특례)

① **재외선거권자**(재외선거인명부 등에 올라 있거나 오를 자격이 있는
사람을 말한다. 이하 같다)를 대상으로 하는 **선거운동**은
다음 각 호에서 정한 방법으로만 할 수 있다.
　1. 제59조 제2호부터 제5호까지의 규정에 따른 선거운동

> **인용조문**
> 제59조(선거운동기간)
> 　2. 문자메시지를 전송하는 방법으로 선거운동을 하는 경우. 이 경우 자동 동보통신의 방법(동시 수신대상자가 20명을 초과하거나 그 대상자가 20명 이하인 경우에도 프로그램을 이용하여 수신자를 자동으로 선택하여 전송하는 방식을 말한다. 이하 같다)으로 전송할 수 있는 자는 후보자와 예비후보자에 한하되, 그 횟수는 8회(후보자의 경우 예비후보자로서 전송한 횟수를 포함한다)를 넘을 수 없으며, 중앙선거관리위원회 규칙에 따라 신고한 1개의 전화번호만을 사용하여야 한다.

3. 인터넷 홈페이지 또는 그 게시판·대화방 등에 글이나 동영상 등을 게시하거나 전자우편(컴퓨터 이용자끼리 네트워크를 통하여 문자·음성·화상 또는 동영상 등의 정보를 주고받는 통신시스템을 말한다. 이하 같다)을 전송하는 방법으로 선거운동을 하는 경우. 이 경우 전자우편 전송대행업체에 위탁하여 전자우편을 전송할 수 있는 사람은 후보자와 예비후보자에 한한다. [O 7급 22]
4. 선거일이 아닌 때에 전화(송·수화자 간 직접 통화하는 방식에 한정하며, 컴퓨터를 이용한 자동 송신장치를 설치한 전화는 제외한다)를 이용하거나 말(확성장치를 사용하거나 옥외집회에서 다중을 대상으로 하는 경우를 제외한다)로 선거운동을 하는 경우
5. 후보자가 되려는 사람이 선거일 전 180일(대통령선거의 경우 선거일 전 240일을 말한다)부터 해당 선거의 예비후보자등록신청 전까지 제60조의3 제1항 제2호의 방법(같은 호 단서를 포함한다)으로 자신의 명함을 직접 주는 경우

기출체크

재외선거권자를 대상으로 「공직선거법」상 예비후보자가 어깨띠 또는 예비후보자임을 나타내는 표지물을 착용하는 행위를 할 수 있다. [× 7급 22]

2. **위성방송시설**(「방송법」에 따른 방송사업자가 관리·운영하는 **국외송출이 가능한 국내의 방송시설**⟨KBS 월드, 아리랑TV, YTN 인터내셔널⟩을 말한다. 이하 이 장에서 같다)을 이용한 제70조에 따른 **방송광고** [O 7급 22]

인용조문

제70조(방송광고) ① 선거운동을 위한 방송광고는 후보자(대통령선거에 있어서 정당추천 후보자와 비례대표 국회의원선거의 경우에는 후보자를 추천한 정당을 말한다. 이하 이 조에서 같다)가 다음 각 호에 따라 선거운동기간 중 소속 정당의 정강·정책이나 후보자의 정견, 그 밖의 홍보에 필요한 사항을 텔레비전 및 라디오 방송시설[「방송법」에 의한 방송사업자가 관리·운영하는 무선국 및 종합유선방송국(종합편성 또는 보도전문편성의 방송채널사용사업자의 채널을 포함한다)을 말한다. 이하 이 조에서 같다]을 이용하여 실시할 수 있되, 광고시간은 1회 1분을 초과할 수 없다. 이 경우 광고횟수의 계산에 있어서는 재방송을 포함하되, 하나의 텔레비전 또는 라디오 방송시설을 선정하여 당해 방송망을 동시에 이용하는 것은 1회로 본다.
1. 대통령선거: ⟨별도 규정⟩
2. 비례대표 국회의원선거: ⟨별도 규정⟩
3. 시·도지사선거
② 삭제
③ 제1항의 규정에 의한 광고를 실시하는 방송시설의 경영자는 방송광고의 일시와 광고내용 등을 중앙선거관리위원회 규칙이 정하는 바에 따라 관할 선거구 선거관리위원회에 통보하여야 한다.
④ 제1항의 방송광고는 「방송법」 제73조(방송광고 등) 제2항 및 「방송광고판매대행 등에 관한 법률」 제5조의 규정을 적용하지 아니한다.
⑤ 방송시설을 경영 또는 관리하는 자는 제1항의 방송광고를 함에 있어서 방송시간대와 방송권역 등을 고려하여 모든 후보자에게 공평하게 하여야 하며, 후보자가 신청한 방송시설의 이용일시가 서로 중첩되는 경우에 방송일시의 조정은 중앙선거관리위원회 규칙이 정하는 바에 의한다.
⑥ 후보자는 제1항의 규정에 의한 방송광고에 있어서 청각장애선거인을 위한 한국수어 또는 자막을 방영할 수 있다.
⑦ 삭제
⑧ 제1항의 규정에 의한 방송광고를 행하는 방송시설을 경영·관리하는 자는 그 광고비용을 산정함에 있어 선거기간 중 같은 방송시간대에 광고하는 상업·문화, 기타 각종 광고의 요금 중 최저요금을 초과하여 후보자에게 청구하거나 받을 수 없다.

3. 위성방송시설을 이용한 제71조에 따른 **방송연설**

> **인용조문**
>
> **제71조(후보자 등의 방송연설)** ① 후보자와 후보자가 지명하는 연설원은 소속 정당의 정강·정책이나 후보자의 정견, 기타 홍보에 필요한 사항을 발표하기 위하여 다음 각 호에 의하여 선거운동기간 중 텔레비전 및 라디오 방송시설[제70조(방송광고) 제1항의 규정에 의한 방송시설을 말한다. 이하 이 조에서 같다]을 이용한 연설을 할 수 있다.
> 1. 대통령선거: 〈별도 규정〉
> 2. 비례대표 국회의원선거: 〈별도 규정〉
> ② (생략)
> ③ 제70조(방송광고) 제1항 후단〈광고횟수 계산〉·제6항〈한국수어·자막방영 가능〉 및 제8항〈최저요금〉의 규정은 후보자 등의 방송연설에 이를 준용한다.
> ④ 제1항에 따라 텔레비전 방송시설을 이용한 방송연설을 하는 경우에는 후보자 또는 연설원이 연설하는 모습, 후보자의 성명·기호·소속 정당명(해당 정당을 상징하는 마크나 심벌의 표시를 포함한다)·경력, 연설요지 및 통계자료 외의 다른 내용이 방영되게 하여서는 아니 되며, 후보자 또는 연설원이 방송연설을 녹화하여 방송하고자 하는 때에는 당해 방송시설을 이용하여야 한다.
> ⑤ 방송시설을 경영 또는 관리하는 자는 제1항의 규정에 의한 후보자 또는 연설원의 연설을 위한 방송시설명·이용일시·시간대 등을 선거일 전 30일(보궐선거 등에 있어서는 후보자등록신청 개시일 전 3일)까지 관할 선거구 선거관리위원회에 통보하여야 한다.
> ⑥ 선거구 선거관리위원회는 후보자등록신청 개시일 전 3일(보궐선거 등에 있어서는 후보자등록신청 개시일 전일)까지 제1항의 규정에 의한 연설에 이용할 수 있는 방송시설과 일정을 선거구단위로 미리 지정·공고하고 후보자등록 신청 시 후보자에게 통지하여야 한다.
> ⑦ 대통령선거에 있어서 후보자가 제1항의 규정에 의하여 방송시설을 이용한 연설을 하고자 하는 때에는 이용할 방송시설명·이용일시·연설을 할 사람의 성명·소요시간·이용방법 등을 기재한 신청서를 후보자등록 마감일 후 3일(추가등록의 경우에는 추가등록 마감일)까지 중앙선거관리위원회에 서면으로 제출하여야 한다.
> ⑧ 제7항의 규정에 의하여 후보자(정당추천 후보자는 그 추천 정당을 말한다)가 신청한 방송시설의 이용일시가 서로 중첩되는 경우에는 중앙선거관리위원회가 그 일시를 정하되, 그 일시는 모든 후보자에게 공평하여야 한다. 이 경우 후보자가 그 지정된 일시의 24시간 전까지 방송시설이용계약을 하지 아니한 때에는 당해 방송시설을 경영·관리하는 자는 그 시간대에 다른 방송을 할 수 있다.
> ⑨ 중앙선거관리위원회가 제8항의 규정에 의하여 방송일시를 결정한 때에는 이를 공고하고, 정당 또는 후보자에게 통지하여야 한다.
> ⑩ 국회의원선거에 있어서 후보자가 제1항 제2호 내지 제5호의 규정에 의하여 방송시설을 이용한 연설을 하고자 하는 때에는 당해 방송시설을 경영 또는 관리하는 자와 체결한 방송시설이용계약서 사본을 첨부하여 이용할 방송시설명·이용일시·소요시간·이용방법 등을 방송일 전 3일까지 당해 선거구 선거관리위원회에 서면으로 신고하여야 한다.
> ⑪ 방송시설을 경영 또는 관리하는 자는 제1항의 방송시설을 이용한 연설에 협조하여야 하며, 방송시간대와 방송권역 등을 고려하여 모든 후보자에게 공평하게 하여야 한다.
> ⑫ 「방송법」에 따른 종합유선방송사업자(종합편성 또는 보도전문편성의 방송채널사용사업자를 포함한다)·중계유선방송사업자 및 인터넷언론사는 후보자 등의 방송연설을 중계방송할 수 있다. 이 경우 방송연설을 행한 모든 후보자에게 공평하게 하여야 한다.
> ⑬ 방송시설을 이용한 연설신청서의 서식·중첩된 방송일시의 조정방법, 기타 필요한 사항은 중앙선거관리위원회 규칙으로 정한다.

4. 삭제

5. 제82조의7에 따른 **인터넷광고**

[○ 7급 22]

> **인용조문**
>
> **제82조의7(인터넷광고)** ① 후보자(대통령선거의 정당추천 후보자와 비례대표 국회의원선거에 있어서는 후보자를 추천한 정당을 말한다. 이하 이 조에서 같다)는 인터넷언론사의 인터넷 홈페이지에 선거운동을 위한 광고(이하 "인터넷광고"라 한다)를 할 수 있다.
> ② 제1항의 인터넷광고에는 광고근거와 광고주명을 표시하여야 한다.
> ③ 〈생략〉
> ④ 삭제
> ⑤ 누구든지 제1항의 경우를 제외하고는 선거운동을 위하여 인터넷광고를 할 수 없다.
> ⑥ 광고근거의 표시방법, 그 밖에 필요한 사항은 중앙선거관리위원회 규칙으로 정한다.

  6. 삭제

② 제1항 제2호에 따른 **방송광고의 횟수**는 다음 각 호에 따른다.

  1. **대통령선거:**

    텔레비전 및 라디오 방송시설별로 **각 10회** 이내

  2. **비례대표** 국회의원선거:

    텔레비전 및 라디오 방송시설별로 **각 5회** 이내

기출체크

대통령의 궐위로 인한 대통령선거를 실시하는 경우, 후보자는 재외선거권자를 대상으로 위성방송시설을 이용한 방송광고 선거운동을 텔레비전 및 라디오 방송시설별로 각 10회 이내에서 할 수 있다. [O 9급 16]

③ 제1항 제3호에 따른 **방송연설의 횟수**는 다음 각 호에 따른다.

  1. **대통령선거:**

    후보자와 그가 **지명한 연설원**이

    각각 텔레비전 및 라디오 방송시설별로 **각 5회** 이내

  2. **비례대표** 국회의원선거:

    정당별로 **정당의 대표자가 선임한 2명**이

    각각 텔레비전 및 라디오 방송시설별로 **각 1회**

④ **중앙선거관리위원회**는 대통령선거 및 임기만료에 따른 비례대표 국회의원 선거에서 정당·후보자에 대한 정보를 재외선거인 등에게 알리기 위하여 중앙선거관리위원회 규칙으로 정하는 바에 따라 **정당·후보자 정보자료**를 작성하여 다음 각 호에 따른 방법으로 재외선거인 등에게 **제공**하여야 한다.

  1. 공관 게시판 게시

  2. 중앙선거관리위원회, **외교부**, 재외동포청 및 공관의 인터넷 홈페이지 게시 〈개정 23. 6. 5.〉

  3. 전자우편 전송(수신을 원하는 재외선거인 등에 한한다)

⑤ 방송시설을 관리 또는 운영하는 자는 자신의 부담으로

  제82조의2〈선거방송토론위원회 주관 대담·토론회〉 제1항에 따른 **대담·토론회**와

제82조의3〈선거방송토론위원회 주관 정책토론회〉에 따른 **정책토론회**를
중계방송할 수 있다.

⑥ 다음 각 호의 어느 하나에 해당하는 **단체의 상근 임직원 및**
이들 단체의 대표자는 재외선거권자를 대상으로 **선거운동을 할 수 없다.**
   1. 「한국국제협력단법」에 따라 설립된 **한국국제협력단**   [O 9급 13]
   2. 「한국국제교류재단법」에 따라 설립된 **한국국제교류재단**

> **심화학습**
> · 위 단체들은 관련법에 의해 정부의 예산을 지원받거나, 외교부장관의 지도·감독을 받는 단체들이다.

⑦ 제87조 제1항〈허용 기관·단체는 선거운동 가능〉에도 불구하고
단체(그 대표자와 임직원 또는 구성원을 포함한다)는
그 **단체의 명의** 또는 그 **대표의 명의**로
재외선거권자를 대상으로 선거운동을 할 수 없다.

> **심화학습**
> · §87①에서는 선거운동 금지단체 이외의 단체는 단체·대표 명의의 선거운동을 허용하고 있다.

📢 제218조의15(선거비용에 대한 특례)

제119조 제1항〈선거비용〉에도 불구하고
재외선거권자를 대상으로 하는 **선거운동을 위하여**
국외에서 지출한 비용은 선거비용으로 보지 아니한다.   [O 7급 18]
                                                                        [선거비용으로 본다(×) 9급 13]

📢 제218조의16(재외선거의 투표방법)

① **재외선거의 투표**는 제159조 본문에 따른 **기표**에 의한 **방법**으로 한다.   [O 7급 13]
② **재외투표**는 **선거일 오후 6시**〈격리자 등 투표 시는 오후 7시 30분〉   [선거일 오후 8시까지(×) 9급 16]
   (대통령의 궐위로 인한 선거 또는 재선거는
   오후 8시〈격리자 등 투표 시는 오후 9시 30분〉를 말한다)까지
   관할 구·시·군선거관리위원회에 도착되어야 한다.
③ 제218조의13 제1항에 따라 재외선거인명부 등에 등재된 사람이
   재외투표소에서 투표를 하지 아니하고 귀국한 때에는
   선거일 전 8일부터 선거일까지 〈개정 23. 6. 30.〉
   주소지 또는 **최종 주소지**(최종 주소지가 없는 사람은 등록기준지를 말한다)를
   관할하는 구·시·군선거관리위원회에 신고한 후

선거일에 해당 선거관리위원회가 **지정하는 투표소에서 투표할 수 있다.** [O 7급 23·18]

④ 제3항의 신고에 관한 구체적인 절차 및 그 밖에 필요한 사항은 중앙선거관리위원회 규칙으로 정한다.

제218조의17(재외투표소의 설치·운영)

① **재외선거관리위원회는** [중앙선거관리위원회는(×) 7급 18]
선거일 전 14일부터 선거일 전 9일까지의 기간 중 6일 이내의 기간
(이하 이 장에서 "**재외투표기간**"이라 한다)을 정하여
공관에 재외투표소를 설치·운영하여야 한다. [O 7급 13]
이 경우 공관의 협소 등의 사유로 부득이 공관에 재외투표소를 설치할 수
없는 경우에는 공관의 대체시설에 재외투표소를 설치할 수 있다. [O 9급 21·19]

② 재외선거관리위원회는 제1항에도 불구하고
다음 각 호의 어느 하나에 해당하는 **사유가 있는 경우에는**
재외투표기간 중 기간을 정하여
제1항에 따른 공관 또는 공관의 대체시설 외의 **시설·병영 등에**
추가로 재외투표소를 설치·운영할 수 있다.
다만, 제1호에 따른 사유로 추가하여 설치하는 재외투표소의 경우에는
재외국민수가 **3만 명을 넘으면**
이후 매 3만 명까지마다 1개소씩 추가로 설치·운영하되,
추가되는 재외투표소의 총수는 3개소를 초과할 수 없다.
  1. 관할 구역의 **재외국민수가 3만 명 이상**인 것으로 추정되는 경우
  2. **공관의 관할 구역** 또는
     관할 구역의 **인접한 지역에 재외선거인 등이 소속된 국군부대가 있는 경우**

③ 재외선거관리위원회는 **선거일 전 20일까지**
재외투표소의 명칭·소재지와 운영기간 등을 인터넷 홈페이지 등에 공고하여야 한다.

> **심화학습**
> · 일반투표소는 읍·면·동선거관리위원회가 선거일 전 10일까지 투표소의 명칭과 소재지를 공고한다.(§147⑧)

④ **재외선거관리위원회는 공정하고 중립적인 사람 중에서**
재외투표소에 **투표사무원을 두어야 한다.**

> **심화학습**
> · 투표사무원 공고는 하지 않는다.

⑤ 재외선거관리위원회는 **정당추천위원이 아닌 1명**의 위원을
책임위원으로 지정하여 재외투표소의 투표관리를 행하게 한다.
다만, 책임위원으로 지정되지 아니한 위원도
본인의 의사에 따라 **투표관리에 참여할 수 있으며,**
재외투표소의 책임위원에게 투표관리에 관하여 **의견을 개진할 수 있다.**

> **기출체크**
> 재외선거관리위원회는 재외투표소의 투표관리를 행하기 위하여 정당추천위원이 아닌 1명의 위원을 책임위원으로 지정하되, 책임위원으로 지정되지 아니한 위원은 재외투표소의 투표관리에 참여할 수 없다. [× 7급 14]

⑥ 재외선거관리위원회는 제5항에도 불구하고
제2항에 따라 설치하는 **재외투표소**〈추가설치 재외투표소〉에는
재외선거관리위원회가 지정하는 **재외투표소관리자**로 하여금
투표관리를 행하게 할 수 있다.

⑦ 재외투표소는 재외투표기간 중 공휴일에도 불구하고
매일 오전 8시에 열고 오후 5시에 닫는다. [○ 7급 13]
다만, 다음 각 호의 어느 하나에 해당하는 경우 재외선거관리위원회는
예상 투표자 수 등을 고려하여 **투표시간을 조정할 수 있되,**
중앙선거관리위원회와 **협의**하여야 한다.
 1. **천재지변** 또는 **전쟁·폭동**, 그 밖에 **부득이한 사유**가 있는 경우
 2. 제2항 제2호〈국군부대 투표소〉에 따라 **추가로 설치·운영**하는 재외투표소의 경우

⑧ 제2항에 따른 재외투표소의 설치·운영, 국군부대에 재외투표소를 설치·운영할 재외선거관리위원회 지정 및 그 밖에 필요한 사항은 중앙선거관리위원회 규칙으로 정한다.

⑨ 제163조·제166조·제166조의2 및 제167조(제2항 단서는 제외한다)는 재외투표소에 **준용**한다. 이 경우 "읍·면·동선거관리위원회 및 그 상급선거관리위원회"는 "중앙선거관리위원회 및 재외선거관리위원회"로, "투표소"는 "재외투표소"로, "투표관리관"은 "재외투표소의 책임위원 또는 재외투표소관리자"로, "선거일에"는 "재외투표소 안에서"로 본다.

> **준용조문**
> **제163조(투표소 등의 출입제한)** ① 투표하려는 선거인·투표참관인·재외투표소의 책임위원 또는 재외투표소관리자, 중앙선거관리위원회 및 재외선거관리위원회의 위원과 직원 및 투표사무원을 제외하고는 누구든지 재외투표소에 들어갈 수 없다.
> ② 선거관리위원회의 위원·직원·재외투표소의 책임위원 또는 재외투표소관리자·투표사무원 및 투표참관인이 재외투표소에 출입하는 때에는 중앙선거관리위원회 규칙이 정하는 바에 따라 표지를 달거나 붙여야 하며, 이 규정에 의한 표지 외에는 선거와 관련한 어떠한 표시물도 달거나 붙일 수 없다.
> ③ 제2항의 표지는 다른 사람에게 양도·양여할 수 없다.

제166조(투표소 내외에서의 소란언동 금지 등) ① 재외투표소 안에서 또는 재외투표소로부터 100미터 안에서 소란한 언동을 하거나 특정 정당이나 후보자를 지지 또는 반대하는 언동을 하는 자가 있는 때에는 재외투표소의 책임위원 또는 재외투표소관리자 또는 투표사무원은 이를 제지하고, 그 명령에 불응하는 때에는 재외투표소 또는 그 제한거리 밖으로 퇴거하게 할 수 있다. 이 경우 재외투표소의 책임위원 또는 재외투표소관리자 또는 투표사무원은 필요하다고 인정하는 때에는 정복을 한 경찰공무원 또는 경찰관서장에게 원조를 요구할 수 있다.
② 제1항의 규정에 의하여 퇴거당한 선거인은 최후에 투표하게 한다. 다만, 재외투표소의 책임위원 또는 재외투표소관리자는 재외투표소의 질서를 문란하게 할 우려가 없다고 인정하는 때에는 그 전에라도 투표하게 할 수 있다.
③ 누구든지 제163조(투표소 등의 출입제한) 제2항의 규정에 의하여 표지를 달거나 붙이는 경우를 제외하고는 재외투표소 안에서 완장·흉장 등의 착용, 기타의 방법으로 선거에 영향을 미칠 우려가 있는 표지를 할 수 없다.
④ 제164조(투표소 등의 질서유지) 제2항 및 제3항의 규정은 재외투표소 내외에서의 소란언동 금지 등에 이를 준용한다.

제166의2(투표지 등의 촬영행위 금지) ① 누구든지 기표소 안에서 투표지를 촬영하여서는 아니 된다.
② 재외투표소의 책임위원 또는 재외투표소관리자는 선거인이 기표소 안에서 투표지를 촬영한 경우 해당 선거인으로부터 그 촬영물을 회수하고 투표록에 그 사유를 기록한다.

제167조(투표의 비밀보장) ① 투표의 비밀은 보장되어야 한다.
② 선거인은 투표한 후보자의 성명이나 정당명을 누구에게도 또한 어떠한 경우에도 진술할 의무가 없으며, 누구든지 선거일의 투표 마감시각까지 이를 질문하거나 그 진술을 요구할 수 없다.
③ 선거인은 자신이 기표한 투표지를 공개할 수 없으며, 공개된 투표지는 무효로 한다.

제218조의18(투표용지 작성 등)

① 중앙선거관리위원회는 재외투표소의 **책임위원** 또는
재외투표소관리자(이하 "**책임위원 등**"이라 한다)로 하여금
재외투표소에서 **투표용지 발급기**를 이용하여 **투표용지**를 **작성·교부**하게 한다.
이 경우 투표용지에 인쇄하는 **일련번호**에 관하여는 제151조 제6항 후단을 **준용**한다.

> **준용조문**
> 제151조(투표용지와 투표함의 작성) ⑥ … 이 경우 투표용지에 인쇄하는 일련번호는 바코드(컴퓨터가 인식할 수 있도록 표시한 막대 모양의 기호를 말한다)의 형태로 표시하여야 하며, 바코드에는 선거명, 선거구명 및 관할 선거관리위원회명 및 일련번호를 제외한 그 밖의 정보를 담아서는 아니 된다.

② 중앙선거관리위원회는 투표용지의 작성을 위하여
제151조 제1항에 따라 작성한 **투표용지원고를 재외투표기간 개시일 전 2일까지**
전산조직을 이용하여 재외투표관리관에게 보내야 한다.
③ 중앙선거관리위원회는
투표용지의 작성 및 투표용지원고의 송부에 필요한 **기술적 조치**를 하여야 한다.
④ 재외투표소의 책임위원 등은 투표용지 발급기의 **장애** 등으로 인하여
투표용지를 작성·교부할 수 없는 때에는
중앙선거관리위원회가 전산조직으로 송부한
투표용지원고를 이용하여 투표용지를 작성·교부한다.

이 경우 제218조의16 제1항〈기표에 의한 방법〉에도 불구하고
국회의원선거의 투표는 후보자의 **성명**이나 정당의 **명칭** 또는 **기호**를
한글 또는 **아라비아숫자**로 투표용지에 **직접 적는 방법**으로 한다.

> **심화학습**
> · 투표용지 발급기 고장 시의 투표는 대통령선거는 기표방법에 의하고, 국회의원선거는 자서식으로 한다.

⑤ 투표용지 작성방법, 재외선거인 등에 대한 투표안내, 그 밖에 필요한 사항은 중앙선거관리위원회 규칙으로 정한다.

📢 제218조의19(재외선거의 투표 절차)

① 재외선거인 등은 **신분증명서**(여권·주민등록증·공무원증·운전면허증 등
사진이 첨부되어 본인임을 확인할 수 있는
대한민국의 관공서나 공공기관이 발행한 증명서
또는 **사진이 첨부되고 성명과 생년월일이 기재**되어 본인임을 확인할 수 있는
거류국의 정부가 발행한 증명서를 말한다. 이하 이 조에서 같다)를 제시하여
본인임을 확인받은 다음
전자적 방식으로 손도장을 찍거나 서명한 후 투표용지를 받아야 한다.
다만, 재외선거인은 제218조의5 제4항에 따라
재외투표관리관이 공고한 서류〈비자·영주권증명서·장기체류증 또는
거류국의 외국인등록증 등〉의 **원본을 제시**하여
국적 및 본인 여부를 확인받은 다음 투표용지를 받아야 하며,
제시한 **서류에 본인임을 확인할 수 있는 사진이 첨부되지 아니한 경우**에는
신분증명서를 함께 제시하여야 한다.
② 재외투표소의 책임위원 등은 투표용지 발급기로 투표용지를 인쇄하여
"책임위원" 칸에 자신의 도장을 찍거나 **서명(한글성명이 모두 나타나야 한다)**한 후
일련번호를 떼지 아니하고 회송용 봉투와 함께 교부한다.
③ 투표용지와 회송용 봉투를 받은 재외선거인 등은
기표소에 들어가 투표용지에 1명의 후보자
(비례대표 국회의원선거에서는 하나의 **정당**을 말한다)를 **선택**하여
투표용지의 해당 칸에 **기표한 다음**
그 자리에서 기표내용이 다른 사람에게 보이지 아니하게 **접어**
이를 **회송용 봉투에 넣어 봉함한 후 투표함에 넣어야 한다.**
④ 투표용지 발급기의 봉함·봉인, 그 밖에 필요한 사항은 중앙선거관리위원회 규칙으로 정한다.

제218조의20(재외투표소의 투표참관)

① 재외투표소의 책임위원 등은
투표참관인이 투표상황을 **참관**할 수 있도록 하여야 한다.

② **대통령선거**의 경우
후보자(정당추천 후보자의 경우에는 후보자를 추천한 **정당**을 말한다)가,
국회의원선거의 경우「정치자금법」제27조에 따라
보조금의 배분 대상이 되는 정당이 **선거일 전 17일까지** [선거일 전 ( )일까지 9급 18]
재외선거관리위원회에 **재외투표소별로**
재외선거인 등 중 2명을 투표참관인으로 **신고**할 수 있다.

③ 제2항에 따라 신고한 투표참관인은 **언제든지 교체**할 수 있으며,
재외투표기간에는 그 재외투표소에서 교체 신고를 할 수 있다.

④ 제2항에 따른 투표참관인의 **선정이 없거나**
한 후보자 또는 **한 정당이 선정한 투표참관인밖에 없는 경우**에는
재외선거관리위원회가 **재외선거인 등 중 2명**을 본인의 승낙을 얻어
투표참관인으로 선정한다.
이 경우 재외선거관리위원회가
제218조의17 제2항 제2호〈국군부대〉에 따른 재외투표소의
투표참관인을 선정할 때에는 **군인이 아닌 사람**을 **우선**하여 **선정**하여야 한다.

⑤ 제4항에 따라 선정된 투표참관인은
정당한 사유 없이 **참관**을 **거부**하거나 그 직을 **사임할 수 없다.**

⑥ 재외투표소의 책임위원 등은 원활한 투표관리를 위하여
필요한 때에는 투표참관인을 **교대로 참관**하게 할 수 있다.
이 경우 정당·후보자별로 투표참관인 수의 **2분의 1씩**
교대하여 참관하게 하여야 한다.

제218조의21(재외투표의 회송)

① 재외투표소의 **책임위원 등**은 매일의 재외투표 **마감 후**
투표참관인의 참관 아래 투표함을 열고 투표자 수를 계산한 다음
재외투표를 포장·봉인(封印)하여 **재외투표관리관**에게 **인계**하여야 한다.
[재외투표관리관이 재외투표소 책임위원에게 인계(×) 9급 24]

다만, 제218조의17 제2항에 따라 설치하는 재외투표소〈추가설치 재외투표소〉는
공관과의 거리 등의 사유로 매일의 재외투표를 인계할 수 없는
부득이한 경우에는 해당 재외투표소 운영기간 종료 후
그 기간 중의 재외투표를 **일괄**하여 **인계**할 수 있다.

② **재외투표관리관**은 제1항에 따른 재외투표를
재외투표기간 만료일 후 지체 없이 국내로 회송하고,
외교부장관은 외교행낭의 봉함·봉인 상태를 확인한 후
중앙선거관리위원회에 보내야 한다.
이 경우 **재외투표의 수가 많은 때**에는
재외투표기간 중 그 일부를 먼저 보낼 수 있다. [그 일부를 먼저 보낼 수 없다(×) 9급 20]

③ **중앙선거관리위원회**는 제2항에 따라 인수한 재외투표를
관할 구·시·군선거관리위원회에 **등기우편**으로 보내야 한다.

④ 제1항 단서에 따른 재외투표의 인계, 제2항에 따른 재외투표의 국내 회송방법,
그 밖에 필요한 사항은 중앙선거관리위원회 규칙으로 정한다.

📢 제218조의22(재외투표소투표록 등의 작성·송부)

① 재외투표소의 **책임위원** 등은 재외투표소에 **재외투표소투표록**을 비치하고
매일의 **투표자 수**, 재외투표관리관에 대한 **재외투표의 인계**,
그 밖에 재외투표소의 투표관리에 관한 사항을 **기록**하여야 한다.

② 재외투표소의 책임위원 등은 재외투표소의 **투표가 모두 끝난 때**에는
투표함과 그 열쇠, 재외투표소투표록, 그 밖에 재외투표소의
투표에 관한 모든 서류를 재외투표관리관에게 인계하여야 한다.

③ **재외투표관리관**은 재외선거관리록을 비치하고
재외선거인 등록신청과 국외부재자 신고의 접수 및 처리, **재외투표소 설치·운영**,
그 밖에 재외선거 및 국외부재자투표의 **관리에 관한 사항**을 적어야 한다.

④ **재외투표관리관**이 제218조의21 제2항 전단에 따라
재외투표를 중앙선거관리위원회에 보내는 때에는
재외투표소투표록을 함께 보내야 한다.

📢 제218조의23(재외투표의 접수)

① 구·시·군선거관리위원회는 **선거일 전 10일**부터
재외투표의 투입과 보관을 위하여 **국외부재자 투표함과 재외선거인 투표함**
(이하 이 조와 제218조의24에서 "**재외투표함**"이라 한다)을 **각각 갖추어 놓아야 한다.**

② 구·시·군선거관리위원회가 **접수한 재외투표**는
정당추천위원의 참여하에 재외투표함에 넣어야 한다.
이 경우 재외투표함의 보관에 관하여는
제176조 제3항〈보관장소, 보관기간〉의 규정을 준용한다.

📢 제218조의24(재외투표의 개표)

① 재외투표는 **구·시·군선거관리위원회**가 개표한다.   [시·도선거관리위원회가(×) 9급 22·21]

② 재외투표함은 **개표참관인**의 참관 아래 **선거일 오후 6시** 〈격리자 등 투표 시는 오후 7시 30분〉
(대통령의 궐위로 인한 선거 또는 재선거는
오후 8시〈격리자 등 투표 시는 오후 9시 30분〉를 말한다.
이하 이 조에서 같다) 후에
개표소로 옮겨서 다른 투표함의 투표지와 **별도로 먼저 개표**할 수 있다.

③ 제1항에도 불구하고 **중앙선거관리위원회**는 천재·지변 또는 전쟁·폭동, 그 밖에 부득이한 사유로 재외투표가 선거일 오후 6시〈격리자 등 투표 시는 오후 7시 30분〉, 〈대통령의 궐위로 인한 선거 또는 재선거는 오후 8시〈격리자 등 투표 시는 오후 9시 30분〉〉까지 관할 **구·시·군선거관리위원회에 도착할 수 없다고 인정**하는 때에는 해당 **재외선거관리위원회로 하여금 재외투표를 보관**하였다가 개표하게 할 수 있다.
     [○ 9급 20, 7급 20]

④ 재외선거관리위원회가 제3항에 따라 **개표**하는 때에는 선거일 오후 6시 〈격리자 등 투표 시는 오후 7시 30분〉, 〈대통령의 궐위로 인한 선거 또는 재선거는 오후 8시〈격리자 등 투표 시는 오후 9시 30분〉〉 이후에 **개표참관인**의 참관 아래 **공관**에서 개표하고,
그 결과를 **중앙**선거관리위원회에 **보고**하며,
중앙선거관리위원회는 관할 **선거구** 선거관리위원회에 그 결과를 **통지**한다.

⑤ 제3항에 따라 개표하는 경우 개표참관인 선정·신고 등에 관하여는 제218조의20 제2항부터 제5항까지를 **준용**한다. 이 경우 "재외투표소별로"는 "개표소별로"로, "투표참관인"은 "개표참관인"으로, "선거일 전 17일"은 "선거일 전 3일"로, "재외투표기간에는 그 재외투표소에서"는 "개표일에는 개표소에서"로 본다.

> **준용조문**
> 제218조의20(재외투표소의 투표참관) ② 대통령선거의 경우 후보자(정당추천 후보자의 경우에는 후보자를 추천한 정당을 말한다)가, 국회의원선거의 경우 「정치자금법」 제27조에 따라 보조금의 배분 대상이 되는 정당이 선거일 전 3일까지 재외선거관리위원회에 개표소별로 재외선거인 등 중 2명을 개표참관인으로 신고할 수 있다.
> ③ 제2항에 따라 신고한 개표참관인은 언제든지 교체할 수 있으며, 개표일에는 개표소에서 교체 신고를 할 수 있다.
> ④ 제2항에 따른 개표참관인의 선정이 없거나 한 후보자 또는 한 정당이 선정한 개표참관인밖에 없는 경우에는 재외선거관리위원회가 재외선거인 등 중 2명을 본인의 승낙을 얻어 개표참관인으로 선정한다. 이 경우 재외선거관리위원회가 제218조의17 제2항 제2호에 따른 재외투표소의 개표참관인을 선정할 때에는 군인이 아닌 사람을 우선하여 선정하여야 한다.
> ⑤ 제4항에 따라 선정된 개표참관인은 정당한 사유 없이 참관을 거부하거나 그 직을 사임할 수 없다.

⑥ 재외선거관리위원회가 재외투표를 개표하는 경우 재외투표의 보관, 개표의 진행 및 절차, 개표결과의 보고·통지, 그 밖에 필요한 사항은 중앙선거관리위원회 규칙으로 정한다.

제218조의25(재외투표의 효력)

① **재외투표의 효력**에 관하여는 제179조(같은 조 제3항 및 제4항 제7호·제10호는 제외한다)를 **준용**한다. 이 경우 "사전투표 및 거소투표"는 "재외투표"로, "비례대표 국회의원선거 및 비례대표 지방의회의원선거"는 "비례대표 국회의원선거"로, "거소투표자 또는 선상투표자가"는 "재외선거인 등이"로, "거소투표 또는 선상투표"는 "재외투표"로 본다.

> **준용조문**
>
> **제179조(무효투표)** ① 다음 각 호의 어느 하나에 해당하는 투표는 무효로 한다.
> 1. 정규의 투표용지를 사용하지 아니한 것
> 2. 어느 란에도 표를 하지 아니한 것
> 3. 2란에 걸쳐서 표를 하거나 2 이상의 란에 표를 한 것
> 4. 어느 란에 표를 한 것인지 식별할 수 없는 것
> 5. ⓒ표를 하지 아니하고 문자 또는 물형을 기입한 것
> 6. ⓒ표 외에 다른 사항을 기입한 것
> 7. 선거관리위원회의 기표용구가 아닌 용구로 표를 한 것
>
> ② 재외투표의 경우에는 제1항의 규정에 의하는 외에 다음 각 호의 어느 하나에 해당하는 투표도 이를 무효로 한다.
> 1. 정규의 회송용 봉투를 사용하지 아니한 것
> 2. 회송용 봉투가 봉함되지 아니한 것
> 3. 삭제
> 4. 삭제
>
> ③ 선상투표의 경우 〈준용 제외〉
>
> ④ 다음 각 호의 어느 하나에 해당하는 투표는 무효로 하지 아니한다.
> 1. ⓒ표가 일부만 표시되거나 ⓒ표 안이 메워진 것으로서 선거관리위원회의 기표용구를 사용하여 기표를 한 것이 명확한 것
> 2. 한 후보자(비례대표 국회의원선거에 있어서는 정당을 말한다. 이하 이 항에서 같다)란에만 2 이상 기표된 것
> 3. 후보자란 외에 추가 기표되었으나 추가 기표된 것이 어느 후보자에게도 기표한 것으로 볼 수 없는 것
> 4. 삭제
> 5. 기표한 것이 전사된 것으로서 어느 후보자에게 기표한 것인지가 명확한 것
> 6. 인육으로 오손되거나 훼손되었으나 정규의 투표용지임이 명백하고 어느 후보자에게 기표한 것인지가 명확한 것
> 7. 거소투표 〈준용 제외〉
> 8. 회송용 봉투에 성명 또는 거소가 기재되거나 사인이 날인된 것
> 9. 재외선거인 등이 투표 후 선거일의 투표개시 전에 사망한 경우 그 재외투표
> 10. 사전투표소 투표 〈준용 제외〉

② 제218조의18 제4항 후단의 방법으로 투표를 한 경우
〈투표용지 발급기 이용 불가시 투표용지원고를 이용하여 투표용지를 작성 교부한 경우〉

후보자의 성명이나 **정당의 명칭** 또는 **기호**를
모두 **한글** 또는 **아라비아 숫자가 아닌 그 밖의 문자** 〈무효〉
(한글 또는 아라비아 숫자와 그 밖의 문자를 **병기**한 것은
한글 또는 **아라비아 숫자로 적은 것으로 본다** 〈유효〉)로 적거나

비례대표 국회의원선거에서 후보자의 성명을 적은 재외투표 〈무효〉
(정당의 명칭 또는 기호를 함께 적은 것 〈무효〉을 포함한다)는 무효로 한다.
다만, 다음 각 호의 어느 하나에 해당하는 재외투표는 무효로 하지 아니한다.
  1. 같은 후보자의 성명이나 정당의 명칭 또는 기호를 2회 이상 적은 것 〈유효〉
  2. 후보자의 성명이나 정당의 명칭 또는 기호가 일부 틀리게 적혀 있으나
     어느 후보자 또는 정당에게 투표하였는지 명확한 것 〈유효〉
③ **같은 선거에서 한 사람이 2회 이상 투표를 한 경우** 해당 선거에서 본인이 한
   재외투표는 모두 무효로 한다. [최초의 재외투표만을 유효로 한다(×) 7급 20]
④ 삭제, ⑤ 삭제

제218조의26(국외선거범에 대한 공소시효 등)

① 제268조 제1항 본문〈공소시효는 당해 선거일 후 6개월〉에도 불구하고
   국외에서 범한 이 법에 규정된 죄의 공소시효는
   해당 선거일 후 5년을 경과함으로써 완성한다. [○ 9급 22·13]
② **국외에서 이 법에 규정된 죄를 범한 자로서**
   「형사소송법」에 따라 **법원의 관할을 특정할 수 없는 자의 제1심 재판 관할은**
   서울중앙지방법원으로 한다. [서울고등법원으로 한다(×) 9급 23·20]

제218조의27(재외선거의 공정성 확보 의무)

① **중앙선거관리위원회와 재외투표관리관은**
   재외선거인 등록신청, 재외투표의 방법, 그 밖에 재외선거인의
   선거권 행사를 위한 사항을 홍보하는 등 재외선거인의 **투표참여**와
   재외선거의 **공정성**을 확보하기 위하여 **노력하여야 한다.**

> **심화학습**
> · 재외선거관리위원회는 선거범죄 예방 및 단속에 관한 사무를 처리한다. (§218의3)

② **중앙선거관리위원회는 재외선거인이 전화 또는 인터넷을 통하여**
   후보자를 추천한 **정당의 명칭, 후보자의 성명, 기호 및 선거공약** 등을
   알 수 있도록 필요한 조치를 하여야 한다.
③ **중앙선거관리위원회는 외국의 선거·정당·정치자금제도와**
   그 운영현황, 정당 발전방안 등에 관한 조사·연구를 추진하여
   재외선거제도의 개선과 정치발전을 위하여 필요한 노력을 하여야 한다.

제218조의28(재외선거사무의 지원 등)

① **중앙선거관리위원회, 법무부, 경찰청** 등은
　재외선거관리위원회 또는 재외투표관리관이 행하는 **재외선거사무를 지원**하고
　위법행위 예방 및 **자료수집** 등을 위하여 필요한 경우에는
　공관에 **소속 직원**을 **파견**할 수 있다.
② 제1항에 따라 **공관에 파견된 중앙선거관리위원회 소속 직원**이
　제272조의2〈선거범죄의 조사 등〉 또는 「정치자금법」
　제52조〈정치자금범죄의 조사 등〉에 따라 **조사를 하는 경우**에는
　다른 법령에도 불구하고 **중앙선거관리위원회**의 **지휘·감독**을 받는다.
　다만, 조사에 착수하는 때에는 조사와 관련하여 **공관의 장과 협의**하여야 한다.

제218조의29(천재·지변 등의 발생 시 재외선거사무의 처리)

① **중앙선거관리위원회**는 천재·지변 또는 전쟁·폭동, 그 밖에 **부득이한 사유**로
　　　　　　　　　　　　　　　　　　　　　　　　　　　　　　　　[법무부는(×) 9급 22]
　해당 공관 관할 구역에서 재외선거를 실시할 수 없다고 인정하는 때에는
　해당 공관에 재외선거관리위원회를 설치하지 아니하거나
　설치·운영 중인 재외선거관리위원회 및 재외투표관리관의 **재외선거사무를**
　중지할 것을 결정할 수 있다.　　　　　　　　　　　　　　　　　　　[○ 7급 20]
② 제1항에 따른 재외선거사무 **중지결정에 따라**
　재외투표기간 중에 투표를 마치지 못한 경우에도
　재외투표기간이 지난 후에는 다시 **투표를 실시하지 아니한다.**
　　　　　　　　　　　　　　　　　　　　　　　　　　　[다시 투표를 실시하여야 한다(×) 9급 20]
　이 경우 **재외투표관리관**은 이미 실시된 재외투표를
　제218조의21 제2항〈외교행낭 송부〉에 따라 **국내로 회송**하여야 한다.
③ **중앙선거관리위원회**는 제1항에 따른 결정 후 **재외투표기간 전에**
　사정 변경으로 재외선거를 **실시할 수 있다고 인정하는 때에는**
　지체 없이 **재외선거관리위원회를 설치**하거나
　재외선거사무가 **중지된** 해당 재외선거관리위원회 및 재외투표관리관으로 하여금
　재외선거사무를 **재개**하도록 하여야 하고,
　이 경우 **처리기한이 경과된 재외선거사무**는 이 법에 따라 **처리한 것으로 본다.**
　다만, 재외선거관리위원회는
　제218조의17에 따른 기한〈선거일 전 20일까지 재외투표소 공고〉이 **경과된 경우라도**
　지체 없이 **재외투표소**의 **명칭·소재지**와 **운영기간** 등을 **공고**하여야 한다.

📢 제218조의30(국외선거범에 대한 여권발급 제한 등)

① **외교부장관**은 다음 각 호의 어느 하나에 해당하는 사람에 대하여 **중앙선거관리위원회**나 **검사** 또는 **사법경찰관의 요청**이 있는 때에는 「여권법」에 따른 **여권의 발급·재발급**(이하 "**여권발급 등**"이라 한다)을 **제한하거나 반납**(이하 "**제한 등**"이라 한다)을 **명하여야 한다.** 〈개정 21. 3. 23.〉

　1. 국외에서 **이 법에 따른 장기 3년 이상의 형에 해당하는 죄를 범한** 혐의를 인정할 만한 상당한 이유가 있으나 **중앙선거관리위원회의 조사에 불응하거나 소재가 불명하여 조사를 종결할 수 없는** 사람

　2. 국외에서 **이 법에 따른 장기 3년 이상의 형에 해당하는 죄를 범하여 기소중지 또는 수사중지(피의자중지로 한정한다)**된 사람　　　　　[○ 7급 20]

기출체크

외교부장관은 국외에서 「공직선거법」에 따른 장기 3년 이상의 형에 해당하는 죄를 범하여 기소중지된 사람에 대하여 법원의 요청이 있는 때에는 「여권법」에 따른 여권의 발급·재발급을 제한하거나 반납을 명하여야 한다.
[×(중앙선관위·검사 또는 사법경찰관의 요청) 7급 18]

② **중앙선거관리위원회**나 **검사** 또는 **사법경찰관**이 제1항에 따라 여권발급 등의 **제한 등을 요청**할 때에는 그 요청사유, 제한기간 또는 반납 후의 보관기간(이하 "**보관기간**"이라 한다) 등을 적은 **서면**으로 하여야 한다.
〈개정 25. 4. 1.〉

③ **중앙선거관리위원회**나 **검사** 또는 **사법경찰관**은 제2항에 따른 **제한기간** 또는 **보관기간을 연장**할 필요가 있다고 인정되는 때에는 그 제한기간 또는 보관기간 **만료일 전 30일까지 서면으로 연장을 요청**할 수 있다.
〈개정 25. 4. 1.〉

④ 제2항 및 제3항에 따른 **제한기간** 또는 **보관기간**은 해당 선거의 **선거일 후 5년 이내**로 하되, **중앙선거관리위원회**나 **검사** 또는 **사법경찰관**은 제한기간 또는 보관기간 중이라도 **요청사유가 소멸**되었다고 인정될 때에는 여권발급 등의 제한 등을 **해제**하여 줄 것을 **외교부장관에게 요청**할 수 있다. 〈개정 25. 4. 1.〉

⑤ 제3항과 제4항에 따른 요청이 있는 경우 **외교부장관**은 특별한 사정이 없는 한 그 **요청에 따라야 한다.**

⑥ 제1항에 따른 여권발급의 제한 등과 관련하여 이 조에서 정한 것을 제외하고는 여권발급 등의 제한 등의 절차, 반납명령을 이행하지 않는 경우 여권의 효력상실과 회수, 그 밖의 사항에 관하여는 「**여권법**」을 준용한다.

📢 제218조의31(외국인의 입국금지)

① **법무부장관**은 국외에서 **이 법에서 금지하는 행위**를 하였다고 인정할 만한
상당한 이유가 있는 **외국인**에 대하여 **입국**을 **금지**할 수 있다.
다만, 수사에 응하기 위하여 입국하려는 때에는 그러하지 아니하다. [O 9급 13, 7급 18]

② **중앙선거관리위원회**는 제1항에 따른 **입국금지대상**에 해당하는 **외국인**을
법무부장관에게 **통보**할 수 있다.

③ 제1항에 따른 **입국금지기간**은 해당 선거 **당선인의 임기만료일까지**로 한다. [O 7급 18]

④ 제1항에 따른 **입국금지 절차** 등에 관하여는 「**출입국관리법**」을 준용한다.

심화학습

· 여권발급 제한 등은 외교부장관이, 외국인 입국금지는 법무부장관이 조치한다.
· 여권발급 제한 등은 국외에서 장기 3년 이상의 형에 해당하는 선거범죄 시의 조치이며, 외국인의 입국금지는 형에 관계 없이 국외에서 선거범죄를 범한 때의 조치이다.
· 여권의 발급·재발급 제한기간 또는 반납된 여권의 보관기간은 해당 선거의 선거일 후 5년 이내로 하며, 외국인의 입국 금지기간은 해당 선거 당선인의 임기만료일까지로 한다.

📢 제218조의32(국외선거범에 대한 영사조사)

① **영사**는 **법원 또는 검사의 의뢰**를 받아 대한민국 **재외공관** 등에서
「형사소송법」제200조, 제221조에 따라 이 법의 위반행위와 관련된 **피의자**
또는 **피의자 아닌 자**의 출석을 요구하여 **진술**을 들을 수 있다.

② 법원 또는 검사가 영사에게 **진술 청취를 의뢰**할 때에는
법무부 및 외교부를 경유하여야 한다.
사법경찰관은 검사에게 영사에 대한 진술 청취의 의뢰를 신청할 수 있다. [O 7급 18]

③ 영사는 제1항에 따라 진술을 들을 경우
그 진술 내용을 기재한 **조서**를 작성하거나 **진술서**를 제출받을 수 있고,
그 과정을 **영상 녹화**할 수 있다.
다만, 피의자 아닌 자의 경우에는 **동의**를 받아야 영상 녹화할 수 있다.

④ **영사가 법원의 의뢰**를 받아 진술을 들을 경우 그 절차 및 방식에 관하여는
「형사소송법」제48조, 제50조 및 제161조의2부터 제164조까지를 **준용**한다.

⑤ **영사가 검사의 의뢰**를 받아 진술을 들을 경우 그 절차 및 방식에 관하여는
「형사소송법」제241조, 제242조, 제243조의2부터 제245조까지를 **준용**한다.

⑥ **영사**는 제3항에 따라 작성한 **조서**, 진술인으로부터 제출받은 **진술서** 또는 **영상
녹화물**을 즉시 **외교부 및 법무부를 경유**하여 **법원 또는 검사**에게 **송부**하여야 한다.

제218조의33(국외선거범에 대한 인터넷 화상조사)

① 검사 또는 사법경찰관은 「형사소송법」 제200조, 제221조에 따라
  재외공관에 출석한 이 법의 위반행위와 관련된 피의자 또는 피의자 아닌 자를
  상대로 인터넷 화상장치를 이용하여 진술을 들을 수 있다. [○ 9급 20]
② 제1항에 따라 진술을 들을 경우
  검사 또는 사법경찰관은 법무부 및 외교부를 경유하여
  해당 재외공관의 장에게 조사할 사건에 관하여 통보하여야 하고,
  진술을 들을 때에는 영사가 참여하여야 한다.
③ 검사 또는 사법경찰관은 제1항에 따라 진술을 들을 경우
  그 진술 내용을 기재한 조서를 작성할 수 있고,
  그 과정을 영상 녹화하여야 한다.
  다만, 피의자가 아닌 자의 경우에는 동의를 받아야 영상 녹화할 수 있다.
④ 검사 또는 사법경찰관은 작성한 조서를 재외공관에 전송하고,
  영사는 이를 출력하여 진술자에게 열람케 하여야 한다.
⑤ 제1항에 따른 진술 청취의 절차 및 방식에 관하여는
  「형사소송법」 제241조, 제242조, 제243조의2부터 제245조까지를 준용한다.
⑥ 영사는 완성된 조서를 외교부 및 법무부를 경유하여
  검사 또는 사법경찰관에게 송부하여야 한다.
⑦ 제1항부터 제6항까지에 따라 작성된 조서는
  국내에서 검사 또는 사법경찰관이 작성한 조서와 동일한 것으로 본다.

제218조의34(준용규정 등)

① 재외선거에 관하여 이 장에 정한 것을 제외하고는
  그 성질에 반하지 아니하는 범위에서 이 법의 다른 규정을 준용한다.
② 이 장에서 날짜로 정한 기간을 계산하는 때에는
  대한민국 표준시를 기준으로 한다.
③ 재외선거와 관련한 공관의 선거관리경비의 사용 잔액에 대하여는 「재외공관 수입금 등 직접사용에 관한 법률」 제2조·제3조를 준용한다. 이 경우 "외교부장관"은 "중앙선거관리위원회 사무총장"으로, "대한민국 재외공관의 장" 또는 "재외공관의 장"은 "재외투표관리관"으로, "수입금 및 관서 운영경비"는 "선거관리경비"로 본다.

제218조의35(시행규칙)

국외부재자투표와 재외선거의 실시를 위하여 필요한 사항은 중앙선거관리위원회 규칙으로 정한다.

제15장 선거에 관한 쟁송

제219조	선거소청	433
제220조	소청에 대한 결정	436
제221조	「행정심판법」의 준용	436
제222조	선거소송	441
제223조	당선소송	443
제224조	선거무효의 판결 등	444
제225조	소송 등의 처리	445
제226조	소송 등에 관한 통지	446
제227조	「행정소송법」의 준용 등	447
제228조	증거조사	448
제229조	인지 첩부 및 첨부에 관한 특례	448

📢 제219조(선거소청)

① **지방의회의원 및 지방자치단체의 장의 선거에 있어서**
   선거의 효력에 관하여 이의가 있는 선거인·정당
   (후보자를 추천한 정당에 한한다. 이하 이 조에서 같다) **또는 후보자는**
   　　　　　　　　　　　　　　　　　　　　　　　[후보자를 추천하지 아니한 정당이라도(×) 9급 18]

   선거일부터 14일 이내에
   당해 **선거구 선거관리위원회 위원장을 피소청인으로 하여**
   지역구 시·도의원선거(지역구 세종특별자치시의회의원선거는 **제외**한다),
   자치구·시·군의원선거 및 자치구·시·군의 장 선거에 있어서는
   시·도선거관리위원회에,
   비례대표 시·도의원선거, 지역구 세종특별자치시의회의원선거 및　　　[○ 9급 22]
   시·도지사선거에 있어서는 중앙선거관리위원회에 소청할 수 있다.　　[○ 9급 18]

> **심화학습**
> · 외국인선거권자도 선거소청과 선거소송을 제기할 수 있다.(지방선거의 선거인)
> · 구·시·군선관위가 선거구인 선거는 시·도선관위에, 시·도선관위가 선거구인 선거는 중앙선관위에 소청할 수 있다.

> **기출체크**
> ❶ 선거소청은 지방의회의원 및 지방자치단체의 장 선거에서 인정되고, 선거소청을 거칠 것인지에 대하여는 임의적 전치주의가 적용된다. 　　　　　　　　　　　　　　　　　　　　　　　　　[×(필요적 전치주의임) 9급 17]
> ❷ 선거소청은 대통령선거와 지역구 국회의원선거 및 지방선거에서 인정된다. 　　　　[× 7급 16]
> ❸ 당해 선거에 후보자를 추천하지 않은 정당은 소청을 제기할 수 없다. 　　　　　　　[○ 7급 16]
> ❹ 선거소청제도는 대통령선거 및 국회의원선거에는 적용되지 않고 지방의회의원 및 지방자치단체의 장의 선거에 적용된다. 　　　　　　　　　　　　　　　　　　　　　　　　　　　　　　　　　　　[○ 9급 13]
> ❺ 선거의 효력을 다투는 선거소청의 경우 당해 선거구 선거관리위원회 위원장이 피소청인이 된다. 　[○ 9급 13]
> ❻ 당선의 효력을 다투는 선거소청의 경우 후보자를 추천한 정당 또는 후보자는 소청인이 되나, 선거인은 소청인이 될 수 없다. 　　　　　　　　　　　　　　　　　　　　　　　　　　　　　　　　　　　　[○ 9급 13]
> ❼ 국회의원선거에서 선거인이 선거소송을 하기 위해서는 우선 중앙선거관리위원회 위원장을 피소청인으로 하여 선거소청을 제기하여야 한다. 　　　　　　　　　　　　　　　　[×(국정선거는 선거소청제도가 없음) 7급 13]
> ❽ 군의회의원선거에서 선거의 효력에 이의가 있는 선거인은 선거일부터 14일 이내에 중앙선거관리위원회에 소청할 수 있다. 　　　　　　　　　　　　　　　　　[×(시·도선거관리위원회에 제기함) 7급 13]
> ❾ 지방자치단체의 장의 선거에 있어서 당선의 효력에 관하여 이의가 있는 정당 또는 후보자는 당선인결정일부터 (14)일 이내에, 후보자등록 후에 정당추천후보자가 당적을 이탈·변경하여 그 후보자의 등록이 무효에 해당함을 이유로 하는 때에는 (당선인)을, 「공직선거법」 제19조(지방자치단체의 장의 당선인의 결정·공고·통지)의 규정에 의한 결정의 위법을 이유로 하는 때에는 당해 선거구 선거관리위원회 위원장을 각각 피소청인으로 하여 자치구·시·군의 장 선거에 있어서는 (시·도선거관리위원회)에, 시·도지사선거에 있어서는 (중앙선거관리위원회)에 소청할 수 있다. 　　　　　　　　　　　　　　　　　　　　　　　　　　　　　　　　　[7급 23]

② **지방의회의원** 및 **지방자치단체의 장**의 선거에 있어서
　당선의 효력에 관하여 이의가 있는 **정당**〈후보자를 추천한 정당에 한함〉 또는
　후보자는 당선인 결정일부터 14일 이내에
　　제52조〈등록무효〉 제1항부터 제3항까지 또는
　　제192조〈피선거권 상실로 인한 당선무효 등〉 제1항부터 제3항까지의
　사유에 해당함을 이유로 하는 때에는 **당선인을**,
　　제190조(지역구 지방의회의원 당선인의 결정·공고·통지) 내지 〈제190조의2〉
　　제191조(지방자치단체의 장의 당선인의 결정·공고·통지)의 규정에 의한
　결정의 위법을 이유로 하는 때에는
　당해 **선거구** 선거관리위원회 **위원장**을 각각 **피소청인**으로 하여
　지역구 시·도의원선거(지역구 세종특별자치시의회의원선거는 **제외**한다),
　자치구·시·군의원선거 및 **자치구·시·군의 장** 선거에 있어서는
　시·도선거관리위원회에,　　　　　　　　　　　　　　　　　　　　[○ 9급 22]
　비례대표 시·도의원선거, **지역구 세종특별자치시의회의원선거** 및
　시·도지사선거에 있어서는 **중앙선거관리위원회에 소청할 수 있다.**
　　　　　　　[지역구 세종시의원선거에서 당선의 효력에 관하여 시·도선관위에 소청할 수 있다(×) 9급 20]

> **기출체크**
> 선거인은 당선의 효력에 관하여 이의가 있는 경우 소청을 제기할 수 없다.　　　　[○ 7급 16]

③ 제1항 및 제2항의 규정에 의하여
　피소청인으로 될 당해 선거구 선거관리위원회 위원장이 궐위된 때에는
　당해 선거구 선거관리위원회 **위원 전원을 피소청인으로 한다.**　　[○ 9급 20, 7급 16]
　　　　　　　　　　　　[직근 상급선거관리위원회의 위원장을 피소청인으로 한다(×) 7급 18]

④ 제2항의 규정에 의하여 **피소청인으로 될 당선인이 사퇴** 또는 **사망**하거나
　　제192조 제2항〈임기개시 전에 피선거권이 없게 된 때〉의 규정에 의하여
　당선의 효력이 상실되거나
　같은 조 제3항의 규정에 의하여 **당선이 무효로 된 때에는**
　당해 **선거구** 선거관리위원회 **위원장을**,
　당해 선거구 선거관리위원회 **위원장이 궐위된 때에는**
　당해 선거구 선거관리위원회 **위원 전원을 피소청인**으로 한다.

⑤ 제1항 및 제2항에 따른 **소청은 서면**으로 하여야 하되,
　다음 각 호의 사항을 기재한 후 **기명**하고 **날인**하여야 한다.
　이 경우 소청장에는 **당사자수**에 해당하는 **부본**을 첨부하여야 한다.
　　1. **소청인의 성명과 주소**

2. **피소청인**의 성명과 주소

3. 소청의 **취지 및 이유**

4. 소청의 **대상이 되는 처분**의 내용

5. **대리인** 또는 **선정대표자**가 있는 경우에는 그 **성명과 주소**

⑥ 제5항의 규정에 의한 **소청장을 접수한**

중앙선거관리위원회 또는 **시·도선거관리위원회**는

지체 없이 소청장 **부본**을 **당사자**에게 **송달**하여야 한다.

⑦ 제6항의 규정에 의하여 소청장 부본을 **송달받은 피소청인**은

중앙선거관리위원회 또는 시·도선거관리위원회가 지정한 기일까지

답변서를 제출하여야 한다.

이 경우 **당사자수**에 상응하는 **부본**을 첨부하여야 하며,

답변서를 접수한 **중앙**선거관리위원회 또는 **시·도**선거관리위원회는

그 **부본**을 **당사자**에게 **송달**하여야 한다.

> **보충개념**
>
> ○ 선거소청은 선거 종료 후에 당해 선거의 효력 또는 당선의 효력에 관한 법적 분쟁에 대하여 법원의 재판절차의 전심단계로 지역구 시·도의원선거(지역구 세종특별자치시의회의원선거는 제외), 자치구·시·군의원선거 및 자치구·시·군의 장의 선거에 있어서는 시·도선거관리위원회가, 비례대표 시·도의원선거, 지역구 세종특별자치시의회의원선거 및 시·도지사선거에 있어서는 중앙선거관리위원회가 심리·결정하는 쟁송절차라고 할 수 있음.(2018 선거소청실무편람 4쪽, 중앙선관위)
>
> ○ 지방선거는 주민을 대표하는 지방자치단체의 의결기관 및 집행기관의 구성원을 선출하는 합성행위로서, 선거에 관한 분쟁은 행정의 연속성·안정성을 위하여 가급적 조속히 해결되어야 할 필요성이 있다고 할 수 있는데, 선거에 관한 모든 분쟁의 해결을 곧바로 법원에 호소하여 재판절차를 거치도록 하게 할 경우 법원·소송당사자, 기타 관계인에게 많은 시간과 비용을 부담시킬 수 있음. 따라서 공직선거법은 지방선거에 한하여 전심절차로서 선거소청제도를 두었음. 이는 선거관리기관의 선거에 관한 집적된 전문성과 기술성을 활용하여 소송의 전(前) 단계에서 선거에 관한 분쟁을 해결할 기회를 줌으로써 법원의 재판 부담을 경감시키고 국민의 권익을 보다 신속하게 구제하고 보호하려는 것이라고 할 수 있으며, 또한 선거결과에 대하여 조속한 법적 안정성을 확보하고 소송경제원칙에 이바지하려는 의미도 내포되어 있다고 할 것임.(2018 선거소청실무편람 7쪽, 중앙선관위)
>
> ○ 지방선거의 법적 분쟁, 즉 행정작용의 적법·타당 여부에 대하여 다른 기관의 직접적인 개입 없이 해당 선거구위원회의 상급위원회가 자율적으로 심리·결정함으로써 선거관리기관 스스로 행정 통제를 도모하도록 하고 있음.(2018 선거소청실무편람 7쪽, 중앙선관위)
>
> ○ 선거소청은 선거종료 전에 그 진행과정 중에 있는 개개의 행위를 대상으로 그 효력에 대하여 제기할 수는 없으며, 선거종료 후 그 결과에 대하여 선거 및 당선의 효력에 이의가 있을 경우에 한하여 그 효력의 무효 확인을 구하는 의미에서만 제기할 수 있음.(2018 선거소청실무 편람 8쪽, 중앙선관위)
>
> ○ 행정심판에 있어 무효 등 확인심판과 부작위에 대한 의무이행심판의 경우에는 심판청구기간의 제한이 없는 반면에, 선거소청은 선거의 결과를 조속히 확정하여 주민의 권리를 보호하고 지방자치단체의 집행기관과 의결기관의 기능 발휘에 지장이 없도록 하고 조속한 법적 안정을 도모하기 위하여 선거 또는 당선의 효력에 관한 다툼의 기간을 최소화하고 있음.(2018 선거소청실무 편람 8쪽, 중앙선관위)

○ 선거소청은 직접적으로 권리를 침해받은 이해당사자뿐만 아니라 개인적 권리·의무에 관한 이해관계가 없더라도 선거의 적법성과 공정성의 확보를 목적으로 하여 쟁송을 제기할 수 있다는 점에서 **민중적 쟁송** 또는 **객관적 쟁송**으로서의 성질을 가진다고 할 수 있음.(2018 선거소청실무편람 9쪽, 중앙선관위)

[2019 공직선거법규운용자료 1권 538쪽, 중앙선관위]

제220조(소청에 대한 결정)

① 제219조(선거소청) 제1항 또는 같은 조 제2항의
  <u>소청을 접수한 중앙선거관리위원회 또는 시·도선거관리위원회</u>는
  <u>소청을 접수한 날부터 **60일** 이내에 그 소청에 대한 **결정**을 하여야 한다.</u> [○ 7급 18]
  [30일 이내에(×) 9급 18]
  [90일 이내에(×) 7급 24]

② 제1항의 **결정**은 다음 각 호의 사항을 기재한 **서면**으로 하여야 하며,
  결정에 **참여한 위원**이 **기명**하고 **서명** 또는 **날인**하여야 한다.
  1. 사건번호와 사건명
  2. 당사자·참가인 및 대리인의 성명과 주소
  3. 주문
  4. 소청의 취지
  5. 이유
  6. 결정한 날짜

③ 중앙선거관리위원회 또는 시·도선거관리위원회는 지체 없이
  제2항의 **결정서의 정본**을 소청인·피소청인 및 참가인에게 **송달**하여야 하며,
  그 **결정요지**를 공고하여야 한다.

④ **소청의 결정**은 소청인에게 제3항의 규정에 의한 **송달이 있는 때**에
  그 **효력이 생긴다.** [결정의 요지를 공고한 때(×) 9급 13]
  [관할 선거구 선거관리위원회의 결정이 있은 때에(×) 7급 18]

제221조(「행정심판법」의 준용)

① **선거소청**에 관하여는 <u>이 법에 규정된 것을 제외하고는</u> 「행정심판법」 제10조(위원의 제척·기피·회피)(이 경우 "위원장"은 "중앙선거관리위원회 또는 시·도선거관리위원회"로 본다), 제15조(선정대표자), 제16조(청구인의 지위 승계) 제2항부터 제4항까지(이 경우 "법인"은 "정당"으로 본다), 제17조(피청구인의 적격 및 경정) 제2항부터 제6항까지, 제18조(대리인의 선임), 제19조(대표자 등의 자격), 제20조(심판참가), 제21조(심판참가의 요구), 제22조(참가인의 지위), 제29조(청구의 변경), 제30조(집행정지) 제1항〈집행부정지〉, 제32조(보정), 제33조(주장의 보충), 제34조(증거서류 등의 제출), 제35조(자료의 제출 요구 등) 제1항부터 제3항까지, 제36조(증거조사) 〈필요시 당사자 신청 또는 직권으로 증거조사〉, 제37조

(절차의 병합 또는 분리), 제38조(심리기일의 지정과 변경), 제39조(직권심리), 제40조(심리의 방식) 〈당사자가 주장하지 않은 사실도 심리, 구술심리 또는 서면심리〉, 제41조(발언 내용 등의 비공개), 제42조(심판청구 등의 취하), 제43조(재결의 구분) 제1항·제2항, 제51조(행정심판 재청구의 금지), 제55조(증거서류 등의 반환), 제56조(주소 등 송달장소 변경의 신고의무), 제57조(서류의 송달) 및 제61조(권한의 위임)의 규정을 **준용**하고, **선거소청비용**에 관하여는 「**민사소송법」을 준용**하되, 「행정심판법」을 준용하는 경우 "행정심판"은 "선거소청"으로, "청구인"은 "소청인"으로, "피청구인"은 "피소청인"으로, "심판청구 또는 심판"은 "소청"으로, "심판청구서"는 "소청장"으로, "재결"은 "결정"으로, "재결기간"은 "결정기간"으로, "위원회"는 "중앙선거관리위원회 또는 시·도선거관리위원회"로, "재결서"는 "결정서"로 본다.

[선거소청비용에 관하여는 행정소송법을 준용한다(×) 9급 18]

기출체크

선거에 관한 소청에 필요한 경비는 소청인이 부담한다. [× 7급 13]
⇒ 민사소송법을 준용하여 패소한 당사자가 부담한다.

준용조문

「행정심판법」
제10조(위원의 제척·기피·회피) ① 제6조의 규정에 의한 중앙위원회 또는 시·도위원회(이하 "위원회"라 한다)의 위원은 다음 각 호의 어느 하나에 해당하는 경우에는 그 사건의 심리·의결에서 제척된다. 이 경우 제척결정은 위원회의 위원장(이하 "위원장"이라 한다)이 직권으로 또는 당사자의 신청에 의하여 한다.
  1. 위원 또는 그 배우자나 배우자이었던 사람이 사건의 당사자가 되거나 사건에 관하여 공동 권리자 또는 의무자인 경우
  2. 위원이 사건의 당사자와 친족이거나 친족이었던 경우
  3. 위원이 사건에 관하여 증언이나 감정(鑑定)을 한 경우
  4. 위원이 당사자의 대리인으로서 사건에 관여하거나 관여하였던 경우
  5. 위원이 사건의 대상이 된 처분 또는 부작위에 관여한 경우
② 당사자는 위원에게 공정한 심리·의결을 기대하기 어려운 사정이 있으면 위원장에게 기피신청을 할 수 있다.
③ 위원에 대한 제척신청이나 기피신청은 그 사유를 소명(疏明)한 문서로 하여야 한다. 다만, 불가피한 경우에는 신청한 날부터 3일 이내에 신청 사유를 소명할 수 있는 자료를 제출하여야 한다.
④ 제척신청이나 기피신청이 제3항을 위반하였을 때에는 위원장은 결정으로 이를 각하한다.
⑤ 위원장은 제척신청이나 기피신청의 대상이 된 위원에게서 그에 대한 의견을 받을 수 있다.
⑥ 위원장은 제척신청이나 기피신청을 받으면 제척 또는 기피 여부에 대한 결정을 하고, 지체 없이 신청인에게 결정서 정본을 송달하여야 한다.
⑦ 위원회의 회의에 참석하는 위원이 제척사유 또는 기피사유에 해당되는 것을 알게 되었을 때에는 스스로 그 사건의 심리·의결에서 회피할 수 있다. 이 경우 회피하고자 하는 위원은 위원장에게 그 사유를 소명하여야 한다.
⑧ 사건의 심리·의결에 관한 사무에 관여하는 위원 아닌 직원에게도 제1항부터 제7항까지의 규정을 준용한다.

제15조(선정대표자) ① 여러 명의 소청인이 공동으로 소청을 하는 때에는 소청인들 중에서 3명 이하의 선정대표자를 선정할 수 있다.
② 소청인들이 제1항에 따라 선정대표자를 선정하지 아니한 경우에 위원회는 필요하다고 인정하면 소청인들에게 선정대표자를 선정할 것을 권고할 수 있다.

③ 선정대표자는 다른 소청인들을 위하여 그 사건에 관한 모든 행위를 할 수 있다. 다만, 소청을 취하하려면 다른 소청인들의 동의를 받아야 하며, 이 경우 동의받은 사실을 서면으로 소명하여야 한다.
④ 선정대표자가 선정되면 다른 소청인들은 그 선정대표자를 통하여서만 그 사건에 관한 행위를 할 수 있다.
⑤ 선정대표자를 선정한 소청인들은 필요하다고 인정하면 선정대표자를 해임하거나 변경할 수 있다. 이 경우 소청인들은 그 사실을 지체 없이 위원회에 서면으로 알려야 한다.

제16조(소청인의 지위승계) ② 법인인 소청인이 합병(合倂)에 따라 소멸하였을 때에는 합병 후 존속하는 법인이나 합병에 따라 설립된 법인이 소청인의 지위를 승계한다.
③ 제1항과 제2항에 따라 소청인의 지위를 승계한 자는 위원회에 서면으로 그 사유를 신고하여야 한다. 이 경우 신고서에는 사망 등에 의한 권리·이익의 승계 또는 합병 사실을 증명하는 서면을 함께 제출하여야 한다.
④ 제1항 또는 제2항의 경우에 제3항에 따른 신고가 있을 때까지 사망자나 합병 전의 법인에 대하여 한 통지 또는 그 밖의 행위가 소청인의 지위를 승계한 자에게 도달하면 지위를 승계한 자에 대한 통지 또는 그 밖의 행위로서의 효력이 있다.

제17조(피소청인의 적격 및 경정) ② 소청인이 피소청인을 잘못 지정한 때에는 위원회는 직권으로 또는 당사자의 신청에 의하여 결정으로써 피소청인을 경정(更正)할 수 있다.
③ 위원회는 제2항에 따라 피소청인을 경정하는 결정을 하면 결정서 정본을 당사자(종전의 피소청인과 새로운 피소청인을 포함한다. 이하 제6항에서 같다)에게 송달하여야 한다.
④ 제2항에 따른 결정이 있으면 종전의 피소청인에 대한 소청은 취하되고 종전의 피소청인에 대한 선거소청이 제기된 때에 새로운 피소청인에 대한 선거소청이 제기된 것으로 본다.
⑤ 위원회는 선거소청이 제기된 후에 제1항 단서의 사유〈소청결정·권한이 다른 위원회로 승계〉가 발생하면 직권으로 또는 당사자의 신청에 의하여 결정으로써 피소청인을 경정한다. 이 경우에는 제3항과 제4항을 준용한다.
⑥ 당사자는 제2항 또는 제5항에 따른 위원회의 결정에 대하여 결정서 정본을 받은 날부터 7일 이내에 위원회에 이의신청을 할 수 있다.

제18조(대리인의 선임) ① 소청인은 법정대리인 외에 다음 각 호의 어느 하나에 해당하는 자를 대리인으로 선임할 수 있다.
 1. 소청인의 배우자, 소청인 또는 배우자의 사촌 이내의 혈족
 2. 소청인이 법인이거나 제14조에 따른 소청인 능력이 있는 법인이 아닌 사단 또는 재단인 경우 그 소속 임직원
 3. 변호사
 4. 다른 법률의 규정에 의하여 소청의 대리를 할 수 있는 자
 5. 그 밖에 위원회의 허가를 받은 자
② 피소청인은 그 소속 직원 또는 제1항 제3호부터 제5호까지의 어느 하나에 해당하는 자를 대리인으로 선임할 수 있다.
③ 〈선정대표자 규정의 준용: 대리인은 다른 소청인을 위해 소청에 관한 모든 행위 가능. 소청취하는 다른 소청인의 동의를 받아야 하며 동의받은 사실을 서면으로 소명. 대리인을 선임한 소청인들은 대리인 해임·변경이 가능하고 이 경우 지체 없이 위원회에 통지〉 제1항 및 제2항에 따른 대리인에 관하여는 제15조 제3항 및 제5항을 준용한다.

제19조(대표자 등의 자격) ① 대표자·관리인·선정대표자 또는 대리인의 자격은 서면으로 소명하여야 한다.
② 소청인이나 피소청인은 대표자·관리인·선정대표자 또는 대리인이 그 자격을 잃으면 그 사실을 서면으로 위원회에 신고하여야 한다. 이 경우 소명 자료를 함께 제출해야 한다.

제20조(소청참가) ① 선거소청의 결과에 이해관계가 있는 제3자나 행정청은 해당 소청에 대한 제7조 제6항 또는 제8조 제7항에 따른 위원회나 소위원회의 의결이 있기 전까지 그 사건에 대하여 소청참가를 할 수 있다.
② 위 제1항에 따른 소청참가를 하려는 자는 참가의 취지와 이유를 적은 참가신청서를 위원회에 제출하여야 한다. 이 경우 당사자의 수만큼 참가신청서 부본을 함께 제출하여야 한다.
③ 위원회는 제2항에 따라 참가신청서를 받으면 참가신청서 부본을 당사자에게 송달하여야 한다.

④ 제3항의 경우 위원회는 기간을 정하여 당사자와 다른 참가인에게 제3자의 참가신청에 대한 의견을 제출하도록 할 수 있으며, 당사자와 다른 참가인이 그 기간에 의견을 제출하지 아니하면 의견이 없는 것으로 본다.
⑤ 위원회는 제2항에 따라 참가신청을 받으면 허가 여부를 결정하고, 지체 없이 신청인에게는 결정서 정본을, 당사자와 다른 참가인에게는 결정서 등본을 송달하여야 한다.
⑥ 신청인은 제5항에 따라 송달을 받은 날부터 7일 이내에 위원회에 이의신청을 할 수 있다.

제21조(소청참가의 요구) ① 위원회는 필요하다고 인정하면 그 소청결정에 대하여 이해관계가 있는 제3자 또는 행정청에게 그 사건 소청에 참가할 것을 요구할 수 있다.
② 제1항의 요구를 받은 제3자 또는 행정청은 지체 없이 그 사건 소청에 참가할 것인지 여부를 위원회에 통지하여야 한다.

제22조(참가인의 지위) ① 참가인은 소청 절차에서 당사자가 할 수 있는 소청절차상의 행위를 할 수 있다.
② 이 법에 따라 당사자가 위원회에 서류를 제출할 때에는 참가인의 수만큼 부본을 제출하여야 하고, 위원회가 당사자에게 통지를 하거나 서류를 송달할 때에는 참가인에게도 통지하거나 송달하여야 한다.
③ 참가인의 대리인 선임과 대표자 자격 및 서류 제출에 관하여는 제18조, 제19조 및 이 조 제2항을 준용한다.

제29조(소청의 변경) ① 소청인은 소청의 기초에 변경이 없는 범위 안에서 소청의 취지 또는 이유를 변경할 수 있다.
② 소청이 제기된 후에 피소청인이 새로운 처분을 하거나 소청제기의 대상인 처분을 변경한 경우에는 소청인은 새로운 처분이나 변경된 처분에 맞추어 소청의 취지나 이유를 변경할 수 있다.
③ 제1항 또는 제2항에 따른 청구의 변경은 서면으로 신청하여야 한다. 이 경우 피소청인과 참가인의 수만큼 청구변경신청서 부본을 함께 제출하여야 한다.
④ 위원회는 제3항에 따른 소청변경신청서 부본을 피소청인과 참가인에게 송달하여야 한다.
⑤ 제4항의 경우 위원회는 기간을 정하여 피소청인과 참가인에게 청구변경 신청에 대한 의견을 제출하도록 할 수 있으며, 피소청인과 참가인이 그 기간에 의견을 제출하지 아니하면 의견이 없는 것으로 본다.
⑥ 위원회는 제1항 또는 제2항의 청구변경 신청에 대하여 허가할 것인지 여부를 결정하고, 지체 없이 신청인에게는 결정서 정본을, 당사자 및 참가인에게는 결정서 등본을 송달하여야 한다.
⑦ 신청인은 제6항에 따라 송달을 받은 날부터 7일 이내에 위원회에 이의신청을 할 수 있다.
⑧ 청구의 변경결정이 있으면 처음 소청이 제기되었을 때부터 변경된 청구의 취지나 이유로 소청이 제기된 것으로 본다.

제30조(집행정지) ① 소청제기는 처분의 효력이나 그 집행 또는 절차의 속행(續行)에 영향을 주지 아니한다. 〈집행부정지의 원칙〉

제32조(보정) ① 위원회는 소청제기가 적법하지 아니하나 보정(補正)할 수 있다고 인정하면 기간을 정하여 소청인에게 보정할 것을 요구할 수 있다. 다만, 경미한 사항은 직권으로 보정할 수 있다.
② 소청인은 제1항의 요구를 받으면 서면으로 보정하여야 한다. 이 경우 다른 당사자의 수만큼 보정서 부본을 함께 제출하여야 한다.
③ 위원회는 제2항에 따라 제출된 보정서 부본을 지체 없이 다른 당사자에게 송달하여야 한다.
④ 제1항에 따른 보정을 한 경우에는 처음부터 적법하게 소청이 제기된 것으로 본다.
⑤ 제1항에 따른 보정기간은 제45조에 따른 결정 기간〈60일〉에 산입하지 아니한다.
⑥ 위원회는 청구인이 제1항에 따른 보정기간 내에 그 흠을 보정하지 아니한 경우에는 그 소청을 각하할 수 있다.

제33조(주장의 보충) ① 당사자는 소청장·보정서·답변서 또는 참가신청서 등에서 주장한 사실을 보충하고 다른 당사자의 주장을 다시 반박하기 위하여 필요하면 위원회에 보충서면을 제출할 수 있다. 이 경우 다른 당사자의 수만큼 보충서면 부본을 함께 제출해야 한다.
② 위원회는 필요하다고 인정하면 보충서면의 제출기한을 정할 수 있다.
③ 위원회는 제1항에 따라 보충서면을 받으면 지체 없이 다른 당사자에게 그 부본을 송달하여야 한다.

제34조(증거서류 등의 제출) ① 당사자는 소청장·보정서·답변서·참가신청서·보충서면 등에 덧붙여 그 주장을 뒷받침하는 증거서류 또는 증거물을 제출할 수 있다.

② 제1항의 증거서류에는 다른 당사자의 수만큼 증거서류 부본을 함께 제출하여야 한다.
③ 위원회는 당사자가 제출한 증거서류의 부본을 지체 없이 다른 당사자에게 송달하여야 한다.

제35조(자료의 제출 요구 등) ① 위원회는 사건 심리에 필요하면 관계 행정기관이 보관 중인 관련 문서, 장부, 그 밖에 필요한 자료를 제출할 것을 요구할 수 있다.
② 위원회는 필요하다고 인정하면 사건과 관련된 법령을 주관하는 행정기관이나 그 밖의 관계 행정기관의 장 또는 그 소속 공무원에게 위원회 회의에 참석하여 의견을 진술할 것을 요구하거나 의견서를 제출할 것을 요구할 수 있다.
③ 관계 행정기관의 장은 특별한 사정이 없으면 제1항과 제2항에 따른 위원회의 요구에 따라야 한다.
〈준용배제〉 ④ 중앙행정심판위원회에서 심리·재결하는 심판청구의 경우 소관 중앙행정기관의 장은 의견서를 제출하거나 위원회에 출석하여 의견을 진술할 수 있다.

제36조(증거조사) ① 위원회는 사건의 심리를 위하여 필요하면 직권으로 또는 당사자의 신청에 의하여 다음 각 호의 방법에 따라 증거조사를 할 수 있다.
  1. 당사자나 관계인(관계 행정기관 소속 공무원을 포함한다. 이하 같다)을 위원회의 회의에 출석하게 하여 신문(訊問)하는 방법
  2. 당사자나 관계인이 가지고 있는 문서·장부·물건 또는 그 밖의 증거자료의 제출을 요구하고 영치(領置)하는 방법
  3. 특별한 학식과 경험을 가진 제3자에게 감정을 요구하는 방법
  4. 당사자 또는 관계인의 주소·거소·사업장이나 그 밖의 필요한 장소에 출입하여 당사자 또는 관계인에게 질문하거나 서류·물건 등을 조사·검증하는 방법
② 위원회는 필요하면 위원회가 소속된 행정청의 직원이나 다른 행정기관에 촉탁하여 제1항의 증거조사를 하게 할 수 있다.
③ 제1항에 따른 증거조사를 수행하는 사람은 그 신분을 나타내는 증표를 지니고 이를 당사자나 관계인에게 내보여야 한다.
④ 제1항에 따른 당사자 등은 위원회의 조사나 요구 등에 성실하게 협조하여야 한다.

제37조(절차의 병합 또는 분리) 위원회는 필요하면 관련되는 소청을 병합하여 심리하거나 병합된 소청을 분리하여 심리할 수 있다.

제38조(심리기일의 지정과 변경) ① 심리기일은 위원회가 직권으로 지정한다.
② 심리기일의 변경은 직권으로 또는 당사자의 신청에 의하여 한다.
③ 위원회는 심리기일이 변경되면 지체 없이 그 사실과 사유를 당사자에게 알려야 한다.
④ 심리기일의 통지나 심리기일 변경의 통지는 서면으로 하거나 소청장에 적힌 전화, 휴대전화를 이용한 문자전송, 팩시밀리 또는 전자우편 등 간편한 통지 방법(이하 "간이통지방법"이라 한다)으로 할 수 있다.

제39조(직권심리) 위원회는 필요하면 당사자가 주장하지 아니한 사실에 대하여도 심리할 수 있다.

제40조(심리의 방식) ① 소청의 심리는 구술심리 또는 서면심리로 한다. 다만, 당사자가 구술심리를 〈심리기일 3일 전까지〉 신청한 경우에는 서면심리만으로 결정할 수 있다고 인정되는 경우 외에는 구술심리를 하여야 한다.
② 위원회는 제1항 단서에 따라 구술심리 신청을 받으면 그 허가 여부를 결정하여 신청인에게 알려야 한다.
③ 제2항의 통지는 간이통지방법으로 할 수 있다.

제41조(발언 내용 등의 비공개) 위원회에서 위원이 발언한 내용이나 그 밖에 공개되면 위원회의 심리·재결의 공정성을 해칠 우려가 있는 사항으로서 대통령령으로 정하는 사항은 공개하지 아니한다.

제42조(소청 등의 취하) ① 소청인은 소청에 대하여 제7조 제6항 또는 제8조 제7항에 따른 결정이 있을 때까지 서면으로 소청을 취하할 수 있다.
② 참가인은 소청에 대하여 제7조 제6항 또는 제8조 제7항에 따른 결정이 있을 때까지 서면으로 참가신청을 취하할 수 있다.

③ 제1항 또는 제2항에 따른 취하서에는 소청인이나 참가인이 서명하거나 날인하여야 한다.
④ 소청인 또는 참가인은 취하서를 피소청인 또는 위원회에 제출하여야 한다. 이 경우 제23조 제2항부터 제4항까지의 규정을 준용한다.
⑤ 피소청인 또는 위원회는 계속 중인 사건에 대하여 제1항 또는 제2항에 따른 취하서를 받으면 지체 없이 다른 관계 기관, 소청인, 참가인에게 취하 사실을 알려야 한다.

제43조(결정의 구분) ① 위원회는 소청이 적법하지 아니하면 그 소청을 각하(却下)한다.
② 위원회는 소청이 이유가 없다고 인정하면 그 소청을 기각(棄却)한다.

〈준용배제〉 **제44조(사정재결)** ① 위원회는 심판청구가 이유가 있다고 인정하는 경우에도 이를 인용(認容)하는 것이 공공복리에 크게 위배된다고 인정하면 그 심판청구를 기각하는 재결을 할 수 있다. 이 경우 위원회는 재결의 주문(主文)에서 그 처분 또는 부작위가 위법하거나 부당하다는 것을 구체적으로 밝혀야 한다.

제51조(재소청의 금지) 소청에 대한 결정이 있으면 그 결정 및 같은 처분 또는 부작위에 대하여 다시 소청을 제기할 수 없다.

제55조(증거서류 등의 반환) 위원회는 결정을 한 후 증거서류 등의 반환 신청을 받으면 신청인이 제출한 문서·장부·물건이나 그 밖의 증거자료의 원본(原本)을 지체 없이 제출자에게 반환하여야 한다.

제56조(주소 등 송달장소 변경의 신고의무) 당사자, 대리인, 참가인 등은 주소나 사무소 또는 송달장소를 바꾸면 그 사실을 바로 위원회에 서면으로 또는 전자정보처리조직을 통하여 신고하여야 한다. 제54조 제2항에 따른 전자우편주소 등을 바꾼 경우에도 또한 같다.

제57조(서류의 송달) 이 법에 따른 서류의 송달방법에 관하여는 민사소송법 중 송달에 관한 규정을 준용한다.

제61조(권한의 위임) 이 법에 따른 위원회의 권한 중 일부를 국회규칙·대법원규칙·헌법재판소규칙·중앙선거관리위원회 규칙 또는 대통령령이 정하는 바에 따라 위원장에게 위임할 수 있다.

민사소송법 제98조(소송비용 부담의 원칙) 소송비용은 패소한 당사자가 부담한다.

기출체크

「공직선거법」상 선거소청에 대한 설명으로 옳지 않은 것은?
① 「행정심판법」상 사정재결에 관한 규정은 선거소청에 준용되지 아니한다.
② 정당인 소청인이 합병에 따라 소멸하였을 때에는 합병 후 존속하는 정당이나 합병에 따라 설립된 정당이 소청인의 지위를 승계한다. ⇒ 「행정심판법」 §16② 준용
③ 중앙선거관리위원회에서 심리·결정하는 소청의 경우 당해 선거구 선거관리위원회 위원장은 의견서를 제출하거나 중앙선거관리위원회에 출석하여 의견을 진술할 수 있다.
④ 소청인이 피소청인을 잘못 지정한 경우에는 중앙선거관리위원회 또는 시·도선거관리위원회는 직권으로 또는 당사자의 신청에 의하여 결정으로써 피소청인을 경정할 수 있으며, 이때 종전의 피소청인에 대한 소청은 취하되고 종전의 피소청인에 대한 선거소청이 청구된 때에 새로운 피소청인에 대한 선거소청이 청구된 것으로 본다. ⇒ 「행정심판법」 §17 준용

[③ ×(「행정심판법」 §35④ 준용을 배제함) ①②④ ○ 7급 14]

② 소청에 관하여 기타 필요한 사항은 중앙선거관리위원회 규칙으로 정한다.

제222조(선거소송)

① 대통령선거 및 국회의원선거〈국정선거〉에 있어서
　　선거의 효력에 관하여 이의가 있는 **선거인·정당(후보자를 추천한 정당에 한한다)**

[후보자를 추천하지 않은 정당이라도(×) 9급 22]

또는 후보자는 **선거일부터 30일 이내**에
당해 **선거구 선거관리위원회 위원장**을 **피고**로 하여
대법원에 소를 제기할 수 있다. [○ 7급 24, 9급 20·17·14]
[헌법재판소에(×) 7급 15]
[지역구 국회의원선거에서 중앙선거관리위원회 위원장을 피고로 하여(×) 7급 13]

② **지방의회의원 및 지방자치단체의 장의 선거**〈지방선거〉에 있어서
선거의 효력에 관한 제220조의 결정에 불복이 있는 **소청인(당선인을 포함한다)**은
해당 소청에 대하여 **기각 또는 각하 결정**이 있는 경우
(제220조 제1항의 기간 내에 **결정하지 아니한 때**를 포함한다)에는
해당 **선거구 선거관리위원회 위원장**을,
인용결정이 있는 경우에는 그 **인용결정**을 한 선거관리위원회 **위원장**을 피고로 하여
그 **결정서를 받은 날**
(제220조 제1항의 기간 내에 **결정하지 아니한 때**에는 그 **기간이 종료된 날**)**부터**
10일 이내에
비례대표 시·도의원선거 및 시·도지사선거에 있어서는 **대법원**에,
지역구 시·도의원선거, 자치구·시·군의원선거 및 자치구·시·군의 장 선거에 있어서는
그 선거구를 관할하는 고등법원에 소를 제기할 수 있다.

> **심화학습**
> - 지역구 세종특별자치시의회의원선거(시·도의원선거)도 소송 시에는 대법원이 아닌 관할 고등법원에 소를 제기한다.

> **기출체크**
> ❶ 비례대표 시·도의원선거의 효력에 관한 소청 결정에 불복이 있는 소청인은 결정서를 받은 날부터 10일 이내에 그 선거구를 관할하는 고등법원에 소(訴)를 제기할 수 있다.
> [×(비례대표 시·도의원선거는 대법원에 소를 제기할 수 있음) 9급 14]
> ❷ 지역구 시·도의원선거에서 선거소청결정에 불복이 있는 소청인은 해당 소청에 대한 기각결정 또는 각하결정이 있는 경우 그 결정서를 받은 날부터 10일 이내에 지역구 시·도의원선거구를 관할하는 고등법원에 소를 제기할 수 있다.
> [○ 7급 13]

③ 제1항 또는 제2항에 따라 **피고로 될 위원장이 궐위**된 때에는
해당 선거관리위원회 **위원 전원**을 피고로 한다. [○ 7급 24]
[위원 중 최고 연장자를 피고로 한다(×) 7급 15]

> **보충개념**
> ○ 선거소송은 선거의 관리·집행에 관한 소송으로 선거무효를 구하는 소송과 당선무효를 구하는 소송으로 나누어지는 바, 선거소송은 선거라는 공법상의 법률행위의 적법성을 확보하기 위하여 인정되는 객관적 소송의 성질을 가지며 민중소송의 범주에 포함됨.(2007 소송실무편람 2쪽, 중앙선관위)

○ 지방의회의원·지방자치단체의 장 선거에 있어서는 선거소청을 필요적 전심절차로 하여 고등법원에서 제1심을, 대법원에서 최종심을 행하는 2심제(비례대표 시·도의원, 시·도지사선거는 대법원을 최종심으로 하는 단심제)로 운영되며, 대통령선거 및 국회의원선거는 선거소청을 거치지 않고 대법원에 바로 선거소송을 제기할 수 있도록 하여 단심제로 운영됨.(2007 소송실무편람 2쪽, 중앙선관위)

○ **선거소송이 행정소송법 제3조 제3호에서 규정한 민중소송에 해당하는지 여부**
공직선거법 제222조와 제224조에서 규정하고 있는 선거소송은 집합적 행위로서의 선거에 관한 쟁송으로서 선거라는 일련의 과정에서 선거에 관한 규정을 위반한 사실이 있고, 그로써 선거의 결과에 영향을 미쳤다고 인정하는 때에 선거의 전부나 일부를 무효로 하는 소송임. 이는 선거를 적법하게 시행하고 그 결과를 적정하게 결정하도록 함을 목적으로 하므로, 행정소송법 제3조 제3호에서 규정한 민중소송 즉 국가 또는 공공단체의 기관이 법률을 위반한 행위를 한 때에 직접 자기의 법률상 이익과 관계없이 그 시정을 구하기 위하여 제기하는 소송에 해당함.(대법원 2016. 11. 24. 2016수64)

[2019 공직선거법규운용자료 1권 543쪽, 중앙선관위]

제223조(당선소송)

① 대통령선거 및 국회의원선거에 있어서
  당선의 효력에 이의가 있는 정당(후보자를 추천한 정당에 한한다) **또는 후보자는**
  당선인 결정일부터 30일 이내에
  제52조〈등록무효〉 제1항·제3항 또는
  제192조〈피선거권 상실로 인한 당선무효 등〉 제1항부터 제3항까지의
  사유에 해당함을 이유로 하는 때에는 **당선인을**,
  제187조(대통령 당선인의 결정·공고·통지) 제1항·제2항,
  제188조(지역구 국회의원 당선인의 결정·공고·통지) 제1항 내지 제4항,
  제189조(비례대표 국회의원 의석의 배분과 당선인의 결정·공고·통지) 또는
  제194조(당선인의 재결정과 비례대표 국회의원 의석 및
  비례대표 지방의회의원의석의 재배분) 제4항의 규정에 의한
  결정의 위법을 이유로 하는 때에는 **대통령**선거에 있어서는
  그 당선인을 결정한 중앙선거관리위원회 **위원장 또는 국회의장을**,
  국회의원선거에 있어서는 당해 **선거구** 선거관리위원회 **위원장**을 각각 피고로 하여
  대법원에 소를 제기할 수 있다.

기출체크

❶ 국회의원선거에 있어서 선거의 효력에 관하여 이의가 있는 선거인·정당(후보자를 추천한 정당에 한한다) 또는 후보자는 선거일부터 30일 이내에 당해 선거구선거관리위원회위원장을 피고로 하여 대법원에 소를 제기할 수 있다. [O 9급 23]

❷ 국회의원선거에 있어서 당선의 효력에 이의가 있는 후보자는 당선인 결정일부터 30일 이내에 당선인에게 피선거권이 없는 것을 이유로 당선인을 피고로 하여 대법원에 소를 제기할 수 있다. [O 9급 17·14]

② **지방의회의원** 및 **지방자치단체의 장**의 선거에 있어서 **당선의 효력**에 관한
제220조의 결정에 불복이 있는 **소청인** 또는 **당선인인 피소청인**
(제219조 제2항 후단〈결정의 위법을 이유로 하는 때〉에 따라
선거구 선거관리위원회 **위원장**이 피소청인인 경우에는 당선인을 포함한다)은
해당 소청에 대하여 **기각** 또는 **각하 결정**이 있는 경우
(제220조 제1항의 **기간 내에 결정하지 아니한 때**를 포함한다)에는
당선인(제219조 제2항 후단〈결정의 위법을 이유로 하는 때〉을 이유로 하는 때에는
관할 **선거구** 선거관리위원회 **위원장**을 말한다)을,
인용결정이 있는 경우에는
그 **인용결정**을 한 선거관리위원회 **위원장**을 피고로 하여
그 **결정서를 받은 날**
(제220조 제1항의 **기간 내에 결정하지 아니한 때**에는 그 기간이 종료된 날)부터
10일 이내에
비례대표 시·도의원선거 및 시·도지사선거에 있어서는 **대법원**에,
지역구 시·도의원선거, 자치구·시·군의원선거 및 자치구·시·군의 장 선거에 있어서는
그 **선거구를 관할하는 고등법원**에 소를 제기할 수 있다.
③ 제1항 또는 제2항에 따라 **피고로 될 위원장**이 **궐위된 때**에는
해당 선거관리위원회 **위원 전원**을,
국회의장이 궐위된 때에는 부의장 중 1인을 피고로 한다.
④ 제1항 및 제2항의 규정에 의하여 **피고로 될 당선인**이 **사퇴·사망**하거나
제192조 제2항의 규정에 의하여 **당선의 효력이 상실되거나**
같은 조 제3항의 규정에 의하여 **당선이 무효로 된 때**에는
대통령선거에 있어서는 **법무부장관**을,
국회의원선거·지방의회의원 및 **지방자치단체의 장**의 선거에 있어서는
관할고등검찰청검사장을 피고로 한다.　　　　　　　　　　　　[○ 9급 22]

제224조(선거무효의 판결 등)

소청이나 소장을 접수한 선거관리위원회 또는 대법원이나 고등법원은
선거쟁송에 있어 선거에 관한 규정에 위반된 사실이 있는 때라도
선거의 결과에 영향을 미쳤다고 인정하는 때에 한하여
선거의 전부나 일부의 무효 또는 당선의 무효를 결정하거나 판결한다. 　[○ 9급 21, 7급 21]
[선거의 결과에 영향을 미쳤다고 인정되지 않더라도(×) 9급 23·19]
[선거에 관한 규정에 위반된 사실이 있으면(×) 7급 15]

기출체크

❶ 「공직선거법」 제224조에서 규정하고 있는 선거무효의 사유가 되는 '선거에 관한 규정에 위반된 사실'은 선거관리의 주체인 선거관리위원회에 책임을 돌릴 만한 선거사무 관리집행상의 하자가 없더라도, 후보자 등 제3자에 의한 선거과정상의 위법행위로 인하여 선거인들이 자유로운 판단에 의하여 투표를 할 수 없게 됨으로써 선거의 자유와 공정이 현저히 저해되었다고 인정되는 경우를 포함한다.(대법원 2018. 7. 12. 2017수92) [O 9급 21]

❷ 「공직선거법」 제224조에서 규정하고 있는 '선거의 결과에 영향을 미쳤다고 인정하는 때'란 선거에 관한 규정의 위반이 없었더라면 선거의 결과, 즉 후보자의 당락에 관하여 현실로 있었던 것과 다른 결과가 발생하였을지도 모른다고 인정되는 때를 의미한다.(대법원 2018. 7. 12. 2017수92) [O 9급 21]

❸ 선거무효소송은 선거일의 지정, 선거인명부의 작성, 후보자등록, 투·개표관리, 당선인결정 등 여러 행위를 포괄하는 집합행위인 선거의 효력을 다투는 쟁송이므로 당선인결정의 내용상의 오류, 즉 구체적으로 득표 수 산정이나 확정에서의 판단의 위법도 선거무효사유로 삼을 수 있다. [× 9급 21]
⇒ 선거무효사유로 삼을 수 없다. (대법원 2016. 9. 8. 2016수33) [O 7급 24]

❹ 선거소송에서 선거무효의 사유가 되는 '선거에 관한 규정에 위반된 사실'에 포함되지 않는 것은? (다툼이 있는 경우 판례에 의함)
① 선거관리 주체인 선거관리위원회가 선거의 관리집행에 관한 규정에 위반한 때
② 선거관리위원회가 후보자 등 제3자의 선거과정상 위법행위에 대해서 적절한 시정조치를 취함이 없이 묵인·방치하는 것 등 그 책임에 돌릴 만한 선거사무 관리집행상 하자가 따로 있는 때
③ 후보자 등 제3자의 선거과정상 위법행위로 말미암아 선거인들이 자유로운 판단을 통해서 투표할 수 없게 됨으로써 선거의 기본이념인 선거의 자유와 공정이 현저히 저해되었다고 인정되는 때
④ 선거구 선거관리위원회 직원들이 후보자정보공개자료 등 제출서의 기재사항과 증명서류와의 일치 여부를 제대로 심사하지 아니하여 당선인의 체납사실의 누락을 밝혀내지 못하였을 때
⇒ 선거구 선거관리위원회 직원들이 후보자정보공개자료 등 제출서의 기재사항과 증명서류와의 일치 여부를 제대로 심사하지 아니하여 당선인의 체납사실의 누락을 밝혀내지 못하였다거나 그 적정 여부를 위 심사조서에 기재하지 아니하는 등으로 위 심사조서의 심사사항을 위반하였다 하더라도 그러한 사유만으로 곧바로 선거구 선거관리위원회가 선거에 관한 규정에 위반한 때에 해당한다고 할 수 없다.(대법원 2005. 6. 9. 2004수54)
[④ × ①②③ O 7급 20]

❺ 「공직선거법」상 선거쟁송에 있어서 '선거에 관한 규정에 위반된 사실'이란 기본적으로 선거관리의 주체인 선거관리위원회가 선거사무의 관리집행에 관한 규정을 위반한 경우와 선거과정에서 후보자 등 제3자의 위법행위에 대하여 적절한 시정조치를 취하지 않고 묵인·방치하는 등 그 책임으로 볼 만한 사유가 있는 경우를 말하지만, 그 밖에 선거과정에서 후보자 등 제3자의 위법행위로 선거인들이 자유로운 판단에 따라 투표할 수 없게 되어 선거의 자유와 공정이 현저히 저해되었다고 인정되는 경우도 포함한다.(대법원 2018. 7. 12. 2017수92)
[O 7급 24]

📢 제225조(소송 등의 처리)

선거에 관한 소청이나 소송은
다른 쟁송에 우선하여 신속히 결정 또는 재판하여야 하며,
소송에 있어서는 수소법원은
소가 제기된 날부터 180일 이내에 처리하여야 한다. [O 9급 19·14]

> **심화학습**
>
> - 본 조는 선거에 관한 소송에 있어 수소법원이 180일 이내에 처리하여야 하는 것이고, 제270조는 선거범을 재판할 때 판결 선고를 그 기간 내에 '반드시' 하여야 한다는 것이다.(선거소송은 단심이나 2심제이므로 지문에 3심이 나오면 제270조의 규정임을 알 수 있다.)
> - 제270조는 일반 선거법 위반사범에 적용되는 규정으로 판결의 선고는 제1심에서는 공소가 제기된 날부터 6월 이내에, 제2심 및 제3심에서는 전심의 판결의 선고가 있은 날부터 각각 3월 이내에 반드시 하여야 한다.

📢 제226조(소송 등에 관한 통지)

① 이 장의 규정에 의하여 **소청이 제기**된 때
　또는 **소청이 계속되지 아니하게** 되거나 **결정**된 때에는
　중앙선거관리위원회 또는 시·도선거관리위원회는 당해 **지방자치단체**와
　지방의회 및 관할 **선거구** 선거관리위원회에 통지하여야 한다.

② 이 장의 규정에 의하여 **소가 제기**된 때
　또는 소송이 계속되지 아니하게 되거나 **판결이 확정**된 때에는
　대법원장 또는 고등법원장은
　대통령선거 및 **국회의원**선거에 있어서는
　국회와 중앙선거관리위원회 및 관할 **선거구** 선거관리위원회에,
　지방의회의원 및 **지방자치단체의 장**의 선거에 있어서는 당해 **지방자치단체**와
　지방의회 및 관할 **선거구** 선거관리위원회에 통지하여야 한다.

조문정리

〈선거소청(§219), 선거소송(§222), 당선소송(§223) 비교〉

구 분		선거소청(지방선거)	선거소송(선거의 효력)		당선소송(당선의 효력)	
소청인 (원고)	선거의 효력 (선거소청)	선거인(해당선거구민, 등재를 요하지 않음), 정당, 후보자	선거인, 정당, 후보자 (지방선거의 소청인, 당선인)		정당, 후보자 (지방선거의 소청인, 당선인인 피소청인)	
	당선의 효력 (당선소송)	정당, 후보자				
제기기한	선거의 효력	선거일부터 14일 이내	대선·국선	선거일부터 30일 이내	대선·국선	당선인 결정일부터 30일 이내
	당선의 효력	당선인 결정일부터 14일 이내	지방선거	소청결정서를 받은 날로부터 10일 이내	지방선거	소청결정서를 받은 날로부터 10일 이내

구 분	선거소청(지방선거)		선거소송(선거의 효력)		당선소송(당선의 효력)	
피소청인 (피 고)	선거의 효력	선거구위원장	대선·국선	선거구위원장	대선·국선	당선인 · 중앙위원장(대선) · 국회의장(대선) · 선거구위원장(국선)
	당선의 효력	당선인 (등록무효, 피선거권 상실 등)	지방선거	· 기각·각하: 선거구위원장 · 인용: 인용 결정한 중앙, 시·도위원장	지방선거	당선인
		선거구위원장 (당선인 결정의 위법)				· 기각·각하: 선거구위원장 · 인용: 인용 결정한 중앙, 시·도위원장
재결청 (수소법원)	시·도선거구 선거 (시·도지사, 비례시·도)	중앙선관위 (지역구 세종시의원선거 포함)	대선·국선, 시·도 선거구선거	대법원(단심제) (지역구 세종시의원선거 제외)	좌 동	
	구·시·군 선거구선거 (기초장, 지역구시·도, 기초의원)	시·도위원회 (지역구 세종시의원선거 제외)	구·시·군 선거구선거	고등법원(2심제) (지역구 세종시의원선거 포함)		
피소청인 (피 고)	선거구위원장 ⇒ 위원 전원 (궐위)		선거구위원장 ⇒ 위원 전원		· 선거구위원장 ⇒ 위원 전원 · 국회의장 ⇒ 국회부의장	
궐위 시 피소청인 (피고)	당선인(사퇴, 사망, 당선무효, 당선효력 상실) ⇒ 선거구위원장 ⇒ 위원 전원				· 당선인(대선) ⇒ 법무부장관 · 당선인(기타) ⇒ 관할고등검찰청검사장 (당선인 피고적격 상실 시)	
결정(판결) 기한	60일 이내 (접수한 날○, 제기한 날×)		180일 이내		좌 동	
소송 등에 관한 통지	지방자치단체, 지방의회, 선거구위원회(제기된 때, 제기되지 아니하게 된 때, 결정된 때) ⇒ 중앙, 시·도선관위가 통지		· 대선·국선: 국회, 중앙선관위, 선거구위원회 · 지방선거: 지방자치단체, 지방의회, 선거구위원회 (제기된 때, 제기되지 아니하게 된 때, 판결이 확정된 때) ⇒ 대법원·고등법원이 통지		좌 동 (모두 기관에 통지)	
선거무효의 판결 등	선거에 관한 규정에 위반된 사실이 있는 때라도 선거의 결과에 영향을 미쳤다고 인정하는 때에 한하여 선거의 전부나 일부의 무효 또는 당선의 무효를 결정하거나 판결					

제227조(「행정소송법」의 준용 등)

선거에 관한 소송에 관하여는 이 법에 규정된 것을 제외하고는 「행정소송법」 제8조(법적용례) 제2항 및 제26조(직권심리)의 규정을 준용한다. 다만, 같은 법 제8조 제2항에서 준용되는 「민사소송법」 제145조(화해의 권고), 제147조(제출기간의 제한) 제2항, 제149조(실기한 공격·방어방법의 각하), 제150조(자백간주) 제1항, 제220조(화해, 청구의 포기·인낙조서의 효력), 제225조(결정에 의한 화해권고), 제226조(결정에 대한 이의신청), 제227조(이의신청의 방식), 제228조(이의신청의 취하), 제229조(이의신청권의 포기), 제230조(이의신청의 각하), 제231조(화해권고결정의 효력), 제232조(이의신청에 의한 소송복귀 등), 제284조(변론준비절차의 종결) 제1항, 제285조(변론준비 기일을 종결한 효과) 및 제288조(불요증사실)의 규정을 **제외**한다.

> **심화학습**
> · 필요하다고 인정할 때에는 직권으로 증거조사를 할 수 있고, 당사자가 주장하지 아니한 사실에 대하여도 판단할 수 있다.

📢 제228조(증거조사)

① **정당**(후보자를 추천한 정당에 한한다) 또는 **후보자**는
　개표완료 후에 선거쟁송을 제기하는 때의 증거를 보전하기 위하여
　그 구역을 관할하는 **지방법원** 또는 그 **지원**에 　　　　　　　　　　　[지방검찰청에(×) 7급 18]
　투표함·투표지 및 **투표록** 등의 **보전신청**을 할 수 있다.　　　　　　[○ 9급 23·20·19, 7급 15]

> **심화학습**
> · 개표완료 전에는 증거보전신청을 할 수 없다.
> · 증거보전신청은 소청과 소송에서 모두 할 수 있다.

② **법관**은 제1항의 신청이 있는 때에는
　현상에 **출장**하여 조서를 작성하고 적절한 보관방법을 취하여야 한다.
　다만, 소청심사에 필요한 경우 중앙선거관리위원회 또는 **시·도선거관리위원회**는
　증거보전신청자의 신청에 의하여
　관여법관의 입회하에 **증거보전물품**에 대한 **검증**을 할 수 있다.
③ 제2항〈증거보전〉의 처분은 제219조(선거소청)의 규정에 의한
　소청의 제기가 없거나 제222조(선거소송) 및 제223조(당선소송)의 규정에 의한
　소의 제기가 없는 때에는 그 효력을 **상실**한다.
④ 선거에 관한 소송에 있어서는 대법원 및 고등법원은
　고등법원·지방법원 또는 그 지원에 **증거조사**를 **촉탁**할 수 있다.　　　　　[○ 9급 23]

📢 제229조(인지 첩부 및 첨부에 관한 특례)

선거에 관한 소송에 있어서는 「민사소송 등 인지법」의 규정에도 불구하고
소송서류에 붙여야 할 **인지**는
「민사소송 등 인지법」에 규정된 금액의 **10배**로 한다.　　　　　　　　　　　[○ 9급 19·17]

제 17 장 보칙

조문	제목	쪽
제263조	선거비용의 초과지출로 인한 당선무효	450
제264조	당선인의 선거범죄로 인한 당선무효	451
제265조	선거사무장 등의 선거범죄로 인한 당선무효	451
제265조의2	당선무효된 자 등의 비용반환	453
제266조	선거범죄로 인한 공무담임 등의 제한	454
제267조	기소·판결에 관한 통지	457
제268조	공소시효	457
제269조	재판의 관할	458
제270조	선거범의 재판기간에 관한 강행규정	458
제270조의2	피고인의 출정	459
제271조	불법시설물 등에 대한 조치 및 대집행	459
제271조의2	선거에 관한 광고의 제한	460
제272조	불법선전물의 우송중지	460
제272조의2	선거범죄의 조사 등	462
제272조의3	통신관련 선거범죄의 조사	464
제273조	재정신청	465
제274조	선거에 관한 신고 등	467
제275조	선거운동의 제한·중지	467
제276조	선거일 후 선전물 등의 철거	467
제277조	선거관리경비	467
제277조의2	질병·부상 또는 사망에 대한 보상	470
제278조	전산조직에 의한 투표·개표	471
제279조	정당·후보자의 선전물의 공익목적 활용 등	472

제263조(선거비용의 초과지출로 인한 당선무효)

① 제122조(선거비용제한액의 공고)의 규정에 의하여
　공고된 **선거비용제한액의 200분의 1 이상을 초과지출한 이유로**
　선거사무장, 선거사무소의 회계책임자가
　징역형 또는 300만 원 이상의 벌금형의 선고를 받은 때에는　　[100만 원 이상의 벌금형(×) 9급 21]
　그 후보자의 당선은 무효로 한다.　　[○ 7급 20]
　다만, 다른 사람의 유도 또는 도발에 의하여
　당해 후보자의 당선을 무효로 되게 하기 위하여 지출한 때에는 그러하지 아니하다.
　　　　　　　　　　　　　　　　　　　　　　　　　　　　　　[○ 9급 24]

심화학습
- 본 조 위반으로 인한 당선무효는 대통령선거, 비례대표선거도 예외가 없다.

기출체크
❶ 공고된 선거비용제한액의 200분의 1 이상을 초과 지출한 이유로 선거사무소의 회계책임자가 500만 원의 벌금형의 선고를 받은 때 다른 사람의 유도 또는 도발에 의하여 당해 후보자의 당선을 무효로 되게 하기 위하여 지출한 것이 아니라면 그 후보자의 당선은 무효가 된다. [○ 7급 19]
❷ 선거사무장이 그 지위상실 전후로 연속하여 공직선거법상 선거비용초과지출로 인한 당선무효의 죄를 범한 경우에는 연속된 여러 개의 행위를 지위상실 시점을 기준으로 구분하여 범죄관계를 평가하여야 한다. [○ 9급 15]
⇒ 선거사무장 등이 그 지위 상실 전후로 연속하여 공직선거법 제263조 및 제265조에 규정된 죄를 범한 경우에는, 그 연속된 여러 개의 행위를 지위 상실 시점을 기준으로 구분하여, 선거사무장 등의 지위를 보유하고 있을 때의 행위만을 당선무효형 대상범죄가 되는 하나의 포괄일죄로, 선거사무장 등의 지위를 상실한 이후의 행위는 이와 달리 당선무효형 대상범죄가 아닌 별도의 포괄일죄로 각각 평가함이 타당하고, 그 경우 위 두 죄는 서로 실체적 경합관계에 있다 할 것이다.(대법원 2014. 7. 24. 2013도6785)

② 「**정치자금법**」 **제49조**(선거비용관련 위반행위에 관한 벌칙)
　제1항⟨회계보고 불이행, 허위기재, 위·변조, 누락⟩ 또는
　제2항 제6호⟨영수증 등 증빙서류 허위기재, 위·변조⟩의 죄를 범함으로 인하여
　선거사무소의 회계책임자가
　징역형 또는 300만 원 이상의 벌금형의 선고를 받은 때에는
　그 후보자(**대통령후보자**, **비례대표** 국회의원 후보자 및
　비례대표 지방의회의원 후보자를 **제외**한다)의 당선은 무효로 한다.
　　　　　　　　　　　　　　　　　　[비례대표 국회의원 후보자의 당선은 무효로 한다(×) 9급 21]
　　　　　　　　　　　　　　　　　　[비례대표 지방의회의원 후보자의 당선은 무효로 한다(×) 9급 24]
　이 경우 제1항 단서의 규정⟨다른 사람의 유도 또는 도발에 의한 경우⟩을 **준용**한다.

📢 제264조(당선인의 선거범죄로 인한 당선무효)

당선인이 당해 선거에 있어 **이 법에 규정된 죄** 또는
「정치자금법」 제49조의 죄를 범함으로 인하여
징역 또는 **100만 원 이상의 벌금형의 선고를 받은 때**에는
그 당선은 무효로 한다.

[○ 9급 21·13, 7급 20·19]

📢 제265조(선거사무장 등의 선거범죄로 인한 당선무효)

선거사무장·선거사무소의 회계책임자
(선거사무소의 회계책임자로 선임·신고되지 아니한 자로서
후보자와 통모하여 당해 후보자의 선거비용으로 지출한 금액이
선거비용제한액의 3분의 1 이상에 해당되는 자를 포함한다) 또는
후보자(후보자가 **되려는 사람**을 포함한다)의 **직계존·비속** 및 **배우자**가 〈형제자매 ×〉
해당 선거에 있어서
제230조〈매수 및 이해유도죄〉부터 제234조〈당선무효유도죄〉까지,
제257조〈기부행위의 금지제한 등 위반죄〉 제1항 중 **기부행위를 한 죄**
또는 「정치자금법」 제45조 제1항의 **정치자금 부정수수죄**를 범함으로 인하여
징역형 또는 **300만 원 이상의 벌금형의 선고를 받은 때**
(선거사무장, 선거사무소의 회계책임자에 대하여는
선임·신고되기 전의 행위로 인한 경우를 포함한다)에는
그 선거구 후보자(**대통령 후보자**, **비례대표** 국회의원 후보자 및
비례대표 지방의회의원 후보자를 **제외한다**)의 당선은 무효로 한다.

[비례대표 국회의원 후보자의 당선은 유효하다(○) 9급 24]

다만, 다른 사람의 유도 또는 도발에 의하여 당해 후보자의 당선을
무효로 되게 하기 위하여 죄를 범한 때에는 그러하지 아니하다.

[○ 9급 24]

기출체크

❶ 비례대표 지방의회의원선거 후보자의 직계존속이 해당 선거에 있어서 '기부행위의 금지제한 등 위반죄'를 범하였다는 이유로 400만 원의 벌금형의 선고를 받은 때에는 그 비례대표 지방의회의원선거 후보자의 당선은 무효로 한다.
[×(비례대표선거는 제외됨) 7급 19]

❷ 「공직선거법」상 당선무효사유에 해당되는 것만을 모두 고른 것은? (단, 다른 사람의 유도 또는 도발에 의하여 당해 후보자의 당선을 무효로 되게 하기 위하여 지출 또는 죄를 범한 경우는 제외한다)
① 당선인이 당해 선거에 있어 「정치자금법」 제49조의 선거비용관련 범죄로 인하여 100만 원 이상의 벌금형의 선고를 받은 때 ⇒ §264
② 「공직선거법」 규정에 의하여 공고된 선거비용제한액의 200분의 1 이상을 초과지출한 이유로 선거사무장이 300만 원 이상의 벌금형의 선고를 받은 때 ⇒ §263①

③ 지역구 국회의원선거 후보자의 배우자가 해당 선거에 있어서 「공직선거법」 제230조의 매수 및 이해유도죄 위반으로 300만 원 이상의 벌금형을 선고받은 때 ⇒ §265
④ 대통령후보자의 선거사무소 회계책임자가 정당한 사유 없이 「정치자금법」 규정에 의한 선거비용 회계보고를 하지 아니하여 회계책임자가 300만 원 이상의 벌금형의 선고를 받은 때 ⇒ §263②
[①②③ 당선무효, ④ 유효(대통령후보자는 제외)] 9급 18]

❸ 후보자의 배우자가 범한 선거범죄로 인해 후보자의 당선을 무효로 하는 것은 헌법 제13조 제3항에서 금지하는 연좌제에 해당된다. [× 9급 15]
⇒ 후보자와 불가분의 선거운명공동체를 형성하여 활동하게 마련인 배우자의 실질적 지위와 역할을 근거로 후보자에게 연대책임을 부여한 것이므로, 헌법 제13조 제3항에서 금지하고 있는 연좌제에 해당하지 아니하고, 자기책임의 원칙에도 위배되지 아니한다.(헌재 2011. 9. 29. 2010헌마68)

❹ 선거사무장이 당해 선거에 있어 「공직선거법」에 규정된 죄를 범하여 100만 원의 벌금형의 선고를 받은 때에는 그 후보자의 당선은 무효로 한다. [×(대상범죄와 형량이 틀렸음)] 9급 13]

❺ 대통령후보자의 아버지가 해당 선거에서 기부행위를 한 죄를 범하여 징역형의 선고를 받고 형이 확정된 때에도 그 후보자의 당선은 무효로 되지 아니한다. [○(대통령, 비례대표후보자는 제외)] 9급 13]

조문정리

〈당선무효 관련 규정 비교〉

구 분	선거비용 초과지출로 인한 당선무효(§263)	당선인의 선거범죄로 인한 당선무효(§264)	선거사무장 등의 선거범죄로 인한 당선무효(§265)	
주 체	· 선거사무장, · 선거사무소의 회계책임자	선거사무소의 회계책임자	당선인	· 선거사무장 · 선거사무소의 회계책임자 · 후보자(되고자 하는 자 포함)의 배우자 · 후보자(되고자 하는 자 포함)의 직계존·비속 · 사실상의 회계책임자 ⇒ 선거사무소의 회계책임자로 선임·신고되지 아니한 자로서 후보자와 통모하여 당해 후보자의 선거비용으로 지출한 금액이 선거비용제한액의 3분의 1 이상에 해당되는 자
대 상 범 죄	공고된 선거비용제한액의 200분의 1 이상 초과지출	정치자금법 §49① 또는 ②6의 죄 (회계보고 위반)	이 법에 규정된 죄와 정치자금법 §49의 죄	· §230(매수 및 이해유도죄) · §231(재산상의 이익 목적의 매수 및 이해유도죄) · §232(후보자에 대한 매수 및 이해유도죄) · §233(당선인에 대한 매수 및 이해유도죄) · §234(당선무효유도죄) · §257(기부행위의 금지제한 등 위반죄)① 중 기부행위를 한 죄 · 정치자금법 §45(정치자금부정수수죄) ①의 정치자금부정수수죄
선 고	징역형 또는 300만 원 이상 벌금형	징역형 또는 300만 원 이상 벌금형	징역 또는 100만 원 이상 벌금형	징역형 또는 300만 원 이상 벌금형 ⇒ 선거사무장, 선거사무소의 회계책임자에 대하여는 선임·신고되기 전의 행위로 인한 경우 포함

구분	선거비용 초과지출로 인한 당선무효(§263)		당선인의 선거범죄로 인한 당선무효(§264)	선거사무장 등의 선거범죄로 인한 당선무효(§265)
당선무효	그 후보자의 당선은 무효 ⇒ 200분의 1 초과지출 시 대통령, 비례대표후보자도 무효	그 후보자의 당선은 무효 ⇒ 대통령, 비례대표 후보자 제외	그 당선은 무효 ⇒ 비례대표 후보자도 당선무효	그 후보자의 당선은 무효 ⇒ 대통령, 비례대표후보자 제외
예외	다른 사람의 유도·도발에 의하여 당해 후보자의 당선을 무효로 되게 하기 위하여 지출한 때에는 그러하지 아니함.	좌동	없음	다른 사람의 유도·도발에 의하여 당해 후보자의 당선을 무효로 되게 하기 위하여 죄를 범한 때에는 그러하지 아니함.

📢 제265조의2(당선무효된 자 등의 비용반환)

① 제263조부터 제265조까지의 규정에 따라 **당선이 무효로 된 사람**

(그 기소 후 확정판결 전에 사직한 사람을 포함한다)과

[그 기소 후 확정판결 전에 사직한 사람은 반환하지 않아도 된다(×) 9급 21]

당선되지 아니한 사람으로서 제263조부터 제265조까지에 규정된

자신 또는 선거사무장 등의 죄로 **당선무효에 해당하는 형이 확정된 사람**은

제57조〈기탁금의 반환 등〉와 제122조의2〈선거비용의 보전 등〉에 따라

반환·보전받은 금액을 반환하여야 한다.

이 경우 **대통령**선거의 **정당추천 후보자**는 그 추천 **정당이 반환**하며,

비례대표 국회의원선거 및 비례대표 지방의회의원선거의 경우

후보자의 당선이 **모두 무효로 된 때**에 그 추천 **정당이 반환**한다.

심화학습
- 당선자뿐만 아니라 낙선자도 본 조의 규율대상이다.
- 비례대표선거는 당선자 전원이 당선무효로 되어야만 기탁금과 보전비용의 반환요건이 된다.
- §263~§265 외의 다른 사유, 즉 범죄 아닌 소청 또는 소송 등으로 당선무효된 자는 기탁금과 보전비용 반환대상이 아니다.

기출체크
❶ 지역구국회의원선거에서 선거사무장의 선거범죄로 당선이 무효로 된 사람은 반환된 기탁금과 보전된 선거비용을 반환하여야 한다. [○ 7급 20]
❷ 당선인의 선거범죄로 인하여 당선무효된 자가 반환받은 기탁금을 다시 반환하도록 한 공직선거법 규정은 공직취임의 기회를 배제하는 내용이라고 볼 수 없고, 공무원 신분의 부당한 박탈에 관한 규정이라고 할 수 없으므로 공무담임권의 보호 영역에 속하는 사항을 규정한 것이 아니다.(헌재 2011. 4. 28. 2010헌바232) [○ 9급 15]
❸ 배우자의 선거범죄로 당선이 무효로 된 사람은 반환받은 기탁금과 보전받은 선거비용을 반환하여야 한다. [○ 9급 13]

❹ 당선인의 선거범죄로 인하여 그 당선이 무효로 된 경우 반환받은 기탁금과 선거비용으로 보전받은 금액을 반환하여야 한다. [O 7급 13]

② 관할 선거구 선거관리위원회는 제1항의 규정에 의한 **반환사유가 발생**한 때에는
지체 없이 당해 정당·후보자에게 반환하여야 할 **금액을 고지**하여야 하고,
당해 정당·후보자는 그 **고지를 받은 날부터 30일 이내**에
선거구 선거관리위원회에 이를 **납부**하여야 한다.

③ 관할 선거구 선거관리위원회는
제2항의 납부기한까지 당해 정당·후보자가 **납부하지 아니한 때**에는
당해 **후보자의 주소지**(정당에 있어서는 **중앙당의 사무소 소재지**를 말한다)를
관할하는 **세무서장에게 징수를 위탁**하고
관할세무서장이 **국세체납처분**의 예에 따라 이를 **징수**한다.

④ 제2항 또는 제3항의 규정에 의하여 납부 또는 징수된 금액은
국가 또는 **지방자치단체**에 **귀속**된다.

⑤ 제2항의 규정에 따른 고지방법·절차, 기타 필요한 사항은
중앙선거관리위원회 규칙으로 정한다.

📢 제266조(선거범죄로 인한 공무담임 등의 제한)

① 다른 법률의 규정에도 불구하고
제230조부터 제234조까지, 〈제235조(방송·신문 등의 불법이용을 위한 매수죄) 제외〉
제237조부터 제255조까지, 제256조 제1항부터 제3항까지,
제257조부터 제259조까지의 죄(**당내경선과 관련한 죄는 제외**한다)
또는 「**정치자금법**」 제49조의 죄를 범함으로 인하여
징역형의 선고를 받은 자는
그 집행을 받지 아니하기로 확정된 후 또는
그 형의 집행이 종료되거나 면제된 후 **10년간**,
형의 **집행유예**의 선고를 받은 자는 그 형이 확정된 후 **10년간**,
100만 원 이상의 벌금형의 선고를 받은 자는 그 형이 확정된 후 5년간
다음 각 호의 어느 하나에 해당하는 직에 **취임**하거나 **임용**될 수 없으며,
이미 취임 또는 임용된 자의 경우에는 그 직에서 **퇴직**된다.

1. **제53조 제1항** 각 호의 어느 하나에 해당하는 직
(제53조 제1항 제1호의 경우 「고등교육법」 제14조 제1항·제2항에 따른 **교원**을,
같은 항 제5호의 경우 각 조합의 **조합장** 및 **상근직원을 포함**한다)

> **인용조문**

제53조(공무원 등의 입후보) ①
1. 「국가공무원법」 제2조(공무원의 구분)에 규정된 국가공무원과 「지방공무원법」 제2조(공무원의 구분)에 규정된 지방공무원 〈총장, 학장, 교수·부교수·조교수 및 강사인 교원 포함〉
2. 각급 선거관리위원회 위원 또는 교육위원회의 교육위원
3. 다른 법령의 규정에 의하여 공무원의 신분을 가진 자
4. 「공공기관의 운영에 관한 법률」 제4조 제1항 제3호에 해당하는 기관 중 정부가 100분의 50 이상의 지분을 가지고 있는 기관(한국은행을 포함한다)의 상근 임원
5. 「농업협동조합법」·「수산업협동조합법」·「산림조합법」·「엽연초생산협동조합법」에 의하여 설립된 조합의 상근 임원과 이들 조합의 중앙회장 〈조합장과 상근직원 포함〉
6. 「지방공기업법」 제2조(적용범위)에 규정된 지방공사와 지방공단의 상근 임원
7. 「정당법」 제22조 제1항 제2호의 규정에 의하여 정당의 당원이 될 수 없는 사립학교교원
8. 「신문 등의 진흥에 관한 법률」 제2조에 따른 신문 및 인터넷신문, 「잡지 등 정기간행물의 진흥에 관한 법률」 제2조에 따른 정기간행물, 「방송법」 제2조에 따른 방송사업을 발행·경영하는 자와 이에 상시 고용되어 편집·제작·취재·집필·보도의 업무에 종사하는 자로서 중앙선거관리위원회 규칙으로 정하는 언론인
9. 특별법에 의하여 설립된 국민운동단체로서 국가 또는 지방자치단체의 출연 또는 보조를 받는 단체(바르게살기운동협의회·새마을운동협의회·한국자유총연맹을 말하며, 시·도조직 및 구·시·군조직을 포함한다)의 대표자

기출체크

국립대학의 교수가 「정치자금법」 제49조(선거비용관련 위반행위에 관한 벌칙)에 규정된 죄를 범하여 100만 원 이상의 벌금형이 확정되면 당연퇴직된다. [O 9급 16]

2. **제60조**(선거운동을 할 수 없는 자) 제1항 제6호 내지 제8호에 해당하는 직

> **인용조문**

제60조(선거운동을 할 수 없는 자) ①
6. 예비군 중대장급 이상의 간부
7. 통·리·반의 장, 주민자치위원
8. 특별법에 의하여 설립된 국민운동단체로서 국가 또는 지방자치단체의 출연 또는 보조를 받는 단체(바르게살기운동협의회·새마을운동협의회·한국자유총연맹을 말한다)의 상근 임·직원 및 이들 단체 등(시·도조직 및 구·시·군조직을 포함한다)의 대표자

3. 「**공직자윤리법**」 제3조 제1항 제12호 또는 제13호에 해당하는 기관·단체의 임·직원

> **인용조문**

「**공직자윤리법**」 **제3조(등록의무자)** ①
12. 제3조의2에 따른 공직유관단체(이하 "공직유관단체"라 한다)의 임원
13. 그 밖에 국회규칙, 대법원규칙, 헌법재판소규칙, 중앙선거관리위원회규칙 및 대통령령으로 정하는 특정 분야의 공무원과 공직유관단체의 직원
    [제3조의2(공직유관단체)] ①
    1. 한국은행

> 2. 공기업
> 3. 정부의 출자·출연·보조를 받는 기관·단체(재출자·재출연을 포함한다), 그 밖에 정부 업무를 위탁받아 수행하거나 대행하는 기관·단체
> 4. 「지방공기업법」에 따른 지방공사·지방공단 및 지방자치단체의 출자·출연·보조를 받는 기관·단체(재출자·재출연을 포함한다), 그 밖에 지방자치단체의 업무를 위탁받아 수행하거나 대행하는 기관·단체
> 5. 임원 선임 시 중앙행정기관의 장 또는 지방자치단체의 장의 승인·동의·추천·제청 등이 필요한 기관·단체나 중앙행정기관의 장 또는 지방자치단체의 장이 임원을 선임·임명·위촉하는 기관·단체

    4. 「**사립학교법**」 제53조(학교의 장의 임면) 또는 같은 법 제53조의2(학교의 장이 아닌 교원의 임면)의 규정에 의한 **교원**

    5. **방송통신심의위원회의 위원**

② 다음 각 호의 어느 하나에 해당하는 사람은 당선인의 **당선무효로** 실시사유가 확정된 **재선거** (당선인이 그 기소 후 확정판결 전에 사직함으로 인하여 실시사유가 확정된 **보궐선거를** 포함한다)의 후보자가 될 수 없다.

    1. 제263조 또는 제265조에 따라 **당선이 무효로 된 사람** (그 기소 후 확정판결 전에 사직한 사람을 포함한다)

    2. **당선되지 아니한 사람**(후보자가 되려던 사람을 포함한다)으로서 제263조 또는 제265조에 규정된 선거사무장 등의 죄로 **당선무효에 해당하는 형이 확정된 사람**

기출체크

선거사무장의 선거범죄로 인하여 당선이 무효로 된 사람은 당선인의 당선무효로 실시사유가 확정된 재선거의 후보자가 될 수 없지만, 당선인이 그 기소 후 확정판결 전에 사직함으로 인하여 실시사유가 확정된 보궐선거에서는 그러하지 아니하다. [×(후단의 경우에도 후보자가 될 수 없음) 7급 19]

③ **다른 공직선거**(교육의원선거 및 **교육감선거를** 포함한다)에 **입후보하기 위하여** **임기 중 그 직을 그만둔** 국회의원·지방의회의원 및 지방자치단체의 장은 그 사직으로 인하여 실시사유가 확정된 **보궐선거의 후보자가 될 수 없다.** [○ 9급 18]

기출체크

서울특별시의회의원이 임기 중 서울시장선거에 입후보하기 위하여 그 직을 그만둔 경우 그로 인한 서울특별시의회의원 보궐선거에 입후보할 수 없다. [○ 7급 13]

📢 제267조(기소·판결에 관한 통지)

① 선거에 관한 범죄로

당선인, 후보자, 후보자의 직계존·비속 및 배우자,

선거사무장, 선거사무소의 회계책임자를 기소한 때에는

당해 선거구 선거관리위원회에 이를 **통지**하여야 한다.

> **심화학습**
> · 본 조는 일정 선거범죄에 대한 재판결과가 당선의 효력에 영향을 미칠 수 있으므로 기소단계에서부터 선거관리위원회가 알 수 있게 하기 위한 것이다.
> · 통지대상자는 「공직선거법」상 당선무효 요건을 가리는 신분을 가진 자들이다.

② 제230조(매수 및 이해유도죄) 내지 제235조(방송·신문 등의 불법이용을 위한 매수죄)·제237조(선거의 자유방해죄) 내지 제259조(선거범죄선동죄)의 범죄에 대한 **확정판결**을 행한 **재판장**은

그 **판결서등본**을 당해 선거구 선거관리위원회에 **송부**하여야 한다.

> **심화학습**
> · 통보대상 범죄는 몰수규정(§236)을 제외한 §259까지 사실상 「공직선거법」상의 전체 범죄이다.

📢 제268조(공소시효)

① 이 법에 규정한 죄의 공소시효는 당해 **선거일 후 6개월**

(선거일 후에 행하여진 범죄는 그 행위가 있는 날부터 6개월)을

경과함으로써 완성한다.

다만, 범인이 도피한 때나 범인이 공범 또는 범죄의 증명에 필요한 참고인을

도피시킨 때에는 그 기간은 3년으로 한다.

> **기출체크**
>
> ❶ 선거범죄의 공소시효에 대한 설명으로 옳지 않은 것은? (다툼이 있는 경우 판례에 의함)
>   ① 선거범죄가 당내경선운동에 관한 「공직선거법」 위반죄의 경우, 그 선거범죄에 대한 공소시효의 기산일은 당내경선의 투표일을 기준으로 한다.
>   ⇒ 공직선거법 제268조 제1항 본문은 "이 법에 규정한 죄의 공소시효는 당해 선거일 후 6개월(선거일 후에 행하여진 범죄는 그 행위가 있는 날부터 6개월)을 경과함으로써 완성한다."라고 규정하고 있다. 여기서 말하는 '당해 선거일'이란 그 선거범죄와 직접 관련된 공직선거의 투표일을 의미한다. 이는 선거범죄가 당내경선운동에 관한 공직선거법 위반죄인 경우에도 마찬가지이므로, <u>그 선거범죄에 대한 공소시효의 기산일은 당내경선의 투표일이 아니라 그 선거범죄와 직접 관련된 공직선거의 투표일이다.</u>(대법원 2019. 10. 31. 2019도8815)

> ② 「공직선거법」상 선거범죄의 공소시효의 기산일인 당해 선거일은 그 선거범죄와 직접 관련된 선거의 투표일을 의미하고, 그 선거범죄의 기산일을 당해 선거일로 할 것인지 아니면 당해 선거일 후에 행하여진 것으로 할 것인지 여부는 그 선거범죄가 범행 전후의 어느 선거와 관련하여 행하여진 것인지에 따라 결정한다.(대법원 2006. 8. 25. 2006도3026)
> ③ 공무원이 아닌 사람이 선상투표와 관련하여 선박에서 범한 「공직선거법」에 규정된 죄의 공소시효는 범인이 국내에 들어온 날부터 6개월을 경과함으로써 완성된다.
> ④ 선거죄에 대한 공소장변경이 있는 경우에 「공직선거법」상의 공소시효의 완성 여부는 당초의 공소제기가 있었던 시점을 기준으로 판단하여야 한다.(대법원 2018. 10. 12. 2018도6252)
> [① × ②③④ ○ 7급 20]
>
> ❷ 「공직선거법」상 선거범죄에 있어서 일반 「형사소송법」상의 공소시효를 적용하지 않고 '당해 선거일 후 6개월'의 단기 공소시효의 특칙을 규정하는 것은 선거범죄에 대하여 짧은 공소시효를 정함으로써 사건을 조속히 처리하여 선거로 인한 법적 불안정 상태를 신속히 해소하고 특히 선거에 의하여 선출된 자들이 안정적으로 업무를 수행할 수 있게 하기 위한 것이다.(헌재 2014. 5. 29. 2012헌바383) [○ 7급 18]

② 제1항 본문에도 불구하고 선상투표와 관련하여
선박에서 범한 이 법에 규정된 죄의 공소시효는
범인이 국내에 들어온 날부터 6개월을 경과함으로써 완성된다. [○ 9급 18, 7급 20·13]

③ 제1항 및 제2항에도 불구하고 공무원
(제60조 제1항 제4호 단서에 따라 선거운동을 할 수 있는 사람은 제외한다)이
직무와 관련하여 또는 지위를 이용하여 범한 이 법에 규정된 죄의 공소시효는
해당 선거일 후 10년
(선거일 후에 행하여진 범죄는 그 행위가 있는 날부터 10년)을 경과함으로써 완성된다.
[○ 9급 24]

📢 제269조(재판의 관할)

선거범과 그 공범에 관한 제1심 재판은
「법원조직법」 제32조(합의부의 심판권) 제1항의 규정에 의한
지방법원합의부 또는 그 지원의 합의부의 관할로 한다. [○ 7급 18]
다만, 군사법원이 재판권을 갖는 선거범과 그 공범에 관한 제1심 재판은
「군사법원법」 제11조에 따른 군사법원의 관할로 한다. [○ 9급 24, 7급 20·15]

📢 제270조(선거범의 재판기간에 관한 강행규정)

선거범과 그 공범에 관한 재판은 다른 재판에 우선하여 신속히 하여야 하며,
그 판결의 선고는 제1심에서는 공소가 제기된 날부터 6월 이내에, [1년 이내에(×) 7급 18]
제2심 및 제3심에서는
전심의 판결의 선고가 있은 날부터 각각 3월 이내에 반드시 하여야 한다.
[각각 60일 이내에(×) 9급 18]
[9월 이내, 6월 이내(×) 9급 24]

> **심화학습**
> - 선거범의 재판기간을 선거소송 시 수소법원이 '180일 이내 처리' 규정과 착각하면 안 된다.(선거소송은 180일, 선거범 재판은 6-3-3으로 이해)
> - 선거에 관한 소청이나 소송은 다른 쟁송에 우선하여 신속히 결정 또는 재판하여야 하며, 소송에 있어서는 수소법원은 소가 제기된 날부터 180일 이내에 처리하여야 한다.(§225)

> **기출체크**
> 선거범에 대한 제2심 판결의 선고는 제1심 판결의 선고가 있은 날부터 3월 이내에 반드시 하여야 한다. [O 7급 15]

제270조의2(피고인의 출정)

① 선거범에 관한 재판에서 피고인이 **공시송달에 의하지 아니한 적법한 소환을**
   받고서도 공판기일에 출석하지 아니한 때에는 다시 기일을 정하여야 한다. [O 9급 24, 7급 18]

   [피고인의 출석 없이 재판을 진행하여야 한다(×) 7급 13]

> **심화학습**
> - 이 때에는 바로 궐석재판을 할 수 없고, 출석할 기회를 한 번 더 주어야 한다.

② 피고인이 **정당한 사유 없이 다시 정한 기일** 또는
   그 후에 열린 공판기일에 출석하지 아니한 때에는
   피고인의 출석 없이 공판절차를 진행할 수 있다. [O 9급 24·18, 7급 18]

③ 제2항〈궐석재판〉의 규정에 의하여 공판절차를 진행할 경우에는
   출석한 검사 및 변호인의 의견을 들어야 한다.

④ 법원은 제2항〈궐석재판〉의 규정에 따라 판결을 **선고한 때**에는
   피고인 또는 변호인(변호인이 있는 경우에 한한다)에게
   전화, 기타 **신속한 방법**으로 그 사실을 통지하여야 한다.

제271조(불법시설물 등에 대한 조치 및 대집행)

① **각급 선거관리위원회**〈읍·면·동선거관리위원회 포함〉는
   이 법의 규정에 위반되는 선거에 관한 벽보·인쇄물·현수막, 기타 선전물
   (정당의 당사게시선전물을 포함한다)이나
   유사기관·사조직 또는 시설 등을 발견한 때에는
   지체 없이 그 첩부 등의 **중지** 또는 **철거·수거·폐쇄** 등을 명하고,
   이에 **불응하는 때에는 대집행을 할 수 있다.** [O 7급 17]
   이 경우 대집행은 「행정대집행법」에 의하되,
   그 **절차**는 「행정대집행법」 제3조(대집행의 절차)의 규정에도 **불구하고**
   중앙선거관리위원회 **규칙이 정하는 바에 의할 수 있다.**

> **심화학습**
> - 대집행, 불법시설물 표지문 첩부의 주체는 '각급위원회'로 '읍·면·동위원회'가 포함된다. 제271조의2의 광고 중지요청권도 같다.
> - 공직선거법에서 읍·면·동위원회가 할 수 있는 조항(신 - 협 - 질 / 대 - 광)
>   §274 선거에 관한 **신**고, §5 선거사무**협**조요구, §277의2 **질**병·부상·사망 보상, §271 **대**집행, §271의2 선거에 대한 **광**고제한

② 각급 선거관리위원회는 제1항의 불법시설물 등에
중앙선거관리위원회 규칙이 정하는 바에 따라
불법시설물임을 표시하는 **표지**를 하거나 **공고**할 수 있다.

③ 제56조 제3항에 따라 기탁금에서 부담하는 대집행비용의 공제·납입·징수위탁 등에
관하여는 제261조 제10항을 **준용**한다.

📢 제271조의2(선거에 관한 광고의 제한)

① **선거관리위원회**〈읍·면·동선거관리위원회 포함〉는
방송·신문·잡지, 기타 간행물에 방영·게재하고자 하는 **광고내용**이
이 법에 **위반**된다고 인정되는 때에는
당해 방송사 또는 일간신문사 등을 경영·관리하는 자와 광고주에게
광고 중지를 요청할 수 있다. [O 7급 21·17]

② 제1항의 규정에 의한 **중지요청을 받은 자**는 이에 따라야 하며,
당해 선거관리위원회는 중지요청에 **불응**하고 광고를 하는 때에는 **지체 없이**
관할 수사기관에 **수사의뢰** 또는 **고발하여야 한다**.

③ 제1항의 "**광고**"라 함은 **후보자**(후보자가 **되고자 하는 자**를 포함한다)의
당락이나 특정 **정당**(창당준비위원회를 포함한다)에
유리 또는 **불리한 광고**(이 법의 규정에 의한 광고를 제외한다)를 말한다.

📢 제272조(불법선전물의 우송중지)

① **각급** 선거관리위원회(읍·면·동선거관리위원회를 **제외**한다.
이하 이 조에서 같다)는 [읍·면·동선거관리위원회는(×) 7급 17]
직권 또는 **정당·후보자**의 **요청**에 의하여
이 법에 규정된 죄에 해당하는 **범죄의 혐의**가 있는 선전물을
우송하려 하거나 우송 중임을 발견한 때에는
당해 우체국장에게 그 선전물에 대한 **우송의 금지** 또는 **중지**를 요청할 수 있다.

② **우체국장**이 제1항의 우송금지 또는 중지를 **요청받은 때**에는
그 우편물의 우송을 즉시 **중지**하고,

발송인에 대하여 그 사실을 **통보하여야** 한다.
다만, 발송인의 주소가 기재되지 아니한 때에는
발송우체국 게시판에 우송중지의 사실을 공고하여야 한다.
③ 제1항의 규정에 의한 우송의 금지 또는 중지를 **요청한 때에는**
당해 선거관리위원회는 지체 없이 **수사기관에 조사를 의뢰**하거나 **고발**하고,
해당 **우편물의 압수**를 **요청**하여야 한다.
④ 제3항의 경우 **수사기관**은
「형사소송법」 제200조의4(긴급체포와 영장청구기간)의 기간〈48시간〉 내에
해당 우편물에 대한 **압수영장의 발부 여부**를
당해 **선거관리위원회 및 우체국장에게 통보**하여야 하되,
이 기간 내에 **압수영장을 발부받지 못한 때에는**
우체국장은 즉시 그 우편물의 우송중지를 해제하여야 한다.
⑤ **각급** 선거관리위원회는
이 법에 규정된 죄에 해당하는 **범죄의 혐의가 있는 선전물**이
우송된 것을 발견한 때에는
그 선전물의 우송에 **관련된 자**의 성명·주소 등 **인적사항**과
발송통수·배달지역, 기타 선거범죄의 조사에 필요한 **자료의 제출**을
관계 우체국장에게 **요구**할 수 있다.
이 경우 자료제출의 요구를 받은 우체국장은 **이에 응하여야 한다.**
⑥ 우체국장이 각급 선거관리위원회의 요청에 의하여
우편물의 **우송을 중지**하거나
선전물의 우송에 관련된 자의 인적사항 등 **자료를 제출**한 때에는
「**우편법**」 제3조(우편물의 비밀보장)·제50조(우편취급 거부의 죄)·
제51조(서신의 비밀침해의 죄)·제51조의2(비밀 누설의 죄),
「**우편환법**」 제19조(비밀의 보장) 및 「**통신비밀보호법**」
제3조(통신 및 대화비밀의 보호)의 규정을 **적용하지 아니한다.**
⑦ 각급 선거관리위원회는 우편관서에서 취급 중에 있는 우편물 중 이 법에
규정된 죄에 해당하는 범죄의 혐의가 있는 **불법선전물이 있다고 판단되는 때에는**
당해 우체국장에게 제1항의 조치〈우송중지 요청〉와 함께 「우편법」 제28조
(법규 위반 우편물의 **개봉**)에 의한 조치를 하여 줄 것을 **요청**할 수 있다.
이 경우 「**우편법**」 제48조(우편물 개봉 훼손의 죄) 및
「**통신비밀보호법**」 제16조(벌칙)의 규정은 **적용하지 아니한다.**

📢 제272조의2(선거범죄의 조사 등) 〈위원도 조사권한 있음〉

① **각급 선거관리위원회(읍·면·동선거관리위원회를 제외**한다.
이하 이 조에서 같다) **위원·직원**은
선거범죄에 관하여 그 범죄의 **혐의가 있다고 인정**되거나,
후보자(경선후보자를 포함한다)·예비후보자·선거사무장·선거연락소장 또는
선거사무원이 제기한 그 범죄의 혐의가 있다는 소명이 이유 있다고 인정되는 경우
또는 **현행범의 신고를 받은 경우**에는
그 **장소에 출입**하여 관계인에 대하여 **질문·조사**를 하거나
관련서류, 기타 조사에 필요한 **자료의 제출을 요구**할 수 있다. [○ 9급 23]

기출체크

❶ 읍·면·동선거관리위원회를 제외한 각급 선거관리위원회 위원·직원은 선거범죄의 혐의가 있다고 인정되면 그 장소에 출입하여 관계인에 대하여 질문·조사를 할 수 있다. [○ 7급 19]

❷ 각급 선거관리위원회(읍·면·동선거관리위원회 제외) 위원은 선거범죄를 조사할 수 있다. [○ 9급 14]

❸ 선거범죄 조사와 관련하여 각급선거관리위원회(읍·면·동선거관리위원회 제외) 위원·직원의 질문·조사 또는 자료제출 요구의 상대방이 되는 '관계인'은 당해 혐의사실을 알거나 알고 있을 것으로 보이는 사람과 그 혐의사실과 관련된 자료를 소지한 사람을 모두 포함하나, 당해 혐의의 혐의자 본인은 제외된다. [× 9급 23]
⇒ 「공직선거 및 선거부정방지법」제272조의2 제1항의 규정이 각급선거관리위원회 위원 및 직원이 선거범죄의 혐의가 있다고 인정되는 등의 경우에 그 장소에 출입하여 관계인에 대하여 질문·조사를 하거나 관련서류, 기타 조사에 필요한 자료의 제출을 요구할 수 있도록 한 것은 각급선거관리위원회 위원 및 직원이 그 혐의사실을 조사하여 선거범죄를 적발하고 그 증거를 수집할 수 있도록 하기 위한 규정이므로 위 규정상 질문·조사 또는 자료제출 요구의 상대방이 되는 '관계인'은 당해 혐의사실을 알거나 알고 있을 것으로 보이는 사람과 그 혐의사실과 관련된 자료를 소지한 사람을 모두 포함하고 당해 혐의의 혐의자 본인이라고 하여 이에서 제외되는 것은 아니다. (대법원 2001. 7. 13. 2001도16)

❹ 선거범죄 조사와 관련하여 각급선거관리위원회(읍·면·동선거관리위원회 제외) 위원·직원이 선거범죄의 조사 과정에서 관계인에게 진술이 녹음된다는 사실을 미리 알려 주지 아니한 채 진술을 녹음하였다면, 그와 같은 조사절차에 의하여 수집한 녹음파일 내지 그에 터잡아 작성된 녹취록은 형사소송법 제308조의2에서 정하는 '적법한 절차에 따르지 아니하고 수집한 증거'에 해당하여 원칙적으로 유죄의 증거로 쓸 수 없다.(대법원 2014. 10. 15. 2011도3509) [○ 9급 23]

② 각급 선거관리위원회〈읍·면·동선거관리위원회 제외〉위원·직원은
[읍·면·동선거관리위원회 위원·직원은(×) 7급 17]
선거범죄 현장에서 선거범죄에 사용된 **증거물품**으로서
증거인멸의 우려가 있다고 인정되는 때에는
조사에 필요한 범위 안에서 **현장**에서 이를 **수거**할 수 있다. [○ 7급 19]
이 경우 당해 선거관리위원회 위원·직원은 수거한 증거물품을 그 관련된
선거범죄에 대하여 **고발** 또는 **수사의뢰한 때**에는 관계 **수사기관에 송부**하고,
그러하지 아니한 때에는 그 소유·점유·관리하는 자에게 **지체 없이 반환**하여야 한다.

> **심화학습**
> · 증거물품 수거권의 요건은 선거범죄현장에서, 선거범죄에 사용된 증거물품이, 증거인멸의 우려가 있는 때에 한한다.

③ **누구든지**
제1항의 규정에 의한 **장소의 출입을 방해**하여서는 아니 되며
질문·조사를 받거나 자료의 제출을 요구받은 자는 이에 응하여야 한다. [○ 9급 14]

④ 각급 선거관리위원회〈읍·면·동선거관리위원회 제외〉 **위원·직원**은
선거범죄 조사와 관련하여 관계자에게 질문·조사하기 위하여 필요하다고
인정되는 때에는 선거관리위원회에 **동행 또는 출석**할 것을 **요구할 수 있다.**
다만, 선거기간 중 후보자에 대하여는 동행 또는 출석을 요구할 수 없다. [○ 9급 23]
[요구할 수 있다(×) 9급 14, 7급 21·19]

⑤ 각급 선거관리위원회〈읍·면·동선거관리위원회 제외〉 위원·직원은
선거의 자유와 공정을 현저히 해할 우려가 있는 이 법에 **위반되는 행위**가
눈앞에 행하여지고 있거나, 행하여질 것이 명백하다고 인정되는 경우에는
그 현장에서 **행위의 중단 또는 예방**에 필요한 조치를 할 수 있다.

⑥ 각급 선거관리위원회〈읍·면·동선거관리위원회 제외〉 위원·직원이
제1항의 규정에 의한 **장소에 출입**하거나
질문·조사·자료의 제출을 요구하는 경우에는
관계인에게 그 신분을 표시하는 증표를 제시하고
소속과 성명을 밝히고 그 목적과 이유를 설명하여야 한다.

⑦ 각급 선거관리위원회〈읍·면·동선거관리위원회 제외〉 위원·직원이
제1항에 따라 피조사자에 대하여 **질문·조사**를 하는 경우
질문·조사를 **하기 전**에 피조사자에게 **진술을 거부할 수 있는 권리** 및
변호인의 조력을 받을 권리가 있음을 알리고,
문답서에 이에 대한 답변을 **기재**하여야 한다.

⑧ 각급 선거관리위원회〈읍·면·동선거관리위원회 제외〉 위원·직원은
피조사자가 **변호인의 조력을 받으려는 의사**를 밝힌 경우
지체 없이 **변호인(변호인이 되려는 자를 포함한다)**으로 하여금
조사에 참여하게 하거나 의견을 진술하게 하여야 한다. [○ 7급 19]

⑨ 제1항부터 제8항까지의 규정에 따른 소명절차·방법, 증거자료의 수거, 증표의 규격, 기타
필요한 사항은 중앙선거관리위원회 규칙으로 정한다.

📢 제272조의3(통신관련 선거범죄의 조사) ⟨위원은 조사권한 없음⟩

① 각급 선거관리위원회(읍·면·동선거관리위원회를 **제외**한다.
이하 이 조에서 같다) **직원**은
정보통신망을 이용한 이 법 **위반행위**의 **혐의**가 있다고 인정되는
상당한 이유가 있는 때에는
당해 선거관리위원회의 소재지를 **관할**하는 **고등법원**
(**구·시·군선거관리위원회**의 경우에는 **지방법원**을 말한다)
수석판사 또는 이에 상당하는 판사의 **승인**을 얻어
정보통신서비스제공자에게
당해 정보통신서비스 **이용자의 성명**(이용자를 식별하기 위한 **부호**를 포함한다)·
주민등록번호·주소(전자우편주소·인터넷 로그기록자료 및
정보통신망에 접속한 정보통신기기의 위치를 확인할 수 있는 자료를 포함한다)·
이용기간·이용요금에 대한 **자료의 열람**이나 **제출을 요청할 수 있다.**

② 각급 선거관리위원회⟨읍·면·동선거관리위원회 제외⟩ 직원은

[읍·면·동선거관리위원회 직원은(×) 7급 21]

전화를 이용한 이 법 **위반행위**의 **혐의**가 있다고 인정되는 **상당한 이유**가
있는 때에는 당해 선거관리위원회의 소재지를 **관할**하는 **고등법원**
(**구·시·군선거관리위원회**의 경우에는 **지방법원**을 말한다)
수석판사 또는 이에 상당하는 판사의 **승인**을 얻어
정보통신서비스제공자에게
이용자의 성명·주민등록번호·주소·이용기간·이용요금,
송화자 또는 **수화자**의 **전화번호, 설치장소·설치대수**에 대한
자료의 열람이나 **제출을 요청할 수 있다.**

③ 제1항 및 제2항 또는 다른 법률에도 불구하고
다음 각 호의 어느 하나에 해당하는 자료의 열람이나 제출을 요청하는 때에는
제1항 또는 제2항에 따른 **승인이 필요하지 아니하다.**
  1. **인터넷 홈페이지** 게시판·대화방 등에 글이나 **동영상** 등을 게시하거나
     전자우편을 전송한 사람의 성명·주민등록번호·주소 등 **인적사항**
  2. **문자메시지**를 전송한 사람의 성명·주민등록번호·주소 등 **인적사항 및 전송통수**

④ 제1항부터 제3항까지에 따른 **요청**을 받은 자는 **지체 없이** 이에 **응하여야 한다.**

⑤ 각급 선거관리**위원회 직원**은
정보통신서비스제공자로부터 제1항부터 제3항까지의 규정에 따라
자료제공을 받은 때에는 30일 이내에 그 **사실과 내용**을
문서, 팩스, 전자우편, 휴대전화 문자메시지 등으로 해당 **이용자에게 알려야 한다.**

다만, 선거관리위원회에서 **고발·수사의뢰한 경우**에는
그 **불송치, 기소 또는 불기소를 통지받은 날부터 10일 이내**에
알릴 수 있다.
⑥ 각급 선거관리**위원회 직원**은
제1항부터 제3항까지의 규정에 따라 **자료제공을 받은 경우**에는
해당 자료의 제공요청사실 등 필요한 사항을 기재한 대장과
자료제공요청서 등 **관련 자료**를
해당 선거관리위원회에 **비치**하여야 한다.

> **심화학습**
>
> - 정보통신서비스제공자로부터 통신관련 선거범죄의 조사를 위하여 자료를 제공받은 각급 선거관리위원회 직원은 자료제공을 받은 사실과 그 내용을 30일 이내에 문서, 팩스, 전자우편, 휴대전화 문자메시지 등으로 해당 이용자에게 알려야 하며, 해당 자료의 제공요청사실 등 필요한 사항을 기재한 대장과 자료제공요청서 등 관련 자료를 소속기관에 비치하여야 한다.

⑦ 각급 선거관리위원회〈읍·면·동선거관리위원회 제외〉 **직원**은
정보통신서비스제공자로부터 제1항부터 제3항까지에 따라 **제출받은 자료**를
이 법 위반행위에 대한 **조사목적 외의 용도**로 사용하여서는 아니 되며,
관계 수사기관에 **고발 또는 수사의뢰**하는 경우를 제외하고는
이를 공개하여서는 아니 된다.
⑧ 제1항부터 제3항까지에 따른 요청, 기타 필요한 사항은
중앙선거관리위원회 규칙으로 정한다.

제273조(재정신청) 〈재정신청대상 범죄에 당내경선 관련죄 포함〉

① 제230조〈매수 및 이해유도죄〉부터 제234조〈당선무효유도죄〉까지, 제237조〈선거의 자유방해죄〉부터 제239조〈직권남용에 의한 선거자유방해죄〉까지, 제248조〈사위투표죄〉부터 제250조〈허위사실공표죄〉까지, 제255조〈부정선거운동죄〉 제1항 제1호·제2호·제10호·제11호 및 제3항·제5항·제6항, 제257조〈기부행위의 금지제한 등 위반죄〉 또는 제258조〈선거비용부정지출 등 죄〉의 죄에 대하여 **고발을 한 후보자와 정당(중앙당에 한한다) 및 해당 선거관리위원회는**
그 검사 소속의 지방검찰청 소재지를 관할하는 고등법원에
그 당부에 관한 재정을 신청할 수 있다.

심화학습

▪ **재정신청대상이 아닌 범죄**
① §235(방송·신문 등의 불법이용을 위한 매수죄)
② **§239의2(선장 등에 의한 선거자유방해죄 등)**
③ §240(벽보, 그 밖의 선전시설 등에 대한 방해죄)
④ §241(투표의 비밀침해죄)
⑤ §242(투표·개표의 간섭 및 방해죄)
⑥ §242의2(공무원의 재외선거사무 간섭죄)
⑦ §243(투표함 등에 관한 죄)
⑧ §244(선거사무관리관계자나 시설 등에 대한 폭행·교란죄)
⑨ §245(투표소 등에서의 무기휴대죄)
⑩ §246(다수인의 선거방해죄)
⑪ §247(사위등재·허위날인죄)
⑫ **§251(후보자비방죄)**
⑬ §252(방송·신문 등 부정이용죄)
⑭ §253(성명 등의 허위표시죄)
⑮ §254(선거운동기간위반죄)
⑯ §256(각종제한규정위반죄)
⑰ §259(선거범죄선동죄)

기출체크

❶ 제251조 후보자비방죄는 재정신청 대상범죄가 아니다. [○ 9급 15]
❷ 고발을 한 시·도당이 재정신청을 할 수 있다. [×(정당은 고발을 한 중앙당에 한함) 9급 15]
❸ 「공직선거법」상의 재정신청은 고발을 한 후보자와 정당(중앙당에 한한다)만이 할 수 있다. [×(해당 선거관리위원회도 할 수 있음) 7급 15]

② 제1항의 규정에 의한 재정신청에 관하여는 「형사소송법」 제260조〈재정신청〉 제2항부터 제4항까지, 제261조〈지방검찰청 검사장 등의 처리〉, 제262조〈심리와 결정〉, 제262조의4〈공소시효의 정지 등〉 제2항, 제264조〈대리인에 의한 신청과 1인의 신청의 효력, 취소〉 및 제264조의2〈공소취소의 제한〉의 규정을 적용한다.

③ 제1항의 규정에 의한 **재정신청서가** 「형사소송법」 제260조〈재정신청〉 제3항에 따른 **지방검찰청 검사장 또는 지청장에게 접수된 때에는** 그때부터 「형사소송법」 제262조〈심리와 결정〉 제2항의 **결정이 있을 때까지 공소시효의 진행이 정지된다.** [○ 9급 15]

④ 제1항의 규정에 의한 재정신청에 관하여는 검사가 당해 선거범죄의 **공소시효만료일 전 10일까지 공소를 제기하지 아니한 때에는 그때, 선거관리위원회가 고발한 선거범죄에 대하여 고발을 한 날부터 3월까지** 검사가 공소를 제기하지 아니한 때에는 그 3월이 경과한 때 각각 **검사로부터 공소를 제기하지 아니한다는 통지가 있는 것으로 본다.** [○ 9급 15]

제274조(선거에 관한 신고 등)

① 이 법 또는 이 법의 시행을 위한 중앙선거관리위원회 규칙에 의하여 **후보자등록 마감일의 다음 날부터 선거일까지** 각급 행정기관과 각급 선거관리위원회에 대하여 행하는 **신고·신청·제출·보고 등**은 이 법에 **특별한 규정**이 있는 경우를 **제외하고는 공휴일에도 불구하고 매일 오전 9시부터 오후 6시까지** 하여야 한다. [공휴일을 제외하고(×) 7급 15]

② 각급 선거관리위원회〈읍·면·동선거관리위원회 포함〉는 이 법 또는 이 법의 시행을 위한 중앙선거관리위원회 규칙에 따른 **신고·신청·제출·보고 등**을 당해 선거관리위원회가 **제공하는 서식**에 따라 컴퓨터의 자기디스크, 그 밖에 이와 유사한 **매체에 기록하여 제출**하게 하거나 당해 선거관리위원회가 지정하는 **인터넷 홈페이지에 입력**하는 방법으로 제출하게 할 수 있다.

제275조(선거운동의 제한·중지)

지역구 국회의원선거, 지방의회의원선거 및 **지방자치단체의 장** 선거에서 **후보자등록마감 후 후보자가 사퇴·사망**하거나 등록이 무효로 된 경우 해당 선거구의 후보자가 그 선거구에서 선거할 정수 범위를 넘지 아니하게 되어 **투표를 하지 아니하게 된 때**에는 **그 사유가 확정된 때부터** 이 법에 의한 해당 지역구 국회의원선거, 해당 지방의회의원선거 및 지방자치단체의 장 선거의 **선거운동**은 이를 **중지**한다.
[중지하지 아니한다(×) 9급 20]

제276조(선거일 후 선전물 등의 철거)

선거운동을 위하여 **선전물**이나 **시설물**을 첨부·게시 또는 설치한 자는 **선거일 후 지체 없이** 이를 철거하여야 한다.

제277조(선거관리경비)

① **대통령선거 및 국회의원선거의 관리준비와 실시에 필요한** 다음 각 호에 해당하는 **경비**와 **지방의회의원 및 지방자치단체의 장의** 선거에 관한 사무 중 **통일적인 수행**을 위하여 **중앙선거관리위원회 및 시·도선거관리위원회가 집행하는 경비**는 **국가가 부담**한다. [○ 9급 24]

> **기출체크**
>
> ❶ 대통령선거 및 국회의원선거의 관리준비와 실시에 필요한 법정경비는 국가가 부담한다. [O 7급 13]
> ❷ 지방의회의원 및 지방자치단체의 장의 선거에 관한 사무 중 통일적인 수행을 위하여 중앙선거관리위원회 및 시·도선거관리위원회가 집행하는 경비는 국가가 부담한다. [O 7급 13]

이 경우 **임기만료**에 의한 선거에 있어서는
해당 선거의 **선거기간 개시일이 속하는 연도**
(제1호 중 선거의 관리준비에 필요한 경비와
제2호〈계도·홍보 및 단속경비〉에 해당하는 경비는 해당 선거의
선거일 전 180일이 속하는 연도를 포함한다)의 **본예산에 편성**하여야 하되
늦어도 선거일 전 60일
(제1호 중 선거의 관리준비에 필요한 경비는 해당 선거의 **선거일 전 120일**,
제2호에 해당하는 경비는 해당 선거의 **선거일 전 240일**)까지 〈개정 25. 1. 7.〉
중앙선거관리위원회에 **배정**하여야 하며,
보궐선거 등에 있어서는 그 사무의 수행에 지장이 없도록
그 선거의 **실시사유가 확정된 때부터 15일**
[제197조(선거의 **일부 무효로 인한 재선거**)의 재선거에 있어서는
그 **사유확정일부터 5일**을,
연기된 선거와 **재투표**에 있어서는
늦어도 선거일공고일 전일을 말한다. 이하 이 조에서 같다] **까지**
중앙선거관리위원회에 **배정**하여야 한다.
 1. 이 법의 규정에 의한 선거의 **관리준비**와 **실시**에 필요한 경비
 2. 선거에 관한 **계도·홍보** 및 **단속**사무에 필요한 경비
 3. 선거에 관한 **소송**에 필요한 경비
 4. 선거에 관한 **소송의 결과로 부담**하여야 할 경비
 5. **선거결과**에 대한 자료의 **정리**에 필요한 경비
 6. 선거관리를 위한 **선거관리위원회의 운영** 및 **사무처리**에 필요한 경비
 7. **예측할 수 없는 경비** 또는 **예산 초과지출에 충당하기 위한 경비**로서
    제1호〈관리준비 및 실시경비〉 및 제2호〈계도·홍보 및 단속경비〉의 규정에 의한
    경비의 **합계금액의 100분의 1**에 상당하는 금액 [100분의 10(×) 9급 24]
② **지방의회의원 및 지방자치단체의 장의 선거의 관리준비와 실시에 필요한**
다음 각 호에 해당하는 경비는 당해 **지방자치단체가 부담**한다.

> **기출체크**
>
> 헌법재판소는 지방선거의 선거비용을 지방자치단체가 부담하도록 공직선거법을 개정하였더라도 지방자치단체의 자치권한을 침해한 것이라고 볼 수 없다고 하였다.(헌재 2008. 6. 26. 2005헌라7) [O 7급 13]

　　이 경우 **임기만료**에 의한 선거에 있어서는
　　당해 선거의 **선거기간 개시일이 속하는 연도**
　　(제1항 제2호〈계도·홍보 및 단속경비〉에 해당하는 경비는 당해 선거의
　　선거일 전 180일이 속하는 연도를 포함한다)의 **본예산에 편성**하여야 하되
　　늦어도 선거기간 개시일 전 60일(제1항 제1호 중
　　선거의 관리준비에 필요한 경비는 해당 선거의 **선거일 전 120일**,
　　제1항 제2호〈계도·홍보 및 단속경비〉에 해당하는 경비는
　　해당 선거의 **선거일 전 240일**)까지
　　시·도의 의회의원 및 장의 선거에 있어서는 당해 **시·도선거관리위원회**에,
　　자치구·시·군의 의회의원 및 장의 선거에 있어서는
　　당해 **선거구 선거관리위원회**에 **납부**하여야 하며,
　　보궐선거 등에 있어서는 그 사무의 수행에 지장이 없도록 그 선거의
　　실시사유가 확정된 때부터 15일
　　[제197조(선거의 **일부 무효로 인한 재선거**)의 재선거에 있어서는
　　그 사유확정일부터 5일을,
　　연기된 선거와 재투표에 있어서는 늦어도 선거일공고일 전일을 말한다.] 까지
　　시·도의 의회의원 및 장의 선거에 있어서는 해당 **시·도선거관리위원회**에,
　　자치구·시·군의회의원 및 장의 선거에 있어서는
　　당해 **선거구 선거관리위원회**에 **납부**하여야 한다.
　　　1. 제1항 각 호의 경비
　　　2. 선거에 관한 **소청**에 필요한 경비　　　　　　　　　　　　　　　　　　　　[O 9급 24]
　　　3. 선거에 관한 **소청의 결과로 부담**하여야 할 경비
③ 제1항 및 제2항의 규정에 의하여
　　국가나 지방자치단체가 선거관리경비를 배정 또는 납부한 후에
　　이미 그 경비를 배정 또는 납부한 선거와
　　동시에 선거를 실시하여야 할 새로운 사유가 발생하거나
　　배정 또는 납부한 경비에 **부족액**이 발생한 때에는
　　제4항의 구분에 따른 당해 선거관리위원회의 요구에 의하여
　　지체 없이 **추가로 배정** 또는 **납부**하여야 한다.

④ 제1항 내지 제3항의 규정에 의한 **경비 외의 경비로서**
　이 법에 의하여 국가 또는 지방자치단체가 부담하는 경비 중
　국가가 부담하는 경비는 중앙선거관리위원회의,
　시·도의 의회의원 및 장의 선거에 따른 경비는 시·도선거관리위원회의,
　자치구·시·군의 의회의원 및 장의 선거에 따른 경비는
　당해 **선거구** 선거관리위원회의 **요구**에 의하여 당해 선거의
　선거일부터 15일 안에 당해 선거관리위원회에 **배정** 또는 **납부**하여야 한다. 　[O 9급 24]
⑤ 제2항 내지 제4항의 규정에 의한 경비의 산출기준·납부절차와 방법·집행·검사 및 반환,
　기타 필요한 사항은 중앙선거관리위원회 규칙으로 정한다.

📖 제277조의2(질병·부상 또는 사망에 대한 보상)

① **중앙선거관리위원회는** 각급 선거관리위원회〈읍·면·동선거관리위원회 포함〉**위원**,
　투표관리관, 사전투표관리관, 공정선거지원단원,
　투표 및 개표사무원(공무원인 자를 제외한다)이
　선거기간(공정선거지원단원의 경우 공정선거지원단을 두는 **기간**을 말한다) **중**에
　선거업무로 인하여 **질병·부상** 또는 **사망**한 때에는
　중앙선거관리위원회 규칙이 정하는 바에 의하여 **보상금**을 지급하여야 한다.

> **심화학습**
> · 각종 참관인은 선거업무를 수행하는 사람이 아니므로 보상대상자가 아니다.

② 중앙선거관리위원회는 제1항의 규정에 의한 **보상을 위하여**
　매년 예산에 재해보상준비금을 계상하여야 한다.
③ 제1항의 보상금 지급사유가 **제3자의 행위로 인하여 발생**한 경우에는
　중앙선거관리위원회는 이미 **지급한 보상금의 지급 범위 안에서**
　수급권자가 제3자에 대하여 가지는 **손해배상청구권을 취득**한다.
　다만, 제3자가 **공무수행 중의 공무원**인 경우에는
　손해배상청구권의 전부 또는 일부를 행사하지 아니할 수 있다.
④ 제3항의 경우 보상금의 수급권자가
　그 제3자로부터 동일한 사유로 인하여 이미 **손해배상을 받은 경우에는**
　그 **배상액의 범위 안에서** 보상금을 **지급하지 아니한다.**
⑤ 제1항의 보상금 지급사유가
　그 수급권자의 **고의** 또는 **중대한 과실로** 인하여 발생한 경우에는
　해당 보상금의 **전부 또는 일부를 지급하지 아니할 수 있다.**

　　　　　　　　　　　　　　　　　　　　　　　　[해당 보상금을 지급하지 아니한다(×) 7급 21]

⑥ 제5항의 고의 또는 중대한 과실에 의한 보상금의 감액, 중대한 과실의 적용범위, 그 밖에 필요한 사항은 중앙선거관리위원회 규칙으로 정한다.

📢 제278조(전산조직에 의한 투표·개표)

① **중앙선거관리위원회**는
   투표 및 개표, 기타 **선거사무**의 **정확**하고 **신속**한 관리를 위하여
   사무전산화를 추진하여야 한다.
② **투표사무관리**의 **전산화**에 있어서는
   투표의 비밀이 **보장**되고 **선거인**의 **투표**가 **용이**하여야 하며,
   정당 또는 후보자의 **참관**이 **보장**되어야 하고, **기표착오의 시정**,
   무효표의 방지, 기타 **투표의 정확**을 기할 수 있도록 하여야 한다.
③ **개표사무관리**의 **전산화**에 있어서는
   정당 또는 후보자별 **득표수의 계산**이 **정확**하고,
   투표결과를 **검증**할 수 있어야 하며,
   정당 또는 후보자의 **참관**이 **보장**되어야 한다.

> **심화학습**
> · 투표 및 개표사무 전산화의 공통 고려사항은 '정당 또는 후보자의 참관 보장'이다.

④ **중앙선거관리위원회**는 **투표 및 개표 사무관리**를 **전산화**하여
   실시하고자 하는 때에는 이를 선거인이 알 수 있도록
   안내문 배부·언론매체를 이용한 광고, 기타의 방법으로 홍보하여야 하며,
   그 **실시 여부**에 대하여는
   국회에 **교섭단체**를 구성한 **정당**과 **협의**하여 결정하여야 한다. [O 7급 13]
   다만, 제158조⟨사전투표⟩ 제2항·제3항 및 제218조의19⟨재외투표⟩ 제1항·제2항에
   따른 **본인 여부 확인장치** 및 **투표용지 발급기**와
   제178조⟨개표의 진행⟩ 제2항에 따른 **기계장치** 또는
   전산조직의 사용에 대하여는 **그러하지 아니하다**.

> **심화학습**
> · 단서의 경우에는 국회 교섭단체 구성 정당과 협의 결정사항이 아니다. 선관위 결정만으로 가능하다.

⑤ 중앙선거관리위원회는 제4항의 **협의**를 위하여 국회에 **교섭단체**를 구성한
   정당이 **참여**하는 **전자선거추진협의회**를 **설치·운영**할 수 있다.
⑥ 투표 및 개표, 기타 선거사무관리의 전산화에 있어서 투표 및 개표절차와 방법, 전산전문

가의 투표 및 개표사무원 위촉과 전산조직운영프로그램의 작성·검증 및 보관, 전자선거
추진협의회의 구성·기능 및 운영, 그 밖에 필요한 사항은 중앙선거관리위원회 규칙으로
정한다.

📢 제279조(정당·후보자의 선전물의 공익목적 활용 등)

① 각급 선거관리위원회(읍·면·동선거관리위원회는 **제외**한다. 이하 이 조에서 같다)는
이 법(대통령선거·국회의원선거·지방의회의원선거 및
지방자치단체의 장 선거에 관한 각 **폐지법률을 포함**한다)에 따라
정당 또는 **후보자**(후보자가 **되려는** 자를 포함한다. 이하 이 조에서 같다)가
선거관리위원회에 제출한 벽보·공보·소형인쇄물 등
각종 인쇄물, 광고, 사진, 그 밖의 선전물을
공익을 목적으로 출판·전시하거나 **인터넷 홈페이지 게시**,
그 밖의 방법으로 **활용**할 수 있다.

② 제1항에 따라 각급 선거관리위원회가
공익을 목적으로 활용하는 정당 또는 후보자의 벽보·공보·소형인쇄물 등
각종 인쇄물, 광고, 사진, 그 밖의 선전물에 대하여는
누구든지 각급 선거관리위원회에 대하여 「**저작권법**」상의 권리를 주장할 수 없다.

부칙 〈2000. 2. 16.〉

제5조(자치구·시·군의 장 후보자의 방송연설에 관한 경과조치)
자치구·시·군의 장의 선거에 있어서
제71조(후보자 등의 방송연설)의 개정규정에 의한 후보자의 **방송연설은**
1일 방송시간·방송시설 등을 고려하여 그 **실시시기를 별도로 정할 때까지**
방송법에 의한 **종합유선방송을 이용**하여 실시한다.